JN409737

한국문화사의 이해

노용필 · 김병곤 · 문수진 · 나각순 · 정두영 · 홍경만 · 황민호 공저

신구문화사

머리말

우리나라의 역사는 흔히 유구한 역사, 반만년 역사라고 한다. 선조들의 찬란한 역사는 우리 후손들에게 거울이 됩니다. 동양에서는 역사를 '거울' [통감 通鑑]이라고도 하였다. 좋은 점은 되살리고, 나쁜 점은 거울을 보고 고치는 것처럼.

헤겔(Hegel)은 일찍이 "어느 민족의 민족으로서의 자격은 자기 자신이 자신의 역사를 쓴 때부터"라 하였다. 우리 민족은 이미 삼국시대부터 역사를 우리 손으로 썼다. 일설에는 그 이전에 썼다고 하지만 확실한 증거는 없다. 아쉬운 것은 삼국시대 썼던 역사도 그 원본이 지금 남아 있지 않다는 데 있다.

우리나라는 지리적으로 동북아에 자리하고 있어 주로 한반도를 중심으로 중국의 동북부와 러시아 영토까지도 생활 무대가 되었다. 풍부한 지하자원은 없을지라도 온난한 기후와 농사에 적합한 토지와 연안 수산물은 주변국가의 부러움을 사고 있었다. 대륙세력은 해양으로 진출하고자, 해양세력은 대륙으로 진출하고자 하는 교두보 역할을 하고 있어 서로 탐내는 위치였다. 넓은 영토는 아니라도 주요한 자리로서 역사적으로 삼국시대 고구려, 후의 고려가 동아시아의 평화를 유지하는 중요한 구실을 하였다.

대륙의 선진문화를 받아들여 이를 발전시켜 다시 일본에 전해주는 구실을 하였다. 근대 이후 거꾸로 서양문화를 한발 먼저 받아들인 일본이 앞서 산업화를 달성하여 정반대의 형상에 있다. 그럴 때마다 우리는 이에 순응하여 역사를 이끌어갔다. 우리 민족의 끈질긴 역사는 지금도 숨 가쁘게 전개되고 발전한다. "역사를 올바로 알지 못하는 민족은 영원히 저주받는다."라고 말한 단재 신채호 선생의 말씀은 우리로 하여금 21세기를 살아가기 위해서 기억해 두어야 할 것 같다.

세계화시대에 산다고 흔히 말하지만 세계화는 어느 면에서 진척되고 있지만 오히려 국가 수는 더욱 늘어만 가고 있다. 결국 "가장 한국적인 것이 세계화"라는 말이 맞을 듯하다. 세계국가라는 것은 요원하고, 오히려 민족의 독립을 인정하면서 문화적으로 경제적으로 보편성을 찾도록 노력하는 것이 더욱 필요할 것이다. 그러므로 한국사에 대한 인식은 갈수록 더욱 중요하고 올바로 뿌리를 찾아보고자 이 책을 서술하고자 한 것이다.

한국사의 교육은 민족사의 다양한 역사전개의 과정을 종합적이고 체계적으로 학습함으로써 21세기를 살아가는 한국인으로서의 자긍심과 능력을 길러주는 데 가장 큰 목표를 두고 있다. 한국사 교육의 목표는 우리나라의 역사를 주체적으로 이해하는 데에 있다. 이는 한국사가 곧 우리 자신이 살아온 모습이고 민족 정체성의 근원이기 때문이다. 우리 역사는 현재의 뿌리이자 미래를 전망하는 단서이고 우리 삶의 총체이므로 발전적이고 종합적으로 파악해야 한다.

일반 교양인에게 필요한 올바른 한국사관을 정립하고자 노력하였다. 이 책은 시대사적인 방법, 시대 순으로 서술하였다. 분류사적인 면의 장점도 있지만 우리는 시대적인 흐름에 더 익숙한 것 같다. 필자 여러분의 전공과 연관 분담하여 서술하였다.

이 책을 출판하는데 출판계의 어려운 여건에도 불구하고 신구문화사에서 기꺼이 맡아 주어 사장님을 비롯하여 편집자 여러분의 노고에 깊이 감사드립니다.

2006년 7월

문 수 진

한국문화사의 이해

차 례

제1장 원시사회의 생활과 문화

옛날 지구상에는 빙하기와 간빙기가 되풀이되었는데, 추운 빙하기가 닥쳐오면서 인류는 살아남기 위하여 추위를 피하여 따뜻한 남쪽으로 남하하였고 그리하여 우리나라 주변에도 인류가 살기에 이르렀다. 오늘날 북쪽 끝에서 제주도에 이르기까지 우리나라 전 지역에 걸쳐 구석기시대의 유물인 돌창이나 돌도끼 같은 뗀석기(타제석기打製石器)가 발굴되는 것으로 보아 이를 알 수가 있는 것이다. 그러다가 구석기시대의 마지막 빙하기가 사라지고 기온이 높아지면서 매머드와 같은 동물들도 적응하지 못하고 죽거나 추운 곳으로 이동해감에 따라 구석기인들도 이동해갔다.

기온의 상승에 따라 새로운 동물들이 등장하고, 숲이 우거지면서 작고 섬세한 잔석기(세석기細石器)가 만들어져 사용되는 중석기시대가 도래하였는데, 이 시기는 구석기시대와 신석기시대의 중간시기라 하여 이렇게 이름 붙여진 것이다. 이후 더욱 해수면이 높아짐으로써, 중국 대륙과 육지로 연결되어 있던 것이 변화하여 우리나라는 점차 오늘날의 지형을 띠기에 이른다. 이르면 기원전 6000년경 무렵에 이 땅에 신석기문화가 뿌리내리기 시작하였는데 이는 밑이 뾰족한 이른바 빗살무늬토기(즐문토기櫛文土器)를 사용하는 신석기인들이 시베리아를 거쳐 들어와 곳곳에 자리잡은 데서부터 비롯되었던 것이다.

제1절 구석기인의 생활

【 최초로 돌을 깨뜨려 도구를 만든 사람들 】

구석기인들은 나무나 동물의 뼈를 이용해 다른 도구들을 만들 수 있었지만, 돌이 당시로서는 가장 오랜 시간 동안 상태가 손상되지 않고 유지될 수 있는 물질인 것을 경험적으로 잘 알고 있었던 듯하다. 그들의 유적지에서 돌로 도구를 만들어 사용하였던 흔적이 주로 발굴되기 때문이다. 이들은 덩어리돌(핵석核石)을 깨뜨려 쓰기에 편리하도록 다듬어서 썼으므로, 제작 방법상으로는 떼어서 만든 것이라 하여 우리말로는 뗀석기, 한자로는 타제(打製)석기라 한다.

뗀석기

그 가운데는 한 손에 쥘 수 있을 정도의 크기에 도끼로써 쓸 수 있게 만든 것이라 하여 주먹도끼(hand-axe), 혹은 덩어리 돌의 양쪽 면을 깨뜨려내어 날카롭게 만들었다고 하여 양면핵석기(兩面核石器)라고 불리는 것이 있다. 이것은 처음 동부 아프리카의 아슐리안 지방에서 발굴된 이래로 오늘날 세계에서 가장 오랜 것으로 정평이 나 있는데, 1970년대 중반 우리나라에서도 경기도 연천군 전곡리 한탄강 유적에서 처음으로 발견됨으로써 우리나라의 구석기 문화가 상당히 이른 시기에 해당하는 것임이 입증되기에 이르렀다.

구석기인들은 이러한 석기들을, 동물을 사냥하고 그 가죽을 벗길 때 뿐만 아니라 식물로 된 식량을 채집할 경우에도 사용하였다. 식물의 뿌리를 캐는 일이나 줄기와 열매를 자르거나 다듬는 모든 일에도 석기를 사용하였던 것이다. 이렇듯이 구석기인들은 돌을 쪼개고 다듬어서 도구를 만들기 때문에, 이러한 그들의 전반적인 활동상을 특징으로 삼아 이름을 붙여서 흔히 '쪼개는 사람(cleaver)' 이라 칭해지기도 할 정도이다.

【 동굴 중심의 이동 생활 】

매서운 혹한의 날씨 속에서 살아남기 위해 구석기인들은 주로 천연의 요새인 동굴에 은신하였다. 동굴은 눈 혹은 비 뿐 아니라 바람도 막아주므로, 추위를 피해 살기에 적합하였다. 동굴에 머물면서 구석기인들이 불을 피웠던 화덕자리에서, 오늘날 재 혹은 타다 남은 나무토막 등을 발굴해낸 것으로 방사성탄소연대측정법 등과 같은 과학적인 방법을 통해 이들의 생존 시기를 알아냄으로써 이때의 것인지 아닌지를 알아낼 수 있다.

구석기인들이 불을 피운 것은 단지 난방을 꾀하기 위한 것 외에도, 사냥감을 불에 익혀 조리하기 위한 것이기도 하면서 더불어 먹잇감을 찾아 헤매는 사나운 야생 짐승들을 쫓아내 두려움을 덜기 위한 방어책이기도 하였다. 동굴에서 발굴되는 구석기인들의 유물 중에, 동물의 뼈나 뿔에다 선을 그어 일종의 주술적인 문양들을 새겨 넣은 것으로 보여지는 물건들이 발견되는 것은, 때론 동물이 잘 잡히기를 바라거나 혹은 무서운 동물의 공격으로부터 살아남을 수 있기를 바라는 기원의 의미였을 것이다.

동굴에 머무는 한편으로는 빙하기의 이어지는 혹한 속에서 야생 동물들은 생존을 위한 사냥감 찾기에 여념이 없었고, 이에 따라 구석기인들 역시 식량 조달을 위해서는 이들의 무리를 좇을 수밖에는 다른 방도가 없었다. 예를 들면 순록(reindeer), 양털 코뿔소(woolly-rhinoceros)와 털북숭이 매머드(heavily-furred mammoth)와 같은 초식 동물들은 얕은 눈 아래에서도 어렵지 않게 얼마간의 먹잇감을 찾아내 주린 배를 채울 수 있었지만, 동굴 사자(cave-lion)와 하이에나(hyena)와 같은 육식 동물들은 이러한 초식 동물들을 잡아 먹이로 하여야 살 수 있었던 것이다.

그렇기 때문에 구석기인들 역시 먹이 사슬의 일원으로서 사냥에 가담하여, 점차 따뜻해지는 기후 조건의 변화에 적응하며 집단적으로 이동하는 짐승의 무리를 따라 끊임없이 이동해야만 했다. 이런 가운데 동굴 곰(cave-bear)과 같은 짐승으로부터 부드러운 털가죽을 얻을 수 있었으며, 이를 벗기기 위한 날카로운 도구들이 필요하게 되었다. 이로 인해 석기 외에도 사냥한 짐승들의 뼈나 사슴의 뿔과 같은 것으로도 사냥도구를 만들어 사용하였다.

또한 이들 사냥꾼들에게는 추위를 피할 장소도 필요하였다. 따라서 그들은 동굴을 찾지 못했거나 동굴로부터 멀리 떨어진 곳에서는 어쩔 수 없이 이동식 가옥을 지었다. 이는 오늘날 천막식(天幕式)으로 집을 지은 것과 같다고 하여 이를 우리말로 막집이라고 일컫는 경우도 있다. 이럴 경우 천막(텐트)의 외부는 천으로 뒤덮었을 것인데, 분명 지니고 다니던 동물의 가죽을 활용해 기둥을 중심으로 세우고는 그 주위를 휘감아서 쌌을 것이다. 그리고 다른 곳으로 또다시 옮아갈 때는 가죽만을 벗겨가고 되돌아 올 만약의 경우를 생각하여 나무 기둥은 그대로 두고 떠났을 것이다.

후기의 구석기인들은 이전 사람들보다 보다 안락한 생활을 할 수 있었던 것으로 추정되는데, 이들은 지붕을 만들고 나뭇가지로 기둥을 삼은 후 동물의 가죽으로 겉을 두른 형태의 집을 지어 생활하기도 하였다. 그리고 여전히 석기들이 주된 연장들이었지만, 동물의 뼈와 나뭇가지로도 날카로운 도구들을 만들어 사용하기도 하였다. 이 시기에는 기후가 차츰 따뜻해짐에 따라 덩치가 큰 짐승들이 사라지거나 멸종되었고 대신 사슴이나 양과 같은 몸집이 작고 날렵한 동물들이 살게 되었는데, 아직 이때에는 활과 화살이 쓰이지 않았던 것으로 보아 덫이나 그물을 쳐서 잡거나, 아니면 집단적으로 짐승의 뒤를 쫓고 몰아서 잡는 사냥을 한 것으로 보인다.

【 구석기시대의 식생활 】

구석기시대 언제부터인지는 분명치 않으나 불을 이용할 줄 알게 되면서, 이전에 나무의 열매나 이파리 등을 따서 먹던 데에서 발전하여, 동물을 잡아 불에 굽거나 익혀 먹는 생활을 하게 되었다. 오늘날 구석기시대의 유적에서, 현재에는 살고 있지 않은 하이에나나 매머드(속칭 맘모스)와 같은 동물들의 뼈가 출토되는 것으로 보아, 이들 동물들도 이 때에는 구석기인들의 사냥감이었음을 알 수 있는데, 매머드와 같은 덩치가 큰 동물을 여러 족속이 협동을 통하여 잡아서는 고기를 날 것으로 또는 구워 먹기도 하고, 뼈 속에서 골수를 꺼내어 먹기도 하였을 것으로 짐작된다. 그밖에 사슴과 노루 같은 덩치가 작은 동물들은 멀리까지 나가지 않더라도 주거지 근처에서 쉽사리 구할 수 있는 사냥감이었다. 이같이 동물들을 사냥하여 먹는 한편으로는 여전히 나무 열매를 따먹거나 풀뿌리를 캐서 음식으로 먹었으며, 사냥할 대상물이 마땅치 않을 때에는 뱀이나 개구리 같은 파충류나 양서류들을 잡아먹었을 것이다.

제2절 중석기인의 생활

【 물가 생활의 개시 】

빙하시대가 차츰 따뜻해지는 기후 조건의 변화에 짝하여 북방의 순록들과 같은 동물들이 따뜻한 지방으로 먹이를 찾아 움직이기 시작했으며, 자작나무 · 참나무 그리고 너도밤나무 등의 수목들이 퍼져 나가 점차 삼림으로 뒤덮이게 되었다. 당시 사람들은 새로운 환경에 적응할 수 있는 생활양식을 택하여 사슴 등을 사냥하며, 또한 강가와 해안가에서 물고기를 잡아 식량으로 삼았다.

사냥을 원활히 하기 위해 무엇보다도 이전보다 날카로운 석기를 만들어야 했다. 그래서 이전에는 활용하기 어려웠던 작은 조각들을 활용해 석기를 잘고 섬세하게 만들게 되었다. 이러한 석기를, 한자로 세석기(細石器), 한글로는 잔석기라고 한다. 이 세석기는 손에 쥘 수가 없어서, 이를 목재 자루에다가 매달아 사용하였다. 이러한 것을 오늘날 복합도구 혹은 모듬연장이라 부르는데, 원심력을 활용해서 힘을 덜 들이고도 효과적인 사냥을 꾀하기 위한 것이었다. 이러한 모듬연장은 사냥에서뿐만 아니라, 숲이 우거짐에 따라 작은 나뭇가지들을 쳐내는 등 통로를 만드는 데에도 쓸모가 많았던 것 같다. 한편 물고기 잡이에는 낚시와 통발 등이 이용되었는데, 낚시 바늘은 동물의 뼈로 만들었고, 통발은 버들가지를 엮어 만들었다. 그리고 뱀장어와 같이 미끈미끈하여 잘 빠져나가는 물고기를 잡을 때에는 사냥한 동물의 뼈를 활용하여 만든 작살이 이용되기도 하였다.

【 활과 화살의 사용 개시와 교역의 발달 】

중석기인들 중 일부는 물가가 아닌 숲이 그리 울창하지 않은 산등성이에서 생활하기도 한 듯한데, 여전히 석기를 사용하면서도 화살촉과 같은 것을 깨뜨려 화살 끝에 달아매고 활을 사용해 사슴 등과 같은 몸집이 작고 날렵한 동물들과 새들을 잡았다. 이는 우리나라는 물론이고 세계적으로도 중석기시대의 유적에서 많은 석제 화살촉이 발굴되고 있어 거의 틀림이 없는 것으로 여겨지고 있다.

하지만 작고 날카로운 화살촉을 만드는 데에 적합한 돌은 암석의 성질상 극히 한정되어 있었고, 또한 이런 것을 어느 곳에서나 손쉽게 구하기는 어려웠으므로, 그것을 구하기 위해서는 자신들이 소중하게 여기는 식량 일부라도 기꺼이 상대방에게 제공하여야만 했다. 따라서 자연스럽게 중석기시대에는 화살촉 제작용 석재 구입을 위한 교역이 이루어지기 시작하였던 것이다. 우리나라의 경우 화살촉 제작용 석재로는 흑요석(黑曜石)이 가장 적합하고, 실제로 당시의 유적지에서 이것으로 만든 화살촉이 흔히 발굴되지만 그 생산지는 오늘날의 개마고원 지역의 일부만으로 한정되어 있기 때문에, 당시에 물물교환 형태의 교역이 이루어져 이것이 널리 전파된 것으로 풀이되고 있다.

당시의 주거지에서는 얕은 구멍을 파고 기둥을 세워 고정시킨 후 나뭇가지와 이엉을 엮어 지붕을 만든 움집이 발견되기도 하였다. 그렇다고는 하지만 중석기인들은 정착생활을 하기는 어려웠고 여전히 새로운 사냥감과 채집거리를 찾아 식량을 조달하기 위해 끊임없이 이동하는 생활을 해야만 했던 게 일반적이었을 것이다.

제3절 신석기인의 생활

【 움집의 등장과 시기별 특징 】

신석기시대에 이르러서 동굴에 사는 경우도 혹간 있었으나 대부분은 물가에 움집을 짓고 살았는데, 이를 한자말로 수혈(竪穴)주거라고 한다. 땅을 수직으로 파서 둥그런 모양의 구덩이를 만든 후 그것을 다지고 진흙과 같은 것을 깔고 그 가운데 냇가의 돌을 옮겨다가 쌓아 불을 때는 화덕자리(일명 불땐자리)를 만들고, 원형을 따라 주위에는 깊게 기둥자리를 파서 나무로 기둥을 세운 후, 그 둘레를 잔 나뭇가지와 이엉으로 둘러서 덮은 모양의 것이다.

초기의 움집은 대개 둥글어 원형(圓形)이거나 혹은 이에 가까운 네모진 모양 곧 정사각형의 정방형(正方形)으로, 크기가 직경 6미터 정도의 것이 보통이고 깊이는 대략 60센티미터 정도의 것이 일반적이었다. 이렇듯이 집터를 원형으로 만들고, 그 한가운데에 화덕자리를 만든 것은 경험상 이렇게 하는 게 내부를 골고루 따뜻하게 할 수 있음을 익히 알았기 때문이었을 것인데, 한 가지 특기할 것은 화덕자리 곁에는 거의가 예외없이 저장구덩이(저

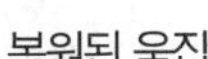

복원된 움집

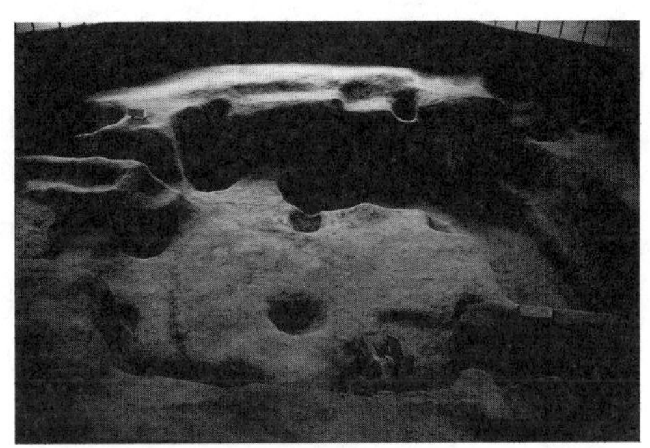

움집터

장혈)가 만들어져 있다는 점이다. 이것은 취사를 위해 채취해 온 곡식을 저장해두기 위한 시설로 비스듬히 땅을 파서 만들었다. 그리고 출입구는 움집 안이 바깥보다 낮게 한두 단의 계단을 흙을 다져 만들거나, 목재를 활용해서 발을 디딜 수 있는 판을 만들어 놓았던 것으로 보인다.

후기에 이르면 움집의 공간이 점차 넓어지면서 그 평면의 모양도 종전과 달리 직사각형 곧 장방형(長方形)으로 변화하는데, 이는 그만큼 생활의 발달에 발맞추어 내부 공간이 점차 넓어지는 추세를 반영하는 듯하다. 집자리의 평면이 이처럼 장방형이 되므로 이에 따라 자연히 화덕자리도 한쪽으로 치우쳐서 출입구로부터 먼 쪽에 만들어져 난방을 원활하게 하였다. 그리고 발굴 결과 대부분, 출입구 가까이에서는 농기구를 비롯한 야외용의 석기들이 발굴되었고, 그 반대편의 화덕자리 근처에서는 토기 등이 많이 발굴되는 경향이 있음이 드러났다. 이는 출입구 근처는 들에 나가 농사를 짓는데 주력하면서 밤중의 습격과 약탈을 막아내기 위해 주로 남성들이 거처하는 공간이었으며, 그 반대편은 안쪽이어서 안정적일 뿐더러 화덕자리가 있어 조리하기에 편리한 공간이었으므로 주로 여성들의 활동 공간이었던 것으로 풀이되고 있다.

【 배의 사용과 교통의 발달 】

기원전 10000년경 빙하기가 끝나면서 전 세계적으로 후빙기가 시작되어 기후는 점차 따뜻해져 갔는데, 이후 기원전 5000년 무렵부터 기원전 3000년 무렵에 이르는 기간에 기온이 가장 상승했으며, 이에 따라 해수면도 함께 매우 높아졌다. 그러다가 기원전 1000년 전후부터는 다시 해수면이 낮아져 대체로 현재와 같은 해안선이 형성된 것으로 분석되고 있다.

게다가 기후가 따뜻해지면서 삼림이 점차 우거져 울창한 숲으로 덮이게 되자, 신석기인들은 육지에서는 간신히 좁은 오솔길을 지나다녀야 했을 것이다. 보다 먼 길을 여행하기 위해서는 강기슭이나 해안가를 따라 도보로 가야 했고, 더욱이 장거리를 이동하는 방법이라고는 호수나 강 혹은 바다를 배를 타고 이동하는 방법 밖에는 달리 없었다.

때문에 배를 이용하기 시작하면서 신석기인들은 쉽게 이곳저곳을 다니기 시작하였으며, 배를 이용한 고기잡이로 그들의 식량을 보충하기도 하였다. 최근 당시의 배가 우리나라에서도 발굴되었다고 주장된 적이 있는데, 앞으로 과학적으로 정확한 연대 분석이 요구되나, 이 경우에도 배가 해안의 갯벌 속에서 발굴되었음은 주목해 볼 만하다. 호숫가에 널린 습기 찬 진흙 속에서 보전이 잘 된 상태로 당시의 배가 발굴된 예가 적지 않은 다른 나라의 경우들에 비추어 보면, 그럴 법하다고 여겨지는 것이다.

【 대표적인 유물인 토기의 시기별 변화상 】

신석기시대의 대표적인 유물은 간석기와 토기(土器)이다. 간석기는 갈아서 만든 석기라는 순수한 우리말이고, 한자로 표기할 때는 이를 마제석기(磨製石器)라고 하는데, 갈기에 편한 무른 재질의 돌을 쓰기도 하지만 부러지더라도 다시 갈아서 여러 가지 형태로 된 다양한 용도의 것을 만들 수 있으므로 여전히 단단한 돌을 사용하기도 하였다. 그리고 토기는 진흙과 같은 점성이 강해 끈끈한 흙으로 빚어 그릇의 형태를 갖춘 뒤 말리고 불에 구워서 단단하게 만든 것으로, 이를 사용함으로써 식량을 담아 옮기거나 저장할 수 있고 또한 음식물을 조리를 할 수 있게 되어 생활상에 있어서 이전과는 달리 커다란 변화를 가져오게 하였다.

이 둘 가운데서 간석기는 형태나 재질면에서 만들어진 시기가 어느 게 앞인지 뒤인지 분간이 잘 되지를 않아서 그 자체로는 시기 구분에 어려움이 있다. 그렇기 때문에 신석기시대를 구분할 때는 토기 형태와 표면에 그려진 무늬(문양紋樣)를 가지고 구분하는 것이, 옛 인류의 생활상을 면밀히 연구하는 고고학(考古學)에서 관례로 되어 있다. 지금까지 우리나라에서 신석기시대의 토기가 출토된 유적의 수가 400개 소가 넘어가고 있어 많은 연구가 행해지고 있는데, 토기 형태의 변천에 있어 지역적으로 나타나는 차이점을 크게 나누면, 대동강과 한강 및 그 인접 지역을 포함한 서해안지역군(群), 두만강부터 강원도 지역에 이르는 지역의 동북해안지역군, 그리고 낙동강 하구 지역을 중심으로 하는 남해안지역군, 이렇게 3지역군으로 구분된다고 한다.

서해안지역군은 뾰족한 밑바닥을 한 포탄형을 기본으로 하여 지형적으로 한반도의 서쪽에서만 발굴된다고 하여 일명 서한(西韓)뾰족밑유형토기(약칭 서한토기)라 한다. 동북해안지역군은 예외 없이 납작밑인 점에 특징이 있으며, 함경도 및 강원도 해안의 일부 지역에서 이런 특성을 지닌 토기가 발굴된다 하여 이들을 일괄하여 오늘날 동한(東韓)납작밑유형토기(약칭 동한토기)라고 칭한다. 그리고 낙동강 하구를 중심으로 하는 남해안지역 토기는, 서한토기나 동한토기와는 달리, 특성을 달리하는 여러 종류가 시기별로 점하고 있는 특성이 있는데, 돋을무늬(융기문隆起文)토기 · 눌러찍기(압인문押印文)토기 등이며 이러한 토기 종류들을 총괄하여 남한(南韓)유형토기(약칭 남한토기)라고 명명한다.

한편 토기 문양에 있어 시기적으로 드러나는 공통점을 크게 나누면 3기로 구분된다. 이른민무늬토기(원시무문토기原始無文土器)를 비롯하여 돋을무늬토기 · 눌러찍기토기가 만들어지던 기원전 6000년 이전부터 시작하여 대략 기원전 4000년 무렵까지의 전기(前期), 이후 빗살무늬(즐문토기櫛文土器)가 주로 쓰이던 기원전 2000년 무렵까지의 중기(中期) 그리고 그 이후 바닥이 납작해진 빗살무늬토기(평저平底즐문토기)를 위시해서 물결무늬(파상문波狀文)토기, 번개무늬(뇌문雷文)토기 등이 사용되던 후기(後期), 이렇게 나뉜다. 하지만 이들 가운데 전기에 해당하는 이른민무늬토기의 경우 상한이 기원전 8000년에서 10000년경까지로 올라가기도 하는 것으로 가능성이 제시되고 있으며, 후기의 것 중에는 북쪽 지방에서 청동기시대의 대표적인 토기로 꼽히는 아가리를 뒤집어 겹으로 만든 이중아가리(이중구연二重口緣)토기가 이미 사용이 시작된 경우도 있었다고 판단되고 있다.

【 사회생활과 성년식 】

신석기시대 사회의 기본적인 단위는 씨족(氏族)으로, 이들은 촌락을 이루고 같은 지역 내에서 공동으로 거주하였는데, 이들은 혈연(血緣)으로 연결되어 동일한 조상의 후예인 것으로 여기는 토테미즘(Totemism)을 지니고 있었다. 이러한 토템이 통하고 있는 거의 모든 곳에 존립하고 있는 공통된 법칙의 하나는, 같은 토템에 속하는 구성원들끼리는 서로 성관계를 맺지 않으며 혼인할 수도 없다는 것이었으므로, 혼인의 상대를 반드시 다른 씨족에서 구해야만 하는 족외혼(族外婚)이 행해지고 있었다. 그리고 씨족 전체와 관련된 중대한 일은 언제나 씨족회의에서 결정하였는데, 이러한 전통이 훗날 신라의 경우 회의 구성원 모두에게 동등한 발언권이 주어지고 또 의견이 갈리지 않고 하나로 모여야만 결정을 내리는 화백(和白)으로 이어지고 있었음은 중국의 기록에도 남아 전해질 정도이다.

당시 사회는 인구가 점차로 증가되어 가고, 혼인 관계로 말미암아 연결된 씨족 사이의 결합으로 부족(部族)이 형성되어 갔던 것으로 여겨진다. 종전의 씨족이 오로지 혈연적인 결합만이 강조되고 있었음에 비해, 부족에서는 동일한 지역 내에 거주한다는 지연적(地緣的)인 측면도 강조됨으로써 자신들의 영역 내에서 경작되고 있는 곡식은 물론이고 사냥감인 동물도 공동의 재산으로 여기고 있었다. 그렇기 때문에 다른 부족이 자신들의 영역을 침범하는 것을 용납하지 않았으며, 만약 그럴 경우 배상을 하도록 요구하였는데, 훗날 동예(東濊)에 있었던 책화(責禍)가 이러한 당시 사회의 관행을 전해주는 것으로 풀이되고 있다. 하지만 자신들의 요구가 배상을 해야 하는 인근 부족에 의해 관철되지 않았을 때는 전쟁도 기꺼이 하였다. 이럴 때 전쟁의 여부와 개시 시기 등 부족 전체와 관련된 중대한 결정은, 씨족장들로 구성된 족장(族長)회의에서 결정하였는데, 씨족장들이 한 자리에 모두 모여서 회의를 통해 선거로 부족을 대표하는 부족장을 선출하였다.

당시 사회에서는 수렵이 행해지면서도 농경이 개시되는 상황에 있었으므로, 이러한 변화가 자연히 사회에도 영향을 끼쳐 일정한 분화가 나타나기 시작한 것으로 짐작되고 있다. 수렵을 위주로 하는 수렵인들 가운데 농경에 적응하여 적극적으로 참여하는 것을 거부하는 경우 이들은 촌락을 지키는 파수꾼으로 고용되어, 처음에는 부족의 구성원들을 괴롭히고 경작지를 훼손시켜 황폐하게 만드는 말썽꾸러기 동물들을 막는 일을 주로 담당하다가, 나중에는 약탈을 꾀하려는 이웃의 부족들로부터 부족을 지키는 일을 맡았을 것이다. 부족의 최초 군사 조직은 수렵인 가운데, 이렇듯이 촌락의 파수꾼이 된 집단에서 나왔을 것으로 짐작되고 있다.

한편 신석기시대 사회에서는 미성년집회가 존재하였는데, 대체로 16세 이전의 청소년들이 모여서 그 공동체에서 한 사람의 조직원으로서 지켜야 할 규칙을 익히고 종족을 보전하기 위한 전사(戰士)로서의 군사훈련을 받았다. 당시의 사회에서는 수렵이 여전히 행해지고 있었으므로 이를 제대로 수행하기 위한 신체 단련 외에도 무기를 다루는 기술의 전승 등을 교육받았다. 더불어 또한 당시 사회에서는 농경이 무엇보다도 중시되었으므로, 이들은 같은 공동체의 연장자들로부터 전승되어 온 농경생활에 필요한 지식과 기술을 전달받는 한편으로는 제천의식(祭天儀式)을 진행하는 데에 요긴한 의식, 무용 및 주문(呪文) 등을 모방을 통해 전수받았던 것이다. 그런 후에 청소년들은 육체적인 고통을 가하는 성년식(成年式)을 치르고, 남성들만의 집회장인 건물 즉 남자 집회사(集會舍)에 들어가는 입사식(入舍式 혹은 입문식入門式)을 거침으로써 비로소 성년이 되어 그 공동체의 구성원으로서 당당히 인정받고 그 때부터는 씨족회의와 같은 공동 집회에 참여할 수가 있었다.

【 농업과 목축의 개시 】

반월형석도

돌덩어리에서 작게 떼어낸 조각(박편薄片)을 갈아서 괭이 모양으로 만들었고, 다시 갈고 다듬어 날을 만들었으며, 이를 나무 손잡이에 묶어서 고정시켜 땅을 파는 돌괭이(석초石鍬)로 사용하였다. 그럼으로써 신석기인들은 비로소 농경을 시작하게 되었는데, 경작용인 이러한 돌괭이 외에도 낟알을 거두는 데에 쓰는 반달 모양의 돌칼(반월형석도半月形石刀) 같은 추수용 농기구도 활용하였음이 당시의 유적지들에서 나타나고 있다.

당시에는 농사를 짓기에 적당한 구역의 토지가 발견되면 돌괭이로 그곳에 있는 거대한 나무들을 찍어내고, 가벼운 나무들이나 주변 풀들은 가지치기를 한 후에 그 장소에서 태워 버렸다. 그러므로 이러한 방법을 화경(火耕)이라고 이름 붙이기도 하는데, 이것은 단지 나무를 없애기 위해서가 아니라 그것들을 태운 재로 그 토양을 기름지게 하기 위해서였다. 그런 뒤에는 나무로 만든 괭이나 날카로운 막대기로 땅을 파서 곡식의 씨앗을 뿌렸으며,

곡식이 여물면 수확물들을 반달 모양의 돌칼로 거둬들인 후, 오늘날의 농부들도 즐겨 사용하는 방법의 하나로 거둬낸 곡식의 그루터기와 주변 잡초들에 불을 놓아 모두 태워버렸다. 이렇게 함으로써 다음번 경작을 위한 준비가 되는 셈이었다. 한 장소에서 같은 작물을 여러 번 재배하면 수확물이 급격히 줄어든다는 것을 경험상으로 알고 있는 신석기인들은 한두 해가 지나면 그들의 밭을 떠나, 이전에 밭을 일구던 방식으로 또다시 새로운 경작지를 일구어 내곤 하였다고 알려져 있다.

당시에 농경이 이루어졌던 구체적인 증거로는, 당시부터 오랫동안 땅속에 묻혀 있어서 새까맣게 숯 덩어리 마냥 탄화(炭化)된, 피(직稷) 혹은 조(속粟)로 보이는 곡물이 황해도 봉산군 지탑리 유적 등에서 발굴됨으로 해서, 우리나라 중서부지방에서는 늦어도 신석기시대 중기부터 밭농사가 시작되었음이 알려지게 되었다. 그리고 종래에는 우리나라에서 벼농사가 청동기시대에 시작되었다고 보는 학설이 주류를 이루어왔는데, 신석기 후기의 것으로 여겨지는 유적에서 발굴된 토기의 바닥에서 볍씨자국이 발견되었다고 보고된 경우도 있었을 뿐더러 최근에는 기원전 2000년경 전후에 해당되는 시기의 것으로 판단되는 볍씨들이 경기도 김포와 일산 등지에서 발견되어 이에 반론이 제기되고 있다. 이에 따라 요즘은 신석기 후기 벼농사 개시설이 크게 힘을 받고 있는 상태에 있지만, 여전히 회의적인 견해를 지닌 고고학자들도 있다.

한편 목축에 관한 고고학적 증거는 많지 않으나 무엇보다도 개와 돼지가 가축으로 길러진 것으로 여겨지고 있다. 다른 나라의 경우에서도 신석기인들에게는 우선적으로 중요한 동물이 있었는데 그것은 바로 개였다. 이것들은 수렵활동에 도움을 받기 위해 길들여지고 사육되었으며, 방목하는 소와 양과 같은 동물들을 늑대나 여우 등의 숲 속에 사는 야생 동물이나 하늘에서 공격을 일삼는 독수리와 같은 커다란 새들로부터 보호하는 일을 주로 맡았던 것으로 보인다. 그러므로 개의 선조라고 알려진 늑대가 신석기시대는 물론이고 그 이전의 구석기시대에도 사냥감으로서는 비중이 적었기 때문에, 개도 식용보다는 사냥용 및 목축용으로 많이 이용되었을 가능성이 크다고 한다. 그리고 멧돼지에서 기원하는 집돼지는 추위를 잘 견디게 기름진 고기를 제공하여 동아시아에서 사육된 가축 중에서 가장 중요한 위치를 차지하고 있었던 것으로 밝혀져 있는데, 우리나라에서는 신석기시대 후기의 유적에서 여럿 발굴되었다. 다만 집돼지보다는 멧돼지의 것이 더 많이 발굴됨으로 해서, 돼지의 가축화 현상이 이 때에 비로소 나타나고 있었던 것으로 해석된다.

【신석기시대의 식생활】

신석기인들은 대체로 고기잡이와 조개줍기로 생활을 영위하였으므로 주로 바닷가나 강가에서 생활하면서, 일부 사냥도 하고 식물성 음식도 채취하며 살아갔다. 이는 이들이 남긴 유적이 우리나라 거의 전역에 걸쳐서 해안지대나 강가에서 흔히 발굴됨으로 해서 분명 알 수가 있는 것이다.

한편 이들이 살던 수혈(竪穴) 주거지에서는 불을 땠던 자리인 화덕자리(노지爐址)가 거의 예외 없이 발굴되는데, 이 화덕자리에서는 밑바닥에 그을음이 묻은 토기나 불에 타다 남은 동물의 뼈 등이 발굴됨에 비추어 이것들이 주로 음식을 만드는 조리(調理)에 이용되었음을 알 수 있다. 더욱이 당시의 것으로 믿어지는 유적지 중에서 땅 속에 큰 독이 묻혀져 있고 그 속에서 진흙과 함께 숯 등이 나온 것으로 보아, 토기를 이용하여 물을 끓이거나 식품을 삶거나 데치거나 하였을 것임을 짐작하기 어렵지 않다. 그밖에 화덕자리 곁이나 출입구의 부근에서 큰 토기의 밑 부분을 따내어 바닥에 거꾸로 묻은 저장혈(貯藏穴)이 있어, 취사도구나 식품을 저장하였을 것으로 짐작되는 예도 있다.

당시에 먹었던 음식의 재료로는, 물고기류와 동물류 그리고 식물류 등 크게 3가지 종류로 나누어 볼 수 있다. 물고기류는 당시의 유적지에서 출토된 생선의 뼈 등을 분석한 결과, 도미·삼치·상어·성게 등의 해산물이 음식물로 활용되었음을 알 수가 있었다. 또 동물류로는 사슴과 산돼지의 뼈들이 유적지에서 출토됨으로 해서 이들 동물들을 잡아먹었음도 알겠다. 그리고 식물류로는 도토리 알 이외에도 즐문토기 속에서 피나 조로 보이는 탄화된 곡물이 출토되는 것으로 보아, 신석기인들은 이들 곡물을 밭농사를 통해 경작한 뒤 추수하여 먹었음이 분명하다.

【조리의 발달과 식량의 저장】

초기에 도토리 알과 같은 단단한 껍데기로 둘러싸여 있는 것들을 가루로 만드는 갈돌과 갈판의 형태는 매우 단순하였지만 효과적이었다. 껍질을 바짝 말린 후 얇고 넓은 갈판 위에 올려놓고 그 위에서 갈돌로 문질러서 가루로 만들었던 것이다. 이렇게 하여 만들어진 가루는 때로는 입자가 굵고 거칠었으며 종종 모래알들이 섞여 있어 결과적으로 그것을 먹는 사람들의 치아를 닳게 만들어서, 당시 사람들의 유골에서 나온 치아를 살펴볼 때 젊은 사람들의 치아도 몹시 닳은 것을 알 수 있다.

한편으로는 당시의 유적에서 쌀의 낟알이, 시루에 붙어 있는 상태로 발굴된 예가 있어 주목받고 있다. 이는 당시에 이미 벼농사가 행해졌음을 보여주는 구체적인 예로 풀이된다. 이를 통해 당시에 이미 시루가 만들어져 조리에 활용되었음은 물론 조리 방법에 있어서 찌는 방식이 행해지고 있었음도 비로소 알려지게 되었다.

그리고 저장용 토기와 조리용 단지도 제작되었는데, 이러한 용기들은 진흙을 빚어 기본적인 테를 쌓아 올린 후, 아직 습기가 남아 있을 때 그 위에 흙으로 빚은 다른 덧띠를 감아 올리는 식으로 만들었으며, 또한 단지의 표면을 매끄럽게 하기 위해서 둥근 자갈로 면 전체를 문지르기도 하였다. 이렇게 만든 것을 햇볕에 놓아 말리거나 불가에 넣어 구워 완성하여 사용하였다.

제4절 원시사회의 문화

【 구덩무덤과 돌무지무덤 】

구석기시대의 무덤으로 명확히 알려진 것은 거의 없다. 다만 당시에는 주로 동굴 생활을 하였으므로, 그 속에서도 인골이 발굴됨으로 해서 혹 살던 곳에서 집단적으로 전염병이 돌거나 지진으로 인해 여러 명의 사망자가 발생하는 경우, 그곳에 그대로 버려두고 새로운 곳을 찾아 떠나거나 혹은 그 땅을 얕게 파서 사람의 시신들을 나란히 묻어주었던 게 아닐까 짐작된다. 이웃 나라들의 경우, 당시의 사람들이 살았던 유적에서 땅을 파서 구덩이를 만들어 묻었음으로 해서 우리말로 구덩무덤, 한자말로는 토장묘(土葬墓)라 불리는 예들이 발굴되는 것으로 보아, 당시 우리나라의 경우도 대체로 그러하였지 않았을까 짐작된다.

이 구덩무덤이 신석기시대에도 만들어졌음은 당시의 유적에서 구체적으로 발굴된 예들을 통해 알 수 있다. 동굴 속에서 발견된 예도 있을뿐더러, 물가에서도 발굴되었는데, 발을 쭉 뻗게 하고 몸을 수평으로 눕혀서 묻었으므로 우리말로 펴묻이, 한자말로는 신전장(伸展葬)이 행해진 것으로 판단된다. 이런 경우에도 물가가 아닌 그보다 약간 내륙으로 들어가 야트막한 구릉지대일지라도 인근 냇가의 돌들을 가져다가 굳이 시체 주위를 두른 형식이 똑같이 취해진 예가 있다. 이 역시 주로 물가 생활을 하던 데에서 기인한 것으로 보인다.

석기시대이므로 무덤에서도 돌을 활용하여 묻는 게 일반적이었던 모양으로, 이밖에도 당시의 무덤 양식으로는 돌무지무덤도 있었다. 이는 흙 속에 구덩이를 파거나 그냥 맨땅 위에 시체를 놓고는, 그 위에 흙을 덮는 게 아니라 돌을 쌓는 방식이어서, 한자말로는 적석총(積石塚)이라고도 부른다. 이 무덤 양식은 평균 기온이 낮은 북방의 시베리아 지방에서 널리 행해지던 데에서 유래한 것으로 여겨지는데, 기온이 낮아 얼었던 땅이 기온이 올라가 녹으면서 유실되거나 붕괴되는 것을 방지하여 시체를 보호하기 위해서 고안된 것으로 해석되고 있다. 무덤의 크기를 조사해보면, 길이가 성인의 평균 키보다 약간 작거나 아주 작고 높이도 낮은 것으로 보아 신전장(펴묻이)이 아닌 것으로 판단된다. 다른 나라의 예에서 보듯이, 이는 시신이 굳기 전에 관절들을 움직여 사람의 몸을 구부려서 묻은 굴장(屈葬)으로, 출생 이전의 태아 모습으로 모태(母胎) 즉 흙으로 돌아감을 나타낸 게 아닐까 한다.

한편 당시의 유적으로 조사된 강원도 춘천 교동 유적에서는 시신 셋이 수레바퀴 모양, 이른바 방사선(放射線)처럼 발을 중앙으로 모으고 누워 있는 상태로 발굴된 예가 있는데, 그것도 그 옆에는 마치 생전처럼 빗살무늬토기와 돌로 만든 화살촉 등이 그대로 놓여 있었다고 한다. 상황으로 미루어 이 물건들은 죽은 뒤에 생전에 사용하던 물건을, 우리말로 껴묻거리, 한자말로 부장품(副葬品)의 일부로 같이 묻어준 게 아니라, 전염병 등으로 3명이 한꺼번에 죽자 그 살던 곳을 무덤으로 하고 생존자들은 다른 곳으로 새로운 거처를 찾아 떠난 모습을 전해주는 듯하다. 후대의 기록에 따르면, 사람이 여러 명 죽었을 때 그 집에 시신을 그대로 두고 떠나거나 불태웠다고 하는데, 이러한 관습에서 나온 게 아닌가 한다.

【 미술의 발생과 발달 】

다른 나라들의 경우에는 구석기시대 후기에는 이미 동굴 벽화와 같은 채색화가 그려진 예가 발굴되어 널리 알려져 있다. 스페인 알타미라의 동굴 벽화같은 게 그러하다. 하지만 우리나라에서는 당시의 것이라 확신할 수 있는 분명한 유물이 발견되지 않고 있다. 다만 구석기인들은 돌이나 동물의 뼈에 선을 간단히 그은 선각화(線刻畫)를 그리거나, 동물의 어금니나 날카로운 송곳니 등을 목에 걸고 다니곤 하였던 흔적을 발견한 예는 있다. 이는 자신들이 무서운 맹수의 공격으로부터 안전하기를 빌거나 사냥 혹은 채집이 잘 되기를 바라는 소망을 나타낸 것으로 여겨진다. 당시의 동굴 유적에서 때로는 동물의 뼈에다가 사람의 얼굴을 그린 경우도 발굴되었다고 보고되기도 하였는데, 이는 죽은 사람들의 영혼이 평안을 얻기를 바라는 의미에서였을 것으로 풀이된다.

신석기시대의 조각품으로는 동물이나 사람의 모양을 나타낸 것들이 있다. 동물 모양의 것으로는, 서울 암사동 유적지에서 발굴된 토우(土偶)를 우선 들 수 있는데, 이는 흙을 빚어 매우 사실적인 기법으로 만든 것이다. 사람 모양의 것으로는 강원도 양양 오산리의 모래사장에서 발굴된 흙으로 빚어 만든 작은 안면상(顔面像)과 함북 웅기 서포항 유적에서 찾은 것으로 알려진 인물토상(人物土像)이 있다. 이 중 후자의 것은 특히 허리가 가늘고 도톰한 가슴을 표현하여 여성을 나타낸 것으로 믿어지며, 이렇게 여성상이 만들어진 것은 당시 사람들이 신(神)을 여성으로 여겼던 데에서 비롯된 게 아닐까 생각된다. 그리고 부산 동삼동 유적에서는 조개에 입과 눈을 뚫어 놓은 패면(貝面)이 발굴되었는데, 이는 주술사가 악귀를 내쫓을 때 썼던 것으로 여겨지고 있다.

신석기시대의 가장 대표적인 미술품으로는 무엇보다도 빗살무늬토기를 꼽아 마땅하다. 이 빗살무늬토기(즐문토기)는, 약간 배가 불룩하게 나오고 끝이 뾰족하게 만들어진 것이라 하여 흔히 영어의 'v' 자와 유사하게 생겼다하여 'v' 형 토기 혹은 전체의 모양이 마치 포탄처럼 생겼다고 해서 '포탄형' 토기라고 부르는데, 이러한 외형도 그러하지만 더더욱 미술품으로서의 가치를 느끼게 하는 것은 표면의 빗금을 그어 만들어진 무늬(문양紋樣)다. 토기의 표면에 직선의 빗금을 평행으로 엇갈리면서도 촘촘하게 그어서 장식한 것으로, 이렇듯이 가지러한 선은 물을 상징하는 것으로, 당시에 물가 생활을 주로 하고 있던 데서 유래하는 것으로 믿어진다. 이 빗살무늬토기는 서로 대칭을 이루고 통일된 조화의 아름다움을 잘 나타내주고 있다.

패면

이후 이 무늬가 곡선적인 것으로 발전되어 마치 한자의 '회(回)' 자처럼 선을 꺾어 돌리는 것도 나타나는데, 이는 하늘의 번개를 상징하는 번개무늬(뇌문雷文)로 판단된다. 이 무늬를 토기에 그린 것은 농경생활에 절대적인 영향을 끼치고 있었던 자연 현상에 대한 당시 사람들의 두려운 의식 세계를 드러내주는 것으로 보인다.

【 의복의 발달 】

구석기시대의 유적에서는 의복과 관련된 자료가 나온 게 없지만, 다른 나라의 예로 미루어 나무의 잎과 껍질 그리고 동물의 가죽이나 털로 몸을 가려서 추위로부터 몸을 보호하고 살아남으려 하였을 것으로 짐작된다.

신석기시대의 의복과 관련하여 실물은 남아 전해지지 않지만, 당시의 뼈바늘(골침骨針)과 가락바퀴(방추차紡錘車) 등으로 엿볼 수 있다. 처음에는 동물의 가죽을 뼈바늘로 꿰매어 옷을 만들어 입다가, 뒤에는 가락바퀴를 이용하게 되면서 짐승의 털이나 삼베와 같은 굵은 섬유질이 많은 재료로 옷감을 짜서 옷을 만들기도 하였던 것으로 여겨진다. 뼈바늘은 꿰매는 재봉용(裁縫用)이었고, 가락바퀴는 천을 짜는 방직용(紡織用)이었던 것이다. 그리고 여기에 덧붙여 동물의 어금니와 송곳니, 조개껍질 혹은 구슬로 만든 꾸미개(장신구)를 달고 다니기도 하였다.

【 신앙과 의식 】

구석기인들은 도구를 만들기 위한 도구를 생산할 수 있었으며, 불을 일으키고 이동시킬 수 있는 능력을 가지고 있는 사람들이었을 뿐만 아니라, 선각화와 같은 예술품도 창작할줄 아는 사람들이었으므로, 신화—종교적인 가치 세계를 만들어내며 창조적인 상상력을 불러일으키는 단계에 있었다. 따라서 구석기인들은 도구를 만드는 인간(Homo faber)으로서 곧 놀이하는 인간(Homo ludens)이었으며 사유하는 인간(Homo sapiens)이었을 뿐만이 아니라 아울러 종교적 인간(Homo religiousus)이었다.

생명이 뼈로부터 다시 태어난다는 구석기인들의 신앙은 동물을 잡아 살을 다 먹고 난

후에도 남은 뼈를 부수어버리지 못하도록 금지하였으므로 오늘날에 전해지는 구석기시대의 유적지에서 적지 않은 뼈들이 발굴된다. 특히 사람의 시신을 동쪽을 향해 매장하는 관습은 인간 영혼의 운명을 태양의 행로와 연결시키고자 하는 의도를 표현한 것이며, 더 나아가 재생 즉 사후 세계에서의 삶에 대한 희망을 표현한 것이기도 한 것으로 알려져 있다.

이후 신석기인들은 씨족 각각이 토템(Totem)에 따라 불리어졌다. 이 때 토템은 일반적으로는 어떤 동물이었는데, 먹을 수 있는 동물일 수도 있었고, 온순한 동물일 경우도 있었으며, 위험하거나 공포의 대상이 되는 동물일 수도 있었다. 드물게는 식물이나 비나 물 같은 자연력이 토템일 경우도 있었다고 한다. 이러한 토템이 되는 동식물이나 자연력은 씨족 전체와 특별한 관계를 맺고 있는 것으로 여겨지고, 토템 구성원들은 그들의 토템을 죽이지 않고 그 고기를 취하지 않는다는 신성한 의무를 지키는데, 이를 토테미즘(Totemism)이라고 하는 것이다. 그리고 토템의 구성원들은 때때로 벌어지는 제의(祭儀)에서 토템의 동작이나 속성들을 춤과 음악을 통해 묘사하거나 흉내를 냈다.

또한 신석기인에게는 만물 모두에 영혼이 있다고 믿는 애니미즘(Animism)이 있었다. 이는 라틴(Latin)어(語)의 'Anima'에서 유래한 것인데, 이 단어는 곧 '영혼'·'숨'이란 의미이므로 모든 사람을 포함한 모든 자연물이 숨을 쉬고 그래서 영혼이 깃들여 있다는 인식을 드러내는 것이다. 이 애니미즘은 좁은 의미로는 영혼 광명에 관한 이론이고, 넓은 의미로는 영적 존재 일체에 대한 이론으로, 이는 무생물로 보이는 자연물을 살아있다고 여기는 것과 동물숭배와 정령숭배로 세부적으로 분류되기도 한다.

신석기인들은 이러한 애니미즘 속에 인간에게 행복을 가져다주는 선한 신이 있는가 하면 반면에 불행을 가져다주는 악한 신도 있다고 믿었는데, 선한 신을 맞아들이고 악한 신은 쫓음으로써 질병에도 걸리지 않을 수 있다고 생각하였다. 그리고 이를 행해줄 능력을 지니고 있다고 하여 주술사(呪術師, 샤먼Shaman, 무당)의 무술(巫術) 행위를 굳게 믿었는데, 이러한 이들의 신앙은 이후 세계적으로 어느 곳에서나 널리 행해지고 있었고 지금도 그러한데 이를 영어로 샤머니즘(Shamanism)이라고 표기한다. 이러한 원시적인 신앙의 형태를 동북아시아 일대에서만 있는 것으로 여기거나 혹은 이를 한자로 살만교(薩滿敎)라 표기하여 이것이 한국에만 있었다고 주장하면서 그러기에 한국의 문화 수준이 저급하였다고 강변했던 일제시대의 일본 학자들의 무지를 그대로 취하는 경우도 간혹 있는데 이는 명백히 그릇된 인식이라 하지 않을 수 없다.

【 음악과 무용 】

당시에 주술사가 주술을 펼치면서 제의(祭儀)를 진행할 때 노래와 춤을 늘 함께 행하기 마련이었으므로, 당시 사람들에게 있어 자연히 축제에서도 노래와 춤은 필수적이었다. 훗날 마한(馬韓)에서 밤낮으로 춤을 추면서 노래를 불렀고, 이 때 사람들은 십여 명씩 어울려서 발로 땅을 높게 혹은 낮게 밟으면서 손발을 박자(拍子)에 맞추어 움직였다고 한다. 이렇듯이 노래와 춤은 서로 뗄 수 없는 요소로, 종교적 의식에 있어서는 신석기시대 씨족사회 이래의 전통이었을 것이다. 한편 신석기시대에 쓰이던 악기의 실물로는, 두만강 서포항(西浦港) 유적지에서 동물의 뼈로 만들어진 피리(적笛)가 발굴된 예가 있다.

제2장 초기 국가의 형성과 발전

제1절 청동기의 사용과 성읍국가의 형성

【 청동기시대 】

우리나라에서 청동기를 제작하고 사용하기 시작한 상한은 북쪽과 남쪽 지역이 다르다. 이는 당시 지리적인 문화 전파의 속도가 지금처럼 빠르지 않았고, 청동기시대 우리나라 영역이 요동과 만주 일부 지역을 포함하는 한반도 지역으로 남북으로 길었다. 그러므로 당시 요동 지역과 서북한 지역, 한반도 중서남부 지역의 문화적 격차가 존재했다. 대체로 상대적으로 선진적이었던 요동 지역을 포함한 한반도 북부 지역의 청동기 상한은 B.C. 10세기경부터 보는 것이 안정적이며 한반도 남부 지역은 B.C. 5~4세기경부터 청동기시대로 들어갔다고 한다.

청동기시대 우리나라 조상들의 주요 활동 무대는 지금과 같이 한반도에 국한되지 않는다. 서쪽으로는 지금의 요동 반도를 포함하며 북쪽으로는 송화강(松花江)에 이르는 넓은 지역에 미친다. 그것은 송화강과 요하(遼河) 유역으로부터 한반도 일대에 걸쳐 중국과는 명확히 구분되는 하나의 독자적인 문화권역이 설정되기 때문이다. 곧 우리나라 청동기문화를 대표하는 비파형동검(琵琶形銅劍)과 다뉴조문경(多鈕粗文鏡) 같은 청동기가 대체로 상기 지역에 한정되어 출토되고 있는 것이다. 이 시기에 사용된 밑바닥이 좁고 아가리를 뒤집어 겹으로 만든(이중구연二重口緣) 적갈색을 띤 민무늬토기(무문토기無文土器)도 이 지역에서만 나온다. 특히 북부 지역에서는 바닥면이 납작하며 계란형의 몸통에 항아리 양쪽 옆으로 손잡이가 하나씩 달리고, 목이 넓게 올라가다 다시 안으로 오므라들며 표면에 집선 무늬가 있는 특징을 가진 소위 미송리식 토기가 유명하다. 그리고 쉽게 변화하지 않는 묘제도 중국의 토광묘(땅에 묘역을 파고 시신을 안치하는)와 달리 고인돌(지석묘支石墓)이 집중적으로 이 지역에서 발견되는 것도 그러한 상황을 알려준다.

이 시기의 전형적인 유물을 보면, 청동기류로는 동검(비파형동검과 세형동검)·동경(거친무늬거울과 잔줄무늬거울)·이형동기(의례용기 및 장신구류) 등이 대표적이다. 석기는 반달돌칼·바퀴날 도끼·홈자귀 등의 전문적인 용도를 가진 석기류 등이 대거 출현한다. 토기류로는 앞에서 언급한 미송리식 토기·민무늬토기·붉은간토기 등이 대표적이다. 한편 청동기시대의 유적들은 사각형이나 원형의 집터를 비롯한 주거 유적들과 고인돌·돌널무덤·돌무지무덤 등의 매장 유적들이 다수 발견 조사되어 있다.

한편 빗살무늬토기를 주로 제작 사용했던 신석기시대인들과 현재 우리 민족의 직계 조상으로 여겨지는 청동기문화의 주인공 간의 상관관계는 분명하지 않다. 빗살무늬토기 유적과 민무늬토기 유적이 근거리에 근접해 있는 경우가 일부 확인되나 공존하는 경우는 드물다. 이 사실은 양자가 다른 생활 조건 밑에서 살았으며, 종족적으로도 차이가 있었으리라는 추정을 갖게 한다. 다만 두 토기가 섞여서 나오는 경우가 있는 것을 볼 때, 일시적인 교체기의 접촉 현상 및 공존을 시사해 주기도 한다. 또한 빗살무늬토기의 빗살문이 비파형동검이나 다뉴조문경의 무늬에 계승되는 것도 양자의 문화적 전승 관계를 말해준다. 그러나 본격적인 청동기시대에 들어서면 빗살무늬토기 유적은 자취를 감추며, 토기에 빗살무늬가 새겨지는 경우도 없다. 이것은 결국 청동기인이 새로운 사회의 주인공이 되었음을 의미하는 것을 보여준다. 이러한 교체 현상을 고(古)아시아족으로부터 알타이족으로의 변화로 보는 견해가 현재 비교적 널리 인정받으나 아직 이를 증명할 수 있는 확증은 없다.

【 청동기인들의 생활 】

신석기시대 유적들이 주로 강변이나 해안가에서 발견되는 것과 달리 청동기시대의 유적들은 강이나 해안에 인접하며 동시에 넓은 들과 평야를 지닌 언덕 및 낮은 구릉 등에서 발견된다. 이러한 입지 조건은 청동기인들의 식생활이 이전과 달리 변화되었음을 보여준다. 농경 생활의 발전에 따라 식량 자원의 확보 방식이 다양해지며, 그들의 활동 범위가 더욱 확대되어졌던 것이다.

청동기시대라고 규정하는 이 시기는 모든 사회 구성원이 청동기를 소유할 수 없었다. 청동기는 산지(産地)의 부족으로 생산량이 많지 않아 쉽게 구할 수 없어 일반인들은 소유하기 어려웠다. 청동기를 소유한 사람은 당시의 유력자 계층이었던 것이다. 이 시기에는 청동제 도끼나

검과 같은 연장들이 만들어지며, 다양한 기구를 제작할 수 있는 기술의 발전을 이룩하였다. 이는 청동기인들의 도구 제작 기술을 발전시켜, 일반인들이 사용하기 위한 다양하고 전문적인 석제 농기구의 생산을 유도하였다. 추수할 때에 손에 쥐고 벼이삭을 자르는데 사용한 반달돌칼(반월형석도半月形石刀)이나 땅을 가는 농기구인 홈돌자귀(유구석부有溝石斧) 등의 존재가 이를 잘 보여준다. 이러한 농기구는 중국에서 벼농사에 쓰이는 농기구로서 이미 우리나라에서 벼농사가 이루어지던 사실을 입증한다. 실제로 여주 흔암리(欣岩里) 유적을 포함한 몇몇 청동기 유적에서 탄화미가 발견된 바 있다. 이는 결과적으로 벼농사와 어우러진 농업 기술의 발전을 야기하여 전반적인 농업생산력의 증대를 가져왔던 것이다. 이외에도 조 · 수수 · 보리 등도 출토되고 있어 다양한 농작물들이 경작되었음을 알 수 있다. 청동화살촉과 더불어 마제석촉 등의 존재도 당시 사냥이 더욱 대중화되었고 동시에 가축 사육의 중요성도 더욱 높아졌을 것이다.

이상의 사회경제적 측면의 변화는 일반 생활의 안정을 가져와 당시 공동체 규모를 확장시키는 원인이 되었다. 이를 잘 보여주는 것이 청동기시대의 집터와 그 규모가 이전 시대보다 커졌다는 것이다. 곧 넓은 지역에 많은 집터가 군집을 이루고 있어 상당한 규모의 취락이 출현하였던 것으로, 이는 대구 수성구 상동 유적 등 고고학적인 발굴 조사가 널리 이루어지며 많은 유적에서 입증되었다. 집터 유적은 한반도 전역에서 발견되는데, 대체로 취수와 채광에 유리한 지역에서 많이 조성되었다.

집터의 형태는 직사각형이며 일부 원형도 있다. 이러한 움집은 신석기시대의 반지하식 가옥에서 점차 깊이가 50cm에서 30cm 정도에 이르는 지상식 가옥으로 바뀌어 갔으며, 움집을 세우는데 주춧돌을 사용하기도 하였다. 또한 움집 중앙에 위치하던 화덕은 한쪽 벽으로 옮겨지고, 저장 구덩이도 설치된다. 보통의 집터는 부부를 중심으로 4~8명 정도의 가족이 살 수 있는 크기인데, 이는 한 가구를 위해 만들어진 것으로 보인다. 곧 일반적으로 깊숙한 곳에 토기를 두는 여성의 활동처가 있고, 출입구 가까이에는 야외 활동 기구를 놓아두는 남성의 생활공간이 자리잡고 있었다. 이러한 여건을 바탕으로 여성은 주로 집 안에서 가사를 담당하고 남성은 농경과 사냥, 전쟁과 같은 야외 활동에 종사하였던 것으로 여겨진다. 주거용 가옥 이외에도 창고와 같은 독립적인 저장 시설이나 공동 작업장 · 집회소 · 공공 의식 장소 등이 별도의 공간에 만들어졌다.

집 자리는 대부분 취락의 형태로 확인되니 이는 공동체의 규모 확대와 더불어 사회 조직이 점차 발달하고 복잡해졌다는 것을 추정할 수 있다. 가족 단위로 움집을 짓고 살며 가족 관념이 구체화되었는데, 반면 공동체의 규모가 커지면서 공동체 내의 혈연관계가 멀어졌다. 그러므로 이전 시기 친족 공동체에 기반한 사회적 유대 관계가 서서히 해체되고 사유재산제가 출현하였다. 더 나아가 생산력의 증가에 따라 잉여 농산물이 생기게 되며 같은 공동체 내에서 빈부의 격차가 출현, 계층 분화가 서서히 출현하게 된다.

청동기시대에는 고인돌(지석묘)과 돌널무덤(석관묘石棺墓)이 만들어졌다. 고인돌의 구조는 기둥 역할을 하는 받침돌(지석支石)과 천장 역할을 하는 덮개돌(개석蓋石)로 이루어지며, 선돌(입석立石)과 함께 거석문화로 알려지고 있다. 고인돌과 선돌은 거석을 이용하여 축조된 문화재로 우리나라 거석문화를 대표한다. 이러한 거석문화는 세계적으로 우리나라의 고인돌과 더불어 이집트나 마야의 피라미드, 프랑스 서북부 대서양 연안 지역의 거석렬(巨石列)과 영국의 스톤헨지 등이 유명하다. 유네스코 세계 위원회에서는 2000년 12월에 전라도 고창, 화순, 인천시 강화의 고인돌 유적지를 세계 문화유산으로 지정하였다.

강화 지석묘

전국 각지에서 널리 발견되고 있는 고인돌의 형식은 우선 탁자식(卓子式)과 기반식(碁盤式)으로 양분될 수 있다. 네 개의 판석을 네모지게 구축한 매장 주체부의 위에 넓은 덮개돌을 올려 놓은 탁자식은 한강 이북에 주로 분포하고 있어 북방식이라고 한다. 그리고 판석을 이용한 매장 주체부를 지하에 두고 그 위에 작은 돌들로 크고 두꺼운 덮개돌을 지탱하는 기반식은 주로 한강 이남에 분포하고 있어 남방식이라고 한다. 이외에 받침돌이 없이 단지 덮개돌을 직접 매장 주체부 위에 올려 놓은 고인돌(개석식蓋石式)도 있는데, 이것은 전국적으로 분포되어 있다.

이 고인돌의 부장품으로는 간돌검(마제석검磨製石劍)이 흔히 발견되며 붉은간토기가 매장되기도 한다. 전남 승주 우산리 고인돌에서는 비파형동검이 출토되기도 했다. 그리고 돌널무덤은 지하에 널찍한 돌로 상자 모양의 널(관棺)을 만든 것인데, 덮개돌이 없어 발견의 예가 상대적으로 적다.

이상과 같은 청동기시대의 유적 중에서 가장 많이 출토된 청동 유물은 동검이다. 그런데 동검과 더불어 화살촉의 존재는 당시 사회에 전쟁이 많이 발생하였음을 보여준다. 그리고 그 외의 청동기로서는 다뉴조문경이나 청동방울, 그리고 방패형 모양을 한 이형동기 등이 있다. 이들의 용도는 분명하지 않지만 종교적인 의식에 사용되는 의기나 경제적인 부를 나타내는 권력의 상징물로 해석된다.

【 청동기시대의 예술 】

청동기시대 잉여생산물의 등장과 특권층의 출현에 따른 유한계급이 출현하였고, 이러한 사회와 경제의 발달에 따라 예술 활동도 활발해졌다. 예술작품은 유력자인 샤먼이 사용하던 동경이나 이형동기 등의 청동 제품, 그리고 바위그림(암각화巖刻畵) 등에서 발견되고 있어 대체로 종교나 정치적 요구에 의해 제작된 것으로 여겨진다.

청동으로 만든 도구나 장식에서 가장 쉽게 볼 수 있는 것은 동심원과 사선무늬이다. 이것이 가장 잘 결합되어 있는 것이 바로 동경이다. 청동기시대에 제작된 동경은 모두 원형인데 원형 자체가 태양을 상징하며 뒷면에 새겨진 수많은 사선은 태양 광선을 표현한 것이다. 본래 동경의 용도는 거울이 아니며 이것의 생김새를 바탕으로 후대 학자들이 붙인 이름일 뿐인데, 종교의례 시 주술 도구로 사용했을 것이다.

한편 유력자의 무덤에서 출토된 이형동기에는 말이나 호랑이 · 사슴 · 사람 손 모양 등을 사실적으로 조각하거나 원형 및 마름모 모양의 기하학 무늬를 정교하게 새겨 놓았다. 동물의 조각은 사실적이며 선으로 새긴 무늬는 기하학문의 특징을 지니고 있다. 이들은 주술적 의미를 가진 것으로 이러한 무늬가 새겨진 이형동기는 종교적 의식을 행하는데 사용되었을 것이다. 아마도 청동기시대 제사장이나 샤먼과 같은 역할을 수행한 천군(天君) 등이 소유하였던 것으로 여겨진다.

또한 흙으로 빚은 짐승이나 사람 모양의 토우(土偶) 역시 장식으로서의 용도 이외에 풍요로운 생산을 기원하는 주술적 의미를 가지고 있다. 특히 사람의 모양을 한 작은 토우는 여신상으로 추측된다. 이와 유사한 것으로 뼈로 만든 작은 인상(人像)이 몇 개 발견되었다. 아마도 인력이 큰 경제적 자산이 되던 시기로 다산(多産)을 기원하기 위한 것으로 여겨진다. 또 흙으로 빚은 돼지(토돈土豚)도 몇 개 발견되었는데, 이 또한 식량 자원이 되는 돼지의 다산을 기원한 듯하다. 우리나라 기록을 보면 때때로 종교 의례를 위한 희생물로 돼지가 바쳐지는 경우가 많아, 종교 의례에 사용되었다고 볼 수 있다.

이 시대의 예술품으로 학계의 주목을 받는 암각화가 있다. 고령군 양전동의 암각화에는 동심원과 사선 무늬 · 십자형 · 삼각형 등의 기하학 무늬가 있다. 역시 동심원은 태양을 상징하는 것으로 이 그림은 청동기시대의 농업 사회에서 행해진 태양 숭배와 함께 풍요로운 생산을 바라는 제사 공간으로 여겨진다. 울주 천전리의 암각화에도 원과 삼각형 · 능형 등의 도안 무늬가 새겨져 있다. 울주 반구대의 암각화에는 거북 · 사슴 · 호랑이 등의 동물과 작살이 꽂힌 고래 · 새끼고래를 업은 고래를 비롯한 여러 종류의 고래, 그물에 걸린 동물과 우리 안의 동물 · 사람들의 어로 모습 등이 새겨져 있다. 동물의 그림들은 대개 쌍으로 그려져 있고, 생식 활동을 상징하는 것도 있어서 사냥과 고기잡이의 성공 및 수확의 풍성함을 기원하는 것으로 생각된다.

【 초기국가의 성립 】

초기국가는 성읍국가 · 군장사회 · 부족국가라고도 한다. 앞에서 언급한 바와 같이 청동기시대에 청동기를 소유할 수 있는 사람은 많지 않았다. 이 시대에 청동기를 소유하였다는 것은 그들이 유력자였으며, 청동기는 그들의 권력을 상징하는 것이 되었다. 오히려 생산계층인 일반민들은 청동기가 아니라 이를 모방한 마제석검이나 마제석촉, 그리고 다양한 석제 농기구를 소유할 수 있었을 뿐이다.

유력 계층의 특권은 죽은 뒤에도 영향을 미쳐 무덤의 크기와 껴묻거리의 내용에 반영되었다. 곧 청동기시대에는 고인돌(지석묘)과 돌널무덤(석관묘石棺墓)이 만들어졌는데, 그 중에서 이러한 유력자의 출현과 계급 사회의 발생을 보여주는 대표적인 무덤이 고인돌이다. 고인돌은 한 사람의 시신을 묻기 위한 개인묘였는데 일부 대형의 고인돌은 그 길이가 9미터, 무게가 70톤에 이르는 거대한 덮개돌을 사용하기도 한다. 더구나 이러한 고인돌은 때로 수십 리의 먼 거리를 인력으로 운반하여 조성한 경우가 대부분이다. 그러므로 대형의 석재를 채석하고 운반하고

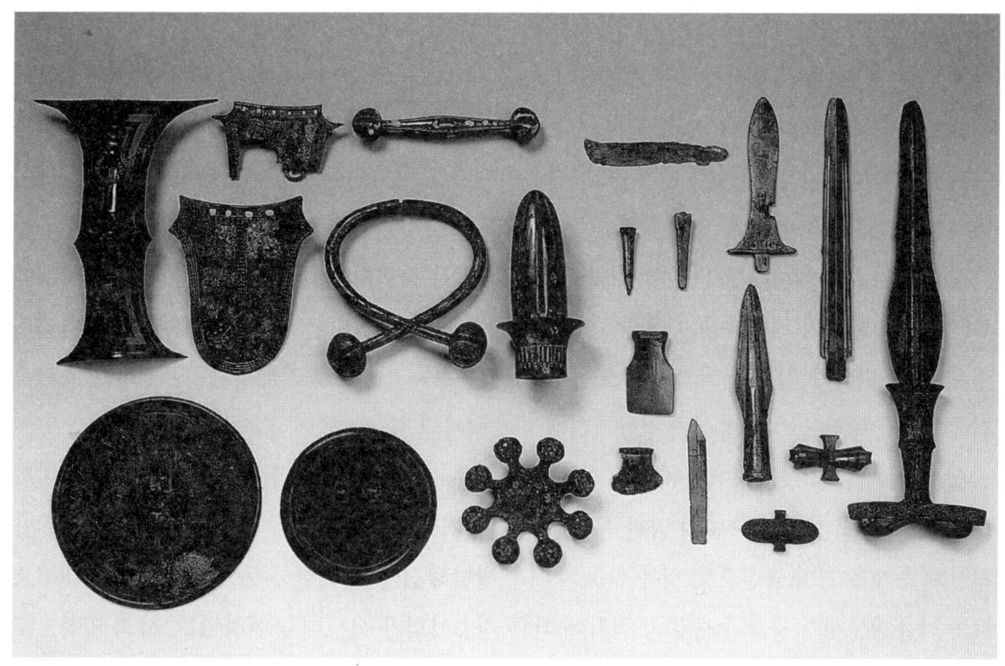

청동기

다듬고 또 이를 받침돌 위에 세우는 작업에는 많은 인원과 막대한 노동력이 필요하였다.

그러므로 이러한 거대한 고인돌에 묻힌 사람들은 상당한 수의 인간을 동원할 수 있는 힘의 소유자(유력자 내지 권력자)였음을 말해준다. 이러한 권력은 그 당대에 그치는 것이 아니라 대를 이어 세습된 듯하다. 고인돌은 한곳에 적으면 3~4개, 많으면 수십 개 혹은 수백 개씩 무리를 이루고 있으며, 때로는 일직선으로 정연하게 나열되어 있기도 한다. 이는 혈연적 관계를 바탕으로 매우 오랜 기간에 걸쳐 고인돌이 조성되었음을 보여준다. 그러므로 이 고인돌에 묻힌 사람은 대규모 사회의 유력자 내지 권력자이며, 이러한 권력자의 지위는 여러 대를 거치며 자손들에게 이어졌다고 판단할 수 있다.

청동기시대의 대표적인 유물인 동검과 동경, 그리고 이형동기들은 고인돌이나 돌널무덤에서 일괄(Set)로 출토되는 경우가 많다. 이 시기 청동기를 소유했던 계층은 유력자이며 그 유력자가 죽어 만들어진 무덤 속에서는 정치적 군장을 상징하는 동검, 종교적 권위를 상징하는 동경과 경제적 부를 상징하는 이형동기 등이 함께 매장되었던 것이다.

청동기를 권위의 상징물로 소유하고 고인돌이나 돌널무덤에 묻힐 수 있는 특권을 지닌 사람들은 어떤 사람이었을까? 그들은 아마도 신석기시대 종교적 권위를 바탕으로 당시 사회를 서서히 다스려 나가던 샤먼의 후예로서 그 전통을 이어받은 자였을 것이다. 그러나 이제 그들은 농경에 의한 생산물을 다른 이보다 많이 거두어들이고 소유하였다. 또한 전쟁을 수행하며 이를 앞장서 지휘하였고, 전쟁에 승리한 경우 얻은 전리품들을 보다 많이 점유할 수 있었다. 그들은 이렇게 획득한 많은 농산물과 재물을 소유하고 때때로 부족민들에게 재분배하여 그들의 사회적 · 정치적 위상을 더욱 확고히 하였을 것이다.

유력자의 무덤에서 출토되는 청동제 부장품과 당시 사회상에 대한 이해를 바탕으로 학계에서는 청동기시대의 지배자를 종교적 권위와 정치적 군장을 겸비한 사제왕(司祭王)이라 일컫기도 한다. 우리나라 최초의 국가인 고조선도 이러한 청동기시대에 건국될 수 있었고, 고조선을 건국한 단군왕검도 바로 이러한 청동기시대의 유력자인 사제왕임이 명확하다고 하겠다.

당시 정치 권력이나 경제력에서 우세한 부족들은 스스로를 하늘의 자손이라고 믿는 선민사상(選民思想)을 가지고 주변의 약한 부족은 통합하거나 정복하였다. 더구나 대량 살상 능력을 지닌 금속제 무기의 출현으로 정복 활동은 더욱 활발해졌다. 이러한 청동기시대에 사회 내적으로는 사유재산제의 등장과 빈부의 격차에 따른 계층사회가 서서히 출현하였고, 사회 외적으로는 대규모 정복전쟁에 의한 지배 피지배의 본격적인 계급사회가 출현하였다. 그리하여 평등사회는 계급사회로 바뀌어 갔고 권력과 경제력을 가진 유력자 또는 정치적 권력자가 출현하였다. 그 결과 최고의 권력자(사제왕)와 그 혈연 집단, 그리고 그 주변의 유력 집단들, 또한 이들의 지배를 받는 일반민, 그리고 전쟁에서 패배하여 노예와 같은 사회적 신분을 가진 예속민이 출현하게 된 것이다. 그 결과 청동기시대에는 이러한 사회적 변화상을 바탕으로 소위 본격적인 계급사회 내지는 초기국가라는 정치체가 등장하게 된다.

이러한 정치적 단위체를 종래에는 흔히 부족국가(部族國家)라고 불러 왔다. 그러나 부족국가는 혈연과 지연에 기반한 원시적 개념인 부족과 그와는 상치되는 행정적 관계에 기반하며 보다 확대된 개념인 국가의 부자연스런 결합의 산물이다. 이는 학문적으로 부적합하다는 것이 현 학계의 일반적인 견해이다. 그러므로 도시국가(都市國家) 혹은 성읍국가(城邑國家)라는 용어를 새로이 사용하였고, 최근에는 일부 인류학자들이 국가 형성의 앞 단계를 지칭하는데 사용한 Chiefdom의 번역인 족장사회(族長社會) · 추장사회(酋長社會) · 군장사회(君長社會) 등의 용어도 사용한다.

도시국가는 서구적인 이미지가 강하고 인구가 밀집한 도시다운 면모를 필요로 한다는 점에서 한국사와 연계시키기 어렵다. 또 chiefdom은 국가의 앞 단계로 추정되고 있으나 실상 국가와의 차이가 명백하지 못한 결점을 가지고 있다. 그래서 최근에는 군장국가라고도 하나, 이는 문자상 왕국(王國)과 별로 차이가 없는 것이어서 왕국의 전 단계를 표현하는 용어로서 부적당하다. 그 대신 성읍이란 말은 우리나라의 옛 기록에 국가의 전 단계를 지칭하는 명칭으로 사용한 예가 있기 때문에, 이를 사용하는 것이 자연스러울 듯하다. 그러므로 우리나라의 초기국가를 성읍국가로 부르며 본격적인 계급사회로서 국가의 기원은 이러한 성읍국가의 출현으로부터 잡아야 할 것이다.

제2절 고조선의 성립과 발전

【 고조선사회의 성장 】

청동기의 제작과 사용으로 야기된 사회 환경의 커다란 변화 속에 본격적인 계급사회가 출현하며 이에 성읍국가를 기본으로 하는 정치체가 각지에서 출현하였다. 요하와 대동강 유역의 고조선(古朝鮮), 만주 송화강 유역의 부여(扶餘), 압록강 중류 지역의 예맥(濊貊), 동해안에 있는 함흥평야의 임둔(臨屯), 황해도 지방의 진번(眞番), 그리고 한강 이남의 진국(辰國) 등이 그러한 국가이다. 중국 문헌을 통해 볼 때, 이들은 대체로 B.C. 4세기경에는 중국에까지 그 존재가 알려질 정도로 성장하고 있었다. 그들 중에서 가장 국력이 강성하여 중국인들에게 주목받았던 선진적인 나라는 바로 고조선이었다.

고조선의 건국 과정은 『삼국유사(三國遺事)』에 실린 단군(檀君)에 관한 기록을 통해 그 대략을 추정할 수 있으니, 성읍국가로서의 고조선은 아사달(阿斯達)에 건국하였다고 한다. 아사달은 곧 훗날의 왕검성(王儉城)이겠지만, 그 위치는 삼국시대부터 대동강 유역의 평양(平壤)이었던 것으로 전해져 왔다. 그런데 최근에는 요하 유역이었다고 주장하는 설도 대두하고 있으며, 혹은 처음 요하 유역에 있다가 뒤에 대동강 유역으로 옮겼다는 설도 제시되어 있다.

『삼국유사』의 기록에 의하면 고조선은 단군왕검이 B.C. 2333년에 건국하였다고 한다. 고조선의 건국 사실을 전하는 단군에 관한 기록은 우리 민족의 시조 신화로 널리 알려져 있다. 이는 오랜 세월을 거치면서 전승되어 기록되어진 까닭에 일부는 새로 첨가되기도 하고 때로는 없어지기도 하여 원형을 정확히 파악하기 어렵다. 그렇지만 신화는 그 시대 사람들의 관심과 사회적 환경이 반영되는 것으로, 단군에 관한 기록은 청동기시대의 문화를 배경으로 여러 부족이 연맹하여 고조선이 성립되었던 역사적 사실을 반영한다고 하겠다.

고조선은 당시 천신족을 표방하며 우월성을 과시하던 환웅 부족이 태백산을 중심으로 성장했던 것으로 여겨진다. 또한 그는 휘하에 기상 조절가의 역할을 수행하는 하위 주술사로 풍백(風伯)·우사(雨師)·운사(雲師)를 두어 각자 바람·비·구름 등을 부릴 수 있었던 것으로 보인다. 특히 바람과 비·구름 등은 농경사회에서 중요시 여겨지는 것들로써 당시 고조선사회가 농경사회였음을 시사한다. 또한 환웅 부족은 곰을 숭배하는 부족과 연합하여 단군왕검이라는 최고 지배자를 배출하며, 고조선이라는 국가를 성립시켰다. 그리고 이 단계에서 아마도 본격적인 계급사회를 이룩하였던 것으로 보인다.

단군왕검(檀君王儉)이라는 칭호는 건국자의 이름이 아니라 고조선의 최고 지배자의 칭호라고 여겨지는데, 단군이라는 칭호와 왕검이라는 칭호가 복합된 것이라고 한다. 곧 고대 동북아시아에서는 알타이어로 하늘(천天)을 Tengri(탱그리)라고 하였고 이 탱그리가 탱글 → 탕글 → 단군으로 어형 변화를 일으켰으니 고대 샤먼의 칭호라는 것이다. 또한 왕검의 칭호는 왕(王) + 검(儉 ; 검소할 검 → 劍 ; 칼검 - 음이 통하면 뜻이 통함)으로 본래 왕은 '크다' · '높다' 의 뜻을 가지고 있어 가장 높은 위치에 있는 제일 큰 검이라는 뜻이다. 곧 왕검은 당시 '최고의 군장' 이라는 칭호가 된다. 그러므로 단군왕검은 샤먼의 칭호와 최고 군장의 칭호가 복합된 것으로 청동기시대의 지배자라고 할 수 있는 사제왕의 전형적인 칭호인 것이다.

고조선은 대동강과 요하 유역 일대에 흩어져 있는 여러 성읍국가들과 연합해서 하나의 커다란 연맹체를 형성하였다. 그런데 중국의 은(殷)이 멸망하고 그 뒤를 이은 주(周)나라의 무왕(武王)이 은의 현인 기자(箕子)를 조선의 왕으로 봉하자 이후 기자가 동쪽에 와서 조선을 다스렸다고 한다. 그러나 당시 주나라의 세력 범위가 요동에 미치지 못하고 더불어 은의 청동기 문화가 요하나 대동강 일대에서 전혀 확인되지 않으므로 기자의 조선 책봉 및 동래(東來)를 인정하지 않고 있다.

우리는 고조선이 이른 시기부터 커다란 사회적 발전을 이룩하고, 요동으로부터 한반도 북부에 이르는 넓은 지역을 다스리는 대제국이었다고 생각하기 쉽다. 이러한 생각은 역사의 일반적 발전을 무시한 잘못된 생각이다. 물론 이러한 지역에서는 B.C. 10세기경부터 우리나라 청동기 문화를 대표하는 비파형동검이나 미송리식 토기가 발견되고 있어 일단의 문화적 공동체가 존재했음은 인정할 수 있다. 그렇지만 이렇게 넓은 지역을 한 명의 왕이 다스리는 소위 후대 고구려나 백제와 같은 고대국가가 이른 시기부터 존재했다고 볼 수 없기 때문이다.

다만 B.C. 4세기경에는 고조선이 중국과 군사적으로 맞설 수 있을 정도로 성장한 것만은 틀림없다. 그것은 주가 쇠약해지고 요서 지역에 위치한 연(燕)의 제후가 스스로 '왕' 을 칭하며 고

조선을 침략하려고 하자 고조선의 지배자도 역시 '왕'이라 하고 연에 역공하려고 했던 사실이 중국 역사서 『사기(史記)』에서 확인되기 때문이다. 당시 고조선은 연과 요하 내지 대능하(大凌河)를 경계로 하여 서로 대립하고 있었으며, 연이 고조선을 교만하고 잔인하다고 한 것을 보면 고조선이 독자적인 세력을 자랑하며 강한 군사력을 갖고 있었음을 알 수 있다. 아마도 B.C. 4세기경의 고조선은 중국의 철기문화를 받아들이고 이를 바탕으로 독자적인 문화를 갖춘 사회 발전을 이룩하여, 전국칠웅(戰國七雄) 중의 하나인 연과 대등할 정도의 국력을 소유하였던 것이다. 기원전 3세기경에는 부(否)왕이 죽자 그의 아들 준(準)이 왕위에 즉위하였다. 곧 왕위가 같은 가문으로 세습되고 있음은 왕권의 안정을 시사하며, 왕 밑으로 상(相)·대부(大夫)·장군(將軍) 등의 관직도 있었다.

【 철기의 사용 】

B.C. 4세기경 고조선에는 전국칠웅 중에서 철기가 가장 발달했던 연나라를 통해 새로운 금속문화인 철기문화가 유입된다. 이 철기문화는 종래의 청동기문화와 만주에서 혼합되어 압록강 중류와 청천강 상류를 거쳐 대동강 유역으로 들어왔다. 당시 대동강 유역은 고조선의 수도인 평양이 위치하고 있어 새로운 금속문화의 저수지와 같이 되었으며, 이를 통해 한반도 남부로 철기문화가 파생되기 시작했다. 이러한 흐름은 바다 건너 일본에까지 영향을 미쳐 야요이(彌生)문화를 낳게 하였다.

철기의 사용은 생활상을 다양하게 변화시켰다. 사실 철산지는 청동산지보다 훨씬 많아 철기의 대량 생산이 가능하였고, 철기의 강도는 청동기 및 석기를 훨씬 능가하였다. 청동기시대의 농기구는 석제나 목제였지만, 철기시대에 들어서 비로소 석기 위주의 농기구가 사라지고 철제 농기구가 널리 사용되었다. 곧 철로 만든 괭이(철초鐵鍬)뿐 아니라 보습(철려鐵犁)·낫(철겸鐵鎌) 등의 발달된 농기구가 제작되는 것이다. 보습은 동물의 힘을 이용하여 땅을 경작했을 가능성을 보여준다. 일반적으로 따비나 괭이는 사람이 직접 경작하는데 사용하였을 것이다. 낫은 추수할 때에 벼이삭을 하나씩 자른 것이 아니라, 여러 포기를 한꺼번에 베었음을 말하여 준다. 이러한 철제 농기구의 보급에 따른 농업기술의 발전은 농업생산력의 급격한 증가를 야기하였다. 이는 이 시기에 이르러 경제적 생활의 안정이 청동기시대보다 훨씬 두드러졌음을 시사한다. 그로 말미암아 증가된 재부는 사회 전체에 고루 나누어지기보다는 지배층에 의하여 더 많이 점유되었을 것으로 생각된다. 따라서 빈부의 차이는 점차 확대되어 갔을 것으로 여겨진다.

철기시대에 들어서 농기구는 철제가 전용되었지만 청동기시대 이후 금속제 도구로서 널리 사용된 병장기는 청동기와 철기가 혼용된다. 우선 청동제 무기는 더욱 예리하고 다양하게 제작되는데 청동검(靑銅劍)·청동모(靑銅矛)·청동과(靑銅戈) 등이 대표적이다. 비파형동검으로부터 발전한 날카로운 세형동검(細形銅劍)과 청동창은 주변의 이민족에서는 발견되지 않는 독자적 양식의 것으로 유명하다. 이외에도 다양하고 보다 살상 능력이 배가된 철제 병장기가 만들어진다. 초기에는 주조 방식에 의한 철단검(鐵短劍)과 철모(鐵矛) 등이 제작되나, 이후 기술의 발전에 따라 단조 방식에 의한 철장검(鐵長劍)이 제작되고 세형동검을 대신하게 된다. 또한 철로 만든 등자(鐙子)·재갈(철비鐵轡)과 청동으로 만든 방울(동탁銅鐸) 등의 마구(馬具)와 멍에(거형車衡) 등의 거여구(車輿具)가 있다. 이러한 철제 병장기와 마구류 등의 금속 제품들은 대체로 지배층의 소유물이었다. 거친 무늬에서 정교한 무늬로 발전한 다뉴세문경(多鈕細文鏡) 같은 것은 그들의 권위를 상징하는 구실을 하였다.

가옥에는 난방을 위하여 온돌 장치를 한 것이 나타나기 시작하였다. 이때에는 지상에 목조가옥(木造家屋)을 짓고 살기도 하였다. 복식과 장신구로는 허리띠에 사용된 말이나 범과 같은 동물 모양의 띠고리(동물형대구動物形帶鉤)가 주목된다. 무덤으로는 길이 3미터 너비 1미터 정도의 구덩이에 시체를 묻는 널무덤(토광목곽묘土壙木槨墓)과, 2~3개의 항아리를 맞붙여서 시체를 묻는 독무덤(옹관묘甕棺墓)이 유행하였다. 그리고 청동기와 철기를 제작할 때 사용된 고온의 가마가 활용되어, 토기는 제법 견고한 중국식 회색토기(灰色土器)가 나타난다. 지상 가옥이나 동물 모양의 띠고리 및 널무덤 같은 것은 물론 지배층의 소유였을 것이다.

고조선의 사회상을 알려 주는 것으로 8조 법금(八條法禁)이 있다. 그 중에서 3개 조목의 내용만이 전해지고 있는데, 이를 보면 당시 사회에 권력과 경제력의 차이로 인해 사유재산제가 출현하면서 형벌과 노비가 발생하였음을 알 수 있다. 곧 "대개 사람을 죽인 자는 즉시 죽이고, 남에게 상처를 입힌 자는 곡식으로 갚는다. 도둑질을 한 자는 노비로 삼는다. 용서받고자 하는 자는 한 사람마다 50만 전을 내야 한다."라고 규정되어 있다. 또한 "비록 용서를 받아 보통 백성이 되어도 풍속에 역시 그들은 부끄러움을 씻지 못하여 결혼을 하고자 해도 짝을 구할 수 없다. 그러므로 백성들은 도둑질을 하지 않아 대문을 닫고 사는 일이 없었다." 고 한다. 곧 당시 고조선 사회에서는 노동력과 사유재산을 중요하게 여기고 보호하였다는 것을 알 수 있다.

【 위만조선 】

청동기문화를 바탕으로 성장하던 고조선은 B.C. 4세기 말에 요동으로 침략해 오는 연과의 전쟁에서 패배하며 일시적으로 쇠퇴한다. 당시 연의 침략은 연나라 장수 진개(秦開)에 의해 이루어졌는데, 그는 요동 지방을 침탈하고 그곳의 통치를 위해 요동군(遼東郡)을 설치하였다. 연이 세운 요동군은 진(秦) 시황제가 전국시대의 종말과 더불어 대륙을 통일한 이후 진의 통치를 받았다. 그러나 진은 중국을 통일한 지 불과 10여 년이 지나지 않아 망하고 용맹하기로 이름난 초(楚)의 항우(項羽)와 지략이 많기로 이름난 한(漢)의 유방(劉邦)이 대륙의 패권을 놓고 다투었다. 바로 우리가 즐기는 장기의 판세가 이 시기 대륙의 정세를 기초로 만들어진 것이다. 결과적으로 한이 초를 물리치고 진의 뒤를 이어 통일왕조로서 등장하는데 성공한다.

당시 한의 유방은 노관(盧綰)이라는 인물을 옛 연의 땅에 왕으로 봉하였지만, 노관은 북쪽 흉노의 땅으로 망명해 버렸다. 이러한 진한 교체의 혼란기에 상대적으로 안정되고 발전도상에 있는 흉노나 고조선의 지역으로 망명하는 중국 유민들이 많았다. 고조선으로 망명하는 중국의 많은 무리 중에 위만(衛滿)이라는 자가 있었다. 위만은 망명할 당시 약 천여 명의 무리를 이끌고 상투를 틀고 고조선의 옷을 입고 있었다. 고조선의 준왕을 찾아온 위만은 서쪽 변경을 수비하는 임무를 맡길 자처하였고, 결국 준왕의 신임을 얻어 서쪽 변경을 지키는 관리가 되었다. 그는 그곳에 거주하는 지역민과 새로이 유입되는 유민들을 통솔하면서 점차 자신의 세력을 확대했다. 그 후 B.C. 194년 한이 열 갈래 길로 나누어 왕검성을 공격한다고 거짓 보고를 하고 수도를 지키겠다고 하며 군사를 몰고 오히려 준왕을 공격하여 왕을 몰아내고 스스로 왕이 되었다. 당시 위만에게 왕위를 빼앗긴 준왕은 다행히 목숨은 건져, 좌우궁인(左右宮人)을 거느리고 서해를 거쳐 한반도 남쪽으로 내려가 한왕(韓王)이라고 자처하였다.

위만은 중국 유망민 세력을 이끌고 고조선의 왕위를 찬탈하였지만 나라 이름을 그대로 조선이라 하였고, 그의 정권에는 토착민 출신으로 높은 지위에 오른 자가 많았다. 따라서 위만조선은 단군의 고조선을 계승한 것으로 이해할 수 있다. 이후부터 멸망하기까지의 고조선을 위만조선이라고 한다. 위만은 그의 허약한 왕권을 유지하기 위해 고조선의 토착 세력과 결합할 필요가 있기도 했다. 기록에 나오는 조선상(朝鮮相) 등이 바로 그러한 토착 세력가였던 것으로 생각된다. 초기 위만조선은 철기문화에 보다 친숙한 중국인 유망 세력을 배경으로 하였지만, 이후 고조선인의 세력을 바탕으로 하는 연맹왕국적인 정권이었다.

위만은 왕권을 확고히 하기 위해 대외적으로 한과의 관계를 개선하고자 노력하여 많은 공물을 바치고 한의 외신(外臣)이 되는데 성공하였다. 위만조선은 외신의 대가로 한으로부터 발전된 철기를 받아낼 수 있었다. 이를 통해 조선은 주위의 다른 나라들이 가지지 못한 우세한 군사력과 경제력을 가질 수 있었고 이들을 정복의 대상으로 삼았다. 위만조선은 진번(眞番 ; 자비령 이남 한강 이북), 임둔(臨屯 ; 함경남도) 등을 모두 복속시켜 사방 수천 리에 이르는 지역을 지배하기에 이르렀다.

세력이 강대해진 위만조선은 한반도 남부의 진국(辰國 ; 한강 이남) 등 여러 나라가 한과 직접 교역하는 것을 방해하였다. 이는 중간 무역의 이익을 독점하려는 움직임이었다. 더 나아가 위만은 이러한 경제적 · 군사적 발전을 기반으로 한과 대립하려고도 하였다. 이러한 위만조선의 행동은 한의 외신으로서 부적절한 행동이었으므로 한의 분노를 사게 된다. 더구나 몽고로부터 만주로 뻗어 오는 흉노가 위만조선과 연결되는 경우에 야기될 위협을 한은 꺼려하였다. 한은 예군(濊君) 남여(南閭)의 복속을 계기로 B.C. 128년 예(濊 ; 압록강 중류와 동가강 유역 일대)의 땅에 창해군(滄海郡)을 설치하고 위만조선에 압력을 가하려고 하였지만 사실상 도상 계획으로 그치고 말았다.

위만조선과 한과의 대립적 관계는 우선 상호간 정치적 교섭을 시도케 하였다. 그러나 한의 관리로써 위만조선에 파견되었던 섭하(涉何)가 귀국 길에 배웅나온 조선 장수를 살해하고 달아났고, 위만조선은 이러한 섭하를 보복 살해함으로써 파국이 시작되었다. 이를 계기로 한은 B.C. 109년 수륙 양면으로 대규모 침략을 감행, 위만조선에 대한 무력적 침략을 본격화하였다. 이에 위만조선은 한과의 경계 지역인 패수 일대에서 적군을 크게 물리치는 대승을 거두기도 하며, 이후 약 1년 동안 한의 침략에 성공적으로 맞서 대항하였다. 그러나 장기간의 전쟁으로 지배층의 내분이 일어나 전쟁을 반대하고 화의를 주장하는 주화파(主和派)의 투항이 있었고, 이 와중에 당시 왕인 우거왕(右渠王 ; 위만의 손자)이 살해되었다. 그 후 대신(大臣) 성기(成己)가 최후까지 저항하였지만 결국 B.C. 108년 수도인 왕검성이 함락되며 위만조선은 멸망하였다.

【 한의 군현 】

위만조선을 멸망시킨 한은 B.C. 108년 위만조선의 땅을 다스리기 위해 낙랑(樂浪) · 진번 · 임둔의 세 군(郡)을 두고, 이듬해인 B.C. 107년에는 예의 땅에 현도군(玄菟郡)을 두어 소위 한사군(漢四郡)을 설치하였다. 당시 한의 지방 제도는 군현제도(郡縣制度)로써 군의 관할 범위 내의 토착 세력을 현 단위로 구분하여 다스렸다. 그 위치를 보면 낙랑군은 대동강 유역의 고조선 지방, 진번군은 자비령 이남 · 한강 이북의 옛 진번 지방, 임둔군은 함남의 옛 임둔 지방, 현도군은 압록강 중류 · 동가강 유역의 예 지방이었던 것으로 추정되나 확실치 않다. 이 설에 의하면 한사군은 한강 이북의 지역에 한하였으며, 각기 일정한 독립된 사회들을 단위로 설치되었다고 볼 수 있다.

한사군은 각기 그 지방의 토착 세력의 반항을 받아 후퇴를 강요당하였다. 한나라는 한사군 설치 후 불과 20여 년 만인 B.C. 82년 진번 · 임둔군을 폐하고, 그 관할 하의 여러 현을 각기 낙랑과 현도의 2군에 나누어 맡겼다. 이 과정에서 임둔군 관할 현 가운데 절반을 포기하였을 것으로 여겨진다. 그 후 B.C. 75년 현도군이 예의 지역으로부터 만주의 흥경(興京) 방면으로 철수하였다. 그것은 이 지방에서 후일 고구려(高句麗)로 성장한 주인공들이 흥기한 결과로 생각된다. 당시 현도군은 4개의 속현(屬縣)을 거느리고 있었는데, 그중 수현(首縣 ; 우두머리 현)의 명칭이 고구려현이었고, 이 고구려라는 현명(縣名)은 이후 삼국시대 주역 중의 하나인 고구려의 국명(國名)으로 등장하기 때문이다. 그 결과 낙랑군은 본래 임둔군에 속해 있던 지역의 관할을 현도군으로부터 다시 물려받았다.

고조선의 수도였던 평양 지역에 설치된 낙랑군에서도 평온한 통치가 계속되지 않았다. 우선 본국인 한의 국내 정세와 토착 세력의 추이에 직접적인 영향을 받았다. 1차적으로 후한(後漢) 때 낙랑의 토호인 왕조(王調)의 반항이 일어났다. 이 반항은 새로 파견된 낙랑태수 왕준(王遵)과 이에 협력한 토착 한인 세력에 의하여 평정되었으나(A.D. 30) 낙랑군의 영향력은 이전과 동일할 수 없었다. 이에 낙랑군은 영동 지역의 여러 소국들에 대한 자치를 허용하였다. 더욱이 당시 후한은 국력의 약화로 이전과 같은 적극적인 동방정책을 도모할 수 없었다. 반대로 고구려는 A.D. 2세기 초에 이르러서 적극적인 서방 진출을 꾀하며 요동을 위협함으로써, 낙랑군은 한반도 서북부 지역에서 고립의 상황에 처하게 된다.

위만조선이 멸망한 이후 한사군의 지배를 피해 한반도 남쪽으로 많은 유민이 이동하였다. 이들은 매우 세련된 청동기문화와 철기문화를 지녔던 까닭으로 한반도 남부 지역에서는 진(辰)과 더불어 삼한(三韓 ; 마한 54국 · 진한 12국 · 변한 12국)의 새로운 흥기를 보게 되었다. 이후에도 꾸준히 누차에 걸쳐 고조선의 유민들이 낙랑군의 통치를 피해 삼한 지역으로 들어갔다. 그러므로 낙랑군 단독으로 새롭게 흥기하는 한반도 남부의 여러 정치 세력에 대한 원만한 통제와 조절이 어려워지게 되었다.

이 사태를 수습하고자 후한 말 요동 지방에서 독립 세력으로 성장한 공손씨(公孫氏)는 A.D. 204년 낙랑군의 남부이자 옛 진번군의 땅에 대방군(帶方郡)을 설치하였다. 그러나 그들의 식민 정책을 수행한 중심지는 여전히 낙랑군이었다. 낙랑군에는 군 태수의 지휘를 받는 관리와 상인 등 한인이 정착해 살면서 일종의 식민도시를 건설하고 있었다. 그들의 생활상은 낙랑 군치(郡治)로 생각되는 평양 서남쪽의 토성리(土城里) 유적이 발굴 조사되어 어느 정도 파악할 수 있게 되었다. 또 인근에 조영되어 있는 목곽분(木槨墳)과 전축분(塼築墳)에서 나오는 각종 부장품을 통하여, 식민도시의 한인 관리나 상인들의 생활이 제법 호화로운 것이었음도 알 수 있게 되었다. 이러한 유물들은 한사군 내에서 만들어진 것도 있었지만 오히려 중국에서 가져온 것이 대부분이었다. 그러므로 낙랑의 문화 수준은 당시 중국 본토에 비해 손색이 없었다. 시간이 지날수록 토착 한인 호족을 중심으로 독자적인 지역 문화가 형성되어 가는 지방화의 경향이 나타나기도 한다.

호화로운 식민도시의 건설에도 불구하고 한의 식민정책은 제한적이었다. 그들은 고조선인의 거주지와는 따로 떨어져 살며 어느 정도 통제를 가할 뿐이어서, 고조선인들은 비교적 정치적 자유를 누리고 있었으니 기록에 보이는 낙랑왕(樂浪王) 최리(崔理)는 그러한 존재의 하나였던 것이다. 낙랑군의 경제적인 관심은 지극히 커서 낙랑군에서 1,500명을 동원하여 삼한 지역에 가서 목재를 베어오게 하였다든지, 한의 상인들이 밤에 도둑질을 하였다든지 하는 이야기가 등장하게 된다. 특히 소금이나 철은 한나라 정부의 전매품이었던 만큼 관심이 컸을 것으로 생각된다. 마침 삼한의 하나인 변한(弁韓)에서는 매우 질이 좋은 철이 많이 생산되어 삼한 이외에도 일본에서부터 낙랑군과 대방군에 이르기까지 널리 철을 공급하고 있었다.

한편 토착 지역에 대한 한군현의 영향은 미약하였으나, 한인들의 직접적인 지배를 받게 된 지역에서 상대적으로 심하였다. 고조선시대에 8조목 밖에 없던 법이 그들의 영향으로 60여 조목에 달하게 되었음은 중국의 사회제도나 생활양식이 고조선사회에 침투하였던 모습을 잘 반영한다. 특히 한의 상인들은 고조선인들이 물건을 창고에 간수하지 않는 것을 보고 밤에 도둑질해 갔고, 이에 자극을 받아 풍속도 각박하게 되었으며 그로 말미암아 보다 많은 법 조목이 필요하게 되었다고 한다. 사유재산제도가 발달한 한인들과의 접촉이 고조선사회에 일정한 작용을 일으키고 있는 모습이다. 일부 고조선인들도 한인과 같이 도마를 이용해 요리를 하고 식기로 식사하였다는 것은 친한(親漢)적인 세력층이나 부유층이 새로 성장하고 있었음을 뜻하는 것으로 생각된다.

한군현의 정치적 · 경제적 간섭은 주변의 여러 나라에도 파급되었다. 이와 같이 한군현은 주변의 소국들로부터 필요한 생산물을 취하였지만, 한편으로는 이들의 통합을 막기 위해 정치 공작을 전개하였다. 곧 삼한의 군장들에게 한의 관작(官爵)·인장(印章) 등을 주어 조공 관계를 맺는 방법을 통해 간접적이나마 한에 대한 외교적 복속을 시도하는 것이었다. 반대로 삼한 소국의 군장들은 군현이 필요한 물품을 제공하고 그에 대한 반대급부로 낙랑군으로부터 군장을 입증해주는 관작·인장과 의복 등을 받았다. 우연히 발견된 '부조예군인(夫租薉君印)'은 아마도 함흥 지방의 토착 세력가에게 준 인장이었을 것이다.

군현의 정책은 토착 세력을 정치적으로 분열시켜 그들을 조종하기 위한 것이기도 하였지만, 삼한의 소국들은 이러한 군현의 정치적 지배와 간섭을 받으며 한의 철기문화를 수용하고 보다 발전한 정치사회를 이룩할 수 있었다. 아마도 삼한의 군장들은 내적으로 그들의 정치적 위상을 확고히 하며 철기문화를 통해 대내적 발전을 도모할 수 있었을 것이다. 그리고 한군현의 직·간접적인 지배를 받았던 고구려와 간접적인 외교적 간섭을 받던 백제 등이 이러한 한의 군현을 축출하게 되는 것이다. 곧 고구려에 의하여 A.D. 313년 낙랑군이 소멸되고, 이듬해인 A.D. 314년 백제에 의해 대방군이 소멸되어 우리나라의 영역에서 한이 세운 식민통치기구가 사라지게 되었다. 이러한 한군현을 축출하며 성장한 고구려·백제가 바로 우리나라 고대 삼국시대의 주인공으로서 중앙집권적 지배 체제를 가진 고대국가로 성장하였던 것이다.

제3절 여러 국가의 성립과 발전

【부여】

부여(扶餘)는 고조선 다음으로 등장하는 한국사상 두 번째 국가이다. 부여는 고조선 멸망 이전부터 현재의 만주 길림시 일대를 중심으로 송화강 유역의 비옥한 평야 지대를 중심으로 성장하였다. 그 중심지는 대체로 장춘(長春)·농안(農安) 지방일 것으로 생각되며 그 지명에서 알 수 있듯이 농경이 성행하였고 목축도 병행하였을 것으로 여겨진다. 특산물로는 말·주옥·모피 등이 유명하였다.

부여에 대한 확실한 기록은 B.C. 4세기경에 이르러서이며 A.D. 1세기 초부터는 중국 사서에 부여의 명칭이 자주 등장한다. 특히 A.D. 49년에는 부여왕이 후한의 광무제에게 사신을 보냈다는 기록이 있어, 중국식 지배자의 칭호인 '왕' 호를 사용했고 중국과 외교 관계를 맺었음을 알 수 있다. 이는 부여가 왕권을 정점으로 하는 지배 체제가 어느 정도 갖추어지고 한과 외교적인 관계를 맺을 수 있는 단계까지 발전했음을 알 수 있다. 아마도 당시 부여는 흉노나 고구려와 함께 왕망(王莽)이 세운 신(新, A.D. 8~23)에게 위협적인 존재로 비칠 만큼 큰 세력으로 성장하였던 것 같다. 그러므로 늦어도 기원 전후기에는 부여가 연맹왕국 단계에 이르렀다고 할 수 있겠다.

대체로 부여의 등장을 중국은 주목하였다. 그것은 부여가 중국 북쪽의 선비(鮮卑)와 동쪽 고구려와의 중간에 위치하므로 중국은 부여와 연맹하여 선비와 고구려를 함께 견제할 수 있기 때문이었다. 부여도 일찍부터 남쪽의 고구려나 북쪽 유목민족들과 적대적인 관계를 가지고 있었으므로 역시 중국과의 우호적인 관계를 희망했던 것 같다. 중국인들이 부여인들을 평화적인 성품의 소유자로 생각한 것은 이러한 여건의 반영으로 보인다.

이는 당시 중국과 부여와의 외교적 관계에서도 잘 나타난다. 부여가 중국에 사신을 파견한 기록은 A.D. 49년의 것이 처음인데, 그 후 매년 사신이 파견되었다고 한다. 비록 몇 차례 중국 군현과 충돌이 있었지만 일반적으로 부여와 중국의 관계는 원만하였고, 또 중국은 부여의 사신을 후대하였다. 후한 말에 공손씨가 요동에 웅거하여 영향력을 발휘하였을 때에는 부여와 혼인동맹을 맺기도 하였다. A.D. 244년 위(魏)의 관구검(毌丘儉)이 고구려를 침략하였을 때, 부여는 위의 군대에 군량을 제공해 주기도 했다. 곧 부여는 북방의 유목 민족이나 고구려와 대립하는 가운데 중국과 우호적 관계를 맺고 왕권의 신장과 국력의 유지를 도모하였던 것이다. 그러나 A.D. 285년 부여가 선비족인 모용외(慕容廆)의 침략을 받아 의려왕(依慮王)이 자살하고, 그 자식들은 옥저(沃沮)로 망명하여 부여가 국가적인 위기에 처하였다. 이때 진(晋)은 부여 왕족의 한 사람인 의라(依羅)를 도와 그를 왕에 즉위시켜서 국가를 부흥시킨 적도 있다. 이제 부여는 지난날의 국세를 회복할 수 없었고 이후에는 남쪽에서 급성장한 고구려의 침략과 압박을 받아야만 하였다.

부여의 사회상을 보면 부여는 왕 아래에 가축의 이름을 딴 마가・우가・저가・구가와 대사자・사자 등의 관리가 있었다. 이들 가(加)는 저마다 따로 행정구획인 사출도(四出道)를 다스리고 있어서, 왕이 직접 통치하는 중앙과 합쳐 5부를 이루었다. 이러한 대가(大加)들은 정치적인 권력의 소유자일 뿐만 아니라 경제적 부까지 소유하였다. 그들은 촌락민으로부터 거둬들인 재물을 우선적으로 소유하였고 값비싼 비단옷과 털옷을 입고 사치스런 장신구를 소유하였다. 더욱이 대가들은 왕을 추대하기도 하였으니 옛 풍습에 날씨가 고르지 않아 오곡이 잘 익지 않으면 그 책임을 왕에게 돌려 왕위를 교체하거나 심하면 죽이기까지 하였다. 그러나 왕이 나온 대표 부족의 세력은 가장 강해서 궁궐・성책・감옥・창고 등의 시설을 갖추고 있었다. 왕이 죽으면 많은 부장품과 함께 사람들을 순장시키는 풍습이 있기도 했다. 이를 보면 대체로 부여는 연맹왕국의 체제를 갖춘 사회로 이해할 수 있다.

부여는 법으로 살인자는 사형에 처하고 그 가족은 노비로 삼으며, 남의 물건을 훔쳤을 때는 12배로 배상하게 하였다. 간음한 자와 투기가 심한 부인은 사형에 처하고 그 시체를 수도 남쪽 산 위에 버려서 썩게 한다. 단 그 여자의 집에서 시체를 가져가려고 하면 소와 말을 바쳐야 했다고 한다. 아마도 간음과 질투의 처벌은 가부장적(家父長的)인 가족제도를 옹호하기 위한 것이며, 특히 질투 죄에 대한 가혹한 규정은 일부다처제(一夫多妻制)의 풍습이 상류층에 일반적으로 행해지고 있었던 결과일 것이다. 이는 대체로 고조선의 8조 법금과 유사한 부분이 많다. 또한 부여의 풍속에 영고(迎鼓)라는 제천행사가 있는데 12월에 열리는 것으로 보아 수렵 사회의 흔적을 보여주는 것으로 여겨진다. 이때에는 하늘에 제사지내고 노래와 춤을 즐기며 죄수를 풀어 주기도 하였다.

앞에서 언급한 바와 같이 부여는 북방의 유목민족이나 남쪽의 고구려에 대항하기 위해 중국과 우호적인 관계를 맺고 왕권의 신장과 유지를 도모하였다. A.D. 316년 진나라가 북방 민족에게 쫓겨 남쪽으로 이동하면서 부여는 국제적인 고립 상태에 빠지게 된다. 중국 사서인 『자치통감(資治通鑑)』에 A.D. 346년 백제의 침략을 받아 부락이 쇠잔해졌다는 기록까지 등장한다. 같은 해 모용황(慕容皝)이 세운 전연(前燕)의 침략을 받아 부여의 현왕(玄王) 및 5만여 명의 백성이 포로로 잡혀가는 사건이 발생하기도 했다. 당시 전연은 현왕에게 작위를 주고 사위로 삼는 등의 회유책을 쓰기도 했으나 국력의 쇠망을 막기 어려웠다. A.D. 370년 이후 모용씨가 쇠망하자 부여는 고구려의 보호와 간섭 밑에 놓이게 되었다. 그 뒤 물길(勿吉, 靺鞨)이 일어나자 이에 밀려, A.D. 494년 왕족이 고구려에 항복하여 나라가 망하였던 것이다.

부여가 가야와 마찬가지로 국가 발달이 순조롭지 못하여 연맹왕국에서 중앙집권적 지배 체제를 갖춘 고대국가로 성장하는 단계에서 멸망하고 말았지만 우리나라 역사에서 차지하는 위치는 매우 크다. 그것은 고구려와 백제 모두 부여의 일파로 자처했던 것에서 알 수 있듯이 삼국시대 남북에서 강대국으로 성장했던 양 국가의 민족적 시원(始原)이기 때문이다. 고구려를 건국한 주몽은 부여국에서 태어나 성장하였고, 그의 재능을 시기한 부여왕자들의 압박을 피해 남쪽으로 내려와 국가를 건국했던 것이다. 또한 백제는 시조묘를 세워 부여의 동명성왕을 모시고 제사하였으며, 심지어 그들의 왕성(王姓)을 부여씨(扶餘氏)로 하기도 했고 국호를 남부여(南扶餘)라 칭한 적도 있다.

【 고구려의 등장 】

『삼국사기』에 실린 고구려(高句麗)의 건국신화에 따르면 고구려는 B.C. 37년 주몽(朱蒙)이 이끈 부여의 일파가 압록강 중류 동가강 유역의 환인(桓仁) 지방에서 국가를 건국한 것으로 되어 있다. 이 지역에는 이미 B.C. 4세기경에 고구려의 선구적인 세력이 결집되어 있었다. 중국 사서에 예맥(濊貊)으로 기록된 집단인데 B.C. 2세기경에 약 28만의 인구를 거느리고 있었던 예군 남여(南閭)가 이 정치 집단의 군장이었다. 고구려는 건국신화로 보아 그 지배 세력이 부여로부터 이동해 온 자라 하더라도 선주하던 예맥족과의 타협 위에 성립되었던 것으로 여겨진다.

예맥족이 자리잡던 지역은 고조선이 멸망한 이후, B.C. 107년 한나라가 이곳에 현도군을 설치하였는데 B.C. 75년 토착 세력의 반발로 요동 지역으로 쫓겨 갔다. 당시 현도군을 축출하는데 앞장섰던 부족은 고구려인들이었으며, 아마도 연맹왕국단계로 진입한 시점을 이때로 볼 수 있을 듯하다. 이와 같이 고구려는 중국과의 투쟁 과정에서 성립하였고 성장하였다. 그러므로 그들에게는 강한 군사력이 요구되었으며 자연히 고구려 지배층의 군사적 조직과 체계는 견고해졌다. 고구려인들은 평상시 농경이나 수렵 등의 생업에 종사하지만 많은 시간을 전투 훈련에 할애하였을 것이다. 고구려가 건국된 지역이 산악 지대로서 충분한 식량 자원을 확보하기에 어려움이 많아 전투 자체가 주요한 생산 수단이 되었을 가능성도 많았다. 곧 전쟁을 통해 확보할 수 있는 토지 · 인간 · 가축 등의 전리품에 대한 그들의 관심은 인접국인 부여나 백제와 달랐을 것이다. 이러한 자연 환경은 고구려인들로 하여금 기백이 넘치고 전투적인 성향을 가지도록 하였으며, 요동과 만주 대륙을 확보한 이후 항상 중국인들에게 경계심을 심어줄 수밖에 없었다.

고구려도 부여와 마찬가지로 왕 아래 상가 · 고추가 등의 대가(大加)들이 있었으며, 이들은 각기 사자 · 조의 · 선인 등의 관리를 거느리고 있었다. 중대한 범죄자가 있으면 제가회의(諸加會議)를 통하여 사형에 처하고 그 가족을 노비로 삼았다. 또 서옥제(婿屋制)라는 풍속이 있었으니 신랑과 신부가 혼인을 하면 신부집의 뒤편에 조그만 집을 짓고 거기서 자식을 낳아 장성해야 아내와 자식을 데리고 신랑집으로 돌아갈 수 있었다. 건국 시조인 주몽과 그 어머니 유화 부인을 조상신으로 섬겨 제사를 지냈고, 10월에는 추수감사제인 동맹이라는 제천 행사를 성대하게 열었다.

A.D. 1세기 초 '왕' 호를 사용할 정도로 발전한 고구려는 건국 초기부터 주변의 소국을 정복하며 사방으로 영토를 확장해 나가기 시작하였다. 그리하여 압록강가의 국내성(통구)으로 수도

를 옮겨 사방으로의 진출을 원활히 하였다. 당시 고구려가 진출을 도모한 곳은 요하 유역과 대동강 유역 그리고 송화강 유역이나 동해안의 평야 지대였다. 이러한 지역은 당시 중국의 직속령이거나 고조선의 멸망 이후 군현 지배가 이루어지던 곳으로 고구려와 중국의 대립 마찰은 필연적이었다. 이의 시작은 바로 고구려와 왕망(王莽)이 세운 신(新)의 충돌이었다. 왕망은 A.D. 12년 흉노의 정벌에 고구려의 군대를 동원시키려 하다가 오히려 이를 거부하는 고구려와 충돌을 일으켰다. 이때 왕망은 일시적으로 고구려를 패배시키기도 하였는데, 당시 고구려를 하구려(下句麗)라 불러 그의 자존심을 만족시키려 하기도 했다.

고구려와 중국의 본격적인 충돌은 강력한 대외 발전을 도모한 태조왕(太祖王)대부터 더욱 가속화되었다. 태조왕의 명칭으로 보아 실질적인 고구려의 건국자로서 이해하기도 할 정도로 국가 발전 및 영토 팽창에 큰 공헌을 하였다. 그는 동으로 부전고원을 넘어 옥저(함흥지방)를 복속시키고, 중국과의 투쟁에 하나의 후방 기지를 확보하였다. 옥저와 이에 이웃한 동예가 위치한 동해안 지역은 당시 한군현의 하나인 임둔군을 통해 한의 지배가 이루어지던 곳이다. 이들은 결국 모두 고구려의 지배에 놓이게 되었다. 옥저인들은 많은 공물을 고구려에 바쳐야만 했고, 포목 · 물고기 · 소금 등이 주요 품목이었다. 또 태조왕은 요동과 현도의 두 군을 자주 공격하여 서쪽으로의 진출을 도모하여 요동 지방에 대한 공격은 그 뒤에도 계속되었다. 특히 공손씨가 요동에 근거를 두고 그 세력을 떨치자 고구려는 이와 치열한 전투를 거듭하며 요동으로의 영토 팽창에 주력하게 된다.

【 진국과 삼한 】

고조선이 한반도의 서북부 지역에서 그 세력을 유지하고 있을 때, 한반도 중남부 지역에서는 고인돌의 발생과 더불어 문화적 통일성을 가진 정치 세력이 형성되어 가고 있었다. 그것은 마제석검과 석촉 그리고 드물게나마 동검을 부장한 고인돌이 한강 이남 지역에 널리 분포되어 있는데서 이를 추정할 수 있다. 이것이 소위 위만조선의 남쪽에 존재하던 진국(辰國)과 고조선의 멸망 이후 한반도 남부에 본격적인 정치체로 등장한 삼한의 초기 모습이었을 것이다.

진국에 대한 최초의 기록은 위만조선이 있던 B.C. 2세기대로 당시 진국은 한에 서신을 보내 직접적인 통교를 원하였다는 것이다. 진국은 중국의 선진적인 금속문화에 대한 수용의 뜻을 가지고 있었다고 여겨진다. 진국의 이와 같은 노력은 당시 중국과의 교역에 중간 통로 역할을 하는 위만조선의 방해로 원활히 이루어지지 못하였다. 위만조선의 성립에 따른 준왕 집단의 망명이라든지, 위만조선이 한과의 투쟁 속에 조선상(朝鮮相) 역계경(歷谿卿) 같은 인물들이 약 2천여 호를 거느리고 진국으로 망명하는 일이 발생하였다. 곧 금속문화의 혜택을 상대적으로 누리고 있던 고조선 지역으로부터 누차에 걸친 많은 유민들이 진국으로 흘러 들어왔던 것이다. 진국은 이러한 선진적 문화 역량을 경험한 유민을 받아들임으로써 한층 발달한 철기문화를 수용하고, 사회적 변화도 급속히 진전될 수 있었다.

당시 한반도 남부 지역은 김해패총(金海貝塚)에서 탄화(炭火)된 쌀이 나오는 것으로 알 수 있듯이, 벼농사의 발달은 사회의 경제적 안정을 도모하였다. 철기문화의 유입은 한강 이남 지역의 사회적 발전을 가속화하였다. B.C. 1세기로 추정되는 경남 창원 다호리(茶戶里)의 널무덤(토광목곽묘土壙木槨墓)에서 나온 철제농구나 청동검 · 칠기고배(漆器高杯) · 붓 등도 이미 농경이 크게 발달하고 문자를 사용할 줄 아는 이 시기의 높은 문화 수준을 입증하여 준다. 한편 유민의 이주도 더욱 증가되었다. 위만조선의 멸망기와 이후 한군현의 통치를 피해 많은 유민이 한반도 남부로 유입되었는데, 이들은 이미 한의 선진적인 정치 환경과 철기문화를 경험하고 소유한 집단이었다. 이러한 유민 집단이 한반도 남부에 정착하며 기존의 진국 등 토착 세력과 결합하였다. 이 과정에서 소위 마한(馬韓) · 진한(辰韓) · 변한(弁韓)의 삼한 사회가 구체화되었다.

삼한의 위치는 마한이 경기 · 충청 · 전라도 지방이며 그 중에서도 천안 · 익산 · 나주 등이 중심 지역이었다. 마한은 54개의 소국으로 이루어졌고 모두 10만여 호였는데, 그 중에서 큰 나라는 1만여 호, 작은 나라는 수천 호였다. 진한은 낙동강 동쪽의 경상북도 지역으로 대구와 경주를 중심으로 성장하였으며 12개의 국가가 있었다. 변한은 낙동강 서안의 경상남도 지역으로 김해와 창녕을 중심으로 하며 12개의 국가가 있었다. 진한과 변한은 모두 4만~5만 호였으며 그 중에서 큰 나라는 4,000~5,000호, 작은 나라는 600~700호였다.

삼한 중에서 마한의 세력이 가장 컸는데 마한의 일국이었던 목지국은 백제에게 망하기 이전 마한의 여러 소국을 연맹하던 연맹왕과 같은 위상을 가지기도 했다. 삼한의 지배자들을 세력의 대소(大小)에 따라 신지 · 견지 · 부례 · 읍차 등의 명칭으로 구분했던 것으로 보아 국력이 차이가 있었다. 한편 삼한에는 정치적 지배자 외에 제사장인 천군(天君)이 있었다. 그리고 신성 지역으로 소도(蘇塗)가 있었는데, 이곳에서 천군은 농경과 종교에 대한 의례를 주관하였다. 삼한의 제천 의례로 해마다 씨를 뿌리고 난 뒤인 5월과, 가을 곡식을 거두는 10월에 계절제를 열어 하늘에 제사하였다. 이러한 제천 행사 때에는 백성들이 모두 모여서 날마다 음주 가무를 즐겼다.

삼한인들은 읍락에 살면서 농업과 수공업의 생산을 담당하였으며, 초가지붕의 반움집이나 귀틀집에서 살았다. 또 공동체적인 전통을 보여주는 두레 조직이나 연령 모임을 통하여 여러 가지 공동 작업을 하며 유대 관계를 더욱 돈독히 하였다.

제4절 성읍국가 및 연맹왕국의 사회와 정치

【 촌락과 농민 】

청동기시대 이후 시간이 흐를수록 금속제 도구의 사용과 더불어 농업의 중요성은 더욱 확대되어 갔다. 철기 생산이 급격히 늘어나면서 효율성에 있어서 석기와 비교할 수 없는 철제 농기구가 널리 보급되었다. 동시에 잡곡을 밭에서 재배하는 것을 지나 논에서 벼농사가 널리 이루어지기도 하였다. 특히 벼농사는 삼한에서 성하였으며, 이를 위해서 수리(水利)를 위한 저수지가 만들어지기 시작하였다. 당시 식량 확보에 있어서 농경이 중요하였다는 것은 그 해의 풍흉에 정치적 운명이 걸렸던 부여의 왕이나 삼한의 5월과 10월에 이루어진 제천의식 등에서 알 수 있다.

한편 농업 이외에 목축이나 수렵 등도 식량 확보를 위한 유용한 경제 수단이었다. 특히 목축도 매우 중요시 여겨졌는데, 부여에서는 소(우가)·말(마가)·돼지(저가)·개(구가) 등의 가축 이름에서 관직명이 나올 정도였다. 삼한에서도 소와 말이 가축으로 길러졌으며 장례와 같은 중요 의식에 사용되었다고 한다. 수렵도 널리 행하여졌으니 산악 지방이 영토의 많은 부분을 차지하던 고구려에서는 경제에 큰 비중을 차지하였을 것이다. 삼한 지역에서도 김해패총에서 멧돼지와 사슴 등과 같은 동물의 뼈가 나오고 암각화에 그려진 것처럼 육지 동물 또는 물고기나 고래 등을 사냥하는 일은 일상 생활의 한 부분이었을 것이다. 해안에 위치한 국가일 경우 어로 생활은 더욱 활발하게 이루어졌으며 중요시 여겨졌다.

이 시대의 주된 산업은 농업이었고 촌락은 농업을 영위하는 기본적인 단위로서의 구실을 하였다. 촌락을 구성하는 대부분의 농민은 중국인들이 하호(下戶)라고 부른 양인(良人) 신분의 사람들이었다. 이 양인 신분의 하호 위에 유력자로서 호민(豪民)이 있었고, 밑에는 노비(奴婢)가 있었다. 농민들은 아마도 토지를 사유하고 있었지만 한편으로 촌락의 공유지를 공동 경작하기도 하였을 것으로 생각된다. 이 같은 촌락의 공동체적인 성격은 촌락민의 집회소와 같은 큰 집터의 존재라든지, 삼한의 미성년집회(未成年集會)나 공동노동의 모습을 전하는 기록 등을 통해 볼 때 가능성이 매우 높다. 그러나 국가 체제가 발전하며 보통 농민은 양인으로서 촌락공동체

속에서 농업에 종사하며 국가에 대한 조세(租稅)와 역역(力役)의 부담을 져야만 했을 것이다. 아마도 중국인들이 일반 양인들을 하호라고 이해한 것도 이러한 상황에서 야기되었을 것이다.

【문화】

인류문화의 발전에 있어서 가장 이른 시기의 정치체제는 제정일치사회라고 한다. 이는 종교가 원시공동체사회에서 계급이 발생하는데 있어 주요한 배경이 되었음을 단적으로 표현하고 있다. 무력과 경제적 부에 기반한 현실적인 권력이 성장하면서 종교는 정치로부터 분리되었다. 이 과정에서 정치적 지배자들은 세속적인 권력에 주된 관심을 두고 종교적인 의식은 제사장(祭司長)에게 맡겼기 때문일 것이다. 삼한에서 이 제사장은 천군(天君)이라고 불리었는데, 이들은 소도(蘇塗)라고 부르는 별읍(別邑)에서 종교 의례를 주관하였다. 소도에는 큰 나무를 세우고 거기에 방울과 북을 매달아 종교 의식에 사용하였으며 이러한 소도에 죄인이 들어가면 잡아가지 못하였다. 이로 볼 때 소도는 세속적 권력이 함부로 미치지 못하는 신성 지역으로서 제정 분리의 한 단면을 잘 보여주고 있다.

본격적인 계급사회가 출현한 철기시대의 사회상 속에서 당시의 권력자나 유력자들은 현실적인 무력과 경제적인 부의 확보가 더욱 중요하였으며 이를 통해 그의 권력을 강화시킬 수 있었다. 더 나아가 이러한 종교적 권위를 능가하는 정치적 권력을 확보하며 국가와 왕에게 봉사하고 신에게 기원(祈願)하는 전문직 사제를 출현시켜 왕권에 종속시킨다.

이 시기의 가장 큰 종교 의식은 추수감사제(秋收感謝祭)였다. 부여의 영고(迎鼓)·고구려의 동맹(東盟)·동예의 무천(舞天)·삼한의 시월제(十月祭) 등이 그것이다. 이들은 모두 추수가 끝나는 10월에 행해졌는데, 부여에서만 12월에 행하였다. 아마도 원시시대 수렵 사회의 전통을 이은 것으로 여겨진다. 추수감사제 못지않게 중요한 것이 봄의 기풍제(祈豊祭)였다. 삼한에서 씨를 뿌리고 난 뒤인 5월에 기풍제를 행한 것이 그 예이다. 이러한 기풍제와 추수감사제는 당시 사회가 농경을 매우 중요시 여기고 있었음을 시사한다.

이러한 종교 의식에서 모든 백성들이 크게 모여 연일 술과 노래와 춤을 즐겼다고 한다. 상하의 구별없이 함께 종교적 의식에 참여할 수 있었던 것은 당시까지 종교적 측면에 있어서 씨족공동체의 전통이 남아 있었던 것을 말해 준다. 최고 지배권력자를 지향하던 왕실에서는 이러한 종교적 측면에서도 귀족화·개인화의 경향이 나타나고 있었다. 예를 들면 고구려에서 국왕이 종묘(宗廟)를 세우고 국조(國祖)를 제사지낸 것이 그러하다. 이 종묘는 국왕뿐 아니라 옛 왕족인 소노부의 적통대인(適統大人)도 세울 수 있었다는데, 이러한 양상은 왕권의 성장이 제약을 받고 있던 모습으로 판단할 수 있다.

시신을 매장하였음은 영혼 불멸을 믿었기 때문이며 사후의 안녕을 위해 장례(葬禮)를 후하게 하였다. 부여에서는 보통 사람이 죽은 뒤 5개월이 지나서야 장례를 치렀으며, 가능한 오랫동안 시간이 지난 후에야 장례지내는 것을 영광으로 알아 여름에는 얼음을 써서 시체의 부패를 막기도 하였다. 상주(喪主)는 남의 강요에 의해 장례를 행하는 것을 예절로 알 정도였다. 장례에는 많은 물건을 부장(副葬)하였고 심지어 사람을 함께 묻는 순장(殉葬)까지 하였는데, 심하면 100여 명에 이르기도 하였다. 고구려에서도 후장(厚葬)을 하여 장례를 행할 때 많은 재산을 동원하였다. 무덤은 석재(石材)를 피라미드식으로 쌓아 올린 석총(石塚)을 만들었다고 하는데, 지금도 고구려의 초기 수도 지역인 압록강 유역에 적석총이 많이 남아 있다. 그리고 삼한에서도 후장을 하여 소와 말을 모두 장례에 사용하였다. 죽은 사람의 영혼이 날아갈 수 있도록 하기 위해 큰 새 날개를 장례에 사용하였다고도 한다.

당시 영혼 불멸이나 사후 세계를 믿었음은 그들이 내세를 인식하고 있었고, 장례에 많은 재물을 사용했다는 것은 조상의 영혼을 숭배하였음을 나타낸다. 조상의 영혼이 현세의 후손들과 항상 밀접한 관계를 가진다고 믿었기 때문일 것이다. 가장(家長)이나 왕위(王位)가 부자상속에 의하여 계승됨에 따라서, 조상에 대한 제사도 그 후계자의 권리와 의무로 변해 갔을 것이다. 이 전통이 삼국시대에 이르러서 왕실의 시조묘(始祖廟) 혹은 신궁(神宮)으로 발전하게 되었다.

또한 미래의 길흉을 미리 점치는 점복(占卜)의 습관이 있었다. 부여에서는 전쟁이 있을 때 제천의식을 행하였으며, 소[牛]를 죽여 굽이 벌어지면 흉(凶)한 것으로 간주하고 합쳐지면 길(吉)한 것으로 생각했다. 이러한 점복은 중국의 상고시대 은(殷)의 갑골점법(甲骨占法)과 동일한 성격의 것으로 생각된다. 길흉에 대한 점복은 사제왕적인 성격을 띠던 신석기나 청동기시대에는 지배자의 책무였으나, 왕의 관심이 현실적인 무력과 경제적인 부에 집중되며 점차 제사장의 임무로 전문화되었을 것으로 짐작된다.

【성읍국가의 구조】

촌락의 농민을 지배한 것은 성읍국가의 지배자였다. 성읍국가의 지배계층은 원래 일반 농민과 동등한 씨족의 구성원이었지만 이전 시대부터 혈연상 우위에 있거나 샤먼과 같은 특수한 임무를 수행하던 이들의 후손이었을 것이다. 이들은 일반 촌락과는 구별되는 성곽 내에서 생활하는 지배자로 성장하였다. 성읍국가의 지배계층들 위에 왕권이 존재하며 이들을 직·간접적으로 간섭하였겠지만, 당시 일반민들을 지배하던 실질적인 하위의 중요한 지배세력은 이러한 성읍국가의 지배자들이었다. 중국 기록에 성읍국가의 중심이 되는 읍락을 '국읍(國邑)'이라 표기하였는데, 아마도 일정 정치체의 중심적 기능을 수행했다고 여겨진다. 성읍국가의 지배자와 그 집단은 이러한 국읍에 거처하였을 것이다.

성읍국가의 지배자로 추정되는 인물로 위만조선시대 지명이 붙은 상(相)이라는 직책을 가진 인물들을 들 수 있다. 곧 니계상(尼谿相)이나 조선상(朝鮮相) 혹은 역계경(歷谿卿) 같은 인물이 대표적이다. 사실 위만 자신도 처음 망명해 왔을 때 준왕이 서쪽 변경 지대를 지키게 하였는데 아마도 당시 성읍국가의 지배자와 같은 위상을 지녔을 것이다.

고구려는 건국 전후로 주변의 여러 국가들을 정복 내지 연맹하였는데, 이들을 성읍국가로 볼 수 있을 듯하다. 고구려에 통합된 비류국(沸流國)이나 갈사국(曷思國) 같은 나라가 그것이며, 또 연맹부족이었던 관나(貫那)·조나(藻那)·환나(桓那)·주나(朱那)·연나(掾那) 등의 여러 나(那)도 같은 경우이다. 이 나를 중국인들은 소노(消奴)·절노(絶奴)·순노(順奴)·관노(灌奴) 등의 노(奴)로 표기하였지만, 본래는 독립된 성읍국가들이었을 것이다. 그러나 고구려가 연맹왕국 단계로 성장하는 과정에서 이들은 고구려에 통합된 결과 하나의 행정구역으로 개편된다.

삼한의 78국(마한 54국·진한 12국·변한 12국)이라고 중국 사서에 전해지는 국가들도 본래 성읍국가였을 것이다. 이러한 성읍국가들의 규모는 앞에서 언급한 바와 같이 구성 호수(戶數)의 차이에 따라 대국과 소국으로 나뉘었고 그 지배자도 힘의 차이가 있었다. 그러므로 그 지배자들을 신지(臣智)·험측(險側)·번예(樊濊)·살해(殺奚)·읍차(邑借) 등으로 구분할 수 있었을 것이다. 특히 후일 백제(百濟)로 발전하는 백제국(伯濟國)과 신라로 발전하는 사로국(斯盧國)은 아마도 삼한의 여러 국가들 중에서 대국의 위치에 있었을 것이다.

백제는 북방의 고구려나 부여계 유이민에 의해 건설된 것으로 그 시조는 온조(溫祚)이며 지금의 한강 일대에서 십제(十濟)라는 나라로부터 시작되었다. 신라는 혁거세(赫居世)가 건국했다는 신화가 전해 오는데 이의 분석을 통해 당시 사회 내부의 일단을 파악할 수 있다. 조선의 유민들이 경주 분지에 급량(及梁)·사량(沙梁)·본피(本彼)·모량(牟梁)·한지(漢祗)·습비(習比) 등 6개의 씨족 사회를 이루고 있었다. 이 사로국의 최초 지배자로 추대된 것이 혁거세였다고 건국 신화에 전해지며, 혁거세는 급량 출신인 것으로 여겨진다. 또한 혁거세의 왕비인 알영

(閼英)은 사량 출신이었으므로 사량은 급량 다음가는 유력 존재였다고 여겨진다. 그 후 동해안 방면으로부터 선진 철기문화와 함께 야무적(冶巫的) 성격을 지닌 탈해(脫解)집단이 새로이 유입되어 왕위에 오르며 주도권을 잡게 되었다. 아마 이때부터 신라는 경주 평야의 울타리를 벗어나 주위의 여러 성읍국가와 연맹하거나 상하 관계를 맺는 것으로 보인다. 이 시대에 지배자의 칭호도 거서간(居西干)·차차웅(次次雄)·니사금(尼師今) 등으로 일컬어지니 각각 귀인(貴人)·존장자(尊長者)·무(巫)·계군(繼君) 등의 뜻을 가진 것으로 해석된다. 이러한 칭호는 대수장 혹은 왕자의 뜻을 가진 연맹왕국시대의 '마립간(麻立干)'과 구별된다.

【 왕권의 성장과 연맹왕국의 등장 】

성읍국가들의 연맹에 의해 형성된 연맹왕국이라 하더라도 모두 일률적인 발전 단계를 보인 것은 아니다. 대체로 부여나 고구려의 정치 조직이나 발달 정도는 동예나 삼한보다 앞선 것으로 보인다. 아마도 초기 연맹왕국 단계의 부여나 고구려에서는 유력 부족의 장이 추대 형식으로 왕으로 선출되었고, 추대받은 왕은 그 직분을 수행하며 기대에 부응하지 못하였을 시, 왕위를 다른 유력 부족에게 넘겨주는 일이 있었던 것으로 보인다. 부여에서 옛 풍습에 흉년이 들면 그 책임을 왕에게 돌려 교체하거나 죽였다는 것이나 고구려에서 수상인 대대로(大對盧)를 선거로 뽑은 사실 등이 이를 말하여 주고 있다. 이를 왕실 교체로 이해할 수 있는데, 고구려에서 왕위가 소노부(消奴部)에서 계루부(桂婁部)로 바뀌었다는 것이 구체적인 예가 된다. 이러한 왕실의 교체 현상은 각국이 아직 연맹왕국의 단계에 머물러 있을 때 일어나는 것이며, 왕위는 유력 부족에게 전해지거나 형제상속(兄弟相續)의 원리에 의해 계승되는 것이 그 특징이라고 하겠다.

고구려나 부여 그리고 삼한의 유력한 연맹왕국은 점차 주변 지역으로 그 세력권을 확대시키며 전쟁을 자주 행하였다. 이러한 전쟁 발발시 전투원의 동원 규모로 당시 왕의 지배력을 가늠할 수 있었으며, 전쟁에서 승리한 경우 전투 지휘관인 왕의 권위는 상승하여 보다 확고한 정치력을 확보하게 된다. 이에 왕권의 강화와 더불어 왕실은 점점 고정되어 갔다. 왕위도 부자상속제(父子相續制)가 정착되어 왕위 계승권을 놓고 분쟁을 일으키는 일이 줄어들었다. 이는 활발한 정복 활동을 성공적으로 진행함에 따라 새로 정복한 토지와 인민을 속민(屬民)으로 지배하여 공납을 받고 최종적으로 왕권이 신장된 결과였다. 부여의 의려왕(依盧王, ?~285)이 6세에 부왕(父王)의 자리를 계승했다든지, 산상왕(山上王, 196~227) 이후 고구려의 왕위가 부자상속에 의하여 계승되는 사례가 나타나는 것 등이 이러한 정치적 변화를 말하여 준다. 곧 왕위가 유력 부족의 장이나 아니면 같은 가계의 형제들에게 상속되다가 점차 부자상속에 의해 세습되는 것은 연맹왕국 단계의 정치 현실을 극복하는 왕권의 안정 내지 성장을 보여준다.

이와 동시에 왕권의 성장을 보여주는 척도는 중앙집권적인 지방통치체제가 채용되기 시작한다는 것이다. 부여의 사출도(四出道) 제도는 비록 제가(諸加)가 이를 관할하였다고 하지만 수도를 중심으로 사방에 포진된 행정구역을 가리키는 것으로 여겨진다. 국왕은 그 중심인 중부를 통치했을 것이다. 고구려에서는 동 · 서 · 남 · 북 · 중의 방향을 표시하는 이름을 가진 5부(部)가 고국천왕(故國川王, 179~196) 때에 성립된 사실 등이 주목된다. 이는 기존의 5족 연맹 단계의 혈연적 · 지연적 유대 관계를 바탕으로 족장의 영향력이 부족 내에 강력히 행사되던 환경을 극복하고 행정적 · 구획적 성격을 띠는 5부로 개편하여 왕권의 영향력이 보다 강력히 행사될 수 있는 체제로의 전환을 의미한다고 할 수 있다.

이들은 아직도 연맹체적인 유제(遺制)를 지니고 있었다. 고구려의 대가(大加)들이 각기 왕과 마찬가지로 사자(使者) · 조의(皂衣) · 선인(先人)의 가신을 거느리고 있었고, 부여의 대가들도 또한 각기 왕과 마찬가지로 사자라는 가신을 거느리는 것에서 이를 알 수 있다. 따라서 국왕이 정치적 실권의 정점에 있지만 한편으로 왕족이나 왕비족 등의 여러 가계의 장이라고 생각되는 유력 대가들도 독자적인 정치력을 가지고 있었던 것 같다. 이러한 대가들은 정치적인 권력의 소유자일 뿐 아니라 경제적인 재부의 소유자였다. 이들은 고급 식기를 사용하며, 상당한 노비를 소유하고 때로는 많은 사람을 순장(殉葬)할 수 있는 사람들이었다. 당연히 이들에 대한 사회적인 존대 관념이 발생하게 되었을 것이다. 우리나라 사람들이 무릎을 꿇고 절하는 예절을 알고 있었고, 꿇어앉아서 손을 땅에 짚고 조용히 말을 하기도 했다는 사실이 이를 말하여 준다.

부여나 고구려의 대가가 사회적 지배세력을 형성하고 있었다고는 하지만, 그것은 그들의 제한된 고유 영역 내에서일 뿐이다. 이들 대가가 곧 삼한의 신지(臣智)나 읍차(邑借)와 같이 성읍국가의 최고 지배자일 수 없었다. 이들은 국왕의 통치력을 인정하는 조건 밑에서 행정구역화된 '부' 의 백성을 지배하는 정치적 지위를 가지게 된 것이다. 곧 사회의 발전 속에 왕권이 강력해지며 이에 부분적으로 예속된 중앙의 귀족적 정치 세력으로 변화하고 있었다. 연맹왕국의 조직은 왕권을 정점으로 하며 서서히 변형되고 있었던 것이다. 왕권을 중심으로 하는 중앙집권적 귀족국가로의 전환은 고구려의 경우 2세기 후반에, 그리고 부여의 경우는 늦어도 3세기 전반에는 이루어져 가고 있었다고 하겠다.

제3장 삼국시대 중앙집권적 귀족국가의 성립과 발전

제1절 고구려의 중앙집권적 통치체제의 성립과 국력 신장

【 고구려의 성장 】

고구려는 이미 A.D. 1세기 초에 지배자에게 '왕(王)' 이란 칭호를 사용할 정도로 발전하였고, 영토 확장을 꾀하였으므로 자주 중국과 충돌하였는데, 강력한 대외 발전을 이룬 태조왕(太祖王, 53~146?) 때부터 더욱 심하였다. 그는 국내적으로는 계루부 고씨(桂婁部 高氏)의 왕위 계승권을 확립시켜 왕권을 신장시켰고, 이를 바탕으로 대외적으로는 동해안 지역의 옥저(沃沮, 함흥 지방)와 그 이웃의 동예(東濊)를 차지했을 뿐만 아니라 요동군(遼東郡)과 현도군(玄菟郡)을 자주 공격하여 중국 방면으로의 진출을 끊임없이 시도하였다.

이후 고국천왕(故國川王, 179~196) 때에 이르러 중앙집권 통치체제는 더욱 진전되었다. 첫째 부족적인 전통을 지녀온 5족(族)의 명칭이 동(東) · 서(西) · 남(南) · 북(北) · 중(中)의 방향을 표시하는 이름을 가진 5부(部)로 개편되었는데, 이는 중앙집권적인 통치체제가 그만큼 강화되었음을 드러내는 것이다. 둘째 연나부(掾那部, 절노부絶奴部) 명림씨(明臨氏) 출신의 왕비(王妃)를 맞이하는 관례가 생겼는데, 이는 왕권에 대항하는 귀족세력들을 제어하기 위하여 계루부 고씨 왕족이 연나부 명림씨 왕비족과 결탁한 것으로 풀이된다. 이러한 국내적인 왕권강화의 조치들을 토대로 당시 고구려는 국력을 신장하여 요하(遼河)와 대동강(大同江) 유역으로 진출하기를 꾀하였던 것이다.

또한 산상왕(山上王, 196~227) 이후 고구려의 왕위가 부자상속에 의하여 계승되는 사례가 나타나는데, 이 무렵에 중앙집권적인 지방통치 체제가 이룩된 것으로 여겨지고 있다. 그리고 미천왕(美川王) 14년(313)에 드디어 낙랑군(樂浪郡)을 축출하고 대동강 유역을 차지하는 데 성공하였다. 그럼으로써 대방군(帶方郡, 오늘날의 황해도 일대)을 차지하고 북으로 진출하던 백제(百濟)와 대치 상태에 들어가게 되었다. 결국 고국원왕(故國原王, 331~371) 때에는 백제의 침입으로 큰 타격을 입기도 하였다.

【 고구려의 융성 】

그 뒤를 이어 즉위한 소수림왕(小獸林王, 371~384)은 국가적 위기를 수습하기 위하여 국가 체제를 재정비하려고 힘을 기울였다. 2년(372)에는 국가의 정신적 통일을 기하기 위해 불교(佛敎)를 수용하고, 새로운 인재를 양성하여 등용하기 위하여 태학(太學)을 설립하였다. 또 3년(373)에는 율령(律令)을 반포하여 중앙집권적 통치체제를 완성하였다.

이후 대외적인 정복 활동을 강력하게 추진시킨 것은 광개토대왕(廣開土大王, 391~413)이었다. 그래서 사망한 후 그에게 주어진 「국강상(國岡上) 광개토경(廣開土境) 평안호태왕(平安好太王)」이란 시호(謚號) 자체의 뜻도 그러하려니와, 그 당시 고구려의 서울이던 국내성(國內城, 집안集安)에 남아 있는 거대한 「광개토왕릉비(廣開土王陵碑)」에 보면 영토를 끊임없이 확장시켜 나갔음이 새겨져 있다. 그리하여 그는 드디어 요동(遼東)을 차지하고 동북지방의 숙신(肅愼)을 복속시켜 만주 벌판을 차지하게 되었으며, 남쪽으로도 백제(百濟)를 쳐서 임진강(臨津江)과 한강(漢江) 하류까지 영토를 확대시켰던 것이다. 그리고 한편으로는 신라(新羅)를 도와주어 군대를 파견하여 신라를 공격해 들어온 왜(倭)의 군대를 낙동강(洛東江) 유역에서 섬멸시켰다. 이럴 정도였으므로 천하의 중심이 바로 고구려 자신이라는 세계관도 드러내고, 영락(永樂)이라는 연호를 사용함으로써 대외적으로 중국과 대등한 지위에 섰음을 과시하려고 하였던 것이다.

그의 아들 장수왕(長壽王, 413~491)은 그야말로 장수를 하여 79년 동안 재위하면서 고구려의 극성기를 구가하였다. 그는 중국의 남조(南朝)·북조(北朝) 모두와 통하여 중국을 견제하는 외교정책을 써서 중국의 침입을 막아내면서, 남진정책을 구사하여 15년(427)에 수도를 평양(平壤)으로 옮겼다. 결국 장수왕(長壽王)은 재위 63년(475)에 드디어 백제의 서울 한성(漢城)을 함락시키고 개로왕(蓋鹵王)을 붙잡아 목베었으며, 한강 유역을 장악하여 남한강가의 중원지방(오늘날의 충주)을 차지하고는 이곳에 훗날 「중원(中原) 고구려비(高句麗碑)」라 명명된 비석을 세워 자신이 이곳을 비로소 영역으로 삼았음을 과시하고자 하였다. 이리하여 고구려는 경상도의 죽령(竹嶺) 부근에서부터 충청도의 아산만(牙山灣)을 연결하는 데까지를 영토로 차지하게 되었다. 그럼으로써 고구려는 이에 만주와 반도에 걸친 대제국(大帝國)을 형성하게 되었던 것이다.

【 고구려의 수(隋)·당(唐)과의 투쟁 】

6세기 후반기에 이르러 신라가 한강 유역 전체를 차지하면서 정세가 급변하게 되었다. 신라의 이러한 한강 유역 진출에 대해 고구려와 백제가 동맹하여 신라를 공격하기에 이르렀던 것이다. 한편으로 중국에서는 남북조(南北朝)를 수(隋)가 통일하였는데(589), 그 북쪽에 자리잡은 돌궐(突厥)이 세력을 키우자 고구려는 이 돌궐과 손을 잡고 수나라를 견제하려 하였다. 이러한 긴장 관계 속에서 먼저 공격의 날을 편 것은 고구려였다.

중원고구려비

영양왕(嬰陽王) 9년(598)에 요하(遼河)를 넘어 요서(遼西)에 대한 공격을 감행하였던 것이다. 이에 대하여 수 문제(文帝)는 고구려에 침략하여 왔으나 실패하였고, 뒤이어 양제(煬帝)가 100만이 넘는 대군으로 쳐들어왔지만, 을지문덕(乙支文德)의 작전에 휘말려 살수(薩水, 청천강淸川江)에서 대패하였다. 그 여파로 결국 수는 곧 망하고 말았다.

그 후 당(唐)이 들어서자, 고구려는 국경에 천리장성(千里長城)을 쌓아 방비를 철저히 하였는데, 이 천리장성을 쌓는 공사 과정에서 세력을 키운 연개소문(淵蓋蘇文)이 등장하여 정권을 거머쥐고 국내적으로 귀족세력들을 억압하는 독재정치를 하였으며(보장왕 원년, 642), 자신감을 지니고는 당과 신라에 강력한 외교정책을 펼쳤다. 백제의 공격에 받고 어려움에 처한 신라가 도움을 청하자, 신라의 김춘추(金春秋)에게 한강 유역의 반환을 요구한 것도 이때였다. 또한 당의 간섭에 대해서도 강경한 태도를 취하였는데, 당 태종(太宗)의 고구려 침략이 있게 되었다(보장왕 4년, 645). 당 태종은 요하(遼河)를 건너 요동성 등 몇 개의 성을 쳐서 함락시켰지만, 결국에는 안시성(安市城, 영성자英城子)에서 크게 패하고 돌아가지 않을 수 없었는데, 끝내 성을 지켜냈던 것이 성주(城主) 양만춘(楊萬春)이라 전한다. 뒤에도 당 태종이 미련을 떨치지 못하고 몇 차례 고구려를 침략하였으나, 고구려가 이를 모두 격퇴하였다.

제2절 백제의 중앙집권적 통치체제의 성립과 국력 신장

【 백제의 성장 】

백제(百濟)는 진국(辰國)의 한왕(韓王)이 지배하는 마한(馬韓)을 구성하는 성읍국가의 하나인 백제(伯濟)가 발전한 것으로, 중국의 낙랑군과 대방군이 대규모 침략을 해오던 A.D. 246년에는 이미 한강 유역에 새로운 세력이 크게 성장하고 있었다. 이때에 공격하던 대방군 태수(太守) 궁준(弓遵)은 전사하였다고 하는데, 그만큼 한강 유역에서 백제가 세력을 크게 키웠기 때문이었으며, 당시에 활약하던 백제의 국왕은 고이왕(古尒王, 234~286)이었다.

고이왕은 27년(260)에 6좌평(佐平)을 설치하여 각각 업무를 나누어 맡게 하고, 16관등을 설정하였으며 관리들의 등급에 따라 복색(服色)을 달리 정하였다고 한다. 게다가 29년(262)에는 뇌물을 받은 관리와 절도죄를 범한 자들을 처벌하는 법령을 공포하기도 하였고, 화려한 옷차림으로 신하들에게 위엄을 부리기도 할 정도로 왕권을 강력히 신장하였다.

【 백제의 융성 】

이후 중앙집권적 통치체제를 완성한 것은 근초고왕(近肖古王, 346~375) 때였다. 국내적으로 부자상속(父子相續)에 의한 왕위 계승이 정착된 것도, 진씨(眞氏)를 왕비로 맞아 들여 귀족세력들에 대한 견제를 하여 왕권을 강화시킨 것도 이때부터였다. 한편 대외적으로도 재위 24년(369) 무렵에 마한(馬韓)을 드디어 멸망시키고 오늘날의 전라도 남해안 지역까지 영토를 확대하였다. 그리고 26년(371)에는 고구려의 평양성(平壤城)까지 밀고 들어가서 고국원왕(故國原王)을 전사시키기도 하였는데, 국제적으로는 서쪽으로 동진(東晋), 남쪽으로 왜(倭)와 교류 관계를 맺어 외교적 지위를 확고히 하였다. 더욱이 박사(博士) 고흥(高興)으로 하여금 국사(國史)인 『서기(書記)』를 편찬케 하였다는 것은, 이러한 자신의 대내외적인 치적을 기리기 위한 것이었다고 보인다. 이후 근구수왕(近仇首王, 375~384)을 거쳐 침류왕(枕流王) 원년(384)에는 불교(佛敎)를 받아들임으로써 국가적인 정신적 통일을 기하기에 이르렀다.

【 백제의 천도와 중흥 】

고구려 장수왕의 남진정책으로 말미암아 수도인 한성(漢城, 오늘날의 서울)을 함락당하고 개로왕(蓋鹵王)이 재위 21년(475)에 죽임을 당하자, 백제는 수도를 남쪽 웅진(熊津, 오늘날의 공주)으로 옮길 수밖에 없었다. 하지만 이후 동성왕(東城王, 479~501)과 무령왕(武寧王, 501~523) 때에 점차 부흥의 불길이 싹트기 시작하였다. 지방에 왕자와 귀족들을 파견하여 22담로(檐魯)를 설치하고 국력을 모으려고 노력한 것이 이때였으며, 또 종래의 귀족세력이었던 진씨(眞氏)와 해씨(解氏) 이외에 연씨(燕氏) 등의 지방 출신의 신세력을 등용하여 왕권을 강화하여 갔던 것도 이때였다.

이후 새로운 도약을 위한 전기를 마련하기 위해 성왕(聖王, 523~554)은 재위 16년(538)에 사비(泗沘, 오늘날의 부여)로 천도하고 국호를 남부여(南扶餘)라 개칭하였다. 이때에 22부(部)의 중앙관부와 5부(部) · 5방(方)의 지방제도도 갖추었다. 그는 대내적으로 국가의 정신적 일체감을 강화하기 위해서 겸익(謙益)과 같은 승려를 등용하여 불교(佛敎)의 진흥을 꾀하였으며, 대외적으로 국력을 신장시키고자 중국 남조(南朝)와 외교 관계를 굳건히 하여 적극적으로 문물을 수용하기도 하였다. 이러한 토대 위에서 성왕은 한강 유역의 옛 땅을 회복하려고 노력하였으나, 성왕 자신이 신라를 치다가 전사하고 말았다.

제3절 신라의 중앙집권적 통치체제의 성립과 영토 확장

1. 신라의 국가적 발전과 중앙집권적 통치체제의 성립

삼한의 진한(辰韓) 12개 성읍(城邑)국가 중 하나인 사로국(斯盧國)이 주변의 여러 성읍국가와의 연맹체를 형성하여 나물(奈勿, 혹은 내물이라 발음하기도 한다)마립간(麻立干, 356~402) 때에 이르러 낙동강(洛東江) 동쪽의 오늘날 경상북도 일대를 지배하는 상당히 큰 연맹왕국으로 발전하였다. 이러한 발전을 일궈내면서 정치적 지배자로서의 권한을 확고히 할 수 있었던 나물마립간은, 처음으로 마루 즉 높은 곳에 군림하는 우두머리를 의미하는 마립간이라는 지배자의 칭호를 비로소 사용하게 되었다. 이는 종전까지의 계군(繼君)이란 의미였을 이사금(尼師今)이란 칭호와는 완연히 달리 권한이 강화된 지배자의 위용을 드러내는 것이었다.

나물마립간 이후 종래 박(朴)·석(昔)·김(金) 3성(姓)이 서로 교체하면서 왕실을 차지하던 데에서 벗어나 김씨가 왕위를 독점하고 세습하였다. 즉 왕실이 김씨로 고정되었던 것이다. 더욱이 눌지(訥祗)마립간(417~458) 때에는 왕위의 부자상속제(父子相續制)가 확립되었다. 그럼으로써 종전의 형제 사이에 왕위가 상속되던 데에서 벗어나, 부자상속이 이루어지면서 더욱이 마립간의 정치적 지배권이 강화되었던 것이다. 이와 같은 왕위 계승을 둘러싼 변화와 짝하여 나타난 또 하나는 중앙집권화를 위한 정책이 추진되었다는 점이다. 『삼국사기(三國史記)』에 보이는, 자비(慈悲)마립간(458~479)이나 소지(炤知)마립간(479~500) 때에 사방에 교통과 통신을 위한 우역(郵驛)을 설치하였다는 기록이나, 서울에 물건의 거래를 위한 시사(市肆)를 열어 사방의 물화를 유통케 하였다는 기록이 이를 여실히 전해주는 것으로 여겨지고 있다.

이러한 국가적 발전을 토대로 지증왕(智證王, 500~514) 때에는, 지배자의 칭호를 종전의 마립간에서 중국식의 '왕'의 칭호를 사용하고, 또한 국명을 '신라(新羅)'로 바꿈으로써 더더욱 중앙집권적 통치체제를 갖추게 되었다. 지배자의 칭호 및 국명을 한자를 취하여 중국식으로 바꾼 이 같은 이른바 한화(漢化)정책은 단순히 칭호나 이름을 변경한 것에 불과한 게 아니라, 그만큼 중국의 고도로 발달한 정치조직 자체와 운영방식을 원용하려는 정책의 시도였다.

한편 이때에 정치적인 면에서는 박씨(朴氏)가 왕비족(王妃族)으로 등장하고 있음이 주목되는데, 나물마립간 이후 왕족 김씨가 왕위를 독점하던 데에서 벗어나 박씨를 왕비족으로 고정시킴으로써 왕권에 도전할 수 있는 석씨(昔氏)를 위시한 여타의 부족들을 상대적으로 견제하며 왕실의 안정과 왕권의 강화를 꾀한 것으로 여겨진다. 또 다른 한편으로는 지증왕 때에 산업면에서 특히 농업과 관련하여 소를 이용해 땅갈이 등을 하는 우경(牛耕)이 시작되고 또 논농사에 필수적인 물을 공급하기 위한 수리(水利)사업이 활발히 진행되었다는 점 역시 간과할 수 없다. 농업생산력의 이러한 눈부신 발전은 신라의 국가적 발전에 결정적 추진력이 되었음이 의문의 여지가 없어 보인다.

그 뒤에 즉위한 법흥왕(法興王, 514~540) 때에 이르러서는 중앙집권적 통치체제를 완성하게 되었는데, 이와 관련하여서는 율령(律令)의 반포 및 독자적인 연호(年號)의 사용 사실이 가장 주목받아 마땅하다. 『삼국사기』의 내용 가운데 7년(520)에 이루어졌다고 기록된 이 율령의 반포 사실에 대해 종전에 때로는 실행 여부에 의문을 지닌 경우도 있어 왔지만, 구체적인 여러 율령의 내용을 담고 있는 「울진(蔚珍) 거벌모라비(蔚珍居伐牟羅碑, 일명 봉평비鳳坪碑)」의 출토로, 더 이상 논란의 여지가 없이 틀림없는 역사적 사실로 기록되게 되었는데, 골품제도(骨品制度)는 물론이고 이와 불가분의 관련이 있는 17관등제의 규정 및 백관의 공복(公服)도 자세히 정리되어 있었을 법하며, 그 뿐만 아니라 국가의 통치체제 운영 규정은 물론 그에 위배된 경우 처벌의 세세한 규정까지도 포함되어 있었을 듯하다. 최근 법흥왕의 율령 반포 사실에 관한 기록을, 그 이전부터 있어 왔던 잡다한 율령들을 일원화된 체제로 정리하여 전적(典籍)으로 정리하여 널리 유포하고자 한 것으로 파악하려는 의견이 개진되었을 정도이다.

그리고 독자적인 연호로서 '건원(建元)'을 채택한 것은 23년(536)으로, 이로써 더 이상 중국의 연호를 차용하지 않게 되었음을 대내외에 표방한 것이었다. 이 사실은, 신라가 대내적으로 왕권이 확립되었음을 드러내는 것이었으며, 대외적으로는 국가적인 위신을 드높이면서 중국과 대등한 국가라는 분명한 의식을 지니게 되었을 뿐만 아니라 중국과 대등한 국제적 지위에 있음을 과시하려는 것이었다. 이러한 의식의 성립에는, 그 직전 22년(535)에 왕실과 귀족세력 사이의 대타협에 의해 불교(佛教)의 공인(公認)이 이루어졌음이 크게 기여한 것으로 여겨지는데, 모든 국민이 하나의 불법(佛法)에 귀의하여 믿는 신도(信徒)라는 인식이 결국 하나의 국왕을 떠받드는 같은 신민(臣民)이라는 공감대를 형성하게 되면서 국가의 정신적 통일이 이루어짐으로써 가능하였던 것이라 하겠다.

2. 지증왕 · 법흥왕 · 진흥왕 때 신라의 영토 확장 추이

【 지증왕의 우산국 복속 】

『삼국사기』 기록 가운데 신라의 대외발전에 관한 것들은 지증왕 때부터 보이는데, 가장 대표적인 것 가운데 하나가 바로, 13년(512)에 우산국(于山國) 즉 오늘날의 울릉도를 정복하였다는 사실이다. 이는 하슬라주(何瑟羅州, 중심은 오늘날의 강릉江陵) 군주(軍主) 이사부(異斯夫)가 우산국을 정복하였다는 것인데, 이를 신용하기 어렵다는 견해가 오늘날에 이르러 독도(獨島) 영유권 문제와 결부되어 일본에서 제기되었다.

하지만 지증왕 때에 건립된 「영일(迎日) 냉수리비(冷水里碑)」가 새로이 출토되어 세상에 알려지면서, 이미 지증왕 때에 영일 지역까지 영토를 확장하였음을 알게 되었다. 그러므로 더 이상 『삼국사기』에 보이는 지증왕의 우산국 복속 기록에 대한 의심의 여지가 없어지기에 이르렀다고 하겠다.

【 법흥왕의 본가야 복속 】

법흥왕 때에는 남진(南進) 정책을 추구하여 낙동강 서쪽의 가야(加耶)연맹에 대한 강력한 진출을 꾀하였다. 9년(522) 대가야(大加耶)의 왕이 자신들을 괴롭히는 백제를 견제하기 위하여 신라 왕족과 혼인하게 해달라는 요청을 하자, 신라는 이찬(伊湌) 비조부(比助夫)의 여동생을 보내 혼인을 맺게 함으로써 대가야와 이른바 혼인동맹을 체결하여 비로소 대가야를 신라 편으로 끌어안게 되었다.

그로부터 2년 뒤인 11년(534)에는 법흥왕 자신이 직접 남쪽 지역을 순시하여 경계를 강화하자, 이에 대해 본가야(本加耶, 김해金海)의 왕이 법흥왕에게 회견을 청하였는데 이때에 이미 본가야의 왕으로서 항복의 의사를 표명하였던 것으로 짐작되고 있다. 결국 19년(532)에 드디어 본가야를 병합하여 국왕 이하 왕족들을 경주(慶州)에 옮겨 살게 하였다.

【진흥왕의 한강 유역 진출과 대가야 복속】

진흥왕 때에는 대외적인 발전을 비약적으로 추진하였는데, 먼저 12년(551)에는 백제의 성왕(聖王)과 동맹을 맺어 공동으로 고구려를 쳐서, 거칠부(居柒夫) 등 8명의 장군으로 하여금 한강 상류지역인 죽령(竹嶺) 이북 고현(高峴, 철령鐵嶺) 이남의 10군(郡)을 점령하였다. 이어 2년 뒤 14년(553)에는 백제가 점령하고 있던 한강 하류지역까지 기습적으로 공격하여 백제군을 몰아내고 한강 유역 전부를 독차지하였다. 이에 분을 참지 못한 백제의 성왕이 그 이듬해(554) 7월 대가야군과 합세하여 공격해 왔지만 관산성(管山城, 옥천沃川) 전투에서, 오히려 새로이 설치된 신주(新州) 군주 김무력(金武力)이 거느린 신라군에게 기습을 받아 그 자신이 전사하고 전군이 섬멸을 당하고 말았다.

이후 주력을 낙동강 유역의 가야 병합에 기울이게 되어 특히 대가야(大加耶, 고령高靈)에 압박을 가하였다. 그리하여 신라는 대가야를 복속국이나 다름없이 장악하기에 이르렀는데, 대가야의 일부가 반란을 꾀하자 23년(562)에 이사부(異斯夫)를 보내어 이를 멸망시켰다. 이렇게 함으로써 신라는 드디어 낙동강을 넘어 그 서쪽의 기름진 평야 지대를 비롯한 낙동강 유역 전체를 모두 차지하게 되었던 것이다.

이 같은 진흥왕 때의 영토 확장 추이는, 그 당시의 역사적 산물로서 돌에 구체적인 기록을 새겨놓은 금석문(金石文) 자료 가운데서 명백히 잘 드러나고 있다. 즉 12년(551) 죽령을 넘어 남한강 유역을 차지하고 세운 「단양(丹陽) 적성비(赤城碑)」를 비롯하여, 이후 한강 하류까지 장악하고 이를 기념하여 세운 「북한산비(北漢山碑)」, 22년(561)에 낙동강 하류의 요충지였던 창령(昌寧) 지역을 진흥왕 자신이 직접 신하들을 거느리고 돌아보는 순수(巡狩)를 하고는 세운 「창령비」 그리고 북진 정책을 추진하여 29년(568)에 오늘날의 함경남도 지역까지 장악하고 건립한 함흥군(咸興郡) 소재의 「황초령비(黃草嶺碑)」 및 이

가야토기

원군(利原郡) 소재의 「마운령비(磨雲嶺碑)」 등을 통해 그 사실이 입증되는 것이다.

3. 진흥왕 때의 서울 지역 장악

『삼국사기』의 기록에 따르면, 진흥왕이 거칠부 등 8명의 장군에게 명령을 내려 백제와 손잡고 고구려를 침공하여 죽령 밖 고현 이내의 10개 군(郡)을 취한 것이 재위 12년(551)이었는데, 그 여세를 몰아 결국에는 백제를 치고 나서 이 지역을 관할하는 지방통치조직으로써 문자 그대로 새로이 편입된 지역에 설치한 주(州)라는 명칭을 취하여 신주(新州)를 설치하고는 김무력(金武力, 후일의 김유신金庾信의 조부祖父)을 그 장관인 군주(軍主)로 삼아 관할케 하였다.

그 뒤 16년(555) 10월에는 진흥왕이 북한산을 순행(巡幸)하여 강역을 획정(劃定)하고, 11월에는 북한산에서 돌아오는 길에 경과한 주(州)·군(郡)에 국왕으로서의 명령인 교(敎)를 내려 1년간의, 토지에 대한 세금으로 곡식으로 내는 조(租)와 지역의 특산물이었을 조(調)를 면제해 주고 특별 사면(赦免)을 베풀어 죄인을 석방하였다. 이어 18년(557)에는 앞서 설치한 신주를 폐하고 북한산주(北漢山州)를 설치하였다가, 29년(568)에는 그것을 폐하고는 남천주(南川州)를 설치하기에 이르렀다.

한편 진흥왕 14년(553)에 백제 영토를 취하여 신주를 설치하고 아찬(阿湌) 김무력으로 군주를 삼았는데, 이 신주와 관련하여서는 『삼국사기』에 한산정(漢山停)이 본래는 신주정(新州停)이었다는 기록이 보이므로 신주가 곧 한산주였음을 알 수 있다. 또한 진흥왕 22년(561)에 건립된 「창령비」의 회집인명부분(會集人名部分)에 '한성군주(漢城軍主)'가 등장하는 것으로 미루어, 한주가 한성에 설치되었음을 알려주는 것이라 하겠다. 따라서 이를 종합하면 이때에 한성(한산)에 설치된 주가 곧 한주이자 신주였다고 함이 옳겠다. 결국 진흥왕 14년(553)에 신주가 한성에 설치된 것이며, 진흥왕의 북한산 순수는 16년(555)에 행해졌고, 북한산주는 18년(557)에 설치되었다고 보는 게 정확한 것이다.

더욱이 「북한산비」에 새겨진 내용 가운데에는 이전 고구려의 영역이었던 비리성(非里城) 즉 비리성(碑利城, 오늘날의 함경남도 안변安邊)까지 진격하고픈 야심을 지니고 있음을 드러내고 있었다고 보인다. 아울러 '충신정성(忠信精誠)', '패주(霸主)' 등의 구절을 통해, 유교에서의 가장 이상적인 정치형태로써 국왕 자신의 덕치(德治)를 중시하는 왕도정치(王

道政治)를 표방하면서도 아울러 무력의 사용을 통한 패도정치를 강조함으로써 신라의 군사적 우위를 내세웠음을 읽을 수 있다. 요컨대 진흥왕은 「북한산비」의 건립을 통하여 신라의 최종 진격의 목표를 비리성까지로 잡고 있는 북진(北進)정책의 추진을 공표하여 그를 달성하겠다는 강한 의욕을 드러내었던 것이라 하겠다.

결국 「북한산비」에서 이같이 강력한 북진 의욕을 내비치며 적극 추진한 결과 다음해 즉 17년(556)에는 비열홀주(比列忽州)가 설치되어 신라의 영토 확장이 동해안을 따라 멀리 오늘날의 함경남도 안변까지 획기적으로 이루어지게 된다. 그 결과 29년(568)에는 이 지역에 「마운령비(磨雲嶺碑)」와 「황초령비(黃草嶺碑)」의 건립이 있게 되었던 것이다.

제4절 삼국의 정치와 제도

【 율령의 반포와 중앙집권체제의 성립 】

율령(律令)과 격식(格式)에서 '율'은 형벌 법규를 '령'은 행정 법규를 가리키며 '격식'은 그것의 구체적인 시행 세칙을 통틀어 일컫는 것으로, 이는 우리나라의 삼국뿐만 아니라 일찍이 중국은 물론 우리나라보다 훨씬 늦은 시기부터 일본에서도 행해지던 법전(法典) 제도이다. 율령이 반포되어 법전이 갖추어진다는 것은 다름이 아니라 제도적으로 국왕 중심의 중앙집권체제가 성립되었음을 뒷받침해주는 것이다.

율령의 반포 사실에 관해서 고구려에서는 소수림왕(小獸林王) 3년(373)에, 신라에서는 법흥왕(法興王) 7년(520)에 행해졌다는 기록이 『삼국사기(三國史記)』에 쓰여 전해진다. 이 기록에 대해 일본의 제국시대 학자들 가운데 일본의 그것보다 시대가 너무 앞선다는 이유에서 악의적으로 이를 신용하지 않으려는 경향이 예전에 있었지만, 율령 내용을 고스란히 담고 있는 법흥왕 당시의 「울진(蔚珍) 거벌모라비(居伐牟羅碑)」 및 진흥왕 당시의 「단양(丹陽) 적성비(赤城碑)」 등이 새로이 발굴되고 그 비문(碑文) 내용의 판독으로 전혀 의심의 여지가 없어졌다. 다만 백제의 경우 고이왕(古尒王) 29년(262)에 재물을 받은 관리와 남의 물건을 훔친 자는 3배를 바치게 함과 아울러 종신토록 관직을 다시는 지내지 못하도록 한다는 법령을 공포하였다는 점이 전해질 뿐이다.

【신라의 골품제도】

신라의 골품제도는, 진골만이 행정부서의 장관인 령(令)에 오르고 군부대의 장군(將軍)도 이들만이 차지할 수 있게끔 규정되어 있어서 개인의 정치적 출세에 떼려고 해도 뗄 수 없는 영향을 끼치고 있었다. 뿐만 아니라 이러한 규정은 일상생활에서도 여러 가지 방면에서 예외가 하나도 없이 깊은 관련을 맺고 있었다. 예컨대 신분에 따라 거주할 수 있는 가옥의 규모가 달랐는데, 심지어 길거리에서 쉽사리 누구나 분간할 수가 있는 담의 높이도 신분에 따라 다르게 규정되어 있을 정도였다. 진골은 담의 높이에 제한이 없는 데에 비해, 6두품은 8자(尺, 1자는 30.3cm)를, 5두품은 7자를, 4두품 이하는 6자를 각각 넘지 못하게 되어 있었던 것이다. 그렇기 때문에 길을 걸어가면서 자신의 키와 견주어 보면 대번에 그 집에 어떤 신분의 사람이 살고 있는지를 가늠할 수 있었던 것이다.

이러한 일상생활에서의 규정은 또 의복의 모양과 색깔 등에 관한 색복(色服), 수레 타고 말을 타는 것에 대한 거기(車騎) 그리고 집에서 음식을 담아 먹는 기용(器用) 분야에서도 신분에 따라 차등이 있게 상세히 규정되어 있었다. 이런 규정들을 종합해보면, 여러 신분 가운데에서 진골만이 모든 분야에서 특권을 누리고 있었으니까 신라사회에서 최고의 특권을 누리는 계층은 진골이었던 것이라 하겠다. 그런데 이들이 곧 왕족(王族)과 왕비족(王妃族)이었으므로, 신라는 이들이 지배하는 사회였던 것이다.

【관등제도와 합좌기구의 운용】

삼국은 모두 중앙집권적인 통치체제를 정비하는 과정의 하나로서, 국왕을 중심으로 하는 일원적인 관등조직을 정비하였다. 이는 종전에 영토 확장을 이루어가는 과정에서 새로이 흡수되어 들어온 부족들의 족장들을 지배층으로 편입시키면서 그때 그때 상황에 따라 다양하게 수여할 수밖에 없어 다원적이었던 것을 통합하여 일원화한 것이었다.

고구려는 중국 쪽 기록에 보면 적을 때는 12관등, 많을 때는 14관등이 마련되어 있었던 것으로 전해지는데, 시대에 따라 차이가 나타나다가 최종적으로는 14관등으로 정비된 것으로 믿어진다. 이러한 과정에서 띠게 된 특징으로 '형(兄)'과 '사자(使者)'의 명칭을 중심으로 관등이 분화되어 있다는 점이다. '형' 은 연장자 내지는 족장적인 뜻을 지니는 것으로, 고구려의 국가적 발전 과정에서 새로이 흡수된 족장들을 각각 정치적 비중에 맞게 편재하면서 여러 종류의 '형' 으로 설정된 것으로 보인다. 그리고 '사자' 는 본디 '부림을 받는 자' 라는 의미에서 세력가의 가신(家臣) 출신으로서 국가로부터 그 지위를 인정받은 자들이었던 것 같다.

백제의 관등제도는 명칭이 중국식으로 되어 있으며 조직적이었다는 특징이 있는데, 그 명칭에서 '솔(率)' 과 '덕(德)' 이 붙는 계열과 문덕(文德) 이하의 계열, 크게 3구분이 된다. 게다가 이들은 각기 자색(紫色)과 비색(緋色) 그리고 청색(青色)의 공복(公服)을 입어 구별되었음이 특기할 만하다. 이렇듯이 관등의 3구분과 그에 따른 복색의 차이가 있었다고 함은 곧 백제에서도 신분에 따른 관등의 구별이 있었음을 드러내주는 것이며, 또한 일원화된 관등제도의 설정을 통한 중앙집권적 통치체제가 수립되어 있었음을 알려주는 것이다.

신라에서는 6세기 초 법흥왕 때에 율령의 반포와 짝하여 17관등제도가 정비되었다. 이 관등의 명칭에 '찬(湌)' 이나 '사(舍)', '지(知)' 와 같은 게 붙어 있는데, 이는 족장적인 의미를 지니는 것으로써, 종래의 여러 부류의 족장들이 하나의 관등체제로 편성되면서 각각의 처지에 맞게 설정되면서 나타난 현상으로 보여진다. 특히 신라의 관등제도는 골품제도와 불가분의 관계가 맺어져 있음이 가장 두드러진 특징이라 하지 않을 수 없다. 즉 신라의 관등제도는 골품제도와 연계되어 설정됨으로써, 진골은 제1관등인 이벌찬까지 승진할 수 있었는 데에 비해, 6두품은 제6위인 아찬까지, 5두품은 제10관등인 대나마까지, 4두품은 제12관등인 대사까지밖에는 승진하지 못하도록 규정되어 있었고, 이 규정의 적용에는 예외가 전혀 없었다.

이러한 관등제도의 운용과 관련하여 결코 빼놓을 수 없는 사실은 합좌(合坐)기구의 구실이다. 귀족들이 한자리에 모여서 동등한 발언권을 지니고 회의를 통해 국가적인 중대사를 협의하여 정하는 것으로서, 신라의 화백에서 그러하였듯이 만장일치의 원칙이 지켜짐으로써 귀족연합적 정치가 원만히 이루어지게 하였다. 고구려에서는 수상(首相)인 대대로(大對盧)를 귀족들이 선출하였다고 하는데, 중앙 귀족들의 대표인 대가(大加)들이 모여 회의를 통해 결정하였다고 하여서 이 고구려의 합좌기구를 오늘날 편의상 제가(諸加)회의라고 부르기도 한다. 백제에서도 역시 국가의 재상(宰相)을 투표를 해서 선거한 것으로 알려지며, 귀족들이 커다란 바위 위에 한꺼번에 모여 국정을 논의하는 회의를 하였다고 해서 정사암(政事巖)회의라고 이름이 붙여져 전해진다.

중국 쪽 기록에 비교적 자세히 운용에 관한 기록이 전하는 신라의 화백(和白)은, 진골 출신인 대등(大等)들이 구성원으로서 참석하고 그 의장은 상대등(上大等)이었는데, 이들에게는 동등한 발언권이 주어지고, 운용 방식도 '화백' 이란 명칭에서 그대로 표현되어 있는 바와 같이 화합하는 내용을 아뢰는 것만이 허용되어 이른바 만장일치에 의하여 의결함이 원칙으로 되어 있었다. 회의 장소로는 동쪽의 청송산(青松山), 서쪽의 피전(皮田), 남쪽의 우지산(于知山), 북쪽의 금강산(金剛山) 등 신령한 4곳이 택해졌으며, 왕위의 계승자 결정, 대외적인 전쟁의 결정 그리고 불교의 공인 등과 같은 국가적인 중대사를 여기에서 결정하였다.

요컨대 고구려의 제가회의는 구성원들의 성격에 따라 붙여진 명칭이고, 백제의 정사암회의는 회의 개최 장소에 따라 택해진 명칭이며, 신라의 화백은 회의 운용 원리에 따라 전해진 명칭이라고 할 수 있다. 그리고 이러한 합좌제도가 삼국에서 각각 운용되고 있었다는 사실은 당시의 중앙 정치가 귀족들 사이의 화합을 중시하면서 이루어짐으로써 국가적 발전을 꾀하는 귀족연합적인 성격을 지니고 있었음을 드러내준다.

【 교통의 발달과 행정 구획의 완비 】

고구려의 광개토왕(廣開土王)은 세상을 떠난 후 붙여진 그 자신의 시호(謚號)인 '광개토' 라는 문자 그대로 영토를 널리 개척한 왕으로 유명한데, 그의 능 앞에 세워진 비문(碑文)의 내용에 일생 동안 넓힌 것이 성(城)이 64, 촌(村)이 1,400에 이른다고 하였다. 이는 지배 체제는 물론이고 당시에 성과 촌을 중심으로 하여 넓은 지역을 중앙에서 통치할 수 있도록 도로망까지 제대로 갖추고 있었음을 보여준다고 하겠다. 이런 상황은 신라・백제의 경우도 거의 같았을 것이다. 예를 들면 신라는 이미 소지왕(炤知王) 9년(487)에 사방에 우역(郵驛)을 설치하고, 담당 관청으로 하여금 관도(官道)를 수리하게 하였다는 기록이 있다. 이를 통해서 왕경을 중심으로 일정한 거리를 두고 관리의 왕래와 국가 문서의 수발에 편의를 제공해주는 우역이 설치되었을 뿐 아니라, 이것을 거점으로 교통망이 갖추어져 국가에서 관리하였음을 알 수 있다.

이러한 교통망을 토대로 삼국이 모두 중앙과 지방을 행정 구획으로 구분하였다. 교통의 중심지인 왕경(王京)은 신라의 경우 줄곧 금성(金城, 오늘날의 경주)에 두었으나 고구려는 압록강(鴨綠江)가의 국내성(國內城, 오늘날의 집안集安)에서 대동강가의 평양성(平壤城, 평양)으로, 백제는 한강(漢江)가의 위례성(慰禮城, 서울 풍납동?)에서 금강(錦江)가의 웅진(熊津, 공주)을 거쳐 사비성(泗沘城, 부여)으로 각각 옮겼는데, 이 왕경을 고구려와 백제에서는 모두 5부(部)로, 신라에서는 6부로 나누었다. 그리고 지방은 고구려와 백제가 동 · 서 · 남 · 북 등의 방위를 가리키는 명칭을 취하여 각각 5부와 5방(方), 신라가 상 · 하 등의 여러 주(州)를 두어 통치 조직을 갖출 수가 있었다.

【 군사조직과 촌락 지배 】

삼국에서는 모두 전쟁이 발생하면 국왕이 직접 군대를 이끌고 전면에 나서서 지휘하였다. 국왕은 곧 군대의 최고 지휘관으로서 통수권을 지니고 있었으므로, 군사조직의 편재에 있어서도 당연히 국왕 직할의 군대가 핵심적인 구실을 하게 되어 있었다. 고구려와 백제의 경우는 기록이 없어 알 길이 없지만, 신라의 경우는 삼국시대부터 이미 존재했던 서당(誓幢)이 훗날 통일 이후에 전제왕권을 행사하는 국왕의 직속부대가 되는 사실에서 엿볼 수 있는 바와 같이 그런 부대의 하나였지 않았나 짐작된다.

신라에는 주(州)에다가 정(停)을 설치하여 6개를 두었는데, 그래서 이를 6정이라고 통칭한다. 여기에는 각각 그 지역민을 차출하여 편성하였으며, 지휘관은 수도(首都) 즉 왕경(王京) 출신이 맡았고 장군은 특히 진골 출신이었다. 게다가 지방 행정조직 자체가 곧 군사조직이었으므로, 지방의 핵심 단위이자 국방상의 요새지인 성(城)에는 항상 일정한 수의 군대가 유지되었다. 이 성의 장관인 성주(城主)는 역시 행정 장관이자 군사령관이었는데, 신라의 경우에는 진골만이 될 수 있었다. 그리고 이 성주들을 거느리는 직책이 고구려는 욕살(褥薩), 백제에서는 방령(方領) 그리고 신라의 경우 군주(軍主)였는데, 신라에서는 이 역시 진골 출신이 아니면 될 수 없었으며, 따라서 고구려와 백제의 경우도 최고의 귀족이라야 이를 맡았을 것이다.

이들은 지방 행정 조직상 가장 말단인 촌락에 대해서는 촌주(村主)를 통해 관할하였는데, 이들 촌주는 그 지역 출신인 인물로서 진(眞)촌주와 차(次)촌주로 나뉘었고 각기 5두품과 4두품에 해당되는 대우를 받았다고 한다. 이들이 통제하던 촌락에는 신분이 양인(良人)인 자영농민(自營農民)들이 대부분 뿌리내리고 자신들 소유의 농경지를 경작하고 있었다.

이들은 국가에 대해 토지 경작에 따른 세금을 내는 조세(租稅)와 노동력을 제공하는 역역(力役) 등의 부담을 의무적으로 짊어지고 있었다. 대부분이 자영 농민이었던 이들 가운데는 경제적으로 분화되어 토지를 잃어 지주에게 고용되어 자신의 노동력을 제공하고 식량을 공급받는 이른바 용작(傭作)을 하는 경우도 생겨났는데, 이들은 용민(傭民)으로서 그야말로 빈민으로 전락한 경우였다. 국가에서는 이들의 생활 구제를 위해 봄에 곡식이 떨어진 이른바 춘궁기(春窮期)에 곡식을 빌려주었다가 가을에 추수한 다음 이를 받아들이는 진대법(賑貸法)이 고구려에서 시행된 것도 이러한 빈민들의 발생을 국가적으로 대비하기 위한 제도적 장치였다.

제5절 중앙집권적 귀족사회의 종교와 교육

【불교의 수용과 그 사회적 의의】

우리나라에 불교가 처음 들어온 것은 삼국시대의 일로, 삼국 중에서도 중국과 지리적으로도 가장 가깝고 외교적으로도 친선 관계를 유지하고 있던 고구려에 제일 먼저 불교가 들어왔다. 소수림왕(小獸林王) 2년(372) 중국의 전진(前秦)에서 온 승려 순도(順道)에 의해 불상과 불경(佛經)이 전해졌으며, 소수림왕 4년(374)에는 승려 아도(阿道)가 오자, 그 다음 해에 초문사(肖門寺)와 이불란사(伊弗蘭寺)를 지어 여기에 각각 아도와 순도를 머물게 하였던 것이다.

백제는 고구려보다 12년 뒤인 침류왕(枕流王) 원년(384) 동진(東晋)으로부터 마라난타(摩羅難陀)가 바다를 건너 와서 불교를 전하였다. 이때 국왕은 그를 맞아 궁성 안에 모시고 예를 갖추어 받들며 다음 해에는 한산(漢山)에 불사(佛寺)를 이룩하고 10인을 승려가 되게 하였다. 이로써 백제에서는 불교가 수용되자마자 이름이 전하지는 않으나 사원이 수도에 세워졌음을 알 수 있다.

지리적으로도 남쪽에 위치했을 뿐더러 중국과의 외교 관계도 고구려와 백제의 도움이 없이는 독자적으로 맺을 수 없었던 신라의 경우는 불교 수용 자체도 가장 늦었다. 눌지마립간(訥祇麻立干, 417~458) 때에 고구려를 거쳐 온 아도(阿道, 일명 묵호자墨胡子라고도 불렸는데 서역 사람으로 얼굴이 검고 수염이 많아서 붙여진 것이라 한다)가 일선군(一善郡,

오늘날의 경북 선산군) 모례(毛禮)의 집에 잠복하여 처음으로 불교를 전파하려고 힘썼지만 박해 속에 끝나고 말았다.

그러다가 양(梁)의 사신인 승려 원표(元表)에 의하여 비로소 신라 왕실에 불교가 알려졌던 것이다. 그 후 법흥왕(法興王)은 불교의 수용을 위하여 노력하였으나 귀족들의 반대로 실패하고 그 결과 재위 14년(527) 이차돈(異次頓)이 순교하게 되었다. 법흥왕이 신라를 지켜주는 신이 산다고 믿고 있었던 천경림(天鏡林)을 베고 그 터에 흥륜사(興輪寺)를 창건하려는 데에 귀족들이 반대하자, 이를 해결하기 위해 이차돈은 기꺼이 자진해서 순교의 길을 택하였던 것이다. 그렇지만 이를 계기로 귀족들과의 타협이 이루어져 흥륜사 창건 사업이 재개됨으로써 결국 신라에서도 법흥왕 22년(535)에 불교가 공인되기에 이르렀다.

이렇듯이 세 나라 모두 불교를 받아들이는 데에 선봉적 역할을 한 것은 왕실이었음이 공통점이자 특징이다. 그러므로 불교는 왕권을 중심으로 한 중앙집권적 귀족국가의 사상체계로서 받아들여졌다고 할 수가 있는 것이며, 나라를 지키고 발전시키기 위한 호국적(護國的)인 성격을 강하게 띠게 되었다고 하겠다. 신라의 경우 불교를 받아들이는 데에 왕실이 적극적이었음이 더욱 뚜렷한데, 처음에 귀족들의 반대를 물리치고서라도 공인을 강행하려고 했던 것은 국왕과 그 측근세력이었다. 이같이 왕실에 의하여 불교가 강력히 지지 발전하게 된 것은, 당시 북방(北方) 불교에서 왕즉불(王卽佛)사상 곧 국왕이 부처라는 사상에 입각한 불교가 유행하고 있었던 것과 밀접한 관련이 있다. 이러한 사상을 채용하여 불교 자체가 왕권 중심의 지배체제를 유지하는 정신적인 지주로서 적합한 것으로 여겨져, 국왕과 그 측근에 의해 적극적으로 받아들여져야 한다고 생각하였기 때문이었다.

그러나 한편으론 귀족세력과의 타협이 없이는 불교가 국가적으로 받아들여져 공인되지는 않았을 것이라는 점도 손꼽아야 한다. 귀족세력들이 국왕 및 그의 추종세력들과 타협한 것은, 불교 교리상의 핵심인 윤회전생(輪廻轉生)사상과 인과응보(因果應報)사상에 대한 이해를 하게 되면서부터였는데, 이에 의거하면 당시에 귀족들이 귀족으로서 태어나 많은 기득권을 누릴 수 있었던 게 다름 아니라 그럴 수 있게끔 과거인 전생(前生)에 이미 공덕(功德)을 쌓았기에 가능하며, 또한 당시에 공덕을 쌓으면 미래인 내세(來世)에 역시 당시와 같은 특권을 유지할 수 있다고 여기게 되었던 것이다. 또한 당시 남방(南方) 불교에서 황제보살(皇帝菩薩)사상 즉 막강한 권력을 구가하는 황제일지라도 아직 득도하지 못해 부처가 되지 못해 계속 수행을 거듭해야만 하는 보살(菩薩)에 불과하다는 사상에 토대를 둔 이해가 수용되고 있었던 것과 불가분의 관계가 있었다. 이러한 사상에 터전을 두고 귀족세력들이 불교를 수용하는 데에 동의함으로써, 신라에서는 국가적 타협이 이루어져서 불교의 공인이 비로소 달성되었던 것이라 하겠다.

【 교육기관의 발전과 국사의 편찬 】

먼저 고구려의 인재양성 기관으로서는 태학(太學)과 경당(扃堂)이 있었다. 소수림왕 2년(372)에 세워진 태학은, 중국의 경우에도 그것이 유교 교육 기관이었으므로, 고구려에서도 마찬가지였을 것임이 틀림없다. 그런데 이 태학의 박사(博士) 이문진(李文眞)으로 하여금 영양왕(嬰陽王) 11년(600)에 이전의 『유기(留記)』100권을 줄여서 『신집(新集)』 5권을 만들도록 하였다는 기록이 있으므로, 태학에서의 교수를 담당하던 게 박사였음을 알 수 있으며, 아울러 이문진이 국사를 편찬하고 있음이 곧 태학의 교육 내용에 국사도 포함되었을 것임을 드러내 주는 것으로 믿어진다. 그리고 이 태학은 유교 교육기관으로서 국가에서 수도(首都)에 세워 그 말기까지 중앙귀족의 자제들을 교육하였을 것이다.

고구려에는 이러한 태학 외에 교육기관으로서 경당(扃堂)이 또 있었는데, 중국 쪽 기록에 전하는 바에 따르면 여기에서는 가난한 마을이나 미천한 집안의 미혼자제들이 책을 읽고 활쏘기를 익혔다고 한다. 그러므로 태학이 중앙귀족의 미혼자제들의 교육을 담당하도록 국가에서 수도에 세운 국립 교육기관이었던 데에 반해, 경당은 지방의 평민 자제들의 교육을 위해 지방에 세운 공립 교육기관이었다고 하겠다. 그리고 그 교육 내용에 있어서 태학이 주로 유교를 교육한 것과는 달리 경당에서는 활쏘기와 같은 무예(武藝)의 연마를 통한 군사훈련도 하였다고 풀이된다.

고구려에서 이와 같은 교육기관들을 통해 교육을 함에 있어 책은, 5경(經)을 위시한 유교의 경전 이외에 『사기(史記)』 등의 역사서, 『옥편(玉篇)』 등의 문자에 관한 자전(字典) 종류 그리고 문학선집인 『문선(文選)』 등을 주로 활용하였다. 그러므로 고구려에서는 유교뿐만 아니라 역사와 문학 등이 교육되었으며, 중국 쪽의 기록 가운데 "『문선』이 있어 가장 애중히 여겼다."라고 했음으로 해서 특히 문학에 관심이 컸음을 알겠다.

백제에서 어떤 기관이 있어 교육을 담당했는지조차도 기록이 전하는 게 없다. 다만 국사의 정리와 관련된 기록 가운데 박사 고흥(高興)으로 하여금 국사를 처음으로 정리하여 『서기(書記)』를 편찬하게 하였음이 밝혀져 있는데, 직함이 박사이면서 국사를 편찬하였다는 점에서 고구려의 태학박사 이문진과 고흥이 같은 박사였으므로 백제에도 고구려의 태학과 같은 국가에서 운영하는 교육기관이 역시 설치되어 있었을 것임을 알려준다고 하겠다. 그리고 고구려와 마찬가지로 거기에서는 유교뿐만 아니라 국사 교육도 시켰을 것으로 보인다.

백제에서는 이러한 유교 교육을 충실히 하기 위하여 중국으로부터 전문가들을 초빙하기도 하였다. 중국 쪽 기록에 백제가 중국의 양(梁)나라에 모시박사(毛詩博士)와 강례박사(講禮博士)를 초빙하였던 사실이 적혀 있는데, 여기에서 모시박사는 『시경(詩經)』을 전공한 전문가를, 강례박사는 『예기(禮記)』를 강독하는 전문가를 가리키는 것이다. 『시경』과 『예기』는 5경에 들어가는 대표적인 것으로, 이러한 유교 경전을 전공한 전문가를 초빙하고 있는 것은 그만큼 이를 중심으로 유교 교육이 상당한 수준에 올라가 있었음을 의미한다고 하겠다. 특히 백제가 양 나라로부터 모시박사와 강례박사를 초빙한 때가 성왕(聖王) 재위 중으로, 당시 양나라는 무제(武帝)가 통치하고 있었던 때였는데, 그 자신이 직접 유교 경전에다가 풀이를 붙이는 주석서(註釋書)들을 여럿 찬술할 정도여서 가장 경학(經學)의 극성(極盛)을 이룬 것으로 널리 알려져 있다. 따라서 백제가 이때에 양 나라에서 이러한 박사들을 초빙한 것은, 유교 교육을 강화하기 위함이었다고 보아 틀림이 없다.

백제에서 행해진 교육의 내용과 관련하여서, 박사 고흥이 교육기관의 교수로서 유교 외에 국사 교육도 담당했을 것임은, 중국 쪽 기록에, "풍속에 말타기와 활쏘기를 중히 여기고 겸해서 고서(古書)와 사서(史書)를 사랑했다."고 했음에서도 드러난다고 하겠다. 겸해서 이 기록 가운데에 "말타기와 활쏘기를 중히 여겼다"는 점은, 고구려의 경당에서 "활쏘기를 익히었다."고 하는 것과 서로 통하는 대목으로, 이로써 백제에서도 고구려의 경당과 같은 게 있어 무예를 닦는 교육기관도 있었던 것으로 짐작되고 있다.

신라에서도, 고구려와 백제와 거의 동일하게 경학(經學)·사학(史學)·문학(文學)을 위주로 교육하였다. 신라에서의 교육 내용에 관해 전해주는 가장 대표적인 기록으로는 「임신서기석(壬申誓記石)」의 것을 들 수 있다. 이 기록은 당시 연도 표기를 소위 간지(干支)라 하여, 60갑자(甲子)의 위를 이루는 10간(干)과 아래를 이루는 12지(支)를 합하여 표기하는 방법이 취해지고 있었는데, 그 가운데의 하나인 임신(壬申)년에 2명의 청년이 서로 도의를 연마하기로 서약하고 그 내용을 돌에 새겨서 기록해 놓은 데에 나오는 것으로, "『시경(詩經)』·『상서(尙書)』·『예기(禮記)』·『서전(書傳)』을 차례로 습득하기를 맹세하였다."고 하였다. 또한 『삼국사기(三國史記)』 강수(强首)전(傳)에는 "스승에게 나아가 『효경(孝經)』·『곡례(曲禮)』·『이아(爾雅)』·『문선(文選)』을 읽었다."고 기록되어 있다.

이로써 신라에서는 청년들이 『시경』과 『효경』 등의 유교 경전은 물론 『이아』와 같은 문자에 대한 설명서 그리고 『문선』과 같은 문학서를 공부하고 있었다고 하겠다. 이외에 신라에서도 역시 국사 교육이 행해지고 있었는데, 국사의 편찬은 진흥왕(眞興王) 6년(545)에 이루어졌다. 당시 진흥왕을 가까이에서 보필하던 이사부(異斯夫)가 발의하고 거칠부(居柒夫)가 주관하여 이루어진 국사의 편찬은, 당시의 기록에 의하면 "군신(君臣)의 선악(善惡)을 기록하여 포상(褒賞)과 폄하(貶下)를 만대(萬代)에 보이기 위해" 행해졌다고 한다. 더욱이 "문사(文士)들을 널리 모아서" 하도록 했다고 한 바는, 이 국사의 편찬을 계기로 진흥왕이 이사부, 거칠부 등의 귀족세력들과 정치적 연합을 통해 자신의 왕권을 강화시킴은 물론 중앙집권적 통치체제의 확립을 통해 대외정복을 추진할 수 있게 되었음을 알려준다고 하겠다.

【신라의 화랑도와 사회적 결속 이념으로서의 유교】

신라에서는 엄밀하게 말하자면 삼국시대에는 교육을 담당하는 학교는 없었다고 하는 게 옳겠다. 신라에서 교육기관인 국학(國學)이 설립된 게 통일을 이룬 후인 신문왕(神文王) 2년(682)에 이르러서이기 때문이다. 그렇더라도 비록 학교는 아니었지만, 신라에서 교육적 기능을 담당한 것이 따로 운용되고 있었는데, 그것이 바로 화랑도(花郎徒)였다.

화랑도는 영토확장을 본격적으로 꾀하던 진흥왕(眞興王) 때에 여성들로 구성되었다는 종래의 원화(源花)를 개편하여 군대를 보충할 목적으로 남성들로 개편되어 제정되었으나 보다 큰 목적은 국가가 필요로 하는 인재를 양성하여 확보하려는 데에 있었다. 이 점은 통일신라시대의 학자로서 신라의 역사를 정리해놓은 것으로 유명한 김대문(金大問)이, 자신의 저서 『화랑세기(花郎世記)』에서 화랑도를 평하여, "현명한 재상(宰相)과 충성된 신하(臣下)가 여기서 솟아나오고 훌륭한 장수(將帥)와 용감한 병사(兵士)가 이로 말미암아 생겨났다."고 하였음에서 잘 나타나고 있다.

화랑도의 구성원들은 대개 15세부터 18세까지의 청소년들로서 한 시대에 몇 개의 집단이 있었는데, 하나의 화랑도는 화랑(花郎) 1명과 승려(僧侶)를 위시한 수백 명의 낭도(郎徒)로 구성되어 있었다. 화랑은 진골(眞骨) 귀족 가운데서 뽑히었고, 이에 속해진 승려는 학문적 소양이 풍부하여 지성적(知性的), 정신적(精神的) 방면에서 화랑을 지도하는 게 임무였다. 낭도들은 뒤에 일반 병졸(兵卒)이 되는 경우도 있었던 예로 보아, 수도(首都)인 왕경(王京)에 사는 3두품(頭品) 이하의 평민(平民)까지 포함한 6부(部) 출신의 자제들이 주축을 이루었던 것으로 여겨진다. 이들은 약 3년 동안 명승지를 순례하며 행해지는 유오(遊娛)와 가무(歌舞) 즉 놀이를 통하여 수련을 쌓았다.

이러한 화랑도에서 행해졌던 교육의 주된 내용은 원광(圓光)의 「세속오계(世俗五戒)」에 잘 담겨져 있었던 것으로 전해진다. 이 「세속오계」 중에서 충(忠)은 왕권을 중심으로 한 중앙집권적인 국가체제의 형성에 부응하는 것이었고, 효(孝)는 가부장적(家父長的)인 가족제도의 발달에 따르는 것이었으며, 신(信)은 화랑도와 같은 집단생활에서 필요한 것이었다. 그리고 임전무퇴(臨戰無退)는 정복전쟁의 수행에서 필수적인 것이었으며, 살생유택(殺生有擇)은 불교의 영향도 받은 것이겠으나 가축이 당시 사회에서 중요한 재산 형태의 하나였으므로 사유재산제의 발달을 배경으로 했던 것으로 풀이된다.

그러므로 이들 덕목은 사회 질서를 유지하기 위해서 강조된 것으로, 이 중에서도 신라의 청년들에게 가장 귀중하게 여겨졌던 것은 충과 신이었다. 더욱이 신을 바탕으로 하고 충을 지향하는 것으로 풀이되므로, 충이 가장 중요한 덕목으로 존중되었던 셈이다. 이는 신라에서만 그런 게 아니라 고구려와 백제에서도 역시 그러하였을 것이다. 이같이 당시의 교육에서 충과 신을 중요한 덕목으로 여겨 이에 대해 강조하였던 것은, 옆으로 신을 통한 단결을 바탕으로 하고 이를 위로 충과 연결지어 줌으로 해서 전체적인 융화를 가져오기를 기하는 것이었다. 말하자면 신을 통해 횡적이고 수평적인 결합을 공고히 하고, 충을 통해 종적이고 수직적인 결합을 다짐으로써 사회적 결속을 다져 중앙집권적인 통치체제를 수립하고 유지하기 위함이었다. 따라서 삼국시대의 교육에서는 유교가 중심이 되어 충과 신을 중시하여 사회적 결속이 강조되고 있었다고 있겠다.

제6절 왕족 중심 귀족사회의 생활과 문화

【 식생활의 신분계층별 구별 】

삼국이 형성되고 점차로 중앙집권화가 이루어지면서 사회적으로 여러 가지 특권을 누리는 왕족을 위시한 귀족들은 식생활 면에서도 그러하여 일반 서민의 그것과 차이가 생겨나게 되었다. 이때에 국가적으로 여러 고을의 제방(堤防)을 수리하는 등 관개수리(灌漑水利)에 힘써서 보다 적극적으로 농업을 권장하는 권농(勸農)정책을 펼쳐서 오늘날 흔히 논이라 부르는 수전(水田) 즉 답(畓)이 등장하여 경작지가 확대되고 그럼으로써 농작물의 수확고가 증대되었음은 물론이지만, 아직도 쌀을 주식으로 즐길 수 있는 계층은 왕족을 비롯한 귀족들에 한정되었고 자연히 서민들은 여전히 주식을 잡곡으로 할 수밖에 없었다. 이렇듯이 계층별로 음식의 종류가 구별됨이 바로 이 시대의 특징이었다고 할 수 있을 것이다.

당시의 부식(副食)으로는 우선 채소를 들 수 있는데, 대표적인 채소로는 무와 상추가 기록에 전한다. 무가 우리나라에서 언제부터 재배되었는지 확실하지 않으나 7세기경부터 그 이름이 문헌 기록에 보이며, 특히 장아찌 등의 조리법으로 일본에까지 알려진 것을 보면 음식을 만들 때 일찍부터 꽤 널리 활용되었음을 알 수 있다. 다만 김치라고 하면 오늘날 배추김치를 우선적으로 연상하게 되나, 이때는 아직 배추는 물론 고추가 재배되지 않았으므로 무를 소금, 간장이나 된장 또는 젓갈 등에 절여서 김치를 만들어 먹었던 것이다. 그리고 상추는 고구려의 특산물로도 유명하였는데, 중국으로부터 그 종자를 수입할 때 가격이 비쌌으므로 천금채(千金菜)라는 이름을 얻기까지 하였다고 한다. 이 밖에 신석기시대부터 식용되었던 서여(薯蕷)라는 이름의 마가 산과 들에서 자생하던 게 캐어져서 이때에도 식용되고 있었다.

안악3호분 행렬도

한편 육류는 주로 가축의 성행으로 수렵을 통해 얻는 것이 점차 줄어들고 거의 목축에 의해 충당되었다. 이 점은 특히 고구려의 경우 안악3호분(安岳三號墳)의 벽화에 보이는 외양간과 마굿간 등의 그림 내용으로 명확한 증거를 찾을 수 있다. 더욱이 신라의 경우 양의 사육을 담당하는 양전(羊典), 고기를 다루는 육전(肉典) 등의 관청이 별도로 설치되어 있을 정도였던 것이다. 육류가 거의 목축에 의해 충당되고 비록 수렵이 이제는 군사 훈련이나 혹은 귀족들의 오락과 같은 것으로 전락하였지 않나 여겨지지만, 그 생생한 모습은 고구려의 무용총(舞踊塚) 수렵도(狩獵圖) 등에 보인다.

당시의 수산물로는 항해기술이 발전하면서 이제는 가까운 바다에서 잡던 것 외에도 점차 먼 바다에서 잡는 고래나 바다표범 등의 물고기 그리고 깊은 바다에서 채취하는 해초류와 같은 것이 등장하였다. 신라에서 허리에 새끼줄을 매고 바다 속에 잠수하여 미역인지 다시마인지 명확하지는 않지만 깊은 바다의 해초류를 채취하였다고 하는데, 다시마의 경우 신라에서 중국에 수출까지 하였다는 기록이 있을 정도로 많이 생산되고 또 음식으로 활용되었던 듯하다. 이밖에 백제에서는 연못을 파고 잉어를 기르고 있었다고 하므로, 이때에 이미 인공적으로 어류를 양식하여 이를 음식으로 만들어 먹었음도 알겠다.

그리고 예전부터의 술 이외에 차(茶)가 기호품의 하나였다. 차가 중국으로부터 전래된 시기는 신라 선덕여왕(善德女王, 632~646) 때였다고 하는데, 이때에는 술처럼 차를 모든 계층이 즐기지는 못하고 승려나 귀족 등 상류층만이 즐겼던 것 같고, 그 뒤로 약 200여 년이 지난 흥덕왕(興德王) 3년(828)에 이르러서야 이 땅에서 직접 재배되었으므로 일반화되었다. 다만 이때의 차는 단순한 기호품이 아니라 제물이나 공양물의 하나로 사용되는 게 예사였다.

【 주거생활; 온돌과 기와집의 발달 】

삼국시대에 이르면 가옥은 사회의 발전에 짝하여 더욱 고도로 발달하게 된다. 고구려의 경우 일반 가옥은 띠와 풀로 엮어 만든 초가에 온돌을 장치한 것이었고, 왕궁이나 귀족의 집, 관청 건물, 사찰들만이 기와지붕이었다. 당시의 국왕이나 귀족의 무덤인 고분(古墳)의 벽면에 그려진 벽화(壁畫)나 토기 가운데 집모양의 것 등을 통해, 당시 이러한 가옥의 형태를 구체적으로 찾아볼 수가 있다. 또한 왕궁이나 귀족의 집에서는 마룻바닥을 만들고 그 위에서 기거하는 평상(平床) 생활을 많이 하였으며, 그밖에 부엌, 창고, 고깃간, 외양간, 차고 등이 기능에 따라 별도의 건물로 지어졌음을 알 수 있다. 이들의 구조는 기둥을 세우고 대들보를 올려 짜서 맞춘 이른바 목조가구식(木造架構式) 구조였다.

백제와 신라의 가옥은 실물이 전혀 전해지지 않으므로 잘 알기 어려우나, 각기 문화의 특성에 따라 약간의 특색이 있었겠지만 고구려와 별로 큰 차이가 없었다고 여겨진다. 다행히 최근에는 백제와 신라의 영역이었던 곳에서 발굴이 행해지면서, 가옥 모양의 토기 혹은 토기 표면에 가옥의 모습이 새겨진 것 등이 출토됨으로써 당시 가옥의 모습이 더욱 생생하게 알려지기에 이르렀다. 고구려와 백제의 경우도 대체로 그러했으리라 짐작되고 있지만, 신라의 경우에는 특히 신분에 따라 차등이 있게 가옥의 규모나 장식, 설비의 정도가 각기 제한되어 있었음이 특기할 만하다.

신라에서의 이러한 제한 내용은 『삼국사기(三國史記)』에서 방의 크기와 기와, 재목, 장식, 계단, 담장, 문, 마굿간, 병풍, 평상 등으로 나누이고 그 내용을 구체적으로 적어주고 있어서, 당시의 가옥의 규모와 외형, 장식에 관하여 알 수 있다. 예를 들면 진골(眞骨)은 실(室)의 길이와 넓이가 약 724㎝(24척尺)를 넘지 못하고, 6두품(六頭品)은 약 636㎝(21척)를, 5두품은 약 545㎝(18척)를, 4두품과 평민은 약 455㎝(15척)를 넘지 못하게 되어 있었다. 이러한 실의 길이와 넓이는 집 담장 밖에서는 잘 가늠하기 어려웠을 터이지만, 길에서 바로 자신의 키와 견주어 대중할 수 있는 담장의 높이도 신분에 따라 차등이 있었음이 흥미롭다. 진골은 담의 높이에 구애받음이 없었으나, 6두품은 8자, 5두품은 7자, 4두품 이하는 6자를 넘지 못하게 되어 있었다.

【 의생활; 치마 · 두루마기의 착용과 관리들의 공복 제정 】

삼국시대의 의복은 당시 중국인들이 적어놓은 기록에 보면 서로 같았다고 하므로 공통점이 많았을 것이다. 실물은 전혀 발굴되지 않으나 그나마 고구려의 고분 벽화 등에 보이는 사람들의 의복을 통해 살필 수 있다. 당시 의복의 기본 양식은 여전히 남녀 모두 상의로는 저고리, 하의로는 바지를 입다가 남성은 다만 약간의 변화가 있을 뿐 그대로였지만 여자는 치마를 입는 것으로 옮아갔던 것 같다. 그리고 의복의 양식이 무엇이었건 거의 예외 없이 저고리의 깃과 소매 등에 다른 천이나 동물의 털로 띠처럼 선(襈)을 돌리고 저고리의 양쪽을 터서 그 자락을 같이 여미는 형태였다. 그리하여 마침내 남성은 저고리와 바지, 여성은 저고리와 치마를 입는 전형적인 우리나라의 의복이 형성되기에 이른다.

또한 두루마기를 신분에 상관없이 다양한 계층이 입기 시작하였음이 특징의 하나다. 삼국 모두 처음에는 국왕의 복장으로 채택되었다가 점차 귀족들도 입게 되고, 통일신라에 이르러서는 보편화되어 귀족들 외에도 평민 남녀들까지 입게 되었다. 모두 두루마기를 입게 되었다고는 하더라도 물론 신분에 따른 차이는 있었다. 국왕이나 귀족은 소매가 넓은 두루마기를, 고구려 고분 벽화의 시종을 드는 여인이 그러하였듯이 신분이 낮은 사람은 소매가 좁은 두루마기를 입었던 것이었다. 이와 같이 신분이 높고 낮음에 따라 형태의 차이가 있었으며 두루마기를 흔히 입었던 것은 추위를 피하기 위한 측면도 있었겠으나, 그보다는 예복(禮服)이어서 예의를 갖추기 위함이었던 듯하다.

수산리고분 시녀들

한편 또 하나 당시의 의복 제도와 관련하여 반드시 기억해야 할 것이, 관리들의 공복(公服)이 제정되었다는 사실이다. 신라에서는 법흥왕(法興王) 때 공복을 색채로 구분하여서 관등(官等)에 따라 자색(紫色, 자주색)·비색(緋色, 비취색)·청색(青色)·황색(黃色, 황토색) 4가지로 달리하여 입도록 하였고, 백제의 고이왕(古尒王) 때에는 자·비·청의 3가지로 달리하였다고 한다. 이와 같이 의복의 색채를 구분하여 관등에 따라 다르게 입도록 하였음은, 중앙집권적 통치체제가 확립되고 왕권을 중심으로 이루어진 새로운 관료체계가 성립되었음을 보여주는 것이었다. 신라의 경우 이채롭게도 관리가 관청에서 조회(朝會)할 때는 공복을 입고, 퇴근 후에는 편한 복장을 입었다고 기록으로 전해지는데, 이럴 때 편한 복장이라 함은 전통적인 바지와 저고리 차림을 말한다고 생각된다. 그러므로 평소에는 전통적인 바지와 저고리를 신분에 어울리게 입고 지내며, 관청에서 조회할 때에만 공복을 입었다고 하겠다. 말할 것도 없이 이러한 의생활의 모습은 비단 신라에만 국한되는 게 아니라 고구려·백제에서도 거의 같았을 것이다.

【 교통수단의 발달 】

삼국시대에는 교통수단으로 말은 물론이고 여전히 마차와 배가 사용되었으며 이외에 우차(牛車)와 수레도 활용되었다. 말은 신라의 토기(土器)와 고구려의 고분 벽화에서 종종 그 예가 찾아지며, 배의 형태는 토기뿐만 아니라 1975년 경주 안압지(雁鴨池)에서 발굴된 당시 배의 실물을 통해 생생하게 볼 수 있다. 그리고 마차, 우차, 수레 등의 실물 모습은 고구려의 고분 벽화에 보인다. 또한 가마도 이때에 이용되었는데, 고구려 벽화에서 역시 남녀가 각각 호화로운 가마에 앉아 있는 모습을 볼 수 있다.

한편 신라 기와의 문양 가운데에, 바퀴달린 연(輦)이라 해서 좌우에 구슬로 꿰어 만든 발(주렴珠簾)이 늘여져 있는 왕이 타던 가마와 비슷하게 새겨져 있는 것으로 보아, 삼국시대에 여러 종류의 가마가 이용되었음을 알 수가 있다. 당시는 엄격한 귀족사회였으므로, 교통수단 역시 신분에 따라 사용 범위에 차별이 있었다. 예를 들면 신라의 경우 수레에 있어 그에 사용되는 나무의 종류, 깔방석의 꾸미개, 말의 치장 정도 등이 신분에 따라 진골(眞骨)·6두품(頭品)·5두품·4두품에게 각각 다르게 규정되어 있었던 것이다.

국가에서 이같이 엄격하게 교통수단의 사용 범위를 규제하고 있었기에, 이 업무를 담당하는 기관이 신라에서는 통일을 전후한 시기에 세분화되었다. 당시가 정복사업을 추진해가던 때로 모든 체제가 군사 중심이었으므로 교통에 관한 것이야말로 유사시에 절대적으로 동원이 쉽도록 하기 위한 조치로서, 종래에 병부(兵部)에서 오로지 관할하던 것을, 육지의 것은 승부(乘府)에서, 해상의 것은 선부(船府)에서 각각 나누어 맡도록 하였던 것으로 파악된다.

【불탑과 불상】

사찰의 2대 중심은 불탑과 불상이다. 이를 줄여서 흔히 탑상(塔像)이라 하는데, 승려 일연(一然)이 『삼국유사(三國遺事)』에 사찰과 탑의 건립에 관한 기록을 정리하면서 「탑상편(篇)」이라 했음에서 잘 알 수가 있다. 사찰의 중심은 건축물로 보자면 금당과 불탑이라 할 수 있으므로, 이를 줄여서 흔히 당탑(堂塔)가람이라고 이르는 것이다.

삼국을 통하여 초기의 가람(사찰)에 세워진 탑들은 모두 목조였다. 목탑으로 팔각형인 것은 고구려의 평양 청암리(淸岩里) 금강사지(金剛寺址)에서, 방형의 것은 백제의 부여 군수리(軍守里) 절터(사지; 寺址)에서 그 예를 찾아볼 수 있다. 이들 가람은 모두 탑이 1기(基)씩이었으므로, 이런 유형의 가람을 1탑식 가람이라 한다.

그 후에 이루어진 석탑의 건립은 삼국 중에서 가장 목조건축술이 뛰어났던 백제에서 처음으로 이루어졌으며, 600년경에 최초로 세워진 것은 미륵사지탑(彌勒寺址塔)이었다고 여겨진다. 우리나라 대표적 향가(鄕歌) 중의 하나인 「서동요(薯童謠)」의 주인공 무왕(武王)과 선화공주(善花公主)에 의해 창건된 이 미륵사의 탑은, 목조탑을 충실하게 본을 따서 나무 대신 돌로 정교하게 만들어졌다. 이 무렵에 신라에서도 석재를 이용하여 탑이 만들어졌는데, 오늘날 실물이 전해져 주목되는 것은 선덕여왕(善德女王) 3년(634)에 낙성된 분황사(芬皇寺) 3층석탑이다. 이 탑은 안산암(安山岩)을 벽돌과 같은 크기와 모양으로 잘라서 쌓아 올린 석탑으로, 석탑이긴 하나 그 양식은 벽돌탑을 따랐으므로 흔히 모전석탑(模塼石塔)이라 부른다.

미륵사지석탑

한편 서울 뚝섬에서 출토된 금동불좌상(金銅佛座像)은, 중국의 영향을 받아 네모난 받침(대좌臺座) 위에 두 다리를 포개고 앉은 가부좌(跏趺座)의 자세로 두 손을 참선할 때처럼 모은 선정인(禪定印)의 모습을 한 것으로서, 우리나라에서 제작된 불상 중 가장 초기의 것으로 손꼽히고 있다. 이후 삼국시대 즉 6세기 초의 초기불상들도 대체로 이 같은 양식의 것이다.

삼국시대에는 불상의 중앙에 석가(여래), 양 옆에 보살상을 새긴 삼존(三尊) 형식이 많아진다는 특징이 나타난다. 특히 신라의 경우는 삼존상이 대형화되었음이 주목되는데, 『삼국유사』의 기록에서 경주의 황룡사에 대단한 규모의 장육(丈六)금동삼존불상이 주조되었다고 함을 찾을 수 있을 뿐만 아니라 지금도 그 불상을 받쳤던 커다란 돌로 된 대좌가 남아 있음을 통해 알 수가 있는 것이다. 같은 삼존형식이면서도 부조(浮彫)로 조각한 석조불상이 많이 만들어졌다. 그 중에서도 충남 서산군 운산면의 서산마애삼존불상(瑞山磨崖三尊佛像)이 대표적인데, 조각 수법이 우수할 뿐 아니라 티 없이 웃는 미소는 '백제의 미소'라 불릴 정도로 유명하다.

또한 특히 반가사유상(半跏思惟像)이 많이 만들어졌다. 반가사유상이란, 의자에 앉아 오른쪽 다리를 왼쪽 다리 위에 얹어놓은 반가좌 형태로 앉아 오른손을 뺨에 살짝 대고 사색하는 자세의 보살상을 일컫는데, 장차 이 세상을 구제하러 올 미륵보살로 여겨진다. 경주 근교의 단석산 신선사(神仙寺)에 있는 마애불상 가운데 반가사유보살상은 신라 초기에 속하는 중요한 예이다. 이 반가사유보살상은 일본에 큰 영향을 미쳐 일본의 국보에 지정된 것 중에는 고구려의 기술자들이 건너가 만들어준 것이 들어 있을 정도다.

삼국시대 말기에 들어서면 세상 모든 중생들의 고통을 보고 하소연을 들어주는 것으로 널리 이름난, 신체의 비례가 균형 잡히게 서있는 모습의 관음상(觀音像)이 많이 만들어진다. 그리고 이 때에는 전반적으로 불상이 경주 남산 삼화령(三花嶺) 석조 삼존불상에서와 같이 입체감이 강조되고 법의(法衣, 부처님의 옷)의 표현도 자연스러워진다. 그리고 이 때에는 전면 뿐 아니라 측면이나 뒷면의 묘사에도 정성을 들인 입체조각으로서의 형태를 갖추게 된다. 이 같은 양식은 통일신라시대에 들어서서도 거의 그대로 유지되면서 발전을 거듭한다. 법의의 표현이 부드러워서 양 어깨를 덮은 통견(通肩)의 주름이 가슴 앞으로 여러 겹의 U자(字)형의 곡선을 형성하면서 늘어지는 모습을 띠었던 것이다.

【 무덤; 석총과 토총의 조성 】

고구려의 고분에는 석총(石塚)과 토총(土塚)의 두 종류가 있다. 석총은 초기의 간단한 돌무지(적석총積石塚)가 발전된 것으로, 땅 위에 냇가의 돌을 네모지게 깔고 그 중심부를 편평하게 만든 뒤 피라미드 모양으로 돌을 쌓아올린 형식의 분묘로서 태왕릉(太王陵)과 장군총(將軍塚)이 대표적인 것이다. 예전에는 장군총이 광개토대왕(廣開土大王)의 무덤이라 여겨졌었다. 그러다가 태왕릉은 종전에는 왕릉인 줄을 전혀 모르던 것인데, 그 안에서 '원태

태왕릉

왕릉안여산고여악(願太王陵安如山固如岳)' 이란 글이 함께 새겨진 벽돌이 출토됨으로써 비로소 처음 알려졌으며, 그 가까운 곳에 릉비(陵碑)가 우뚝 서있음으로 해서 이제는 이것이 광개토대왕의 것으로 판단되고 있다.

그리고 토총은 돌로 널방을 만든 위에 흙을 덮어서 산봉우리와 같은 모습의 봉분(封墳)을 만든 것으로, 이 같은 겉모양으로 해서 봉토분(封土墳)이라 불리기도 하며 쌍영총(雙楹塚)과 같은 것이 대표적인 예에 속한다. 이 널방에 있는 벽과 모줄임천장(일명 귀죽임천정, 말각조정抹角藻井) 등에는 벽화(壁畫)가 그려져 있어서 주목받고 있는데, 이 모줄임천정은 돌로 된 널방의 귀퉁이 위에 한두 단의 받침돌을 내밀어쌓기를 하여 모를 줄여 천정을 좁혀 올라간 다음 맨 위에 판석을 한 장 덮은 것으로 우리나라에서는 고구려에서만 발견되는 독특한 양식이다.

백제의 고분도 크게 보아서는 석총과 토총으로 나눌 수 있다. 다만 백제는 수도를 한성(漢城, 오늘날의 서울)에서 웅진(熊津, 공주), 사비(泗沘, 부여)로 옮겨 갔으므로 이에 따라 주된 무덤 양식도 지역에 따라 변화되었다. 초기의 것은 석총으로 고구려와 같이 피라미드 모양의 기단이 있는 것이며, 실물이 현재 서울 석촌동(石村洞)에 남아 있다. 이는 백제 초기의 기록에 국왕의 분묘를 물가에서 큰 돌을 주워 날라다가 덧널을 만들어 묻었다고 한 것과 밀접한 관련이 있다고 생각된다.

먼저 오늘날의 서울 지방에는 초기의 석총과 함께 한글의 'ㄱ' 자처럼 생긴 널방무덤이 얕은 구릉의 경사면에 자리잡고 있으며, 가락동(可樂洞)에 남아 있는 게 대표적이다. 이 무덤은 구조상으로 뿐만 아니라 부부를 같이 묻었다는 점에서도 고구려 계통이다. 그리고 웅진으로 수도를 옮기면서 돌무덤은 없어지고, 'ㄱ'자형 및 장방형의 널방무덤이 유행하며, 새로이 벽돌무덤이 만들어졌다. 이 무덤은 벽돌(전塼)을 터널형으로 쌓아 널을 옆으로 넣을 수 있도록 한 것으로, 외부는 흙을 쌓아 봉분을 만들었으므로 횡혈식(橫穴式) 토총이라고 분류되기도 한다. 이는 중국의 남제(南齊)·양(梁) 등과 빈번한 교류 관계를 맺음에 따라 그곳의 양식을 받아들인 것으로, 현재 공주 송산리(宋山里) 6호분과 무령왕릉(武寧王陵)이 발굴되어 알려져 있다. 특히 송산리 6호분에서는 고구려로부터 영향을 받은 벽화가 그려져 있어, 중국의 것을 그대로 받아들인 게 아니라 백제의 독자적인 형태로 발전된 것임을 짐작하게 해준다. 이후 사비시대에는 웅진에서 유행했던 널방무덤이 여전히 이어서 만들어졌다. 이때의 것으로는 벽화까지 그려져 있던 능산리(陵山里)의 것이 제일 유명하다.

그리고 독무덤은 백제 전지역에서 사용되었는데, 특히 영산강 하류에서는 한 지역에서 수십 기가 발굴되고 크기도 대형화되는 독특한 양상을 띤다. 금동으로 만든 관(冠)을 쓰고 칼을 찼던 유골이 여러 개의 돌널무덤과 함께 발굴된 예가 있어, 이 지역의 세력가가 가족들과 같이 묻힐 때 사용된 것으로 풀이되고 있는데, 이들에 관해 당시와 관련된 역사 기록에는 전혀 적혀 전해지지 않지만 분명 이들이 연맹왕국의 국왕과 같은 존재였을 것으로 추정되고 있다.

한편 신라에서는 널무덤(토광목곽묘)과 함께 돌널무덤(석관묘)이 기본 묘제였다. 땅에 구덩이를 파고 네 벽을 돌로 쌓은 돌널무덤은, 처음에는 시체를 위에서 내려 넣은 수혈식(竪穴式)이었다가 크기가 커지면서 벽이 높아져 붕괴의 우려가 있으므로 후에는 천장에 판석을 덮어 널을 수평으로 넣을 수 있도록 한 횡구식(橫口式)으로 발전되었다.

이 시대의 또 하나의 특징적 고분으로 들 수 있는 적석목곽묘(積石木槨墓)는, 지하에 광을 파고 상자형의 나무로 만든 널을 내려 넣고 냇가의 돌을 둥글게 쌓고 다시 흙을 덮어 산봉우리처럼 만든 것으로, 신라의 수도였던 오늘날의 경주에 집중적으로 모여 있는 귀족들의 무덤이었다. 이를 발굴해 들어가 보면 땅을 수직으로 파서 구덩이를 만들고 돌을 쌓았다고 하여 수혈식 적석총(積石塚)이라고도 한다. 이 무덤은 나무 널 주위와 그 위에 돌을 촘촘하게 쌓았기 때문에 후대에 행해진 도굴에도 잘 견디어 냈으며 한 번 만들어지면 나중에 부부 사이라도 같이 묻을 수가 없는 한 사람의 묘여서 오늘날 발굴해보면 풍부한 부장품이 고스란히 전해짐이 특색이다. 금관·금귀고리·금가락지·금팔찌 등 순금의 제품을 비롯한 화려한 것을 같이 많이 묻어 주었는데, 금관은 신라 문화의 특징을 잘 드러내 주는 것으로 금관총(金冠塚) · 천마총(天馬塚) 등 여러 곳에서 출토되었다.

이 무덤은 구조상 합장이 불가능하였으므로 부부를 같이 묻으려면 먼저 만든 것 바로 옆에 또 하나의 봉분을 만들었는데, 이는 오늘날 마치 표주박과 같은 모습이라 하여 표형분(瓢形墳) 또는 2개의 무덤이 같이 있다 하여서 쌍분(雙墳)이라 불린다. 이후 법흥왕(法興王) 무렵부터 합장이 가능하게끔 점차 널을 수평으로 넣을 수 있도록 널방(석실)을 만든 횡혈식 석실분(橫穴式 石室墳)이 시작되었다. 현실의 벽은 바닥으로부터 사람의 키에 가까울 정도까지 수직을 이루나, 그 위로는 점점 좁아지고 천장을 덮개돌로 덮었다. 벽면이나 천장에는 모두 석회를 바랐으며, 그 위에 색채를 칠하기도 하였다. 문을 열고 들어가서 한 석실에 쉽게 같이 묻을 수가 있으므로 부부 사이는 합장(合葬)을 하여, 오늘날 발굴해보면 바닥에는 2개의 널받침(관대棺臺)이 있기 마련이다.

【 미술의 발전 】

삼국시대의 미술품은 소박하고 사실적이면서도 건강한 아름다움을 지닌 것이 대부분이었다. 그리고 불교의 발전과 함께 사상적 내용이 풍부해지고 제작 기술이 고도화됨에 따라 높은 미적 감각을 엿볼 수 있는 작품들도 적지 않다. 삼국이 모두 중앙집권적인 귀족국가로 형성되고 발전되면서 누린 사회적 성장이 미술 분야에서도 여실히 드러나고 있었던 것이라 하겠다.

고구려는 지상건축물을 남기고 있지 않으나, 고분(古墳)의 구조 등을 통해 그 모습을 헤아릴 수 있다. 쌍영총(雙楹塚)에서 널방(현실玄室) 입구에 서있는 팔각형의 쌍으로 된 기둥(八角

쌍영총 팔각쌍기둥

雙柱)이나, 그림에 보이는 기둥 위의 들보, 마룻대인 동량(棟梁) 그리고 동량을 괴는 재목인 두공(斗拱) 등은 목조건축 중심이었던 고구려의 양식을 엿보게 해준다.

오늘날까지 남아 있는 건축물이 하나도 없지만, 삼국 중에서 가장 건축술이 발달한 나라는 백제였다. 이런 사실은, 호사스런 궁실과 누각(樓閣)을 비롯하여 왕홍사(王興寺)와 같은 대규모의 사찰을 지은 기록이 보일 뿐만 아니라 목탑 양식을 충실히 계승하면서 석탑 양식으로 발전시킨 최초의 석탑 미륵사지탑(彌勒寺址塔)의 조성 등에서 알 수 있다. 더욱이 신라의 황룡사9층목탑(黃龍寺九層木塔)도 백제 사람인 아비지(阿非知)가 건축하였던 것이다.

한편 신라 건축물의 예술성은 아름다운 곡선미를 지닌 천문관측을 위한 첨성대(瞻星臺)에서 찾아볼 수 있다. 그리고 신라의 조각가로는 양지(良志)라는 승려가 있어서, 뛰어난 예술성의 불상, 신비로운 장수(신장神將) 모습의 조각, 아름다운 문양의 벽돌과 기와 등을 많이 만들어 유명하다.

이 시대의 회화(繪畫)로 가장 유명한 것은 고구려 고분의 벽화(壁畫)이다. 특히 유명한 것이 우현리(遇賢里) 대묘(大墓)의 살아 움직이는 듯한 생동감을 주는 청룡(青龍)·백호(白虎)·주작(朱雀)·현무(玄武)의 4신도(四神圖)이다. 백제에도 고구려로부터의 영향으로 고분 벽화가 그려졌는데, 공주 송산리(宋山里)와 부여 능산리(陵山里)의 것이 제일 유명하다. 신라는 수혈식 적석총이라는 무덤의 특성상 전혀 고분 벽화를 남기고 있지 않다. 그러나 천마총(天馬塚)에서, 말의 배 부위에 달아매는 장니(障泥)라는 장식에 그린 「천마도(天馬圖)」가 나옴으로써 신라의 그림이 패기에 찬 수준 높은 것임을 알 수 있게 되었다.

고구려나 백제의 부장품은 도굴로 인해 남아 전해지는 게 거의 없지만, 백제의 경우엔 최근 공주 송산리 무녕왕릉(武寧王陵)에서 금관의 장식(금관식金冠飾) 등 우수한 공예품이 나왔다. 게다가 최근 부여 능산리에서는 당시의 건물터였던 것으로 판단되는 곳에서 조형미가 뛰어나 중국과 일본에서 출토된 어떠한 것보다도 화려하고 정교한 것으로 정평이 난 높이 64cm 크기의 「백제금동대향로(百濟金銅大香爐)」가 발굴됨으로써 당시 백제 조각품의 수준이 대단히 높았음을 세계적으로 과시하였다.

삼국 가운데 가장 많은 부장품이 전해져 당시의 공예 수준을 잘 알 수가 있는 것은 신라의 경우이다. 금관(金冠)을 위시한 순금으로 된 신발(금리金履)·띠(금대金帶)·귀고리(금이당金耳鐺) 등을 비롯해서 구슬, 유리 그릇 등 화려한 게 많다. 특히 금관은 여러 곳에서 출토되었으며, 신라 특유의 형식을 가진 것으로 평가되고 있는데, 당시의 구슬이나 유리 그릇이 오늘날 과학적 분석에 의해 신라에서 자체 제작된 것임이 입증되어 역시 다른 분야의 수준 못지않게 매우 높았음이 또 다시 알려지게 되었다.

【음악과 무용】

주술적인 노래인 주가(呪歌)는 신석기시대 이래로 여전히 불려졌는데, 가야(加耶)의「구지가(龜旨歌)」와 같은 데에서 그 예를 찾을 수가 있다.「구지가」는 일종의 신을 맞이하는 노래 곧 영신가(迎神歌)로, 훗날 고려시대에 편찬된 가야의 역사에 관한 기록인『가락국기(駕洛國記)』에 의하면 이 구지가의 형성이 수로왕(首露王)의 등장과 연결되어 있다. 이런 내용으로 보아 이 노래 역시 종교적인 성격을 지닌 것이었다고 하겠다.

이 같은 유형의 음악으로는, 팔월 한가위 날 길쌈을 하면서 여성들이 춤을 추며 불렀다는 신라의「회소곡(會蘇曲)」등도 들 수 있다. 신라의 경우는 이러한 주가가 향가(鄕歌)로 발전하였는데, 주로 화랑(花郞)이나 승려(僧侶)들에 의해 지어졌으므로 불교적인 성격을 띠게 되었음이 특기할 만하다. 화랑도(花郞徒)가 노래와 춤을 즐겼다고 함은, 이때의 음악과 무용 역시 종교적 성격을 강하게 지녔음을 의미하는 것이라 하겠다.

당시의 악기(樂器)로는 긴 통을 이용하여 불어서 음을 내는 관(管)악기, 줄을 타서 연주하는 현(絃)악기, 나무 · 가죽 · 쇠붙이 따위로 만든 것을 두드려 소리를 나게 하는 타(打)악기를 합하여 수십 종이 있었는데, 그 중에는 서역(西域)으로부터 받아들인 것도 있었다. 당시에 사용되던 악기에 대해서는, 고구려의 경우 특히 고분 벽화를 통하여 잘 알 수가 있다. 피리 등의 관악기와, 거문고 등의 현악기가 벽화의 그림에 보이는 것이다. 이 가운데 거문고는 고구려의 왕산악(王山岳)이 진(晋)의 칠현금(七絃琴)을 개량하여 만든 것으로, 왕산악은 그 악곡으로 100여 곡을 지었다고 하는데, 뒤에는 신라로 전하여 훗날 옥보고(玉寶高)와 같은 대가를 낳았다.

백제의 음악에 관하여는 기록이 적어서 상세히 알 수 없으나, 일본에 노래 부르는 악공(樂工), 악기 연주자인 악사(樂師) 그리고 악기(樂器)를 전한 사실로 보아 고구려에 못지않게 발달하였을 것이다. 당시의 기록에 백제만 사용한 것으로 되어 있는 지(篪; 횡적과 비슷한 모양의 관악기)와 같은 악기는 중국의 남조(南朝)에서 사용되던 것으로, 백제가 이같이 중국 남조의 음악을 수용하였던 예는 백제 사람 미마지(味摩之)가 남조의 하나인 오(吳)나라의 기악무(伎樂舞)를 배워 일본에 전하였던 데에서도 확인된다.

또한 가야의 가야금(加耶琴, 일명 가얏고)도 유명한데, 우륵(于勒)에 의하여 진흥왕(眞興王) 때에 신라에 전해졌다. 그리하여 이 가야금이 신라의 유일한 악기로서 신라의 음악을 대표하게 되었다. 그 후 진흥왕이 거칠부(居柒夫)로 하여금 한강 유역을 공격하게 할 때 낭성(娘城, 오늘날의 충주)에 가서 우륵(于勒)과 그의 제자 이문(尼文)을 불러 음악을 연주시켰다고 하는데, 이는 당시의 음악이 여전히 종교적 성격을 띠고 있었음을 보여준다고 하겠다. 또 소리를 흉내 낸 의성(擬聲)에 의해 어떤 힘을 나타낼 수 있다고 믿은 듯싶은 백결선생(百結先生)의 떡방아소리를 흉내 낸 대악(碓樂) 같은 것도 이러한 음악의 기능을 말하여주는 것이다. 한편 우륵은 진흥왕의 명으로 계고(階古)에게 가야금을, 법지(法知)에게 노래를, 그리고 만덕(萬德)에게 춤을 각각 가르쳤다고 하는데, 이를 보면 가야금 음악은 악기·노래·춤의 셋으로 구성된 악·가·무(樂·歌·舞)의 종합적인 공연예술로 이해된다. 이런 양상은 고구려, 백제 그리고 신라에서도 거의 다름이 없었을 것이다.

제4장 남북국시대 신라와 발해 전제왕권의 지배

제1절 남북국시대의 성립

【신라의 삼국 통일】

신라가 한강 유역 전체를 차지하여 반도의 중앙으로 진출함으로써, 6세기 후반에 이르러 3국의 판세는 크게 변화될 수밖에 없었다. 고구려와 백제가 동맹하여 신라를 협공하게 되었는데, 특히 이들은 신라의 중국과의 독자적인 외교 관계 수행을 저지할 목적으로 신라의 중국과의 주요 통로인 당항성(黨項城, 남양南陽)을 집중적으로 공격하였던 것이 대표적인 하나의 예이다.

그런 와중에 고구려는 북방에서 수(隋)가 중국을 통일하는 데에 성공을 거두자(589년) 더욱 곤란을 겪었으며, 이를 타개하기 위해 고구려는 수나라 북방의 돌궐(突厥)과 연결하여 수에 대항하려 하였다. 한편 백제 역시 이러한 고구려와 동맹 관계를 유지하면서 바다 건너의 왜(倭)와 통하고 있었다. 반면 신라는 고구려와 백제의 공작에도 불구하고 수나라와 외교를 유지함에 힘을 쏟고 있었을 뿐이었다. 그러므로 당시의 형세는, 남북으로 연결된 돌궐 · 고구려 · 백제 · 왜와, 동서로 연결된 신라 · 수가 각축을 벌이고 있는 것이어서, 말하자면 당시에 반도를 둘러싸 외교적 판세는 고구려 · 백제 중심의 남북세력과 신라 중심의 동서세력이 대치하고 있는 상황이었다고 하겠다.

이러한 형세 속에서 고구려가 먼저 수나라를 공격함으로써 새로운 국면이 전개되기에 이른다. 고구려가 요하(遼河)를 넘어 그 서쪽의 요서(遼西)에 대한 공격을 감행하였던 것이다. 수나라는 이와 같은 고구려의 공격에 되받아 치기 위해 양제(煬帝)가 100만이 넘는 대군을 이끌고 공격해왔는데, 이를 을지문덕(乙支文德)이 살수(薩水, 청천강淸川江)에서 물리침으로써 끝내는 수가 망하고 말았다. 뒤이어 당(唐)이 들어서 태종(太宗)도 역시 공격의 고삐를 당겼지만, 안시성(安市城, 영성자英城子) 전투에서 고구려의 성주(城主) 양만춘(楊萬春)에 의해 또 한 차례

패배의 쓴 술잔을 마실 수밖에 없게 되었다.

고구려가 이렇듯이 수·당과 국운을 건 혈전을 거듭하고 있는 동안, 백제는 신라에 대한 공격을 서둘렀다. 의자왕(義慈王)이 요충지인 대야성(大耶城, 합천陜川)을 비롯한 40여 성을 공격해 함락시킴으로써 신라에게 커다란 충격을 가했는데, 낙동강까지 후퇴한 신라는 이 상황을 타개하기 위해 고구려와 다시 손을 잡으려 시도하였다. 김춘추(金春秋)가 고구려에 원병을 요청하러 직접 고구려에 가는 모험을 감행하였지만, 고구려의 실권자 연개소문(淵蓋蘇文)이 출병의 댓가로 한강 유역을 반환할 것을 요구하였으므로, 고구려와 교섭을 포기하고는 결국 당나라로 가서 동맹을 맺기에 이르렀다.

당나라는 소정방(蘇定方)으로 하여금 뱃길로 백제를 치게 하고, 신라는 김유신(金庾信)으로 하여금 육로로 백제를 공격하게 하였다. 신라와 당의 군대가 백제의 당시 수도 사비(泗沘, 부여夫餘)로 몰려들어 오게 되자, 곧 사비는 함락되고 웅진(熊津, 공주公州)으로 몸을 피했던 의자왕도 항복하여 백제는 멸망하고 말았다(660년). 이후 신라와 당나라 연합군은 공세의 고삐를 바짝 죄고는, 고구려를 향했다. 연개소문이 죽은 뒤 더욱 심화된 그의 동생들과 아들들 사이의 권력투쟁이 고구려의 멸망을 재촉하였는데, 연개소문의 맏아들 남생(男生)은 동생 남건(男建)에게 쫓겨나자 국내성(國內城, 집안集安)에 가서 당에 항복하였으며, 연개소문의 동생 연정토(淵淨土)는 신라에 투항하였다. 그리하여 고구려 역시 결국 멸망하고 말았다(668년).

【발해의 건국과 사회 구성】

옛날에 부여(扶餘)가 영토로 차지하고 있었으며, 그 뒤를 이어 고구려가 지배하던 만주 송화강(松花江) 유역의 너른 평원을 터전으로 삼아 건국된 것이 발해(渤海)였다. 부여 계통의 고구려 장군 대조영(大祚榮, 후일에 고왕高王)이 영주(營州, 조양朝陽) 지방에 거주하다가 거란인(契丹人)의 반란을 계기로 무리를 거느리고 동쪽으로 와서 동모산(東牟山, 만주 길림성吉林省 돈화敦化 부근)을 근거로 스스로 왕위에 올라 진국왕(震國王)이라 칭하였던 것이다(698년).

고구려의 유민뿐만 아니라 북만주 일대에 거주하던 말갈민(靺鞨民)까지 규합하여 건국하였으며, 지배층인 고구려 유민들은 고구려를 부흥한다는 뚜렷한 자각을 가지고 있었다. 이는 단적으로 발해가 일본과 교류 관계를 맺고 보낸 국서(國書)에서 스스로를 '고려국(高麗國)'이라 칭한 점에서 드러나고 있다. 따라서 고구려 유민들이 지배권을 차지하였는데, 외국에 파견된 사신의 성씨(姓氏)가 고구려 왕실의 그것인 고씨(高氏)를 가진 사람이 대부분을 차지하고 있으므로 이들 역시 모두 고구려 계통의 인물들이었음에 틀림이 없다.

한편 피지배층은 말갈민이 대부분이었다. 더군다나 이들 중에는 때로 노비(奴婢)로 전락하여 고구려계 지배층에 예속되기도 하였다. 그리고 이들이 때로는 고구려 계통 지배층의 무덤에 더불어 묻히는 소위 순장(殉葬)의 대상이 되기도 하였던 것 같다. 하지만 때로는 이들 가운데서 지배층으로 상승한 부류도 있었던 듯한데, 대조영의 건국에 협력한 걸사비우(乞四比羽)가 거느린 무리들이 그러하여서, 발해의 지방 조직에서 대개 수령(首領)으로서 토착민을 다스리는 데에 중요한 구실을 맡고 있었다. 그리고 때로 외국에 가는 사절단에 끼는 말갈의 성(姓)을 가진 사람들도 이런 계층의 인물들로 여겨진다. 발해 사회가 이렇듯이 고구려 계통의 지배층과 말갈 계통의 피지배층이 함께 세운 국가였기 때문에 구조상 사회의 취약성이 있기도 하였다.

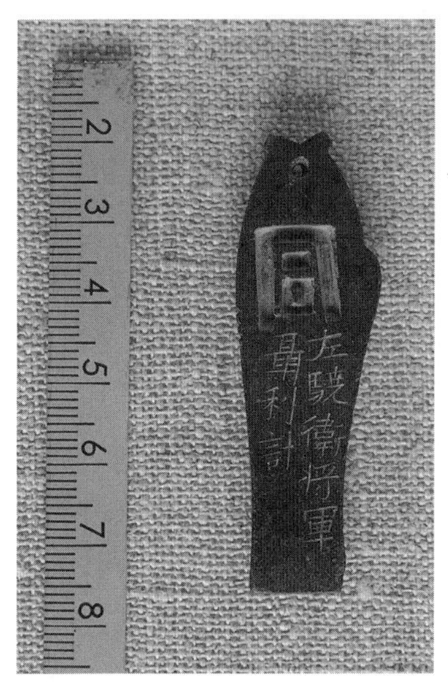

발해 신분증명

【 남북국시대론의 전개 】

남쪽에서는 신라가 반도 통일을 이룩하고 북쪽에서는 발해가 고구려의 옛 땅인 만주를 중심으로 건국함으로써, 7세기 말부터 같은 민족이 세운 이 두 나라가 대립하고 있었던 시기를 일러 예나 지금이나 '남북국시대' 라고 한다. 그리고 이 남북국의 대립은 훗날 고려가 건국되어 민족의 재통일을 이루는 10세기 초엽까지 지속되었으므로, 남북국시대는 7세기 말에 시작해서 10세기 초엽에 막을 내렸던 것이다. 그리하여 종전의 고구려・백제・신라 3국 시대에서 이 때의 발해・신라의 2국 시대를 거쳐, 고려의 통일에 이르러서 단일국가・동일체제의 1국 시대가 비로소 개시되었던 것이라 하겠다.

북쪽의 발해와 남쪽의 신라를 아울러 지칭할 때 남북국이라고 했음은 신라 당시부터의 사실이었다. 당나라와 외교 관계 속에서 서로 우위를 점하기 위해 신라와 발해가 각축을 벌이던 중,

신라로서는 효공왕(孝恭王) 원년이자 발해로서는 경왕(景王) 28년인 서기 897년에 당나라에 파견된 발해의 사신 대봉예(大封裔)가 자신을 당나라 조정에서 신라 사신보다 상석(上席)에 자리잡게 해줄 것을 요청한 사건이 발생하였다. 이 때 당나라가 이를 거절하고 여전히 신라의 사신에게 상석을 내주자, 이에 신라는 당에 감사하다는 외교적 문서를 보내게 되고, 이를 도맡아 최치원(崔致遠)이 작성한 글이 「사불허북국거상표(謝不許北國居上表)」였는데, 이 제목의 뜻은 '북국' 즉 발해가 상석에 거하는 것을 허락하지 않은 데에 대해 감사하는 (외교)문서라는 것이다. 따라서 이를 통해서 신라인인 최치원이 발해를 북국이라 인식하고 있었음이 드러나며, 이는 신라 스스로를 남국으로 여기고 있었음을 자연히 알려준다. 아울러 이에 짝하여 발해인들도 신라를 남국이라고 인식했을 것임이 거의 틀림이 없어 보인다.

이같이 발해를 북국, 신라를 남국으로 여기는 인식은 고려시대에도 지속되었는데, 고려 인종(仁宗) 때 김부식(金富軾)에 의해 국가적인 사업으로 편찬된 정사(正史)인 『삼국사기(三國史記)』에서도 여실히 드러난다. 즉 신라의 재위 국왕별 연대순 기록인 신라본기(新羅本紀)에서 발해를 '북국'이라고 2군데에서나 지칭하고 있음에서도 여실히 입증이 되고도 남는 것이다. 조선시대에도 줄곧 이어졌다고 여겨지는 이러한 남북국에 대한 인식은, 후대인 실학시대에 이르러서 유득공(柳得恭, 1749~?)에 의해 저술된 본격적인 발해의 역사서 『발해고(渤海考)』 가운데서 "… 고구려 · 백제가 없어진 뒤에 남의 신라와 북의 발해에 대하여 남북국사(南北國史)가 있어야 할 것 …"이라 지적하고 있음에서 잘 우러나온다고 하겠다.

동일한 민족이 세운 신라와 발해가 남과 북으로 나누어져 있던 상황을, 이렇듯이 그 당시는 물론 그 이후에도 남북국시대로 파악해 왔으므로, 오늘날에 이르러서도 이를 그렇게 부르는 것 역시 지극히 온당하다고 할 수 있다. 다만 당시의 형세로 볼 때 신라와 발해가 남북국으로 나누어져 있었으므로 이 시대를 남북국시대라고 지칭하는 것 역시 그렇다고는 하겠지만, 그렇다고 해서 종래에 한국사 시대구분에 있어서 흔히 사용되었던 3국 혹은 고려 · 조선시대와 같은 형세 및 왕조 중심의 그것을 그대로 답습한다는 한계를 크게 벗어나지는 못하는 것으로 판단된다. 한마디로 남북국시대라는 용어에는 당시 사회의 특징적 성격이 전혀 잘 드러나지 않는다는 문제점이 있다. 그러므로 이를 보완하기 위하여 남북국시대이면서, 발해와 신라에서 공통적으로 전제왕권이 성립되어 지배하고 있었음에 따라 이 시기를 '남북국시대 발해와 신라 전제왕권의 지배' 시기라고 정할 수 있지 않나 생각한다.

제2절 신라의 당 축출과 민족융합정책

【 신라의 당 축출 】

신라의 3국 통일을 도와준 당나라는 애초부터 자신들의 야욕에 불타고 있었다. 홀로는 대적하기 힘든 상대인 고구려를 무너뜨리는 게 1차 목적이었고, 마침내는 백제를 넘어 신라까지 자기들의 지배 밑에 두려는 것이 궁극적인 목적이었다. 이를 이루기 위해서, 당나라는 옛 백제지역에는 웅진도독부(熊津都督府)를 두어 관할하려 했으며, 옛 고구려지역에도 9도독부를 두고 동시에 평양(平壤)에는 안동도호부(安東都護府)를 두어(668) 고구려뿐만 아니라 백제・신라 등을 포함한 동쪽 전역을 총괄적으로 관할하려는 의도를 숨기지 않았다. 게다가 신라에다가는 계림대도독부(鷄林大都督府)를 두고서는 문무왕(文武王)을 계림주(鷄林州) 대도독에 일방적으로 임명하였다. 그리하여 마치 신라의 국왕을 자신들의 지방통치조직의 하나를 맡은 지방관에 불과하게 다루려 하였던 것이다.

이러한 당나라의 처사는 신라인들에게는 결단코 한치도 받아들일 수가 없는 것이었다. 그래서 치열한 전투를 거듭 감행한 결과, 신라군은 매초성(買肖城, 경기도 의정부議政府 소재)의 전투를 비롯한 한강 유역 일대의 전투에서 힘으로 당나라 군대를 물리치는 데에 성공을 거두었다(문무왕 16년, 676). 그러자 그 직후 당나라는 결국, 자신들이 평양에 일방적으로 설치했던 안동도호부를 요동성(遼東城, 요양遼陽)으로 옮김으로써, 한반도에 대한 신라의 통치권을 실질적으로 인정하게 되었다. 이리하여 신라는 드디어 대체로 대동강(大同江)과 원산만(元山灣) 이남의 땅을 차지하게 된 것이다.

【 통일신라의 민족융합정책 】

신라가 당나라의 침략을 군사력으로 물리친 사실은 커다란 역사적 의의를 지니는 것이다. 당나라가 신라를 돕는 것처럼 하면서 백제와 고구려를 멸망시킨 후 신라까지를 자신들의 지배하에 두려는 야욕은 커다란 민족적 위기였다. 신라는, 이러한 위기를 거국적으로 단합하여 힘을 모아 이겨냄으로써 당나라에 항거하여 정치적인 독자성을 유지하게 되었던 것이다. 비록 통일이 불완전한 것이어서 특히 고구려의 주된 활동 무대였던 만주의 넓은 지역을 영역 밖에 둘 수밖에 없게 되었고, 한반도로 국한된 것에 불과하였다. 그렇더라도 무엇보다도 독립된 영토 위에서 한국 민족이 형성되고, 그들이 이루어 놓은 사회와 문화가 한국 역사의 주류를 형성하기에 이르렀다는 데에 민족사적 의의가 있는 것이다.

그러면 신라가 고구려·백제를 멸망시키고 3국을 통일한 것을 당시에는 어떻게 인식하고 있었을까? 당시에 신라인들은 자신들이 백제와 고구려를 멸망시키고 3국을 통일한 것을 소위 '일통삼한(一統三韓)'이라고 말하고 있었는데, 이 표현은 백제인과 고구려인에 대해서도 동족의식을 강하게 드러낸 것이었다. 『삼국사기』에 의하면, 아직 당나라에 대한 항쟁을 수행하고 있었던 문무왕 13년(673)에 김유신이 문무왕에게, "삼한이 일가(一家)가 되어 백성은 이심(二心)이 없다."라 하여 '삼한일가(三韓一家)'라는 말을 하고 있다. 더욱이 통일을 이루고 난 후 신문왕(神文王) 12년(692)에 신라가 당나라에 보낸 국서(國書)에서도 태종무열왕(太宗武烈王)과 김유신이 '일통삼한'하는 데에 공훈과 업적이 컸다는 표현을 거리낌없이 구사하고 있을 정도였다. 그만큼 통일 후 신라인들이 삼국통일을 곧 '일통삼한'으로 보고 있었으며, 이러한 용어의 사용 자체가 통일의 주체인 신라인과 복속된 백제인·고구려인을 차별이 없이 일원적으로 지배하려는 정치적 의도라기보다는 이전부터의 동족의식을 드러낸 표현으로 이해된다.

이런 인식의 바탕 위에서 신라인들은 구고구려인·구백제인들을 회유하고 동화시키는 일종의 민족융합정책을 썼다. 첫째, 그 유민들을 포섭하고 회유하려 하였다. 고구려 왕족인 안승(安勝)을 고구려왕으로 봉한 것 같음이 일례라고 하겠다. 둘째, 전국의 행정조직을 단일화하였다. 통일 후 9주(州)로 나누면서, 옛날의 신라·고구려·백제의 땅에 각기 3개의 주를 할당한 것도 이러한 배려에서 나온 것으로 헤아려진다. 셋째, 통일 후 전국의 명산(名山)·대천(大川)에 국가적인 사업으로 제사를 지냈는데, 비록 차등이 있기는 하였지만 종전의 신라 지역 외에도 옛 고구려·백제의 것에도 빠뜨리고 있지 않은 것도 민족융합정책의 하나로 손꼽을 수 있겠다. 넷째로는 관리와 군대를 뽑는 데에서도 옛날의 고구려인과 백제인도 제외시키지 않았다. 관리로 뽑는 데에 차등이 엄연히 존재하였더라도, 신문왕 때에 완성된 중앙군단 9서당(誓幢)의 선발 대상으로 이들 역시 포함되고 있었음 역시 열린 민족융합정책의 하나였음이 자명하다.

통일을 이룬 이후 이러한 신라인들의 민족융합정책은 한국민족의 완성을 더할 나위 없이 촉진시켰다고 여겨진다. 비록 애초부터 고구려인·백제인 그리고 신라인 사이에 언어가 의사소통에 있어 다소 거리가 있었을지언정, 신라가 삼국을 통일하여 민족융합정책을 추진함으로써 단일한 한국민족을 완성하였다는 데에 무엇과도 비길 수 없는 민족사적 의의가 있다고 하겠다.

제3절 발해 전제왕권의 성립과 지배

【 전제왕권의 성립과 지배 】

발해에 전제왕권이 성립되어 지배하고 있었음을 보여주는 사안으로는 첫째 왕위계승에 있어서 장자상속제(長子相續制)가 확립되었다는 점, 둘째 독자적인 연호(年號)를 채택하여 사용하였다는 점을 꼽을 수 있다. 이 두 가지 사안의 공통적인 시발점은 무왕(武王, 대무예大武藝) 때부터였는데, 그는 동생 대문예(大門藝)와 정치적 의견 차이로 관계가 원만하지 못한 상태에서 끝내 그를 살해하기 위해 끈질긴 노력을 기울이는 가운데 한편으로는 장자상속을 꾀하였으며 또 다른 한편으로는 독자적인 연호를 사용하였던 것이다. 그럼으로써 무왕 때부터 전제왕권을 성립시켜, 자신의 동생 대문예가 견디지 못하고 당나라로 망명하자 그의 반환을 주장하면서 당나라와도 대립하게 되고, 끝내 당나라의 산동(山東)반도의 등주(登州)를 장군 장문휴(張文休)로 하여금 공격하게 할 정도였다. 이들은 그만큼 전제왕권을 행사하였기 때문에 발생한 일련의 사건들이었다고 보인다.

발해의 왕위계승에 있어 장자상속제가 확립되도록 하기 위하여 동궁(東宮)제도가 성립되었다. 국왕의 장자가 동궁(태자太子)으로 책봉되어 왕위의 계승권을 확보하였는데, 왕자가 없는 때를 제외하고는 거의 예외가 없이 지켜지고 있었다. 왕제(王弟)는 물론이고 장자가 아닌 다른 왕자들의 왕위 계승도 결코 용납되지 않았으며, 장자를 동궁으로 책봉함과 동시에 부왕(副王)이라 하여 다른 왕자들과도 뚜렷이 구별하였던 것이다. 이는 예전 고구려에서 행해진 바가 있었던 부왕제도를 계승하여 활용한 것으로써, 태자를 부왕으로 책봉함으로 해서 정치적 실무 경험을 닦음과 아울러 실권 행사를 굳게 하기 위함이었다고 하겠다. 그럼으로써 장자의 왕위계승은 별반 장애가 없이 이루어지기 마련이었고, 이에 따라 자연히 전제왕권의 성립이 이루어졌다.

독자적인 연호의 사용은 이미 고왕(高王) 즉 발해를 건국한 대조영(大祚榮) 때 이미 천통(天統)이라는 연호를 사용한 예가 있음에서 비롯한다고 하는 주장이 있기는 하지만 기록이 신통치 않아 그대로 믿고 따르기에는 의심의 여지가 많다. 그렇더라도 무왕이 인안(仁安)이라는 연호를 사용한 이후에는 역대의 국왕들이 각자 재위 중에는 각기 하나의 연호를 세워 사용하는 이른바 일세일원(一世一元)의 원칙이 지켜졌던 게 거의 틀림이 없다. 기록이 없어 구체적으로 전해지는 바가 없는 경우가 간혹 있기는 하지만, 문왕(文王, 대흠무大欽茂, 737~793) 때에는 대흥

(大興), 성왕(成王, 대화여大華璵, 794~795) 때에는 중흥(中興), 선왕(宣王, 대인수大仁秀, 818~830) 때에는 건흥(建興) 등으로 '홍할 홍(興)' 자를 빠짐이 없이 취함으로써 발해가 국가적으로 홍성했음을 드러내고 있다. 다만 선왕의 뒤를 이은 이진왕(彝震王)의 경우만이 함화(咸和)라는 연호를 채택하였었다고 전해지는데, 그만큼 모두 힘을 모아 국가적 화합을 이루어야 함을 강하게 드러낸 것이라 풀이된다. 그 이후에는 국왕들이 연호를 세웠다는 기록이 없는데, 그들의 시호(諡號)조차 역시 기록에 남아 있지 않은 것과 연관이 깊어 보인다. 비록 시호가 없었던 것은 아니겠으나, 독자적인 연호를 세우지를 못할 만치 그만큼 점차로 전제왕권의 행사가 어려워져갔던 상황을 상징적으로 보여준다고 하겠다.

【 발해의 중앙 정치 조직 】

중앙 정치 조직은 3성(省)·6부(部)로, 3성은 선조성(宣詔省)·중대성(中臺省)·정당성(政堂省)으로 장관은 각기 좌상(左相)·우상(右相)·대내상(大內相)이었으며, 6부는 충부(忠部)·인부(仁部)·의부(義部)·지부(智部)·예부(禮部)·신부(信部)로 장관은 경(卿)이었다. 당(唐)의 그것과 같은 형태였지만 실제 운영에 있어서는 전혀 별개여서 극히 독자성을 띠었다.

3성 가운데 선조성은 당의 문하성(門下省)에 해당하는 것으로 정치에 대한 세상의 논평을 대변하여 신하의 의견을 국왕에게 알리며 때로는 국왕의 명령서인 조칙(詔勅)에 대해 반박하기도 하였으며, 중대성은 당의 중서성(中書省)에 버금가는 것으로 국왕의 명령을 하달하기도 하고 조칙을 작성하기도 하였다. 따라서 이 두 기관은 곧 국가의 정령(政令)을 입안(立案)하고 심의(審議)하는 기관이었다고 하겠다. 이에 대해서 정당성은 당의 상서성(尙書省)에 해당하는 것으로서 국가의 모든 업무를 나누어 맡은 6부를 장악하였는데, 다만 당의 그것과는 전혀 딴 판이었다. 즉 당에서는 중서성과 문하성이 6부를 관장하는 상서성을 지배하는 상황이었지만, 발해에서는 거꾸로 정당성이 선조성과 중대성을 지배하여, 정당성의 장관인 대내상이 선조성과 중대성의 장관인 좌상과 우상의 위에 자리잡고 있었다. 더욱이 대내상이란 명칭에 '대내' 즉 '왕궁내' 라는 게 들어있음에서 이는 왕궁의 살림살이와 대단히 친밀한 관계에 있는 직책으로 풀이되며, 따라서 이러한 직책이 정당성을 장악하고 선조성과 중대성을 지배하였다고 함은 그야말로 당시 3성의 조직이 전제왕권을 중심으로 이루어진 것임을 알려준다고 하겠다.

이러한 정당성의 대내상 밑에서 행정의 실무를 나누어 맡은 충부·인부·의부·지부·예부 · 신부 6부는 각기 당의 이부(吏部) · 호부(戶部) · 예부(禮部) · 병부(兵部) · 형부(刑部) · 공부(工部)에 해당하는 것이었는데, 실제의 담당 업무를 표방하는 명칭 대신 유교 도덕의 덕목을 명칭으로 취함이 특색이라 하지 않을 수 없다. 다른 것들도 모두 직접적인 상관관계가 있었다고 하겠으나, 무엇보다도 특히 충부가 그 지사(支司)로서 작부(爵部)를 두고 있음으로 미루어 작위(爵位) 수여와 같은 인사행정을 담당하였음에 틀림이 없는데, 군주에 대한 충성을 의미하는 '충' 자를 취하여 명칭으로 삼고 있음으로 하여 인사 발령의 기준으로써 그만큼 국왕에 대한 충성도를 중요시하였다는 것을 드러내는 것이며, 따라서 이 역시 발해에서 전제왕권이 행사되었음을 알려주는 것이라 풀이함이 타당하겠다.

이밖에 또 하나 주목되는 기관으로서 중정대(中正臺)가 있다. 장관은 대중정(大中正)이었는데, 이 직책이 당의 어사대부(御史大夫)에 비견되었음으로 보아서 중정대가 당의 어사대(御史臺)에 해당되어 관리들의 비리를 감찰하는 기관이었다고 여겨지는데, 이 기관이 기록상 3성 · 6부 다음에 자리를 잡고 있어 발해에서 이를 중요하게 여겼음이 분명하다. 그만치 전제왕권의 행사에 장애가 되는 관리들의 비리를 감찰하는 데에 이를 통해 국가적으로 힘을 기울였음을 보여준다고 하겠다.

【 발해의 지방제도의 정비와 교통의 발달 】

발해의 수도인 상경(上京, 길림 동경성)은 당(唐)의 장안성(長安城)을 본따서 만든 것으로, 외성(나성羅城)을 두른 중앙의 북편에 내성(內城)을 쌓고 그 안에 국왕이 가족들과 기거하는 궁전(宮殿)을 두었으며, 내성의 남문(南門)에서 외성의 남문까지를 연결하는 주작대로(朱雀大路)를 중심으로 좌우에 정연하게 구획 정리를 하였다. 그리고 이 상경을 중심으로 동경 · 서경 · 남경 및 중경(中京)의 5경을 설치하였을 뿐더러 이 밖에도 중요한 도시를 사방에 건설하여 15부(府)라 일컬었고, 외국과 연결되는 5도(道)라는 교통망이 정비되었다.

당시에 발해는 신라 못지않게 당(唐)으로부터 문화적 선진국으로서의 국제적 지위를 인정받기 원하는 한편 경제적으로는 교역에 큰 비중을 두었다. 이때의 교역은 대개 해로(海路)를 이용하여 중국 산동(山東)반도의 등주(登州)를 거쳐서 행해졌는데, 여기에는 발해의 사신이 머무는 발해관(渤海館)이 따로이 두어졌을 정도였다.

제4절 발해의 사회와 문화

【 발해의 유교와 교육 】

발해는 중앙의 교육기관으로서 주자감(胄子監)을 설립하고 이것의 장으로서 감장(監長)을 두어 교육을 담당하게 하였다. 이 주자감의 '주자'는 경대부(卿大夫) 이상의 맏아들을 지칭한다고 풀이되므로, 주자감이 왕족이나 귀족의 자제들의 교육기관이었다고 한다. 한편 발해의 수도가 자리 잡았던 상경(上京) 지역에서 국학(國學)이 세워져 교육이 실제로 이루어졌음을 알려주는 소위 국학비(國學碑)가 훗날 발굴되었으므로, 이 출토지가 주자감의 소재지로 여겨지고 있다.

그리고 발해에서는 왕족과 귀족인 남성뿐만 아니라 여성들도 고등 교육을 받았음은, 문왕(文王, 대흠무大欽茂)의 공주인 정효공주(貞孝公主)의 묘지명(墓誌銘) 가운데, "일찍이 어려서부터 여사(女師)의 가르침을 받아 … 시(詩)와 예(禮)를 즐겼다."라고 한 사실에서 헤아려진다. 이 대목에서 '여사'는 여성 교사를 말하는 것이므로, 이를 통해 당시 발해에서는 여성도 이미 고등교육을 받고 있었음을 드러내줄뿐더러 이들이 또한 교육 지도자로서 활약하였으며, 이들이 공주와 같은 상층 귀족 중 여성들의 고등 교육을 담당하였음을 알려준다고 하겠다.

한편 지방에서는 고구려의 경당(扃堂)과 같은 교육기관을 유지하며 평민의 자제들에게까지 유교 교육을 시켰다고 여겨진다. 발해가 건국된 후 고구려의 유민들 중에서 당(唐)나라에 의해 영주(營州, 조양朝陽)로 강제 이주된 경우를 제외하고는 원거주지에 남아서 생활하다가 발해의 주민이 되었으므로 여전히 경당을 유지하면서 교육하였을 것으로 보이므로 그러하다.

발해가 국가적으로 얼마나 유교를 숭상하였나는, 국가의 중앙통치조직 중 최고 기관인 정당성(政堂省)의 6부(部) 명칭을 충(忠)·인(仁)·의(義)·예(禮)·지(智)·신(信)이라 명명하였음에서도 잘 드러나는데, 교육을 통하여 인재를 양성하는 데에 매우 힘을 기울였던 것은 빈번하게 사신을 파견하여 당나라로부터 대량으로 서적을 수입하고 또 많은 수의 유학생을 당나라에 파견하였던 사실에서 분명히 알 수가 있다. 당에 가장 빈번히 사신을 파견하여 유교 서적을 적극적으로 수용하려 했던 것은 문왕(대흠무, 737~793)이었는데, 그는 재위 50여 년 사이에 당나라에 통틀어 54차례나 사신을 파견하였으며, 심지어 1년에 4, 5차례나 보내어 당의 서적을 필사해 올 경우도 있을 정도였다. 그리고 왕족과 귀족 자제들을 당나라에 유학을 보내어 교육시켰는데, 당나라가 9세기 전반에 들어서 외국 학생들을 위한 빈공과(賓貢科)라는 과거제도를 실시하게 됨으로써 발해의 유학생들도 이에 응시하여 합격한 예가 적지 않다.

이들을 통하여 당나라의 문물을 적극 수용하였음은, 중국 측 기록에 "처음에 그 나라의 왕이 자주 학생들을 경사(京師)의 태학(太學)에 보내어 고금(古今)의 제도를 배우고 익혀 가더니 이 대에 이르러 드디어 해동성국(海東盛國)이 되었다."고 하였음에서 단적으로 잘 알 수가 있다. 이러한 구절만 보더라도 발해의 해동성국으로의 발전과 유학생들의 잦은 파견은 밀접한 관련이 있었음을 알겠으며, 따라서 발해가 국가적인 발전을 이루어 당나라 사람들로부터 '해동성국'이란 칭호를 들을 수 있게 되었던 것은 적극적인 교육을 통한 인재양성으로써 가능했던 것이라 하겠다.

【 발해의 사회와 생활 】

발해 당시 사람들이 어떤 의복을 입었는지 잘 알기 어렵지만, 다만 관리들은 공복(公服)을 입었는데 자주색(자紫), 비취색(비緋), 옅은 비취색(천비淺緋), 녹색(녹綠) 등 4가지 색채로 구분되어 있었다고 함이 주목된다. 발해의 지배층이 고구려 유민이었으므로, 일상생활면에서는 고구려의 것을 거의 그대로 입었고, 공복 역시 고구려의 것을 토대로 당나라의 것을 받아들여서 나름대로 정하였던 것 같다.

또한 발해의 고분도 대개 남쪽에 입구를 가진 횡혈식 석실분으로, 규모가 큰 것이 압도적으로 숫자가 많다. 이 큰 석실분은 현실과 연도를 갖추고 있으며 천장은 고구려식의 귀죽임천장(일명 모줄임천정)이고 바닥에는 벽돌을 깔았다. 벽은 잘 다듬은 돌로 쌓고 때로는 그 위에 석회를 발랐으며 그 석회를 바른 벽에다가 벽화를 그린 것도 있다. 근자에 그 묘에 묻힌 사람

발해 불상

의 일생을 돌에 새겨 넣은 묘지(墓誌)의 발견으로 그 무덤의 주인공이 각각 문왕(文王)의 딸인 정혜(貞惠)공주와 정효(貞孝)공주임을 입증할 수 있게 된 분묘들이, 각각 발해의 첫 왕경이었던 오늘날의 만주 길림성 돈화(敦化)의 육정산고분군(六頂山古墳群)과 화룡(和龍)의 용두산고분군(龍頭山古墳群)에서 발굴되어 모두 규모가 큰 횡혈식 석실분의 구조로 되어 있음이 조사되었다. 이로써 큰 석실분이 당시 국왕이나 공주 등의 상류 귀족들의 것이었다고 할 수가 있는 것이다.

반면에 규모가 작은 석실분은 현실이 작고 통로인 연도가 짧으며 심지어 연도가 없기도 한다. 현실을 쌓은 돌도 다듬지 않은 것을 사용했으며, 그 위에 석회를 바르지도 않고 천장도 크기가 작을수록 몇 개의 판석을 덮은 게 보통이다. 이는 하급 귀족들의 것이었다고 여겨진다. 이 밖에 석곽묘도 일부 있는데, 이것은 하급관리들의 무덤이 아닐까 짐작되고 있다. 그리고 발해의 석실묘가 크기의 차이에 관계없이 고구려의 석실묘와 그 짜임새가 같으므로 발해의 무덤이 고구려의 그것을 계승하였음이 입증된다. 이는 발해인의 대부분이 고구려인의 후손인데서 생긴 결과였고, 큰 석실분의 천장이 고구려와 동일한 귀죽임천장인 것은 곧 발해 지배층이 고구려 유민이었기에 그러하였다고 생각된다.

【 발해의 예술과 문화 】

발해의 음악은 줄여서 중국 쪽의 기록상 발해악(渤海樂)이라 왕왕 표기되었는데, 이는 고구려 음악의 전통을 계승하고, 당악을 수용하여 신라에 비해 크게 손색이 없었다. 발해악 역시 여느 때와 마찬가지로 음악뿐만 아니라 무용이 함께 어우러지는 것으로, 이와 관련된 행정만을 전담하도록 태상시(太常寺)라는 기관이 설치될 만큼 성행하였다. 멸망 후에도 뛰어난 음악과 춤을 발해의 유민(流民)들이 전승시켜, 송(宋)나라에서는 고구려 이래로 연주하던 거문고(현금弦琴)를 발해금(渤海琴)이라 불렀고, 금(金)나라에서는 발해의 춤을 발해무(渤海舞)라고 해서는 전문적으로 이를 추는 무용수를 양성하는 곳을 발해교방(教坊)이라 이름붙일 정도였다.

현재에 이르도록 발해의 미술품으로 전해지고 있는 것은 불상이 대부분이다. 석불(石佛)과 함께 흙을 빚어서 만든 소조불(塑造佛)이 많이 조성되었음이 확인되고 있는데, 이들에게서 보이는 부드러운 얼굴 표정이나 좁고 가파른 어깨 등은 고구려 불상의 전통을 고스란히 이은 것으로 보인다. 또한 발해 조각의 수준을 이해하는 데에 큰 도움을 주는 작품으로는 문왕(文王, 대

발해 기와

흠무)의 딸인 정혜공주(貞惠公主, 737~777)의 묘에서 출토된 석사자상(石獅子像)이 있다. 입을 딱 벌리고 앞발로 버티고 앉아 있는 이 돌사자는 몸 밖으로 표출되는 힘, 단단한 근육 등이 굳건한 국력을 상징하는듯 하여 매우 두드러져 보인다.

그밖에 기와(瓦當)의 연꽃무늬 등도, 건축 양식에 있어서 온돌(溫突) 장치와 더불어 여느 분야에서와 같이 고구려적인 색채를 뚜렷이 드러내고 있다. 그리고 석등(石燈) · 귀신 얼굴의 기와(귀면와鬼面瓦) · 지붕 용마루 양 끝에 세우는 치미(鴟尾)의 조각 솜씨도 또한 힘차고 뛰어난 것이다. 금속공예도 발해 나름의 특성을 지니며 상당한 수준으로 발달했던 것으로 짐작되는데, 오늘날 만주의 길림성 화룡현(和龍縣)에서 출토된 금동으로 만든 띠(과대銙帶)는 정방형의 과를 16개 연결하여 푸른 옥(玉)을 박아 넣은 것으로, 가장 대표적인 예이다.

제5절 통일신라 전제왕권의 성립과 지배

【 전제정치의 성립 】

신라인들은 신라의 역사 자체를 3시기로 구분하여 인식하였는데, 이 점은 신라의 역사를 『삼국사기(三國史記)』에서는 상대(上代) · 중대(中代) · 하대(下代)의 3대(三代)로 구분하고 있으며, 『삼국유사(三國遺事)』에서는 상고(上古) · 중고(中古) · 하고(下古)의 3고(三古)로 나누고 있는 사실에서 잘 드러나고 있다. 이 두 책에서의 3시기 구분에 있어 공통점도 있지만 차이점도 있으므로, 이의 이해를 돕기 위해 몇 가지 역사적 사실을 곁들여 도표로 정리하여 제시하면 다음의 〈『삼국사기』의 삼대와 『삼국유사』의 삼고 대조표〉이다.

〈『삼국사기』의 삼대와 『삼국유사』의 삼고 대조표〉

『삼국사기(三國史記)』의 3시기 구분	상대(上代)		중대(中代)	하대(下代)
왕대(王代)	(1)혁거세왕 ~(22)소지왕	(23)법흥왕 ~(28)진덕왕	(29)태종무열왕 ~(36)혜공왕	(37)선덕왕 ~(56)경순왕
역사상의 시대 구분	삼국시대		통일신라시대	후삼국시대
왕위 계승의 특징	나물왕계의 계승		태종무열왕계의 계승	원성왕계의 계승
정치적인 특징	귀족 연합적(聯合的) 정치 → 상대등(上大等)의 역할이 비중 있게 이루어짐 → 화백(和白)의 기능이 원활히 발휘됨; 왕위 계승자의 결정 등		전제 왕권의 성립 → 집사부(執事部)의 중시(中侍, 뒤에 시중)역할 증대 → 화백(和白)의 기능이 제대로 발휘되지 못함	귀족 연립적(聯立的) 정치 → 왕위계승 쟁탈전의 빈번한 전개
국왕의 혈통상 구분	성골왕(聖骨王)		진골왕(眞骨王)	
『삼국유사(三國遺事)』의 3시기 구분	상고(上古)	중고(中古)	하고(下古)	

『삼국사기』와 『삼국유사』의 3시기 구분에 있어서 차이점은 통일을 이루어지는 시기를 각각 '상대' 로부터 '중대' 로, 그리고 '중고' 로부터 '하고' 로 바뀌는 것으로 적은 데에 비해, 공통점은 태종무열왕대를 하나의 전환기로 보고 그 변화를 왕위의 계승에 종전의 성골(聖骨)로부터 진골(眞骨)로 바뀌는 것으로 이해하는 데에 있음을 알 수 있다. 이와 같이 커다란 변화가 나타나는 시기가 태종무열왕대부터이기는 하지만, 그렇다고 해서 이를 곧바로 통일 이후부터라고는 할 수는 없는 노릇이다. 태종무열왕대에 백제를 쳐서 멸망시키기는 했지만, 고구려까지 무너뜨리고 통일을 달성하는 게 그 뒤를 이은 문무왕(文武王)이기 때문이다. 비록 그렇기는 하더라도,

진골왕으로서 처음 왕위에 오른 이가 태종무열왕이었을 뿐더러, 그 직계 후손들이 계속하여 왕위를 이어서 중대의 마지막 왕인 혜공왕(惠恭王) 때까지 이어지므로, 이 시기를 흔히 태종무열왕계(系)의 왕위 계승이 이루어지는 시기라고 표현하며, 또한 삼국의 통일이 달성된 시기이어서 '중대' 혹은 '하고' 시기를 왕왕 통일신라시대라고 편의상 부르기도 하는 것이다.

훗날 태종무열왕에 오르게 되는 김춘추는 원래 왕위에서 축출당한 진지왕(眞智王)의 손자였기 때문에, 정치적으로도 크게 소외당했으며 혈통 상에서도 성골 출신이 아닌 진골 출신이 될 수밖에 없었던 것 같다. 그랬기 때문에 김춘추는, 가야(加耶) 왕실의 후예로서 신라로 편입되어 김씨 성을 받고 진골 대우를 받고는 있었지만 신라 왕실의 정통적인 혈통이 결코 아니어서 많은 장애를 겪고 있었던 김유신(金庾信)과 결탁하여 힘을 합치게 되었던 듯하다. 그런 결과로 이들은 선덕여왕(善德女王) 때부터 서서히 두각을 드러내게 되었는데, 가장 혁혁한 공로는 그 16년(647) 선덕여왕을 축출하고 대신 왕위에 오르려 하던 상대등(上大等) 비담(毗曇)의 반란을 진압하는 데에 앞장선 것이었다.

비록 비담의 반란 와중에 선덕여왕이 사망하고 그 뒤를 이어 진덕여왕(眞德女王)이 왕위를 잇게 되고, 귀족 전체를 대표하는 상대등 직책을 그들이 아닌 알천(閼川)이 차지하기는 하였을지언정 실제적인 정치적 비중은 김춘추와 김유신 둘이 만만지 않게 차지하고 있었던 것으로 보인다. 진덕여왕 사후 알천이 비록 귀족들에 의해 국왕으로 선출되었지만, 얼마 지나지 않아 김유신의 활약으로 알천이 물러나고 결국 김춘추가 즉위하여 태종무열왕이 되었던 데에서 이를 알 수 있다. 『삼국유사』에 따르면, 진덕여왕 재위 시절 김유신이 알천 등과 함께 남산 오지암(亐知巖)에서 나랏일을 의논하고 있었을 때, 큰 호랑이가 자리에 뛰어들자 다른 사람들은 놀라 일어났지만 알천은 조금도 움직이지 않고 태연히 담소하면서 호랑이의 꼬리를 붙잡아 땅에 메어쳐 죽였다고 하는데, "알천공의 완력이 이와 같았으므로 수석에 앉았으나 그래도 여러 공들은 모두 유신공의 위엄에 복종했다." 고 기록되어 있는 게 이런 측면을 전하는 것으로 풀이된다.

이러한 태종무열왕의 즉위 과정에서 풍기는 정황으로 보아 귀족들의 의견을 모아 왕위 계승자를 정하고 이를 따르는 화백(和白)의 전통이 김유신에 의해 무력해지고 말았던 게 아닌가 여겨진다. 왕위 계승자로 결정되었던 알천이 끝내 낙마하고 김춘추가 결국 왕위에 올랐던 것이다. 그러므로 이러한 사실은 화백을 통해 유지되어 오던 신라의 귀족 연합적(聯合的) 정치가 무너지고 있음을 보여주는 것이며, 곧 그만큼 전제왕권이 차츰 성립되어 가고 있었음을 알려준다고 하겠다.

【 전제왕권의 확립 】

통일신라에서 전제왕권이 확립되게 된 계기는 신문왕(神文王, 681~692)이 즉위하자마자 터진 김흠돌(金欽突)의 반란이었다. 김흠돌은 다름 아니라 바로 신문왕 자신의 비(妃)의 부(父) 즉 장인(丈人)이었지만 즉위한 지 채 1개월이 좀 지나서 반란을 일으켰던 것이다. 원인은 잘 알려져 있지 않지만, 문제는 그 자신의 정치적 및 사회적 위상도 그러려니와 반란에 상당히 많은 진골 귀족들이 참여하고 있었던 사실이다. 그랬기 때문에 신문왕 스스로 지니게 된 위기감은 지대하였고, 그래서 신문왕은 이 반란에 대해 철저한 탄압을 가하여 주동자 뿐만 아니라 가담자도 끝까지 찾아내어 살해하였다. 이 반란을 평정하면서 신문왕이 내린 명령서 곧 교서(教書)에서 "지엽(枝葉)까지도 샅샅이 찾아서 모두 이미 죽였다." 고 적고 있음에서 이를 충분히 헤아릴 수 있기 때문이다.

더욱더 커다란 사건이 이 반란의 수습 과정에 또 하나 터졌는데, 바로 전임 상대등(上大等)이던 김군관(金軍官)을 정치적 위압감으로 몰아가서 보름이 채 지나지 않아 결국 스스로 목숨을 끊도록 한 것이었는데, 그 죄목도 김흠돌의 반란 사실을 사전에 알고 있었음에도 불구하고 고발하지 않았다는 것이었다. 반란이 진압되어 모두 잠잠해지기 시작하던 무렵에 터진 이 사건이야말로 당시의 정치적 분위기를 잘 전해주는 것으로, 이번 기회를 틈타서 아예 상대등으로 대표되는 귀족 세력들을 철저하게 탄압하려는 작정을 하고 피비린내 나는 숙청 작업을 과감히 단행했던 것으로 판단된다. 신문왕 원년(681)의 이러한 일련의 대대적인 숙청으로 이내 전제왕권의 확립을 기할 수 있게 해주었고, 이런 상황 속에서의 국가적 안정은 『삼국유사』의 기록에 신문왕 2년(682)에 얻었다고 하는 '만파식적(萬波息笛)' 의 설화로 상징된다고 풀이되는데, 여기에는 "이 피리를 불면 군사는 물러가고 병은 낫고 가뭄에는 비가 오고 오던 비는 개고 바람은 가라앉고 물결은 평온해진다" 고 하였던 것이다. 그리고 이후 신문왕의 두 아들 효소왕(孝昭王, 692~702)과 성덕왕(聖德王, 702~737)대에 극성기를 누리던 전제왕권은, 하지만 성덕왕 자신의 두 아들인 효성왕(孝成王, 737~742)과 경덕왕(景德王, 742~765)대를 거치면서 서서히 진골 귀족들의 반발이 표출되면서 점차 붕괴되어 갔고, 급기야 혜공왕(惠恭王, 765~780) 때에는 일대 정치적 혼란에 빠지게 된다.

【 통일신라 전제왕권의 지배 】

신라가 삼국을 통일한 후 중대(中代)에 이르러 전제왕권이 확립되면서 종전의 귀족연합적인 정치가 사라지고 오로지 전제왕권이 지배하기에 이르렀다. 이러한 전제왕권의 지배는 당시의 정치 행태에 구체적으로 나타난 면면에서 살피면, 첫째 왕실의 혼인 면에서는 김씨 왕족의 족내혼(族內婚)으로, 둘째 왕위 계승 면에서는 장자상속제(長子相續制) 확립과 이에 따른 태자(太子) 책봉으로, 그리고 셋째 제도적 측면에서는 중국식 묘호(廟號)의 채택으로 뒷받침되었다. 아울러 넷째 정치적인 조직 면에서는 화백(和白)의 기능 축소와 이에 비롯한 상대등(上大等)의 입지 약화, 집사부(執事部) 중시(中侍)의 비중 확대, 갈문왕(葛文王) 제도의 소멸 등으로 드러났다고 보인다.

첫째 왕실의 혼인 면에서 김씨 왕족의 족내혼 현상은 문무왕 이후 계속되었는데 왕족 김씨가 정치적 권력을 배타적으로 독점하려고 한 때문에 생겨난 것이었다. 그 직전 태종무열왕의 비(妃)도 같은 김씨이기는 했지만, 가야(加耶)의 왕족 출신 김유신(金庾信)의 누이동생으로 성씨는 같을지언정 혈통으로는 전혀 상관이 없었을 뿐이었다. 그것도 혼인 전부터 김춘추와 정분이 이미 있었던 터였지만, 김춘추가 미루다가 진덕여왕(眞德女王)의 명령으로 어쩔 수 없이 정식으로 혼인을 치른 것처럼 보이므로 혼인이 쉽지 않았음을 알려준다. 다름이 아니라 김춘추가 정통적인 신라 왕실의 후예임과는 분명 차별이 두어져, 당시에도 이미 김유신 가계는 신김씨(新金氏)라고 표기될 정도였던 데에서 말미암은 것이라 풀이된다. 그러다가 그 아들인 문무왕 때부터는 김씨 왕족 내에서 족내혼이 이루어짐으로써 비로소 전제왕권이 성립될 수 있는 여지가 생겨나기 시작했던 것이라 하겠다.

둘째 왕위 계승 면에서 장자상속제가 확립되어 장자를 태자로 책봉했다고 하는 사실은, 제29대 태종무열왕 때부터 제36대 혜공왕 때까지 왕위를 계승할 아들이 없거나 혹은 왕위 계승 이전 먼저 사망한 경우를 제외하고는 하나의 예외도 없이 모두 장자가 왕위를 잇도록 태자로 책봉하고 있는 데에서 분명히 입증되고 있다. 이러한 분위기 속에서 왕실 내에서는 이제 국왕들이 장자를 얻어야만 이를 이룰 수 있으니, 반드시 아들을 낳기를 극히 원하게 되고, 따라서 왕비가 아들을 낳지 못하면 그 왕비를 왕궁에서 내쫓아 거처를 다른 궁으로 옮기게 한 후 새로운 왕비를 맞아들여서라도 아들을 얻으려 하는 풍조도 생겨나게 되었던 것이다.

셋째 중국식 묘호를 채택한 것은 태종무열왕 때부터였는데, 그때에 김씨 왕족의 시조(始祖)

에게는 태조(太祖)라는 묘호가 붙여지기도 하였다. 그러나 당나라에서 이에 대해 간섭을 하였기에 오래 지속되지를 못하고 말았는데, 그렇지 않았으면 이러한 묘호를 붙이는 방식이 연이어졌을 것임에 틀림이 없다. 그리하여 이후 문무왕(文武王)·신문왕(神文王) 등으로 묘호가 붙여지게 되었다고는 하지만, 종전에 법흥왕(法興王)·진흥왕(眞興王) 등과 같이 불교가 받아들여져 흥해지기를 바라는 국왕의 시호(諡號)가 붙여져 이른바 불교식 왕명 시대라고까지도 운위되는 중고기(中古期) 때와는 전혀 다르게 중국의 한문식 시호를 취한 것이었다. 즉 종전에 불교를 받아들이고 국력을 신장시켜 영토 확장을 혁혁히 이루던 중고기와 달리, 이제는 중국의 군주 못지않게 전제왕권을 행사하는 존재로서 신라의 국왕들이 군림하기에 이르렀음을 드러내주는 것이라 하겠다.

그리고 넷째 정치적인 조직 면에서는 더 이상 왕위 계승자의 결정을 화백에서 다루지 않게 됨으로써 자연히 이전 그것을 다루던 시기의 이것에 비해 상대적으로 화백의 기능이 축소되게 되었으며, 따라서 이것의 의장으로써 귀족들의 대표이었던 상대등(上大等)도 정치적 입지가 어쩔 수 없이 약화되지 않을 수 없었음을 지적할 수 있다. 그 반면에 새로이 채택된 집사부(執事部) 조직을 맡은 중시(中侍, 후일에는 시중侍中)의 비중이 확대되어 국왕의 대변자 구실을 하게 되었다. 그리하여 중시는 거의 3년마다 정기적으로 교체되기도 했지만, 또 한편으로는 국왕에게 돌아갈 모든 정치적 책임을 그 자신이 지고 물러나기도 함으로써, 마치 국왕에 대한 귀족들의 반발이 터지지 않도록 지켜주는 안전판(安全瓣) 혹은 그 반발이 파도처럼 국왕에게 미치지 못하게 막아주는 방파제(防波堤)와 같은 역할을 하게 되었던 것이다. 이러한 중시에는 주로 국왕의 동생들이 많이 등용되기도 하였는데, 이는 중고기 때

통일신라 관리상

그들이 주로 갈문왕(葛文王)에 책봉되었던 것과는 사뭇 다른 양상이었다. 비록 종전에 왕위의 형제 상속이 이루어지던 시절에 혹 왕위에 오를 기회를 가질 수도 있었던 왕의 동생들에게 이제는 더 이상 그럴 기회가 주어지지 않게 됨에 따라 그에 버금가는 정치적 · 사회적인 예우를 해주기 위해 마련되었던 갈문왕 제도가 이제는 더 이상 운용되지 않고 소멸되기에 이르렀던 것이다. 이런 제도적 변화에 따라 결국에는 왕족들이 왕위는 물론이고 중시와 같은 요직도 모두 독차지하게 되어, 더욱 전제왕권이 지배할 수 있는 터전이 보다 확실히 확보되어 가고 있었다.

【 통일신라의 지방제도의 정비와 교통의 발달 】

신라는 통일을 이루고서는 행정 구역을 9주(州)와 5소경(小京)으로 개편하였으며, 그 밑에는 중국의 제도를 본받아 군(郡) · 현(縣) 등의 조직을 두어 전국에 대한 통치를 정비하였다. 왕경(王京)인 금성(金城)은 마치 바둑판과 같이 도로를 구획 정리하였으며, 소경은 왕경이 동쪽에 치우쳐져 있음을 보완하기 위하여 설치하였을 것인데, 신문왕(神文王) 때에는 이러한 지리적 취약성을 극복하고 왕권의 강화를 꾀하기 위해서 수도를 달구벌(達句伐, 오늘날의 대구)로 옮기려고까지 한 적도 있었을 정도였다.

당시에 신라는 당(唐)으로부터 문화적 선진국으로서의 국제적 지위를 인정받기 원하는 한편 경제적으로는 교역에 큰 비중을 두었다. 이때의 교역은 대개 해로(海路)를 이용하여 중국 산동(山東)반도의 등주(登州)를 거쳐서 행해졌는데, 여기에는 신라의 사신이 머무는 신라관(新羅館)이 두어졌으며, 이를 중심으로 신라방(新羅坊)이라고 불리는 신라인의 거류지(居留地)가 생기고 그들을 관할하기 위한 신라소(新羅所)라는 행정기관까지 설치되었다.

신라인 중에서도 청해진(淸海鎭, 오늘날의 완도)에 세력 근거지를 둔 장보고(張保皐)는 해상무역 활동을 크게 벌여 국제적으로 이름을 떨쳤다. 이 청해진 소속이었을 배의 실물이 1984년 바로 완도 앞 바다에서 발굴되어, 이 무렵의 배가 어떤 구조로 어떻게 만들어졌는가를 알 수가 있게 되었다. 당시에 장보고가 이끌고 있던 청해진은, 애초에 변경의 수비를 위하여 육지와 해안에 설치된 군진(軍鎭) 중 대표적인 것이었다.

【신라장적에 나타난 촌락 농민의 생활】

통일신라시대 당시의 문서 하나가 일본의 동대사(東大寺)라는 사찰 소재 왕실의 보물창고 정창원(正倉院)에서 1950년대에 발견되어 세상에 널리 알려지게 되었는데, 대체로 경덕왕(景德王) 14년(755)에 작성된 것으로 여겨지는 서원경(西原京, 오늘날의 충북 청주) 관할 4개 촌락에 관한 것이어서 이를 신라촌락문서 혹은 신라장적(帳籍)이라고 부르고 있다. 문서의 내용 가운데 '삼년간중(三年間中)' 이라는 구절이 명확함으로 해서 3년마다 고쳐진 것으로 파악되고 또 그 필체가 동일하므로 같은 사람에 의해 일관성 있게 작성되었음을 알 수 있으며, 따라서 3년마다 촌락별로 작성하여 보고가 되면 이를 보고 받은 중앙의 관부(官府)에서 일괄 정리해 두는 절차를 밟았음을 알려준다.

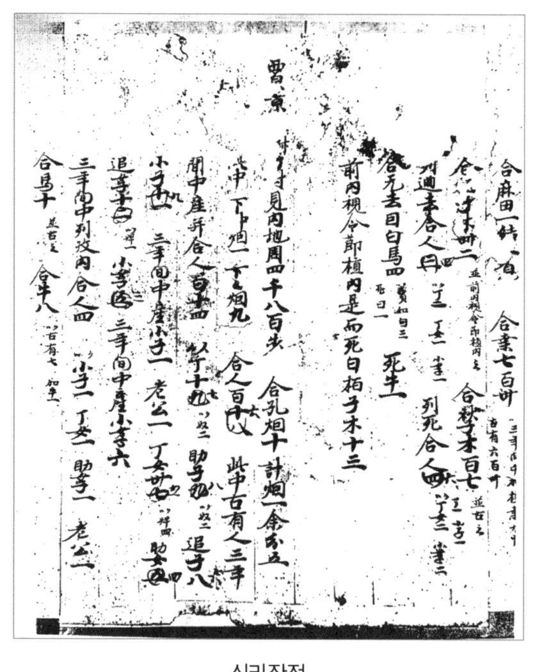

신라장적

여기에 나타난 촌락은 자연적으로 형성된 이른바 자연촌(自然村)으로 여겨지는데, 그 촌락의 영역, 토지의 지목별 면적, 전체 연(烟)수 즉 호(戶)의 숫자, 전체 및 연령별 인구수, 소와 말의 마리 수 및 뽕나무(상桑) · 잣나무(백자목柏子木) · 호도나무(추자목楸子木)의 그루 수 그리고 3년을 기준으로 한 인구의 증감과 소 · 말, 뽕나무 · 잣나무 · 호도나무 등의 증감 등의 사항이 기입되어 있다. 연(烟, 호戶)은 공연(孔烟)과 계연(計烟)으로 구분되어 있을 뿐이어서 그 기준이 무엇인지 잘 알기 어려우나 '공연' 의 '공' 은 아궁이에 불을 지폈을 때 연기를 밖으로 빼내는 굴뚝을 가리키는 것으로 보아, '공연' 은 같이 밥을 지어 먹으며 함께 거주하는 자연호(自然戶)일 것으로 판단되는데 9등급으로 나누어졌으며, '계연' 의 '계' 는 '계획' 된 것임을 드러내므로 계연은 분명히 인위적으로 국가에서 파악과 통제를 위해 편성된 호일 것으로 판단되고 있다.

한편 인구는 남녀의 성별 및 6등급의 연령별로 구분되어 파악되고 있으며, 토지는 국가 기관 소유의 관모답·전(官謨畓·田), 내시령이라는 관직에 대하여 할당된 내시령답(內視令畓), 의료(衣料)인 삼베를 짜는 데 필요한 삼을 촌락 공동으로 경작하는 마전(麻田), 지방 통치의 말초 조직인 촌주(村主)에게 주어져 세습되는 촌주위답(村主位畓) 그리고 자영농민이 경작하는 정전(丁田)이었을 연수유답·전(烟受有畓·田) 등으로 구분되어 기재되어 있다. 그리고 뽕나무·잣나무·호도나무 등의 그루 수가 구분되어 기록된 것은, 뽕잎의 경우 누에를 치는 데에 필수적인 것이어서, 그리고 잣과 호도 열매는 식물성 지방질을 섭취하는 데에 요긴하여 각기 경제적 가치가 높은 것이었으므로, 국가에서 이들을 세금 부과의 대상으로 삼고 있었음을 알 수 있다. 또한 소의 경우 우경(牛耕)의 개시 이래로 농업에 절대적으로 유용하였으며, 말의 경우 전쟁시 전투력 향상뿐만 아니라 평상시 일부 농경에도 활용되었으므로 촌락을 단위로 파악되고 통제되었다고 보여지는데, 소의 그것보다 말의 마리 수가 많은 것에 착안하여 농업생산력의 향상과 연관을 지워 그 배설물을 비료로 사용하던 데에서 비롯된 것으로 보는 해석도 있어 매우 흥미롭다.

제6절 통일신라의 사회와 문화

【식생활】

신라가 통일을 이룬 후에도 주식(主食)은 앞서의 삼국시대와 거의 다를 바가 없었다. 다만 쌀의 수확량이 크게 증가하였다는 점이 특기할 만하지만, 그렇다고 하여 일반 서민들까지 쌀을 늘 먹을 수 있는 것은 아니었고, 왕족을 위시한 귀족들만이 그럴 뿐이었다. 일반 서민들은 대부분 여전히 평상시에는 조나 보리를 주식으로 삼고 한가위와 같은 명절 때가 되어야 겨우 쌀을 먹을 수가 있었던 게 일반적이었을 것이다.

부식(副食)에 있어서는 국(갱羹)이 이 시대에 와서 나타나게 된다는 사실이 특기할만하다. 그리고 채소류의 경우 삼국시대에 있었던 무·상치·마 외에 미나리와 오이가 새로이 식용되었다. 열매류로는 앞 시대에도 식용되었던 밤·잣·자두·배·밀감 등을 비롯한 앵두와 참외 등도 이 시대에 등장하였지만, 수산물류와 육류는 앞 시대와 크게 다를 바가 없었다. 그리고 조미료로는 소금 외에 생강 등도 쓰였으며, 이들 조미료를 써서 만든 나박김치·동치미 등의 국물김치가 개발되었다. 이밖에 곡물을 이용한 미싯가루와 단술(감례甘醴)이 만들어지기 시작하였다.

한편 이 시대에 와서는 차(茶)가 크게 성행하였다. 차의 종류로는 여러 가지가 있었을 것이나 특히 갓나온 나무의 어린 싹을 따서 만든 작설차(雀舌茶)가 매우 귀하고 좋은 차로 손꼽혔던 것으로 보인다. 이런 차를 마시는 풍속이 상류층을 중심으로 퍼짐에 따라 차에 곁들이는 강정과 유밀과(油蜜果)와 같은 종류의 과정류(菓飣類, 오늘날의 한과류)가 등장하게 되었다.

【 의생활 】

신라가 삼국을 통일한 이후에도 종전과 마찬가지로 의복은 대체로 저고리 · 바지 등 고유 양식의 것 그대로였다. 이때의 의복에 대해서는 흥덕왕(興德王) 9년(834)에 신분에 따라 사용이 금지된 내용이 지금까지 전해져서 구체적으로 알 수 있는데, 심지어 남녀의 속옷(내의內衣)의 재질에 대해서까지 금지 사항이 정해져 있었으며, 남성의 경우 진골에 대해서는 아무런 제한이 가해져 있지 않으나 평민의 경우 명주로 짠 견포(絹布)만을 쓸 수 있도록 규정하고 있다. 이는 분명히 의생활면에서도 당시 사회가 그만큼 철저하게 왕족 중심의 귀족사회였음을 말해주는 것이라 하겠다.

종전의 고유한 의복이 여전히 주류를 잇는 한편으로는, 당(唐)나라와 밀접한 교류를 맺으면서 그 영향을 받아 새로운 의복도 등장하게 된다. 관리들이 입는 둥근 깃 형태의 두루마기(포袍)인 단령(團領), 남녀가 모두 입었던 소매가 짧은 반비(半臂) 등이 그런 것에 속한다. 그리고 남성들은 진골(眞骨)부터 평민에 이르기까지 모두 머리를 감싸는 관모인 복두(幞頭)를 쓰게 되었으며, 여성들은 목 뒤에서 가슴 앞까지 길게 드리우는 일종의 목도리인 표(褾)를 하기도 하였다.

【 무덤 양식 】

신라에서는 법흥왕(法興王) 무렵부터 점차 널을 수평으로 넣을 수 있도록 널방(석실)을 만든 횡혈식 석실분(橫穴式 石室墳)이 시작되었고, 통일 후에는 이것이 크게 발전하였다. 이 석실분은 대개 남쪽에 입구가 있고 평지에서 무덤 속에 이르는 무덤안길(연도羨道)이 앞 벽의 한 쪽에 몰리거나 중앙에 있으며, 거의 정방형에 가까운 사각형의 석실 즉 현실(玄室)이 있는 형태이다. 현실의 벽은 바닥으로부터 사람의 키에 가까울 정도까지 수직을 이루나, 그 위로는 점점 좁아지고 천장을 덮개돌로 덮었다. 벽면이나 천장에는 모두 석회를 발랐으며, 그 위에 색채를 칠하기도 하였다. 문을 열고 들어가서 한 석실에 쉽게 같이 묻을 수가 있으므로 부부 사이는 합장(合葬)을 하여, 오늘날 발굴해보면 바닥에는 두 개의 널받침(관대棺臺)이 있기 마련이다.

김유신묘

석탑 기단

이 분묘의 또 하나의 특징은 붕괴나 동물들의 침해를 막아 무덤을 보호하기 위해서 봉분에 돌을 다듬어 두른 것이다. 이를 호석(護石)이라 하는데, 여기에는 쥐(자子) · 소(축丑) · 범(인寅) 등의 12종류의 동물이 무기를 들고 있는 모습의 12지신상(支神像)이 새겨져 있다. 이 12지신상의 호석이 있는 가장 대표적인 분묘는 성덕왕릉(聖德王陵)과 원성왕릉(元聖王陵)으로 알려진 괘릉(卦陵)으로, 이 왕릉의 주변에는 문신(文臣), 무신(武臣) 그리고 사자(獅子)를 돌에 조각하여 세우기까지 하였다. 이같이 12지신, 사자 그리고 문신과 무신의 모습을 이들 분묘 곁에 돌로 새겨 놓은 것은, 이 분묘의 주인인 국왕이 이들로부터 호위를 받아 영혼이 평안을 누리기를 바라는 의미였을 것이며, 이는 곧 살아 있을 때에 자신에게 집중되어 있던 국왕으로서의 막강한 권위 즉 당시 국왕들의 전제왕권(專制王權)의 행사를 상징적으로 잘 보여주고 있는 것이라 하겠다.

이와 더불어 시체를 불에 태운 후 남은 뼈를 묻는 화장(火葬)이 7세기 중엽어간에 시작되고 있음을 빼놓을 수 없다. 문무왕(文武王)이 자신의 화장을 유언한 것을 통해 알 수 있으며, 이후 효성왕(孝成王) 등 여러 국왕이 연이어 화장을 유언하고 있으므로 8세기에는 더욱 유행한 것같다. 문무왕의 경우 유언대로 화장을 한 후 경주 동쪽 해변의 바위(오늘날의 대왕암大王岩)에 이른바 수중릉(水中陵)을 만들었다고 한다. 이외에는 화장을 한 유골을 특별히 만들어진 항아리 즉 골호(骨壺)에 넣어 땅에 묻었다. 골호는 형태가 다양하지만 유골을 밀폐할 수 있는 뚜껑이 반드시 있고, 또 그릇과 뚜껑에 구멍 뚫린 고리꼭지를 달아 끈으로 묶을 수 있도록 한 게 전형적이었다. 그리고 국왕 뿐 아니라 일반 국민들도 화장을 흔히 하였음을, 다양한 형태로 많은 골호가 경주 지방에서 발견되는 것으로 알 수가 있겠다. 특히 당나라의 도자기처럼 화려한 것은 왕실 및 진골 귀족들의 것이었으며, 형편없이 찌그러진 것도 있는데, 이는 그런 것이라도 활용해서 귀족처럼 화장의 풍습을 따르던 하층민의 것이었다고 판단된다. 이같이 폭넓은 신분층에 의해 당시에 화장이 널리 행해진 것은 승려들의 다비(茶毘)에서 영향을 받은 것으로 당시 불교의 성행과 깊은 관련이 있는 듯하다.

【유교와 교육】

신라가 삼국을 통일한 이후 당시의 교육은 사회의 발전에 따른 새로운 변화를 맞이하였다. 그것은 국학(國學)이 설치되어 이를 통한 교육이 이루어짐으로써 나타나게 되었던 것이다. 국학은 신문왕(神文王) 2년(682)에 그것의 장관직인 경(卿)이 설치됨으로써 교육기관으로서의 정식 기능을 발휘하게 되었지만, 이미 그 이전인 진덕여왕(眞德女王) 5년(651)에 국학에 소속된 하급 직책으로서 대사(大舍)라는 관직이 설치됨으로 하여 본격적인 가동을 위한 기본 업무가 추진되었다. 이때는 특히 훗날 태종무열왕(太宗武烈王)으로 즉위하게 되는 김춘추(金春秋)가 정치적 영향력을 크게 행사하고 있던 터라, 그의 건의에 의해 처음으로 설치되었던 것이었는데, 체제를 제대로 갖추지 못하다가 신문왕 때에 이르러서 경 이하 박사(博士)·조교(助教) 등의 교육 담당 실무 요원들을 두어 비로소 그 제도의 확립을 보게 되었던 것이다. 그 명칭은 경덕왕(景德王)이 모든 관부(官府)의 명칭을 중국 것을 좇아 한문식으로 고치는 이른바 한화(漢化)할 때인 재위 18년(759)에 태학감(太學監)으로 고쳐졌고, 그 후 혜공왕(惠恭王) 12년(776)에 백관의 명칭과 호칭을 예전의 것으로 되돌리면서 국학으로 하여 이후 이를 유지하였다.

국학에서의 교육 내용은 『논어(論語)』와 『효경(孝經)』을 필수적인 것으로 하고, 거기에 유교의 대표적인 5경(『주역』·『시경』·『서경』·『예기』·『춘추』)과 『문선(文選)』을 더하였으므로, 경학(經學)을 위주로 하고 거기에 문학(文學)이 부수되어 있었음을 알 수 있다. 또한 국학에는 당시 중앙에서 활동할 수 있는 관등인 경위(京位)를 가지고 있거나 혹은 가지고 있지 못하더라도 장차 가질 수 있는 자가 입학할 수 있도록 규정되어 있었으며, 국학을 마치고 나올 때에는 경위인 나마(奈麻)나 대나마(大奈麻)가 주어졌다고 했으므로, 국학의 학생들은 모두 수도에 사는 왕경인(王京人)으로서 그 중에서도 대부분 6두품이었다. 이들은 길게는 9년 동안이나 학업을 계속할 수가 있었는데, 학업을 마칠 때에는 원성왕(元聖王 4년, 788) 때에 설치된 독서삼품과(讀書三品科)에 따라 그 학력을 시험하여 등급을 매겨 관리로 등용되었다.

한편 이 시대의 교육과 관련하여 주목해야 할 또 하나의 사실은 각 분야의 전문가들인 여러 박사(博士)들이 등장한다는 점이다. 당나라와 외교 관계가 긴밀하게 이루어지고 있던 성덕왕(聖德王) 때에 종전의 상문사(詳文師)를 통문박사(通文博士)로 고침은 물론 의박사(醫博士)와 산박사(算博士) 등을 더불어 설치함이 그 일례이다. 통문박사는 외교 문장을 작성함에 능력을 갖춘 사람을 발탁하기 위한 직책이었으며, 의박사와 산박사의 설치는 각각 의술(醫術)과 산술(算術)에 뛰어난 인물을 등용하기 위함은 더 말할 나위가 없겠다. 이외에도 여러 종류의 박사들도 설치되었는데, 이때에 이러한 박사 직책들이 설치되는 것은 바로 당시의 사회가 이전에 비해서 각 분야에서 그만큼 발전을 이루게 됨을 드러내주는 것이었다고 할 수 있겠다.

【교종의 융성】

통일신라시대의 불교에 있어 가장 큰 특징의 하나는 교리(敎理)의 연구가 활발하여 수많은 서적들이 저술되고 간행되었다는 점이다. 놀라울 정도로 많은 저술이 나와 오늘날에 이르러 과연 장관(壯觀)을 이룬다고 표현될 정도였는데, 그만큼 내용이 풍부할 뿐만이 아니라 이해와 연구의 수준이 대단히 높은 것이었다. 그렇기는 하지만 이러한 교리의 활발한 연구가 한편으로는 교리의 대립을 가져와, 그렇지 않았다고 강조하는 불교계의 주장도 있기는 하나, 이른바 5교(五敎) 즉 열반종(涅槃宗)·계율종(戒律宗)·법성종(法性宗)·화엄종(華嚴宗)·법상종(法相宗)의 성립이 있었다고 보는 게 일반적인 견해이다. 이런 중에서도 당시 불교계에 커다란 영향력을 발휘하였던 것으로 손꼽아지는 것은 의상(義湘)의 화엄사상(華嚴思想)과 원효(元曉)의 화쟁사상(和諍思想)이었다.

의상은 당나라에 유학하여 당대 최고의 화엄학 종사(宗師)였던 지엄(智儼)에게 수학하였었는데, 함께 동문수학하였고 훗날 당나라 화엄의 최고봉이 된 승려 현수(賢首)에 의해서 그 수준이 대단히 높은 것으로 칭송되기도 하였을 정도였다. 귀국 후 태백산(太伯山)에 부석사(浮石寺)를 세우고 많은 제자들을 길러내고 전국 각지 명산에 수많은 사찰을 세워 전교하였는데, 그의 화엄사상을 잘 나타내주고 있는 것은 그의 입적(入寂) 후 제자들이 정리한 「화엄일승법계도(華嚴一乘法界圖)」이다. 여기에서 그는 압축하여 정리하면 "하나가 곧 일체(一切)이며 한 작은 티끌 속에 십방(十方, 우주)이 있는 것이요, 한 찰나(刹那, 순간)가 곧 영겁(永劫, 영원)이라 한다." 고 하였다고 할 수 있고, 이는 결국 수량(數量)에 있어 셀 수 없이 많은 것도 실은 하나이며 공간(空間)에 있어서는 우주도 한 티끌 속에 포함되어 있고, 시간(時間)에 있어서 역시 영원한 게 한 순간이라고 풀이하는 것이다.

이러한 그의 사상은 한마디로 우주의 다양한 현상이 결국은 하나로 귀결되게 되어 있음을 설파한 것으로, 속세의 상황에 비추어서는 전제왕권을 행사하는 국왕을 정점으로 하여 일사불란한 중앙집권적 통치체제의 확립을 뒷받침해주는 것으로 받아들여져 민중들보다는 주로 중앙의 귀족들로부터 환영을 받았다. 이런 사상적 경향은, 그의 속성(俗姓)이 김씨(金氏)였다는 사실과 불가분의 관련이 있었을 것으로, 당시에 속성이 김씨였다는 사실은 그가 곧 진골 귀족 출신임을 드러내주는 것이었으므로, 그 자신의 출신이 그러하였기에 곧 지배자 중심의 화엄사상을 펴게 되었던 것으로 여겨진다.

한편 원효는 6두품 출신의 인물이었는데, 신라 사회에서는 6두품이 진골에 비해 현실적으로 많은 제약을 받고 있었으므로 이를 극복하기 위해 승려가 되었다고 보인다. 그렇기 때문에 어느 경전 하나에만 치우치지 않아 다양한 경전들을 두루 연구하였으며, 뿐더러 그는 인간은 누구나 평등하다는 주장을 강하게 띠고 있었으며, 심지어 성인(聖人)만이 성불(成佛)하는 게 아니라 악인(惡人)도 여인(女人)도 성불할 수 있다는 기본 입장을 견지하였던 것으로 이해된다. 그의 화쟁사상은 저술『시문화쟁론(十門和諍論)』에 잘 나타나 있는데, 온전한 전체 내용이 전해지지는 않으나 그의 비문(碑文) 일부에 전하는 내용 가운데 "헛되고 헛된 논의가 구름이 달리듯 하여, 혹은 말하기를 내가 바르고 남은 바르지 못하다 하고, 혹은 말하기를 내가 옳고 남은 옳지 못하다 하여, 드디어 그러한 형세가 강물과 같이 되었다."라고 하였음이 대변해주고 있다. 그에 의하면, 서로 다르고 모순되어 보이는 여러 주장도 결국은 다를 게 없는 하나라는 생각인 것이다.

이러한 그의 사상은 '화쟁'이 곧 논쟁을 화합시킨다는 의미였으므로 한마디로 서로 자신의 교리가 옳다고 주장하는 것도 보다 높은 차원에서 보면 다를 게 없으니까 융화통합하려고 하였음을 드러낸 것으로, 그 자신 모든 인간이 평등하다는 생각을 지니며 누구나 성불할 수 있다는 믿음을 가졌던 데에서 나왔다고 보인다. 그러므로 그의 화쟁사상은 지배자를 중심으로 한 게 아니라 민중을 중심으로 한 화합의 사상이었고, 그 자신이 6두품으로서 겪은 수많은 현실적 제약을 벗어나 자유롭고 싶었던 데에서 범상한 행동도 결단코 마다하지 않을 정도로 처절하게 부린 몸부림이었으며, 아울러 그렇기 때문에 어느 한 경전에만 머물지 않고 두루두루 섭렵하면서 끊임없이 공부한 학문적 고민이었다고 하겠다.

【정토신앙의 유행】

정토신앙은 아미타불(阿彌陀佛)에 귀의한다는 뜻의 '나무아미타불(南無阿彌陀佛)'을 외는 6자의 염불(念佛)만으로 아미타불이 산다는 서방정토(西方淨土) 극락(極樂)으로 왕생(往生), 즉 가서 살 수 있다는 단순 교리를 가지고 있었다. 그렇기 때문에 글을 모르는 노비를 비롯하여 농민 등 모든 계층의 신앙의 대상이 되었다. 교리의 내용으로도 현세에 만족하자는 게 아니라 한시라도 빨리 괴로운 세계 즉 고해(苦海)인 현세를 떠나 아미타불이 사는 내세인 극락에 왕생하기를 기원하는 것이었으므로, 이에 따라 많은 민중들이 현세를 등지고 산으로 들어가 수도를 시작하였으며, 심지어 육신의 살아있는 몸 그대로 하늘을 날아 서방정토로 왕생했다는 설화까지 전하게 되었다.

이는 결국 전제왕권이 지배하던 당시 사회의 여러 모순에 대해 나타나기 시작한 민중의 염세적 경향을 반영하는 것이므로 정토신앙의 유행은 당시 사회의 전제주의적인 체제에 대한 민중의 사상적 반항이라고 할 수가 있다. 이는 신라 불교계에 있어서 하나의 큰 변화로, 이를 널리 전도한 것은 원효(元曉)였다. 그는 곳곳의 마을을 돌아다니며, 정토는 본래 평범한 사람들을 위한 것이었음을 강조하였는데, 이러한 그의 정토신앙에 대한 설명은 『유심안락도(遊心安樂道)』라는 저술에 잘 드러나 있다.

【공연예술】

통일신라시대 음악의 특징으로는 악기의 다양함을 손꼽을 수가 있다. 삼국시대 신라의 음악은 원래 가야금 한 가지를 쓰고 있었던 데에 비해, 통일시대에 이르러서 고구려와 백제의 악기를 받아들여 가야금 · 거문고(현금玄琴) · 향비파(鄕琵琶)의 3현(絃)과 대금(大琴) · 중금(中琴) · 소금(小琴)의 3죽(竹) 등 다양한 악기를 사용하게 되었던 것이다.

이 3현과 3죽은 종전부터 이미 전해지던 것으로 중국에서 전래된 게 아니라는 의미에서 구별하는 데에서 불리우는 이른바 향악기(鄕樂器)로서 대표적인 것인데, 비파를 특히 향비파라고 함은, 통일과 함께 수용된 고구려의 오현비파를 뒤에 들어온 당악(唐樂)의 당비파(唐琵琶)와 구별하기 위해 신라 하대에 이르러 이렇게 부르게 된 것이라 한다. 이런 여러 악기로 합주되는 향악(鄕樂)은 가야금 하나로 연주되던 시대에 비교하여 악기의 편성이 대단히 풍부하여진 셈이었다. 이로 인하여 정치적 통일 뿐 아니라 문화적인 면에서도 신라가 토착 향악에 고구려와 백제의 향악까지 원만히 융합하여 수용함으로써 우리나라 고대 향악의 전통을 확립하게 되었음을 의미한다고 하겠다.

이 향악과는 달리 당(唐)으로부터 받아들인 당악(唐樂)이 통일 직후에 군대가 행진할 때 북을 치고 피리를 부는 고취악(鼓吹樂)에서부터 서서히 수용되어, 진골(眞骨)과 6두품(六頭品)의 귀족사회 중심으로 음악 담당기관인 음성서(音聲署)에서 제공되기 시작하였으며 신라 하대에 비로소 정착되었다. 대고(大鼓)와 박판(拍板)과 같은 당나라로부터 수용되어 들어온 당악기(唐樂器)는 대체로 궁중의식(宮中儀式)에서 그리고 당비파(唐琵琶)와 횡적 등은 주로 불교의식(佛教儀式)의 반주용으로 사용되었다. 그리고 불교의식에서는 곁들여 범패(梵唄)라는 노래도 널리 불리었다.

당시의 무용은, 향악에 맞추어서 추는 것으로서, 처용무(處容舞)를 비롯하여 상염무(霜髥舞) 등이 있었다. 처용무는 처용설화와 관련된 것인데, 궁성에서 악귀를 내쫓기 위한 의식인 나례(儺禮)에서 행해지던 가면극(假面舞)이었다. 상염무는 왕이 포석정(鮑石亭)에 갔을 때 남산신(南山神)이 나타나서 춘 것이라고 하는데, 이것 역시 악귀를 내쫓는 목적을 지닌 가면무였을 것이다. 그리고 원효(元曉)가 소성거사(小性居士)라 자칭하고 포교를 위하여 촌락을 두루 돌아다니면서 추었다는 무애무(無碍舞)는 노래에 곁들인 불교적인 춤으로서, 그 노래는 민간 포교를 위한 거사(居士)소리의 시초가 되는 것인 듯하다. 이밖에 음악이 곁들인 가면무가 많이 있었으며, 최치원(崔致遠)이 지은 「향악잡영(鄕樂雜詠)」이란 시에는 '금환(金丸)' 이라 하여 약 7개의 공을 양 손으로 던지고 받는 놀이를 다룬 것 등 신나는 장면들이 잘 묘사되어 있다.

【미술】

통일신라의 미술은 무르익은 기교를 토대로 이상적인 조화의 미를 창조해내고 있었는데, 이러한 특징을 대표적으로 잘 드러내는 게 경덕왕(景德王) 10년(751)에 진골 귀족인 김대성(金大城)이 지은 경주의 불국사(佛國寺)와 석굴암(石窟庵, 흔히 이렇게 부르지만 원래의 정식명칭은

석가탑

불국사

석불사石佛寺)이다. 불국사는 정문인 자하문(紫霞門)으로 올라가는 백운교(白雲橋)와 청운교(靑雲橋)의 아름다운 자태는 물론 대웅전(大雄殿) 앞뜰에 조성된 석가탑(釋迦塔)과 다보탑(多寶塔)은 조화미의 극치로 정평이 나있다. 뿐더러 석불사는 인공의 석굴(石窟)을 만들어 불상을 모신 것으로, 천장은 돔(Dome, 궁륭穹窿)으로 만들었으며 그 중앙의 석가상(釋迦像)을 위시하여 둘레의 벽에는 11면 관음(觀音)을 비롯한 여러 종류의 부조(浮彫)들이 자리 잡고 그 위용을 떨치고 있다.

이와 더불어 범종(梵鐘) 역시 빼놓을 수가 없다. 현존하는 가장 오랜 것은 평창의 상원사종(上院寺鐘, 성덕왕 24년, 725)이지만, 제일 유명한 것은 성덕대왕신종(聖德大王神鐘, 봉덕사종奉德寺鐘, 혜공왕 7년, 771)이다. 이 종은 현존하는 최대의 종일 뿐더러 그 모양과 구름을 타고 나는 듯한 여인의 모습(비천상飛天像)이나 연꽃 모양의 문양(연화문蓮花文) 등이 아름다워 유명한 것이다. 이 밖에도 돌로 만든 등(석등石燈)·기와(와당瓦當) 등에 우수한 것이 여러 분야에 두루 많이 있다.

서예(書藝)는 여러 사찰에 남아 있는 비문(碑文)을 비롯해서 화엄경을 돌에 베껴 쓴 화엄사(華嚴寺)의 석경(石經) 등에서 그 모습을 짐작할 수가 있다. 당시의 명필로는 김생(金生)이 제일 유명하다. 그의 필체는 중국 사람들에게조차도 중국에서 가장 유명한 왕희지(王羲之)의 것으로 잘못 알려질 정도로 뛰어났다고 하는데, 그렇기 때문에 오히려 왕희지의 글씨보다 더 생동감을 느끼게 하는 것으로 평가되기도 한다. 한편 신라 하대에 많이 만들어진 탑비(塔碑)에 새겨진 글들은 당시 서예의 모습을 알려주는 자료로써 매우 중요한데, 그 중에서도 구양순체(歐陽詢體)로 최치원(崔致遠)이 지은 하동 쌍계사(雙溪寺) 진감선사탑비명(眞鑑禪師塔碑銘) 등 소위 사산비명(四山碑銘)이 가장 널리 알려져 있다.

제7절 신라 하대 왕위계승쟁탈전의 전개와 호족의 등장

【신라 하대 왕위계승쟁탈전의 전개】

전제왕권이 지배하던 신라 사회에 새로운 변화가 나타나기 시작한 것은 경덕왕(景德王) 때부터로, 진골 귀족들의 불만이 표출되어 반란(叛亂)이 일어나고 있었다. 그렇기는 하였어도 경덕왕 당시에는 관부(官府) 및 지방의 명칭을 한문으로 고치는 이른바 한화(漢化) 정책을 시행하여 이를 억누르는 노력을 기울여 크게 두드러지지는 않았지만, 그의 아들 혜공왕(惠恭王) 때에 이르러서는 거의 걷잡을 수 없게 번져 나갔는데, 결국에는 재위 4년(768) 대공(大恭)의 반란이 발단이 되어 대표적 귀족인 각간(角干, 이벌찬)이 전국적으로 서로 싸웠고 기록에 따라서는 짧게는 6개월, 길게는 3년간 계속되었음을 전하고 있을 정도였다. 이후 재위 10년(774)에 귀족파인 김양상(金良相)과 김경신(金敬信)이 힘을 합쳐서 정권을 탈취하고 끝내 그를 죽임으로써 중대(中代)는 막을 내리고 말았다.

그 뒤를 이어서 그때까지의 태종무열왕계와 직접적인 혈연관계가 없으면서, 나물왕의 먼 후손임을 표방하는 김양상이 먼저 왕위에 올랐다가(제37대 선덕왕宣德王) 아들이 없는 상태에서 죽고 말자, 나라 사람들에 의해 화백(和白)을 통해 선택되었을 김주원(金周元)이 왕위에 오르는 것을 막고 그 뒤를 이어 김경신이 왕위에 올라 재위하게 되었다(원성왕元聖王). 이후 그의 후손들 즉 소위 원성왕계(元聖王系)가 왕위를 차지하게 되는데, 이를 하대(下代)라고 일컫는다. 이러한 하대에서는 더 이상 종전에 전제왕권이 행사되던 모습을 영영 찾아보기 어렵게 되고, 정치는 각 정치세력 집단의 이해타산에 따라 이합집산이 빈번하게 일어나는 귀족연립적(貴族聯立的) 양상이 거듭되었다.

이런 가운데 왕실 내에서도 서로 왕위를 차지하려는 욕구가 분출되어 거듭 왕위를 둘러싼 계승 쟁탈전이 빈번히 벌어지게 되어, 이제는 서로 죽고 죽이는 골육상쟁이 판을 치게 됨으로써 정치적 불안정이 연속되었고, 하대 약 150년 사이에 20명의 국왕이 즉위하게 되었다. 하지만 그것도 상당수가 천수를 누리지 못하고 왕실 내에서 4촌 형제나 6촌 형제에 의해 주도된 내란으로 희생되고 말았다. 그만큼 왕권이 미약해지면서, 중앙의 통치력이 급격히 약화되었으며 그에 따라 지방 곳곳에 독자적인 세력가들이 등장하기에 이른다.

【호족의 등장과 유형】

신라 하대의 정치적 혼란 속에서 성장한 지방 세력을 호족(豪族)이라 부른다. 근자에 중국사나 일본사에서는 호족을 고대 사회에서의 지방세력을 일컫는 것이라 잘못 이해하여 한국사에서 이를 적용함은 적합하지 못하다는 주장이 있기는 하지만, 호족이란 용어를 고대 사회의 그것에만 국한해야 할 하등의 이유가 없고 또 그들 국가의 역사에서도 반드시 고대사의 경우에만 지방 세력을 호족이라 칭하지는 않으므로 그런 주장은 설득력을 지니지 못한다고 함이 옳겠다.

이들의 유형은 첫째 주로 촌주층에서 성장하여 주로 장군을 자칭하던 성주(城主)세력, 둘째 변경과 해안의 요지를 수비하기 위해 설치된 군진(軍鎭)을 발판으로 세력을 키운 군진세력 그리고 셋째 지방의 사원에 세력의 터전을 둔 사원(寺院)세력 등으로 나눌 수 있다. 먼저 성주세력에는 지방의 촌주 출신이 많았지만, 중앙에서 정치권력의 투쟁 과정에서 밀려 쫓겨나 지방에 세력 근거지를 갖고 있던 자들도 있었고, 또한 지방관으로 임명돼서 임지에 내려갔다가 정착한 경우도 있었는데, 이들은 중앙 정부의 지방에 대한 통제가 빈번한 왕위 계승 쟁탈전의 결과 원활히 이루어지지 못하자 이를 틈타서 성주 · 장군으로 자립하면서 사병(私兵)을 거느리고 있었다. 그리고 장보고(張保皐)의 청해진(淸海鎭)과 같은 예처럼, 군진세력에는 원래 국경 수비를 위해 설치된 것이었지만 중국과의 교역으로 세력을 키워 중앙의 왕위계승전에 간여하기까지 한 경우도 있을 정도였다. 더욱이 왕건의 고려 건국에 크게 이바지한 인물들 중에는 패강진(浿江鎭) 출신이 많았다는 사실을 빼놓을 수 없을 것이다. 한편 사원세력의 규모나 그 특징은 세규사(世逵寺, 강원도 철원 소재)에서 성장한 궁예(弓裔)나 금산사(金山寺, 전라도 김제 소재)에 유폐되었다가 뒷날 왕건에게 귀부하였던 견훤(甄萱)이 이끌었던 그 곳의 세력 경우 등에서 엿볼 수 있다.

제8절 신라 하대의 사회와 문화

【신라 하대의 유교와 교육】

신라 하대에 이르러 유교의 발달과 교육면에서 나타난 특징 중의 하나는 국학(國學)에 독서삼품과(讀書三品科)가 설치되었음에도 불구하고 당나라에 건너가 머물면서 공부하는 이른바 도당유학생(渡唐留學生)의 수가 증가하는 한편 새로운 기구로서 숭문대(崇文臺) 등이 설치되어 인재 양성이 확장되었다는 점을 들 수 있다. 그럼에 따라서 국학의 비중이 상대적으로 점차 약해져 가게 되는데, 이러한 점들이 바로 신라 하대의 교육에 나타난 커다란 특징이라고 할 수 있겠다.

도당유학생의 증가는 당시 사회의 두드러진 현상으로서, 한때는 당나라의 국학에서 수학 중이던 신라의 학생이 모두 216명이나 되었다는 기록이 있을 정도였음에서 잘 드러나고 있다. 이들 신라의 유학생들은 학업을 마치기 전까지는 계속 당나라에 체류하면서 돌아가려고 하지 않는 경향이 강하여 외교적 문제로 비화되어, 당나라 황제의 명령으로 그 수학 연한이 10년이 넘은 105명이나 되는 학생들이 강제로 집단 귀국당하는 사태가 발생하기조차 하였었다. 이와 같은 도당유학생들 중에는 진골(眞骨)도 있었지만 대체로 6두품이 두각을 나타냈으며, 주로 국비(國費)로 간 경우가 많았다고 보이는데, 그것은 유학을 통해 당나라의 관직을 얻을 수 있을 뿐만 아니라 귀국 후의 관직 진출을 보장받을 수 있기 때문이었다.

그렇지만 6두품 출신이 도당유학에서 막상 돌아오면 그렇지를 못하였다. 여전히 골품제(骨品制)라는 벽을 결코 뛰어 넘을 수가 없었다. 고작 그곳에서의 교육 경험 또는 실무 처리 능력을 인정받아 고위직에 발탁되기만을 바랄뿐이었다. 그래서 국가에서는 이들이 왕권 강화에 필요한 인물들이었기에 국왕의 지근한 거리에 머물면서 보필하도록 하는 근시기구(近侍機構)를 확장하면서 이들을 여기에 발탁하였다. 예를 들면 명칭 그 자체에서 학문과 관련된 기관임이 여실이 드러나는 서서원(瑞書院, 후일의 한림대翰林臺)과 숭문대(崇文臺) 등을 신라 하대에 처음으로 설치하여 이 기구들에 학사(學士)를 두고 또한 이들로 하여금 밤새워 숙직(宿直)하면서 대기하게 하는 제도였을 직학사제(直學士制)를 시행하면서까지 이들 도당유학생 출신의 인재들을 등용하였던 것이다.

【 풍수지리설의 등장과 성행 】

풍수지리설의 특징은, 사람이 살아서 거주하는 주택인 양택(陽宅)이나 죽은 후 묻히는 무덤인 음택(陰宅)이나를 막론하고 택지에 따라서 왕조나 가문의 흥망성쇠(興亡盛衰)와 길흉화복(吉凶禍福)이 좌우되는 것으로 신비화하여 여겼다. 그러니까 좋은 위치를 선택하여 나라의 도읍을 정하고 개인의 주택을 짓고 무덤을 쓰자는 생각이었다. 이러한 풍수지리설은 통일 이후 하대(下代)에 이르러 왕위계승쟁탈전이 심화되면서 정치적 불안감과 그에 따른 몰락·죽음에 대한 두려움을 떨칠 수 없었던 왕실의 중앙귀족들이 대부분 거주하는 경주 지역을 중심으로 두드러지게 등장하기 시작하였다.

그러다가 신라말기에 다다라 지방의 각지에서 호족 세력이 대두하면서 그들에 의해 풍수지리설은 환영받게 되었다. 이들 호족들은 자신들의 존재를 정당화하면서 중앙의 진골귀족 중심의 신라사회를 애써 부정하고 자신들 중심의 새로운 사회를 이루려 하였다. 이를 위해서도 당시에 활동하던 승려 도선(道詵)의 설명에 따라 호족들이 자신의 세력 근거지는 순응하고 왕성한 기운이 감도는 순왕처(順旺處) 곧 명당(明堂)이라고 주장하고, 이에 반해서 반대세력의 근거지는 쇠약하고 반역의 기세가 깃든 쇠역처(衰逆處)라고 몰아갔던 것이다. 왕건(王建) 역시 자신의 세력 근거지인 송악(松嶽)은 명당이지만, 적대감이 컸던 후백제의 옛 땅을 심지어 배역처(背逆處)라고까지 했던 게 단적인 예이다. 이와 같은 상황 속에서 호족들 스스로 긴장되고 불안한 상태가 조성되면서 땅의 힘에 의지하려는 심리를 빚어냄으로써 결국 풍수지리설이 성행하게 되었던 것이다.

【신라 하대 선종의 유행】

앞선 중대(中代)에 교종(教宗)이 융성하면서 경전(經典)에 따라 종파를 구별하며 교리에 대한 지식의 함양을 강조하는 것과는 달리, 하대(下代)에 나타난 신라 불교계의 새로운 경향은 선종(禪宗)의 유행이었는데, 이에서는 '불립문자(不立文字)'라 하여 문자를 세워 말하지 않는다고 하여 복잡한 교리에 대한 지식을 중시하지 않았다. 또한 견성오도(見性悟道)를 표방해서 인간의 타고난 본성 가운데 불성(佛性)이 있음을 보아 불교의 도를 깨닫는 것이라고 함으로써 심성(心性)을 도야하는 데 치중하였다. 그러므로 수행은 참선(參禪)을 통해서 주로 하며, 목표는 마음을 한 곳에 모아 고요한 경지에 들어가는데 있었다. 한마디로 참선을 통하여 각자의 마음 속에 태어날 때부터 갖추고 있는 불성을 깨달을 수 있다는 것이었다. 그러므로 선종은 자연히 스스로의 깨우침을 중시함으로 해서 개인주의적인 경향을 강하게 띠고 있었다고 함이 옳겠다.

이러한 선종이 신라 하대 사회에서 유행하게 된 것은 지방에 독자적인 세력을 차지하고 있던 호족들의 지지와 후원을 받았기 때문이었다. 선종 9산을 처음으로 각기 특정한 산 속에 사찰의 문을 열었던 이른바 개산조(開山祖) 승려들이 거의 대부분 신라 6두품 계통의 호족 출신이었을 뿐만 아니라, 그렇기 때문에 자연히 9산이 모두 그들을 후원해주고 있던 유력한 호족의 세력 근거지와 가까운 곳에 자리 잡고 있었던 것이다. 예를 들면 수미산파의 광조사(廣照寺)는 송악(松岳, 개성) 지방 가까운 곳에 자리 잡고 있었는데, 이는 그 곳의 대표적 호족인 왕건(王建) 가문과 관계가 깊었으며, 사굴산파의 굴산사(崛山寺)는 근접한 명주(溟州, 강릉) 지방의 호족인 김순식(金順式, 후일의 왕순식王順式)의 후원을 받아 사찰의 규모가 대규모로 성장할 수 있었다고 알려져 있다.

【신라 하대 미술의 특징】

신라 하대의 사회에서는 미술 분야에서 3가지 면에서 특징이 나타났다. 첫째는 불탑으로서 부처에게 소원을 빌기 위해 건립하는 원탑(願塔)이 유행한다는 점, 둘째는 불상으로서 통일신라시대부터 조성되기 시작했던 태양과 같은 절대자를 상징하는 비로자나불(毘盧遮那佛)이 철로 제작된 철불(鐵佛)의 형태로 유행한다는 점, 그리고 셋째 스승인 선승(禪僧)의 가르침을 따라 수행을 거듭하는 선종(禪宗)의 유행으로 스승의 유골을 모셔놓는 부도(浮屠)와 그 가르침을 두고두고 새기기 위한 탑비(塔碑)가 조성됨이 유행한다는 점 등을 들 수 있다.

첫째 원탑은, 왕위쟁탈전의 빈번한 전개 등으로 인한 정치적 불안정 속에서 귀족들이 자신들의 기득권이 유지되기를 빌고, 또한 혹은 먼저 세상을 떠난 선조들의 극락(極樂) 왕생(往生)을 빌기 위해 앞다투어 조성되었는데, 앞 시대에 전제왕권을 구가하던 국왕들처럼 그러하기를 바란다는 의미에서 왕족들에 의해 모두 3층 석탑의 형식을 띠고 있음 역시 주목된다. 구체적인 예로서는 제44대 민애왕(閔哀王)을 위한 대구 팔공산 동화사 비로암의 석탑, 제46대 문성왕(文聖王)을 위한 경주 창림사의 석탑 그리고 제47대 헌안왕(憲安王)을 위한 전남 장흥 보림사의 쌍탑 등이 그러하다. 이러한 국왕들의 경우 외에도 중앙 귀족이나 호족들에 의해 건립되기도 할 정도로 원탑이 많이 유행하였다.

둘째 비로자나불 철불은, 편안하게 책상 다리를 하고 앉은 가부좌(跏趺坐) 상태에서 가슴 앞에서 부처와 중생이 둘이 아니라 하나라는 의미에서 왼손의 엄지와 검지를 오른손으로 감싸서 쥐고 있는 소위 지권인(智拳印)의 모습을 한 것으로, '비로자나'는 '빛나는 것'이라는 인도 고대의 언어 산스크리트어에서 유래하는 것으로 태양을 뜻하여 부처의 지혜가 하염없이 커서 한계가 없음을 상징하는 것으로 화엄종(華嚴宗)에서 법당의 중앙에 모시는 본존불(本尊佛)인데, 신라 하대의 선종 승려들도 화엄을 수학하였으므로 이를 예배의 대상으로 형상화한 것이다. 그리하여 선종 사찰이 지방 호족의 지지를 받아 지방에 주로 건립되었으므로, 그 결과 자연히 비로

봉림사 진경대사 부도

자나불 자체도 주로 오늘날 전라도 및 강원도 등지와 같은 지방에서 많이 조성되었으며, 그 가운데서도 특히, 전남 장흥 보림사(寶林寺)와 강원도 철원 도피안사(到彼岸寺)의 그것이 대표적인 것으로 손꼽아진다.

셋째로 부도와 탑비는 항상 같이 짝을 이루어 조성되기 마련이었는데, 스승의 일생 행적과 그가 제자들에게 남긴 가르침을 포함하여 기리는 글이 새겨진 탑비가 앞에, 그리고 그의 화장한 유골을 안치한 부도가 뒤에 각각 위치하는 게 일반적이었다. 이는 선종이 '불립문자(不立文字)' 를 표방하며 마음과 마음으로 깨치는 것을 지향하고 있었으므로, 스승과 제자의 관계를 워낙 소중하게 여긴 데에서 나온 것으로 보인다. 이 시대의 부도는 대개 중간 부분이 팔각형(八角型)을 이루는 게 보통이었으며, 탑비는 비석에 글이 새겨진 탑신(塔身)부분이 중심이 되었다. 특히 탑비의 하단에는 주로 거북이 모양의 조각인 귀부(龜趺)가 있는데, 거북이 등에 소용돌이 치는 듯한 물결무늬가 역동적으로 조각되어 있음이 특이하다. 또한 탑비의 상단에는 용(龍)이 되어 승천하기 이전의 이무기들이 3마리 정도가 서로 몸을 휘감고 용틀임을 하고 있는 뿔 없는 용의 서린 모양을 새긴 형상의 이수(螭首)가 통일적인 것과는 멀게 바깥으로 삐죽삐죽 튀어나온 모습을 하고 있음이 이채롭다. 이러한 귀부와 이수의 독특한 모습의 조각은, 이 시대에 호족들이 여기저기서 자신들의 세력을 키워 다투어서 혼란에 빠져 있던 당시의 사회상을 잘 반영하고 있는 것으로 풀이된다.

제5장 고려 전기 문벌귀족사회의 형성과 발전

제1절 고려의 건국과 후삼국의 통일

【 후삼국 정립 】

신라의 하대(下代)는 왕권쟁탈전으로 인하여 혼란하였다. 150여 년 동안에 20명의 왕이 교체하던 불안한 시대였다. 중앙에서는 6두품 등이 진골 귀족의 전횡에 불만을 갖고 지방에서는 호족과 군인세력이 동요하고 있었다. 드디어 진성여왕 이후 극도로 약해진 중앙의 왕권에 도전하는 농민이나 호족세력이 등장하고 있었다. 상주의 농민 출신이었던 견훤(甄萱)이 신라의 군관으로 출세하여 서남해안에서 변경수비의 책임을 맡으면서 중앙정권에 불만을 가진 해안 지방의 분위기를 파악하였다. 견훤은 이들 세력을 기반으로 반기를 들어 광주(光州)에서 봉기하고, 전주에서 도읍하여 후백제를 건국하였다. 후백제는 차령산맥 이남의 충청도와 전라도 지역을 차지하여, 그 지역의 우세한 경제력을 토대로 군사적 우위를 확보할 수 있었다. 또한 중국과 외교 관계를 맺는 등 국제적 감각도 갖추었다.

궁예(弓裔)는 신라 왕족의 후예로서, 처음에는 원주 지방의 도적집단인 양길(良吉, 梁吉)의 부하로 출발하여 강원도 동해안 일대와 경기도 지역을 확보하는데 공을 세웠다. 이어서 예성강 유역의 황해도 지역까지 세력을 넓혔다. 드디어 송악(松嶽)에서 고구려의 계승을 내세워 후고구려를 세우고, 한강 유역을 차지하고 조령을 넘어 상주 일대로 세력을 확장하였으며, 영주를 차지하여 옛 신라 땅의 절반 이상을 확보하였다. 왕건의 해상세력을 이용하여 나주 지방에 진출하여 후백제의 배후를 위협하고 견제하였다. 영토가 확장되고 국가기반이 다져지자, 도읍을 철원으로 옮겨 마진(摩震) · 태봉(泰封)으로 이름을 바꾸고 새로운 정치를 추구하였다.

궁예는 새로운 관제를 마련하고 골품제도를 대신할 새로운 신분제도를 마련하였다. 국정을 총괄하는 광평성(廣評省)을 비롯한 여러 관서를 설치하고 9관등제를 실시하였다. 신라는 경주를 중심으로 명맥을 유지하고 있어 후삼국이 정립하였다.

【 고려의 건국 】

왕건(王建)이 서기 918년 홍유(洪儒)·배현경(裵玄慶)·신숭겸(申崇謙)·복지겸(卜智謙) 등 개국공신의 추대를 받아 궁예를 몰아내고 고구려를 계승하여 국호를 고려(高麗), 연호를 천수(天授)라 하였다. 왕건은 송악(개성) 지방의 호족 출신이었다. 그의 선조는 일찍부터 예성강 입구를 중심으로 하여 중국과의 해상무역을 통해 부를 축적하고, 부친 왕륭 때에 궁예에게 귀속하였다. 왕건은 패강진(浿江鎭) 등 통일신라 북방의 군진세력과 중부서해안 지방의 해상세력과 밀접한 관계를 가졌던 것 같다. 왕건은 궁예의 신하가 되어 한강 유역을 점령하는 등 영토확장에 공을 세웠다. 특히 서남해안 지방, 나주를 점령하여 후백제를 견제하는데 공을 세웠다. 이러한 공로로 시중에 임명되어 정치적으로도 능력을 인정받아 부하장군들의 추대로 왕위에 올랐다. 궁예는 장군으로서 뛰어난 활약을 하였으나, 제왕으로서의 자질은 부족했던 것 같다. 또 신라의 제도를 개혁하고, 새로운 사회를 건설하고자 하는 의욕은 강했으나 조급한 성격이라든가, 미신적인 불교로 백성을 유린하려다가 몰락하고 말았다.

왕건은 자신의 기반이었던 송악으로 수도를 옮겼다. 왕건은 견훤이나 궁예와는 달리 호족세력을 기반으로 하였기 때문에 호족의 성격을 잘 이해할 수 있었다. 그는 새로운 국가 기반을 확립하고자 조세를 가볍게 하고, 양민으로서 억울하게 노비가 된 자들을 해방시키는 등 적극적으로 호족들을 회유, 포섭하였다.

【 후삼국의 통일 】

신라와 견훤의 후백제, 왕건의 고려가 서로 대립하는 후삼국시대가 되었다. 왕건이 등장하면서 궁예와는 달리 신라에 우호정책을 취하였다. 이것은 견훤의 후백제에게는 위협이 되었다. 오늘날의 충청도 남부와 경상도 북부 일대에서 치열한 각축전이 벌어졌다. 당시는 각

지방의 호족들을 자신의 편으로 끌어들이는 호족연합의 성격을 가진 시대였다. 호족이 거의 독립적으로 세력을 형성하고 있었기 때문에 이들이 삼국 중의 어느 편에 가담하느냐가 가장 중요한 관심사였다.

이러한 상황에서 신라의 경애왕(景哀王)이 왕건에 호의적이자 견훤은 경주를 급습하였다. 견훤은 경애왕을 시해하고 경순왕을 세웠으며, 일시적인 무력을 과시하였으나 포악하고 무자비하게 대하여 오히려 신라 계통의 민심을 잃었던 것이다. 후백제군은 신라를 구원하러 온 왕건을 공산전투(公山戰鬪)에서 대파하고 위세를 떨쳤으나, 이후 안동 지방의 고창군(古昌郡) 병산전투(甁山戰鬪)에서 패배하고 난 뒤 후백제는 군사적으로도 우위를 점하지 못하였다. 일찍이 나주 지방 해상세력과 깊은 인연이 있던 왕건은 궁예 휘하에서도 이 지방에 자주 출정을 나갔다. 견훤이 중국과 외교관계를 맺는 것도 차단하고, 남북 양면에서 협공할 수 있는 거점을 마련한 곳이 나주 지방이었다. 견훤이 나주를 통해 귀순한 것도 나주가 고려와 깊은 인연이 있었음을 알 수 있다.

견훤이 아들 신검(神劍)과의 불화로 고려에 귀순하고, 경순왕마저 항복하고 난 뒤 왕건은 선산에서 후백제 신검군을 격파하고, 황산벌(黃山伐)로 진격하여 전주를 함락하고 후삼국을 통일하였다(936).

한편 고려가 후삼국을 통일할 무렵에 발해가 거란에게 망하고(926), 고구려계 유민을 비롯하여 많은 사람들이 고려로 망명하여 왔다. 태조는 고구려의 후계를 자처하고 있었으므로 발해 유민을 동족으로 간주하여 이들을 우대하여 관직과 토지와 가옥을 주었다. 발해 왕자 대광현(大光顯)에게는 왕씨 성을 하사하여 왕계(王繼)라는 성명을 주어 고구려 계승의 의지를 확립하고, 그 선조에 대한 제사를 받들게 하여 왕족으로 대우하였다. 이로써 고려는 후삼국뿐만 아니라 발해의 고구려계 유민들까지 포함한 민족의 재통일을 이룩하였다.

【 태조의 정책 】

태조 왕건은 후삼국을 통일하여 지방에 할거하고 있던 반독립적 호족들을 포섭하고 오랜 전쟁으로 황폐해진 농지를 개간하여 생산력을 발전시키며, 조세제도를 재조정하여 백성의 생활을 안정시켜야 하는 과제를 안고 있었다. 태조는 정계(政誡) 1권과 계백료서(誡百寮書) 8편을 지었는데 이는 신하로서 받들어야 할 규범을 말하였을 것이나 전해지지 않는다.

다만 후손에게 전한 훈요십조(訓要十條)로 미루어 그의 정책을 셋으로 정리할 수 있다.

첫째, 호족통합정책으로 골품제도가 무너진 뒤, 지배층을 새로이 편성하는 제도도 마련하여야 했다. 왕건을 추대하고 전장에서 그와 고락을 같이한 호족 출신의 장수도 전쟁에 의한 포로 · 전리품 등의 이익을 점유하고 사병을 거느린 채 강한 세력을 유지하고 있었다. 태조는 정주(貞州)의 유씨(柳氏), 평산의 유씨(庾氏) · 박씨(朴氏), 광주(廣州)의 왕씨, 충주의 유씨(劉氏) 등 전국의 20여 호족들과 혼인을 하였고, 또 그들에게 왕씨 성을 주기도 하여 연합을 굳게 했다.

둘째, 불교를 숭상하여 훈요십조에서도 첫째로 후손에게 불교를 숭상하도록 하였다. 연등회와 민족의 전통적 제전인 팔관회를 개최하도록 하였다. 불교와 재래의 종교나 관습을 중시함으로써 민심을 수습하고 왕실의 안정을 도모하였다.

셋째, 북진정책의 추진이다. 태조는 고구려를 계승하여 고구려 옛 땅에 대한 관심을 가져 발해의 유민을 받아들이는 한편, 평양에 서경(西京)을 설치하고 이를 기지로 북방개척을 추진하였다. 그러나 요동 지방은 이미 강대해진 거란이 차지하고 있었고, 동북 지방에 있는 여진족도 세력이 강해져서 만주 지역의 수복은 추진하지 못하였다. 그러나 태조 말년에 북방에 진출해 있던 여진족을 축출하여, 북서쪽으로는 청천강, 동북쪽으로는 영흥까지 영토를 확장하였다.

제2절 고려 귀족사회의 성립

【 왕권의 안정 】

태조를 이은 여러 왕자와 외척들 사이에 왕위 계승 다툼이 일어났다. 호족의 단결을 가져오려던 정책의 부작용이 낳은 것이다. 2대 혜종(惠宗, 943~945)과 3대 정종(定宗, 945~949)으로 왕위가 계승되었으나 왕권이 불안하였다. 광주(廣州)의 호족 왕규(王規)가 태조에게 두 딸을 바치고 혜종에게 또 하나의 딸을 바쳐 외척으로서 전권을 휘두르며 반란을 일으켰다가 실패하였다. 정종은 왕권을 강화하기 위하여 서경으로 천도하려고 하였으나 재위 4년 만에 죽고 천도는 실현되지 못했다. 4대 광종(光宗, 949~975)이 즉위하고 난 뒤 외척과 호족세력을 누르기 위하여 과감한 조치를 실시하였다. 노비안검법(奴婢按檢法)을 단행하여 본래 양인이었다가 노비로 된 자를 조사하여 다시 양인으로 되돌아가게 한 것은 태조 이래의 공신, 또는 호족들의 세력을 약화시키고 국가의 수입 기반을 확대하기 위함이었다. 이어 중국 후주인 쌍기(雙冀)의 건의에 의해 과거제도를 실시하여 학문 성적에 따라 신진관리를 채용하는 원칙을 세웠다. 또한 관료제도의 질서를 세우기 위해 백관공복의 빛깔을 정하고, 국왕의 권위를 높이기 위해 광종 스스로 '황제'라 칭하고, 개경을 '황도(皇都)'로, 서경을 '서도(西都)'라 칭하였으며, 광덕(光德)·준풍(峻豊) 등의 독자적인 연호를 사용하였다. 이러한 개혁정치에 불만을 품은 개국공신세력에 대해 광종은 과감한 숙청을 단행하였다. 광종의 이러한 왕권 강화정책은 신·구세력의 세대교체를 이루었으며 왕권을 안정시키고 국가 기반을 확립할 수 있는 기반을 마련하였다.

광종대의 정치개혁은 경종(景宗, 975~981)대의 경제개편으로 이어져 전시과(田柴科)제도를 시행하였다. 이는 새로이 등장한 관료들의 경제 기반을 보장해 준 것이다.

성종(成宗, 981~997)대에 이르러 신라 6두품 출신의 유학자들이 국정을 주도하면서 한층 세련된 유교정치의 실현으로 나타났다. 이들 중 대표적 인물이 최승로(崔承老)였다. 그는 성종에게 시무28조를 올려 과도한 재정낭비를 가져오는 불교행사를 억제하고, 당·송의 관료제도를 모범으로 하는 3성·6부제도가 성립되었으며, 지방의 12목에 수령을 파견하고, 유교교육기관을 중앙과 지방에 설치하였다. 향리제도를 실시하여 향리(鄕吏)의 직제와 관계를 격하시켜 중앙의 문무관과 엄격하게 구별하였다. 향리의 자제가 교육을 받고, 과거를 통해 중앙의 관료로 진출하는 기회를 제공하였다. 이리하여 고려는 신라보다 한 차원 높은 귀족사회로 발전하였음을 알 수 있다.

【 정치제도와 군사조직 】

광종의 개혁도 경종이 즉위하자 반발이 일어나, 정치적으로 많은 혼란을 가져왔다. 성종 때에 와서 이러한 혼란을 되풀이하지 않기 위하여 새로운 사회질서의 필요성을 느끼게 되었다. 성종은 최승로가 올린 시무책에 의하여 유교정치사상에 입각한 중앙 및 지방관제를 비롯한 국가의 제도와 기구를 정비하여 중앙집권체제를 확립하였다.

후삼국을 통일한 고려는 신라와 태봉의 관제를 병용하고, 당의 제도를 일부 받아들여 성종 때에 이르러 크게 정비하였다. 고려의 중앙관제의 중심은 내사문하성(內史門下省 후에 中書門下省)과 상서성(尙書省)으로 문하시중(門下侍中)이 수상이었다. 상서성 밑에는 이 · 병 · 호 · 형 · 예 · 공의 6부를 두어 실제 행정을 담당하였다. 중서문하성(일명 宰府)은 최고 관부로서 2품 이상의 재신과, 3품 이하의 낭사(郎舍)로 구분하고, 재신은 국가의 정책을 결정하였고, 낭사는 정책을 건의하고 그 잘못을 비판하는 기능을 담당하였다. 특히 낭사는 시정(時政)의 득실을 논하고 관리의 잘못을 규탄하는 임무를 맡은 어사대(御史臺)와 함께 대간으로 칭하며 합동으로 왕의 잘못을 논하는 간쟁과 잘못된 왕명을 시행하지 않고 돌려보내는 봉박(封駁), 관리의 임면이나 법령의 개폐 등에 동의하는 서경권(署經權)을 가져 왕권을 제어하는 기능을 가졌다. 이들은 비록 지위는 낮았으나 왕이나 고위관리들의 활동을 지원하거나 제약하여 정치운영에 견제와 균형을 이루었다.

왕명의 출납과 군기(軍機)를 맡은 중추원(中樞院)은 중서문하성과 함께 양부, 또는 재추(宰樞)라 하였다. 재추의 고관이 모여 국가 중대사를 결정하는 도병마사(都兵馬使, 일명 宰樞會議)는 3국시대 이래의 의회정치의 전통을 계승하였다. 삼사(三司)는 화폐와 곡식의 출납에 대한 회계를 맡았다. 전체적으로 관리들의 기능이 신라시대보다 세분화되고 전문화되었다.

5도 양계지도

지방관제도 성종 2년(983)부터 정비되기 시작하여 12목을 두었으나, 현종 때에 개편되어 5도 양계로 나누고, 그 안에 3경 · 5도호부 · 8목을 위시하여 군 · 현 · 진 등을 설치하였다. 5도는 상설 행정기관이 없는 일반행정단위로서, 안찰사(按察使)가 파견되어 도내의 지방을 순찰하였다. 도에는 주와 군 · 현이 설치되고 지방관이 파견되었다. 북방의 국경지대에는 동계(東界) · 북계(北界)의 양계를 설치하여 병마사를 파견하고, 국방상의 요충지에는 진(鎭)을 설치하였다. 중앙에서 지방관이 파견되는 것은 군 · 현 · 진까지였다. 지방관이 파견되는 주현(主縣)보다 파견되지 않는 속현이 더 많았다. 속현과 향 · 부곡 · 소 등 특수행정구역은 지방관이 파견되는 주현을 통하여 간접적으로 중앙정부의 통제를 받고 있었다. 따라서 조세나 공물의 징수와 노역 징발 등 실제적인 행정사무는 향리들이 담당하였다. 향리는 나말려초의 지방호족이 공신이나 과거를 통하여 중앙에 진출하지 못한 토착세력으로서 향촌사회의 지배층이었기 때문에 중앙에서 일시적으로 파견된 지방관보다 영향력이 컸다. 이들 향리의 세력을 억제하기 위하여 그 지방 출신의 중앙관리를 사심관(事審官)으로 임명하기도 하고, 향리의 자제를 인질로 상경 숙위(宿衛)케 하는 기인제(其人制)를 실시하기도 하였다.

3경제도는 풍수지리설과 밀접한 관계가 있었다. 처음에는 개경 · 서경 · 동경(東京, 慶州)을 두었으나, 후에 동경 대신 남경(南京, 현 서울)으로 하였다.

군사제도는 후삼국 통일과정에서 크게 강화하였고, 중앙과 지방군으로 구성하였다. 중앙군은 2군 6위로 편성되었다. 2군은 국왕의 친위군인 응양군(鷹揚軍)과 용호군(龍虎軍)으로서 6위보다 우위에 있었다. 6위는 좌우위 · 신호위 · 흥위위 · 금오위 · 천우위 · 감문위로서 수도 개경의 수비는 물론 변방에 대한 방수의 임무와 경찰 · 의장 · 궁궐문의 수비 등을 맡았다. 2군 6위의 정 · 부지휘관으로서 상 · 대장군이 있고, 이들의 회의기관인 중방(重房)이 있었다. 중앙군은 전문적 직업군인으로서 군적에 올라 군인전을 지급받고, 그 역은 자손에게 세습되었으며, 군공을 세워 무신으로 신분을 상승시킬 수도 있었다. 그러나 이들이 노역에 시달리고 군인전도 제대로 지급받지 못하게 되자 몰락하거나 도망가는 사람이 많아져서 나중에는 일반 농민 군인으로 채워지기도 하였다. 군적에 오르지 못한 일반 농민으로 16세 이상의 장정들은 지방군으로 조직되었다. 지방군은 국경지방인 양계에 주둔하는 주진군(州鎭軍)과 5도의 일반 군현에 주둔하는 주현군(州縣軍)으로 이루어졌다. 주진군은 상비군으로서 좌군 · 우군 · 초군(抄軍)으로서 국경수비를 전담하는 둔전병(屯田兵)적인 성격이었다. 주현군은 보승(保勝) · 정용(精勇) · 일품군(一品軍)으로서 지방관의 지휘를 받았다. 보승 · 정용은 치안 · 방수의 임무를 지니고, 일품군은 일종의 노동부대였다.

【경제제도】

고려시대 경제의 토대가 되는 것은 농업이었다. 토지는 가장 중요한 농업생산의 기반이었다. 고려 토지제도의 근간은 전시과(田柴科)였다. 고려는 신라 말기의 문란한 수취체제를 정비하고 토지대장을 작성하고 이를 근거로 조세 · 공물 · 부역 등을 부과하였다. 고려는 국가에 봉사하는 대가로 관리에게 토지를 나누어주는 제도를 운영하였다. 일찍이 태조는 공을 세운 사람들에게 역분전(役分田)을 나누어주었다. 경종 원년(976)에 공복제도와 역분전제도를 토대로 전시과를 만들었다. 목종 원년(998)에 성종 때의 관제를 기준으로 관직의 고하에 따라 18과로 구분하여 곡물을 재배할 수 있는 전지와 땔감을 얻을 수 있는 시지(柴地)를 나누어주는 일원적인 제도가 성립되었으며 문종 때에 더욱 정비되었다. 이때 지급된 토지는 수조권(收租權)만 갖는 토지였다. 토지를 받은 자가 죽거나 관직에서 물러날 때에는 토지를 국가에 반납하도록 하였다. 군인에게는 군인전을 주었고, 하급관리나 군인들의 유가족에게는 구분전(口分田)을 주었으며, 관리의 신분으로 보직을 얻지 못한 자에게는 한인전(閑人田)을 주었다. 이외에 5품 이상의 관리에게 공음전(功蔭田)이라는 일정한 토지를 주었고, 공신전과 같이 이를 자손에게 세습할 수 있었다. 이 밖에 궁성에 소속되어 있는 내장전(內莊田)은 왕실의 사유지와 같았으며, 관청의 경비 조달을 위한 공해전(公廨田), 사원의 소유지 사원전이 있었다.

전시과로 지급하는 과전(科田)은 그 조가 관리 개인에게 돌아가기는 하지만, 국가에서 조를 거둬 주고 죽으면 국가에 바쳐야 하는 토지였으므로, 이를 국유지라 할 수 있다. 이에 대해서 공음전은 이를 세습할 수 있으며, 조도 직접 거둬들일 수 있어서 사유지적 성격이 짙은 것으로 영업전(永業田)이라 하였다. 영업전에는 외역전(外役田)이나 군인전도 역의 대가로 받는 것이었으므로, 역이 세습되는 것과 마찬가지로 이들 토지도 세습되었다.

수조권이 국가나 관청에 있는 토지는 공전, 개인이나 사원에 있는 토지는 사전(私田)이라 하였다. 농민들이 공전을 경작하였을 경우, 수확량의 4분의 1을 국가에 바치고, 사전의 경우 반을 전주에게 바쳤다. 조세 외에 공납이라 하여 모시, 베 등 지방 특산물을 바치게 하고, 또 16세 이상 60세 이하의 평민 남자는 요역의 일부를 졌다.

【 교육과 과거제도 】

고려 건국 후 신라 계통의 학자들을 등용하고, 개경과 서경에 학교를 세웠다. 성종 초에는 지방 관리의 자제들을 서울에 오게 하여 학문을 장려하였으나, 후에 지방 12목에 경학박사(經學博士)와 의학박사 1인씩을 보내어 가르치다가 11년(992)에 국립대학인 국자감(國子監)을 창설하였다. 인종 때에 경사(京師) 6학이라 국자학(國子學) · 태학(太學) · 사문학(四門學) · 율학 · 산학 · 서학이 정비되었다. 국자학 · 태학 · 사문학은 5경과 『효경』 · 『논어』 등 경학을 주로 배우는 곳으로, 학과목은 같았지만 국자학은 문무관 3품 이상, 태학은 5품 이상, 사문학은 7품 이상의 자제에게 각각 입학자격이 주어졌다. 율학 · 산학 · 서학 등의 기술학 부문에는 8품 이하의 관리자제와 서민이 입학하였다. 이러한 입학자격의 규정은 고려 귀족사회의 일면을 말하여 주는 것이다. 인종 5년(1127)에는 각 주에 향학(鄕學)이라는 학교를 세워 지방교육기관으로 삼았다.

고려는 불교를 숭상하면서도 교육은 국가의 유학장려정책에 따라 실시하였다. 불교는 신앙으로, 유교는 정치이념으로 삼아 유 · 불이 서로 대립하지 않고 조화를 이루었던 것이다. 이에 따라 저명한 유학자가 배출되고, 이들이 다시 사립학교를 세워 교육인구는 확산되었다. 문종 때에 해동공자(海東孔子)라 일컬어지는 최충(崔冲)이 9개의 전문강좌로 나누어 강의하는 9재학당을 만들어 이를 최공도(崔公徒, 또는 文憲公徒)라 하여 사학의 기초가 되었다. 최공도를 비롯하여 12개의 사학을 12도라고 불렀다. 이들 사학 출신이 과거에 많이 급제하여 당시 관학인 국자감의 교육을 압도하고 있었다.

예종은 관학의 부진을 우려하여 관학진흥을 꾀하였다. 최충의 9재를 모방하여 국자감에 7재의 전문강좌를 두어 전문 분야의 탁월한 학자로 하여금 맡도록 하였다. 또 양현고(養賢庫)라는 장학재단을 설치하고, 궁성 안에 청연각(淸燕閣) · 보문각(普文閣)이라는 학문연구소를 두어 경사(經史)를 연구하게 하였다. 예종을 이어 인종도 경사6학을 두어 관학을 정비하였다.

교육의 장려는 과거제도와 밀접한 관련이 있었다. 광종이 후주인 쌍기(雙冀)의 건의에 따라 실시한 과거제도는 고려 전시기를 통하여 관리를 선발하는 통로가 되었다. 심지어 무신집권기간에도 문신관리를 선발하는 과거는 그치지 않고 실시하였다. 과거는 시 · 부 · 송 · 책 등 문학적 재능을 시험하는 제술업(製述業), 서 · 역 · 시 · 춘추 등의 유교경전에 대한 이해능력을 시험하는 명경업(明經業), 법률 · 역학 · 천문 · 지리 등 실용기술학을 시험하는 잡학이 있었다. 이중 제술업이 가장 중시되어 고려 일대에 6천여 명이나 선발하여 고급관료로 진출하였고, 명경업은 겨우 450명을 선발하는 것으로 조선시대의 소과와 유사하였다. 무과는 고려에서는 실시하지 않은 것으로 볼 수 있다. 과거의 시험관인 지공거(知貢擧)는 명망있는 인물이 임명되었으며, 좌주(座主)라고도 하여 선발된 급제자와 좌주, 문생(門生)의 인연을 맺어 사회에서도 이어나갔다.

고려시대에는 양인이면 누구나 수험자격을 가지고 있었다. 그러나 천민이나 승려의 자식은 응시할 수가 없었다. 실제로는 관리의 자제나 향리의 자제가 제술업[진사과]이나 명경업에 응시하고, 평민은 잡업으로 나가는 것이 일반적이었다.

과거를 통한 관리의 등용은 신분을 중시하던 고대사회와는 달리, 유교적 소양을 갖춘 인재를 등용하였다는 점에서 능력이 중시되었음을 뜻한다. 고려의 과거제도는 관리등용에 있어서 절대적인 것이 아니었다. 음서제도라는 5품 이상 관리의 자손에게 관직을 허락하여, 많은 인물이 혜택을 받아 관리가 되었다. 이것이 고려사회가 귀족적 특성을 지니고 있음을 알려주는 것이라 할 수 있다.

제3절 대외관계의 전개

【 거란의 침입과 격퇴 】

거란은 몽고족의 일파로 10세기 초에 통일세력을 형성하고 발해를 멸하였다(926). 태조 25년(942) 거란이 사신을 보내어 낙타 50필을 바치면서 교섭을 벌여왔으나 태조는 "거란은 발해와의 구맹을 저버리고 하루아침에 발해를 쳐서 멸망시킨 무도한 나라이므로 교류할 수 없다."고 말하면서 사신 30인을 섬으로 유배하고, 낙타는 만부교(萬夫橋) 다리 밑에 매어 굶어 죽게 하는 등 강경조치를 취하였다. 그리고 발해의 유민을 받아들이고 북진정책을 강행하여 청천강까지 국경을 확장하였다. 그리고 중원에서는 송이 건국되어 천하를 통일하고 고려는 일방적인 친송정책을 실시하여 거란과는 대립을 면치 못하게 되었다. 거란은 송을 공격하기에 앞서 송과 연결한 정안국(定安國)을 토벌하고 고려와의 관계를 개선하려 하였다. 고려에서는 이를 받아들이지 않고 오히려 북진정책을 강력하게 추진하자, 거란은 먼저 정안국을 정복한 다음 고려에 여러 번 침입해왔다.

처음에 거란은 소손녕(蕭遜寧)으로 하여금 80만 대군으로 쳐들어왔다(993). 거란은 고려가 차지하고 있던 고구려의 옛 땅을 내놓을 것과 송과의 교류를 끊고 자신들과 교류할 것을 요구하였다. 고려는 청천강에서 거란의 침략을 저지하는 한편, 서희(徐熙)가 거란과 협상에 나섰다. 송과의 대립으로 고려에만 전력할 수 없었던 거란은, 고려가 고구려의 후계자라는 서희의 주장을 부인할 수 없었고, 여진의 땅을 차지하여 통로가 열리게 되면 거란과 통교하겠다는 고려의 약속에 만족할 수밖에 없었다. 거란으로부터 고구려의 후계자임을 인정받고 압록강 동쪽의 강동 6주를 확보하는 한편, 거란과 교류할 것을 약속하였다. 서희의 외교적 성공은 이러한 국제정세와 고려의 역사적 위상에 대한 정당한 인식에서 나온 것이라 할 수 있다.

거란군이 퇴각한 뒤 고려는 송과 친선관계를 계속 유지하면서 거란과 교류하지 않았다. 이에 거란은 강조(康兆)가 목종을 폐하고 김치양(金致陽) 일당을 멸한 뒤 현종(顯宗)을 옹립하는 정변을 일으킨 것을 트집잡고 강동 6주의 반환을 요구하면서 거란 성종(聖宗) 자신이 40만 대군으로 다시 침입해 왔다(1010). 강조가 지나치게 적을 경시하여 패배하고 포로가 되었으나 거란 성종에게 끝내 신하라 칭하길 거절하고 장렬한 죽음을 택하였다. 개경이 함락되고 현종은 나주까지 피난하는 어려움을 겪기도 하였으나, 거란군의 뒤에서 양규(楊規)가 선전하였다. 이에 거란군은 퇴로가 차단될 것을 두려워하여 현종의 입조를 약속하는 강화 후에 물러갔다. 고려가 현종의 입조를 실현하지도 않고, 강동 6주의 반환에도 응하지 않자 여러 차례 소규모의 침입을 시도하던 거란은 다시 소배압(蕭排押)의 10만의 대군이 세 번째 쳐들어왔다(1018). 개경 부근까지 침입해온 거란은 도처에서 고려군의 저항을 받고 퇴각하던 중 귀주(龜州)에서 강감찬(姜邯贊) · 강민첨(姜民瞻)이 지휘하는 고려군에게 섬멸되었다. 이때 살아서 돌아간 거란의 군사가 수천에 불과할 정도였다. 이를 귀주대첩이라 한다.

고려가 거란의 계속되는 침략을 막아내자 거란은 더 이상 고려를 침략할 수 없었고, 송을 침입할 수도 없었다. 결국 고려가 거란과 싸워서 승리함으로써, 고려 · 송 · 거란 사이에는 세력의 균형이 유지될 수 있었다. 전쟁이 끝난 뒤에 고려는 국방을 강화하는데 더욱 노력하였다. 강감찬의 주장으로 개경에 나성(羅城)을 쌓아 도성 수비를 강화하였고, 북쪽 국경 압록강 어귀에서 동해안의 도련포에 이르는 천리장성을 쌓아 거란은 물론 여진의 침입까지 방어하려 하였다.

고려는 송과의 외교를 지속하였다. 송의 높은 문화 수준과 경제적 발전은 고려의 욕구를 충족시킬 수 있었다. 거란의 강한 군사적 위협에 직면한 송으로서는 고려와의 긴밀한 외교관계를 유지하지 않으면 안되었다. 11세기에서 12세기 전반기에 이르는 150년 간은 고려의 경제적·문화적 전성기로서 송과의 외교가 크게 기여하였다. 송과의 교류는 사신들에 의하여 이루어지기도 했지만 상인과 승려들의 활약도 컸다. 예성강 입구의 벽란도(碧瀾渡)는 국제무역항으로서 이름이 높아 중국 양자강 입구의 항주(杭州)를 통해 송과 교류하였다.

【 여진정벌과 9성 개척 】

여진(女眞)은 말갈(靺鞨)이라 부르던 민족으로 고구려, 발해에 복속되어 있었다. 발해가 멸망한 뒤에는 여진으로 불리면서 발해의 옛 땅에서 반독립적 상태로 세력을 유지하고 있었다. 고려는 두만강 연안의 여진을 경제적으로 도와주면서 회유·동화정책을 펴서 이들을 포섭해 나갔다. 그러나 12세기 초 만주 하얼빈 지방에서 일어난 완옌부의 추장이 여진족을 통합하면서 정주까지 남하하여 고려와 충돌을 빚게 되었다.

여진과의 1차 접촉에서 패한 고려는 기병 중심의 여진족을 보병만으로 상대하기 어렵다는 것을 깨닫고, 윤관(尹瓘)의 건의에 따라 기병을 보강한 기병(신기군神騎軍)·보병(신보군神步軍)·승려군(항마군降魔軍)으로 편성된 특수 부대인 별무반(別武班)으로 여진정벌을 준비하였다. 윤관은 별무반을 이끌고 천리장성을 넘어 여진족을 북방으로 몰아내(1107), 동북 지방에 9성을 쌓아 방어하였다.

그러나 근거지를 잃은 여진족의 계속된 침입과 9성 수비에 어려움을 겪던 고려는, 다시는 침략하지 않고 해마다 조공을 바치겠다는 여진족의 조건을 수락하고 1년 만에 9성을 돌려주었다. 고려도 서북쪽의 거란족과 대치하는 상황에서 여진 방어에만 힘쓸 수 없기 때문에 여진의 조건을 받아들였다.

그 후 여진족은 더욱 강성해져 만주 일대를 장악하여 국호를 금(金)이라 하고(1115), 여세를 몰아 거란을 멸한(1125) 뒤 고려에 군신관계를 맺자고 압력을 가해 왔다. 고려는 그들의 사대 요구를 둘러싸고 정치적 분쟁을 겪기도 했지만, 현실적으로 금과 무력 충돌을 하기 어려운 점을 고려하여 결국 금의 요구를 받아들였다. 당시 집권자인 이자겸은 정권유지를 위하여 금과 평화관계를 유지하는 것이 유리하다고 판단하였던 것이다.

제4절 귀족문화의 발달

【 유학의 발달 】

고려시대에는 통일신라나 후의 조선시대와는 달리 유교와 불교가 조화롭게 발달하였다. 유교는 정치와 관련한 치국의 도로서, 불교는 신앙생활과 관련한 수신의 도로서 서로 보완하는 기능을 수행하면서 유교문화와 불교문화가 대립하지 않고 함께 발전할 수 있었다. 초기에는 유교주의적 정치와 교육의 기틀이 마련되었다. 태조 때에는 신라 6두품 계통의 유학자들이 활약하였고, 광종 때에는 과거제도가 실시되어 유학에 능숙한 관료들이 등용되었

청자

다. 성종 때에는 유교 정치사상이 확고하게 정립되고, 유학교육기관이 정비되었다.

이 시기의 대표적 유학자가 최승로였다. 그는 시무 28조를 올려 유교사상을 치국의 근본으로 삼아 사회개혁과 새로운 문화의 창조를 추구하였다. 그러므로 그의 유교사상은 자주적이고 주체적인 특성을 지녔다. 11세기 초 현종 때에는 신라의 설총과 최치원을 문묘에서 제사지내도록 함으로써 신라 유학의 전통을 계승, 발전시키려는 뜻을 분명히 하였다.

고려 중기에는 문벌 귀족사회의 발달과 함께 유교사상도 점차 보수적으로 바뀌어갔다. 이 시기의 대표적 유학자가 최충(崔冲)과 김부식(金富軾)이었다. 최충은 해주 출신으로 문종 때에 정치와 교육에 크게 활약하여 해동공자라는 칭호를 들었으며, 고려 유학을 한 차원 높였다. 김부식은 신라 계통의 학자로서 인종 때에 활약하여 고려 중기의 보수적이고 현실적인 유학을 대표하였다. 이 시기의 유학은 시문을 중시하는 귀족 취향의 경향이 강하였고, 유교경전에 대한 전문적 이해가 깊어져 유교문화는 한층 성숙되었다.

【 문학과 역사학의 발달 】

고려시대의 문학은 광종 이후로 과거제가 실시되면서 제술과와 관련된 한문학이 발달하였다. 더욱이 성종 이후는 문치주의가 극성하면서 관리들에게 매달 시를 지어 바치게 하는 문신월과법(文臣月課法)이 시행되기도 하고, 학생들에게 시간을 정하고 시를 지어 문재를 겨루게 하는 각촉부시(刻燭賦詩)도 자주 시행되었다. 그 결과 한시를 짓는 것은 관료들의 필수교양으로 인식되고 우수한 시인들이 배출되었다. 그 중에서도 이름 높은 이는 박인량(朴寅亮) · 정습명(鄭襲明) · 정지상(鄭知常) · 김부식 등이 있었다.

한편 신라시대부터 내려오던 향가의 여맥이 이어져 균여(均如)의 「보현십원가(普賢十願歌)」 11수가 전하고 있다. 현종 때 현화사(玄化寺)의 낙성식에서 문신들에게 한시와 더불어 향가를 짓게 한 것도 그때까지 향가의 전통이 이어져 왔음을 보여준다. 예종이 개국공신 두 장수를 추모하여 지은 「도이장가(悼二將歌)」나 정서(鄭敍)의 「정과정곡(鄭瓜亭曲)」 같은 단가는 향가의 잔영이라 할 수 있다.

고려는 건국 초기부터 유학이 발달하고 유교적인 역사 서술체계가 확립되어 많은 역사서가 편찬되었다. 국초부터 왕조실록이 편찬되었으나, 거란의 침입으로 불타버렸다. 이에 현종 때 태조부터 목종에 이르는 7대 실록을 편찬하기 시작하여 덕종 때 완성하였으나 고려 왕조의 실록은 오늘날 전하지 않는다.

인종 때에 김부식 등이 왕명을 받아 『삼국사기(三國史記)』를 기전체(紀傳體)로 편찬하였다. 『삼국사기』는 현존하는 우리나라 최고의 역사서로서, 고려 초에 쓰여진 『구삼국사(舊三國史)』를 기본으로 유교적 도덕정치와 합리주의적 세계관을 지향하면서 국가적 주체성을 확립하려고 한 역사의식은 고려 중기 유학 수준을 보여주는 것이다. 고려는 건국 초부터 고구려 계승의식을 뚜렷하게 표방하였으나, 중기에 이르러 신라 계승의식이 더 많이 반영된 것으로 여겨지고 있다.

【 불교의 발달 】

태조는 훈요십조에서 국가의 대업을 이룬 것이 불교의 힘이라 믿고 불교를 숭상하고 연등회(煙燈會)와 팔관회(八關會)를 개최하라는 지침을 제시하였다. 국초부터 국가의 지원을 받은 불교는 국교시 되었다. 태조는 호족 출신으로 선종계통의 불교와 깊은 인연을 맺었다. 승려의 비문을 지어주기도 하고, 이엄(利嚴)에게는 선종의 한 종파인 해주 광조사의 수미산파(須彌山派)를 개창하도록 지원하였다. 그러나 태조를 계승한 후손들은 선종보다는 교종에 관심을 가지게 되었다. 광종은 왕권 강화를 위해서도 화엄종을 중심으로 여러 종파를 정리하고, 난립된 선종의 여러 계파를 법안종(法眼宗)을 중심으로 정리하고자 하였다. 광종은 또한 제관(諦觀)과 의통(義通)을 남중국에 파견하여 천태학(天台學)을 전하게 하였다.

개경에는 홍왕사나 현화사와 같은 왕실이나 귀족의 후원을 받는 큰 사원이 세워지고 번창하였다. 문종의 아들 대각국사 의천(義天)은 교단 통합운동을 벌였다. 그는 송나라에 유학하고 홍왕사를 근거지로 삼아 화엄종을 중심으로 교종을 통합하려 하였으며, 선종을 통합하기 위하여 국청사(國淸寺)를 창건하여 해동천태종을 창시하였다. 이를 뒷받침할 사상적 바탕으로 의천은 이론의 연마와 실천을 강조하는 교관겸수(教觀兼修)를 제창하였다. 고려시대에는 불교가 유교와 대립하지 않고 서로 신앙과 정치적 이념이라는 각자의 분야를 담당하여 융화하고 발전하였다. 승려의 수준을 높이고 아무나 승려가 되는 것을 막고자 시험에 의하여 교종과 선종의 승려를 뽑는 승과제도가 시행되고, 승려에게 법계를 주는 것도 고려 불교의 특색이다. 법계 중에서 가장 높은 것은 교종의 승통(僧統)과 선종의 대선사(大禪師)였다. 승통과 대선사 위에는 왕사(王師)와 국사(國師)가 있어 왕과 왕실의 고문이 되었다.

불교는 국가로부터 많은 특혜를 받았다. 사원전을 지급 받아 면세의 혜택과 노비를 소유하고 수공업품을 제조하기도 하고, 불보(佛寶) · 장생고(長生庫) 등의 고리대사업에도 참여하여 국가경제에도 막대한 비중을 차지하였다. 승병을 소유하여 때로는 국난을 극복하기도 하였고 때로는 권력투쟁에 관여하여 여러 가지 폐단을 낳기도 하였다.

【 도교와 풍수지리설 】

고려시대에는 민간신앙으로 도교가 성행하였다. 불로장생과 현세의 구복을 추구하는 것을 특징으로 하는 도교는 여러 가지 신을 모시면서 재앙을 물리치고 복을 빌며 나라의 안녕과 왕실의 번영을 기원하였다. 이를 위하여 국가적인 도교행사가 자주 베풀어졌고, 궁중에서는 하늘에 제사지내는 초제(醮祭)가 성행하였다. 예종 때 도교사원이 처음 건립되었고, 이곳을 비롯한 여러 곳에서 하늘과 별들에 제사를 지내는 도교행사가 개최되었다. 도교는 교단도 성립하지 못하여 민간신앙으로 전개되었으며, 국가적으로 이름난 명산대천에 제사지내는 팔관회는 도교와 민간신앙 및 불교가 어우러진 행사였다.

신라 말에 유행하기 시작한 풍수지리설은 도선(道詵)이 왕건이 왕이 될 것을 예언했다하여 태조가 선각국사(先覺國師)의 칭호를 주고 후손에게 그의 설을 받아들이도록 하였다. 풍수지리설은 점차 도참설(圖讖說)로 발전하여 고려시대에 크게 유행하였다. 고려 초기에는 개경과 서경이 명당이라는 설이 유포되어 서경천도와 북진정책 추진의 이론적 근거가 되었다. 이러한 풍수지리설은 개경세력과 서경세력의 정치적 투쟁에 이용되어 묘청(妙淸)의 서경천도운동의 이론적 근거가 되기도 하였다. 문종을 전후한 시기에는 새로이 한양 명당설이 대두되어 이곳을 남경으로 승격하고 궁궐을 지어 왕이 머무르기도 하였다.

第5절 귀족사회의 동요

【 고려의 신분제도 】

귀족사회의 신분제도는 시대에 따라 약간의 차이는 있었지만, 대략 귀족 · 중류 · 양민 ·

천민으로 구성되었다. 중류층은 새로이 등장한 신분층이었다. 고려시대에는 신분이 세습되는 것을 원칙으로 하고 있었지만, 한편 신분의 변동이 부단히 행해지고 있었다. 각 신분에는 그에 따른 역이 부과되었다. 지배 신분 안에서도 과거제도를 통하여 계층 이동이 이루어졌으며, 정치적 변동에 따라 신분이 변화하는 경우가 있었다. 이와 같은 현상은 신라시대에는 찾아볼 수 없는 것으로 고려 신분제도의 특징이라 할 수 있다.

【 귀족 】

고려 지배층을 이루는 것은 귀족이었다. 귀족세력은 왕족을 비롯하여 5품 이상의 고위 관료들이 주류를 형성하였다. 5품 이상의 귀족들은 음서의 혜택을 받아 자제가 과거를 거치지 않고도 관직에 나아가고, 과전이나 공음전 등의 혜택을 받아 경제적으로도 부를 축적하여 나갔다. 대대로 고위 관직을 차지하여 문벌귀족을 형성하였으며, 고려 사회를 이끌어 나갔다. 중앙집권적 체제인 고려 사회에서 귀족들은 개경에 거주하였는데, 그들 중에서 죄를 지은 자가 있으면 형벌로 귀향을 시키기도 하였다. 중앙관직에 진출한 가문은 귀족으로 자리잡기 위하여 관직을 바탕으로 토지 소유를 확대하는 등 재산을 모았고, 유력 가문과 중첩된 혼인관계를 맺었다. 귀족들이 사돈맺기를 가장 원하는 집안은 왕실이었다. 왕실의 외척이 되는 것은 가문의 영광일 뿐 아니라, 권력을 장악할 수 있는 지름길로 여겼으므로 여러 딸을 동시에 왕비로 들이는 경우도 있었다.

지방향리의 자제들도 과거를 통하여 벼슬에 나아가 신진관료가 됨으로써 어렵게 귀족의 대열에 들 수가 있었다. 반대로 중앙귀족에서 낙향하여 향리로 전락하는 경우도 있었다. 무신정변을 계기로 귀족층의 변화가 일어났다. 종래의 문벌귀족들이 약화되면서 무신들이 권력을 잡았다. 이후 무신정권이 붕괴되면서 등장한 지배귀족은 권문세족이었다. 이들은 고려 후기에 정계의 요직을 장악하고 농장을 소유한 최고 권력층이었으며, 가문의 힘을 이용하여 음서로써 신분을 세습시켜 갔다. 이들은 강과 하천을 경계로 삼을 만큼 대규모의 농장을 소유하고도 국가에 세금을 내지 않았으며, 또한 몰락한 농민들을 농장으로 끌어들여 노비처럼 부리며 부를 축적하였다.

고려 후기에는 향리 출신들이 과거 시험에 합격한 후 관계에 진출한 사람이 많았는데 이들을 신진사대부(新進士大夫)라 부른다. 이들은 국가재정이 어려워지고 전시과의 붕괴로 과전을 받지 못하게 되자, 사전의 폐단을 지적하면서 권문세족과 대립하게 되었다. 고려 말에 신진사대부들은 권문세족으로 대표되는 구질서와 여러 가지 모순을 비판하면서 전반적인 사회개혁과 문화혁신을 추구하였다.

【중류층】

고려 사회는 지배층과 피지배층 사이에 중류층이 자리잡고 있었다. 이들은 지배기구의 말단 행정직으로 존재하였는데, 중앙관청의 말단 서리인 잡류, 궁중 실무관리인 남반(南班), 지방행정의 실무를 담당한 향리, 직업군인으로 하급장교인 군반(軍班), 지방의 역을 관리하는 역리(驛吏) 등이 있었다. 중류층은 후삼국의 혼란을 거쳐 고려의 지배체제가 정비되는 과정에서 통치체제의 하부구조를 맡아 중간 역할을 담당하는 집단으로 자리를 잡아갔다. 이들은 직역(職役)을 세습적으로 물려받았고, 그에 상응하는 토지를 국가로부터 받았다.

각 지방의 호족 출신은 향리로 편제되어 갔다. 상급 향리에 해당하는 호장(戶長), 부호장(副戶長)을 대대로 배출한 가문은 지방의 실질적 지배층으로 통혼 관계나 과거 응시자격에 있어서도 하위의 향리와는 구별되었다. 이들은 과거를 통하여 중앙귀족으로 진출할 수 있었다.

【양민】

백성의 대부분을 이루는 양민은 주·부·군·현에 거주하며 농업이나 상공업에 종사하는 사람들을 말하는데, 농사에 종사는 농민이 주류를 이루었다. 이들은 조세, 공납, 역을 부담하였다. 양민들은 명경과와 잡과에 응시할 수 있는 자격이 부여되었다. 양민의 대다수는 농민들로서 이들을 백정(白丁)이라고도 한다. 이들은 자기 조상으로부터 물려받거나 개간 등을 통해 토지를 소유할 수 있었다. 토지를 소유하지 못한 백정 농민층은 사유지나 국·공유지 등의 각종 토지를 빌려 경작하였고, 그럴 경우 일정량의 소작료를 주인에게 납부하였다.

수공업이나 상업에 종사하는 자는 농민에 비해 지위가 떨어지고 출세의 제약이 더 컸다. 향, 소, 부곡과 같은 특수 행정구역에 사는 백성은 조세 부담에 있어서 군현민보다 더 많은 세금 부담을 지고 있었다. 거주하는 곳도 소속 집단 내로 제한되어 다른 지역으로 이주하는 것이 원칙적으로 금지되었다. 일반 군현민들이 반란을 일으킨 경우에는 집단적으로 차별하여 군현을 부곡(部曲) 등으로 강등하기도 하였다. 향이나 부곡에 거주하는 사람들은 농업을, 소(所)에 거주하는 사람들은 수공업이나 광업품의 생산을 주된 생업으로 하였다. 이 밖에 역과 진의 주민은 각각 육로 교통과 수로 교통에 종사하였다. 고려 후기 이후 특수 행정구역은 일반 군현으로 바뀌어갔다. 흉년이나 재해 등으로 어려움을 겪는 백성의 생활을 안정시키기 위하여 국가는 의창과 상평창을 설치하고 여러 가지 사회 복지 시책을 실시하였다.

【 천민 】

천민의 대다수는 노비였다. 노비는 공공 기관에 속하는 공노비와 사원에 예속된 사노비가 있었다. 공노비에는 궁중과 중앙관청이나 지방관아에서 잡역에 종사하면서 급료를 받고 생활하는 입역(入役)노비와 지방에 거주하면서 농업에 종사하는 외거노비(外居奴婢)가 있었다. 외거노비는 농경을 하여 얻은 수입 중 규정된 액수를 관청에 납부하였다.

사노비는 솔거노비(率居奴婢)와 외거노비로 구분하였다. 솔거노비는 귀족이나 사원에서 직접 부리는 노비로 주인의 집에서 살면서 잡일을 돌보았으며, 외거노비는 주인과 따로 사는 노비로서 주로 농업 등의 일에 종사하고 일정량의 신공(身貢)을 바쳤다.

특히 외거노비는 주인의 토지뿐만 아니라 다른 사람의 토지도 소작할 수 있어서 노력에 따라서는 경제적으로 여유를 얻을 수 있었으며, 자신의 토지도 소유할 수 있었다. 이처럼 외거노비는 비록 신분적으로는 주인에게 예속되어 있었으나, 경제적으로는 양민 백정과 비슷하게 독립된 경제 생활을 영위할 수 있었다. 그리하여 외거노비 가운데에는 신분의 제약을 딛고 지위를 높인 사람이나 농업에 종사하면서 재산을 늘린 사람도 있었다. 무신집권시대 또는 원의 간섭기에 노비로서 관직에 진출한 자도 있었다. 원래 노비는 재산으로 간주되어 국가로부터 엄격히 관리되었다. 매매, 증여, 상속의 방법을 통하여 주인에게 예속되어 인격적 대우를 받지 못하였다. 귀족들은 재산으로 간주된 노비를 늘리기 위하여 부모 중의 한쪽이 노비이면 그 자식도 노비가 되게 하였다.

【 문벌귀족사회의 성립 】

성종 이후 중앙집권적인 국가체제가 확립됨에 따라 중앙에서 새로운 지배층이 형성되어 갔다. 이들은 지방 호족 출신으로 중앙관료가 된 계열과 신라 6두품 계통의 유학자들이었다. 이들 중 여러 세대에 걸쳐 중앙에서 고위 관직자들을 배출한 가문을 문벌귀족이라 부른다. 문벌귀족은 과거와 음서를 통하여 관직을 독점하고, 중서문하성과 중추원의 재상이 되어 정국을 주도해 나갔다. 이들은 관직에 따라 과전을 받고, 또 자손에게 세습이 허용되는 공음전의 혜택을 받았을 뿐 아니라, 권력을 이용하여 불법적으로 개인이나 국가의 토지를 차지하여 정치 권력과 함께 경제력까지 거의 독점하였다. 그러므로 고려를 골품제사회나 관료사회가 아닌 귀족사회라 할 수 있다.

한편 이들은 비슷한 부류들끼리 혼인관계를 맺어 권력을 더욱 단단하게 장악하였다. 특히 왕실과 혼인관계를 맺어 외척으로서의 지위를 이용하여 정권을 장악하기도 하였다. 이러한 존재로서 대표적인 가문이 김은부(金殷傅)의 안산 김씨와 이자연(李子淵)의 인주 이씨였다.

이러한 문벌귀족의 성장에 따라 사회적 모순과 갈등이 나타나기 시작하였다. 과거를 통하여 진출한 지방 출신의 관리들 중 일부는 왕에게 밀착하여 왕권을 강화하고 보좌하는 측근 세력이 되어 문벌귀족과 대립하였다. 이자겸(李資謙)의 난과 묘청의 난은 이들 정치세력 간의 대립과 갈등이 표면으로 드러난 사건이었다.

【 이자겸의 난 】

안산 김씨는 김은부가 그의 세 딸을 현종의 왕비로 들인 이후 문종에 이르는 4대 50여 년 간 외척으로서 정권을 잡았다. 이후 11세기 이래 대표적인 문벌귀족인 인주 이씨(仁州, 慶源 李氏) 가문은 왕실의 외척이 되어 80여 년 간 정권을 잡았다. 인주 이씨는 이자연의 딸이 문종의 왕비가 되면서 정치권력을 장악하기 시작하였다. 이자연의 손자인 이자겸은 예종과 인종에게 딸을 바쳐 이중결혼을 하여 외척이 되어 집권하였다. 특히 이자겸은 예종의 측근 세력을 몰아내고 인종이 왕위에 오를 수 있게 하면서 그 세력이 막강해졌다. 이자겸 세력은 대내적으로 문벌 중심의 질서를 유지하고 대외적으로 금과 타협하는 정치적 성향을 보였다. 반면 왕의 측근 세력들은 왕을 중심으로 결집하면서 이자겸의 권력 독점에 반대하고 나섰다. 이에 이자겸은 반대파를 제거하고 척준경(拓俊京)과 함께 난을 일으켜 권력을 장악하였다. 그러나 이자겸이 척준경에 의하여 몰려나고, 척준경도 탄핵을 받고 축출됨으로써 이자겸 세력은 몰락하였다. 이자겸의 난은 중앙 지배층 사이의 분열을 드러냄으로써 문벌귀족사회의 붕괴를 촉진하는 계기가 되었다.

【 묘청의 서경천도운동 】

이자겸의 난 이후, 인종은 실추된 왕권을 회복하고 민생을 안정시키며 국방력을 강화하기 위한 정치개혁을 추진하였다. 이 과정에서 김부식을 중심으로 한 보수적 관리들과 묘청, 정지상을 중심으로 한 지방 출신의 개혁적 관리들 사이에 대립이 벌어졌다. 묘청 세력은 이자겸의 난을 계기로 실추된 왕권을 일으키고 민생을 안정시킨다는 명목으로 풍수지리설을 내세워 서경으로 도읍을 옮겨, 보수적인 개경의 문벌귀족세력을 누르고 왕권을 강화하면서 자주적인 혁신정치를 시행하려 하였다. 이들은 서경에 대화궁(大花宮)이라는 궁궐을 짓고, 황제를 칭하고, 금나라를 정벌하자고 주장하였다.

반면 김부식이 중심이 된 개경 귀족세력은 유교이념에 충실함으로써 사회질서를 확립하자고 주장하였다. 이들은 민생 안정을 내세워 금과 사대관계를 맺었다. 결국 이러한 정치개혁과 대외관계에 대한 의견대립이 지역간의 갈등으로 확대되었던 것이다. 묘청 세력은 서경천도를 통한 정권장악이 어렵게 되자, 서경에서 나라 이름을 대위국(大爲國)이라 하고 연호를 천개(天開)라 하면서 난을 일으켰다(1135). 그러나 김부식이 이끈 관군의 공격으로 약 1년 만에 진압되고 말았다. 묘청의 서경천도운동은 문벌귀족사회 내부의 분열과 지역세력 간의 대립, 풍수지리설이 결부된 자주적 전통사상과 사대적 유교정치사상의 충돌, 고구려 계승이념에 대한 이견과 갈등 등이 얽혀 일어난 것으로 귀족사회 내부의 모순을 드러낸 것이다.

신채호 선생은 묘청의 난을 '조선역사상 일천년래 제일대사건'이라 하여 묘청의 진취적, 자주적 사상이 김부식의 보수적, 유교적인 사대사상에 패한 것으로 이후의 역사가 유교적 사대사상으로 기울게 된 크나큰 사건이었다고 하였다.

제6장 무인정권의 지배와 고려 후기 신흥사대부의 대두

제1절 무인정권의 성립

【무신의 반란】

고려 후기 무인정권의 성립으로 기존의 지배체제는 무너지고 사회질서의 일대 변화를 가져왔다. 무신의 반란은 고려 귀족사회의 내부 모순에서 일어났다. 즉 고려 귀족은 문신만으로 구성되었으며, 귀족 상호간의 분쟁은 문신가문의 몰락을 가져왔고, 귀족세력 간의 갈등은 집권체제를 이완시키는 결과를 가져왔다.

고려왕조의 정치체제는 문·무반의 구별 없이 법제적으로는 동일한 대우를 받게 되어 있었다. 즉 참상관(參上官) 이상에게는 시정(時政)을 올리게 하고, 5품 이상의 자손에게는 음서(蔭敍)의 자격을 주며, 국자감의 입학자격도 품계에 따라 구별하였으며, 녹봉·전시과·공음전시도 문·무반의 차별 없이 품계를 기준으로 동일한 대우를 받았다.

이러한 법제적인 양반체제에도 불구하고 실제로는 문·무반의 차별이 심하였다. 문반만이 귀족이 되어 정치권력을 독차지하고, 심지어는 강감찬(姜邯贊)·윤관(尹瓘)·김부식(金富軾)의 경우와 같이 군대를 지휘하는 병마권(兵馬權)까지 장악하였다. 따라서 무반은 귀족정권을 보호하는 호위병의 지위로 떨어졌다. 제도적으로도 무반은 정3품직인 상장군(上將軍)을 최고직으로 했고, 2품 이상의 재상직에는 올라갈 수 없었다. 이러한 실질적인 정치·경제·사회면의 커다란 차별대우는 무신반란의 직접적인 원인이 되었다.

또 무신의 반란에 적극적인 협조를 한 군인들의 불평·불만도 원인의 하나가 되었다. 이들은 평상시에도 공역(工役)에 동원되었으며, 심지어는 군인전(軍人田)도 제대로 지급받지 못하였다. 한편, 무신들에 대한 외면적인 멸시·천대에도 불구하고, 무신들의 실제적인 세력은 성장하고 있었으며, 비대해진 문신세력과 국왕 간의 권력에 대한 갈등과 마찰이 무신의 반란에 큰 영향을 끼쳤던 것이다.

결과적으로 무신의 반란은 문신중심의 정치를 구현해왔던 고려 전기사회를 붕괴시키는 결정적 계기가 되었으며, 고려사회는 무신의 반란으로 정권을 장악한 무신들에 의해 새로운 형태의 정권이 성립되었던 것이다.

일찍이 현종 5년(1014)에 최질(崔質) · 김훈(金訓) 등의 무신을 중심으로 한 정변이 있었다. 이는 경군(京軍)의 영업전(永業田)을 빼앗아 모자란 백관의 녹봉을 지급하고자 한 것에 반발하여 일어난 것이다. 그러나 이는 조직성이 없는 미숙한 정변으로 일시 무신이 문반직을 독점하였으나, 문신세력을 완전히 전복하지 못하고 5개월 만에 무너지고 말았다. 그 후 무신 정중부(鄭仲夫)가 문신 김돈중(金敦中)에게 촛불로 수염을 태우는 봉변을 당하는 일이 있었고, 대장군 이소응(李紹膺)은 한뢰(韓賴)에게 뺨을 맞는 수모를 입기도 하였다.

귀족정치의 모순에서 오는 문신들에 의한 무신의 천대는 유흥과 사치에 빠져 '태평호문(太平好文)'의 왕이라 불리던 의종(1146~1170) 때 극도에 달하였다. 의종 24년(1170) 8월 그믐날 왕은 문신들과 놀이를 마치고, 장단 보현원(普賢院)에 이르렀을 때, 장군 정중부, 산원 이의방(李義方) · 이고(李高) 등이 "무릇 문관을 쓴 자는 비록 서리(胥吏)라 할지라도 종자를 남기지 말라."는 외침으로 반란을 일으켰다. 이를 '경인란(庚寅亂)'이라 한다. 이들은 왕을 호종하던 김돈중과 한뢰 등 문신들을 거의 죽이고, 그날 밤 개성으로 돌아와 요직의 문신을 대량 학살하였다. 그러나 평소에 덕망이 있던 인물, 재상으로서 겸손하고 무신을 예우했던 인물, 정언(正言)으로 직언을 잘 했던 인물, 본래 무신가문에서 문신으로 출신하여 무신들과 사이가 좋았던 인물 등은 생존하였다. 무신의 반란은 군인들의 호응과 합류로 쉽게 성공할 수 있었다. 무신 반란세력은 의종을 폐하고, 그 아우 익양공(翼陽公)을 왕위에 옹립하니 곧 명종이다.

그 뒤 명종 3년(1173) 동북면병마사 김보당(金甫當)이 의종 복위운동을 일으켜 무신정권을 전복하고자 하였으나 실패하였다. 그리고 죽음에 임하여 "문신들치고 누가 이 꾀에 참여하지 않은 자가 있으랴?"라고 무고함에 따라 또다시 많은 문신들이 죽임을 당하였다. 이를 '계사란(癸巳亂)'이라 한다. 이때 "일체의 문신이 살육당하거나, 강물에 던져져 죽임을 당하였다."고 『고려사』는 기록하고 있다. 1174년에 서경유수 조위총(趙位寵)이 정중부정권 타도를 부르짖고 난을 일으켰으며, 1175년에는 귀법사(歸法寺)의 승도 2천여 명이 반란을 일으키는 등 무인정권 성립에 반동적인 정변이 계속 일어났다.

【 무신의 내분과 정권쟁탈 】

무인정권 성립에 중추적 역할을 한 것은 정중부 · 이의방 · 이고였다. 정변으로 정권을 장악한 무장들은 중방(重房)에 모여 정국의 안정을 꾀하였다. 그러면서 무신들은 일부 문신을 포섭하면서 고위 관직으로부터 지방 수령에 이르기까지 관직을 독차지하기에 이르렀다. 그런데 무신들은 무인정권 초기부터 정국 수습과정에 서로 갈등을 일으켰다. 이고는 문신들을 전원 학살할 것을 주장하였는데, 정중부는 이를 반대하여 문신의 학살을 중지시켰다. 또 대장군 한순(韓順)과 장군 한공(韓恭) 등이 이의방과 이고가 문신들을 함부로 학살한 것을 비방하다가 이의방에게 죽임을 당하였고, 장군 채원(蔡元) 또한 이의방에게 피살당하였다. 이러한 초기 무인들 사이의 갈등 속에서 문극겸(文克謙) 등은 무신들의 문신 포섭에 따라 무인정권의 인사행정에 참여하기도 하였다.

무신 사이의 정권쟁탈은 1171년 이의방이 이고를 죽이고 자기 딸을 태자비로 삼아 권세를 부리려다가 1174년 정중부 일파에게 제거되면서 정중부의 단독 정권으로 일단락되었다. 그러나 정중부도 명종 9년(1179) 청년 장군 경대승(慶大升)에게 피살되었다. 이러한 상황으로 무인들 사이에 불안감이 조성되는 분위기가 형성되었으며, 급기야 집권자의 신변보호를 위한 도방(都房) 체제가 등장하게 되었다. 1183년 경대승이 병으로 죽게 되자, 그를 꺼려 경주 지방에 근거지를 두고 있던 이의민(李義旼)이 상경하여 정권을 장악하였다. 천민출신의 이의민은 횡포를 심하게 부리다가 명종 26년(1196) 최충헌(崔忠獻) · 최충수(崔忠粹) 형제에게 살해되었다. 이렇게 무신란 이후 20여 년 간에 수많은 무신들이 명멸하였으며, 최충헌의 등장과 더불어 새로운 양상의 정권체제가 출현하였다.

【 최씨정권의 성립 】

최충헌은 무반 가문에서 태어나 조위총의 난을 진압하는데 공을 세우고, 이의민을 제거하면서 두각을 나타냈으며, 최충수 · 박진재 등 측근세력을 제거하면서 권력을 독점하기에 이르렀다.

최충헌이 구축한 강력한 독재체제는 무인정권의 안정을 가져왔으며, 정권을 자손에게 세습하므로 4대 62년 간의 최씨정권 성립을 보게 되었다. 즉 무인정권 제2기 또는 확립기라 할 수 있다. 최씨정권은 독자적인 무가집정부(武家執政府)로 일종의 막부(幕府) 형태인 교정도감(敎定都監)을 설치하고, 그 우두머리로 사병을 조직하여 권력기반을 확립하고 왕의 폐위를 자행하는 등 전형적인 무인정권 형태를 갖추었다.

최씨정권은 최충헌의 뒤를 이어 최우(崔瑀, 뒤에 崔怡로 개명)가 독재체제를 더욱 강화하였으며, 최항(崔沆)·최의(崔竩)로 이어졌다. 최우가 집권한 지 10년 만에 몽골의 계속적인 침입에 따라, 전쟁과 강화를 둘러싼 대립 갈등과 전쟁수행으로 본토의 사회·경제적 피폐는 최씨정권을 크게 약화시켰다. 게다가 마지막 집권자 최의는 어린 나이로 집권한데다가 어리석고 나약하여 어진 사람을 멀리하고 경박한 무리를 가까이 하였다. 따라서 간사한 무리들이 날뛰고, 참소가 성행하며, 뇌물과 횡령이 자행되었으며, 거듭되는 흉년에 적절한 대책을 세우지 못하고 민심을 크게 잃게 되었다.

한편 최씨정권은 문신에 대한 의식적인 견제는 없어지고 도리어 문신들을 중용하게 됨에 따라, 이들 문신들의 지위는 점차 격상되어갔다. 그리고 고려 전기 문벌귀족제 사회보다 더 많은 과거(科擧)의 시행과 문신들의 선발은 새로이 등장되는 문사(文士) 즉 사대부를 주체로 한 새로운 문화를 싹트게 하였다.

최충헌 집권기에는 사원세력을 억압하였다. 사원세력은 고려 전기부터 왕실과 문벌귀족세력을 비호하는 성격을 띠고 있었으며, 무신정권 초기에 무력을 가진 위협적인 세력이었다. 따라서 최충헌은 왕실로서 승려가 된 자들을 궁성에서 축출하기도 하였다. 그러나 최우 이후에는 민심을 수습하고 정권의 안정을 꾀하기 위하여 불교를 지원하고, 고려대장경의 조판과 조계종의 성립에도 기여한 바가 크다.

또한 최씨정권은 경제구조의 모순으로 야기된 농민과 노비의 봉기를 무력으로 탄압하였으며, 일면 향(鄕)·소(所)·부곡(部曲)을 현으로 승격시키는 등 회유책을 쓰기도 하였다.

제2절 민중세력의 봉기

무신정권 1세기 간의 정권에 대한 크고 작은 봉기는 70여 건이 된다. 이 가운데 지배계급으로부터의 수탈과 억압을 받아오던 농민과 천민 등 민중세력의 봉기는 일종의 계급투쟁적인 성격을 띠고 있어 사회사적으로 주목된다. 고려시대 민란은 무신정권 이전부터 있었지만, 무신정권이 들어서면서 전국적으로 규모가 확대되었다.

그 근본적인 원인은 중앙의 집권층과 결탁된 수령(守令)의 침학과 횡포에 있었고, 그것에 의한 농촌사회의 빈곤에 있었다. 수령의 기본임무는 민생들의 질고를 살피는 것, 관원과 향리의 능력을 살피는 것, 도적과 간교한 자를 살피는 것, 백성의 범죄를 살피는 것, 백성의 효제(孝悌)와 청결을 살피는 것, 향리의 전곡관리를 살피는 것 등으로 한마디로 백성을 편안하게 살게 하는 것이었다. 그러나 수령들이 수탈을 일삼게 되자 백성들은 헐벗고 유민이 되어 도적에서 나아가 반란을 일으키게 되었던 것이다. 거기에 권문세력들의 대토지소유는 농민의 토지를 빼앗은 결과로 국가재정의 빈곤을 가져와 세금의 부담은 가중될 수밖에 없었다.

뿐만 아니라 무신집권기에는 민중들의 신분의식이 상승되고 따라서 사회의식이 상승되었다. 공경대부(公卿大夫)가 될 수 있는 신분이 따로 있는 것이 아니고, 서인과 천민 누구나 왕후장상(王侯將相)이 될 수 있다는 인식 아래 아무나 정권을 잡아 천하를 호령할 수 있다는 인식이 보편화되었던 것이다. 아울러 무신들의 정권교체 과정에서 보여준 하극상의 풍조는 고조에 이르렀으며, 심지어 이의민과 같은 천민출신 집권자의 등장과 명종·희종이 폐위되고 신종·희종·강종·고종 등이 옹립되는 현상을 본 민중들의 신분해방의식은 더욱 고양되었던 것이다.

명종 2년(1172) 평안도 지방인 서계(西界)에서 지방관의 횡포에 분격하여 반란이 일어난 후, 조위총의 나머지 무리들이 농민과 어울려 묘향산을 근거로 수년 간 반란이 계속되었다. 또 1176년에는 공주 명학소(鳴鶴所)에서 망이(亡伊)·망소이(亡所伊)가 반란을 일으켜, 공주를 함락하고 청주·아산 일대를 점령하였는데, 개경으로의 북진은 실패하였다. 이어 명종 12년 전주의 군인과 관노의 반란이 있었고, 명종 23년에는 김사미(金沙彌)·효심(孝心)의 난이 일어나 경상도 운문(청도)과 초전(울산)으로부터 시작하여 밀성(밀양)에서 관군에게 패할 때 죽은 자가 7천 명에 이를 정도로 대규모로 나타났다. 이후 신종 때에도 강릉의 농민 반란군이 삼척·울진으로 이어져 경주 반란군과 합세하기도 하였으며, 진주에서는 노비 반란군이 일어나 합천 부곡 반란군과 합세하였다. 특히 신종 5년(1202)에는 동경(경주)에서 신라의 부흥을 외치며 반란이 일어나 운문·울진·초전 등의 반란군과 연합전선을 펴서 경상도 일대의 민란은 10여 년 이상 지속되었다.

여기서 신종 1년(1198)에 일어난 만적(萬積)의 난은 신분해방을 주장한 역사적인 사건으로 간주된다. 그는 개성 북산에서 공사 노비를 모아놓고 "왕후장상의 씨가 따로 있겠는가?

때가 오면 누구나 할 수 있는 것이다."라는 선동적 연설로 노비신분도 새로운 사회를 만들 수 있다는 계급투쟁적인 사회의식을 보여주었다.

제3절 최씨무인정권

【 사병의 양성 】

최씨정권의 실질적인 권력기반은 사병(私兵)조직이었다. 정중부의 정권 수립과정에서는 공병(公兵)이 동원되었지만, 역대 무인정권은 문객(門客)과 가동(家僮)을 무장시켜 자신의 신변 호위를 위한 사병으로 양성하였다. 사병 조직은 경대승(慶大升)이 도방(都房)을 조직하여 100명의 결사대를 조직함으로써 한 단계 발전하였다. 최충헌은 도방을 6번(番)으로 나누어 교대로 자기 집을 당직하게 하였고, 최항은 36번으로 확장함으로써 막대한 사병조직을 갖추었다. 따라서 관군조직은 유명무실해지고 사병조직이 실질적인 군사조직이 되었다. 또 최우는 기병부대로 마별초(馬別抄)를 조직하여 집권자의 위엄을 나타내는 의장병(儀仗兵) 구실을 하게 하였다.

최씨정권은 삼별초를 조직하여 무력기반으로 삼았다. 삼별초는 최우가 무인들의 일당인 악소배(惡少輩)들의 행패를 막고, 도적의 발호를 막기 위해 야별초(夜別抄)를 설치하면서 시작되었다. 야별초의 수가 늘어나 좌별초(左別抄)·우별초(右別抄)로 나누고, 여기에 몽골군에게 포로가 되었다가 도망쳐온 자들로 신의군(神義軍)을 편성함에 따라 삼별초가 되었다. 이들은 경찰·군대 등 국가의 공적 임무를 수행하였으나, 이는 6위의 관군이 유명무실해진 상태에서 이루어진 것으로 실제에 있어서는 역대 무인정권의 정변에 사적으로 동원되는 등 본질적으로는 사병이었다.

무인정권은 사병조직을 운영하기 위해서 막대한 경제적 기반이 필요했다. 따라서 문객과 가동을 동원하여 남의 토지를 탈취하고, 그 조세를 받아들이는 등 대토지를 소유하였다. 최씨는 진주 지방을 식읍으로 운영하였고, 몽골의 침입으로 고려대장경을 조판할 때 가까운 남해에 분사대장도감(分司大藏都監)을 두어 필요한 물자를 제공하기도 하였다.

【 최씨정권의 지배기구 】

최씨정권의 지배기구는 공적인 것으로 중방(重房)과 최충헌의 흥녕부(興寧府)·진강부(晋康府) 등을 들 수 있고, 사적인 것으로는 교정도감(敎定都監)·정방(政房)·도방(都房)·서방(書房)·삼별초(三別抄)·마별초(馬別抄) 등을 들 수 있다.

중방은 상장군과 대장군의 회의기관으로 무신란 직후에 정권을 행사하던 기관이다. 당시 중방은 실질적인 국가최고 권력기관이 되었다. 이는 일종의 합의제 정치기구로, 무신집권자와 중방은 동반자의 입장에서 운영되었다. 그러나 무인 상호간의 갈등에서 최씨정권의 독자적인 지배기구가 마련되면서 제2선으로 물러나게 되었다.

한편 희종 2년(1206) 최충헌은 임금으로부터 진강후(晋康侯)에 봉해지고, 흥녕부를 세워 소속된 관원을 두게 되었다. 이에 흥덕궁을 소속시켰으며, 강종 1년(1212)에는 흥녕부를 진강부로 고쳤다. 그 후 최우는 진양후(晋陽侯)에 봉해져 진양부(晋陽府)를 설치하게 되니 이는 최씨정권의 공적인 지배기구로 권력을 행사하는 막부였던 것이다. 최씨정권은 이 흥녕부·진강부·진양부 아래 도방(都房)·정방(政房)·서방(書房) 등의 사조직을 거느리고 권력을 오로지 하였던 것이다.

교정도감은 최충헌에 의해 설치되어 국가의 서정(庶政)을 관장하고, 징세와 형옥을 비롯한 관리를 감찰하는 등 무신정권의 중추적 정청으로 막강한 권력을 행사하였다. 교정도감의 우두머리인 교정별감(敎定別監)은 최충헌을 이어 최우·최항·최의로 이어진 최씨정권과 김준·임연·임유무로 이어지면서 무인정권의 최고 직이 되었다.

도방은 숙위대(宿衛隊)를 의미하며 당시 무신정권을 출발시킨 정중부를 살해하여 무신들의 공동의 적이 되어버린 경대승이 신변보호 목적으로 설치한 순수한 사병조직으로 이후 최씨정권에 이어졌고, 임연 부자에 이르기까지 도방 6번이 제도적으로 운영되었다. 또 최씨정권은 인사행정을 원활하게 하기 위해 정방을 설치하였다. 정방에는 문인들을 속하게 하여 정색승선(政色承宣)이라 하였는데, 여기서부터 문인들의 세력이 점차 대두되었다. 따라서 정방은 무인정권이 몰락한 뒤 공민왕 때에 이르기까지 그대로 유지되었다.

또 최씨정권에서는 문인들로 구성된 숙위기관으로 서방이 운영되었다. 이들을 3번으로 나누어 교대로 숙위하게 함으로써, 인사행정을 담당하는 정색승선에 문인을 등용시킨 것과 더불어 왕권에 대신하여 문·무 양반조직을 사적으로 운영하는 막부권력을 행사했던 것이다.

제4절 몽골과의 항쟁

【 대몽전쟁과 민중의 항전 】

13세기 초 동북아시아의 국제 정세는 요(遼)·금(金)에 이어 몽골의 등장으로 새로운 양상을 띠었다. 몽골은 중앙아시아 북위 50도선 일대에 펼쳐진 초원지대에서 유목생활을 하던 민족이었다. 이들 북방민족은 경제적 풍요를 위해 일정한 정치집단이 형성되면, 남쪽 농경민족을 대상으로 정복전쟁을 끊임없이 전개하였다. 따라서 금 세력 밑에 있던 몽골은 테무친(鐵木眞)에 의해 부족의 통일을 이룩하고 사방으로 정복사업을 전개하면서 금·송(宋)과 함께 고려에까지 침략하였고, 고려를 발판으로 하여 일본 정벌도 꾀하였다.

고려가 몽골과 접촉을 가지게 된 것은 1219년 강동성(江東城)에 웅거한 거란족(契丹族)을 몽골군과 함께 공격하면서부터이다. 본래 금의 지배 아래 있던 거란은 금의 세력이 약화되자 독립을 꾀하였으나, 다시 몽골에 쫓겨 1216년 고려의 영토로 들어왔다. 이에 고려가 거란세력을 몰아내자 거란군은 강동성에 들어갔으며, 몽골군이 이들을 남하하여 치고자 하여 고려와 협공하여 궤멸시켰던 것이다.

이후 몽골은 형제 관계를 맺고 막대한 공물을 요구하였다. 이때 몽골 사신 저고여(著古與)가 고려에 왔다 돌아가다가 압록강 변에서 살해되는 사건이 일어났다. 이를 구실로 몽골은 고종 18년(1231) 제1차 침입을 하였으며, 향후 1270년 개경환도까지 40년 간 여섯 차례에 걸친 침입으로 고려 국토는 철저히 유린당하였다.

1231년 살리타이(撒禮塔)가 이끄는 몽골군은 구주성(龜州城)의 박서(朴犀)와 자주성(慈州城)의 완강한 저항에 부딪쳤다. 고려의 승리였던 것이다. 구주는 1018년 강감찬(姜邯贊)이 이끄는 고려군이 10만의 거란군을 무찌른 고려 역사상 최대 승리의 땅이었다. 이러한 전통과 고려군의 항전의지는 유라시아 대륙의 정복과정에서 공성법(攻城法)의 위력을 떨치던 몽골군의 한 달여에 걸친 십수 차례의 공격을 막아낼 수 있었던 것이다. 또 관악산의 초적(草賊)은 몽골군과의 전투에 참여하였고, 충주에서는 지광수(池光守)가 이끄는 노비군이 귀족관리들이 모두 도망하였는데도 성을 지키며 항쟁을 계속하였다.

한편 구주성에서 패한 몽골군은 이를 버려둔 채 북진하던 고려 중앙군을 격파하면서 개경을 압박하였고, 광주(廣州)·충주까지 밀고 내려가 약탈과 살육·방화의 만행을 저질렀다. 이에 고려 정부는 몽골에게 화의를 청하였으며, 몽골은 다루가치(達魯花赤)를 서북면에 두고 군사를 철수하였다. 그러나 다루가치는 개경에 나타나 오만한 태도로 굴욕적인 공물을 요구하였다. 이에 고려 정부의 실권자였던 최이(崔怡)는 몽골과의 항쟁을 결의하고 1232년 강화(江華)로 천도하기에 이르렀다. 이른바 고려의 강도(江都) 시대를 맞이하였다. 개경 주민을 강화로 들어오게 하고, 지방민은 산성과 섬에 들어가게 하여 철저한 대몽항쟁을 꾀하였다. 이는 바다를 두려워하는 몽고의 약점을 이용하여 항전태세를 갖춘 것이었다.

이러한 철저한 저항태세 속에서 몽골은 2차 침입을 하였다. 이에 앞서 몽골은 조정의 개성 환도와 최이의 입조를 요구하며 침략의 구실을 삼았다. 2차 침입은 금나라를 마지막 정복하는 단계에서 그 배후를 두려워하여 이루어진 것이었다. 1차 침입 때 구주성의 승리를 가져왔던 박서는 고향 죽주로 낙향한 상태였다. 텅 빈 본토를 무인지경으로 남하한 몽골군은 처인성(處仁城)에서 성 밖 백현원(白峴院)의 주지였던 김윤후(金允侯)가 거느린 처인 부곡민(部曲民)에게 살리타이가 살해되자 곧 북으로 물러나고 말았다. 그러나 몽골군의 본대는 대구까지 내려갔으며, 이들에 의해 국보였던 팔공산 부인사(符仁寺)에 소장되어 있던 초조고려대장경판이 소실되었다.

당고(唐古)가 이끈 몽골의 3차 침입은 1235년부터 1239년까지 5년 동안 크게 세 차례 공격이 있었다. 경상도 경주와 전라도 부안 일대까지 남침하였는데, 이때 황룡사9층탑이 불에 타고 말았다. 그러나 죽주성 전투에서는 구주성 전투에 참여했던 방호별감 송문주(宋文胄)를 중심으로 15일 동안의 치열한 공방전을 치러 몽골의 군사를 크게 물리쳤다. 그리고 1253년 5차 침입은 몽골 황제의 숙부인 야굴(也窟)이 사령관이 될 정도로 처절한 전투가 진행되었다. 이때 춘주성(춘천)의 주민을 모두 도륙한 몽골군은 양주·여주를 거쳐 충주성을 포위하였다. 충주성의 수장이었던 김윤후는 처인성의 경험을 살려 잡로별초(雜路別抄)와 농민·노비 등 하층민의 역량을 최대한 활용하여 몽고군의 예기를 꺾었다. 당시 충주성은 70여 일 간이나 몽골의 공격을 받아 식량이 떨어져가는 위급한 상황이었다. 이에 병사들을 격려하여 "만일 능히 힘을 다해 싸워 이긴다면, 귀천의 신분을 막론하고 모두 관작을 주겠다."고 신분해방을 약속하며 관노의 호적을 불태우고 몽골군으로부터 빼앗은 소와 말들을 나누어주었다. 이에 따라 관노의 용전분투로 적을 물리치고, 적의 충주 이남 진격을 막을 수 있었다. 인간 해방에 의해 이루어진 것으로 그 힘은 대단한 것이었다. 또 충주성 인근의 다인철소(多仁鐵所)의 철광을 생산하고 대장간을 경영하는 천민들의 대몽항쟁 전공 또한 큰 것이었다.

한편 몽골군의 잔인한 전술은 고려 민중의 처절한 고통으로 다가왔다. 1254년 차라대(車羅大)가 6차로 침입하였을 때는 포로로 끌려간 자가 20여 만 명이었고, 죽음을 당한 자는 수를 헤아릴 수 없었으며, 몽골군이 지나간 자리는 모두 잿더미가 되었다.

그래도 일반백성을 대표하는 농민과 천민들은 대몽항쟁 초기부터 각지에서 항전을 전개하여 전공을 거두었다. 이들의 항전태세는 지극히 소극적이었던 왕실 · 관료 · 귀족층과는 비교되지 않을 정도로 처절했다. 강도에 피난했던 무인정권 아래의 귀족들은 궁성 · 저택 · 사원 등을 개경 그대로 옮겨놓은 것 같이 하였고, 연등회 · 팔관회 등의 축제를 즐겼으며, 본토에서의 조운에 의한 조세 운반은 여전히 계속되었던 것이다. 그러나 백성의 생존을 무책임하게 내팽개치고 강도로 피난하여 사치와 안일을 즐기고 있던 왕실 이하 문벌귀족들은 목숨을 걸고 민족의 자존을 위해 피 흘려 항전하였던 본토의 농민 · 천민 등 고려 민중에게 나라와 민족을 지키는 중심세력으로서의 자리를 내놓아야 했던 것이다.

【 무인정권의 몰락과 대몽강화 】

최씨 무인정권은 기층민인 농민을 기반으로, 왕실을 강화로 옮기면서 정권을 유지시켰다. 특히 최이는 진주 · 하동 일대의 대토지 소유로 권력을 유지하는 경제적 기반을 마련하였고, 나아가 민심을 모으기 위해 고려대장경을 조판하는데 커다란 물적 지원을 할 수 있었다.

그러나 몽골의 출륙요구와 국왕과 문신들에 의한 대몽강화의 여론 형성은 무인정권의 존재를 약화시키는 계기가 되었다. 이러한 강화정책은 무인들의 위상을 약화시켰고, 최이에 이은 최항 · 최의의 실정은 새로운 무신세력의 등장을 초래하였다. 또 정치세력으로 성장하는 문신들이 권력의 상징인 왕을 에워싸고, 일부 무신들과 결탁하면서 새로운 정치상황을 낳게 되었다.

고종 45년(1258) 최씨무인정권의 마지막 집권자가 문신 유경(柳璥)과 무신 김준(金俊)에 의해 살해되었다. 명목상 정권은 국왕에게 돌아가고 강화파 문신들의 주장에 따라 몽골과의 화의가 성립되었다. 그러나 무인들의 정서는 몽골과의 강화를 바라지 않았다. 김준은 유경을 제거하고 스스로 교정별감(敎定別監)이 되어 무인정권을 유지하며 강화를 반대하였다. 나아가 원종 9년(1268) 김준을 죽이고 정권을 장악한 임연(林衍)은 교정별감이 되어 노골적으로 강화를 반대하였다. 결국에는 친몽정책과 출륙을 추진하던 원종을 폐하고 안경공

(安慶公) 창(淐)을 세우기도 하였으며, 몽골의 압력으로 곧 원종을 복위시키기도 하였다. 이에 복위된 원종의 요청으로 몽골의 군대가 출병하기에 이르렀다.

임연이 죽은 후 그의 아들 임유무가 실권을 장악하고 반몽정책을 고수하였다. 그러나 원종 11년(1270) 몽골의 세력을 업은 원종이 출륙명령을 거부한 임유무를 살해함으로써 무신정권은 종식되고, 고려정부에 의한 대몽항쟁도 끝나고 말았다. 고려는 왕정을 복구하고 개경으로 환도하여 외세의존적 정치형태를 취하게 되었다.

【 삼별초의 항쟁 】

고려 삼별초는 1232년 최씨정권의 최우(최이) 집권기에 정부를 이끌고 강화도로 천도한 뒤 대몽항쟁 전 시기를 걸쳐 가장 강력한 전투 병력이었다. 이들은 이미 나라 안에 도둑이 들끓자 용사를 모아 매일 밤에 순찰 · 단속하여 야별초(夜別抄)라 하였던 것이, 좌우로 확대 편성되었고 급기야 몽고군에 포로로 잡혔다가 도망온 자로 편성된 신의군(神義軍)이 합쳐진 부대였다. 따라서 삼별초는 몽고에 대한 적대감이 팽배하였다.

삼별초는 대몽항쟁의 주력부대로 활동하였는데, 강화도를 수비하는 방어뿐만 아니라, 자주 섬을 나와 본토에서 몽고군과 싸워 큰 전과를 올렸다. 그러나 원종이 친몽정책으로

삼별초 항몽 유허비(강화도)

태도를 바꾸어 몽골에 굴복하자, 정권의 실권을 장악하고 있던 무신들은 삼별초의 군사를 배경으로 개성으로 출륙환도(出陸還都)하는 것을 거부하였다. 이어 삼별초는 1270년 6월 장군 배중손(裵仲孫)의 지휘 아래 원종을 폐하고 승화후(承化侯, 고려 현종의 8대손) 온(溫)을 새 왕으로 옹립하고 각부 관원을 임명하였다. 이어 강화도 백성의 민심이탈을 통제하면서 개경정부에 맞선 강화도의 새 정부 출발을 알렸다.

배중손 일행은 새 정부를 수립한 3일 뒤 재물을 접수하고 강화도에 남아 있는 귀족과 고관들의 가족을 인질로 삼아 삼별초군을 중심으로 하여 진도(珍島)로 근거지를 옮겼다. 즉 강화 서북쪽 해안에 1천여 척의 배를 대어 군수품과 백성을 싣고 강화를 텅 빈 채로 남겨놓고 가을날에 진도에 닻을 내렸다.

삼별초군은 진도에 용장성(龍藏城)을 새로 쌓고 방위태세를 갖춘 다음 궁궐을 크게 조성하여 도성의 면모를 갖추었다. 나아가 인근의 남해 · 창선 · 거제 등 해안도서지방은 물론 전라도와 경상도 일대의 내륙지방까지 세력권에 넣고 세수(稅收)를 거둬들였다. 따라서 개성정부는 조운이 막혀 재정에 커다란 타격을 입게 되었다.

이러한 삼별초의 저항에 고려정부는 김방경(金方慶)을 전라도추토사로 삼아 토벌을 명하였고, 몽골 원수 아해(阿海)가 이끄는 몽골군과 여몽연합군을 형성하여 삼별초군을 치게 하였다. 개전 초기에는 삼별초군의 기동력으로 연합군이 참패를 당하였다. 그러나 다음해 고려인으로 몽골군의 앞잡이가 되어 나타난 홍다구(洪茶丘)와 흔도(忻都), 그리고 개경정부

용장산성터(진도)

군 김방경의 연합군대에게 참패함으로써 1년 만에 진도는 여몽연합군에게 넘어갔다. 이 전쟁에서 삼별초 정부의 왕이었던 승화후 온과 배중손을 비롯한 대부분의 장군들이 거의 죽음을 당하였다. 연합군은 삼별초군을 쫓아 남녀 1만 명과 전함 수백 척을 빼앗고, 진도에 있던 4천 석의 양곡과 재물들을 약탈하여 개경으로 보냈다.

그러나 살아남은 삼별초군사는 김통정(金通精)을 중심으로 진도 남도석성을 떠나 탐라로 들어가 항파두리성을 쌓고 끝까지 항전을 계속하였다. 이들은 본토를 자주 공격하여 경기 부천지역에 이르고, 남도의 세공(稅貢)을 약탈하기도 하였다. 그런데 원(元)나라 세조가 일본정벌을 위한 기지로 탐라를 중요시하여 공략하기에 이르렀다. 1273년 연합군은 병선 160척과 1만의 병력으로 탐라에 상륙하여 총공격을 하니, 김통정을 비롯한 삼별초군은 끝까지 항복을 거부하고 한라산 깊은 곳에 들어가 최후를 마쳤다. 이렇게 삼별초의 대몽항쟁은 3년 만에 막을 내렸다.

삼별초의 대몽항쟁은 백성들의 지지를 얻지 못한 외세의존적인 정부와 몽골 연합세력과 죽음을 각오하고 싸운, 민중의 동조를 바탕으로 한 고려 무인들의 자주적인 기상을 보여준 역사의 귀감인 것이다.

제5절 권문세족의 형성

【 원의 간섭체계와 대원관계의 발전 】

강화의 성립과 개경환도, 그리고 삼별초의 몰락과 더불어 고려는 몽골이 중국에 세운 원나라와 부마체제라는 특수한 정치관계를 맺게 되었다. 원은 군대를 주둔시키고 다루가치를 두어 고려를 지배하고자 하였으나, 고려의 요청으로 군대와 다루가치는 모두 철수하였다. 따라서 원의 간섭은 고려 국가의 존립을 인정하는 가운데 고려 국왕을 통하여 이루어졌으며, 고려의 저항이 심하면 사신을 파견하거나 국왕을 교체하는 방법으로 내정간섭을 하였다. 따라서 지배층에서는 원의 세력에 힘입어 득세하고자 하는 풍조가 팽배했으며, 이들을 중심으로 권문세가들이 형성되었다.

고려가 몽골에 굴복하면서 원의 일본원정에 참여하게 되었다. 고려는 원종 15년(1274)과 충렬왕 7년(1281)의 두 차례에 걸쳐 일본원정에 필요한 군량 공급과 함선의 건조 및 직접 군사를 동원하는 등 커다란 피해를 입었다. 태풍과 가마쿠라(鎌倉) 정권의 완강한 저항으로 성공하지는 못하였지만, 고려 함선의 우수함을 널리 알리는 계기가 되었다.

한편 부마체제가 되면서 고려의 역대 국왕은 독로화(禿魯花, 인질)로서 대도(大都, 北京)에 머물러 있다가 왕위에 오르는 것이 통례가 되었다. 따라서 국왕은 몽골식 성명, 몽골식 변발과 의복을 하게 되고, 몽골어를 사용하게 되는 등 가족관계로 맺어졌다. 원 황제에 비교되는 용어를 피하여 조(祖)·종(宗)의 묘호 대신에 충(忠) 자를 붙였고, 짐(朕)은 고(孤), 폐하(陛下)는 전하(殿下), 태자(太子)는 세자(世子) 등으로 격하된 용어를 사용하게 되었다.

고려에 대한 원의 간섭은 정동행성(征東行省)과 그 부속기구인 이문소(理問所), 쌍성총관부(雙城摠管府)·동녕부(東寧府)·탐라총관부(耽羅摠管府)가 설치되어 행해졌다. 정동행성은 일본정벌을 위해 설치되었지만, 이후에도 그대로 존속되었다. 그러나 정동행성의 장관인 승상(丞相)은 고려왕이 겸한 것이었으며, 그 예하 관원도 고려왕이 임명하는 고려인으로 채워져 형식적인 것이었으며, 고려와 원 사이의 의례적인 행사만을 주관하였던 것이다. 반면 이문소가 원의 세력을 등에 업고 불법적으로 사법권을 행사하는 폐단이 많았다. 그리고 쌍성총관부는 화주(和州)에 설치되어 철령 이북을, 동녕부는 서경에 설치되어 자비령 이북을, 탐라총관부는 제주에 목마장을 설치하고 이를 관장하기 위해서 설치된 것으로 고려 영토 일부의 지배권을 직접 행사하였던 것이다. 그러나 동녕부와 탐라총관부는 고려의 요청으로 충렬왕 때 반환되었으나, 쌍성총관부는 공민왕이 무력으로 수복할 때까지 존속되었다. 이것은 명나라가 철령위(鐵嶺衛) 설치를 주장하는 등 시끄러운 문제를 일으키는 요인이 되기도 하였다. 그리고 조선을 건국한 이성계의 세력기반이 이곳의 고려인에 있었던 것도 역사의 한 장면이다.

원의 간섭은 고려의 관제(官制)에도 영향을 미쳤다. 충렬왕 1년(1275) 원의 강요에 따라 중앙관제의 개편이 있었다. 3성·6부 체제를 인정하지 않자 중서문하성(中書門下省)과 상서성(尙書省)을 첨의부(僉議府)로 통합하여 그 장관을 첨의중찬(僉議中贊)이라 하였고, 이부·예부를 합하여 전리사(典理司), 병부는 군부사(軍簿司), 호부는 판도사(版圖司), 형부는 전법사(典法司)로 개칭하고 공부는 폐지하였다. 그 외 중추원은 밀직사(密直司), 어사대는 감찰사(監察司), 한림원은 문한서(文翰署)로 격하되었다. 그리고 도병마사(都兵馬使)는 도평의사사(都評議使司)로 개칭되었는데, 이는 국방·군사문제의 임시회의기관에서 국가의 모든 중대사를 결정하는 합좌기관으로서의 기능을 갖게 되었기 때문이었다.

한편 고려에 대한 원의 간섭은 막대한 경제적 수탈인 공물의 강요로 나타났으며, 동녀

(童女)와 환관(宦官)의 요구로 고려인들의 고통은 이루 말할 수 없었다. 원은 오랜 대몽항쟁과 일본정벌 등으로 피폐해진 고려에 대해 온갖 명목으로 금·은·포백·곡물·인삼·해동청(매) 등을 요구하였다. 더욱이 처녀의 요구는 원나라 황실의 궁녀와 귀족계층의 측실과 노비로 충당되었고, 환관들은 황실에 예속되거나 노예가 되었다. 그러나 이들 중에는 권력층으로 성장하는 자들이 나타나 고려의 권세가들은 자신의 측근을 일부러 원에 보내고자하는 자들도 나타났다.

원의 경제적·사회적 수탈로 말미암아 고려의 농민은 2중의 부담을 지게 되었고, 지배층들은 대토지 소유로 농장을 경영하면서 유민들을 모아 부를 축적하게 되었으며 이들은 원과 직접 관계를 맺어 고려왕실을 무시하는 경향을 나타내기도 하였다.

한편 원은 만주 일대에 사는 고려인을 관장하는 심양왕(瀋陽王)을 두어, 고려왕을 견제하도록 하였다. 충렬왕과 충선왕은 고려왕과 심양왕을 겸하였으나, 그 뒤 심양왕이 된 고(暠)와 충숙왕·충혜왕이 왕위계승을 놓고 심한 갈등을 일으켰다. 이는 왕위계승을 둘러싼 고려왕실의 분열을 노린 원의 정책이었던 것이다.

【 권문세족과 농장발달 】

대원관계가 전개되면서 원나라와 결탁된 권문세족이 새롭게 등장하였다. 대몽전쟁 과정에서 강화를 추진하였던 문신관료들은 국왕 측근세력과 타협하면서 점차 세력을 형성하여 권문(權門)을 형성하고, 대를 이어 세족(世族)을 이룩하면서 재상지종(宰相之宗)으로 등장하는 최고지배세력으로 군림하게 되었다. 따라서 이들은 대몽항쟁을 통해 민중과 괴리된 부마국체제와 이에 따른 지배형태라고 할 수 있다.

권문세족은 고려후기 지배세력으로서 토지점탈 등의 방법으로 경제적 기반을 확대하였다. 이들은 친원의 외세의존적인 형태에서 몽골어 역관·응방·공녀·환관·겁령구(怯怜口, 원 공주 사속인)와 정동행성 만호부 등을 통하여 정방의 인사권을 장악하고 거대한 농장을 소유한 형태로 나타났다. 따라서 이들은 민중과 괴리될수록 원의 보호가 요청되었고, 상호간 강력한 유대관계를 갖게 되었다. 즉 권문세족 상호간에 중첩된 혼인관계를 형성하여 지배계층으로서의 권위와 권익을 도모하였다. 아울러 왕실과의 혼인으로 외척세력으로 군림하였으니 충렬왕 때의 언양 김씨, 충선·충숙왕 때의 파평 윤씨, 남양 홍씨, 평양 조씨, 공암 허씨 등을 대표로 들 수 있다. 또 이들은 과거보다 음서에 힘입어 관인으로서 신분세습을 유지하였다. 이들은 가문을 기초로 삼아 종적인 가족관계와 횡적인 혼인관계를 통하여 세력범위를 확대하였으니 그 기간이 거의 1세기에 이른다.

권문세족들은 사전(賜田)·개간·겸병·탈점 등을 통하여 대토지를 소유하여 농장(農莊) 형태로 운영하게 되었다. 아울러 이 지역의 농민을 노비로 삼아 그 노동력도 편제시켰다. 농장은 원래 귀족들의 사유지에서 발전한 것이나 12세기 무인정권시기부터 사회문제가 되었으며, 원 간섭기에 들어서도 농장의 소유자는 토지소유에 따른 조세를 납부하지 않았고, 뿐만 아니라 농장에 속한 처간(處干)은 공부와 역역을 바치지 않는 등 사적인 지배력이 더욱 강화되었다. 당시 농장의 규모는 "산천을 경계로 삼았다." 할 만큼 광대하였다.

조세를 납부하지 않는 농장의 발달은 국가재정을 더욱 어렵게 하여 관리들의 녹봉을 제대로 지급하지 못할 정도로 심각하였다. 또 노비의 증가는 국가에서 부역을 지울 수 있는 대상을 감소시켰다. 이러한 총체적인 경제적 어려움은 민으로부터의 수취를 더욱 강화할 수밖에 없었다. 따라서 민의 부담은 더욱 과중되었고 결국 농민은 권문세족의 농장에 투탁하거나 유망함으로써 각종 부담에서 벗어나고자 하였으며, 이는 각종 민란(民亂)의 원인이 되기도 하였다.

제6절 신흥사대부의 대두

【신흥사대부의 진출】

무신정권 이후 계속 성장한 신진 문인층은 성리학을 바탕으로 시대모순을 극복하는데 적극 참여함으로써 꾸준히 성장하여 정치세력을 형성하였다. 원 간섭기에 들어와 신진관료들은 신흥사대부라는 새로운 세력을 형성하면서 고려 말 개혁세력으로 성장하였으며, 사회변혁의 주체세력으로 활약하였다. 사대부라 함은 독서인으로서의 사(士)와 정치인·행정가로서의 대부(大夫)를 말하는 것으로 학자적 관료 또는 관료적 학자를 가리킨다.

신흥사대부의 등장은 최씨무인정권 때 문사(文士)를 우대하여 중앙관료로 진출한데까지 소급된다. 문벌귀족의 몰락으로 국가의 행정처리를 위해 학문을 바탕으로 한 행정가로서의 새로운 관료 즉 능문능리(能文能吏)가 요망됨에 따라 새로이 등장한 관인층이 바로 사대부계층이었다. 따라서 사대부들은 문벌에 힘입어 음서(蔭敍)로 관리에 나가기보다는 학문 실력을 바탕으로 과거(科擧)를 통하여 정치적 진출을 꾀하는 것이 일반적이었다. 그 외 한량(閑良)과 같이 군공(軍功)이나 첨설직(添設職)을 받아 품관이 되어 신분 상승을 하는 자들도 있었다.

신흥사대부들의 출신은 대부분 한미한 가문으로 지방의 향리(鄕吏) 출신들이 많았다. 향리계층은 고려 후기 사회 · 경제적 변동에 따라 중소지주로 성장하거나 자영농민의 성격을 가지고 있었다. 이들은 토지 개간 · 매입 등으로 소규모의 농장을 가지게 되었고, 수리시설의 발달과 새 품종의 농사로 생산력을 늘려 농경지를 확대하였다. 또 비료 주는 기술의 발달로 휴한법(休閑法)을 극복하고 연작법(連作法)으로 생산력을 크게 높였다. 이들의 지주적 성격은 불법 탈점으로 대규모 토지소유에 의한 농장 경영을 한 권문세족의 경우와는 다른 것으로 청렴한 생활태도를 견지하였다. 그리고 향리 자제들은 학문적 교양을 쌓고 과거를 통하여 중앙의 관료로 진출하였던 것이다.

따라서 이들은 권문세족의 기득권에 대응하는 존재였기 때문에 이들과 갈등을 일으키게 되었다. 권문세족들의 토지점탈이 관료들의 토지와 녹과전(祿科田)에까지 미치고, 인사의 문란을 야기하자 신진관료들은 직접적으로 피해를 입게 되었다. 따라서 이들의 일부는 권문들과 대립하면서 국왕의 지원 아래 개혁에 참가하였다.

신흥사대부의 성장은 정방(政房)의 폐지와 과전(科田) 회복을 주장하면서 전개되었다. 최씨정권이 몰락한 후에도 정방은 그대로 남아 있어서 권신(權臣) 특권층들이 정방의 전주권(銓注權)을 장악하고 온갖 전횡을 자행하였다. 최씨정권 때의 정방은 문사와 향리층 자제들이 중앙관료로 진출하는데 교량적 역할을 하였지만, 그 후로는 소수 특권 권신들이 장악하여 신진문사들이 관료로 진출하는데 도리어 방해가 되었다. 이 정방이 충선왕 때 일단 폐지되고 한림원(翰林院)에서 인사를 주관하였다. 여기에는 오형(吳詗) · 이진(李瑱) · 최참(崔昆) · 전승(全昇) 등 신진관료들이 참여하여 정방 권신들의 폐단을 개혁하고자 하였다. 그러나 이러한 노력에도 불구하고 원의 간섭과 권문세족의 농간에 충선왕이 물러나게 되자 모든 것이 개혁 이전의 상태로 돌아가 정방이 부활되어 권신들이 전주권을 다시 장악하게 되었다. 그 후 신흥사대부의 개혁운동은 충목왕 때 정치도감(整治都監)을 통한 개혁이 실패로 돌아간 후 공민왕 때에 들어 본격화되었다.

한편 고려 후기에는 왕실 · 권문에 내는 원의 공납 등으로 농민들은 2 · 3중의 수탈을 당하였고, 급기야 토지겸병이 대대적으로 진행되면서 국가의 공적 소유인 과전은 줄어들기만

했다. 따라서 새로이 관인으로 등장한 신흥사대부들은 그들의 녹봉을 지급받지 못하고 녹과전(祿科田)을 받아 경제적 명맥을 유지하는 실정이었다. 따라서 신흥사대부들의 성장은 과전을 회복하는 방향으로 전개되었던 것이다.

또한 신흥사대부들은 불교를 공격하면서 그들의 성장을 꾀하였다. 고려 후기 불교는 막강한 세력을 형성하고 있었으며, 왕실과 권문세가들의 정신적 지주 역할을 담당하였다. 지배층들이 민중을 지배하는데 불교는 중요한 수단의 하나로 이용되었고, 역대 왕들은 불교세력과 유대를 강화하고자 여러 특혜를 베풀었다. 이러한 사원은 종교적으로 뿐만 아니라, 물질적으로도 지배적 위치에 있었으며, 당시 대부분의 사찰은 대토지소유자였다. 이들은 백성들에게 고율의 소작료를 받고, 고리대금업과 양조업까지 경영하여 사회적 병폐를 빚어냈다. 이러한 불교의 반동적 역할에 대해 신흥사대부들은 배격에 나서면서 그들의 정치적 위상을 높여갈 수 있었던 것이다. 처음에는 불교의 비윤리적인 측면을 비판하다가, 마침내는 불교 그 자체를 배격하였다. 이러한 불교 배격은 일종의 반체제운동으로 권문세족의 도태를 꾀한 것이었다. 특히 정도전(鄭道傳)의 무위도식하는 불교도의 비생산적 소비생활의 비판과 존재부정은 신흥사대부들이 부패한 고려왕실과 권문세가들을 제거하는데 이론적 뒷받침이 되었다.

신흥사대부들은 초기에는 독자적인 정치세력을 형성하지 못하고, 오히려 권문세족과 좌주(座主)·문생(門生) 관계나 혼인관계 등으로 자신의 성장을 꾀하기도 하였다. 그러다가 충선왕·충목왕·공민왕의 개혁정치에 참여하여 그 세력을 키워나갔다. 특히 공민왕의 반원정책과 신돈(辛旽)의 정치개혁이 권문세족의 반대로 실패한 이후 권문세족의 친원적 태도나 대토지 농장 소유와 노비 증대를 비판하면서 그 교체세력으로 성장하였다.

즉 신흥사대부는 원의 간섭체제를 배격하면서 정치·사회적 기반을 확립하고 조선왕조 건국의 주동적인 역할을 담당하였다. 즉 고려 말 정치질서의 회복과 사회경제적 모순을 실질적으로 해결하는 중심세력이었던 것이다.

【 공민왕의 개혁 】

공민왕 때의 시대상황을 이해하기 위해서는 국제관계의 흐름에 따른 역학관계, 사회·경제적 지배관계의 변화와 그에 따른 사상·문화적 흐름을 고려하여야 한다. 또 집권층 내부의 문·무 대립과 보수·신진의 갈등과 결합 관계를 살펴 권력의 소재와 방향을 살펴보아야 한다.

공민왕은 5년(1356) 개혁정치를 전개하면서 원의 영향력 배제, 왕권을 중심으로 한 정치권력의 집중, 원 간섭 이전 고려 전기의 조종지법(祖宗之法)으로의 광대한 개혁실시를 지향하였다. 먼저 원·명 교체기에 왕위에 오른 공민왕은 대외적으로는 반원정책을 추진하고 대내적으로는 부원세력(附元勢力)으로 표현되는 권문세족들을 제거하였다. 즉 원의 황실과 혼인관계를 맺고 있으면서 고려왕실을 능멸하고 토지 탈점과 온갖 부정부패를 자행하던 기철(奇轍)·권겸(權謙)·노책(盧頙) 등을 주살하고, 원의 간섭 기관이었던 정동행성이문소를 혁파하였다. 또 군사행동으로 쌍성총관부(雙城摠管府)를 회복하고 압록강을 건너 홍경(興京)에 있던 동녕부(東寧府)를 공격하여 동북면과 서북면의 옛 고려영토를 회복하였다.

또 제군(諸軍)의 만호·천호·백호패(百戶牌)를 몰수하여 원의 권위에 기초한 병권을 고려의 국가체제에 직결시켰으며, 원의 연호인 지정(至正)의 사용을 정지하였다. 그리고 정방(政房)을 혁파하고 충용위(忠勇衛)를 설치하여 친위대 4천 명의 새 체제를 증강하였으며, 급기야 조종지법을 회복하였다. 이렇게 원의 영향력으로부터 벗어난다는 목표가 달성되었다. 그러나 외척 등 혈연관계를 매개로 개혁이 추진되어 철저한 집권체제를 구축하는 데는 일정한 한계가 있었다.

한편 공민왕 8년과 10년의 홍건적 침입과 지속적인 왜구의 침입은 공민왕의 개혁정치를 통한 권력집중을 수포로 돌아가게 하였고, 무장세력의 대두를 보게 되었다. 또 관제(官制)도 정동행성이 복원되어 원의 영향력이 증대되는 등 공민왕 5년 이전으로 복귀되어 정치세력관계는 새 국면에 접어들었다. 따라서 반원정치의 추진으로 야기된 원과 친원파의 저항은, 급기야 공민왕 12년(1363) 김용(金鏞)이 공민왕을 살해하고자 했던 흥왕사(興王寺)의 변으로 나타났다. 또 원은 일방적으로 공민왕을 폐한다고 선언하기도 하였다.

흥왕사의 변을 전후로 공민왕 5년의 개혁공신들이 제거되어 일시적인 정치적 진공상태를 가져왔지만, 최영(崔瑩) 등 무장세력이 등장하였다. 이러한 정치적 흐름은 많은 토지를 하사받은 군공을 통한 공신을 배출하여 무인 위주의 관직 편성을 가져오게 되었다. 아울러 첨설직의 증설과 재상 수의 증가를 통해 관료체제의 양적 확대를 가져왔으며, 합좌기구의 확대로 정방이 다시 설치되기에 이르렀다. 이러한 전제정권 수립의 방향과 상반되는 정치상황의 전개과정에서 공민왕 14년 신돈이 등장하였다.

신돈은 당시 최고 실력자인 최영을 계림윤(鷄林尹)으로 좌천시키면서 무장세력을 대신한

정치세력으로 등장한 것인데, 공민왕 주도의 정치개혁을 추진하였다. 공민왕은 신돈을 국사(國師)로 임명하고, 삼중대광(三重大匡) 영도첨의사사사(領都僉議使司事)라는 고려 관료체제 안에서의 최고위에 임명하여 왕권강화를 꾀하였다. 신돈은 권문세족과는 인연이 없는 인물로 우선 이공수(李公遂) 등의 권문세력을 축출하고, 문벌이 한미한 자들을 등용하였다. 이어 공민왕 15년(1366) 전민변정도감(田民辨正都監)을 설치하고 자신이 판사(判事)가 되어 권문세가들이 공사전(公私田)을 탈점하고 양민을 노예로 삼았던 것을 환원시켜 주었다. 그러나 이 개혁은 전국적으로 확대 실시되지 못하고 오래 지속적으로 시행되지 않아 한계를 남긴 채, 권문세족들의 반대에 부딪쳐 결실을 맺지 못하였다. 이렇게 하여 일반 백성들의 환영을 받아 개혁을 추진하던 신돈은 정치기강의 문란, 심한 한해와 흉년, 영전(影殿)의 대토목사업 전개와 원·명 교체에 따른 친명관계 수립의 종용 등 고려 정치추세의 영향 등으로 몰락하고, 공민왕 역시 시해됨에 따라 고려 정국은 새로운 국면을 맞게 되었다.

第7절 고려왕조의 멸망과 이성계의 등장

【 이성계 세력의 성립과 집권 】

이성계의 세력은 선대 이래로 동북면에서 군사적으로 세력을 형성하였고, 공민왕의 쌍성총관부 통합과정에서 부친인 이자춘(李子春)이 고려에서 벼슬을 받으면서 중앙무대에 등장하였다. 특히 공민왕 10년(1361) 홍건적의 침입으로 개경이 함락되고 왕은 안동(安東)까지 피난 가는 곤경에 이르렀을 때, 친병(사병) 2천을 이끌고 수도 탈환에 나서 가장 먼저 개성에 입경하면서 두각을 나타나게 되었다.

이듬해 원의 나하추(納哈出)가 함흥평야에 쳐들어 왔을 때 동북면병마사에 임명되어 적을 격퇴시켜 명성을 크게 떨쳤다. 또 1364년 친원세력인 최유(崔濡)가 원나라에 의해 고려왕에 봉해진 덕흥군(德興君)을 받들고 평안도지방에 쳐들어 왔을 때, 최영(崔瑩)과 함께 이들을 섬멸했다. 이 무렵 여진족이 삼선(三善)·삼개(三介)의 지휘 아래 동북면에 침범하여 함주까지 함락하는 등 한 때 기세를 올렸다. 이성계는 이들을 크게 무찔러 동북면의 평온을 되찾았다.

한편 이 당시 일본의 해적인 왜구(倭寇)가 충정왕 2년(1350) 이후 전국적이고 장기간에 걸쳐 침략하여 고려의 국운을 위협하였다. 왜구의 침략으로 농민은 내륙으로 이주하고 해안의 기름진 농토는 황폐화되었으며, 강화도까지 습격하여 바로 앞인 개경이 소란하게 되었다. 조운이 끊겨 지방의 조세가 운반되지 않아 국가재정 뿐만 아니라 왕실과 귀족이 경제적 곤경에 직면하게 되었다.

왜구의 창궐에 고려 조정에서는 정몽주를 일본에 파견하는 등 수차에 걸친 외교적 교섭이 행해졌으나 효과가 없었다. 일본 정부 자체에서도 왜구를 통제할 능력이 없었던 것이다. 이때 이성계·최영·정지·나세 등 여러 장군의 활약으로 왜구세력을 약화시켰으며, 특히 최무선은 화통도감에서 만든 화약과 각종 화포로 왜구를 물리치는데 공을 세웠고, 박위는 왜구의 소굴인 대마도를 정벌하여 왜구의 세력을 크게 꺾었다. 이성계는 우왕 3년(1377) 크게 창궐하던 왜구를 경상도 일대와 지리산에서 대파하였다. 1380년에는 양광·전라·경상도 도순찰사가 되어, 소년 왜장 아기발도(阿其拔都, 阿只拔都)가 지휘하던 왜구를 운봉(雲峰)에서 섬멸하여 황산대첩(荒山大捷)의 공을 세웠다. 이 왜구 격퇴과정에서 최영과 이성계 등 무장세력이 크게 성장하였다. 급기야 이성계는 최영과 함께 권력을 농단하던 임견미(林堅味)·염흥방(廉興邦)을 주살하고, 정치무대의 중심에 자리하였다.

그런데 최영과 이성계 사이에 원·명 교체기의 국제정세에 따른 외교문제를 놓고 대립하게 되었다. 이러한 14세기의 외교문제는 국내문제와 더불어 고려에게는 중대한 문제였다. 공민왕이 죽은 뒤 우왕(禑王)이 이인임(李仁任)의 추대를 받아 즉위하였는데, 이때 이인임은 권력을 독점하고 공민왕 때의 친명정책에서 친원정책을 쓰게 됨에 따라 이성계와 정몽주 등은 강하게 반대하였다.

그러던 중 우왕 14년(1388) 명나라에서 원의 쌍성총관부 관할에 있던 철령 이북의 땅을 명의 직속령으로 삼겠다고 통보해 왔다. 이 철령위(鐵嶺衛) 설치문제로 인하여 두 나라의 외교관계가 극도로 악화되었다. 이때는 이인임 세력이 물러나고 왕의 장인이 된 최영이 권력을 장악하고 있었다. 최영은 분개하여 우왕의 동조를 받아 요동정벌을 꾀하여 전국적인 징병을 실시하였다. 이때 이성계는 첫째, 작은 나라가 큰 나라를 거스르는 일은 옳지 않으며, 둘째, 여름철에 군사를 동원하는 것은 부적당하고, 셋째, 요동을 공격하는 틈을 타서 남쪽에서 왜구가 침범할 염려가 있으며, 넷째, 무덥고 비가 많이 오는 시기라 활의 아교가 녹아 무기로 쓸 수 없고 병사들도 전염병에 걸릴 염려가 있다는 4불가론을 들어 요동정벌을 반대하였으나 받아들여지지 않았다.

이성계는 우군도통사가 되어 좌군도통사 조민수(曺敏修)와 함께 정벌군을 거느리고 위화도까지 나아갔으나, 결국 회군을 단행했다. 개경으로 진격한 이성계와 조민수는 최영 군대와 접전을 벌인 끝에 승리하여 최영을 고봉현으로 유배시키고 우왕을 폐위하여 강화도로 보냈다. 그리고 조민수의 주장에 따라 창왕을 옹립하고, 수시중(守侍中)과 도총중외제군사(都摠中外諸軍事)가 되어 정치 · 군사적 실권자의 자리를 굳혔다. 이어 창왕을 폐하여 공양왕을 옹립한 뒤 조민수를 제거하였으며, 수문하시중이 되어 전국의 병권을 장악하였고 곧이어 영삼사사(領三司事)가 되었다.

이 무렵 이성계는 신흥 정치세력의 대표로서 새 왕조 건국의 기반을 닦기 시작했다. 1391년 삼군도총제사(三軍都摠制使)가 되어, 조준(趙浚)의 건의에 따라 전제개혁(田制改革)을 단행하여 권문세가들의 경제적 기반마저 박탈하였다. 아울러 고려왕조를 그대로 유지하고자 했던 정몽주 세력을 제거하고 정도전 등 고려왕조를 부정하던 강경 개혁세력의 추대를 받아, 마침내 1392년 7월 새 왕조 태조로서 왕위에 올랐다.

【 전제개혁 】

정도전 · 조준을 중심으로 한 급진 개혁세력들은 신흥무장 세력인 이성계와 결탁하여 왕조교체를 추진하였다. 이들은 우왕에 이어 조민수에 의해 옹립된 창왕마저 축출하고 공양왕을 세웠다. 이는 고려 왕실의 폐가입진(廢假立眞)을 내세워 급진 개혁세력의 정권을 수립한 것으로, 이 과정은 전제개혁의 실천을 통하여 완성되었다고 할 수 있다.

당시 가장 큰 사회문제는 농장 확대에 의한 사전(私田)의 폐단을 제거하는 것이었다. 대체로 성리학의 합리적 실천사상으로 무장한 개혁세력들은 이색(李穡) 등 온건 개혁세력의 반대가 있었지만, 이들을 제거하고 본격적인 개혁을 시작하였다. 즉 과전법(科田法)의 시행으로 권문세족과 불교사원 세력에 의한 막대한 농장 소유를 부정하고 사전(私田)을 폐지함으로써 신흥사대부를 중심으로 한 새로운 경제 질서를 만들었던 것이다.

전제개혁은 창왕 1년(1389)과 공양왕 2년(1390) 전국에 걸친 토지에 대한 양전(量田) 작업으로 시작하여 종래의 공사(公私) 토지문서를 모두 불살라버리면서 일단락되었다. 그리고 공양왕 3년(1391) 새로운 전제(田制)의 기준이 되는 과전법을 공포하였다. 과전은 관료들에게 그 관직에 따라 직전(職田)으로서 토지를 분배하는 것으로서 경기(京畿)에 한정되었다. 그 결과 이성계를 비롯한 조선 개국공신 세력들은 막대한 과전을 받게 되었고, 경기를 제외한 전국의 토지는 모두 공전(公田)에 편입되었으며 농장은 몰수되었다.

결과적으로 고려를 유지하고자 하던 세력의 경제적 토대는 무너졌으며, 이는 고려왕조의 실제적 몰락을 의미하였다. 아울러 조선건국에 참여한 세력을 중심으로 새로운 경제 질서가 성립되면서, 새로운 왕조의 경제적 기반이 형성된 것이었다.

제8절 고려 후기의 문화

【 조계종의 성립과 발전 】

고려 후기 불교계는 선종계를 통합한 조계종(曹溪宗)으로 대표된다. 즉 조계종은 신라말에 형성되기 시작한 9산선문(九山禪門)을 하나의 종파로 결합한 것이라 할 수 있다. '조계'란 중국 선종의 제6조 혜능(慧能)을 가리키는데, 혜능이 조계의 보림사(寶林寺)에서 선법을 크게 선양하여 그를 가리켜 조계라고 하였던 것이다. 이는 구산문 중의 하나인 수미산파(須彌山派)의 조사 이엄(利嚴)의 광조사진철대사비(廣照寺眞澈大師碑)와 일연(一然)의 인각사보각국사비(麟角寺普覺國師碑) 등에 조계 혜능의 선지(先知)가 동쪽으로 전래되어 한 파를 이루었음을 기록한 내용을 통해서 알 수 있다.

한편 고려 불교계의 천태종 · 자은종 · 남산종 등 종명(宗名)은 거의 의천(義天)이 송나라에서 돌아와 교종계통의 천태종(天台宗)을 세우고 난 뒤에 보이고 있으므로, 조계종이라는 종명도 그 무렵에 붙여진 것으로 볼 수 있다. 한편 지눌(知訥)이 승주 조계산에 수선사(修禪社)를 열고부터는 조계종 세력이 매우 융성하게 되었다.

고려 후기 불교계의 움직임은 선종(禪宗)의 부흥과 신앙결사운동으로 나타났다. 고려 전기 왕실과 문벌귀족의 비호를 받으며 귀족적 지위를 누리고 있던 교종(敎宗) 중심의 불교계는 기존의 통치체제를 부정했던 무인정권이 수립되면서 그 세력이 급격히 침체되고, 최씨정권의 비호를 받은 선종세력이 새로이 대두되었다.

선종은 신라 하대에 지방호족들에게 환영을 받았듯이, 새로운 정치세력으로 등장한 무신정권과 결합되었다. 아울러 선종의 개혁성은 종래 문벌귀족에 의한 기존 질서를 대신한 무신정권의 성향과 일치한다고 하겠다.

13세기 고려 불교의 혁신운동은 보조국사(普照國師) 지눌이 당시 불교계의 타락을 비판하면서 선종 위주의 불교 혁신운동을 전개하면서 새로운 바람을 일으켰다. 지눌은 돈오점수(頓悟漸修)와 정혜쌍수(定慧雙修)를 주창하며 수선(修禪) 결사운동을 전개하였다. 즉 인간의 마음이 곧 부처라는 사실을 먼저 깨닫고, 이를 바탕으로 계속 수행하며, 수행에 있어서는 선정(禪定, 참선)과 지혜를 함께 닦아야 한다는 것이다. 이는 선종을 중심으로 교종을 융합한 것으로, 지눌에 의해 선교(禪敎) 통합이 이루어진 것이다. 이에 앞서 의천에 의해 천태종이 개창되어 교종을 중심으로 선종을 포섭하였는데, 이는 정책적 통합의 한계를 가지고 있었다. 의천이 죽은 후 교종과 선종은 다시 분립하였는데, 지눌에 의해 교리적으로 선종을 위주로 한 통합이 이루어진 것이다.

이어 지눌은 불교계의 혁신을 도모하여 송광사를 중심으로 수선사를 조직하여 새로운 선풍을 진작하고 불교를 기층사회에 널리 확산시키고자 노력하였다. 이후 진각국사(眞覺國師) 혜심(慧諶)이 지눌의 종지를 더욱 발전시켰으며, 최씨정권과 연결되어 대몽항쟁의 일익을 담당하기도 하였다.

이러한 결사운동은 천태종에서도 일어나 요세(了世)에 의해 강진 백련사를 중심으로 백련사(白蓮社)가 결성되었다. 이렇게 수선사와 백련사는 무신집권기 불교계의 혁신과 지식층과 기층사회의 교화에 이바지하였다. 특히 지눌의 심성론(心性論)은 수선사가 지방지식층들을 대상으로 활동한 것과 관련하여 고려 후기 지방 향리출신의 신흥사대부들이 성리학을 수용하는 기반을 제공하기도 하였다.

그런데 13세기 들어 원 간섭기에 들면서 불교계의 혁신운동도 변질되었다. 수선사의 경우 혜심이 법맥을 유지해 갔지만 크게 위축되고, 조계선종을 주도로 한 교단은 수선사의 계승을 표방한 가지산문(迦智山門)에 의해 이어지면서 결사운동의 혁신적인 성격에 대하여 보수적 성격을 지니게 되었다. 그리고 백련사는 원 황실의 원찰인 묘련사(妙蓮社)로 변질되었다. 또 균여파(均如派) 화엄종(華嚴宗)과 법상종(法相宗) 등이 부흥하였다.

당시 가지산문의 조계선종은 일연(一然)의 활동으로 전개되었다. 일연은 지눌의 계승을 표방하고 왕명으로 수선사의 별원인 강화 선원사에 주석하였으며, 가지산의 근거지인 불일사 · 운문사 등 경상도 지역의 여러 사찰을 돌며 산문의 재건을 꾀하였다. 일연은 대선사에서 최고의 승직인 국존(國尊)으로 책봉을 받았으며, 인각사에서 2회에 걸친 구산문도회(九山門都會)를 개최하여, 가지산문이 일연을 중심으로 선종을 포함한 전체 불교계를 대표하는 교단이 되었음을 보여주었다. 일연은 선 · 교 양종과 더불어 유교 서적을 두루 섭렵한 학승으로, 불교계의 모순에 대하여도 비판의식을 가지고 있었다. 따라서 그의 저술인 『삼국유사(三國遺事)』에는 서민관계 가사를 다수 수록하여 역사의 주체를 다양하게 보고 있음을 보여주고 있다.

가지산문은 그 후 태고화상(太古和尙) 보우(普愚)가 배출되어 고봉을 형성하였다. 보우는 회암사에서 승려가 되어 원에 들어가 선종의 일파인 임제종(臨濟宗)을 수행하고 돌아와 왕사가 되었으며, 불교계 통합을 도모하였다. 보우는 한때 신돈과 대립하기도 하였지만 국사가 되어 승·속의 많은 제자를 배출하였다. 이 시기에 나옹화상(懶翁和尙) 혜근(慧勤)이 선풍을 크게 일으켰는데, 그는 원나라에서 지공(指空)을 만나고, 다시 임제종을 전수받아 공민왕 7년에 귀국하였다. 승과를 주관하고 왕사로 책봉되기도 하였으며 무학(無學)을 제자로 두었다. 이들은 다같이 보수적 경향을 띠면서 불교계의 통합과 정화를 위해 노력하였다. 그러나 사회의 전반적인 흐름은 타락상을 드러내고 있었고, 불교계의 모순은 신흥사대부의 척불론을 극복하지 못하였다.

이렇듯 고려 후기 불교는 무신집권기의 신앙결사운동을 계승하지 못하고, 귀족적·보수적 성격으로 일관되었다. 물론 개인적으로나 일각에서는 불교계의 폐단과 모순을 극복하고자 하는 노력이 있었으나, 고려 말의 어지러운 정세와 경제적 내부모순이 중첩되었던 시대 흐름을 바꿀 수는 없었다. 더욱이 친귀족적인 보수경향의 불교계는 대토지소유와 고리대금업 등으로 나타나는 사회모순의 일익을 담당함으로써 승려의 타락을 가져왔고, 결국에는 신흥 유학인 성리학의 정치이념에 그 자리를 넘겨주어야만 하였다.

【문학】

무신정권의 성립은 고려 전기의 귀족문화인 한문학(漢文學) 전통이 계속되는 가운데 내용과 체제 면에서 새로운 문학이 일어날 수 있는 계기를 만들었다고 할 수 있다.

김극기(金克己)는 크게 나서지 않으면서 문집을 완성하고, 농민생활의 실상을 담은 작품세계를 보여 주었다. 오세재(吳世才)나 이인로(李仁老) 같은 문신들은 죽림고회(竹林高會)를 만들어 문학에서 삶의 보람을 찾고, 무신정권에 등용되는 길을 열고자 하였다.

최씨정권 때 문한을 주관하였던 이규보(李奎報)는 당시 자부심을 가지고 재능을 발휘하였다. 그는 『백운소설(白雲小說)』, 『동국이상국집(東國李相國集)』을 지어 다양한 작품세계를 이룩하였는데, 그 가운데 어려운 현실을 사는 농민의 처지를 대변하는 농민시(農民詩)

를 짓기도 하였다. 그리고 이인로는 『파한집(破閑集)』을 지어 비평문학을 선보였는데, 그로부터 비평이 본격화되어 위기에 몰린 문장을 옹호하였다. 그리고 최자(崔滋)는 『보한집(補閑集)』, 최해(崔瀣)는 『동인지문(東人之文)』, 이제현(李齊賢)은 『역옹패설(櫟翁稗說)』을 지어 당시 수필형식의 패관문학(稗官文學)을 이루었다.

한편 혜심(慧諶) 이후 불교문학의 양상도 달라졌다. 혜심은 논리적 서술의 한계를 극복하기 위하여 선시(禪詩)와 선문답(禪問答)을 내놓으면서 문학적 표현의 새로운 영역을 개척하였다. 또 천책(天頙)·충지(冲止) 같은 승려시인이 활동하면서 원나라 간섭에 따른 백성들의 참상을 아주 실감 있게 표현하였다. 선종(禪宗)의 문학은 경한(景閑)·보우(普愚)·혜근(惠勤)에게로 이어졌다.

한편 임춘(林椿)은 돈을 의인화한 「공방전(孔方傳)」과 술을 의인화한 「국순전(麴醇傳)」, 이규보는 술을 의인화한 「국선생전(麴先生傳)」, 이곡(李穀)은 「죽부인전(竹夫人傳)」 등을 지어 사물을 의인화하는 설화문학이 등장하였다. 또 이규보와 최해는 자기를 다른 어떤 인물에 비추어 칭송도 하고 비하도 하는 탁전(托傳)을 개척하기도 하였다.

한편 고려 후기에는 사대부계층의 시가(詩歌)에 대하여 장가(長歌)·속요(俗謠)라 부르는 민중노래가 유행하였는데, 이는 민요문학으로 등장하여 속악가사(俗樂歌詞)로 궁중악에 쓰여졌다. 「정읍사(井邑詞)」, 「처용가(處容歌)」는 삼국시대의 전통을 이은 것이지만, 「쌍화점(雙花店)」은 새로운 것이었다. 이외에 「동동(動動)」, 「정과정(鄭瓜亭)」, 「가시리」, 「이상곡(履霜曲)」, 「만전춘별사(滿殿春別詞)」, 「서경별곡(西京別曲)」, 「청산별곡(青山別曲)」 등은 토속적이며 민중적인 감정과 남녀의 사랑을 대담하고 자유분방하게 표현하고 있다. 또 이제현과 민사평(閔思平)이 남긴 「소악부(小樂府)」에도 당시 민요의 모습이 남아 있다. 또 「어부가(漁父歌)」는 관인으로 있으면서 강호의 처사로 음풍농월하는 문인·관료들의 시가문학이 되었다.

그리고 별곡체인 시가문학으로 경기체가(景幾體歌)가 유행하였다. 이는 노래의 끝에 '경기여하' '경긔엇더ᄒᆞ니잇고'라는 구절이 있어 이름이 붙은 것이다. 이는 대부분의 한자어에 극히 부분적으로 향가식 표현을 붙여 표기한 것으로, 당시 문사들이 우리의 리듬을 살린 새로운 형식의 시가를 만든 것이었다.

이어 경기체가(景幾體歌)·가사(歌辭)·시조에서 보이던 향가가 자취를 감춘 다음에 상층 시가문학이 비로소 구체적인 모습을 가지게 되었다. 1216년 「한림별곡(翰林別曲)」을 시작으로, 안축(安軸)의 「관동별곡(關東別曲)」, 「죽계별곡(竹溪別曲)」으로 이어진 경기체가는 한자어구로 지칭된 사물을 열거하면서 흥취를 찾는 것을 특징으로 삼았으며, 사대부들의 득의에 찬 현실을 노래하고 있다.

고려 후기 문학은 무신정권 이후 권문세가들의 외세의존적 대외모순과 대토지소유에 따른 대내모순을 극복하고 새로운 역사를 이끌어야 했던 신흥사대부의 현실인식을 바탕으로 발전한 일면을 가지고 있다. 즉 성리학을 새로운 이념으로 내세우고 현실의 문제를 깊이 다루고자 하는 새로운 문학이 자리하였다. 다른 한편에서는 향가의 전통을 잇는 것으로 민중들의 고통스런 모습을 표현하고 남녀의 자연스런 사랑과 토속적이며 민중적인 생활을 내용으로 한 속요 등이 유행하며 그 시대상을 잘 나타내고 있는 것이다.

또한 고려 말기 문인들의 작품이 후에 문집으로 정리되는데, 정몽주(鄭夢周)의 『포은집(圃隱集)』, 이숭인(李崇仁)의 『도은집(陶隱集)』, 정도전의 『삼봉집(三峰集)』 등은 그들의 이상세계와 현실사회를 표현하며 시대상황을 문학적으로 표현하고 있다.

【성리학의 수용】

고려 후기 성리학의 수용은 시대모순을 극복하고 사회변혁을 꾀하던 신흥사대부의 정치적 이념을 제공하는 구실을 하였다. 왕실의 후원을 받는 특권계층인 부원세력과 불교세력에 대응하여, 새로운 사회주체세력으로 성장해야 했던 이들은 새로운 사상과 이념이 필요하였다. 여기서 성리학이 수용되었다.

충렬왕 때 안향(安珦)이 성리학을 들여와 국학과 문묘를 신축하고 양현고(養賢庫)를 충실히 하여 유교가 크게 장려되었다. 이때 사장(詞章)과 훈고(訓詁)에 흐르던 학풍에서 경학(經學)과 사학(史學)을 강조하면서 경사교수도감(經史敎授都監)이 설치되기도 하였다. 시대적으로도 최씨정권 이후 심성화(心性化)한 선종(禪宗)이 융성해지면서 성리학을 수용할 수 있는 터전이 마련되었다.

충선왕은 세자로 있으면서 연경(燕京)에서 백이정(白頤正)과 함께 원의 학자들과 사귀었으며, 왕위에서 물러난 후에는 만권당(萬卷堂)을 짓고 유학을 권장하였다. 원에서 수업한 백이정은 이제현(李齊賢) · 박충좌(朴忠佐) 등에게 전수하여, 고려 말 이색(李穡) · 이숭인(李崇仁) · 정몽주(鄭夢周) · 길재(吉再) · 권근(權近) · 정도전(鄭道傳) 등의 성리학자를 배출하게 되었다.

성리학은 송(宋)의 주희(朱熹)가 집대성한 것인데, 한(漢) · 당(唐) 때의 훈고학적인 유학에 대하여, 우주의 근본원리와 인간의 심성문제를 철학적으로 해명하려는 신유학이었다. 성리학은 처음 『소학(小學)』을 중심으로 일상생활에 있어서의 실천적 윤리를 중요시 하면서 수용되었다. 그러다 점차 인생과 우주의 근원을 형이상학적으로 해석하는 철학체제로 발전하게 되었다.

성리학은 우주의 본체와 인성(人性)을 합일로 보는 학문이다. 성리학의 우주관은 자연현상의 운행이 이 · 기(理氣)로 구성되어 태극으로부터 시작하여 음양의 조화로 나타나며, 금 · 목 · 수 · 화 · 토(金木水火土) 오행(五行)의 기운에 의해 상생(相生) · 상극(相剋)의 이치로 전 우주만물이 변화 · 지배된다고 보고 있다.

또한 성리학은 가족을 중심으로 하는 혈연공동체와 국가를 중심으로 하는 사회공동체의 윤리 규범을 제시하였다. 따라서 개인 수양과 국가 통치를 위한 행동규범으로 『대학(大學)』의 8조목인 격물(格物) · 치지(致知) · 성의(誠意) · 정심(正心) · 수신(修身) · 제가(齊家) · 치국(治國) · 평천하(平天下)를 강조하였다. 그리고 성리학은 사회적 인간관계와 개인 수양이라는 양면을 중시하여, 예(禮)를 강조하면서 인간의 심성을 탐구하였다. 따라서 인간의 심성으로 표현되는 마음을 성(性, 바탕)과 정(情, 현상)을 아우른 것으로 보고, 이는 인 · 의 · 예 · 지 · 신(仁義禮智信) 오상(五常)으로 구성되어 있음을 말하고 있다. 아울러 인간의 윤리도 이에 조화되는 오상의 실천으로 표방된다. 따라서 정치적인 면에서는 군신 간의 인덕과 충의가 강조되고, 이단을 배척하는 현실적인 실천이 중요시되었다. 이에 성리학자들은 사원의 폐해와 승려들의 비행을 공격하는 선을 넘어, 불교 자체가 인륜을 무시하고, 나라의 기강을 무너뜨리는 것으로 철저히 부정하기에 이르렀다. 결과적으로 불교적 성격이 강했던 고려를 무너뜨리고, 조선을 건국하는 정치이념이 되었다.

【사학】

고려 현종 때부터 관찬 사서인 태조부터 목종까지의 7대실록이 편찬되는 등 역대 실록편찬이 진행되었으며, 원 간섭기에도 그들의 요구에 따라 당대 실록이 편찬되기도 하였다. 그리고 인종 23년(1145) 왕명으로 김부식(金富軾)이 중심이 되어 『삼국사기』를 편찬하게 됨에 따라 기전체(紀傳體)의 전형적인 동양 역사서술 체제를 갖춘 사서가 편찬되는 새로운 업적을 이룩하였다. 이는 『구삼국사(舊三國史)』 등의 고유한 사료와 중국의 자료를 참조하여 귀족의 입장에서 유교적 사관에 의해 엮은 정사(正史)였다.

무신정권과 외세의 간섭을 경험한 고려 후기의 지식층들은 역사 편찬에 있어 『삼국사기』의 정형적인 체제를 넘어 민족사를 주체적으로 재인식하자는 움직임을 문학적 표현으로 나타내고 있다. 즉 이규보의 『동명왕편(東明王篇)』은 고구려 건국 서사시를 재현하면서 민족적 자부심의 근거로 삼고자 하였고, 이승휴(李承休)는 『제왕운기(帝王韻紀)』에서 민족사의 전개를 중국의 경우와 대비하여 서사시로 노래하면서 단군(檀君)으로부터 시작되는 민족문화의 유구함과 자주성을 표현하였다.

각훈(覺訓)은 귀족세력과 공존 관계에 있는 교종(敎宗)의 입장에서 『해동고승전(海東高僧傳)』을 지어 『삼국사기』에 빠져 있는 불교사를 서술하여, 후일 일연(一然)의 『삼국유사(三國遺事)』를 낳는 디딤돌을 놓았다. 일연은 몽골의 침략으로 훼손된 신라 최고의 불교유적지 황룡사 터를 직접 답사하는 등 전란으로 민족문화가 파괴되고 원의 간섭으로 무너져 내린 민족의 자존심을 살리고 주체성 회복을 위해, 불교와 민간전승이 어우러진 데서 정사체의 역사 편찬체제를 넘어 민족정신의 맥락을 찾고자 하였다.

그 외에 의종 때 김관의(金寬毅)의 『편년통록(編年通錄)』, 충렬왕 때 원부(元傅)의 『고금록(古今錄)』, 정가신(鄭可臣)의 『천추금경록(千秋金鏡錄)』, 충선왕 때 민지(閔漬)의 『본조편년강목(本朝編年綱目)』, 공민왕 때 이제현(李齊賢)의 『사략(史略)』 등이 편찬되었다.

【미술】

고려 후기 미술은 당대 문화형태의 근간을 이루는 불교 관련 작품이 대표적이다. 즉, 사찰의 건축과 불화 · 공예 · 사경 · 불탑 · 부도 등이 중심을 이룬다. 아울러 고려 미술을 비롯한 문화양상은 중앙과 지방의 지역, 양반과 향리 · 평민 · 노비 등의 신분, 지리도참과 유교 · 불교의 사상 등의 다양한 사회 모습을 포함한 다양성과 이를 바탕으로 한 통일성을 띠고 발전한 특징을 가지고 있다.

최근에 주목받고 있는 수월관음도(양류관음도) 등의 고려불화와 금이나 은으로 불경을 쓴 사경(寫經)이 고려불교의 대표적인 작품으로 나타났다. 이것은 정교한 수공업 기술의 바탕 위에 이루어진 것으로, 불교문화의 정수로 뛰어난 예술성을 보여주고 있다. 아쉬운 것은 국내에 남아 있는 작품보다 일본 등 외국에 유출된 것이 많다는 것이다. 그리고 부석사 조사당과 수덕사 대웅전의 벽화 등이 유명하다.

석탑으로는 충목왕 때 만들어진 개풍 경천사지탑은 대리석을 재료로 아래 3층에 사면으로 돌출된 층을 마련하여 불경의 내용을 새기고, 그 위에 7층의 탑신을 올린 양식으로 원의 국교였던 라마교의 영향을 받았다. 또 월정사 팔각구층석탑은 송나라의 영향을 받아 세워졌다. 그리고 여주 신륵사의 보제존자사리탑(普濟尊者舍利塔)은 석종(石鐘) 형식의 부도로 소박한 모습을 하고 있다.

또한 고려 종이는 중국에도 널리 알려졌으며, 당시 청자와 함께 명품으로 꼽혔다. 그리고 나전칠기의 금입사·은입사 기법은 청자의 상감기법과 같은 것으로 고려의 고급문화를 대표하고 있다. 아울러 청자 바탕에 구름·학·버들 등 아름다운 문양을 새기고 상감기법으로 만들어진 고려의 자기는 세계적 수준을 보여주고 있다. 특히 고려인이 만든 비색청자의 색깔과 아름다움은 독보적인 가치를 가지고 있다.

목조건물은 고려 중기 이후 주심포 양식을 특징으로 하고 있으며, 현존하는 안동 봉정사 극락전, 영주 부석사 무량수전과 조사당, 예산 수덕사 대웅전, 강릉 객사문 등은 당시 건축물을 대표하고 있다. 배흘림기둥과 대들보와 서까래가 보이는 내부 천장 모습 등이 특징으로 나타난다.

회화작품은 낭만적 표현으로 은일도(隱逸圖)·사군자도(四君子圖) 등이 나타났으며, 시화일치론(詩畵一致論)에 따른 신흥사대부의 풍류생활을 표현하고 있다. 그리고 공민왕이 그렸다는 「천산수렵도(天山狩獵圖)」가 전한다. 서예는 고려 초기 간결한 구양순체(歐陽詢體)에서 후기에 들면서 조맹부(趙孟頫)의 우아한 송설체(松雪體)로 경향이 바뀌었다. 충선왕 때 이암(李嵒)은 당대 대표적인 서예가였다.

【금속활자와 과학기술】

고려 전기 초조대장경을 목판인쇄로 출판한 경험을 바탕으로 창조적인 인쇄술을 발휘하여 세계에서 처음으로 금속활자를 발명함으로써 인쇄술의 혁신을 가져왔다. 기록상 고려에서 금속활자로 책을 발간한 첫 사례는 1234년 최윤의(崔允儀) 등이 지은 『상정고금예문(詳定古今禮文)』으로 보고 있다. 즉, 이규보(李奎報)의 『동국이상국집(東國李相國集)』 후집에

월정사 팔각구층석탑

기록된 진양공(晉陽公) 최우를 대신하여 지은 「신인상정예문발미(新印詳定禮文跋尾)」의 내용에 보면, 강화도로 황급하게 천도하면서 예관(禮官)이 미처 가져 오지 못한 50권의 『상정고금예문』을 최우가 가지고 온 한 질의 책에 의하여 주자(鑄字)로 28부를 찍어 여러 관서에 나누어 주었다고 한다.

또 고종 26년(1239)에 주자본을 중조(重彫)한 『남명천화상송증도가(南明泉和尙頌證道歌)』의 간기가 남아 있어, 이미 1239년 이전에 본서의 금속활자본이 있었음도 알 수 있다. 그런데 몽골군과 항전하는 시기에 금속활자로 책자를 발간하고 있음을 통하여, 금속활자의 발명은 그 이전 12세기 말경에 개성에서 주자인쇄를 경험하였던 것으로 해석하기도 한다.

원나라의 간섭으로 학문이 위축되어 금속활자의 기능이 한때 위축되었지만, 반원정책과 더불어 주권회복 의식이 대두되면서 종전처럼 서적포(書籍鋪)를 설치하고 주자를 만들어 경전을 비롯한 의서·병서·율서 등을 고루 발간하게 되었다.

한편 원 간섭기에 개경에서 멀리 떨어진 지방 사찰이 활자를 주조하여 불교서적을 찍어 내었다. 즉, 1377년 7월 청주목(淸州牧)의 교외에 있던 흥덕사(興德寺)에서 찍어낸 『백운화상초록불조직지심체요절(白雲和尙抄錄佛祖直指心體要節)』을 들 수 있다. 이는 줄여서 '직지심체요절' 또는 '직지'라고 하며 그 중 하권이 프랑스 국립도서관에 보관되어 있어 세계기록문화유산으로 지정되어 있다.

직지는 조선시대 관에서 만든 활자와 같이 활자의 크기와 꼴을 꼭 같게 다량 생산하는 주물사(鑄物沙)의 방법으로 주조한 것이 아니라, 사찰이 전통적으로 적용해 온 재래의 밀랍주조법으로 주조한 사주활자본(寺鑄活字本)의 특징을 가지고 있다.

한편 고려 후기 목판활자로 고려대장경(高麗大藏經, 팔만대장경)의 조판은 지금까지 세계 최고·최대의 완벽한 불경을 갖춘 고려의 문화국가로서의 지위를 보여주고 있다. 뿐만 아니라 최우를 비롯한 지배층과 국학생·사미승·청신녀 등을 포함한 일반 민중들에 이르기까지 국운을 위해 자발적으로 참여한 작품이라는데 더 큰 의미가 있다.

그리고 고려 후기에 들어 농업기술의 혁신적인 발전이 있었고, 옷감에도 특기할 시기를 맞이하였다. 지방에 은거한 사대부들이 각종 농서(農書)를 편찬하고 실질적으로 활용하게 함으로써 중국의 강남농법(江南農法)이 전국적으로 확산되어 생산력의 발전을 가져왔다. 아울러 비료를 주는 시비법(施肥法)과 보(洑)와 제언(堤堰) 등 수리시설을 개발하고, 해를 걸러 쉬는 농경지 대신 해마다 이어서 경작하는 연작법(連作法) 등이 개발되어 조선시대로 이어지는 경제적 기반을 확충하는 결과를 가져왔다.

옷감에도 종래의 삼베(마포)를 대신하여 목면이 들어와 무명(면포)이 중요한 옷감으로 등장하였다. 문익점(文益漸)이 원나라로부터 목화씨를 가져와 장인 정천익(鄭天益)에게 지리산 아래 산청에 심게 하여 재배에 성공하고, 나아가 씨아와 물레를 발명하여 점차 보급하게 되었다. 이는 조선시대에 전국적으로 확대되면서 한국 의생활의 일대 혁신을 가져오게 되는 계기가 되었다.

의학도 크게 발전하여 고종 23년(1236) 『향약구급방(鄕藥救急方)』이 발간되고, 『삼화자향약방(三和子鄕藥方)』 등 많은 향약서가 발간되어 조선시대에 들어와 『향약집성방(鄕藥集成方)』으로 집대성되기에 이르렀다. 또 송과 원에서 사용되던 화약의 제조법이 최무선에 의해 개발되었다. 우왕 3년(1377)에는 화통도감(火㷁都監)이 설치되어 각종 화포를 제작하여 화약을 무기로 사용함으로써 고려 말 조선 초에 왜구를 격멸하는데 큰 공을 세웠다.

제7장 조선 전기 양반사회의 성립과 발전

제1절 조선의 건국

고려 말 공민왕은 원의 간섭으로부터 벗어나고자 개혁을 추진하여 어느 정도 성공하였으나 시해되고 말았다. 우왕이 즉위하였으나 내부적으로 권문세가의 횡포와 사회적 갈등이 격심하였다. 성리학적 기반을 가진 신진사대부는 사회적 모순에 대한 개혁의 방향을 둘러싸고 의견이 대립하였다. 이색(李穡), 정몽주(鄭夢周) 등 온건개혁파들은 고려왕조의 틀 안에서 점진적인 개혁을 추진하려 하고, 급진개혁파는 고려왕조를 부정하는 혁명을 주장하였다.

홍건적(紅巾賊)과 왜구의 토벌에서 명성을 떨친 최영과 신흥 무장 이성계(李成桂)가 등장하였다. 최영(崔瑩)의 요동정벌계획이 이성계의 위화도회군으로 좌절되고 이로 인해 군사력을 장악한 이성계 등 신흥 무장세력과 급진개혁파가 연결되었다. 창왕을 몰아내고 공양왕을 세우면서 혁명파는 정치적 실권마저 장악하였다. 이들은 당시 최대의 문제였던 전제개혁을 단행하고 과전법을 마련함으로써(1391) 경제적 실권까지 장악하였다. 혁명파는 온건파인 정몽주 등을 제거하고 도평의사사를 장악하여 이성계가 공양왕의 왕위를 물려받아 조선을 건국하였다(1392).

국호를 조선(朝鮮)으로 하고 한양(漢陽)으로 도읍을 옮겼다. 국호 조선은 고조선(古朝鮮)의 후예라는 대승적 민족의식이 있어 민족통일의식이 심화된 것이다. 한양에 도성을 쌓고 경복궁(景福宮)을 비롯한 궁궐, 종묘, 사직, 관아, 도로 등을 건설하여 도읍의 기틀을 다졌다. 한양은 삼국시대에 삼국이 각각 한때 차지했던 곳이고, 고려시대에는 한양 명당설로 남경(南京)을 두었던 곳이기도 하다.

건국초기의 문물제도를 갖추는 데 크게 공헌한 이는 정도전(鄭道傳)이었다. 그는 민본적 통치규범을 마련하고, 재상 중심의 정치를 주장하였다. 또 불교를 비판하고, 성리학을 통치

이념으로 확립하였다.

두 차례의 왕자의 난을 통하여 개국공신의 세력을 몰아내고 왕위에 오른 태종(太宗, 1400~1418)은 지배기구의 틀을 마련하였다. 태종은 왕권을 강화하고 국왕 중심의 통치체제를 정비하고자 하였다. 이에 도평의사사를 없애고 의정부를 두면서 그 정치적 권한을 약화시키고, 정치업무를 6조에서 의정부를 거치지 않고 곧바로 국왕에게 올려 재가를 받아 시행하게 하는 6조직계제(六曹直啓制)를 채택하였다. 태종은 국가의 경제 기반을 안정시키고 군사력을 강화하려 하였다. 이에 양전사업(量田事業)과 호구 파악에 노력을 기울였으며, 호패법(號牌法)을 실시하였다. 사원의 토지를 몰수하고 억울한 노비를 조사하여 해방시켰으며, 사병을 없애 왕의 군사지휘권을 장악하고 친위 군사를 늘렸다.

세종(世宗, 1418~1450)은 안정된 왕권과 경제력을 바탕으로 유교정치를 실현하였다. 조선왕조의 가장 모범적인 군주로 칭송받는 세종은 33년 간 장기 집권하면서 궁중 안에 정책연구기관으로 집현전(集賢殿)을 두고 집현전학사들을 일반 관리보다 우대하였다. 집현전에서는 중국 및 우리나라의 역대문화를 깊이 연구하여 이를 책으로 편찬하고 국왕의 여러 시정에 자문하였다. 세종은 왕도정치를 내세우고 유교적 민본사상을 실현하려 하였다. 국가의 행사를 오례에 따라 유교식으로 거행하였으며, 사대부들에게도 주자가례(朱子家禮)의 시행을 장려하여 유교윤리가 사회윤리로 자리잡게 하였다. 세종은 인재등용에 있어서도 천인을 차별하지 않고 유능한 인재를 발탁하였다. 노비나 장인, 상인에게도 잡직이라는 하급 전문직으로 나가는 길을 열어주고, 장영실(蔣英實) 같은 천인 과학자를 우대하였다. 세종 때에는 국가 기강이 바로잡혀 청백리 재상들이 많이 배출되었다. 18년 간 영의정으로서 선정을 베푼 황희(黃喜)를 비롯하여 검은 소를 타고 다녔다는 맹사성(孟思誠), 동대문 밖의 비 새는 초가에서 살았다는 유관(柳寬) 등의 재상이 속출하였다. 외치로도 명과의 외교관계를 개선하고, 4군 6진을 개척하여 오늘날의 국경을 확정하고, 대마도를 정벌하여 고려 말부터의 왜구의 창궐을 근절하였다.

문종과 단종이 단명으로 끝나고 수양대군이 정변을 일으켜 왕권을 장악하였다. 세조(世祖, 1455~1468)는 강력한 왕권을 장악하기 위하여 통치체제를 다시 6조직계제로 고쳤다. 집현전을 없애고 국가의 통치체제를 확립하기 위하여 항구적으로 사용할 체계적인 법전인 『경국대전(經國大典)』을 편찬하였다. 강력한 부국강병책을 추진하여 진관체제(鎭管體制)를 실시하여 변방중심 방어체제를 전국적인 지역중심 방어체제로 바꾸고, 호적사업을 강화하고, 보법(保法)을 실시해 군정 수를 1백만으로 늘렸다. 세조의 등장으로 조선왕조는 왕실의 위상이 높아지고, 국방과 재정이 충실해졌으나 관료와 지주층의 반발이 심했다.

성종(成宗, 1469~1494)은 건국 이후의 문물제도의 정비를 마무리지었다. 성종은 13세에 즉위하여 조모의 섭정을 받았으나 20세가 되면서 친정을 하였다. 홍문관(弘文館)을 두어 모든 관원에게 경연관(經筵官)을 겸하게 하여 집현전을 계승하였으며, 정승을 비롯한 주요 관리들도 다수 경연에 참여할 수 있게 하였다. 성종은 『경국대전』을 마무리하여 반포함으로써 조선왕조의 통치체제를 확립하였다. 성종은 훈신들과 유교적 이상주의자인 사림의 세력을 조화, 협력시키면서 개국 후 추진되어 오던 문물정비사업을 마무리하였다. 성종 때에 이르러 조선적 특색을 지닌 통치질서를 완성하였다.

제2절 조선왕조의 통치기구

【 중앙정치기구 】

조선왕조는 건국 직후부터 독자적인 정치규범을 만들고 이를 표준으로 하여 정치를 운영했다. 정도전이 주례의 통치규범을 참고하여 지은 『조선경국전(朝鮮經國典)』과 『경제문감(經濟文鑑)』을 표준으로 하여 세조~성종대에 완성한 『경국대전』이 모든 제도를 완성한 것이다.

조선의 중앙정치체제는 『경국대전』으로 법제화되어 관리는 문반과 무반으로 구성되고, 18등급으로 나뉘었다. 이들은 국왕과 함께 정책을 논의하는 자리에 참여하거나 주요 관서의 책임자가 될 수 있는 당상관(堂上官)과 실무를 담당하는 당하관(堂下官)으로 구분된다. 관직은 중앙관직인 경관직(京官職)과 지방관직인 외관직(外官職)으로 이루어지고, 경관직은 국정을 총괄하는 의정부와 그 아래에 왕의 명령을 집행하는 행정기관인 6조를 중심으로 편성되었다. 6조 아래에는 여러 관청들이 소속되어 업무를 나누어 맡음으로써 행정의 전문성과 효율성을 높일 수 있었다. 의정부와 6조의 고관들이 중요 정책 회의에 참여하거나 경연에서 정책을 협의함으로써 각 관서 사이의 업무를 조정하고 통일적인 정책을 추진할 수 있었다. 정승은 예문관, 홍문관, 승문원, 춘추관, 관상감 등 중요 관청의 최고 책임을 겸한다.

관리의 비행을 감찰하는 관청으로 사헌부(司憲府), 국왕의 시정을 비판하는 기관으로 젊고 강직한 신하를 임명하여 언론을 전담시킨 사간원(司諫院), 왕의 정치 및 학술고문과 교지작성을 맡은 홍문관의 3사는 정사를 비판하고 관리들의 비리를 감찰하는 언론 기능을 담당하였다. 3사의 언론은 고관들은 물론이고 왕이라도 함부로 막을 수 없었고, 이를 위한 여러 규정이 관행으로 받아들여졌다. 3사는 의정부 및 6조의 행정기관과 상호 견제하는 위치에 있어서 권력이 한쪽에 치우치는 것을 막았다. 3사의 관원은 벼슬 등급은 높지 않았으나 학문이 높은 엘리트 층으로 구성되어 이곳을 거친 후에 판서나 정승에 오르는 것이 관례가 되어 있다.

이외에 국가의 큰 죄인을 다스리는 의금부(義禁府), 왕명의 출납을 맡은 비서기관인 승정원(承政院), 군사기밀을 맡은 중추원(中樞院), 서울의 행정과 치안을 담당하는 한성부(漢城府), 역사서 편찬과 보관을 담당하는 춘추관(春秋館), 최고 교육기관인 성균관(成均館) 등이 있었다.

【 지방행정조직 】

조선은 전국을 경기 · 충청 · 전라 · 경상 · 강원 · 황해 · 평안 · 함경도의 8도로 나누고 고을의 크기에 따라 지방관의 등급을 조정하고, 작은 군현을 통합하여 전국에 부 · 목 · 군 · 현 등 약 330여 개의 군현을 두었다. 고려시대에 특수 행정구역이었던 향, 부곡, 소도 일반 행정구역으로 승격시켰다. 전국의 모든 군현에 수령을 파견하고, 수령은 일반국민을 직접 다스리는 목민관(牧民官)으로서, 왕의 대리인으로서 지방의 행정 · 사법 · 군사권을 가지고 있었다. 수령의 비행을 견제하고 백성들의 생활을 살피기 위하여 전국 8도에 관찰사(觀察使)를 파견하였고, 수시로 암행어사(暗行御史)를 지방에 보내기도 하였다. 지방관의 임기는 관찰사는 1년, 수령이 5년(뒤에 3년)으로 제한되었다. 지방관 밑에는 중앙의 6조를 모방한 이 · 호 · 예 · 병 · 형 · 공의 6방이 있어서 사무를 나누어 맡았다. 수령의 권한을 강화하고, 향리는 수령의 행정 실무를 보좌하는 세습적인 아전(衙前)으로 격하시켰다. 고려시대에는 수령이 파견되지 못하는 군현이 더 많아서 국가의 공권력이 전국에 미치지 못하였었다.

군현 아래에는 면 · 리 · 통을 두었다. 다섯 집을 하나의 통으로 편성하였고, 향민 중에서 각각의 책임자를 선임하여 수령의 명령을 받아 인구 파악과 부역 징발을 주로 담당하게 하였다. 유향소(留鄕所, 鄕廳)를 운영하여 지방민의 자치를 허용하기도 하였다. 유향소에서는 좌수(座首)와 별감(別監)을 선출하여 자율적으로 규약을 만들고, 수시로 향회를 소집하여 여론을 수렴하면서 백성을 교화하였다. 서울에는 경재소(京在所)를 두고 그 지방 출신의 중앙 고관을 책임자로 하여 유향소와 정부 사이의 연락관계를 긴밀하게 하고, 유향소를 중앙에서 통제할 수 있게 하였다.

조선시대 관료제도에는 고려시대에 볼 수 없었던 합리적인 장치가 더 마련되었다.

첫째, 상피제(相避制)를 두어 부자나 형제가 같은 관청에 근무할 수 없게 하고, 수령이 자기 출신지에 부임하지 못하며, 친족이 과거에 응시할 때 고시관이 될 수 없었다.

둘째, 왕의 가까운 종친이나 부마는 원칙적으로 관리가 될 수 없고, 또 왕은 사유재산을 가질 수 없었다. 왕실의 경비는 정부에서 지출하게 하는 궁부일치제(宮府一致制)의 재정구조를 만들었다. 이는 왕을 철저한 공인으로 만들어 사적인 인맥을 차단시키기 위함이었다.

셋째, 관료 승진에 고과제를 엄격하게 하여 무능한 자를 도태시키고, 능력있는 자를 우대하였다.

【 군사제도 】

조선은 건국 초부터 군역제도를 정비하였다. 태종 이후 사병조직을 폐지하고, 16세 이상 60세 이하의 모든 양인 남자는 군역을 지게 하는 양인개병제(良人皆兵制)를 실시하였다. 이로써 모든 양인은 현역군인인 정군(正軍)과 정군의 비용을 부담하는 봉족(奉足, 保人)으로 편성되었다. 현직관료와 학생만 군역을 면제받았을 뿐, 종친과 외척, 공신이나 고급관료의 자제들도 고급 특수군에 편입되어 군역을 부담하였다. 정군은 서울이나 국경요충지에 배속되었고, 일정 기간 교대로 복무하였으며, 복무 기간에 따라 품계와 녹봉을 받기도 하였다.

군사조직은 중앙군과 지방군으로 나누었는데 중앙군은 궁궐과 서울을 수비하는 의흥위 · 용양위 · 호분위 · 충좌위 · 충무위의 5위로 구성되고, 그 지휘부는 5위도총부로 책임은 문반관료가 맡았다. 중앙군은 갑사(甲士)나 특수병으로 구성되었다.

지방군은 육군과 수군으로 나뉘어, 건국 초기에는 국방상의 요지인 영이나 진에 소속되어 복무하였다. 조선의 국방체제는 5위의 중앙군보다는 지방군이 더 중요하였다. 세조 이후에는 진관체제를 실시하여 요충지의 고을에 성을 쌓아 방어체제를 강화하였다. 진관체제는 지방 각 도에 병영(兵營)과 수영(水營)을 하나씩 두어서 육군과 해군을 통할케 하고 그 밑에 여러 진을 두었다. 함경도와 경상도에는 병영과 수영이 둘씩 있고 전라도에는 수영을 둘을 두었다. 수군은 육군에 비하여 힘들고 위험하였기 때문에 사람들이 수군에 들어가는 것을 꺼려하였다.

국방력의 중심이 된 양인농민병사는 오직 정병이 되었을 뿐이며, 이들이 평상시에 농업에 종사하다가 징발되면 서울이나 지방의 요새지에 가서 군무에 복무하였다. 이들 중 정병을 재정적으로 돕는 봉족이 되기도 하였다. 조선 초기에는 정규군 외에 일종의 예비군인 잡색군(雜色軍)이 있었다.

군사조직과 더불어 교통과 통신체계도 정비되었다. 군사적인 위급 사태를 알리기 위한 봉수제(烽燧制)가 정비되고, 물자 수송과 통신을 위한 역참(驛站)이 설치되어 국방과 중앙집권적 행정관리가 한층 쉬워졌다.

【 관리등용제도 】

조선시대는 과거와 취재(取才), 음서, 천거(薦擧)를 통하여 선발되었다. 과거에는 문관을 뽑는 문과와 무관을 뽑는 무과, 기술관을 뽑는 잡과가 있었다. 관리나 고위 관원이 되기 위해서는 문과에 합격하는 것이 유리하였다.

문과는 3년마다 실시하는 식년시와 부정기 시험인 별시(別試)로서 증광시(增廣試), 알성시(謁聖試) 등이 있었다. 문과 식년시는 초시(初試)에서 각 도의 인구 비례로 240명을 뽑고, 2차 시험인 복시(覆試)에서 33명을 뽑고, 국왕 앞에서 순위를 결정하는 전시(殿試)를 치러 갑(3인), 을(7인), 병(23인)의 등급을 주어 그 등급에 따라 최고 6품에서 최하 9품을 주었다. 현직 관리인 경우에는 1~4계까지 승진할 수 있었다.

문과에 응시하기 위해서는 소과에 합격하여 생원(生員)이나 진사(進士)가 되어야 했으나, 뒤에는 제한이 없었다. 생진과는 문과에 비하여 소과, 또는 사마시(司馬試)라고도 한다. 소과합격자는 성균관에 입학하거나 문과에 응시할 수 있었으며, 하급관리가 되기도 하였다.

무과는 고려 말에 비로소 실시되어 조선에 계승되었다. 무과도 문과와 같은 절차를 거쳐 치르는데, 궁술(弓術) · 기창(騎槍) · 격구(擊毬) 등의 무예와 경서 · 병서 등의 학술로써 시험하여 최종 선발 인원은 28명이었고 합격자는 선달(先達)이라 하였다. 기술관을 뽑는 잡과에는 역과 · 의과 · 음양과 · 율과가 있어 사역원(司譯院) · 전의감(典醫監) · 관상감(觀象

監)·형조(刑曹)의 기술관을 채용하기 위한 것으로, 기술학의 교육은 해당 관부에서 맡았다. 이들도 3년마다 치러지는데, 분야별로 정원이 있었다. 기술학은 잡학이라 하여 천시되었으며, 중인의 자제가 이를 세습적으로 배워 응시하는 것이 보통이었다.

과거에 응시할 수 있는 자격은 천인을 제외하고는 특별한 제한이 없었다. 따라서 양인이 과거에 합격하여 양반으로 신분을 상승할 수 있는 기회가 보장되었다. 다만 반역죄인과 탐관오리의 아들, 재가한 여자의 아들과 손자, 그리고 서얼(庶孼)은 응시가 불가능하였다. 과거를 거치지 않더라도 고관의 추천을 받아 간단한 시험을 치러 관직에 등용되거나 음서를 통해 벼슬을 할 수 있었다. 그러나 음서의 혜택을 받는 사람도 공신 및 3품 이상 관리의 자손에게 한하고 있었으므로 고려시대에 비하여 크게 줄었고, 이들이 과거에 합격하지 않으면 고관으로 승진하기도 어려웠다. 고려에 비하여 한층 정비되고 과거 횟수도 훨씬 많아져서 과거에 급제하지 않으면 관리가 될 수 없을 정도로 조선은 양반관료제 사회라 할 수 있다.

제3절 조선 초기의 대외관계

【 명과의 관계 】

태조 이성계가 고려의 권문세족과의 투쟁과정에서 취한 친명정책이 건국 직후부터 명과 친선관계를 유지하여 정권과 국가의 안전을 보장받았다. 한미한 가문 출신인 태조는 그에게 섬기기를 원치 않는 구귀족들의 질시 속에서 그를 뒷받침해 주는 권위를 필요로 하였다. 그 권위로서 명이 이용되었다. 중국 이외의 주변 민족과는 교린정책(交隣政策)을 취하였고 이러한 사대교린정책은 상대국가가 달라지더라도 조선 전 시기에 걸쳐 일관되게 추진되었다.

명과는 태조 때 정도전이 중심이 되어 추진한 요동정벌의 준비와 여진과의 관계를 둘러싸고 불편한 관계가 유지된 적도 있었지만, 태종 이후 양국 간의 관계가 좋아지면서 문화교류가 활발하였다.

조선은 명에 대해서 기본적으로 사대정책을 유지하였으나, 명의 구체적인 내정간섭은 없었다. 매년 정기적, 부정기적으로 사절을 교환하였고, 그때 문화적·경제적 교류가 활발하게 이루어졌다. 1년에 세 번 정기적으로 정월 1일에 하정사(賀正使), 명 황제 생일에 성절사(聖節使), 황태자 생일에 천추사(千秋使)를 보냈다. 뒤에는 동지사(冬至使)가 추가되었고, 조선이나 명에 군주의 훙거(薨去)·사위(嗣位)·책비(册妃) 등이 있을 때에도 사절이 파견되었다. 사절교환의 목적은 기본적으로 정치적인 것이었지만, 이를 통하여 중국의 앞선 문화의 수입과 문물의 교류가 이루어졌다.

명에 대한 사대외교는 왕권의 안정과 국제적 지위 확보를 위한 자주적인 실리외교였고, 선진 문물을 흡수하기 위한 문화외교인 동시에 일종의 공무역(公貿易)이었다. 명과의 관계는 원만하였으나 때로는 분규도 없지 않았으니 조선으로 도망해 온 여진인의 송환이나, 종계변무(宗系辨誣) 문제 등이었다. 종계변무는 이성계가 이인임(李仁任)의 아들이라는 명나라 법전 『대명회전(大明會典)』의 잘못된 기록을 수정하려는 것이었다. 결국 이는 선조(宣祖) 대에 와서야 해결되었다.

【 여진과의 관계 】

함경도 지방을 근거로 출세한 태조는 이 방면의 경략에 착수하여 두만강까지의 지역을 영토로 편입하였다. 그러나 야인들의 침입이 잦아 일시 경성(鏡城)까지 후퇴하게 되었다. 조선은 영토의 확보와 국경 지방의 안정을 위하여 여진에 대하여 적극적인 외교정책을 펴나갔다. 세종 때에는 김종서(金宗瑞)로 하여금 이 방면의 경략에 종사하여 종성·온성·회령·경원·경흥·부령의 6진을 설치하여 두만강의 국경선은 확고하여졌다. 한편 압록강 방면의 야인에 대한 정벌은 최윤덕(崔潤德)·이천(李蕆) 등에 의하여 여연(閭延)·자성(慈城)·무창(茂昌)·우예(虞芮)의 4군을 설치하였다. 후에 4군은 철폐되기는 하였지만 압록강과 두만강을 경계로 하는 오늘날의 국경선은 유지되었다.

이후 여진에 대하여 조선은 회유와 토벌의 양면정책을 취하였다. 조선은 여진족의 귀순을 장려하기 위하여 관직을 주거나 정착을 위한 토지와 주택을 주어 우리 주민으로 동화시켰다. 사절의 왕래를 통한 무역을 허용하였고, 국경 지방인 경성과 경원에 무역소를 두고 국경무역을 허락하였다. 그러나 이런 교린정책에도 불구하고 여진족은 자주 국경을 침입하여 약탈을 자행하였고, 이 때마다 조선에서는 군대를 동원하여 이들을 정벌하였다.

한편 여진족의 침략에 효과적으로 대응하고 주민의 자치적 지역 방어체제를 확립함과 동시에, 국토의 균형 있는 발전을 꾀하는 정책도 마련하였다. 삼남 지방의 일부 주민들을 대거 북방으로 이주시켜 압록강과 두만강 이남 지역을 개발하는 사민정책을 실시하였고, 토착민을 토관(土官)으로 임명하여 민심을 수습하려 하였다.

【 일본 및 동남아시아와의 관계 】

고려 말에 왜구가 창궐하여 해안 지방에서는 약탈행위가 극심하였다. 조선 초기에 진정되었다고는 하지만 완전히 섬멸된 것은 아니었다. 계속된 왜구의 침략으로 해안 지방의 백성들이 산 속으로 숨어 들어가 농사를 제대로 지을 수 없을 정도였다. 이에 조선은 수군을 강화하고, 성능이 뛰어난 전함을 대량으로 건조하였다. 특히 화약 무기를 개발하여 선박에 장착하는 등 왜구의 격퇴에 노력하였다. 이에 따라 침략과 약탈이 어려워진 왜구들이 평화적인 무역관계를 요구해 오자, 조선은 일부 항구를 개방하여 제한된 무역을 허용하였다. 그러나 이후에도 왜구의 약탈이 계속되자, 세종은 이를 강력히 응징하기 위하여 이종무(李從茂)로 하여금 왜구의 소굴인 쓰시마 섬을 정벌케 한 것은 이 왜구의 근거지를 소탕하려고 한 것이었다. 아울러 왜구의 요구를 받아들여 남해안의 부산포(釜山浦) · 제포(薺浦, 鎭海) · 염포(鹽浦, 蔚山) 등 3포를 개방하여 무역을 허용하고, 뒤이어 계해약조(癸亥約條)를 체결하여 제한된 범위 내에서 교역을 허락하였다(1443). 이 약조에 의하여 대마도주는 1년에 50척의 세견선(歲遣船)을 파견할 수 있으며, 도주(島主)의 도서(圖書, 證印)가 찍힌 증명서가 있어야만 입항할 수 있게 하였다. 세사미두(歲賜米豆)도 1년에 200석으로 제한하였다.

그 후 중종 5년(1510)에 3포에 거주하는 왜인들이 삼포왜란을 일으켜 소란을 피웠다. 난이 진정된 후 3포를 폐쇄하고 교역을 끊었으나, 대마도주의 애걸로 중종 7년(1512)에 임신약조(壬申約條)를 맺고 계해약조에 규정된 세견선과 세사미두를 반으로 감하였다.

조선 초에는 류큐[오키나와] · 시암[태국] · 자바[인도네시아] 등 동남아시아의 여러 나라와도 교류하였다. 이들 나라는 조공, 혹은 진상의 형식으로 기호품을 중심으로 한 각종 토산품을 가져와서 옷, 옷감, 문방구 등을 회사품으로 가져갔다. 특히 류큐와의 교역이 활발하였는데, 불경, 유교경전, 범종, 불상 등을 전해주어 류큐의 문화발전에 기여하기도 하였다.

제4절 조선의 경제제도

【 농본주의정책 】

조선은 고려 말의 토지제도의 문란과 어려운 민생문제를 해결하고 안정을 위한 방안으로 농본주의정책을 내세웠다. 특히 백성을 사랑하는 왕도정치 사상에서 민생안정은 가장 먼저 해결해야 할 과제였다.

조선 건국의 주도세력은 중농정책을 표방하면서 농경지를 확대하고 농업생산력을 증가시키며, 농민의 조세부담을 줄여 농민생활을 안정시키려 하였다. 그러므로 건국 초부터 토지 개간을 장려하고 양전사업을 실시한 결과 고려 말 과전법 성립 당시 60~80만 결이던 경지 면적이 태종 때에는 120만 결, 세종 때에는 172만 결로 증가하였다. 또 농업생산력을 높이기 위하여 새로운 농업기술과 농기구를 개발하여 민간에 보급하였다. 반면 상공업자가 허가 없이 마음대로 영업하는 것을 규제하였다. 이것은 당시 사대부들이 물화의 수량과 종류를 국가가 통제하지 않고 자유 활동에 맡겨두면 사치와 낭비가 조장되며 농업이 피폐하여 빈부의 격차가 커지게 된다고 생각하였기 때문이었다. 더욱이 당시 사회에서는 사·농·공·상 간의 직업적인 차별이 있어 상공업자들이 제대로 대우받지 못하였다.

검약한 생활을 강조하는 유교적인 경제관으로 소비가 억제되었고, 도로와 교통 수단도 미비하였다. 자급자족적인 농업 중심의 경제는 화폐유통, 상공업활동, 무역 등을 부진하게 하였다. 정부가 화폐를 만들어 보급, 유통시키려 하였으나, 태종 때에 저화(楮貨)가 만들어지고, 세종 때 조선통보(朝鮮通寶), 세조 때 전폐(箭幣, 柳葉箭, 八方通寶)가 만들어졌으나 널리 유통되지 못하고 삼베, 무명, 미곡과 함께 사용되었다.

16세기에 이르러 국가의 농민에 대한 통제력이 약화되고 상공업이 발전하면서 상공업에 대한 통제정책은 해이해졌다. 그러므로 상공업에 대한 통제체제가 무너지고 국내 상공업과 무역이 활발하게 전개되었다.

【 과전법의 시행 】

고려 말 토지제도의 문란을 바로잡기 위하여 만들어진 과전법(科田法)은 국가의 재정 기반과 조선의 건국에 참여한 신진사대부 세력의 경제적 기반을 확보하기 위한 것이었다.

과전은 경기도 지방의 토지로 지급하였는데, 받은 사람이 죽거나 반역을 하면 국가에 반환하도록 정해져 있었다. 그러나 죽은 관료의 가족들이 생계를 유지할 수 있도록 하기 위하여 받았던 토지 중 일부를 수신전(守信田), 휼양전(恤養田) 등으로 다시 지급하여 세습이 가능하였고, 공신전(功臣田)도 세습할 수 있었다. 그러나 이렇게 토지가 세습되자 새로 관직에 나간 관리에게 줄 토지가 부족하게 되었다.

세조 때 직전법(職田法)으로 바뀌어 현직관리에게만 수조권을 지급하였다. 수조권을 받은 자는 스스로 그 해의 생산량을 조사하여 과전법의 경우 10분의 1을 농민에게서 세금으로 거두었다. 이 과정에서 수조권을 가진 양반관료가 이를 남용하여 과다하게 수취하는 일이 잦았다. 이를 시정하기 위하여 성종 때 지방관청에서 그 해의 생산량을 조사하여 거두고, 관리에게 나누어주는 방식으로 바꾸었다. 양반관료들이 수조권을 빌미로 토지와 농민을 지배하는 방식은 사라지고 국가의 토지 지배권이 강화되었다. 이어서 16세기 중엽에 직전법이 폐지되어 수조권 지급 제도가 없어졌다.

【 수취체제의 확립 】

조선시대에는 토지에 부과하는 조세, 집집마다 부과하는 공납, 호적에 등재된 정남에게 부과하는 군역과 요역(徭役) 등이 있었으며, 이것이 국가 재정의 토대를 이루었다.

조선시대의 토지소유자는 원칙적으로 국가에 조세를 납부할 의무가 있었다. 그러나 토지소유자인 지주들은 소작 농민에게 그 세금을 대신 내도록 강요하는 경우가 많았다. 국가의 토지는 90% 정도는 공전으로서 국가가 수세하는 토지였다. 조세는 과전법의 경우 수확량의 10분의 1인 최고 30두를 내는데, 이는 1결의 최대 생산량을 300두로 정한 것으로, 매년 풍흉을 조사하여 그 수확량에 따라 납부액을 조정하였다. 세종 때에 조세제도를 좀 더 체계적으로 운영하기 위하여 토지 비옥도와 풍흉의 정도에 따라 전분6등법, 연분9등법으로 바꾸고, 조세 액수를 1결 당 최고 20두에서 최하 4두를 내도록 하였다.

조세는 쌀, 콩 등으로 내고 군현에서 거둔 조세는 강가나 바닷가의 조창으로 운반되었다가 전라도·충청도·황해도는 바닷길로, 강원도는 한강, 경상도는 낙동강과 남한강을 통하여 경창으로 운송하였다. 평안도와 함경도는 국경에 가깝고, 특히 평안도는 사신의 내왕이 잦은 곳이라서 그 지역의 조세는 군사비와 사신 접대비로 썼다.

공납(貢納)은 각 지역의 토산물을 조사하여 중앙관청에서 군현에 물품과 액수를 할당하면, 각 군현은 각 가호에게 다시 할당하여 거두었다. 공물에는 각종의 수공업 제품과 광물, 수산물, 모피, 과실, 약재 등이 있었다. 그러나 공물의 생산량이 점차 감소하거나 생산지의 변화로 인하여 관청에서 납부 기준에 맞는 품질과 수량을 맞추기 어려우면 그 물품을 다른 곳에서 구입하여 납부하고 그 대가를 농민에게 비싸게 받아내는 방납(防納)의 폐단이 있었다. 그러므로 공물은 전세보다 납부하는 데 어려움이 많았을 뿐만 아니라 그 부담도 훨씬 컸다.

한편 16세 이상의 정남에게는 군역과 요역의 의무가 있었다. 군역에는 일정 기간 군사복무를 교대로 근무하는 정군과, 정군이 복무하는 데에 드는 비용을 보조하는 봉족(보인)이 있었다. 양반, 서리, 향리 등은 관청에서 일하기 때문에 군역에 복무하지 않았다.

요역에는 적전(籍田)의 경작, 궁궐·산릉(山陵)·성곽 등의 토목공사, 광산노동 등이 있었다. 요역은 성종 때 경작하는 토지 8결을 기준으로 한 사람씩 동원하고 1년 중에 동원할 수 있는 날도 6일 이내로 제한하도록 규정을 바꾸었으나, 임의로 징발하는 경우도 많았다.

국가 재정은 조세, 공물, 역 이외에 염전, 광산, 산림, 어장, 상인, 수공업자 등이 내는 세금으로 마련하였다. 국가는 재정을 군량미나 구휼미로 비축하고, 나머지는 왕실 경비, 공공 행사비, 관리의 녹봉, 군량미, 빈민 구제비, 의료비 등으로 지출하였다.

【양반계급의 생활】

양반의 경제 기반은 과전, 녹봉(祿俸), 그리고 자신 소유의 토지와 노비 등이 있었다. 양반은 대부분 지주였으며, 주수입원은 토지와 노비였다. 과전은 경기도에 한하여 지급하였지만, 점차 양반 소유의 토지는 비옥한 토지가 많았던 충청도, 전라도, 경상도 지역에 집중되어 있었고, 규모가 커서 농장의 형태를 이루고 있었다.

양반은 자기 소유의 토지를 노비에게 직접 경작시켰다. 그러나 토지의 규모가 커서 자신의 노비 노동력만으로 경작할 수 없으면 그 주변 농민들에게 생산량을 절반씩 나누어 가지는 병작반수(竝作半收)의 형태로 소작을 시켰다. 양반은 자기 토지가 있는 지역에 집과 창고를 지어 놓고 직접 노비를 감독하고 농장을 살피기도 하였지만, 대개 친족을 그곳에 거주시키면서 대신 관리하게 하였다. 때로는 노비만 파견하여 농장을 관리하는 경우도 있었다. 농장은 15세기 후반에 이르러 더욱 증가하였다. 농장주들은 유망민들을 모아 자신 소유의 노비처럼 만들어 자신의 토지를 경작하게 하였다.

양반들은 재산의 한 형태로 노비를 가지고 있었다. 조선 전기에 양반들은 10여 명에서 많게는 300여 명이 넘는 노비를 보유하고 있었다. 이들은 노비를 구매하기도 하였지만, 주로 자신이 소유한 노비가 출산한 자녀는 노비가 되는 법에 따라 노비 수를 늘리기도 하고, 자신이 소유한 노비를 양인 남녀와 혼인을 시켜 늘리기도 하였다. 양반은 노비에게 가사일을 돌보게 하거나 농경에 종사시키고 옷감을 짜게 하였다. 다수의 노비는 주인과 따로 살며 주인의 땅을 경작하거나 관리하는 외거노비였다. 양반은 매년 신공으로 양반에게 포와 돈을 내었다. 이런 경제 기반을 바탕으로 이들은 풍요로운 생활을 할 수 있었다.

고려 말기의 지방지주들은 자기 토지의 대부분을 몰수당하고 군전(軍田)이라는 이름으로 10결 혹은 5결의 토지를 받았다. 이들은 한량(閑良)으로 불리면서 지방의 중소지주층을 형성하고, 일반 농민보다 높은 경제력을 바탕으로 학문에 종사하고, 과거를 통해 벼슬길에 나가는 이들이 많았으며, 뒤에는 사족으로 불리게 되었다. 조선왕조를 이끌어간 핵심계층은 바로 이들 중소지주층이었다.

【 농민생활 】

조선은 농본정책을 실시하였다. 그러므로 지배층이 농민의 토지를 빼앗는 행위를 엄격히 규제하고 농업을 권장하였다. 양인 중에 절대다수를 점유하는 농민들은 상민(常民)이었다. 이들은 생산력을 향상시키려고 노력한 결과 농민 생활은 고려시대보다 나아졌다.

정부는 개간을 장려하고 각종 수리시설을 보수 확충하고 적극적인 권농정책과 사대부 지식인의 영농법에 관한 연구가 합쳐져서 농업생산력의 비약적인 성장을 가져와 안정적으로 농사지을 수 있는 기반을 마련하였다. 『농사직설(農事直說)』, 『금양잡록(衿陽雜錄)』 등 농서가 간행, 보급되었다. 양반들도 간이 수리시설을 만들고, 중국의 농업기술을 도입하는 등 농업에 관심이 높았다. 15세기에는 전국에 3천여 개 소의 저수지가 생겨나고, 수차를 이용해 관개능률을 높였다.

조선 초에 고려시대의 농업기술이 개량되면서 농업생산력이 발달하였다. 밭농사는 조·보리·콩의 2년 3작이 널리 행해졌다. 논농사는 모내기가 고려시대에는 경상도 지방에 있었는데 조선 초기에는 중부 이남 지방에 상당히 보급되어 벼와 보리의 이모작이 가능해 생산량을 증가시킬 수 있었다. 모내기는 봄 가뭄에 따른 수리 문제 때문에 남부 일부 지역으로 제한되었다. 시비법도 발달하여 밑거름과 덧거름을 주게 되면서 경작지를 묵히지 않고 계속해서 농사지을 수 있었다. 특히 녹비법(綠肥法)이라 하여 콩과 녹두를 심었다가 갈아엎고 썩혀서 비료로 쓰는 방법이 널리 쓰였다. 쟁기, 낫, 호미 등 농기구도 개량되었다. 목화 재배도 확대되어 함경도를 제외한 전국에 보급되어 의생활이 개선되었으며, 약초와 과수 재배 등이 확대되었다. 조선 초기 1결 당 쌀의 생산량은 세종 26년 당시 최고 1,200두, 최하 40두였다. 이것은 고려 말 과전법 제정 당시 1결 당 수확량을 평균 300두로 계산했던 것과 비교하여 크게 늘어난 것을 말해 준다.

이런 농업기술의 발달에도 불구하고 농민 생활은 쉽게 나아지지 않았다. 지주제가 점차 확대되면서 농민들이 자연재해, 고리대, 세금 부담 등으로 자기 소유의 토지를 팔고 소작농이 되는 경우가 증가하였다. 이들은 지주에게 소작료로 수확의 반 이상을 내어야 하는 어려운 처지에 놓여 있었다.

토지를 상실한 농민이 고향을 떠나 떠돌아다니게 되자, 정부에서도 대책을 마련하였다. 정부는 잡곡, 도토리, 나무 껍질 등을 가공하여 먹을 수 있는 구황방법(救荒方法)을 제시하는 동시에, 호패법, 오가작통법(五家作統法) 등을 강화하여 농민의 유망을 막고 통제를 더욱 강화하였다. 16세기에는 지주인 지방 양반들도 향약(鄕約)을 시행하여 농촌 사회를 안정시키려 하였다.

【 수공업의 발달 】

조선은 산업의 근본인 농업을 일차적으로 장려하고 상공업을 억제했다. 그래도 고려보다는 관영수공업 체제가 잘 정비되었다. 전문적인 기술자를 공장안(工匠案)에 등록시켜 서울과 각 지방의 각급 관청에 소속하게 하고, 이들에게 관청에서 필요한 물품을 제작 공급하게 하였다.

관청에 등록된 장인(匠人)은 관장(官匠) 혹은 공장(公匠)이라 부르고 이들은 의류, 활자, 화약, 무기 문방구, 그릇 등을 제조하여 납품하였다. 관장 중에서 성적이 좋고 근무기간이 오랜 사람은 종6품까지의 벼슬을 주어 '체아(遞兒)' 라는 형식의 녹봉을 지급했다. 관장은 중앙관청에 소속된 경공장과 지방관청에 소속된 외공장의 두 부류가 있었다. 『경국대전』에 규정된 경공장의 수는 2,800여 명으로 30개 관청에서 129종의 일을 맡았다. 지방관청에 소속된 외공장의 수는 3,500여 명으로 27종의 직종이 있었다. 이 기술자들은 부역으로 동원되는 기간 이외에는 사적으로 물건을 만들어 팔 수 있었다.

관영수공업은 16세기에 들어와 부역제가 해이해 상업이 발전하면서 점차 쇠퇴하기 시작하였다. 관영수공업자 이외에 민영수공업자들도 있었는데, 이들은 주로 농민들을 상대로 농기구 등의 물품을 만들어 공급하였고, 양반의 사치품도 생산하였다. 이 밖에 농가에서 자급자족의 형태로 생활 필수품을 만드는 가내수공업이 있었다. 의류로서 무명, 명주, 모시, 삼베 등이 생산되었는데, 특히 목화 재배가 확대 보급되면서 무명 생산이 점차 증가하였다.

【상업의 발달】

조선은 고려보다도 상업 활동에 대한 통제를 강화하였다. 건국 직후에 도성 한양(漢陽)은 인구가 10만을 넘어서고, 관청과 궁궐의 수요가 커서 대규모 상가 조성이 필요했다. 여기에 개경에 있던 시전 상인을 한양으로 이주시켜 장사하게 하는 대신에 점포세와 상세를 거두었다. 시전 상인은 왕실이나 관청에 물품을 공급하는 대신에 특정 상품에 대한 독점 판매권을 부여받았다. 이들 시전 중에서 명주, 종이, 어물, 모시, 삼베, 무명을 파는 점포가 가장 번성하였는데, 후에 이를 육의전(六矣廛)이라 하였다. 육의전의 불법적인 상행위를 통제하기 위하여 경시서(京市署)를 두었다.

15세기 후반부터 전라도 지방에서 시작한 5일마다 열리는 장시(場市)가 서울 근교와 지방에서 농업생산력의 발달에 힘입어 증가하였다. 농민들이 농업을 버리고 상업에 몰릴 것을 염려한 정부에서는 장시의 발전을 억제하였으나, 일부 장시는 정기 시장으로 정착해 갔다. 16세기 중엽에 이르러서 장시는 전국적으로 확대되었다. 보부상(褓負商)들이 장시에서 농산물, 수공업 제품, 수산물, 약재, 문방구 등을 가지고 다니면서 판매하여 유통시켰다. 보부상 단체는 조선 후기에 전국적인 조직을 형성하기도 하였다.

한편, 정부는 조선 초기에 저화, 조선통보 등을 만들어 유통시키려 하였으나 부진하였다. 농민은 화폐로 쌀과 무명을 사용하였다. 조선은 기본적으로 주변 국가와의 무역을 통제하였다. 명나라와는 사신들이 왕래할 때 하는 공무역과 사무역을 허용하였다. 여진과는 국경 지역에 설치한 무역소를 통하여 교역하였고, 일본과는 동래에 설치한 왜관(倭館)을 중심으로 무역하였다. 그러나 국경 부근에서 이루어지는 사무역은 엄격하게 감시를 받았는데, 이때 주로 거래된 물화는 무명과 식량이었다.

【수취제도의 문란】

국가의 3대 수입원의 하나인 공납은 국가 수입의 60%를 차지할 정도로 컸다. 공납에서는 중앙 관청의 서리들이 공물을 대신 내고 그 대가를 많이 챙기는 방납이라는 폐단이 생겨났다. 방납이 증가할수록 농민의 부담도 증가하였다. 공물의 부담을 감당하지 못한 농민이 도망하면 그 지역의 이웃이나 친척에게 대신 내게 하였다. 이 때문에 유망 농민이 급증하였다. 방납제의 모순이 16세기에는 가장 큰 사회문제의 하나를 이루었다.

농촌사회를 안정시키기 위하여 공납의 폐단을 개선하려는 시도가 있었다. 어떤 지역에서는 공물을 현물 대신 쌀로 거두는 수령도 나타났고, 이이(李珥)와 유성룡(柳成龍) 등은 공물을 쌀로 거두는 수미법(收米法)을 주장하기도 하였다.

농민생활이 점차 어려워지고 요역 동원으로 농사에 지장을 가져오자, 농민들이 요역 동원을 기피하였다. 농민 대신에 군인들을 각종 토목공사에 동원하게 되었다. 장기간 평화가 지속되면서 관청이나 군대에서 군역에 복무해야 할 사람에게 포를 받고 군역을 면제해 주는 방군수포(放軍收布)와 다른 사람을 사서 군역을 대신하게 하는 대립(代立)이 불법적으로 행해졌다. 이에 군포 징수제가 점차 확산되어 갔다.

군포 부담의 과중과 군역기피 현상으로 도망하는 자가 늘어나면서 군적도 부실해졌다. 관청에서는 정해진 액수를 맞추기 위해서 남아 있는 사람에게 그 부족한 군포를 부담시키자 남아 있는 농민도 생활이 더욱 어려워졌다.

환곡제도는 곤궁한 농민에게 곡물을 빌려주고 10분의 1 정도의 이자를 거두는 제도였다.

지방 수령과 향리들은 정한 이자보다 많이 거두어 사적으로 사용하는 폐단이 나타났다.

농민생활이 악화되어 각 지방에서 유민이 증가하였다. 유민들 중 일부는 도적이 되어 양반들과 중앙 정부로 바치는 물품을 빼앗기도 하였으며, 이들이 도성에까지 출현하는 사건이 일어나기도 하였다. 명종 때 황해도와 경기도 일대에서 활동한 임꺽정[林巨正]은 대표적인 인물이었다.

제5절 민족문화의 발달

【 민족문화 융성의 배경 】

조선 초기는 민족문화사상 가장 뛰어난 업적을 남긴 시대이다. 조선 초에는 민족적이면서 실용적인 성격의 학문이 발달하여 다른 시기보다 민족 문화가 크게 발달하였다. 당시의 집권층은 민생 안정과 부국강병을 위하여 과학 기술과 실용적 학문을 중시하고 민족 문화의 발달에 노력하였으며, 우리의 문자인 한글을 창제하여 민족 문화의 기반을 넓힘과 동시에 더욱 발전할 수 있는 터전을 닦았다.

15세기 문화를 주도한 관학파 학자들은 성리학을 지도 이념으로 내세웠으나, 성리학 이외의 학문과 사상이라도 중앙 집권체제의 강화나 민생 안정과 부국강병에 도움이 되는 것은 어느 정도 받아들였다. 세종 때부터 성종 때까지는 유교 이념에 토대를 두고 과학 기술과 실용적 학문을 발달시켰다. 이로써 민족적이면서 자주적인 성격의 민족 문화가 크게 발전할 수 있었다.

【 교육 기관 】

조선은 건국 초 유교를 정치 이념으로 채택하였다. 조선시대의 유학은 그 자체가 생활 규범화되어 모든 국민에게 도덕적 윤리관을 심어 주었을 뿐만 아니라, 교육 사상 및 정신 문화에도 큰 영향을 끼쳤다. 조선왕조는 서울에 국립대학인 성균관을 세워 최고 학부의 구실을 하였고, 중등교육기관으로는 중앙의 사학(四學)과 지방에 향교(鄕校)를 세웠다. 사립

교육기관으로 서원(書院)과 서당(書堂) 등이 있었다. 이들은 계통적으로 연결되지 않고 각각 독립된 교육기관이었다.

성균관의 입학자격은 생원 · 진사를 원칙으로 하여 정원이 200명이었고, 4학은 중학 · 동학 · 남학 · 서학이 있었다. 향교는 중등교육기관으로, 성현에 대한 향례(享禮)와 유생들의 교육, 지방민의 교화를 위해 부 · 목 · 군 · 현에 각각 하나씩 고을의 크기에 따라 규모와 학생 수를 달리하여 설립되었다. 향교에는 그 규모와 지역에 따라 중앙에서 교관인 교수(教授), 혹은 훈도(訓導)를 파견하였다. 한편 서당은 초등교육을 담당하는 사립교육기관으로서, 4학이나 향교에 입학하지 못한 선비와 평민의 자제들이 교육을 받았다. 교육받는 자들의 연령은 대개 8, 9세부터 15, 16세 정도에 이르렀다.

서원은 풍기 군수 주세붕(周世鵬)이 중종 38년(1543) 세운 백운동서원(白雲洞書院)이 그 시초이다. 서원에서는 봄 · 가을로 향음주례(鄉飮酒禮)를 지내는 동시에, 인재를 모아 학문도 가르쳤다. 서원은 이름난 선비 공신을 숭배하고 그 덕행을 추모하였고, 유생들이 한 자리에 모여 학문을 닦고 연구함으로써 향촌사회의 교화에 공헌하였다. 그러나 국가에서는 서원의 설립을 장려하여 전국 각처에 많은 서원이 세워지면서 후에 당쟁의 소굴이 되는 폐단도 있었다.

【 한글 창제 】

우리는 일찍부터 한자를 써 오면서 이두(吏讀)나 향찰(鄉札)을 사용하였다. 그러나 고유문자가 없어서 우리말을 자유롭게 표현할 수 없었기 때문에 일상적으로 쓰는 말에 맞으면서도 누구나 배우기 쉽고 쓰기 좋은 우리의 문자가 필요하였다. 더욱이 한자음의 혼란을 줄이고 피지배층을 도덕적으로 교화시켜 양반 중심 사회를 원활하게 유지하기 위해서도 우리 문자의 창제가 요청되었다.

세종은 일부 유학자들의 반대를 물리치고 훈민정음(訓民正音)을 창제하여 반포하였다(1446). 한글은 누구나 쉽게 배우고 쓸 수 있으며, 자기 의사를 마음대로 표현할 수 있을 뿐만 아니라, 글자를 만든 원리가 매우 과학적이어서 세계적으로 뛰어난 문자이다.

한글을 창제한 후 세종은 정음청(正音廳)을 설치하고 보급시키기 위하여 왕실 조상의 덕을 찬양하는 『용비어천가(龍飛御天歌)』, 부처님의 덕을 기리는 『월인천강지곡(月印千江

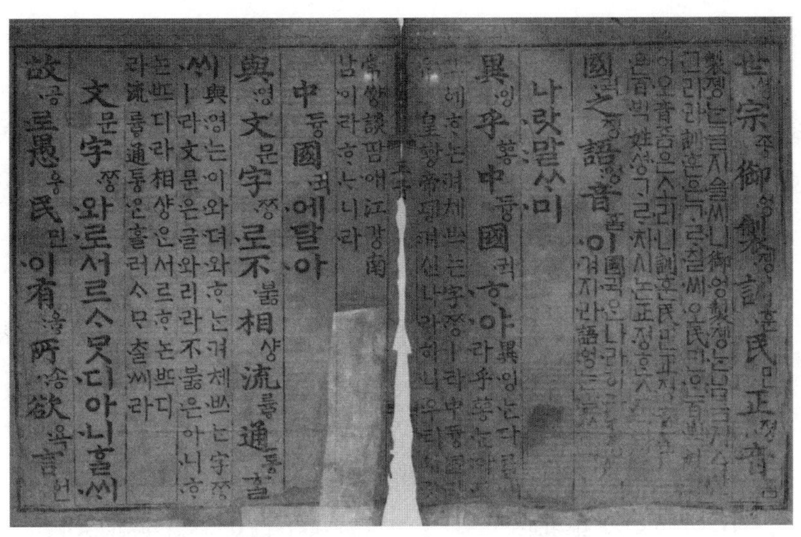

훈민정음

之曲)』·『석보상절(釋譜詳節)』 등 시가와 『동국정운(東國正韻)』과 같은 한자음 연구의 책 등을 지어 한글로 간행하였다. 농서, 윤리서, 병서 등을 한글로 번역하거나 편찬하였다. 세조는 간경도감(刊經都監)을 설치하여 많은 불교경전들을 번역 출판하였는데, 소위 불경언해라는 것이다. 『삼강행실도(三綱行實圖)』와 같은 유교도덕을 강조하는 책이 그림을 곁들여 한글로 저술되어 일반 상민에게 널리 보급되었다. 그리고 서리들이 한글을 배워 행정실무에 이용할 수 있도록 그들의 채용에 『훈민정음』을 시험으로 치르게 하기도 하였다.

민족 문화를 보존하고 발전시키는 가장 좋은 도구 가운데 하나는 자기 민족의 고유문자이다. 우리 고유한 문자인 한글을 가지게 됨으로써 일반 백성들도 문자 생활을 누릴 수 있게 되었으며, 문화민족으로서의 긍지와 자부심을 갖게 되었다. 아울러 민족 문화의 기반을 확고하게 다졌을 뿐만 아니라, 더욱 발전할 수 있는 전기가 마련되었다.

【 역사 · 지리서의 편찬 】

조선은 건국 초 왕조의 정통성을 밝히고 성리학적 통치 규범을 정착시키기 위하여 국가적 차원에서 역사서의 편찬에 힘썼다. 조선왕조에서는 실록의 편찬을 매우 중요하게 여기고, 이를 국가 차원에서 계속적으로 추진하였다. 한 왕대의 역사를 후대에 남기기 위한 실록의 편찬은 『태조실록』부터 『철종실록』까지 계속되었다. 『조선왕조실록(朝鮮王朝實錄)』은 사고(史庫)에 보관되어 세계에 자랑할 만한 기록문화유산으로 평가되고 있다.

건국 초 정도전은 『고려국사(高麗國史)』를 편찬하여 고려시대의 역사를 정리하고 조선 건국의 정당성을 밝히려 하였다. 이후에도 고려시대의 역사를 자주적 입장에서 재정리하는 작업은 계속되어 15세기 중엽에 기전체의 『고려사(高麗史)』와 편년체(編年體)의 『고려사절요(高麗史節要)』가 완성되었다.

국가의 전체 역사를 편찬하려는 노력도 계속되어 성종 때 서거정 등이 『동국통감(東國通鑑)』을 편찬하였다. 이 책은 고조선부터 고려 말까지의 역사를 정리한 편년체 통사다. 16세기에는 박상(朴祥)의 『동국사략(東國史略)』 등이 편찬되었다.

조선 초에는 중앙집권과 국방의 강화를 위하여 지리지와 지도의 편찬에 힘썼다. 태종 때에는 세계 지도인 혼일강리역대국도지도(混一疆理歷代國都之圖)가 만들어졌다. 이 지도의 필사본이 일본에 현존하고 있는데, 지금 남아 있는 세계 지도 중 동양에서는 가장 오래된 것이다. 세종 때에는 전국 지도로서 팔도도(八道圖)를 만들었고, 세조 때에는 양성지(梁誠之) 등이 동국지도(東國地圖)를 완성하였다. 16세기에는 많은 지도가 만들어졌는데, 그 중에서 조선방역지도(朝鮮方域地圖)가 현존하고 있다.

지리지의 편찬도 추진되어 세종 때 『신찬팔도지리지(新撰八道地理志)』, 성종 때 『동국여지승람(東國輿地勝覽)』이 편찬되었다. 여기에는 군현의 연혁, 지세, 인물, 풍속, 산물, 교통 등이 자세히 수록되었다. 이를 보충한 『신증동국여지승람』이 중종 때 편찬되어 오늘날까지 전하고 있다.

【 윤리서와 법전의 편찬 】

유교적 질서를 확립하기 위하여 윤리와 의례에 관한 서적의 편찬사업이 이루어졌다. 세종 때에는 모범이 될 만한 충신, 효자, 열녀 등의 행적을 그림으로 그리고 설명을 붙여 윤리서인 『삼강행실도(三綱行實圖)』를 편찬하였다. 성종 때에는 국가의 여러 행사에 필요한 의례를 정비하여 의례서인 『국조오례의(國朝五禮儀)』를 편찬하였다.

16세기에는 사림이 『소학』과 『주자가례(朱子家禮)』의 보급과 실천에 힘쓰면서 『이륜행실도(二倫行實圖)』와 『동몽수지(東蒙須知)』 등을 간행하여 보급하였다. 『이륜행실도』는 연장자와 연소자, 친구 사이에서 지켜야 할 윤리를 강조한 책이며, 동문수지는 어린이가 지켜야 할 예절을 기록한 윤리서였다.

조선은 유교적 통치규범을 성문화하기 위한 법전의 편찬에 힘썼다. 건국 초기에 정도전은 『조선경국전』과 『경제문감』을 편찬하였고, 조준(趙浚)은 『경제육전(經濟六典)』을 편찬하였다. 『경국대전』은 세조 때부터 편찬되기 시작하여 성종 때 완성하였다. 『경국대전』은 이전 · 호전 · 예전 · 병전 · 형전 · 공전의 6전으로 구성된 조선의 기본법전으로, 후기까지 법률 체계의 골격을 이루었다. 이 법전의 편찬은 조선시대 정비된 유교적 통치질서와 문물제도가 완성되었음을 의미하는 것이다.

【 불교와 민간신앙 】

억불숭유정책을 썼던 조선시대에 불교계는 크게 위축되었다. 건국과 더불어 사원이 소유한 막대한 토지와 노비를 회수하여 집권세력의 경제적 기반을 두터이 하고자 하는 정책이 지속적으로 추진되었다. 아울러 도첩제(度牒制)를 실시하여 승려가 되고자 하는 출가를 제한하고, 도성 건설, 축성 등에 동원되었다. 태종 때부터 교단을 정리하여 세종 때 선종과 교종 두 종파에 모두 36개 절만 인정하였다.

사원에 대한 국가적 통제는 강하였으나 사람들의 신앙에 대한 욕구는 완전히 억제하지 못하였다. 국왕들도 왕실의 안녕을 기원하고 왕족의 명복을 비는 행사를 자주 시행하여 불교는 명맥을 유지하였다. 세조 때는 간경도감을 설치하여 불교 경전을 한글로 번역하여 간행 보급하고 원각사를 세우는 등 적극적인 불교 진흥책을 펴서 일시적으로 불교가 중흥되기도 하였다.

성종 이후 사림들의 적극적인 비판으로 불교는 점차 왕실에서 멀어져 산간 불교로 바뀌었다. 명종 때에는 문정왕후(文定王后)의 지원 아래 일시적인 불교 회복정책이 펼쳐진 결과 보우(普雨)가 중용되고 승과가 부활되기도 하였다. 16세기 후반, 휴정(休靜)과 같은 고승이 배출되어 교리를 가다듬고, 임진왜란 때 휴정, 유정(惟政, 四溟堂) 등 승병들이 크게 활약하여 불교계의 위상을 새롭게 정립하였다. 그러나 전반적으로 사원의 경제적 기반 축소와 우수한 인재들의 출가 기피는 불교의 사회적 위상을 크게 약화시키는 결과를 가져왔다.

조선시대는 도교 역시 크게 위축되어 사원이 정리되고 행사도 줄어들었다. 그러나 제천 행사가 국가의 권위를 높이는 점이 인정되어 소격서(昭格署)를 설치하고, 참성단(塹城壇)에서 일월성신에 대하여 제사를 지내는 초제(醮祭)가 시행되었다. 사림의 진출 이후 도교 행사가 사라져 갔으나, 성리학의 공리적 면모를 반성하는 심성 중시 경향과 함께 도교나 불교 등 정신 수양에 도움을 주는 종교가 관심의 대상이 되었다.

고려시대에 크게 유행한 풍수지리설과 도참사상이 조선 건국 이래로 중요시되어 한양 천도에 반영되었으며, 양반사대부의 주택이나 묘지 선정에도 작용하였다.

무격신앙(巫覡信仰), 산신 신앙, 삼신 숭배, 촌락제 등은 백성들 사이에 깊이 자리잡았다. 계절에 따른 세시 풍속은 유교 이념과 융합되면서 조상 숭배 의식과 촌락의 안정을 기원하는 의식이 되었다. 불교식으로 화장하던 풍습이 묘지를 쓰는 것으로 바뀌면서 명당 선호 경향이 두드러졌다.

제6절 과학 기술의 발달

【 천문, 역법과 의학의 발달 】

조선 초기에는 여러 가지의 과학 기술이 크게 발전하였다. 15세기의 과학 기술은 우리나라 역사상 특기할 정도로 세계적으로도 뛰어난 것이었다. 지배계층은 부국강병과 민생 안정을 위하여 과학 기술이 중요하다고 인식하였다. 이러한 상황에서 과학 기술은 국가적 지원을 받아 크게 발전할 수 있었다. 우리나라의 전통적 문화를 계승하면서 고려 말에 전해진 서역과 중국의 과학 기술을 수용하여 훌륭한 업적을 남겼다.

천문학, 농업과 관련된 각종 과학 기구가 발명, 제작되었다. 천체 관측 기구로 혼의(渾儀)와 간의(簡儀)가 제작되고, 시간 측정 기구로 물시계인 자격루(自擊漏)와 해시계인 앙부일구(仰釜日晷) 등이 만들어졌다. 특히 자격루는 노비 출신의 과학 기술자인 장영실이 제작한 것으로, 정밀 기계 장치와 자동 시보 장치를 갖춘 뛰어난 물시계였다. 농업을 중시한 조선왕조는 세계 최초로 측우기(測雨器)를 만들어(1441) 전국 각지의 강우량을 측정하였고, 토지 측량 기구인 인지의(印地儀)와 규형(窺衡)을 제작하여 토지 측량과 지도 제작에 활용하였다.

조선은 건국 초기부터 천문도를 만들었다. 태조 때에는 고구려의 천문도를 바탕으로 천상열차분야지도(天象列次分野地圖)를 돌에 새겼다. 세종 때에도 새로운 천문도를 만들었는데, 이것은 현재 남아 있지 않다.

천문학의 발달과 함께 새로운 역법이 마련되었다. 세종 때 만든 칠정산(七政算)은 중국의 수시력(授時曆)과 아라비아의 회회력(回回曆)을 참고로 하여 만든 역법서로, 우리나라 역사상 최초로 서울을 기준으로 천체운동을 정확하게 계산한 것이다. 이는 15세기 세계 과학의 첨단 수준에 해당하는 것으로 평가되고 있다.

의학에서도 우리 풍토에 알맞은 약재와 치료 방법을 개발, 정리하여 『향약집성방(鄕藥集成方)』을 편찬하고, 『의방유취(醫方類聚)』라는 의학백과사전을 간행하였다. 이로써 15세기에는 조선 의약학의 자주적 체계가 마련되어 후일 『동의보감(東醫寶鑑)』이 만들어지는 민족 의학 발전의 기반을 마련하였다.

【 인쇄문화의 발달 】

조선 초기에는 고려시대의 인쇄문화의 발전을 계승하여 각종 서적의 편찬 사업이 활발하게 추진되면서 활자 인쇄술과 제지술이 크게 발달하였다.

고려시대에 발명된 금속활자는 조선 초기에 이르러 더욱 개량되었다. 태종 때 주자소(鑄字所)를 설치하고 구리로 계미자(癸未字)를 주조하였다. 세종 때에는 동활자 갑인자(甲寅字)를 주조하였는데, 이는 글자 모양이 아름답고 인쇄에 편리하게 만들어졌다.

종전에는 밀랍(蜜蠟)으로 활자를 고정시키는 방법을 사용하였으나, 이제는 밀랍 대신 식자판을 조립하는 방법을 창안하여 이보다 두 배 정도의 인쇄 능률을 올리게 되고 활자체(活字體)가 생겨나게 되었다. 활자 인쇄술과 더불어 제지술이 발달하여 종이의 생산량이 크게 늘어났다. 세종 때에는 종이를 전문적으로 생산하는 관청으로 조지서(造紙署)를 설치하고 다양한 종이를 대량으로 생산하여 다량의 서적이 인쇄되었다.

【 농서의 편찬과 농업기술의 발달 】

조선시대는 농본정책을 추진하여 우리나라 농업기술에서도 획기적 발전을 이룩한 시기였다. 우리나라 최초의 농서가 간행되고, 농업기술이 여러 방면에서 크게 발전하였다.

세종 때에 정초(鄭招) 등이 편찬한 『농사직설』은 우리나라에서 편찬된 농서로서, 중국의 농업기술을 수용하면서 우리의 실정에 맞는 독자적인 농법을 정리하였다. 이 책에 씨앗의 저장법, 토질의 개량법, 모내기 등 농민들이 실제 경험한 농사법이 종합되었다. 성종 때 강희맹(姜希孟)은 금양[시흥] 지방을 중심으로 한 경기 지방의 농사법을 정리하여 『금양잡록』을 편찬하였다.

조선 초기에는 농업기술이 발달하여 농업생산력이 크게 증가하였다. 밭농사에서는 조·보리·콩의 2년 3작이 널리 시행되었고, 논농사에서는 남부 지방 일부에서 벼와 보리의 이모작이 실시되었다. 벼농사에서는 봄철에 비가 적은 기후 조건 때문에 마른 땅에 종자를 뿌려 일정한 정도 자란 다음에 물을 대주는 건사리(건경법)가 이용되었고, 무논에 종자를 직접 뿌리는 물사리(수경법)도 행해졌다.

남부 지방에서는 모내기 법이 고려 말부터 계속 실시되었다. 밑거름과 뒷거름을 주는 각종 시비법이 발달하여 해를 걸러 하던 휴경을 하지 않고 매년 농경지를 경작하게 되었다. 이로써 고려 후기부터 진전되어 온 농경지의 상경화 현상이 확립되고, 휴경제도가 거의 사라지게 되었다. 한편 가을에 농작물을 수확한 후에 빈 농지를 갈아엎어 다음해의 농사를 준비하는 가을갈이의 농사법이 점차 보급되어 갔다.

조선 전기에는 목화 재배가 거의 전국적으로 확대되어 갔다. 이에 따라 무명이 많이 생산되어 백성들은 주로 무명옷을 입게 되어 의료혁명을 가져왔고, 무명은 화폐처럼 사용되었다. 삼, 모시의 재배도 성행하였으며, 누에치기도 전국적으로 확산되고 양잠에 관한 농서도 편찬되었다.

【병서편찬과 무기제조】

조선 초기에는 우리나라 지세에 맞는 전술을 개발하고 역대의 전쟁사를 정리하여 국방력을 강화하려는 노력으로 많은 병서가 편찬되고 각종 무기의 제조 기술이 발달하였다.

세종 때에는 화약 무기의 제작과 그 사용법을 정리한 『총통등록(銃筒謄錄)』을 편찬하였고, 문종 때에는 김종서의 주도 하에 고조선에서 고려 말까지의 전쟁사를 정리한 『동국병감(東國兵鑑)』을 간행하였다. 고대부터 조선 초기에 이르는 기간의 주요 전투를 전략적인 측면에서 정리한 『역대병요(歷代兵要)』도 간행되었다. 『병장도설(兵將圖說)』이 편찬되어 군사 훈련의 지침서로 사용되었다.

화약 무기의 제조에는 최무선의 아들인 최해산(崔海山)이 태종 때에 특채되어 화약 무기의 제조를 담당하였다. 문종 원년(1451)에는 화차가 발명되었는데, 수레 위에 신기전(神機箭)이라는 화살 100개를 설치하고 잇따라 발사할 수 있는 로켓포였다. 화포는 사정 거리가 최대 1천 보에 이르렀다.

병선 제조 기술도 발달하여 태종 13년(1413)에는 거북선[龜船]을 만들었고, 작고 날쌘 싸움배로 비거도선(鼻居刀船)이 제조되어 수군의 전투력을 크게 향상시켰다. 이와 같이 조선 초기에는 과학 기술이 발달하여 국방력 강화 및 민생 안정에 이바지하였다. 그러나 15세기에 발달한 과학 기술은 16세기에 이르러 성리학에 치우치고 과학 기술을 천시하는 풍조가 생기면서 점차 침체되고 말았다.

제7절 문학과 예술

【 문학의 다양성 】

조선 전기의 문학은 작자가 조선왕조의 건설에 참여한 관료 문인이냐, 고려에 충절을 지키려는 사대부였느냐에 따라 내용과 형식에 큰 차이를 보였다. 초기에는 격식을 존중하고 질서와 조화를 내세우는 경향의 문학이 중심이었으나, 점차 개인적 감정과 심성을 나타내려는 경향의 가사와 시조 등이 우세해져 갔다.

조선의 건국 주도세력은 주로 악장과 한문학을 통하여 새 왕조의 탄생과 자신들의 업적을 찬양하는 한편, 우리 민족의 자주 의식을 드러냈다. 정인지 등이 지은 『용비어천가』와 세종이 지은 『월인천강지곡』이 대표적인 작품이다. 성종 9년(1478) 서거정(徐居正) · 노사신(盧思愼) 등이 삼국시대부터 조선 초기까지의 시와 산문 중에서 빼어난 것을 골라 『동문선(東文選)』을 편찬하고 우리나라의 글에 대한 자주의식을 나타내었다. 이 책의 서문에서 "우리나라의 글은 송 · 원의 글이 아니고, 한 · 당의 글도 아니며, 우리나라의 글일 따름이다." 라고 하여 한문학이 독자적인 민족문학임을 자랑하고 있다. 중종 때 신용개(申用漑) · 남곤(南袞) 등이 『속동문선』을 편찬하기도 했다.

고려 말부터 나타났던 시조(時調)는 조선 초기에 이르러 두 가지 경향을 보여준다. 건국 초의 패기가 넘치는 시조로는 김종서와 남이(南怡)의 작품이 유명하다. 유교적 충절을 읊은 시조로는 길재(吉再)와 원천석(元天錫)의 작품이 손꼽힌다. 시조의 한계를 극복하고 감정을 구체적으로 표현하려는 필요에서 가사(歌辭)도 나타났다.

조선 초기 문학에서 빼놓을 수 없는 것이 일정한 격식 없이 보고 들은 이야기를 적은 설화 문학이다. 그 내용은 관리들의 기이한 행적과 서민들의 풍속, 감정, 역사 의식을 담고 있는 것이 많다. 대표적인 작품으로는 서거정의 『필원잡기(筆苑雜記)』와 성현(成俔)의 『용재총화(慵齋叢話)』 등이 있다. 이런 설화 문학에는 불의를 폭로하고 풍자하는 내용이 많아서 당시 서민 사회를 이해하려는 관리들의 자세와 노력을 엿볼 수 있다. 후에 『대동야승(大東野乘)』과 같은 총서로 모아졌다.

설화 문학은 김시습(金時習)이 지은 『금오신화(金鰲新話)』와 같이 구전 설화에 허구적 요소를 가미하여 소설로 발전되기도 하였다. 『금오신화』는 평양, 개성, 경주, 등 옛 도읍지를 배경으로 남녀간의 사랑과 불의에 대한 비판 등 민중의 생활 감정과 역사 의식을 담고 있다.

16세기에는 사림이 정계의 주도권을 장악하면서 사림 문학이 주류가 되었다. 사림 문학은 표현 형식보다는 흥취와 정신을 중요하게 여겼다. 이 시기의 한시들은 현실에 대한 비판 의식은 줄어들었으나 높은 격조를 지니고 있었다. 시조도 조선 초기의 경향에서 벗어나 순수한 인간 본연의 감정을 나타내었다. 황진이(黃眞伊)는 남녀간의 애정과 이별의 정한을 읊었고, 윤선도는 「오우가(五友歌)」와 「어부사시사(漁父四時詞)」에서 자연을 벗하여 살아가는 여유롭고 자족적인 삶을 표현하였다.

새롭게 발전한 가사 문학에서는 송순(宋純), 정철(鄭澈), 박인로(朴仁老)의 작품이 뛰어났다. 정철은 「관동별곡(關東別曲)」, 「사미인곡(思美人曲)」, 「속미인곡(續美人曲)」 같은 작품에서 풍부한 우리말의 어휘를 마음껏 구사하여 관동 지방의 아름다운 경치와 왕에 대한 충성심을 읊은 것으로 유명하다.

이 시기에 사림 문학의 테두리를 벗어난 문인으로는 어숙권(魚叔權)과 임제(林悌)를 꼽을 수 있다. 서얼 출신의 어숙권은 『패관잡기(稗官雜記)』를 지어 문벌 제도와 적서 차별의 폐단을 폭로하기도 하였고, 임제는 풍자적이고 우의적인 시와 산문을 써서 당시 사회의 모순과 유학자들의 존화의식(尊華意識)을 비판하였다.

문학의 저변이 확대됨에 따라 여류 문인들도 많이 나왔다. 신사임당은 시, 글씨, 그림에 두루 능하였고, 허난설헌은 한시로 유명하였다. 민간에서는 재미있는 민담이 전승되고 있었다.

【건축과 공예】

조선 초기에는 고려와는 달리, 궁궐, 관아, 성문, 학교 등이 건축의 중심이 되었다. 이러한 건물은 건물주의 신분에 따라 크기와 장식에 일정한 제한을 두었는데, 그 목적은 국왕의 권위를 높이고 신분 질서를 유지하는 데 있었다.

건국 초기에 도성을 건설하고, 경복궁(景福宮)을 지었으며, 곧이어 창덕궁(昌德宮)과 창경궁(昌慶宮)을 세웠다. 지금까지 남아 있는 숭례문(崇禮門), 창덕궁의 돈화문(敦化門), 창경궁의 명정전(明政殿)이 당시의 위엄스러운 모습을 간직하고 있다. 도성의 남대문인 숭례문은 고려의 건축 기법과는 다른 방식을 채택하여 발전된 조선 전기의 건축을 대표하고 있다. 반면에, 개성의 남대문과 평양의 보통문(普通門)은 고려시대 건축의 단정하고 우아한 모습을 지니면서 조선시대 건축으로 발전해 나가는 모습을 보이고 있다. 창덕궁과 종묘 건물은 세계문화유산으로 등록되었다.

왕실의 비호를 받은 불교와 관련된 건축 중에서도 뛰어난 것이 적지 않다. 강진 무위사(無爲寺)의 극락전은 검박하고 단정한 특징을 지니고 있으며, 팔만대장경을 보관하고 있는 해인사의 장경판전(藏經板殿)은 당시의 과학과 기술을 집약한 것이다. 세조 때 대리석으로 만든 원각사지 10층 석탑은 이 시기 석탑의 대표작이다.

16세기에 들어와 사림의 진출과 함께 서원의 건축이 활발해졌다. 서원은 산과 하천이 가까이 있어 자연의 이치를 탐구할 수 있는, 마을 부근의 한적한 곳에 위치하였는데, 교육 공간인 강당을 중심으로 사당과 기숙 시설인 동재와 서재를 갖추었다. 서원 건축은 가람 배치 양식과 주택 양식이 실용적으로 결합된 독특한 아름다움을 지녔다. 주위의 자연과 빼어난 조화를 이루고 있는 대표적인 서원으로는 경주의 옥산서원(玉山書院)과 안동의 도산서원(陶山書院), 병산서원(屛山書院)이 있다.

고려시대와는 달리 검소를 주요하게 여긴 조선의 공예는 사치품보다 생활 필수품이나 문방구 등에서 그 특색을 나타내었다. 대표적인 공예 분야는 자기(磁器)였다. 조선 초기 자기는 고려의 청자가 지닌 종교적 분위기나 장식성이 많이 후퇴하고 견실하고 실용적이면서도 한층 세련된 빛깔과 형태를 나타내고 있다. 고려청자가 여성적이고 귀족적 취향을 반영한다면 조선의 자기는 남성적인 선비의 취향을 보여준다. 궁중이나 관청에서는 금이나 은으로 만든 그릇 대신에 백자(白磁)나 분청사기(粉靑沙器)를 널리 사용하였다. 분청사기는 청자에 백토의 분을 칠한 것으로, 백색의 분과 안료로서 무늬를 만들어 장식하였다. 이러한 분청사기는 안정된 그릇 모양과 소박하고 천진스러운 무늬가 어우러져 정형화되지 않으면서 구김살 없는 우리의 멋을 잘 나타내고 있다. 분청사기와 옹기 그릇은 전국의 자기소와 도기소에서 만들어져 관수용이나 민수용으로 보급되었다. 경기도 광주의 사옹원(司饔院) 분원에서 생산하는 자기의 품질이 우수하여 분원자기라 하였다. 분청사기는 16세기부터 세련된 백자가 본격적으로 생산되면서 점차 그 생산이 줄어들었다.

조선의 백자는 고려 백자의 전통을 잇고 명나라 백자의 영향을 받아 이전보다 질적인 발전을 이루었다. 백자는 청자보다 깨끗하고 담백하여 순백의 고상함을 풍겨서 선비들의 취향과 어울렸기 때문에 널리 이용되었다.

장롱, 문갑 같은 목공예 분야와 돗자리 공예 분야에서도 재료와 자연미를 그대로 살린 기품 있는 작품들이 생산되었다. 돗자리 중에서도 여러 가지 물감으로 무늬를 넣어 짠 화문석(花紋席)은 정교한 도안과 정밀한 엮음새로 하여 실용성과 예술성을 겸비하여 국내외적으로 수요가 많았다. 쇠뿔을 쪼개어 무늬를 새긴 화각공예(華角工藝), 또 자개 공예도 유명하다. 수와 매듭에서도 부녀자들의 섬세하고 부드러운 정취를 살린 뛰어난 작품들이 있다.

【 그림과 글씨 】

15세기의 회화는 도화서(圖畵署)에 소속된 화원(畵員)들의 그림과 관료이자 문인이었던 선비들의 그림으로 나눌 수 있다. 이들은 중국 역대 화풍을 개발하였다. 조선 초기의 이런 그림은 일본 무로마치 시대의 미술에 많은 영향을 주었다. 화원이 직접 건너가서 직접 창작하기도 하고, 사신들이 가서 그림과 글씨를 남기고 돌아오는 사례도 적지 않았다.

이 시기의 가장 유명한 화가로는 화원 출신인 안견(安堅)과 문인화가인 강희안(姜希顔)을 꼽을 수 있다. 안견은 역대 화가들의 기법을 체득하여 독자적인 화풍을 개척하였다. 그의 대표작인 몽유도원도(夢遊桃源圖)는 안평대군의 꿈을 그렸다는 것으로 자연스러운 현실세계와 환상적인 이상 세계를 능숙하게 처리하고 대각선적인 운동감을 활용하여 구현한

걸작이다. 현재 일본의 천리대학교에 보관되어 있다. 강희안은 시적 정서가 흐르는 낭만적인 그림을 많이 그렸다. 그의 대표작인 고사관수도(高士觀水圖)는 선비가 수면을 바라보며 무념무상에 잠긴 모습을 담고 있는데, 세부 묘사는 대담하게 생략하고 간결하고 과감한 필치로 인물의 내면세계를 느낄 수 있게 표현하였다. 신숙주는 『화기(畵記)』를 써서 안평대군이 소장한 송 · 원시대 그림을 소개하면서 회화사를 정리하여 그림에 대한 이해가 높았음을 보여 준다.

몽유도원도

16세기에는 15세기의 전통을 토대로 다양한 화풍이 발달하였다. 강한 필치의 산수화를 이어 가기도 하고, 선비들의 정신세계를 사군자로 표현하기도 하였다. 노비 출신으로 화원에 발탁된 이상좌(李上佐)는 중종 · 명종의 사랑을 받아 공신의 지위에까지 오르고, 색다른 분위기의 그림으로 명성을 떨쳤다. 그의 대표작인 송하보월도(松下步月圖)는 바위틈에 뿌리를 박고 모진 비바람을 이겨내고 있는 늙은 소나무를 통하여 강인한 정신과 굳센 기개를 표현하였다. 이암(李巖)은 동물들의 모습을 사랑스럽게 그렸고, 신사임당은 풀과 벌레를 소박하고 섬세하게 그려 여성의 심정을 잘 나타내었다. 황집중(黃執中)은 포도를, 이정(李霆)은 대나무를, 어몽룡(魚夢龍)은 매화를 잘 그렸는데, 이들은 고매한 정신 세계를 생동감 있게 표현한 것으로 유명하였다.

서예는 조선시대 양반이라면 누구나 터득해야 할 필수 교양이었기 때문에 뛰어난 서예가들이 많이 나타났고, 독자적인 서체를 개발한 사람도 많았다. 고려 이래로 송설체(松雪體)가 유행하여 안평대군(安平大君)이 잘 썼으며 수려하고 활달한 기풍을 살린 독자적인 글씨를 썼다. 양사언(楊士彦)은 초서에 능하였고, 한호(韓濩)는 왕희지체에 우리 고유의 예술성을 가미하여 단정하면서 건실한 석봉체(石峯體)를 이루었다. 한호는 명에 보내는 외교문서를 써서 중국에도 이름이 알려졌고, 그가 쓴 천자문은 널리 보급되어 일반인들도 석봉체를 많이 따라 쓰게되었다.

【 음악과 무용 】

유교국가에서는 음악은 백성을 교화하는 수단으로 여겼으므로 조선시대에 국가의 각종 의례와 밀접히 관련되었기 때문에 중요시하였다. 조선 초기에는 음악을 관장하는 장악원(掌樂院)이 있어, 양인 출신의 악생(樂生, 297명)이 있어 아악(雅樂)을 담당하고, 공노비 출신의 악공(樂工, 518명)이 속악(俗樂)을 맡았다. 세종은 박연(朴堧)에게 60여 종의 악기를 개량하거나 제작하게 하고, 스스로 여민락(與民樂) 등 악곡을 짓고 소리의 장단과 높낮이를 표현할 수 있는 정간보(井間譜)를 창안하였다. 또 악곡과 악보를 정리하게 하고 아악을 궁중음악으로 발전시켰다. 장악원에서 연주하는 악곡들은 여민락 외에 정대업 · 보태평 · 보허자 · 낙양춘 · 오관산 등 수십 곡이 연주되었다.

성종 24년(1493)에 성현은 『악학궤범(樂學軌範)』을 편찬하였다. 이 책은 음악을 아악 · 당악(唐樂) · 향악(鄕樂) 등 세 부문으로 나누어 음악의 원리와 역사, 악기, 무용, 의상 및 소도구까지 망라하여 정리함으로써 조선시대 궁정음악을 집대성하고, 전통 음악을 유지하고 발전시키는데 큰 도움이 되었다.

16세기 중엽 이후에는 민간에서도 당악과 향악을 속악으로 발달시켜 가사, 시조, 가곡 등 우리말로 된 노래들을 연주하는 음악이나 민요에 활용하였다.

궁중과 관청의 의례에서는 음악과 춤이 따랐다. 이들 춤은 행사에 따라 매우 다양하였는데 처용무(處容舞)처럼 전통 춤을 우아하게 변용시킨 것도 있었다. 민간에서는 농악무 · 무당춤 · 승무 등 전통 춤을 계승하고 발전시켜 나갔으며, 산대놀이라는 탈춤과 인형극인 꼭두각시놀음도 유행하였다.

제8장 사림 세력의 대두와 성리학의 융성

제1절 사림 세력의 대두

【 훈구 세력의 성격 】

조선 건국에 공로가 컸던 정도전(鄭道傳)·조준(趙浚) 등 건국 공신 세력은 역대의 국왕을 보좌하여 조선의 제도를 정비하는 데 힘썼으며, 이에 따라 『국조오례의(國朝五禮儀)』나 『경국대전(經國大典)』의 편찬에서 볼 수 있는 것처럼 각종 의례의 정비, 법전 편찬 등이 활발하게 이루어졌다. 이렇게 적지 않은 성과를 이루어냈지만, 조선 초기 왕권이 확립되어 가는 과정에서 대부분의 건국 공신 세력이 제거되기도 하였다. 그러나 세조가 조카인 단종을 몰아내고 왕위에 오르면서 그를 도와 왕위에 추대한 한명회(韓明澮)·정인지(鄭麟趾)·최항(崔恒)·양성지(梁誠之)·신숙주(申叔舟)·서거정(徐居正) 등이 새로운 훈구 세력으로 자리잡았다. 이들은 공신(功臣)으로서 정치적 실권을 세습적으로 장악하고, 왕실과의 혼인을 통해 그 기반을 확대하였다. 이들은 국왕과 관료 중심의 정치체제를 지향하였던 조선 초기 관학파(官學派)의 학풍을 계승하여 실용적 학문에 능하고 많은 관찬사업에 참여하였다. 이들의 학문적 경향은 시문 중심의 사장학(詞章學)에 기울어, 사회 문제에 대한 관심보다는 이미 확립된 예제(禮制)나 법제(法制)의 준수를 강조하는 태도를 취하였다.

훈구 세력은 높은 관직을 독점하다시피 하면서 그 권력을 이용하여 토지를 집적하고 각종 이권을 차지하려 하였다. 그리고 그 과정에서 많은 불법과 비리를 자행하였다. 이들은 원래 대규모의 농장(農莊)을 소유하고 있었다. 국가로부터 지급받은 과전(科田)은 물론 공신전(功臣田)의 규모도 만만치 않았다. 이 가운데 과전은 경기 지방의 토지로 지급하였는데, 받은 사람이 죽거나 반역을 하면 국가에 반환하도록 정해져 있었다. 그러나 죽은 관료의 가족들의 생계 유지를 위하여 과전의 일부를 수신전(守信田), 휼양전(恤養田) 등으로 다시 지급하여 세습할 수 있게 하였는데, 이를 빌미로 과전 자체를 사전화(私田化)하는 현상이 만연하였다. 또한 지급될 때부터 세습이 가능했던 공신전은 국가의 중대사가 있을 때마다 지급되어 그 비중이 갈수록 늘어갔다. 여기에 국왕이 급여하는 별사전(別賜田)에 이르기까지 세습되는 토지는 이들 세력의 경제적 기반이었다.

그러나 이렇게 되자 새로 관직에 나간 관리에게 줄 토지가 부족하게 되었다. 이 문제를 해결하고자 15세기 후반에는 직전법(職田法)을 시행하여 현직 관리에게만 수조권을 지급하였다. 수조권을 받은 자는 스스로 그 해의 생산량을 조사하여 과전법의 경우 10분의 1을 농민에게 세금으로 거두었다. 이 과정에서 수조권을 가진 양반 관료가 이를 남용하여 정해진 것보다 지나치게 많이 수취하는 일이 잦았고, 심지어 과전을 사유지처럼 여기는 등 폐단이 커졌다. 그래서 성종 때 이르러 관리가 직접 조세를 거두지 못하도록 지방 관청에서 그 해의 생산량을 조사하여 거두고, 이를 관리에게 나누어주는 관수관급제(官收官給制)로 제도를 개선하였다. 이에 양반 관료들이 수조권을 매개로 토지와 농민을 지배하는 방식은 사라지고 국가의 토지 지배권이 강화되었다.

이에 따라 과전을 통한 토지지배는 유명무실해졌다. 이제 토지를 확보하기 위해서는 소유권을 차지해야만 했다. 고려 말에 크게 유행했던 탈점도 이 시기에는 권세가가 수령과 짜고 지방의 관둔전을 차지하는 식으로 나타나는 경우가 많았다. 탈점을 통해 토지를 늘리는 것이 어려워지면서 개간과 매득이 중요한 방법으로 떠올랐는데, 소유 경쟁이 심해져서 토지의 가격이 올라갈수록 비용과 힘이 많이 드는 강의 하류나 바닷가의 땅까지도 개간되었다. 훈구 세력과 같은 중앙 권세가들의 경우는 수령을 통해 부근의 지방민을 대규모로 동원하여 강의 하류나 바닷가에 둑을 쌓고 대규모로 간석지를 개간하는 방식을 썼다.

양반들이 사들이는 토지는 농민들이 소유한 소규모의 토지였는데, 농민들이 부세나 군역의 부담을 견디지 못하고 파는 땅이 대부분이었다. 흉년을 만나면 고리대로 곡식을 꾸었다가 갚는 악순환을 되풀이하다가 마침내 토지마저 팔게 되는 경우였다. 훈구 세력과 같은 권세가들은 고리대의 채무를 이용해 토지를 빼앗을 뿐 아니라 권력을 이용해 농민을 노비처럼 부리기도 했는데, 외척인 윤원형의 경우 왕실을 등에 업고 권세를 휘둘러 수탈한 토지와 노비의 규모가 왕실을 능가할 정도였다.

특히 토지 소유를 늘려가는 과정에서 경쟁이 심해지면서 종종 지방 중소 사족의 이익을 제약하고 침탈하는 경우가 많아져 정치적인 문제로까지 비화되었는데, 훈구와 사림이 대립하게 되는 이면에는 이런 상황이 가로놓여 있었다.

한편 16세기에는 연작상경(連作常耕)의 실현 등 농업기술의 발달에 따라 농업생산이 증가하였으며, 이를 배경으로 상업과 수공업이 발달하는 경제적 변화가 일어나고 있었다. 소농민들이 시장에 내다 팔 잉여생산물을 가질 수 있게 되면서 농촌장시가 발달하였고, 곳곳에 등장한 지방장시로 전국적인 유통망이 형성되었다. 이는 상업이나 수공업의 발달에만 영향을 미치는 것이 아니었다. 곡물 유통의 활성화라는 면에서 농업 분야에도 새로운 자극을 주는 것이었다. 더욱이 농업·상공업을 통해 부를 축적한 사람들에 의해 비단을 비롯한 사치품의 수요가 창출되면서 외국과의 교역이 번창하는 계기가 마련되기도 하였다. 중국에서 수입한 비단이나 원사(原絲)를 일본에 팔아 차익을 남기기도 하였으며, 중국과의 거래에는 은이 필수적이었으므로 은광의 개발이 활발하게 이루어졌다.

훈구 세력을 중심으로 하는 기성관료들은 권력을 이용해 상업·수공업 분야에서 새로이 창출되는 이익을 독차지하고자 하였다. 이들은 곡물유통이나 은광개발의 재원을 마련하기 위해 대규모 간척사업을 벌이고 외국과의 무역에 관계하였다. 관료제의 운영면에서도 변칙이 심해져서 권력이 척신에게 집중되는 현상이 나타났다. 이에 수반되는 관료사회의 부패가 심각해지면서 이를 비판하는 목소리도 커져갔다. 특히 훈구 세력의 일방적인 비대를 막기 위해 새로운 관료층을 육성하고자 한 성종의 정책에 힘입어 중앙에 진출한 사림파는 언관직(言官職)을 장악하면서 이러한 비판의 선두에 서게 되었다.

훈구 세력 등 일부 양반들에게 토지가 집중되는 현상은 농사를 짓는 농민이 땅을 잃게 되는 결과를 가져왔다. 이 시기의 농민들은 예전처럼 노비로까지 전락하지는 않았지만 머슴이나 전호가 되어 지주의 땅을 경작하였다. 많은 토지를 소유한 지주가 자신의 소유지를 전부 직접 경작한다는 것은 불가능하였기 때문에, 이런 경우 소작을 주어 경작해야 하였다. 이에 따라 토지지배 관계는 지주전호제(地主佃戶制)와 같이 토지 소유자인 지주와 그 토지를 경작하는 소작인인 전호의 관계가 대세를 이루게 되었다. 농민들은 이런 관계 속에서 단위 면적당 생산량을 늘리기 위한 노력을 아끼지 않았고, 때로는 저항하기도 하면서 자신의 몫을 확보하고자 하였다. 그러나 농촌에서 완전히 이탈한 농민들의 경우 화전민이나 도적떼가 되기도 하였다. 명종 14년(1559)에서 17년(1562)까지 황해도 일대를 무대로 활약하던 임꺽정 무리는 그 대표적인 예라고 할 수 있다.

【 사림의 성장 】

사림의 기원은 고려의 향리(鄕吏)까지 거슬러 올라갈 수 있다. 조선의 건국을 주도한 신진 사대부도 향리 출신이었는데, 이 향리들 가운데 조선 건국에 반대하여 정권에 참여하지 않은 사람들은 지방에 자리잡으면서 유향 품관층을 이루었다. 이 품관들은 자치조직인 유향소를 만들어 향촌 사회를 주도하려 하였으며, 이 때문에 중앙 정부와 마찰을 빚어 정치적 활동을 통제받기도 하였다. 이를테면 이들 품관들이 수령의 잘못을 고발하여 중앙에서 파견된 지방관이 향촌 사회를 장악하는 데 지장을 주게 되자 부민 고소 금지법을 제정한 것이나, 유향소를 둘러싼 지방 세력과 중앙 정부간의 줄다리기 등이 그 예이다.

이들 지방 세력은 농업 생산이 발달하고 토지 소유권에 바탕을 두는 지주전호제가 전개되면서, 소규모 하천의 물길을 막아 물을 저장하는 천방(川防)이나 보(洑)를 이용한 개간과 농법 개량 등의 방법을 통해 중소 규모의 지주로서 향촌 사회를 주도해 갔다. 또한 경제적 기반을 바탕으로 성리학에 몰두하여 지방에 근거를 둔 지식인 집단으로 성장하기도 하였다.

훈구들이 권력을 이용하여 부와 토지를 집중시키는 과정에서 지방의 지주들은 자신들의 경제적 기반을 위협받게 되었고, 훈구의 권력에 대항하여 자신들의 기반을 지키기 위해서는 세력을 결집해야만 하게 되었다.

이들의 움직임은 성종의 훈구 견제 정책과 맞물려 사헌부(司憲府)와 사간원(司諫院), 홍문관(弘文館) 등 삼사(三司)로 일컬어지는 중앙의 언관직(言官職)에 진출하면서 구체화되었다. 언관의 자격으로 훈구계의 비리와 부정을 비판하고 공격하면서 차츰 정치세력으로서 '사림파'를 형성하였다. 이들은 대부분 학문적으로 정몽주(鄭夢周) - 길재(吉再)의 계통을 잇고 있었는데, 영남출신의 김종직(金宗直)이 출사한 것을 시작으로 김굉필(金宏弼)·정여창(鄭汝昌)·김일손(金馹孫) 등 김종직의 제자들이 그 뒤를 이으면서 정치세력으로 성장하였다. 사림(士林)이란 지방에 은거하여 성리학을 공부하는 유학자를 통칭하는 개념으로 볼 수 있는데, 이들이 정계에 적극적으로 진출하면서 하나의 정치세력을 형성하게 되자 그 자체가 특정한 정파를 가리키는 말이 된 것이다.

원래 국왕에게 간언하는 역할을 맡았던 것은 사헌부와 사간원이었는데, 국왕과 재상이 인사권을 가지고 있었기 때문에 이들의 발언은 제약이 있기 마련이었다. 그런데 성종대에 이르러 경서와 사적의 관리 및 국왕의 자문에 답하는 직무를 맡고 있던 홍문관이 사헌부나 사간원에서 다루지 않는 문제들에 관해서도 국왕에게 의견을 올리는 독자적인 언론 기능을 갖게 되었고, 인사면에서도 홍문록(弘文錄)을 따로 작성하고 이를 통해 구성원을 보충하게 되면서 인사권에 따른 제약을 극복하게 되었다. 이렇게 독립적 지위를 확보한 홍문관이 사헌부나 사간원의 언론 활동을 지원하면서 이른바 삼사(三司) 체제가 확립되었다.

성종은 이 삼사의 관원에 새로운 세력들을 대거 등용함으로써, 기존의 훈구 세력이 장악하고 있던 재상권을 견제하고자 하였다. 사림파는 왕권을 강화하고 재상권을 견제하고자 한 성종의 의도에 따라 왕권의 비호를 받으며 성장할 수 있었고, 왕권과 재상권 사이에서 균형을 유지하는 역할을 떠맡게 되었다.

한편 사림들은 향촌에서도 자치기구인 유향소(留鄕所)를 설치하여 향촌의 질서를 자신들이 주도해 가고자 하였다. 그러나 훈구 세력이 개입하여 유향소 설치를 방해하고, 설치된 유향소에 대해서도 경재소(京在所)를 두어 통제하게 되면서 오히려 훈구 세력이 향촌에 침투하여 비리와 불법을 저지르는 것을 비호하게 되자, 이번에는 사림들이 유향소를 없애자는 주장을 하기도 하였다.

지방 사족인 사림들이 내세운 이념은 성리학이었다. 성리학에 근거를 둔 왕도 정치, 도학 정치를 내세우며 춘추의리와 도덕적 교화를 강조하였다. 이들의 이러한 이념과 주장은 훈구 세력에 대한 비판의 중요한 기준이었다. 사림이 지향하는 이상적인 정치 형태는 도덕적으로 완성된 지배층이 백성을 교화하는 왕도 정치였고, 지방 지배도 도덕적 우위에 서 있는 사족층이 유향소나 향약 등 자치적 기구와 규약을 통해 백성을 교화해야 한다는 것이었다.

【 훈구와 사림의 대립 】

사림 세력은 여러 면에서 훈구 세력과 대립할 수밖에 없었다. 우선 중소 지주라는 이들의 경제적 기반은 훈구 세력이 대토지 소유를 확대해 가는 과정에서 언제라도 피해를 입을 수 있는 처지에 있었다. 또 사림들은 유향소나 향약을 통해 향촌 사회에서의 지배력을 확보하고자 했지만, 토지를 비롯한 각종 이권의 확보를 위해 지방관들의 협조가 절실했던 훈구 세력의 향촌 침투에 따라, 사림은 사회적 기반인 향촌 사회에서의 지배적 지위도 위협받고 있었다. 실로 사회적 경제적 측면에서 훈구 세력은 사림들의 존립 기반을 무너뜨리는 존재였다.

이에 사림 세력은 자신들의 학문적 기반인 성리학의 정치 이념을 바탕으로 치자층의 도덕적 수양과 실천을 강조하면서 훈구 세력의 비리와 부패, 불법·탈법 행위에 대해 적극적인 비판을 가하였다. 또한 왕에게는 누구보다도 무거운 도덕적 책무가 있다는 점을 강조하여 왕권에도 제약을 가하였다. 사림 세력은 왕권과 재상권이 양립하고 있던 당시의 정치 구조에 새로운 한 축을 담당하게 되었지만, 이는 신권(臣權)을 분할함으로써 왕권의 상대적 강화를 이루는 결과를 가져왔고, 사림 세력을 등용한 성종의 의도는 바로 여기에 있었다.

그러나 사림 세력의 등장은 정치 참여층의 현저한 확대를 가져왔고, 이는 사림 세력이 자신들의 주장을 공론(公論)으로 내세울 수 있는 바탕이 되었다. 사림 세력의 성장은 이제 훈구 세력은 물론 왕권까지도 압박하게 되어, 이번에는 오히려 양쪽 모두에게서 견제를 받게 되었다. 그 견제가 구체적으로 격렬하게 드러난 사건이 바로 네 차례의 사화(士禍)였다.

결국 사화는 조선 사회 내부의 사회경제적 변화에서 비롯된 기성 세력과 신흥 세력 간의 주도권 다툼이 왕권이라는 또 하나의 변수와 맞물리면서 정치적 대결이라는 형태로 드러난 것이었다. 그리고 이 과정에서 사림 세력은 늘 피해자의 처지에 놓여 있었다.

사화라는 정치 현상은 연산군 4년(1498)의 무오사화(戊午士禍)부터 시작하여 명종 즉위년(1545)의 을사사화(乙巳士禍)에 이르기까지 크게 네 차례 일어났다.

무오사화는 실록을 편찬하는 기초 자료인 사초(史草)가 발단이 되어 일어났다. 사림의 종장(宗匠)으로 추앙받던 김종직(金宗直)의 제자인 김일손(金馹孫)은 사관(史官)으로 있으면서, 스승의 글인 「조의제문(弔義帝文)」을 『성종실록』에 싣고자 했다. 「조의제문」은 김종직이 꿈에 항우(項羽)에게 죽은 초(楚)나라 회왕(懷王)을 보고, 회왕을 애도하기 위해 지은 글이었다. 그런데 유자광(柳子光)을 비롯한 훈구 세력은 이 글이 항우와 회왕 사이에 일어났던 일을 세조와 단종의 일에 빗대어 세조가 조카의 자리를 찬탈했다고 비난한 내용이라고 주장하여, 이를 빌미로 주로 언관직에 진출하여 활동하던 사림 계열을 대거 축출하였다. 이 사건으로 이미 죽은 김종직은 부관참시(剖棺斬屍)를 당했고, 김일손을 비롯한 수십 명의 사림이 처형당하거나 귀양갔다. 이 사건은 사림 세력의 비판에 직면한 훈구 세력과 왕권까지 제약하고자 했던 사림의 움직임에 반발한 연산군이 합세하여 사림 세력을 몰아내려고 한 것이었다.

무오사화로 사림 세력을 몰아내고 다시금 권력을 장악한 훈구 세력은 이번에는 왕권과 마찰을 빚기 시작했다. 연산군의 과도한 사치로 국가 재정이 적자에 시달리게 되었는데, 연산군은 적자를 메우기 위해 세금을 무겁게 매기는 한편, 공신들에게 지급된 토지와 노비를 거두어들여 재정에 충당하고자 했다. 이에 반발한 훈구 세력은 우선 왕실 경비를 축소할 것을 요구하였다. 한편 연산군은 생모인 폐비 윤씨를 제헌왕후에 봉하는 등 폐비의 추숭을 추진했는데, 성종의 유지에 어긋난다는 반대에 부딪혔다. 그러자 연산군은 폐비의 죽음을 주장한 자와 이를 반대하지 않은 자를 모두 찾아내 죄를 주었다. 이 사건이 연산군 10년(1504)에 일어난 갑자사화였다. 갑자사화로 훈구 대신들이 화를 입게 되었고, 무오사화 때 이미 화를 입었던 사림은 재차 타격을 받게 되었다. 왕권의 폭주를 감당할 수 없게 된 훈구 세력은 결국 중종반정(1506)을 일으켜 살 길을 도모하였다.

반정 공신들의 추대로 왕위에 오른 중종은 위축된 왕권을 신장시키고 훈구 세력을 견제하기 위해 성종과 마찬가지로 사림을 등용하는 방법을 썼다. 그러나 조광조(趙光祖)를 앞세운 사림 세력은 왕도 정치의 실현을 주장하고 나서며, 향약(鄕約)의 실시를 추진하고, 현량과(賢良科)를 통해 세력을 확장시켰다. 특히 조광조는 공신들의 토지를 회수하여 국가 재정을 확보해야 한다는 주장을 관철시키고, 위훈삭제(僞勳削除)를 거론하며 훈구 세력을 압박하였고, 중종에게도 이상적인 군주(君主)가 될 것을 종용하였다. 사림 세력은 군자의 당임을 자처하면서 훈구 세력을 소인으로 몰아붙였다. 그러나 중종은 조광조에 대한 사림 세력의 열광적인 지지를 경계하게 되었고, 왕권에 대한 지나친 간섭에 염증을 느끼고 있었다. 이러한 중종의 불안감을 부추긴 훈구 세력의 정치 공작에 의해, 사림 세력은 붕당을 만들어 정치를 어지럽혔다는 죄목으로 대거 처벌받게 되었다. 조광조의 경우 그를 지지하는 유생들의 집단 행동이 오히려 왕을 자극해 사약을 받기에 이르렀다. 이것이 중종 14년(1519)에 일어난 기묘사화였다.

기묘사화 이후 한동안 훈구 대신들이 정국을 주도하였으나, 중종 말 인종 초에 사림 세력이 다시 등장하면서 영향력을 키워갔다. 그러나 인종과 명종을 둘러싼 외척 세력의 권력 다툼 과정에서 사림 세력은 다시 한번 큰 피해를 입게 되었다. 인종의 외삼촌인 윤임(尹任) 일파인 대윤(大尹)과 명종의 외삼촌인 윤원로(尹元老)·윤원형(尹元衡) 일파인 소윤(小尹)이 겨루는 과정에서 명종의 즉위로 득세한 윤원형이 대윤 일파를 역모로 걸어 제거하였다. 이 사건이 을사사화인데, 다시 세력을 이루고 있던 사림의 인사들을 정계에서 몰아내려는 것이 이 사건을 일으킨 또 하나의 이유였다.

【 사림의 재기와 집권 】

사림 세력이 잇따른 사화의 수난을 겪으면서도 굴하지 않고 지속적으로 정계에 진출할 수 있었던 것은 이들의 근거지가 지방이었기 때문이다. 사림 세력이 훈구 세력의 계속된 견제와 공격에서 살아남기 위해 택한 수단은 향촌 사회에 거점을 마련하고 향촌에서의 지위를 공고히 하는 것이었다. 성종대에는 유향소를 통해서, 그리고 중종대 초반부터는 향약의 보급을 통해서, 중종 말년 이후에는 서원 건립과 향약 시행을 통해 농민을 통제하고 훈구와 결탁한 수령의 비리를 견제하려 하였다. 선조대에 사림 세력이 중앙 정계에 확고한 발판을 마련하는 바탕이 된 것은 사림들이 전국 각지에 설립한 서원이었다. 사림들은 서원을 중심으로 저변을 확대해 나갔다.

사림들은 향촌 사회에서 성리학적 질서를 도모하기 위해 적극적으로 향약을 보급하기 위해 노력하였다. 향약은 좋은 일을 서로 권하고 잘못을 서로 규제하는 것을 주된 내용으로 하는 일종의 자치 규약이었으며, 사회적으로 유교적 도덕질서를 일반화하려는 시도였다. 향약은 조광조 등이 주도하여 전국적으로 실시하고자 했으나 기묘사화로 몰려나면서 중단되었고, 이후에는 각지의 사림들에 의해 개별적으로 시행되다가 사림 세력이 정국을 주도하게 된 선조대에 이르러 전국적으로 시행되기에 이르렀다.

지방의 유력한 사림이 향약의 간부인 약정(約正) 등에 임명되고, 농민들은 의사에 상관없이 자동적으로 그 지역 향약의 구성원에 포함되었으므로, 사림들은 중앙에서 임명된 지방관보다 농민에 대해 더욱 강한 지배력을 행사할 수 있었다. 또한 향약의 각종 규정들은 대체로 사족 중심의 상호 부조와 유교적 윤리가 주된 내용이었으므로, 향촌에서 사족의 지배적인 지위를 항구적으로 유지하려는 목적을 내포하고 있었다.

향약의 실시가 사림들의 사회적 기반을 확고하게 다지는 것이었다면, 서원(書院)의 설립과

소수서원

확산은 사림의 인적, 물적 기반을 확보하는 것이었다. 서원의 주요 기능은 선현에 대한 제사와 후진의 양성이었다. 사림들은 서원을 통해 자연스럽게 학문을 매개로 세력을 결집할 수 있었다.

최초의 서원은 중종 38년(1543) 풍기 군수였던 주세붕(周世鵬)이 안유(安裕=安珦)를 제사하기 위해 설립한 백운동서원(白雲洞書院)이다. 그 이후 여러 지역에서 사림 출신의 수령이나 그 지역의 사림들이 계속해서 서원을 설립하였다. 사림의 정치적 활동이 위축되면서, 서원에서는 성리학 서적에 대한 체계적인 강학을 통해 성리학에 대해 깊이 탐구하게 되었고, 성리학에 대한 철학적 이해가 깊어지면서 이기론(理氣論)을 중심으로 체계를 갖추어 갔다. 이러한 연구의 전통이 쌓여가면서 학통이 형성되었고, 서원은 각 학통별로 사림들의 세력 근거지가 되었다. 지역 사회에서 서원의 영향력이 커지자 국왕이 서원에 편액을 내려 공인하는 사액서원(賜額書院)이 등장하였다. 최초의 사액서원도 백운동서원인데, 명종 5년(1550) 풍기 군수로 부임한 이황(李滉)의 건의에 따라 소수서원(紹修書院)이라는 편액을 받았다. 사액서원이 되면 중앙으로부터 토지와 노비 등을 받아 경제적 기반을 마련할 수 있었고, 중앙 정계에서도 정치적 입지를 확보할 수 있었다.

이처럼 사림 세력의 근거지는 지방이었다. 경제적 기반인 토지는 물론이고, 향약을 매개로 하여 사회적 기반을 조성하였고, 서원을 통해 학문적 · 정치적 기반을 확보하였다. 사림이 선조대에 이르러 재기하고, 정국의 주도권을 장악할 수 있었던 것은 이러한 여러 가지 여건이 뒷받침되었기 때문이다.

제2절 성리학의 융성

【성리학의 수용】

성리학(性理學)은 중국 송대(宋代)의 사대부층이 확립한 유학사상의 한 조류이다. 북송대 유자(儒者)들은 공자 · 맹자 이래의 이른바 원시유학(原始儒學)을 재해석하여 우주론 · 존재론 · 인성론 등의 치밀한 철학적 기초를 마련하였다. 그리고 주희(朱熹)는 이 새로운 유학사상의 조류를 체계적으로 집대성하였다. 성리학(性理學)은 인간의 본성을 이(理)로 보는 학문이라는 뜻이다. 달리 이학(理學), 신유학(新儒學), 송학(宋學), 주자학(朱子學), 정주학(程朱學)이라고 하기도 한다.

성리학의 우주론은 주돈이(周敦頤)에 의해 정립되었다. 주돈이는 『태극도설(太極圖說)』에서 태극, 음양, 오행, 건곤, 남녀, 만물에 이르는 성리학적 우주론의 개념을 제시하였다. 성리학에서는 존재의 궁극적 근거를 허무(虛無)나 공(空)으로 파악하는 노장사상이나 불교와 달리 존재가 모든 이치를 구비하고 있다고 보았다.

장재(張載)와 정이(程頤)는 이기(理氣)의 개념에 철학적 의미를 부여하여 이기론(理氣論)을 마련하였다. 장재는 우주의 근원이 기(氣)로 구성되어 있으며 기가 모여서 만물을 이룬다는 새로운 해석을 제시하였으며, 정이는 성리학에서 중심이 되는 이(理)의 개념을 정립하였다. 정이는 우주의 근원은 이(理)이며, 이(理)의 원리에 따라 만물을 구성하는 기가 생긴다고 하였다.

정이는 이런 성과를 토대로 성즉리(性卽理)의 기본개념을 정립하였다. 주돈이의 천인합일사상에 이어 인간의 본성은 하늘의 이치를 부여받은 것이라는 성리학적 인간관의 골격이 마련된 것이다.

주희는 북송대 선유들의 성과를 바탕으로 유교의 경전을 새로운 철학적 시각으로 해석하였다. 『논어』, 『맹자』, 『대학』, 『중용』 등 사서(四書)와 『시경』, 『서경』, 『주역』 등 삼경(三經)을 성리학적 언어로 풀이하였다.

성리학의 특징은 정치 · 사회 · 윤리의 기초로서 인간의 심성을 중시하고 이를 현실사회의 인간관계를 규정하는 이론으로 발전시켰다는 데 있다. 인간은 하늘의 이치를 부여받은 보편적 존재이지만, 기(氣)의 작용에 따라 선악이 나뉘고, 그렇기 때문에 인간은 현실의 사회관계 속에서 차별적인 존재가 된다.

이러한 사회적 인간관계의 차별성을 설명하기 위해 만들어진 것이 명분론(名分論)이다. 모든 사회구성원은 상하(上下), 귀천(貴賤) 등 차등적 상태를 인정하고, 그 속에서 각자의 직분을 통해 사회적 역할을 충실히 이행해야 하는 것이다. 이러한 명분론을 바탕으로 삼강오륜(三綱五倫)과 같은 사회윤리나 화이론(華夷論)과 같은 세계관이 등장하는 것이다.

사회적 질서의 기준으로서 예(禮)를 강조하게 되는 것도 명분론에서 비롯된다. 예는 이(理)가 현실의 인간 사회에 구현된 것으로 사회 질서의 준칙이며 실천의 기준이다. 이에 따라 가례(家禮)부터 향례(鄕禮), 국례(國禮)에 이르기까지 사회 각 단위마다 그에 맞는 기준이 마련되었다. 성리학에서 추구하는 이상적인 정치는 예에 의해 다스려지는 사회이고, 그 내용은 차등적 상하관계, 곧 분수가 지켜지는 가운데 유교적 가치가 실현되는 사회를 말하는 것이었다.

남송대에 완성된 성리학은 고려 후기 사대부들에 의해 수용되었다. 고려 중기 이후 농업생산력의 발달을 토대로 성장한 향리층 가운데 중앙 관인으로 진출한 사람들이 사대부층을 형성하였다. 이들은 기성의 문벌귀족층과는 경제적인 면에서나 정치적, 사상적인 면에서 대립하는 처지였는데, 성리학은 이들이 문벌귀족사회를 비판할 수 있는 논거를 제시해주었다. 또한 성리학의 중화주의는 원의 지배와 간섭 아래 있던 고려가 자주적 지위를 회복할 수 있는 원리를 제공하기도 했다.

안향(安珦)이나 백이정(白頤正), 우탁(禹倬), 권부(權溥) 등이 주희의 저술을 들여오고 연구하였다. 이제현(李齊賢)은 한족 출신의 원나라 학자들과 교류하며 성리학을 연구하였고, 귀국해서는 이색(李穡) 등에게 성리학을 전수하였다. 이색에 의하여 성리학은 고려의 사대부들에게 본격적으로 보급되었으며, 당시의 사회상황과 관련하여 사회개혁 이념의 역할을 하게 되었다.

공민왕(恭愍王)의 개혁과정에서 성균관을 통해 많은 주자학자들이 양성되었는데, 이때 성균관의 수장인 대사성(大司成)이 이색이었고, 정몽주(鄭夢周)와 이숭인(李崇仁)인 등이 교관으로 있었다. 성균관에서 공부한 사대부들은 과거를 통해 정계에 진출하여 고려사회가 안고 있던 문제점을 지적하고 개혁방안을 논의하였으며, 이 가운데 일부는 새 왕조를 건국하는 주도세력이 되었다. 성리학은 이들에게 현실비판의 근거와 새로운 체제를 모색하는 기준을 제공해주었다.

【 유교정치 체제의 정비 】

유교정치는 덕치 · 인정(仁政)을 바탕으로 왕도정치(王道政治)를 펼치는 것을 이상으로 여겼다. 유교교육을 받은 왕과 신하가 유교적으로 정비된 의례와 제도에 따라 통치하고, 지배층뿐 아니라 일반 백성들에게까지 유교적 교양과 윤리에 의해 교화되는 과정이었다.

조선 건국 초기 이 과정을 깊이 연구하고 담당하였던 사람이 정도전(鄭道傳)이다. 정도전이 저술한 『조선경국전(朝鮮經國典)』에는 덕치 · 인정을 바탕으로 한 유교정치의 실현이나 군주의 패도를 방지하고 왕도정치를 할 수 있는 정치체제에 대한 구상이 담겨 있었다. 그는 특히 총재(冢宰) 곧 재상이 중심이 되는 정치체제를 주장했는데, 재상에게 위로 임금을 받들어 올바르게 인도하고 아래로 백관을 이끌고 만민을 다스리는 역할을 맡기고 있다. 재상을 잘 선택하는 것이 임금의 역할이며, 나라가 잘 다스려지는지 아닌지는 재상에 달려 있다고 보았다. 이러한 그의 구상은 뒷날 의정부(議政府) 중심의 정치운영론에 반영되었다.

태종대에 이르러 의정부와 육조(六曹)를 중심으로 하는 정치체제가 갖추어지게 되는데, 이는 중국 고대 주(周)나라의 삼공(三公) · 육경(六卿) 제도를 본뜬 것으로 유교정치에서 이상(理

想)으로 삼는 것이었다. 그러나 의정부가 주도하느냐 육조가 중심이냐에 따라 신권(臣權) 위주로 운영되기도 하고 왕권(王權)이 강화되기도 하였다.

조선시대 유교정치의 기반이 확립된 것은 세종대였다. 세종은 1420년 집현전(集賢殿)을 설치하여 유교정치를 담당할 관인 학자들을 양성하고, 이들로 하여금 각종 의례와 제도를 정비하도록 하였다. 성삼문(成三問) · 신숙주(申叔舟) · 박팽년(朴彭年) · 서거정(徐居正) · 양성지(梁誠之) · 정인지(鄭麟趾) 등이 이때 배출된 사람들이다.

태종대에는 왕권강화책과 맞물려 6조직계제(六曹直啓制)가 운영되었으나, 세종 18년 의정부서사제(議政府署事制)로 이행하였다. 국가의 행사는 모두 오례(吉禮 · 嘉禮 · 賓禮 · 軍禮 · 凶禮)에 의하여 거행되고, 사대부도 『주자가례(朱子家禮)』에 따라 사례(冠 · 婚 · 喪 · 祭)를 행하였으며, 삼강오륜(三綱五倫)이 사회윤리로 자리잡아 갔다. 유교정치의 이상적 형태가 실제로 구현되었던 것이 이 시기 조선 사회의 모습이었다.

이후 조선시대 정치운영은 신권(臣權)이 주도하기를 원하는 신료들의 논리와 왕권(王權)의 강화를 통해 군주가 정치운영을 장악해야 한다는 논리가 맞서고, 교차하는 가운데 전개되어 갔다. 사림의 집권 이후로는 대체로 신권(臣權)이 주도해 가는 경향이 강했다.

【성리학 이해의 심화】

건국 초기 조선 사회가 당면한 문제는 고려 사회가 안고 있던 여러 가지 문제를 해결함은 물론 왕조 교체에 걸맞는 새로운 문물 제도의 정비와 부국강병을 추진하는 것이었다. 이 과제를 해결하기 위해 정도전, 권근(權近) 등은 성리학뿐 아니라 필요에 따라 한(漢) · 당(唐) 유학, 불교, 도교, 풍수지리 사상, 민간 신앙 등을 포용하기도 하였으며, 특히 『주례(周禮)』를 국가의 통치 이념으로 중요하게 여겼다.

그러나 불교의 경우는 철저한 비판의 대상이 되기도 하였다. 특히 정도전은 『불씨잡변(佛氏雜辨)』을 저술하여 성리학의 입장에서 불교를 철저히 비판하였다. 왜냐하면 불교는 오랫동안 지배이념의 자리를 지켜왔으나, 고려 사회에서는 기득권층의 일원으로 여러 가지 사회문제를 일으키고 있었기 때문이다. 더욱이 정도전을 비롯해 건국을 주도한 사대부 세력으로서는 각종 사회적 폐단의 해결을 위해서뿐 아니라, 성리학을 새로운 지배이념으로 한 새 왕조의 건국을 위해서도 불교에 대한 극복이 필요하였다.

불교에 대한 태도는 이처럼 엄격했지만, 조선 초기 관인 학자들의 학문 경향은 철저하게 성리학을 강조하는 사림들과는 달리 비교적 유연한 모습을 보여주고 있는 것이 사실이다. 그러나 제도가 어느 정도 정비되고 체제가 안정된 상태에서 기득권을 누리게 되면서, 그것을 향유하고 지키기 위해 이미 확립된 예제(禮制)나 법제(法制)의 준수를 강조하는 것이 일반적이었다.

이러한 이들의 태도는 당시의 사회 모순을 성리학적 이념과 제도의 실천으로 극복하고자 했던 사림 세력과 마찰을 빚게 되었고, 사림 세력은 여러 번의 사화로 크게 피해를 입으면서도 훈구 세력과의 대결을 위해 자신들의 사상적 토대인 성리학에 대한 이해를 더욱 심화시켜 갔다. 그 결과 16세기 중엽에는 성리학에 대한 이론적 탐구가 이루어지고, 그 가운데서도 특히 심성론(心性論)과 관련한 연구가 학문의 중심 내용으로 자리잡았다.

성리학에 대한 본격적인 연구는 서경덕(徐敬德)과 이언적(李彦迪)에 의해 시작되었다. 서경덕은 이(理)보다는 기(氣)를 중심으로 세계를 이해하면서 기(氣)에 대한 독특한 견해를 수립하였다. 이에 비해 이언적은 태극(太極)에 대한 이해로부터 출발하여 이(理)를 중시하는 학문적 경향의 선구가 되었다. 이들의 연구는 후대에 큰 영향을 미쳤으며, 특히 이황(李滉)은 심성의 문제에 대해 깊이 연구하였다. 또한 이이(李珥)는 성리학에 바탕을 둔 경세론(經世論)을 학문적으로 체계화하였다.

인간 심성에 대한 집중적인 탐구는 사단칠정(四端七情) 논쟁을 통해 살펴볼 수 있다. 유교에서 사단(四端)은 인의예지(仁義禮智)의 단서가 되는 측은(惻隱)·수오(羞惡)·사양(辭讓)·시비(是非)의 네 가지 마음을 가리키며, 칠정(七情)은 희(喜)·노(怒)·애(哀)·구(懼)·애 (愛)·오(惡)·욕(欲) 등 일곱 가지 감정을 가리키는데, 모두 마음의 작용을 설명하는 개념이다. 이황은 사단과 칠정을 엄격히 구분하고 사단은 이(理)가 발한 것으로 순수하게 선하지만, 칠정은 기(氣)가 발한 것으로 선과 악이 섞여 있다고 보았다. 이러한 견해를 이기호발설(理氣互發說)이라고 한다. 이에 비해 이이는 사단이 칠정 속에 포함되며, 모두 기가 발하는 것이고 이(理)는 거기에 타는 것이라고 하였다. 또 사단은 이(理) 가운데 선한 것만을 가려낸 것으로 보았다. 이이의 견해는 이기겸발설(理氣兼發說)이라 한다. 이는 결국 인간의 마음이 작용하는 과정에서 도덕적 본성을 어떻게 실천으로 연결시킬 수 있는가의 문제였다.

이황과 기대승(奇大升) 사이의 논변으로 시작한 사단칠정논쟁은 이후 수세기 동안 지속적으로 전개되었다. 조선의 유자들은 이외에도 인심도심설(人心道心說)이라든지 인성(人性)·물성(物性)의 동이(同異)에 관한 논쟁 등 인간 심성의 문제를 집중적으로 탐구하였고, 이런 학문 경향은 조선에서 전개된 주자학의 큰 특징이 되었다.

이황과 이이는 성리학이 조선 사회에 정착하는데 크게 기여하였다. 그런데 두 사람의 학문은 모두 주자 중심의 성리학이면서도 그 학문적 성격에 차이가 있었다. 이황의 경우 도덕적 행위의 근거로서 인간의 심성을 중시하고 근본적이며 이상주의적인 성격이 강하였다. 이에 비해 이이는 기의 역할을 강조하여 현실적이며 개혁적인 성격을 갖고 있었다.

이황의 『성학십도(聖學十圖)』와 이이의 『성학집요(聖學輯要)』를 통해서도 두 사람의 차이를 엿볼 수 있는데, 이황은 군주 스스로가 성학(聖學)을 따를 것을 권하는데 그쳐 군주의 능동적 자세를 중시한 반면, 이이는 현명한 신하가 성학을 군주에게 가르쳐 그 기질을 변화시켜야 한다고 하여 신하의 역할을 상대적으로 강조하였다.

이와 같이 성리학 내부에서 다양한 사상적 흐름이 형성되고, 지역별로 사우(師友)관계가 맺어지면서 주로 서원을 중심으로 학파가 형성되기 시작하였다. 먼저 서경덕 학파와 이황 학파, 조식 학파가 형성되었고, 그 뒤에 이이 학파와 성혼(成渾) 학파가 형성되었다. 이렇게 각 학파를 중심으로 성리학 연구와 교육이 활발하게 이루어지는 가운데 특히 이황 학파와 이이 학파가 사상계의 주도적 위치를 차지하게 되었고, 이에 따라 주자 중심의 성리학이 조선의 사상계에서 확고한 우위를 차지하게 되었다. 그리고 선조 때에 이르러 사림 세력이 중앙 정계의 주도권을 차지하면서 각 학파를 기반으로 하여 정치적 파벌이 형성되었다.

이들 정치적 파벌 가운데 북인은 광해군과 더불어 임진왜란으로 인한 피해를 극복하기 위하여 대동법의 시행과 은광 개발 등 적극적인 사회 경제 정책을 추진해 나갔으며 중립 외교를 취하는 등 성리학적 의리 명분론에 크게 구애받지 않았다. 이는 서인과 남인의 반발을 불러일으켰다. 결국 서인의 주도로 인조반정이 이루어지자 서경덕과 조식의 사상, 양명학, 노장 사상 등은 배척을 당하고 이황과 이이의 학문이 주류가 된다.

한편 이후의 성리학 연구는 성리학적 사회 질서의 유지, 강화라는 측면에서 예학(禮學)에 대해 집중적으로 탐구하는 경향을 보이게 된다. 예(禮)는 윤리 도덕의 객관적 실천 규정이므로, 성리학이 발달하면서 예에 대한 학문적 연구에 관심을 갖게 되는 것은 자연스러운 추세이다. 따라서 16세기의 성리학자들도 예학에 많은 관심을 가졌으며, 17세기에는 예의 구체적 시행 문제에 대한 탐구가 진전되어 학파에 따라 다양한 예론이 나왔다. 특히 임진왜란과 병자호란 등 전란으로 인하여 무너진 유교적 질서를 회복하려는 움직임과 함께 예는 사회를 이끌어가는 방안으로 주목되었고, 예학은 당대의 가장 절실한 학문이 되어 예치론(禮治論)이 등장하기에 이르렀다. 예치(禮治)는 개인, 사회, 국가를 예로 다스리는 것으로, 예를 가르치는 예교(禮敎)와 예를 배우는 예학(禮學)을 통해서 실현된다.

이처럼 예학 연구가 심화되어 학파와 당색(黨色)의 구분 없이 많은 예학자가 나왔는데, 서인(西人) 계열의 김장생(金長生)과 남인(南人) 계열의 정구(鄭逑)를 비롯하여 많은 학자들이 저마다의 예설(禮說)을 제출하였다. 각 학파 간 예학의 차이는 전례 논쟁을 통하여 표출되었으며, 예송(禮訟)은 그 대립의 정점이라고 할 수 있다.

【성리학의 사회적 기능】

성리학에서는 인간 사회를 천자에서 가(家)에 이르는 수직적 질서 체계로 파악한다. 천명(天命) 곧 하늘로부터 인간 사회를 다스릴 수 있는 권능을 부여받은 천자에서부터 지역에 따라 통치권을 위임받은 왕과 그 아래의 여러 신하들, 지역 단위별 등급별 지방관, 가장 하부 단위의 백성을 다스릴 책임을 맡고 있는 사대부(士大夫)의 가(家)에 이르는 질서 체계이다. 도덕적으로도 본연의 성품을 그대로 간직하거나 수양을 통해 본연의 성품을 회복한 성인(聖人)으로부터 기질(氣質)의 혼탁함에 더럽혀진 정도에 따라, 또 그 더러움을 닦아내기 위해 얼마나 노력하느냐에 따라 군자(君子)니 소인(小人)이니 하는 식으로 개개인의 등급을 나눈다. 이렇듯 모든 인간은 도덕적 기준에 따라 차별되는데, 누구든 본연의 성품을 갖추면 성인이 될 수 있지만, 한편으로는 정치적이든 도덕적이든 인간 사회의 차별을 현실로 인정하게 된다.

인간 사회의 차별은 현실에서는 신분제로 제도화되었다. 성리학은 이러한 신분제를 바탕으로 한 사회 질서를 유지하기 위해 상하관계를 강조하는 명분론(名分論)을 내세웠다. 한편 상하 신분 사이에 발생할 수 있는 갈등과 대립을 완화하기 위해 분수론(分殊論)으로 신분 질서를 합리화하였다. 공자의 정명(正名) 사상을 근거로 한 명분론은 그 이름에 따라 상하 · 존비 · 귀천 등이 정해진다는 것이며, 그에 따른 차별을 당연하게 여겼다. 또 그 차별은 군신 · 부자 · 부부 관계 등 사람과 사람 사이에 생길 수 있는 모든 사회관계에 적용되었다. 이일분수론(理一分殊論) 곧 분수론은 이(理)는 하나이지만 모든 만물에 존재하는데, 각각의 만물에 따라 다르게 나타난다는 것으로, 역시 차별성을 설명하는 논리가 된다. 다시 말해서 사람은 모두 하늘의 천리를 본성으로 부여받았으므로 평등하지만 맡은 역할이나 지위, 또는 신분이 다를 수 있으며, 그것이 자연스러운 이치라는 것이다.

이와 같이 현실 사회의 차별을 합리화하는 가운데, 사람과 사람 사이의 관계, 곧 사회관계는 인륜(人倫)으로 규정되며, 그 구체적인 덕목이 바로 삼강오륜(三綱五倫)이다. 오륜은 사람이 행해야 할 올바른 실천 행위이며, 인간 사회의 질서 유지를 위해 반드시 지켜야 할 덕목이며, 마땅히 가르쳐 교화해야 할 도리이며, 만물 가운데 인간이 가장 귀한 존재가 되는 까닭이다. 삼강은 오륜 가운데 군신, 부자, 부부를 강목관계 즉 상하 · 주종의 관계로 따로 강조한 것이다. 이 삼강오륜은 현실적으로 가부장(家父長) 중심의 종법(宗法) 질서로 구현되어 양반 사족 중심의 사회를 유지하는 데 중요한 기능을 하였다.

제3절 사림 정치의 전개와 외세의 침략

【 사림 정치의 전개 】

사림 세력은 향약을 통해 향촌사회의 기반을 착실히 다지고, 서원을 통해 인적 · 물적 기반을 확보하면서 사화로 입은 피해를 극복해 나갔다. 선조대에 이르러 정계의 주도권을 쥐게 되었는데, 이미 각 지역의 서원을 중심으로 성장한 학파를 기반으로 정치적 파벌이 형성되었다.

이황 학파와 조식 학파는 근거지가 경상도 지역이었기 때문에 영남(嶺南) 학파로 부르는데, 이황 학파는 낙동강 동쪽 지역에, 조식 학파는 낙동강 서쪽 지역에 자리잡았기 때문에 이들을 다시 구분하여 각각 강좌(江左) 학파, 강우(江右) 학파라고도 한다. 이이와 성혼의 학파는 경기도와 충청도 지역을 근거로 하였기 때문에 기호(畿湖) 학파로 부른다. 이 가운데 이황(李滉) 학파, 조식(曺植) 학파가 기호지역의 서경덕(徐敬德) 학파와 더불어 동인(東人)을 형성하였으며, 이이(李珥) 학파와 성혼(成渾) 학파가 서인(西人)을 형성하였다.

애초에 사림 세력이 동인과 서인으로 분화하게 된 것은 훈구 세력의 정치적 잔재를 어떻게 청산할 것인가를 둘러싼 갈등 때문이었다. 명종대 이래 정권에 참여해왔던 선배 사림들은 과감한 개혁에 소극적이었던 반면, 정계에 새로 진출한 후배 사림들은 철저한 원칙을 내세우며 훈구 세력의 중심인 척신(戚臣)들을 정계에서 배제하고자 하였다. 이때 명종비의 동생인 외척 심의겸(沈義謙)은 박순(朴淳), 정철(鄭澈), 김계휘(金繼輝), 윤두수(尹斗壽) 등 기성 사림의 신망을 받았는데, 김우옹(金宇顒), 이발(李潑), 이산해(李山海), 유성룡(柳成龍) 등 신진 사림들의 지지를 받던 김효원(金孝元)과 대립하였다. 이들의 대립은 전랑(銓郞)의 임명을 둘러싸고 표면화하여 심의겸 등은 서인, 김효원 등은 동인으로 불리게 되었다. 대립의 과정에서 대개 이황과 조식, 서경덕의 문인은 동인이 되고, 이이와 성혼의 문인은 서인이 되어 정치적 파벌은 학맥과 밀접한 연관을 가지게 되었다.

동인과 서인이 분화된 후 정국은 동인이 주도하였는데, 1589년 전주 사람 정여립(鄭汝立)이 역모를 준비한다는 고발에 따라 관련자들을 처벌하는 과정에서 서경덕과 조식의 문인들이 피해를 입게 되었다(기축옥사). 이 사건 이후에도 동인의 세력은 계속 유지되었으나, 정철(鄭澈)이 광해군(光海君)을 세자로 책봉하기를 건의한 건저의사건(建儲議事件)이 일어나자 서인에 대한 처리를 둘러싸고 동인 내부에서 온건파와 강경파가 갈리게 되었다. 이로 인해 동인은 이황의 문인이 중심이 된 남인(南人)과 조식의 문인이 중심이 된 북인(北人)으로 분열·대립하였다.

남인이 주도하던 정국은 임진왜란이 끝난 뒤 남인이 전쟁의 책임을 지고 실각하자 전쟁 당시 의병을 주도했던 북인이 집권하게 되었다. 광해군은 당시 동아시아의 국제 정세를 주시하면서 명과 후금 사이에 중립외교를 전개하여 또 다시 전란에 휩싸이는 위험을 피하고자 하였다. 광해군의 지지 세력인 북인은 전란으로 인한 피해를 극복하기 위해 대동법 시행을 추진하고, 은광을 개발하는 등 전후 복구 사업에 힘썼다. 북인은 전란으로 흐트러진 사회기강을 재정비하는 데 많은 성과를 올렸다. 그러나 북인은 취약한 정치적 기반에도 불구하고 서인과 남인 등을 배제한 채 정권을 독점하려 하였다. 광해군도 불안정한 왕위를 지키기 위하여 선조가 뒤늦게 얻은 적자인 영창대군을 살해하고, 선조의 계비인 인목대비를 유폐하여 도덕적 비난을 받았으며, 궁궐을 복구하는 등 무리한 토목 공사를 벌여 재정의 악화와 민심의 이탈을 불러왔다. 남인과 서인은 북인의 독주에 반발하여 서인이 주도하고 남인이 지지하는 가운데 무력을 동원하여 광해군과 북인을 몰아냈다(인조반정).

반정에 성공한 서인과 남인은 광해군과 북인 정권의 중립외교를 비판하고 명에 대한 의리 명분론을 강화하면서 반청(反淸)의 입장을 분명히 하였다. 그 결과 병자호란을 초래하였다. 전란을 겪은 뒤에도 주화(主和)·척화(斥和)의 정치적 대립이 계속되었으나, 인조 말엽부터 송시열(宋時烈) 등 서인 산림(山林)이 정국을 주도하면서 척화론과 의리 명분론이 대세를 이루었다. 특히 효종대에는 명나라에 대한 의리를 지켜 청나라에 복수해야 한다는 복수설치(復讐雪恥)의 명분을 내세운 북벌론(北伐論)이 등장하기도 하였다.

현종대에는 서인이 주도권을 쥐고 남인 일부 세력과 연합하여 공존하는 구도가 유지되었으나, 두 차례의 예송(禮訟)이 발생하여 서인과 남인 사이의 대립이 격화되었다. 예송은 인조의 계비인 자의대비(慈懿大妃)가 아들인 효종과 며느리인 인선왕후(仁宣王后)가 죽었을 때 각각 어떤 상례(喪禮)를 따라야 하는지에 대한 전례(典禮) 논쟁이었다. 이는 효종의 왕위 계승에 대한 정통성과 관련되는 문제이기도 하였다. 효종이 죽은 뒤 일어난 1차 예송에서는 왕과 사대부의 예가 다를 것이 없다는 서인의 주장이 받아들여졌다. 즉 효종은 맏아들이 아니므로 그에 맞는 예법을 적용하면 된다는 것이었다. 그러나 인선왕후가 죽은 뒤 일어난 2차 예송에서는 왕가의 예는 사대부와 다르다는 남인의 주장이 받아들여졌다. 즉 효종은 맏아들이 아니지만 왕위를 계승했으므로 맏아들에 해당하는 예법을 적용해야 한다는 것이었다. 그 결과 서인이 약화되고 남인이 정국을 주도하게 되었다.

남인의 우세 속에 서인과 공존하는 정국은 숙종 초 경신환국(庚申換局)이 일어나기까지 유지되었다. 이후 여러 차례의 환국을 거치면서 서인과 남인은 정치적 부침을 거듭하였고, 정국의 주도권을 둘러싼 각 당파 간의 정치적 분쟁이 격렬해졌다. 이러한 상황을 완화하려는 노력은 영조대에 이르러 탕평론(蕩平論)으로 나타났으며, 정조대에 이르기까지 탕평을 내세운 정치운영이 이루어졌다.

【임진왜란】

임진왜란이 일어나기 전 조선을 둘러싼 동아시아의 정세는 크게 변화하고 있었다. 명나라는 환관(宦官)의 발호로 정치가 어지러워지고 전국적으로 반란이 빈번하게 발생하는 등 체제가 동요하고 있었다. 장거정(張居正)의 개혁으로 잠시 안정을 찾는 듯했지만 장거정이 죽고 나서 다시 혼란한 상황으로 돌아갔다. 한편 북방에서는 명나라의 기미(羈縻) 정책으로 분열되어 있던 여진족(女眞族)이 누르하치에 의해 통일되어가고 있었다.

일본에서는 도요토미 히데요시(豊臣秀吉)가 전국시대의 오랜 혼란을 수습하고 통일을 이루었다. 그러나 전쟁을 통해 세력을 축적한 다이묘(大名)들의 힘을 소진시켜 반란의 위협을 미연에 방지하기 위한 목적으로 침략전쟁을 추진하였다. 한편으로는 조선이나 명과의 교역을 활성화하고자 하는 신흥상업 세력의 요구가 내재해 있었다. 당시 일본은 조선에서 잇따라 소란을 일으켜 조선과의 교역이 단절된 상태였고, 명에서도 소란을 부린 탓에 조공 무역을 폐쇄당하여 교역에 큰 타격을 입고 있었다. 도요토미는 침략에 앞서 조선의 정황과 산천에 대해 정보를 수집하였고, 서양에서 도입한 총포를 개량하여 무장하였다.

조선 정부는 일본이 전쟁을 준비한다는 심상치 않은 정황을 포착하고 일본의 정세를 파악하고자 황윤길(黃允吉)과 김성일(金誠一)을 사신으로 파견했는데, 이들이 돌아와서 상반된 보고를 하였다. 황윤길은 일본의 침공을 경계해야 한다고 하였으나, 김성일은 침략의 가능성이 높지 않다고 하였다. 정부에서는 일본의 침공에 대비해 성곽을 구축하고 군비를 정비하라는 지시를 내렸으나, 몇 곳을 제외하고는 거의 성과가 없었다. 오히려 이러한 지시가 민폐를 불러온다고 하여 반대하는 논의가 거셌다.

선조 25년(1592) 4월 13일 20여 만의 일본군이 부산진을 공격하는 것으로 임진왜란이 일어났다. 동래부사 송상현(宋象賢)이 전사하는 등 항전하였으나 부산성과 동래성이 함락되었고, 일본군은 충주와 수원·용인 등지에서 관군을 패퇴시키면서 파죽지세로 진격하여 5월 2일에 한양에 이르렀다. 관군의 대응이 변변치 못했던 것은 이유가 있었다. 당시 조선의 방위 체제는 지역 단위의 소규모 전투에 알맞게 되어 있어서 장수가 군대를 동원하는 것이 원활하지 못했다. 또한 군역제도의 운영이 군역을 대신하여 돈을 내는 방식으로 변화하는 가운데 아직 직업군인으로 구성된 군대를 조직하지는 못한 상태였다.

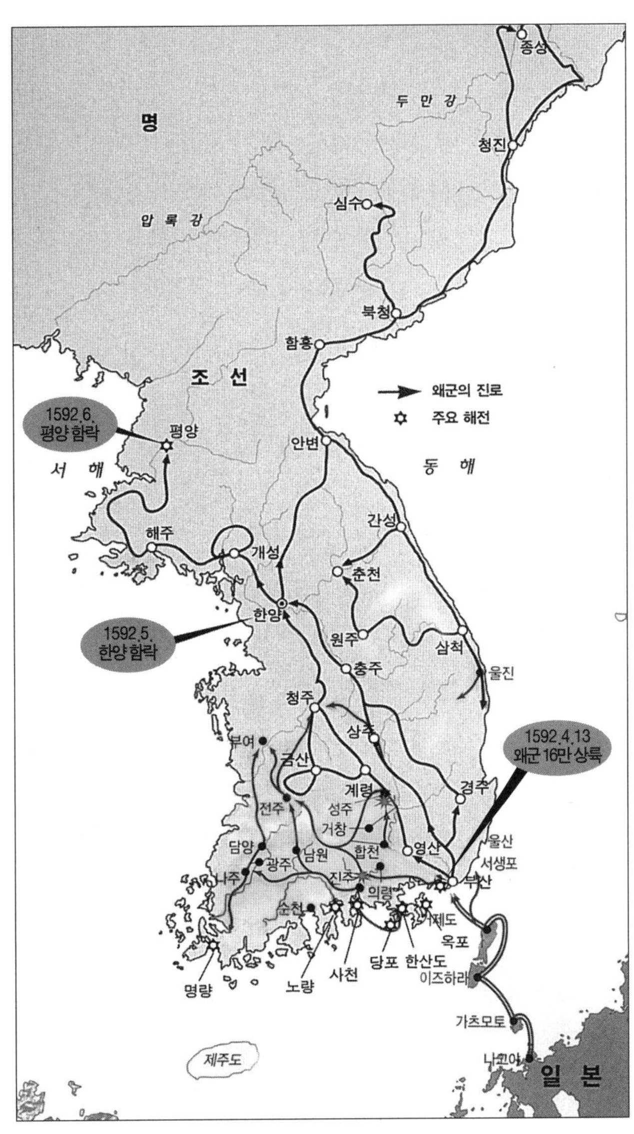

임진왜란 전란도

충주에서 신립(申砬)이 패전했다는 소식을 들은 선조와 조정 대신들은 한양을 떠나 평양으로 피신했다가 전황이 불리하자 의주(義州)에 이르러 명나라에 구원을 요청하였다. 그 사이 일본군은 평안도는 물론 함경도 지역까지 진격하였다.

그러나 6월 이후 전국 각지에서 의병(義兵)이 조직되고, 승군(僧軍) 등이 나서면서 상황이 조금씩 호전되기 시작했다. 전직 관리와 지방 사림들은 노비나 농민들을 모아 자기 고장을 지키기 위해 싸웠다. 곽재우(郭再祐), 조헌(趙憲) 등 의병장들은 향토 지리에 밝은 이점을 이용하여 유격전을 벌이면서 일본군의 보급로를 차단하고 빼앗겼던 지역을 곳곳에서 되찾았다. 그러나 희생도 컸다. 호남으로 들어가는 길목인 진주나 금산 등에서는 일본군을 막기 위해 치열하게 싸우다가 몰살당하기도 하였다. 관군도 점차 전열을 정비하여 의병과 합세하면서 일본군의 기세를 꺾고 전세를 반전시켰다.

한편 이순신(李舜臣)이 이끄는 수군은 일본군보다 우수한 선박과 화기를 바탕으로 옥포, 당포, 당항포, 부산포 등에서 연승하여 큰 전과를 올렸으며, 한산도에서 대승을 거둠으로써 남해의 제해권을 장악하였다. 이로써 일본군이 서해안을 통해 군량을 보급하는 것을 막을 수 있었고, 전라도의 곡창지대를 지킬 수 있었다.

명 조정은 조선이 망하면 명나라가 위험하다는 인식 아래 조선 조정의 원조요청을 받아들이는 형식으로 참전했다. 조승훈(祖承訓)이 이끄는 3,500명 가량의 명군이 압록강을 건넌 것은 1592년 6월 5일이었다. 명군은 7월 17일 벌어진 평양 전투에서 일본군에게 참패했다. 명 조정은 일본군이 예상보다 훨씬 강하다는 사실을 절감하고 화포부대를 동원하기로 결정하였다. 12월 이여송(李如松)이 이끄는 4만 8천 명의 병력이 다시 들어왔다. 명군은 1593년 1월 평양 전투에서 승리했다. 평양성의 고니시 유키나가(小西行長) 부대는 남쪽으로 후퇴했고, 함경도에 진출해 있던 가토 기요마사(加藤淸正) 부대는 고립의 위기에 처했다. 그러나 일본군을 추격한 명군이 벽제관 전투에서 패하면서 전쟁은 교착상태에 빠졌다. 명 조정은 심유경(沈惟敬)을 통해 고니시와 강화협상에 착수했고, 그 과정에서 조선은 철저히 소외되었다.

일본군은 남해안 일대로 물러났지만 철수하지 않았고, 강화협상은 시간만 끌었다. 전쟁도 아니고 평화도 아닌 상태가 1597년 일본군이 재차 도발할 때까지 계속되었다. 휴전 기간 중에 조선 정부는 성곽을 보수하고, 훈련도감을 설치하여 삼수병(三手兵)을 양성하였으며, 지방에는 속오군(束伍軍)을 편성하는 등 재침에 대비하였다.

일본의 무리한 요구로 강화는 깨어지고, 일본군은 다시금 대규모로 침략을 감행했으나, 직산 전투와 명량 해전 등에서 패하였고, 도요토미의 죽음이 알려지면서 퇴각하였다. 이순신이 이끄는 수군은 노량 해전에서 퇴각하는 일본군에게 결정적 타격을 가하였다.(정유재란)

전쟁터였던 조선은 수많은 사람이 목숨을 잃었고, 농경지가 황폐해졌다. 심지어 구원군으로 온 명군에게마저 재물과 식량을 빼앗겼다. 전쟁 중 일본군은 조선의 문화재를 약탈하고 도공

(陶工) 등 뛰어난 기술자들을 잡아갔다. 은폐되었던 사회 모순은 전쟁 과정에서 더욱 확연히 드러나게 되었다. 특히 정부와 양반 지배층의 무능이 드러나 권위가 땅에 떨어지게 되었다. 선조를 비롯한 지배층은 이를 무마하기 위해 전쟁을 승전으로 호도하였다. 선조를 따라 의주로 갔던 관원을 호성공신(扈聖功臣)으로 책봉하고, 전투에서 공을 세우거나 명나라 군대의 지원을 이끌어낸 관원을 선무공신(宣武功臣)에 책봉했다. 또 전란 중에 일어난 내란을 진압한 이들은 청란공신(淸亂功臣)이 되었다. 전쟁의 국면을 전환시키는 데 큰 역할을 했던 의병장들은 대부분 여기에서 배제되었으며, 김덕령(金德齡)의 경우처럼 역적으로 몰려 제거되기도 하였다.

전쟁의 무대였던 조선의 왕조는 건재하였지만, 임진왜란은 동아시아의 질서를 근본적으로 흔들어놓았다. 명나라는 만성적인 재정난에 시달리고 있었으며, 중앙 정부의 통제력이 약화되면서 성장한 지방의 독립 군벌 세력에 의지하여 변경과 연안의 치안을 유지했으나, 그 가운데 하나였던 이자성(李自誠)에 의해 북경이 함락되어 멸망하였다. 이 틈을 타 누르하치가 여진족을 통일하고 요동 지역에 진출하여 후금(後金)을 건국하였다. 이어 홍타이치가 국호를 청(淸)으로 바꾸고, 이자성을 토벌한다는 명목으로 북경을 점령하였으며, 점차 대륙 전체를 정복하여 중국 대륙의 새로운 주인이 되었다. 일본의 경우도 임진왜란에 참전했던 영주들의 세력이 약화되었고, 참전하지 않았던 도쿠가와 이에야스(德川家康)는 세력을 고스란히 보존하여 정권을 장악하였다. 이에야스는 에도(江戶)에 막부(幕府)를 세우고 쇼군(將軍)의 지위에 올랐다.

【 광해군의 중립외교와 인조반정 】

광해군은 전후 복구 사업에 힘을 쏟는 한편, 세력이 커지고 있던 후금과 쇠퇴해가는 명나라 사이에서 실리적 외교 노선을 취했다. 1618년 누르하치가 무순(撫順)을 점령하자 명 조정은 누르하치를 제압하기 위해 원정군을 구성하면서 조선에도 파병할 것을 요구했다. 임진왜란 때 원군을 보냈으니 이번에는 조선에서 원군을 보내야 한다고 하면서 2만의 병력을 요구한 것이다. 반면 후금은 자신들의 목표는 다만 명나라일 뿐이며, 명과 협력하지만 않는다면 조선을 침략하지 않겠다는 의사를 밝혔다.

광해군은 전후 피해 복구가 끝나지 않았음을 들어 명의 요구를 거부했다. 또 후금에는 임진왜란 때 도움을 받았기 때문에 명의 요구를 거절하기 힘들다는 점을 설득했다. 이러한 광해군의 태도는 '명나라는 부모의 나라이며 구원해준 은혜를 갚아야 한다' 는 의리론을 내세운 조정신료들의 격렬한 반대에 부딪혔다. 결국 광해군은 강홍립(姜弘立)을 사령관으로 하는 1만 3천여 명의 군대를 파견할 수밖에 없었으나, 이러한 사실을 후금에 알리는 것도 잊지 않았다. 1619년에 벌어진 '심하 전투' 에서 조선군은 누르하치의 군대와 제대로 싸워보지도 못하고 참패했다. 강홍립을 비롯한 생존자들은 항복하여 후금에 억류되었다. 인조반정을 주도한 세력들의 주장처럼 광해군이 실제로 강홍립에게 싸우지 말고 항복하라는 밀명을 내렸는지는 의혹이 있다. 대세가 후금으로 기울어진 상황에서 후금과의 충돌을 피하려는 광해군의 전략적 선택이었다고 할 때, 이러한 광해군의 선택은 명나라와 후금 양쪽에서 명분을 얻으면서 조선의 피해를 최소화하는 결과를 가져왔다. 이후에도 광해군은 계속되는 명의 원조 요구를 묵살했으며, 사신을 보내기도 하고 첩자를 보내기도 하면서 명과 후금의 동향에 촉각을 곤두세웠다. 다시 전쟁의 참화를 입지 않기 위한 생존술이었다.

인조반정을 일으킨 서인 - 남인 연합세력이 광해군을 내쫓기 위해 가장 크게 문제삼은 것은 임금의 몸으로 어머니를 유폐하고 동생을 죽여 강상(綱常)의 질서를 어지럽혔다는 것과 더불어 그가 선택한 외교 노선이 명과 맺은 군신의 의리를 저버리고 임진왜란 때 구원해준 명의 은혜를 배반했다는 점이었다. 결국 인조반정은 '명분' 과 '의리' 를 내세운 서인 - 남인 세력이 '실리' 를 추구한 광해군과 북인 정권을 몰아낸 정변이었다.

【병자호란】

인조반정 후 조선은 친명배금(親明背金)의 외교 노선을 천명하였다. 이는 당시 대륙의 정세를 도외시하고 철저히 명분만을 내세우는 태도였으며, 결국 전쟁을 불러왔다. 후금은 인조 5년(1627)에 광해군의 복수를 명분으로 내세우며 침략했다. 실제로는 명과의 대결에 앞서 배후의 위협을 제거하고 부족한 물자를 조달하기 위한 목적을 가진 침략이었다. 주력 부대는 선천을 거쳐 안주 방면으로 남하하는 한편 일부의 병력은 압록강 하구의 가도(椵島)에 주둔한 명의 모문룡(毛文龍) 부대를 공격하였다. 누르하치를 야만인이라 얕보며 방비에 힘쓰지 않았던 조선은 무력하게 국경을 내주었고, 인조는 강화도로 피난하고 소현세자는 전주로 피신하였다.

평안도의 정봉수와 이립 등이 의병을 일으켜 후금의 배후를 공략하자 후금군은 평산에 머물렀다. 조선 조정도 서둘러 강화 교섭에 나섰다. 조선과 후금 '형제의 맹약' 을 맺는 것으로 강화가 성립되었다. 이때 조선은 명과의 관계가 부자(父子) 관계로 지속되어 왔다는 점을 주장하여

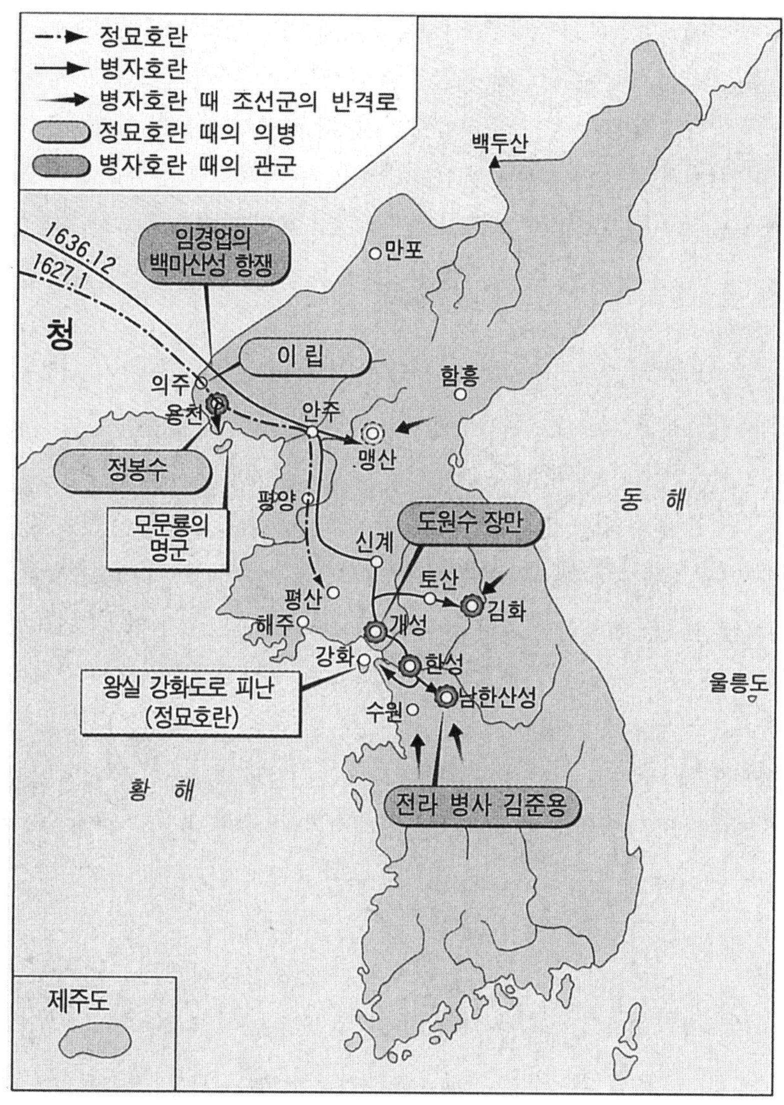

병자호란 전란도

명과 적대하지 않는다는 조항을 강화 조약에 집어넣는 것으로 의리론을 관철시키기도 하였다.(정묘호란)

1632년 후금은 조선에 두 나라의 관계를 군신 관계로 바꿀 것을 요구하고, 명과의 전쟁에 필요하다며 황금과 백금 각 1만 냥, 말 3000필, 병력 3만 명을 요구하는 등 강압적 자세를 취했다. 이에 조선에서는 반청론이 다시 들끓었다. 조선에서는 1633년부터 남한산성과 강화도에 성을 쌓고 식량을 비축하는 등 유사시에 왕족과 관료들이 피난할 대책을 마련하였다.

인조 14년(1636) 2월, 조정은 후금에서 보내온 국서를 거부하고 사신으로 온 용골대(龍骨大)를 구금하였다. 국호를 청(淸)으로 바꾼 태종 홍타이치는 12월 10일 12만 명의 대군을 이끌고 압록강을 건넜다. 청의 군대는 임경업(林慶業)이 지키고 있던 백마산성을 우회하여 불과 10여 일 만에 한양에 이르렀다. 인조는 14일 왕족들을 강화도로 보내고 다음날 자신도 피난하려 했으나, 이미 청군에 의해 길이 막혔으므로 남한산성으로 피신하였다. 남한산성에는 군사 1만 3천과 50일치 식량밖에 마련되어 있지 않았다.

청 태종은 20만의 군사로 남한산성을 에워싸고 각지에서 올라온 조선군을 패퇴시켰다. 포위된 산성 안에서 굶주림과 추위에 떨면서도 강화해야 한다는 주장과 목숨을 걸고 싸워야 한다는 주장을 두고 격렬한 논쟁이 벌어졌다. 인조는 1월 초부터 강화를 제의했지만, 청은 인조가 직접 청 태종의 진영에 와서 항복할 것과, 척화(斥和)를 주장한 사람들을 압송할 것을 요구했다. 1월 21일에 강화도마저 함락되자 조선은 청에 대해 신하의 예를 행할 것, 세자를 볼모로 보낼 것 등 청이 내건 조건을 받아들여 항복하고 말았다. 인조는 삼전도(三田渡; 송파)에서 평민의 옷을 입고 청 태종에게 세 번 절하면서 그때마다 세 번씩 머리를 땅에 조아리는 삼궤구고두례(三跪九叩頭禮)의 굴욕을 겪어야 했다.(병자호란)

청군의 침입은 지역적으로 서북 지방에 한정되었고 기간도 짧았지만 약탈과 살육이 심하여 청군이 한번 지나간 곳은 완전히 황폐해졌다. 또 패전 뒤 청에 바쳐야 할 조공액이 늘어나면서 피해는 더 커졌다. 더구나 왜란으로 입은 피해를 미처 복구하지도 못한 상황이었다. 무엇보다도 백성들이 겪는 고통은 이루 말할 수 없었다.

양란을 겪으면서 조선 사회는 크게 흔들렸다. 몇 차례에 걸친 전란으로 인구가 크게 줄고 농업생산 기반이 거의 무너졌다. 더구나 전쟁 과정에서 보인 정부, 지배층의 무능과 비겁한 행동으로 지배층의 권위는 바닥에 떨어졌으며, 나아가 지배체제의 이완을 가져왔다. 또한 농업생산을 복구하는 과정에서 오히려 지주제가 한층 확대되는 등 사회적 모순은 더욱 심화되었다. 이에 따라 농민층의 동요가 심해지자, 정부는 좀더 적극적인 안정책을 찾게 되었다. 공납제의 폐단을 개혁하기 위해 대동법(大同法)의 실시를 확대한다든지, 군역의 폐단을 해결하기 위한 여러 가지 논의가 이루어진다든지, 양인 인구의 확보를 위해 종모법(從母法)을 실시한다든지 하는 조치들이 그것이었다.

또한 사회통제를 강화함으로써 농민층의 동요를 억제하고자 하였다. 노비추쇄정책을 강력히 추진하고, 향약, 호패법, 오가작통법 등의 시행을 추진하여 사회기강을 유지하고 농민들을 묶어두려 하였다. 한편 정부의 노력과는 별도로 재야에서는 더 적극적이고 철저한 사회개혁의 필요성이 제기되었다. 이들은 사회가 근본적으로 안정되려면 농민생활의 안정이 우선이며, 이를 위해서는 토지제도개혁을 포함한 전면적인 개혁방안이 필요하다고 주장하였다.

그러나 중앙 정계에서의 논의는 예론(禮論)이나 북벌과 같은 명분적인 문제가 중심이 되었다. 예송은 앞서 살펴보았듯이 예학상의 입장 차이를 놓고 벌어진 논쟁이었으나, 그 이면에는 왕권(王權)과 신권(臣權)의 정치 주도권과 연결된 현실적인 문제가 깔려 있었다. 또한 호란의 와중에 크게 대립하였던 주화와 척화의 논리는 효종 즉위 이후로는 반청론(反淸論)의 압도적 우세로 귀결되었고, 마침내 청나라를 정벌하여 명나라의 원수를 갚자는 북벌론(北伐論)까지 대두하기에 이르렀다. 당시 집권 세력은 국가 정체성을 확보하는 춘추의리론이나 복수설치론 등을 강조함으로써 자신들이 져야 할 패전의 책임을 회피하려 한 것이다. 나아가 이러한 논리를 정권 장악의 수단으로 삼는 한편 자신들의 집권을 합리화하고 체제를 유지하였다.

제9장 조선 후기 중인 및 평민의 성장과 실학의 발달

제1절 삼정의 문란과 제도의 개선

삼정(三政)이란 흔히 국가의 3가지 재정적 기반을 의미하는 전정(田政) · 군정(軍政) · 환곡(還穀)을 합하여 일컫는 것이다. 전정은 소유하고 있는 토지의 면적을 기준으로 하여 받은 각종의 세(稅)를 가리키며, 군정은 국가에 대해 군역(軍役)의 의미를 지고 있는 남정(男丁) 곧 정남(丁男)들에게 그것을 수행하는 대신 포(布, 삼베) 즉 군포(軍布)를 거두는 것을 의미한다. 그리고 환곡은 가난한 농민에게 먹고 살 곡식 즉 미곡(米穀)을 국가에서 빌려주었다가 관리 과정에 소모된 이른바 모곡(耗穀)까지 가산하여 거둬들이는 것을 말한다.

【 전정의 문란 】

전정은 토지에 대하여 매겨지는 세금이었으므로 자연 토지 1결(結, 대략 170평坪)에 대하여 얼마를 내게 하는가 하는 기준량이 문제였는데, 그 거두는 양을 영원토록 정해서 변함없이 하겠다고 해서 영정법(永定法)이 인조 12년(1634)에 채택되면서 결정된, 그 해의 농사에 풍년과 흉년이 들었는지 상관없이 요컨대 풍흉에 관계없이 1결 당 4두(斗, 말)가 가장 기본이었다. 여기에다가 임진왜란을 거치면서 군대를 양성하기 위해 신설된 기관인 훈련도감(訓練都監) 소속의 삼수병(三手兵), 총병(銃兵)인 포수(砲手), 궁병(弓兵)인 사수(射手) 그리고 창검병(槍劍兵)인 살수(殺手)들에게 지급되는 급료를 위한 삼수미(三手米) 1두(斗) 2승(升, 되)이 부가되었다.

여기에 또한 광해군(光海君) 즉위년(1608)에 우선 경기도에서 시험적으로 실시된 이래 드디어 숙종(肅宗) 34년(1708)에는 평안도와 함경도를 제외한 전국에서 대동법(大同法)이 실시되면서 그 지방 특산물로 받는 공물(貢物) 대신 쌀로 거두게 되면서 받는 대동미(大同米) 12두(斗)가 부과되었다. 그리고 영조(英祖) 26년(1750) 균역법(均役法) 실시 이후, 종전에 받던 군포 2필(匹)을 감하여 1필만 받게 되면서, 그 부족액을 보충하기 위해 새로이 결작(結作, 결미結米) 2두(斗)가 더해졌다.

이렇게 여러 종류의 토지세가 부과되어 번잡하였다. 다만 그 총계는 19두 2승으로 채 20두에 미치지 못해 1결 당 200두에 이르는 총 수확량의 10분의 1도 안되었다. 그렇더라도 문제는 지방마다 다르게 설정되어 있었던 각종 부가세와 수수료 때문에 농민들은 고통스러웠다. 이러한 부가세와 수수료를 원래의 토지세에다가 합치면, 수확량의 거의 2분의 1에 도달할 경우도 있었다. 하지만 이보다 더더욱 농민을 고달프게 한 것은 관리들의 횡포였다. 이들은 농사를 짓는 땅은 물론 황폐화되어 버려져 농사짓지 않는 진전(陳田)에도 토지세를 징수하였는데, 이를 당시에 비어 있는 땅에 대해서도 토지세를 거둔다고 해서 흔히 백지징세(白地徵稅)라고 불렀다. 게다가 관리 자신이 개인적으로 허비해버린 공금을 채워 넣기 위하여 정해진 양 이상의 토지세를 거두기도 하였는데, 이는 도결(都結)이라 하였다.

【 군정의 문란 】

군정은 16세부터 60세까지의 군역의 의무를 지니고 있는 정남(丁男) 1인에 대하여 원래는 군포(軍布) 2필을 내게 하는 것이었는데, 영조 때의 균역법 시행 이후 절반으로 줄여 1필만을 거두는 것이었다. 그렇다고는 하여도 포(布) 1필은 미(米, 쌀) 6두(斗, 말)에 해당하는 것이어서, 토지 1결에 대하여 부과하는 토지세 4두보다 많은 양으로 실제적으로도 부담이 적지 않은 것이었으며, 집안에 여러 명의 정남이 있는 경우는 더더욱 그럴 수밖에 없었다. 예컨대 시아버지와 장남인 남편 그리고 장가가지 않은 시동생이 한 호(戶)를 구성하여 같이 거주하는 경우, 이 집에서는 3인분의 포로서 매년 3필을 내야 했는데, 이는 미 18두를 내는 것과 마찬가지였으므로, 1결의 토지세 못지않은 부담이 되었던 것이다.

게다가 관리와 향리들의 협잡으로 인해, 황구(黃口) 즉 어린 아이를, '첨정(簽丁)' 이라 하여 16세 이상의 정남인 것으로 문서상 기록하여 군포 징수 대상으로 만들어 군포를 더 거두어 착복하는 황구첨정, 이미 죽어서 백골(白骨)이 된 사망자들에게도 군포를 부가하여 챙기는 백골징포(白骨徵布), 군포의 부담을 견디지 못하여 도망한 경우 그 일가친척에게서 이를 결국에 받아내는 족징(族徵) 그리고 5집을 하나의 통으로 만들어 상호 감시케 하는 오가작통(五家作統)의 처벌 규정에 의거 도망자가 발생한 경우 이웃 사람에게 책임을 지우는 인징(隣徵) 등의 모든 방법이 동원되었다. 그렇기 때문에 전정의 폐단이 17세기에 심하였던 데에 비하여, 특히 18세기에는 이 군정의 폐단이 더욱 심하였다.

【 환곡의 문란 】

환곡제도는 본래 농민들의 대다수가 겨우내 먹고 살아 곡식이 다 떨어진 봄 궁기가 드는 이른바 춘궁기(春窮期)에 이들에게 국가에서 미곡을 빌려 주었다가 가을 추수기에 받아들여 농민들의 생활을 안정시키기 위한 제도였다. 하지만 이 제도를 시행하면서 원래 빌려간 미곡만큼만을 되돌려 받은 게 아니라, 미곡의 보관과 운반 과정에서 소모되는 이른바 모곡(耗穀)을 보충한다는 취지에서 1석(石, 탈곡 이전의 쌀 2가마니)에 대하여 10%에 해당하는 1두 5승을 가산하여 받아들임으로써, 빈민의 구제를 위한 게 아니라 고리대(高利貸)로 변하게 되고 그 폐해가 삼정 중에서도 가장 심하게 되었으며, 시간이 흐르면 흐를수록 심화되어 19세기에 가장 컸다.

엎친 데 덮친 격으로 환곡의 운영이 관리들과 향리들의 비리 양산의 주된 대상이 되어 농민들의 부담을 늘렸다. 농민들이 빌려가야지만 이를 건수(件數)로 잡아 고리대를 받아 낼 수 있을 터이므로 농민들에게 필요한 양 이상으로 강제로 빌려가게 하기도 하였는데, 이를 강제로 대출해가게 한다고 해서 늑대(勒貸)라고 표기하였다. 지방의 행정실무를 담당하는 아전(衙前, 향리)들이 출납 관련 문서를 허위로 작성하여 환곡을 빼돌리는 번작(反作, 한자 표기상으로 반작이나 관행상 번작으로 읽음), 또한 장부를 꾸며 장부상으로 있는 것같이 해놓았으나 실제로 창고에는 하나도 없는 허류(虛留), 흰 쌀인 백미(白米)에다가 왕겨만 벗겨냈을 뿐 채 쓿지 않은 즉 껍질을 벗겨 희게 만들지 않은 현미(玄米)를 절반씩 섞어 양을 불린 반백(半白)이니 분백(分白) 같은 온갖 방법으로 농민을 괴롭혔던 것이다.

【 대동법의 시행 】

왜(倭)와의 임진왜란(선조 25년, 1592), 정유재란(선조 30년, 1597) 그리고 호(胡)와의 정묘호란(인조 5년, 1627), 병자호란(인조 14년, 1636) 등 4번의 커다란 전란을 거친 후 국가적으로 가장 심각한 문젯거리는 재정 궁핍이었다. 처절한 전란을 거치면서 농민들이 살아남지를 못해 자연히 농토의 경작면적이 줄어들어 토지세 부과 대상 자체가 줄어들었을 뿐더러 토지대장인 양안(量案)의 관리가 혼란스러워져 여기에서 누락시켜 토지세 부과 대상에서 몰래 감추어 둔 토지 즉 은결(隱結)이 늘어났기 때문이다. 전란 이전에는 170만 결에 달하던 전국의 토지면적이 이후 광해군(光海君, 1608~1623) 때에는 불과 54만 결밖에 안 되었으므로, 국가에서는 정책적으로 토지의 개간(開墾)을 장려할 뿐만 아니라 전국의 농토를 일일이 측량하여 경계를 바로 잡고 주인을 찾아내는 양전(量田) 사업을 실시하였다. 그리하여 숙종(肅宗, 1674~1720) 때에는 토지세 부과 대상 면적이 140만 결로 늘어나게 되었다.

그렇지만 기대만큼 국가의 조세 수입이 늘어나지 못하였다. 그러자 이미 전란 전부터 왜의 공격에 대비하기 위해 10만의 군사를 양성하자는 이른바 십만양병설을 주창한 바 있던 율곡(栗谷) 이이(李珥)와 같은 인물이 현실적인 개혁 방안의 하나로 이를 제기한 바 있던 수미법(收米法) 논의가 되살아났다. 종전에 지방 특산물로 거두던 공납(貢納)을 이제는 미곡(米穀)으로 바치게 하여 농민들의 부담을 덜어주자는 취지에서였다. 즉 종래의 공납제도에서는 농민이 직접 고을을 단위로 부과된 특산물을 중앙의 담당 관청에까지 직접 현물을 갖다 내야 했는데, 운송 과정의 불편함 등 때문에 농민들 대신 이를 납부해주고 중간의 비용을 먹는 방납(防納)이 행해지게 되었던 것인데, 여기에 관리와 아전들이 개입하여 이권을 챙기게 됨으로써 더욱 농민의 부담이 가중된 게 당시의 실정이었다. 이런 상황을 타개하여 농민의 부담을 덜어주기 위해 쌀로 내게 하자는 수미법이 제기되었던 것이다.

결국 이 수미법이 받아들여져 광해군 즉위년(1608)에 이원익(李元翼)의 주장에 따라서 우선 경기도에 시행되었고, 인조 원년(1623)에는 강원도에 실시되었으며, 효종(1649~1659) 때에는 김육(金堉)의 주장에 의해 충청도와 전라도에 실시되었고, 숙종 34년(1708)에는 평안도와 함경도를 제외시킨 전국에 걸쳐 비로소 실시되기에 이르렀다. 종전의 특산물 대신 쌀로 전(田) 1결(結)에 대하여 대동미(大同米)라 하여 토지세 4두의 3배인 12두(斗)씩을 징수하게 되었는데, 이를 포(布, 대동포大同布)나 전(錢, 대동전大同錢)으로도 납부할 수 있게 하였다. 특히 충청 · 전라 · 경상 · 황해도에서는 바다에 인접한 읍(邑)에서는 쌀로, 산악 지대의 군(郡)에서는 포와 전으로 내도록 규정하였다.

이와 같이 징수된 쌀과 포 · 전의 일부는 지방 관아(官衙, 관청)의 경비 조달을 위하여 지방에 두었고, 나머지 대부분은 바다를 통해 배로 운반되는 조운(漕運)에 의해 중앙으로 운송되어 올라왔다. 대동법을 실시하면서 이러한 모든 일을 관장하도록 신설된 관청이 선혜청(宣惠廳)으로, 여기에서는 종전에 중앙으로 오던 것 가운데 이제는 조달되지 않는 물품의 조달도 도맡아 했는데, 물품의 종류마다 따로 선정된 납품청부업자인 공인(貢人)에게 미리 대금을 지불하여 특정 물품을 구매하여 그 물품을 필요로 하는 기관에 공급하게 하였다. 이제 대동법의 시행으로 말미암아 종전에는 없었던 공인이 등장하게 됨으로써 그에 따라 상품 및 화폐 경제가 서서히 발달하여 이후 커다란 사회경제적 변화의 시발점이 되었다.

【 균역법의 시행 】

임진왜란이 일어났을 때 초기의 5위(五衛)가 제 기능을 발휘하지 못하자, 부리나케 훈련도감(訓練都監)을 설치해서 포수·사수·살수 삼수병(三手兵)을 양성하게 되었으며, 이후 점차로 총융청(摠戎廳)·수어청(守禦廳)·금위영(禁衛營)·어영청(御營廳) 등이 한꺼번이 아니라 필요에 따라 점차로 하나하나 설치되어 숙종(1674~1720) 때에는 5군영(軍營)이 성립하여 이제는 의무병 제도가 아닌 사실상 모병제(募兵制)가 되고 말았다. 그렇지만 일반 장정들이 지니고 있는 의무적인 군역이 면제된 것은 물론 아니었으며, 포(布)를 내어 이를 대신한다 해서 수포대역(收布代役)이라 부르며 1년에 2필의 군포(軍布)를 바치게 하였다.

그렇다고 해서 양인이면 누구나 반드시 군포를 내는 것은 아니었고, 더구나 관리에게 청탁한 사람들 중에서 군포 납부를 면제받은 이들도 생겨났으므로 결국에는 이를 납부해야 하는 것은 가난한 농민들뿐이었다. 이들에게는 더욱이 관리들과 아전들이 저지르는 황구첨정(黃口簽丁)·백골징포(白骨徵布)·인징(隣徵)·족징(族徵) 등이 두려움의 대상이 되었으며 이에 따라 유민(流民)이 되어 도망하는 자의 수가 더욱 증가함으로써 농촌은 피폐해 갈 뿐이었다.

그러다가 영조 26년(1750)에 이르러서야 국왕의 엄명으로 군정에 대한 새로운 법을 시행하게 되었는데, 그 이름은 균역법(均役法)이었다. 종전에는 부담을 나누어 지지 않던 왕실과 양반 등으로부터 국가가 거둔 세금으로, 농민의 군포를 종전의 2필에서 1필로 감해서 군역의 부담을 균등히 한다는 뜻에서 그렇게 이름 붙여진 것이었다. 따라서 이 법의 시행으로 생기는 부족액은 종전에 왕실재정으로만 들어가던 어세(漁稅)·염세(鹽稅)·선세(船稅)를 국가의 정부재정 수입으로 돌리는 한편, 양인이면서도 군포 부담을 지지 않던 한정(閑丁, 한유자閑遊者)을 선무군관(選武軍官)으로 편성하여 이들로부터도 선무군관포라 하여 포를 거두었으며, 또한 양반이 소유한 것도 모조리 대상으로 하여 평안도와 함경도를 제외한 전국의 모든 토지에 1결 당 수확량의 10%에 해당되는 미 2두를 결작(結作)이란 이름으로 징수하여 보충하였다.

이러한 균역법의 시행으로 일단 농민들의 부담은 가벼워졌다. 하지만 황구첨정 · 백골징포 · 족징 · 인징 등의 악습은 거의 그대로 존속하고 있었으므로 군포 자체의 부담으로 생기는 괴로움이 농민들 곁을 완연히 떠난 것은 아니었다.

제2절 잔반의 등장과 중인의 성장

【 벌열정치의 전개 】

임진왜란 이후 정치세력 가운데서도 북인(北人)이 강해져서 광해군(光海君, 1608~1623)을 추대하였으므로 광해군 때 내내 북인이 정권을 장악하였다. 하지만 북인에게 눌려 있던 서인(西人)이 이를 뒤집어 광해군을 죄로 몰아 쫓아내고 인조(仁祖)를 옹립하였는데, 이 사건을 흔히 인조반정(仁祖反正, 1623)이라고 부른다. 이 이후 줄곧 서인이 정권을 장악하였으며, 특히 효종(1649~1659) 때에는 송시열(宋時烈)이 등용되어 활동하면서 서인은 부동의 자리를 차지하게끔 되었다.

하지만 숙종(肅宗) 즉위년(1674)에 효종의 모후(母后)가 세상을 뜨자 이때에 국왕이 어떤 격식의 상복(喪服)을 입는 게 의례(儀禮)에 옳은 것인가를 놓고 벌어진 이른바 예송(禮松)논쟁에서 서인을 물리치고 일시적으로 남인이 등용된 일이 있었다. 이 같이 남인이 잠시 동안 틈틈이 정권을 잡아 몇 번 정국(政局)의 전환(轉換)이 있었는데, 이를 당시에 '환국(換局)' 이라고 불렀으므로 오늘날도 이렇게 부르는 경향이 있다. 숙종 6년(1680) 남인이 잠시 정권을 잡았다가 다시 서인 정권이 들어선 것을 그 해의 간지(干支)를 따서 경신환국(庚申換局)이라고, 그리고 숙종 15년(1689) 남인 계열인 희빈(禧嬪, 궁녀의 직함) 장씨(張氏, 세칭 장희빈)가 출산한 왕자(훗날의 경종景宗)를 세자로 책봉하는 과정에서 서인이 몰락하고 남인이 집권을 하였는데, 이를 기사(己巳)환국이라 명명한 것 같음이다.

이후 숙종 20년(1694)에 서인 계열의 폐비(廢妃) 민씨(閔氏)가 복위됨으로써 다시 서인이 집권하는 이른바 갑술환국(甲戌換局)을 계기로 하여 서인의 보복으로 남인은 이제 정국에서 완전히 힘을 상실하고 다시 세력을 키우기 어렵게 되고 말았다. 그러므로 이후에는 서인만이 오로지 실권을 쥐게 되었는데, 앞서의 경신환국의 처리 과정에서 남인에 대한 처분에서 견해가 갈려 강경론을 주도한 원로 송시열 계통의 인물들은 노론(老論)으로, 온건한 태도를 취한 윤증(尹拯)을 위시한 소장파는 소론(少論)으로 나뉘어졌다. 그리고 이후에는 노론이 주로 정권을 거머쥐고 권력을 오로지 하였다. 이같이 하여 서인 가운데서도 특히 노론을 중심으로 한 가문들 즉 벌열(閥閱)이 성립되어 장기 집권을 하였다. 그럼으로써 이른바 벌열정치가 행해지게 되었던 것이다.

당시 사회에서는 같은 가문(家門)이더라도 항렬(行列)이 높은 대종(大宗)이 항렬이 낮은 소종(小宗)에 비해 우월함을 인정받는 소위 종법(宗法) 사상이 확립되고, 족보(族譜)의 편찬이 본격화되었을 뿐만 아니라 장자(長子, 맏아들)가 없어 대(代)를 이을 수 없으면 같은 종족 내에서 양자(養子)를 맞아들이는 양자제도가 일반화되면서 가문의 세습성이 보장됨으로써 정치적 및 사회적 특권을 자손에게 세습하는 가문인 벌열의 성립이 가능했던 것이다. 이들은 정치의 실권을 독점하고 있었으므로 온갖 부정수단을 총동원해서라도 자제들을 과거(科擧)에 합격시켜 그 지위를 세습시키려 하였다.

조선 후기 벌열은 인조 때 이후 성립되어 영조 때 이후 고정되었는데, 벌열 사이에 붕당(朋黨)의 형성은 학연(學緣)과 혈연(血緣)으로 맺어지는 게 기본이었다. 시간이 지남에 따라 과거 시험의 주관자인 좌주(座主)와 그 급제자인 문생(門生) 사이의 좌주 · 문생관계를 중심으로 이루어진 학연적인 요인은 점차 줄어만 가고, 벌열 사이의 혼인 관계를 중심으로 한 혈연적인 요인이 강화되어 갔다고 한다. 그렇기 때문에 벌열정치 아래에서 지배층 사이에서는 종래 공론(公論)에 의한 붕당보다 점차 개인이나 가문의 이익을 우선시하는 경향이 현저해졌다.

【 탕평책의 실시 】

서인 중에서도 노론이 정계를 장악하면서 벌열정치가 행하여지게 되자, 지금껏 여러 붕당의 균형 속에서 유지되어 오던 왕권이 흔들리게 되었고, 이러한 여러 사태를 바로 잡기 위해 시도된 것이 탕평책(蕩平策)의 실시였다. 숙종(肅宗) 때 경신환국 이후 서인정권에서 처음으로 제기되어, 영조(英祖, 1724~1776)에 의하여 처음 표방되고 정조(正祖, 1776~1800)에 의하여 계승되어 실시된 이 탕평책은, 원래 유교 경전에 보이는 바대로 국왕이 백성들을 위한 왕도(王道)정치를 궁극적으로 펼치기 위해서는 어느 한 당파로 기울지 않고 공평하게 해야 한다는 데에서 비롯된 것으로, 당시로서는 노론과 소론을 비롯하여 남인과 북인의 네 붕당의 인물을 고루 등용하자는 것이었다.

이러한 취지의 탕평책이 실시됨으로 해서 그 결과 붕당 사이의 대립은 엷어지고, 정치세력 사이의 균형도 이루어져서 왕권도 크게 신장하게 되었다. 그러므로 영조와 정조 때의 정치적 안정을 바탕으로 국가적인 발전이 있었던 것은 다름 아닌 탕평책의 효과였다. 하지만 탕평책이라고 해서 붕당 사이의 대립을 근본적으로 없애지는 못하였고, 고위 관직을 바라는 양반의 수를 상대적으로 증가시킴으로써 결과적으로는 붕당 사이의 대립을 조장한 듯한 면도 없지 않았다. 영조가 자신의 아들 장헌세자(莊獻世子, 세칭 사도세자思悼世子)를 죽인 사건을 계기로, 정치세력 사이에 세자의 죽음을 동정하는 시류(時流)를 좇는 시파(時派)와 그를 죽인 영조(英祖)의 정당성을 주장하며 그를 추종하는 벽파(僻派)로 나뉘어 새로운 대립이 생겨나게 되었던 것이다. 이 시파와 벽파의 대립은 붕당의 양상을 더욱 복잡하게 만들게 되었으며, 정조의 뒤를 이어 순조(純祖, 1800~1834)가 11살의 어린 나이에 즉위하여 왕권이 약화되자 곧 드디어는 세도정치(勢道政治)로까지 변질되었다.

【 세도정치 】

1800년 6월 정조(正祖)가 세상을 떠나고 순조(純祖)가 즉위하자 대왕대비(大王大妃) 김씨(金氏, 정순왕후貞純王后)가 후견인이 되어 모든 정사를 돌보게 되는데, 그녀가 국왕의 자리 뒤에서 발을 내린 상태에서 모든 정사에 관해 얘기를 듣고 처리한다 하여 이를 말하기를 수렴청정(垂簾聽政)이라고 할 정도로 모든 정사를 마음대로 하였다. 더욱이 안동(安東) 김씨인 김조순(金祖淳)이 왕비의 아버지로서 정치를 전담하다시피 하였는데, 이에 따라 안동 김씨들은 많은 고위직을 차지하게 되었다.

하지만 안동 김씨의 세력은 풍양(豊壤) 조씨(趙氏)의 등장에 따라 정권을 넘겨주지 않으면 안 되게 되었다. 조만영(趙萬永)이 자신의 딸을 순조의 아들인 효명세자(孝明世子)의 부인으로 들여앉힘으로써 세도를 잡게 되었으며, 그의 외손(外孫)인 헌종(憲宗, 1834~1849)이 즉위하고 나서부터는 더욱 본격화되어 자신의 아우인 조인영(趙寅永)을 이조판서(吏曹判書)로 삼았으며, 더욱이 자신의 조카인 조병현(趙秉鉉)을 형조판서(刑曹判書)로 삼고 나서부터는 완전히 세도를 장악하였다.

하지만 철종(哲宗, 1849~1863)이 즉위하면서는 왕비가 김문근(金汶根)의 딸이었으므로 다시 권좌가 안동 김씨로 돌아갔다. 그리하여 김흥근(金興根)과 김좌근(金左根) 등이 전후하여 영의정(領議政)이 되어 권력을 장악하였다. 따라서 그의 일족이 고관을 독점하여 안동 김씨의 세도정치는 절정에 달하였다.

재위 중이던 철종(哲宗)이 승하(昇遐)하자, 그의 대왕대비(大王大妃)인 조대비(趙大妃)가 옥새(玉璽)를 차지하고는 사전에 흥선대원군 이하응(李昰應)과 내밀한 왕래를 통해 약조해 두었던 바대로 그의 아들 명복(命福)에게 왕위를 넘기도록 철종의 유언서를 일방적으로 작성하여 선포하게 함으로써 고종(高宗)이 왕위에 올랐다. 당시 고종은 12세에 불과했으므로, 자연히 흥선대원군 자신이 실질적인 권력을 행사하게 되었고, 이후에는 대왕대비와 흥선대원군의 공동의 적대 세력이었던 안동 김씨 일족들이 권력의 근처에서 하나하나 스러져 갔다. 영의정이었던 김좌근을 위시한 그 아들 김병기(金炳冀) 등으로, 이들은 종전에 철종의 왕비인 김대비의 친정 일가로서 모든 국정의 실권을 장악하여 온갖 악행을 저지르고 있었는데, 이들을 대왕대비와 흥선대원군이 힘을 합해 모두 관직에서 내몰고는 대신 대왕대비의 풍양 조씨 일가들로써 자리를 채웠던 것이다.

【 잔반의 등장 】

조선 후기에 벌열정치가 이루어지면서 몇몇 노론(老論) 가문만이 정권을 독점하였고, 그 이후에 펼쳐진 세도정치에서는 왕실의 외척(外戚)인 안동 김씨와 풍양 조씨에 의한 정권의 독점이 있었다. 이런 정치 상황 속에서 정권에서 멀어진 양반들은 지방으로 낙향하여 향족(鄕族)으로 전락하게 되었다.

몇 대를 이어내려 오면서 관직을 얻지 못한 양반 중에는 자작농의 지위에 있을 수 있었던 경우는 그나마 다행이었고, 소작농이 되는 사람도 적지 않았으며, 상업과 수공업으로 전업하여 생계를 꾸려가는 경우까지도 생겨났다. 이들은 양반으로서의 체모를 결코 유지할 수 없게끔 경제적으로 빈궁하게 몰락한 양반으로서 영락없이 일반 농민과 거의 다를 바가 없는 처지였던 몰락 양반의 후예 곧 잔반(殘班)이었다. 이들은 집안이 보잘것없이 한미(寒微)한 선비라 하여 '한사(寒士)' 로 지칭되기도 하였으며, 궁핍한 양반으로서 허랑방탕한 사람이라는 의미에서 '궁반파락호(窮班破落戶)' 라고 불리기도 하는 처지에 있기도 하였다.

18세기에 이르면 지역적으로도 어느 지역에만 국한되어 이런 잔반들이 등장한 게 아니어서 한마디로 전국적인 현상이었다. 경기 지방만 하더라도 흉년에 지방관에 청탁하여 곡식을 얻지 못하면 생계를 부지할 수가 없는 경우가 많았으며, 영남 지방의 경우 이미 명문 양반가의 후예들 가운데는 쾌히 농부가 되어서 "어찌 땅을 깊이 갈아 먹지 않을 수가 있겠는가."라고 한탄하듯 말하였다는 예가 찾아진다. 더욱이 충청 지방에서는 양반으로서 지조를 지키는 자가 추위와 굶주림에 쪼들려 간장을 마시고 죽은 경우가 등장하며, 심지어 양반가의 부녀(婦女)가 남자의 복장으로 변장하고 도둑질을 하는 일까지 있었다고 하는 게 당시 소문이었을 정도였다.

이들 대부분 지방의 잔반들은 어떠한 생업에 종사하지 않고서는 실제로 그들의 생계를 유지할 길이 없었으며, 이제 더 이상 양반은 생업에 종사하지 않는다는 것도 한갓 전통적인 관념에 불과한 존재들이었다. 게다가 이들이 비록 입으로는 신분상 아직 양반임을 주장한다 하더라도 그들의 사회경제적인 계급적 성격은 급격히 하락하는 현상을 나타내고 있었으며, 그리고 이 잔반의 수는 점점 늘어나고 있었다.

그렇기 때문에 시간이 흐를수록 잔반들은 자신의 처지에서 이룰 수 있는 현실적인 개혁 방안을 강구하게 되어 19세기에 이르면 점차 사회 변화의 주동적인 역할을 맡기를 더 이상 주저함이 없게 되는 경향을 보인다. 순조 11년(1811) 평안도에서 같은 처지에 있던 여러 인물들과 손잡고 난을 일으킨 홍경래(洪景來), 철종 13년(1862) 진주민란을 이끌었던 유계춘(柳繼春) 그리고 동학을 창도한 최제우(崔濟愚), 동학도들을 이끌고 봉기했던 전봉준(全琫準) 등이 모두 잔반이었음이 이를 입증해준다고 하겠다.

【 중인의 성장 】

역관(譯官) · 의관(醫官) · 화원(畫員) 등과 같은 기술관들은 법제적으로는 하등의 차별대우가 규정된 바가 없었지만, 사회 관습상으로는 고위 관직에 나아가는 게 억제되어 있었다. 하지만 역관들은 청나라에 왕래하면서 서양의 새로운 문물을 접하며 견문을 넓혔을 뿐만 아니라 비공식적으로 행해지는 사무역(私貿易)을 통해 부를 축적하여 사회적 영향력을 확대해 갔으며, 의관 · 화원 등은 각기 의료와 그림 제작 등의 전문적 기술을 지니고 이를 바탕으로 비교적 부유한 생활을 할 수 있었다.

그러는 한편 중인층은 문화의식에 싹이 트면서 위항문학(委巷文學, 여항문학)운동을 일으켜 시사(詩社) 활동을 통한 문예 창작으로 능력을 발휘하였는데, 당시에 활약한 여항시인으로서 유력한 이들은 역관 출신의 중인들이 많았다. 외국과의 통역 업무를 맡았던 이들에게는 국제적인 교제를 이끌어감에 있어 필담(筆談)을 통해 한시(漢詩)를 짓는 교양이 필수적이었던 때문으로 보인다. 이들은 활발한 시사 활동을 통해 모아진 시들을 한데 묶어 시집을 편찬하기도 하였는데, 서리 출신 홍세태(洪世泰)의 『해동유주(海東遺珠)』, 역관 출신 고시언(高時彦)의 『소대풍요(昭代風謠)』 등이 유명하다.

또한 역사서의 간행에 있어서도 중인들의 활약이 두드러졌는데, 향리의 역사서인 『연조구감(掾曹龜鑑)』을 편찬한 이진흥(李震興), 그것을 간행한 그의 증손(曾孫)인 이명구(李明九)는 향리 출신이었으며, 여러 부류 중인(中人)들의 특이한 삶에 대해 기록해놓은 『호산외기(壺山外記)』를 정리한 조희룡(趙熙龍), 『이향견문록(吏鄕見聞錄)』을 지은 유재건(劉在建), 그리고 85명의 중인들에 관한 전기를 모아 『희조일사(熙朝軼事)』를 간행한 이경민(李慶民) 역시 중인이었다.

이들은 1851년 이른바 신해허통(辛亥許通)으로 서얼(庶孼)들에게 관직이 허용되자, 이에 자극받아 철종 때 중인들도 기술직이 아닌 책과 문서를 다루는 청요직(淸要職)에 나아갈 수 있게 해달라는 통청(通淸)운동을 강력히 추진하였다. 중인들의 이러한 운동은 양반들의 몰이해와 중인들 자신의 불일치 등으로 끝내 실패하였다. 하지만 그럴지라도 이를 통해 전문직 중인들의 의식이 높아져 점차 양반에 필적할 만한 사회 세력으로 성장함으로써 여러 분야에서 두각을 나타냈으며, 후일의 개화사상(開化思想) 형성 등에 크게 기여하기에 이른다.

제3절 광작농업 및 도고상업의 발달과 평민의 성장

【 광작농업의 발달과 농민의 성장 】

17세기로 들어서면서 농업은 2가지 면에서 크게 발전하였는데, 첫째는 이앙법(移秧法)의 전국적인 보급이었으며, 둘째는 특수작물 재배에 따른 상업적 농업의 전개였다. 이앙법은 문자 그대로 모(묘苗)를 못자리(묘판苗板)에서 따로 기른 후 이를 논에 옮겨 기르는 것을 말하는데, 이미 조선 초기부터 보급이 되었었지만, 이때에 와서 비로소 전국적으로 보급됨으로써 농업 발달에 결정적인 계기를 마련하였다. 그리고 이제는 단지 먹고 살기 위해서만 벼 등을 농사짓는 게 아니라 내다 팔기 위해서 인삼・생강 등의 특수 작물을 재배하는 상업적 농업을 영위함으로써 농민들 가운데 크게 자본을 축적하는 경우까지 등장하기에 이른 것이었다.

이앙법의 보급은 무엇보다도 우선적으로 노동력의 절감 효과를 가져왔다. 직접 볍씨를 뿌려 키우는 종전의 직파법(直播法)에 비하여 잡초 제거 즉 제초(除草) 작업에 들어가는 노동력을 약 20% 가량 덜 들어가게 해주었던 것이다. 결과적으로 농민 한 사람이 경작할 수 있는 면적이 늘어났는데, 농민들이 이와 같이 경작지를 확대시켜 비교적 많은 농토를 경작함을 당시에 '광작(廣作)' 또는 '광농(廣農)'이라고 불렀다. 이러한 광작의 현상은 자신의 농토를 경작하는 자작농(自作農)뿐 아니라 남의 땅을 빌어 농사짓는 소작농(小作農)의 경우에도 마찬가지였으며, 논농사 즉 수전(水田) 및 밭농사 곧 한전(旱田)의 경우를 막론하고 나타났으며, 심지어 산에다가 불을 질러 농사짓는 화전(火田)에서도 행해지게 되었다.

또한 이앙법의 보급은 모판에서 모를 기르는 동안 논은 물을 빼고 보리를 기를 수가 있어서 벼와 보리의 이모작이 가능하게 되었다. 따라서 상대적으로 이전보다 수확량이 크게 증가하게 되었음을 물론이다. 그리고 모를 기르는데 있어서 물이 없으면 모가 타죽어 일년 농사를 완전히 망치게 되므로 절대적으로 물의 공급이 가장 필요하였기 때문에 예전보다 훨씬 물을 공급하는 수리(水利)문제가 더 절실해졌다. 국가적으로 이를 뒷받침하기 위해 저수지를 만드는 기관인 제언사(堤堰司)를 현종 3년(1662)에 설치하였으며, 이와 관련된 구체적인 규정인 「제언절목(堤堰節目)」을 정조 2년(1778)에 반포하였다. 그럼으로써 18세기 말에는 저수지의 전국적인 총수가 약 6,000에 달하여 물 공급 문제가 해결됨으로써 광작이 더욱 성하게 되었던 것이다.

광작은 지주층이나 자작농뿐만 아니라 소작농들도 하였으므로, 광작을 하는 소작농들도 점차 부를 축적하게 되었고, 이러한 소작농의 성장은 소작료(小作料, 지대地代)를 내는 방법에 있어서도 변화를 가져왔다. 종래에는 소작료를 수확량이 많건 적건 상관없이 일률적으로 2분의 1의 비율에 따라 지주에게 내는 타조법(打租法)이었는데, 이제는 농사의 풍흉에 관계없이 지주와 소작농 사이에 계약상 명시된 일정한 양만큼 내는 도조법(賭租法)으로 바뀌어 갔던 것이다. 타조법에서는 비료 효과에서 크게 영향을 주는 인분(人糞)의 구입비 등의 경비 외에도 흉작의 위험조차도 지주는 소작농과 공동으로 부담하였으므로 자연히 자신의 수입과 관계가 깊어서 농업 경영에도 관여하였는데, 대개의 경우 양반지주인 경우가 많았으므로 평민인 소작농이 경작에 있어서 결코 자유롭지 못하였다. 하지만 이제는 도조법이 행해지면서 양반지주들의 간섭없이 정해진 양만큼의 소작료를 내게 되면서 소작농 자신이 인분 대금을 비롯한 모든 생산 경비와 흉작의 위험을 독립적으로 부담하였기 때문에 자유로운 영농이 가능해졌다. 게다가 더욱 소작료를 내는 방법이 화폐로 지불하는 도전법(賭錢法)으로 발전하게도 되었다.

한편 특수 작물에 대한 상업적 생산이 발달하는데, 인삼·담배·목면 그리고 생강 등의 재배가 그것이었다. 인삼은 특히 개성(開城)이 재배지로 유명하였으며, 거의 전부를 상품 시장에 내다가 팔았으며, 청이나 일본으로 수출되기도 하였다. 담배도 17세기 초에 전래된 이래 널리 재배되기에 이르렀고, 역시 국내에서뿐 아니라 청으로도 많이 수출되어 재배 면적이 점차 확대되어 갔다. 목면도 각자 집에서 재배하여 옷감으로 짜서 입는 정도가 아니라 상업적인 목적으로 재배하는 경향이 늘어갔다. 그리고 음식을 만드는 데에 양념으로 전국 어디에나 쓰이는 생강의 경우 일부 지방에서만 생산이 가능했을 뿐더러 흉작이 되었을 때는 상당히 고가로 매매가 이루어지므로 상업적 농업 품목 가운데 하나로 자리매김이 될 정도였다.

이와 같이 이앙법의 전국적인 보급과 상업적 농업의 전개 등에 따르는 부의 축적으로 농민들 사이에 부농(富農)이 등장하여 새로운 평민지주(平民地主)가 탄생하게 되었다. 이들은 국가에서 재정적 어려움을 해소하기 위해 일정한 양의 곡식을 바치게 하는 납속책(納粟策)을 시행할 때, 이를 통해 성명이 기재되지 않은 관직수여증인 공명첩(空名帖)을 사서라도 신분 상승을 기필코 이루려고 하였다. 그럴 정도로 평민층이 성장하고 있었던 것이다. 그리하여 이제 이들은 향촌사회에서 소작료 등을 결정하는 향회(鄕會)에도 점차 참여하여 자신들의 발언권을 요구하고 나아가 자신들의 의사를 이에 반영하기도 할 정도가 되었던 것이다.

【 공인과 도고의 등장 】

대동법(大同法)이 실시된 이후 지방 특산물로 바치는 공납(貢納)이 폐지되고 각급 관청에서 필요로 하는 물품은 그 대신 납품청부업자인 공인(貢人)을 통하여 조달되어, 자연 당시 상업에 있어서는 공인의 등장과 활동이 가장 큰 특징이었다. 이들 공인은 미리 국가로부터 자금을 지급 받아서 하는 경우도 있었지만, 자기의 자본을 가지고 특정 물품을 사서 관청에 납부한 뒤에 대가를 받기도 하였으므로 점차 공인으로서 상업자본(商業資本)이 성장하게 되었다.

이들은 서울에서는 육의전(六矣廛), 지방에서는 장시(場市)의 객주(客主)·여각(旅閣)과 관련을 맺고 거래를 하였으며, 직접 특정 물품을 생산해주는 수공업자들과 거래하기도 하였다. 그리고 공인들은 자신들의 이권을 독점하기 위하여 공인계(貢人契)라는 조합조직을 가지기도 하였다. 그럼으로 해서 이들은 한 가지 물품을 대량으로 취급하는 관계상 독점적 도매상인 도고(都賈)로까지 성장할 수가 있었다.

상업적 농업의 전개와 공인 및 도고의 등장으로 말미암아 상업이 발달하면서 서울을 비롯한 전국 각지에서 사상(私商)들의 활동이 활발하였으며, 지방의 일반 장시도 크게 발달하였다. 사상들은 전국의 시장을 활동 무대로 활약하였는데, 대표적인 것은 서울의 강상(江商), 개성(開城)의 송상(松商) 등이었다. 특히 송상들은 각지에 송방(松房)이라는 지점을 설치하여, 인삼을 직접 재배하면서 판매도 하였으며 심지어 이를 홍삼(紅蔘)으로 가공하는 데도 손길을 뻗쳤다. 이러한 사상들과 함께 서울 육의전을 위시한 시전상인(市廛商人)들도 함부로 상거래를 트는 난전(亂廛)을 금할 수 있는 권리, 즉 금난전권(禁亂廛權)을 활용해서 수공업을 지배하고 특정 상품들을 독점으로 판매하였다. 따라서 당시 상업에 있어서 사상이든 시전상인이든 상관없이 모두 수공업을 지배하여 상품을 독점적으로 판매하는 도매상인 즉 도고(都賈)상인이 지배적이었다.

【 상업의 발달과 화폐의 유통 】

도고상인들은 국내에만 머물지 않고 국제무역도 활발하게 하였다. 특히 의주(義州)의 만상(灣商)과 동래(東萊, 현재의 부산)의 내상(萊商)이 그러하였다. 만상들은 의주의 중강에서 행해지는 중강후시(中江後市), 중국과의 관문인 봉황시(鳳凰市) 책문(柵門)에서 성사되는 책문후시(柵門後市) 등을 통해 청과의 사이에 사무역(私貿易)을 하였는데, 여기에서 '후시'라고 함은 공식적인 장소가 아닌 뒤편에서 암암리에 이루어졌음을 의미하는 것이다. 또 동래의 내상은 일본과 사무역을 하고 있었다. 뒤에는 송상이 만상 및 내상과 손을 잡고 인삼을 매개로 해서 청·일본 사이의 중개무역을 전개하기도 하였으며, 사무역을 통해 자본을 축적한 사람들 중에는 청과 일본을 수월히 드나드는 역관(譯官) 출신들도 등장하게 되었다.

상업이 발달함에 따라 서울 상가의 모습도 점점 변화해져 갔다. 자연히 예전에 시전들이 독점적으로 가지고 있던 금난전권도 정조 15년(1791)에 이르러 육의전을 제외하고는 모두 철폐되기에 다다랐는데, 이를 소위 신해통공(辛亥通共)이라고 부르는 것이다. 이에 따라서 서울에서는 사상들이 한곳에 모여 형성한 상가인 이현(梨峴, 동대문 안)·종루(鐘樓, 종로 근방)·칠패(七牌, 남대문 밖의 염천교 인근)의 3대 시장이 번창하게 되었다. 여기서는 국내의 모든 산물들뿐만 아니라 청·일본 등의 외국상품도 판매되었다.

한편 상업의 발달에 짝하여 지방에서는 장시(場市)가 크게 발달하였다. 당시에는 이를 '장시'라고 함이 일반적이기 때문에, 오늘날에는 흔히 '시장'이라 하지만, 이렇게 표기하는 것이다. 18세기에 이르면 대개 5일마다 정기적으로 개설되는 5일장이 전국에 1천여 개소가 있었다. 대구의 약령시(藥令市)처럼 봄과 가을 2차례 열리는 경우도 있었고, 규모가 큰 것은 점차 상설시장으로 발전해 가고 있었는데, 봇짐과 등짐을 지고 5일장을 순회하는 보부상(褓負商)을 상대로 장시에서는 객주(客主)나 여각(旅閣)이 발달하게 되었다. 이들은 도매상인인 도고로서 뿐이 아니라 대형 창고를 소유하고 물건을 보관하고 이를 운송해주기도 하였으므로 창고업 · 위탁판매업 · 운송업도 겸하였으며, 보부상들의 숙소까지 장악하여 여관업도 하였다. 게다가 막강한 자본력을 바탕으로 어음을 발행하여 보부상들에게 돈을 빌려 주기도 하여 은행업도 겸할 정도로 지방의 상업에서 더할 나위 없이 중요한 구실을 하고 있었다.

이렇게 상업이 발달함에 따라 화폐도 발달하게 되었다. 대동법이 시행됨에 따라 쌀 외에 돈으로도 세금을 내게 되면서 숙종(肅宗) 4년(1678)에 상평통보(常平通寶)라는 동전을 주조한 이후 계속하여 화폐를 주조하여 발행함으로써 전국적으로 유통되었다. 초기에는 상인들이 화폐를 유통 수단으로서만이 아니라 부를 축적하는 수단으로도 삼아 이를 고리대의 방식에 의하여 차츰 불리어 가기도 하였다. 그러므로 유통이 되지 못하고 금고에 쌓이기만 하여 제 기능을 발휘하지 못하게 됨에 따라 현대 경제학에서 말하는 이른바 퇴장화폐(退藏貨幣)가 되어 버리는 경우도 있었는데, 따라서 화폐의 부족현상인 전황(錢荒, 혹은 전귀錢貴)의 현상이 일부 나타나기도 하였다. 그렇더라도 상업의 발달에 따라 화폐는 전국적으로 유통되면서 각종 산물의 상품화를 촉진시켜 나갔으며, 상품의 매매와 세금의 납부 등이 점차 화폐를 통해 이루어지게 되고, 소작료의 경우도 현물이 아닌 화폐로 지불하는 이른바 도전법(賭錢法)이 생겨날 정도가 되었다.

【 수공업과 광업의 발달 】

특정한 물품을 제작할 줄 아는 기술을 습득한 공장(工匠, 장인匠人)들이 국가 기관에 1년의 대부분 기간 소속되어 그 물품을 만들어 제공하는 관영(官營)수공업은 점점 쇠퇴하고, 점차 공장 개인의 사사로운 이득을 얻기 위한 사영(私營)수공업이 발달하고 있었다. 특히 종래 공장의 명단이던 공장안(工匠案)은 더 이상 국가적으로 공장들을 통제하는 수단이 되지를 못하고 다만 장인세(匠人稅)를 징수하는 명부일 따름이었다. 그것도 정조(正祖, 1776~1800) 때인 18세기 말경에는 공장안 자체가 폐지되고 말았으며, 이에 따라 공장들이 이제는 관청의 간섭을 받지 않는 사영수공업자가 되기에 이르렀다.

더욱이 대동법 실시 이후에는 사영수공업자들이 국가에 특정 물품을 납품하는 공인(貢人) 즉 도고상인으로부터 주문을 받아 그들에게 물품을 생산 제공하고 대가를 화폐로 받게 되면서 더욱 수공업이 성장하게 되었다. 하지만 수공업자들은 자본을 갖추고 있지 못하였기 때문에 대개는 도고상인들의 상업자본에 의존하고 있었다. 공인으로부터 주문과 동시에 원료를 공급받거나 대금을 미리 받아 생산한 제품은 주문을 낸 도고상인들에게만 판매할 수 있었던 것이다. 이리하여 수공업자는 물주(物主)인 도고상인에게 지배당하는 처지가 되어 버렸다. 반면에 수공업자들 중에는 도고상인들의 통제를 일체 받지 않고 스스로 물주가 되어 독립된 자기자본으로 장인을 고용하여 생산하고 또 판매를 하는 경우까지 생겨났다. 예를 들면 유기(鍮器, 놋그릇)는 경기도 안성(安城)과 평북 납청(納靑, 정주定州)에서 많이 생산하였는데, 여기의 수공업자들은 자기의 자본으로 임노동자를 고용하여 생산하였고, 생산품은 장시가 서는 날 상인들에게 판매하여 수입을 올리곤 했던 것이다.

한편 왜란과 호란 이후에 전란에 대비하기 위해 각종 무기 등을 제조하기 위한 군수(軍需) 광업(鑛業)이 성하였으며, 이후 전란이 더 이상 없게 되자 차츰 다시 군수 광업이 쇠퇴하면서 외국과의 무역에 필요한 금(金)과 은(銀)을 조달하기 위하여 전국적으로 광산을 정부의 기관인 호조(戶曹)에서 관장하게 되었다. 이에 따라서 호조는 광산의 채굴광 및 제련장 그리고 그 부대시설을 포함한 점(店)을 설치한 후 참여한 민간업자들에게서 세금을 거두는 이른바 설점수세법(設店收稅法)을 실시하였는데, 그 업무는 서울의 도고상인이나 권력자가 사사로이 부리는 사람들인 별장(別將)에 의해 대행되는 이른바 별장제가 채택되었다. 이후 18세기에 이르러 이 별장제를 폐지하고 수령수세제(守令收稅制)를 실시하였다. 그래서 상업자본가인 물주가 호조의 허가를 받아 자기 자본으로 점을 설치 운영하고, 호조가 정한 세금을 지방관인 수령에게 바치게 하였던 것이다. 당시 물주가 있기는 하지만 대부분 중간에 혈주(穴主)나 덕대(德大)들이 개입하여 직업적 광산노동자인 광군(鑛軍)을 고용해서 임금을 주고 광산을 경영하는 게 관행이었다.

【 평민의 성장과 유민의 발생 】

이앙법의 전국적인 보급으로 인해 광작이 행해지면서 양인농민들이 부농(富農)이 되었으며,

이들은 곡물을 상품으로 내다팔기 위하여 생산할 뿐더러 특수작물을 재배하여 이문을 크게 남기는 상업적 농업을 전개하는 기업농(企業農)이기도 하였다. 이들은 자신들의 사회적 성장을 바탕으로 양반을 중심으로 운영되던 향회(鄕會)에 참여하여 의사를 개진하여 소작료 설정에 영향력을 행사하기도 하였다.

또 다른 한편으로는 농민 자신의 자발적인 참여 조직인 계(契)를 발달시켰다. 계는 친목을 도모하고 어려움을 겪을 때 서로 돕기 위한 공제(共濟)를 목적으로 한 것으로, 자연히 가난한 농민들이 많이 가담하였다. 농사를 짓는데 반드시 필요하게 된 제언(堤堰)의 공동수리를 목적으로 하는 제언계, 군포(軍布)의 공동 납부를 목적으로 하는 군포계, 소나 농기구의 공동 구입과 공동 활용을 목적으로 하는 우계(牛契)나 농구계(農具契) 등이 성행하였는데, 이러한 계의 유행은 그만큼 당시 향촌사회에서 평민농민들이 성장하고 있었음을 의미하는 것이었다.

하지만 당시 사회에서 광작이 소작농 사이에서도 행해지면서 소작 경쟁이 일어 더 이상 소작조차 부칠 수 없어진 경우는 자신의 노동력을 곡식이나 화폐로 파는 임노동자(賃勞動者)로 전환하거나 고향을 버리고 다른 곳으로 유랑하는 유민(流民)으로 전락하였다. 이런 사이에 농민들의 불만 · 불평을 문서로 작성하여 길거리에 내다가 거는 괘서(掛書) 및 방서(榜書) 사건이 허다하게 일어났으며, 이를 통해 당시 불안한 민심의 동향이 드러났다.

이러한 것으로만 그치지 않고, 농민들의 불만은 조직적으로 행동으로 옮겨지기도 하였다. 도적으로 무리를 지어 횡행하기도 하였는데, 횃불을 들고 다니며 화공을 하는 화적(火賊)과 배를 타고 강을 오르내리거나 바다를 주름잡고 다니며 노략질을 서슴지 않는 수적(水賊)이 특히 악명이 높았다.

【 민란의 빈번한 발생 】

농민들이 주체가 되어 무리를 지어 조직적으로 민란을 일으키는 경우가 점차 자주 일어나기에 이르렀다. 그럴 경우 대개는 신분상 양반이긴 하나 경제적으로 몰락한 잔반(殘班)들에 의해 주도됨으로써 대규모 반란으로 확대되는 경우가 종종 있었다. 순조 11년(1811)에 일어난 홍경래(洪景來)의 난(亂)이 대표적이었다. 홍경래는 평안도 지방의 잔반으로서 다양한 신분층의 사람들을 규합하여 국가의 평안도 출신에 대한 차별대우를 전면에 내세워 난을 일으켜, 초기에는 승승장구하여 평안북도 일대를 거의 모두 장악하였을 정도였다. 오래지 않아 곧 세력이 약화된 후 정주성(定州城)에 은거하며 정부군에 대항하였지만, 끝내 결국 성이 함락하고 홍경래는 전사하여 난은 평정되었다. 하지만 민심은 더욱 동요되어 심지어 홍경래가 살아 있다는 풍문이 돌기도 하였으며, 잔당을 자처하고 난을 일으키는 경우도 있었다.

이후에도 소규모의 민란은 빈번히 전국적으로 일어났다. 철종 13년(1862)의 진주(晋州)민란(民亂) 역시 그러한 것 중의 하나였는데, 잔반인 유계춘(柳繼春)이 주도하여 일어나 그 여파는 전국적으로 확산되었다. 경상도 일대는 물론이고 전라도에서도 일어났으며, 심지어는 제주도(濟州道) 어민(漁民)들도 반란을 일으켰다. 이럴 정도로 당시에 전국적으로 민란이 확산되었으므로, 전통적으로 연도를 표기할 때 그 해의 간지(干支)를 따서 하는 방식에 준하여 그 해가 임술(壬戌)년이어서 이때의 전국적 민란을 '임술난(壬戌亂)' 혹은 '임술농민봉기' 라고 오늘날 일컫는다.

당시 소규모로 일어난 지역적인 민란들은 대개가 포악한 관리에게 당한 자신들의 억울함을 풀고 그 관리를 쫓아내기 위한 목적으로 하는 자연발생적인 성격의 것이 대부분이었다. 때로는 지역적으로 연결되어 조직적, 연합적이고 또한 전국적인 것으로 확대 발전되는 것들도 있었는데, 이러한 민란의 발생과 확대 자체가 벌열정치 및 세도정치로 암울해진 사회 전반에 대한 개혁을 요구하는 농민들의 의사를 적극적으로 분출하는 창구가 되었다는 데에 역사적 의미가 있었던 것이다.

【 노비의 해방 】

조선 후기에는 사회가 전과는 달리 상당히 변화되어 양인농민(良人農民)이 노비(奴婢)로 전락하는 일은 없었고, 오히려 노비는 점점 숫자가 줄어들고 있었다. 호적(戶籍)에 기록된 바를 분석한 통계에 따르면 15세기에 35만 명에 이르던 공노비(公奴婢)의 수는 17세기에는 20만에도 미치지 못하는 수로 줄어들었다고 한다. 이유는 전란을 거치면서 노비들의 문서인 노비안(奴婢案)이 불타 버려 더 이상 노비일 필요가 없는 경우도 있었다.

때로는 노비로서 양역(良役)인 군역(軍役)에 종사하는 소위 신천역양(身賤役良)의 현상이 나타나면서 노비들이 2대에 걸쳐 양역에 종사하였기 때문에 양인이 되기도 하였다. 경우에 따라서는 노비가 전란에서 큰 공을 세우거나 혹은 경제적 대가를 내는 납속(納贖)을 하여 양인신분을 취득하는 경우마저도 있었다. 그렇지 않은 경우일지라도 노비안에는 기재되어 있지만 실제로는 자신의 몸값인 신공(身貢)을 주인에게 일체 내지 않으며 살아가기 때문에 양인이나 다름이 없는 노비들도 적지 않았다. 이는 몰락해가는 양반들, 즉 잔반들이 자신들의 사노비를 장악하고 통제하기가 힘에 부쳐 그럴 수밖에 없었기 때문이었다.

국가에서도 공노비를 관리할 방도가 따로 마련하기 어렵게 되자, 순조 원년(1801)에 노비안을 불살라 버림으로써, 공노비가 천민의 신분을 벗어 버리고 양인이 되는 것을 허용하였다. 이들을 양인으로 삼아 조세를 부과하여 국가의 재정 악화를 막으려는 측면도 고려되었다. 다만 공노비라 하더라도 지방의 관아 등에는 일부 남아 있었으며, 그렇다고 해서 개인 소유인 사노비까지 해방시켜 준 것은 아니었으나, 당시 조선 후기 사회에서 일어나고 있던 전반적인 커다란 변화 가운데 신분상에 일어난 상징적인 일의 하나였다.

제4절 실학의 발달

【 실학의 발생과 특징 】

실학(實學)이란 용어는, 애초에는 허학(虛學)에 대한 반대의 의미로 사용되기 시작하였다. 학자들 사이에서 자신들이 추구하는 학문이 현실에 실질로 소용이 되는 학문인데 반해, 다른 이들이 하는 학문이 전혀 그렇지 않고 헛된 것이라는 점을 드러내려는 경우에 그들이 허황된 학문을 한다고 몰아붙이던 데에서 유래한다. 그렇기 때문에 이 실학이란 말은 중국에서도 청나라 이전부터 이미 쓰였었고, 또한 우리 나라에서도 일찍부터 사용되었었다.

고려 말기에 성리학(性理學)을 수용한 신흥사대부(新興士大夫)들이 당시에 타락해 있었던 불교를 배격하면서 자신들이 신봉하는 장유유서(長幼有序)와 같은 예학(禮學) 자체를 실학이라고 일컬었다. 이후 조선 중기에 이르러서는 중앙의 집권세력인 훈구파(勳舊派)들이 문장짓는 것을 중시하는 학문적 경향인 사장학(詞章學)에 대해 공격하면서, 지방에 근거를 두고 등장하던 신진세력인 사림파(士林派)들이 자신들이 추구하는 유교적 도덕의 실천 즉 도학(道學) 자체를 실학이라 내세운 것도 바로 이러한 것에 해당한다.

이러한 이유로 실학이란 용어를 일반 명사로 여겨 단지 중국과 우리나라에서 종전에 막연히 사용하던 것과 혼동하거나 구별짓지 않는 경향이 있기도 하였지만, 이제는 거의 그렇지 않고 실학이란 용어가 엄연히 역사 용어로서 자리매김을 뚜렷이 하게 되었다. 그리하여 18세기 즉 영조(英祖)와 정조(正祖)가 재위 중이던 시기, 약하여 이른바 영정(英正) 시대 이후에 서울 및 이에 가까운 근기(近畿) 지방 출신의 학자들이 우리나라가 당시에 처해 있던 국가적인 위기 상황을 타개하는 데에 요긴할 현실적인 개혁 방안에 대한 연구를 실학이라고 정의하는 것이다.

따라서 실학의 발생을 논할 때 우선적으로 살펴야 할 것이 당시의 정치적인 그리고 사회경제적인 면에서의 요인임은 두말할 나위가 없다. 역사학에서 특정한 시기의 학문적 경향이 발생하게 된 배경을 면밀히 검토할 때, 그 원인이 무엇이었나를 여러 측면에서 살피는 것은 너무나 상식적인 일의 하나이기 때문이다. 말하자면 18세기 이후 실학의 발생 배경이 정치적으로나 사회경제적으로 어떤 데에 있었나를 꼽아 보자는 것이다.

첫째, 정치적인 면에서 17 · 18세기에 소수의 가문에 의해 권력이 독점되었던 이른바 벌열정치(閥閱政治)가 행해지면서, 그로 말미암아 권력에서 떨어져 나갈 수밖에 없어진 이른바 몰락양반들이 발생하였다는 점을 꼽을 수 있다. 한번 벼슬자리를 손에서 놓친 이들은 그 상황이 대를 이어 가며 연속되어 가면서 경제적으로도 어려움을 겪게 되었다. 3대에 걸쳐 1명의 벼슬아치도 배출하지 못함으로써 자신들의 신분이 양반이라고 행세는 하지만 자식의 글공부마저도 시킬 수 없을 정도로 경제적인 측면에서는 극도로 몰락되어 가는 지경에 이르렀는데, 이를 통칭하여 몰락양반, 다른 말로는 잔반(殘班)이라 부르는 것이다.

둘째, 사회경제적인 면에서 특히 농업과 상업 부문에서 종전과는 전혀 달리 커다란 변화가 나타나고 있었다. 우선 농업 부문에서는 모내기를 하여 잡초를 뽑는 데 들어가는 노동력을 절감함으로써 1인이 경작하는 면적이 늘어나고 이에 따라 종전에 비해 보다 넓은 농토를 경작하려는 광작(廣作)의 현상이 대두되면서 결국에는 농촌사회가 분화되기에 이른다는 사실이다. 그래서 이 광작을 통해 평민 신분의 농민들 가운데서도 경제적으로 부를 축적한 부농이 생겨 지주, 즉 평민지주가 등장하여 신분의 상승을 꾀하는 한편으로는 더 이상 소작조차 부치지 못하게 된 소작농들이 농촌을 떠나 떠돌이 생활을 하는 유민으로 전락하고 마는 등의 사회적 변화가 나타나고 있었던 것이다.

또한 상업 부문에서는 종전에 국가에서 그 지역의 특산물로 받아들이던 공납(貢納)을 조선 후기에 이르러 크게 쌀 한 가지로 받아들이는 대동법(大同法)으로 전환하여 시행한 결과 변화가 나타나기에 이르렀다. 즉 국가와 왕실에서 필요로 하는 특정 물품을 조달하여 납품하는 사람, 공인(貢人)이 등장하게 되고, 이들이 곧 대량으로 특정한 물품을 독점적으로 거래함으로써 이른바 도고(都賈)상인들이 등장하였는데, 이들이 상업뿐만 아니라 그 물건을 만드는 수공업 부문까지도 지배하게 됨으로써 사회경제적 혼란이 야기되고 있는 실정에 있었던 것이다.

이와 같은 정치 · 경제 · 사회적인 요인들 속에서 실학자들은 어떻게 하면 당면한 현실적 문제점들을 해결하여 국가를 바로잡고 민생을 안정시킬 것인가에 관한 학문적 연구를 토대로 하여 자신들의 구상을 나름대로 펼쳐 나갔던 것이다. 그렇기 때문에 이들의 관심은 정치와 경제 등 특정한 분야에만 국한된 게 아니라 심지어 농학 · 자연 과학 그리고 지리학에 이르기까지 국가의 발전과 민생 안정에 관계된 것이라면 거의 모든 방면에 걸쳐 연구하였다.

실학자들의 이러한 연구 경향은 나름대로의 특징을 뚜렷이 하였다. 첫째, 주된 관심 내용이 현실적이었다. 이들은 토지제도의 개혁이나 과학 기술의 수용 등 현실과 관련된 분야에 주로 관심을 쏟았기 때문이다. 둘째, 연구 방법이 실증적이었다. 주된 관심이 현실적인 데에 기울었으므로, 자연히 이들이 채택한 연구 방법도 그에 따라 모든 사실을 실제로 입증해 내려는 특징을 지녔던 것이라 하겠다. 그래서 이들은 수많은 서적을 지니고 공부하여 확실한 근거를 그 서적 속에서 찾아내려고 하였던 것이다. 셋째, 연구 자세가 독창적이었다. 과거의 어떤 것에도 근거를 찾아 하나하나 따져 보고 난 후에야 믿으려 하였는데, 심지어 자신의 선생이 주장한 학설이라도 기꺼이 비판하는 자세를 견지하였던 것이다. 이들이 이렇듯이 현실적 · 실증적 · 독창적인 특징을 지니며 깊은 애정을 지니고 관심을 기울인 것이 바로 조선의 현실적인 상황 타개에 관한 것이었기에, 이들의 학문은 결과적으로는 민족적인 성격을 강하게 띤 것이었다고 결론지을 수 있다. 따라서 실학의 학문적 특징을 종합적으로 정리하자면, 현실적 · 실증적 · 독창적 그리고 민족적이었다고 하겠다.

【 실학의 학파(1); 경세치용학파의 농업 중심 이상국가론 】

실학의 학문적 특징 가운데 하나가 현실적이라 함은, 실학자들이 토지제도의 개혁과 같은 현실과 관련된 분야에 주로 관심을 쏟은 데에서 말미암은 것이었다. 그럴 정도로 실학자들 가운데는 무엇보다도, 농사를 지으면서 살아가는 대다수의 농민들을 제대로 먹여 살릴 방도를 강구하기 위하여 토지제도의 개혁을 주장하였으며, 그리고 먹고 사는 문제만큼이나 현실적으로 농민들의 생활과 불가분의 관계에 있는 행정 및 군사제도 등의 개혁에도 아울러 치중하기도 하였었다. 이런 이유로 농업을 중심으로 이상적인 국가를 이루어 보려고 노력하였다고 하여 이들의 주장을 '농업 중심의 이상국가론' 이라 칭하기도 한다.

이러한 학문은 그야말로, 세상을 다스려 백성을 구제하는 데에 즉 경세(經世)를 다하여, 실용을 이루는 것 즉 치용(致用)을 한다고 하는 뜻에서 흔히 '경세치용의 학문' 이라고 일컬어지며, 이와 같은 학문적 경향을 띠는 학자들의 무리를 '경세치용학파' 라고 이르는 것이다. 이 경세치용의 학문을 체계화한 것은 효종 · 현종 때의 반계(磻溪) 유형원(柳馨遠, 1622~1673)이었고, 그것을 계승하고 더욱 발전시킴으로써 하나의 학파를 이룩한 것은 숙종 · 경종 · 영조 때의 성호(星湖) 이익(李瀷, 1681~1763)이었으며, 이를 집대성한 것은 정조 · 순조 때의 다산(茶山) 정약용(丁若鏞, 1762~1863)이었다.

먼저 유형원은 과거에 급제하기도 하였었지만 곧 관직을 떠나 조상 대대로 살아왔던 전라도 부안(扶安)에 낙향하여 생애를 마칠 때까지 그곳에서 학문 연구에 전념하여 문집 『반계수록(磻溪隨錄)』을 남겼는데, 농촌의 현실을 체험한 그는 「전제(田制)」라는 글에서 토지제도 개혁의 중요성을 강조하면서, "토지는 천하의 큰 근본이다. 큰 근본이 확립되면 온갖 법도가 따라 잘 되어서, 하나라도 마땅치 못한 것이 없을 것이며, 만일 큰 근본이 문란해지면 온갖 법도가 따라 문란해져서 하나라도 마땅한 것이 없을 것이다." 라고 하였다.

그리하여 토지를 농민에게 뿐만 아니라 과거 공부를 하는 학생, 글을 읽는 선비, 그리고 관직을 맡고 있는 관리 등에게도 고르게 나누어주고, 그 토지를 근거로 물건으로 내는 조세(租稅)와 노동력을 제공하는 역역(力役)을 거두어들임으로써 민생을 안정시키고 국가를 부강하게 할 수 있다고 주장하였다. 이러한 그의 주장은, 우선 국가에서 토지를 공유해야 한다는 점에서는 '공전제(公田制)' 라고 불리기도 하고, 농민을 위시한 학생, 관리 등에게 고루 나누어주는 것을 궁극적인 방법으로 삼고 있다 하여 '균전론(均田論)' 이라고 불리기도 한다. 때로는 이를 종합 정리하여 '공전제적 균전론' 이라 이르기도 한다.

한편 이익은, 양반 관료들 사이에 벌어지는 정치적인 다툼인 당쟁(黨爭)의 소용돌이 속에서 아버지와 형을 연달아 잃는 쓰라린 경험을 한 뒤, 줄곧 초야에 묻혀 지내면서 경기도 광주(廣州)에서 학문 연구와 후진 양성에만 몰두하여 문집 『성호사설(星湖僿說)』을 남겼는데, 그는 "농사꾼에서 인재를 발탁해야 한다."는 주장을 펴면서 이르기를, "몸소 농사의 어려움을 경험하는 자 가운데 덕망이 있는 인재를 가려 높여서 등용해야만 바야흐로 거의 기대할 수 있을 것이다. … 인재를 씀에 있어서는, 오직 그 사람의 현명하고 어리석음만을 가릴 뿐이고 그 조상의 현달함과 미천함은 개의치 말아야 한다." 고 하였을 정도이다.

그는 농민들의 생활을 유지하는 데 필요한 최소한도의 토지를 대대로 물려가며 농사짓도록 하는 영업전(永業田)으로 설정하고 그 이외의 토지는 얼마든지 매매할 수 있게 하면, 부자는 자식에게 재산을 나누어주거나 팔아서 토지가 줄어들고 빈민은 이 최소한도의 영업전을 잃지 않음으로써 결국에는 토지가 고르게 분배되게 될 것이라고 주장하였다. 이런 그의 주장은, 무엇보다도 토지를 고르게 분배되게 한다는 측면에서는 '균전제(均田制)' 라고 풀이되기도 하고, 최소한도의 영업전을 누구나 지니게 함으로써 소수에 의한 대토지 소유를 제한하는 방법을 취하고 있음으로 인하여 '한전론(限田論)' 이라 규정되기도 한다. 때로는 이를 종합 정리하여 '균전제적 한전론' 이라 이름하기도 한다.

또한 정약용은 새로운 사상에 대한 관심이 깊어 천주교를 받아들였던 것이 적발되어 18년간이나 전라도 강진(康津)에서 유배 생활을 하면서 바닷가 근처에서 기거하였는데, 그곳의 얼마 안 되는 염전(鹽田)과 농토를 일구며 살아갈 수밖에 없는 가난한 농민들의 실생활을 목격한 후 지니게 되었던 현실에 대한 개혁 의지를 많은 학문적 저술로서 남겼다. 사후 그 자신의 호(號)를 따서 후학들이 붙인 『여유당전서(與猶堂全書)』라는 이름의 방대한 전집이 꾸려질 정도로 많은 저서를 남겨 그는 실학 최대의 학자로 불린다.

그 가운데 중앙 정치 조직의 개혁에 관한 의견을 정리한 『경세유표(經世遺表)』, 지방 행정 조직의 개혁에 관련된 방안을 제시한 『목민심서(牧民心書)』, 형사 처벌 제도에 대한 역대의 방안을 종합한 『흠흠신서(欽欽新書)』가 가장 대표적인 3부작으로 꼽힌다. 『경세유표』의 '경세' 는 '경국제세(經國濟世)' 의 약자로 나라를 경영하고 세상을 구제한다는 의미이며, 『목민심서』의 '목민' 은 목민관 즉 지방의 수령들을 일컫는 통칭인데 '심서' 라 붙인 이유는 그 서문에서 스스로 밝힌 바대로 "목민할 마음은 있으나 몸소 실행할 수 없기 때문" 이었고, 『흠흠신서』에 '흠흠' 이라 한 까닭은 그 서문에 "삼가고(흠) 삼가는(흠) 것은 본디 형벌을 다스리는 근본" 이라서 그렇다고 하였다.

그 역시 토지제도의 개혁에 대해 많은 관심을 기울여 처음에는 여전제(閭田制)를 가장 이상적인 것으로 주장하다가 후에는 정전제(井田制)로 바꾸어 제시하였다. 여전제는 한 여 즉 마을을 단위로 설정하여 토지를 공동으로 경작하여 개인마다 투여한 노동량을 계산하여 이를 기준으로 수확을 분배하고, 공동으로 세금도 내자는 방안이었는데, 현실적으로 이것이 그대로 실행되기 어렵다는 점을 깨달은 그는 자신의 생각을 과감히 수정하여 정전제를 제시하였던 것이다. 이 정전제는 옛 중국에서부터 시행되거나 논의되었던 방안으로, 가족의 노동력을 기준으로 삼아 농민들에게 한자의 '정(井)' 자와 같이 토지를 9개의 구역으로 구획하여 8개 구획은 분배하여 경작하게 하고 나머지 1개 구획은 공동으로 경작하여 수확을 세금으로 충당하게 하자는 방안이었다.

이들 경세치용학파의 실학자들은 요컨대, 이른바 경자유전(耕者有田)의 원칙에 입각하여 토지를 경작하는 농민이 토지를 소유하게 하여 이들 자영농민이 근본이 되는 이상적인 국가를 건설해보자는 구상을 공통적으로 지니고 있었다고 할 수 있다. 그러므로 이들은 신분적인 차별을 없앨뿐더러 교육의 기회도 균등히 함으로써 농촌의 실정을 제대로 아는 농민 출신 관리들로 하여금 나라를 경영하게 하자는 주장까지 펼쳤던 것이다.

【 실학의 학파(2); 이용후생학파의 상공업 중심 부국안민론 】

실학자들이 직면하고 있던 당시는, 막대한 자본을 지니고 특정 물품을 독점적으로 거래하는 도고(都賈) 상인이 등장해서 그 물품을 제작하여 생산해내는 장인(匠人)까지 지배하게 됨으로써 특히 상공업 분야 전반에 걸쳐 급격한 변화가 일고 있는 상황에 있었다. 집권층에서는 이러한 상황을 타개해나갈 만한 방안을 전혀 세우지를 못하고 있었지만, 청나라에 직접 가서 그곳의 발전상을 목격하고 돌아온 사람들 가운데서는, 우리도 그들처럼 서양의 문물을 적극 받아들여 상공업을 발전시킴으로써 나라를 부강하게 해서 국민들을 안정시키는 정책을 추진해야 한다고 주장하는 이들이 등장하기에 이르게 되었다. 그러므로 이들의 이런 주장을 '상공업 중심의 부국안민론' 이라 지칭하기도 하는 것이다.

이러한 경향의 학문은 다름 아니라, 기물(器物)의 사용을 편리하게 하여 즉 이용(利用)을 이루어서, 재물을 풍부히 함으로써 국민의 살림을 넉넉하게 하는 것 즉 후생(厚生)을 달성하려 힘을 기울였다고 하는 의미에서 흔히 '이용후생의 학문' 이라고 일컬어진다. 그리고 이와 같은 학문적 경향을 띠는 학자들의 무리를 '이용후생학파' 라고 이르는 것인데, 이들이 주로 북쪽에 있는 청나라의 학문, 곧 북학을 적극적으로 수용해서 이를 이루어야 한다고 주장했음으로 해서 혹은 북학파(北學派)라고도 부른다. 이 이용후생의 학문을 대표하는 학자로는 유수원(柳壽垣, 1694~1755)을 비롯하여 홍대용(洪大容, 1731~1783) · 이덕무(李德懋, 1741~1793) · 박지원(朴趾源, 1737~1805) · 박제가(朴齊家, 1750~1805) 등을 꼽을 수가 있다.

유수원은 지방과 중앙의 관직을 두루 역임하던 중 불행하게도 귀머거리가 되어 관직을 물러난 뒤 초야에 묻혀 살면서 관직에 있었던 경험을 토대로 저술 작업에 매진하였다. 이때 그는 정치뿐만 아니라 경제 · 사회 등 여러 방면의 개혁에 관해 어떤 사람이 물으면 이에 대해 답하는 형식으로 자신의 견해를 정리하여서는, 실정에 어둡다는 뜻의 '우(迂)' 자를 굳이 붙여 『우서(迂書)』라는 이름으로 묶어 놓았다.

그 다음으로는 홍대용을 들 수 있는데, 실질적인 것을 잘 알고 있는 스승 실옹(實翁)이 허황된 생각을 채 벗어버리지 못하고 있는 제자 허자(虛子)와의 문답을 통해 실학의 방향을 구체적으로 제시한 『의산문답(毉山問答)』을 저술하였다. 또한 『연기(燕記)』라는 제목을 취하여 연경(燕京) 즉 청나라의 수도인 북경(北京)에 갔을 때의 기행문을 남겨 놓았는데, 서양인 신부들과 직접 대면하여 여러 가지 서양 사정에 대하여 들은 것을 구체적으로 써 놓았으며, 그리하여 실학자 중에서 서양과학의 영향을 가장 많이 받은 사람으로 정평이 나 있다.

그와 거의 같은 시기에 활동하였던 이덕무 역시 청나라에 갔던 기행문을 동일한 『연기』라는 제목으로 남겨 두고 있을 정도였다. 이덕무는 홍대용은 물론, 박지원·박제가 등과 오늘날의 탑골 공원 뒤편의 낙원동 일대에 있던 자신들의 집을 왕래하며 자주 만나 학문을 토론하고 국정을 비판하는 자리를 같이 하였다. 이들 북학파 실학자들은 청나라의 실정을 체험적으로 알고 있었으므로 이를 실행에 옮겨 부강한 나라를 일구어보고자 하는 염원을 지니고 있었던 것이다.

또한 박지원은 더욱 이러한 경향이 뚜렷하여 『열하일기(熱河日記)』를 남겨 청나라 여행기로서 그 문물을 소개함에 그치지 않고 자신의 의견을 아울러 제시하였는데, 여기에다가 그는 문학의 형태로도 실학 정신을 구현하려 하여 가난한 허생이라는 선비를 등장시켜 상업의 중요성을 강조한 한문소설 「허생전(許生傳)」 등을 써서 포함시켰다. 이 외에도 일하지 않고 놀고 먹는 양반들을 신랄하게 비판하는 내용의 「양반전」 등을 다수 저술하여 별도의 한문소설집 『방경각외전(放璚閣外傳)』을 남겨 놓았을 정도로 양반들에 대해 냉혹하게 비판적이었다.

박제가 역시 북경을 다녀온 기행문을 담아 『북학의(北學議)』를 저술하였지만, 이 또한 단순한 기행문이 아니라 항목별로 당면 문제들에 대한 개혁 방안을 조목조목 제시한 것으로, 이로 인해서 이용후생의 학문을 북학이라 부르게까지 하였고, 그렇기 때문에 그들의 학문적 경향을 북학파라고도 불리게 만든 책으로 널리 유명하다. 특히 그 가운데서, "대체로 재물(財物)을 비유하건대, 샘물과 같은 것이다. 퍼내면 차고 버려 두면 말라 버린다."라고 지적하여, 샘물을 써야지 아낀다고 그냥 두면 곧 그 샘물이 먹지 못하게 된다는 비유를 통해 소비의 촉진을 통한 상공업의 발전을 강조한 대목이 대표적이다.

이러한 이용후생학파의 상공업 중심 부국안민론은, 크게 보아 3가지 점으로 구체화되었던 듯하다. 첫째는 화폐유통론의 주장이었는데, 화폐가 원활히 유통되면 상공업이 진흥되어 국가경제가 윤택해질 것이라는 생각이었다. 둘째는, 중국의 발달된 농기구는 물론 비료의 생산과 같은 기술을 받아들여 농업 생산력을 높이고자 하였으며, 또한 비가 와도 물건을 실어 나를 수 있는 수레와 같은 운송 수단을 도입할 뿐만 아니라 벽돌을 구워 사용하여 성곽 외에 하수구나 저수지도 이로 쌓아서 견고하게 하여 상공업을 발전시키자는 주장이었다. 이 두 가지 방면의 주장은 결국 한마디로 '이용'을 이루기 위한 것이었다.

그리고 셋째는 신분을 막론하고 일을 해야 하므로 양반도 농사를 지어야 한다는 것이었으며, 교육도 지방마다 학교를 두고 균등히 함으로써 이들 가운데 재능있는 자를 뽑아 직업적 관리로 등용함으로써 이상적인 관리제도를 취해야 한다는 방안이었다. 이러한 주장은 곧, 신분제를 완전히 폐지하고 개인의 능력에 따른 분업을 실시하여 한마디로 '후생'을 달성하기 위한 것이었다.

【 실학의 학파(3); 실사구시학파의 백과사전 편찬과 고증학 발흥 】

실학자들은 과거 속에서 이상 사회의 모범을 찾아내고 그에 입각한 현실 개혁을 추구하였기에 중국의 것뿐만 아니라 우리나라의 역사 속에서도 모범을 찾으려고 하였고, 그러므로 우리의 역사에 대한 연구 역시 대단히 열정적으로 행하였다. 그 결과로 우리 역사의 여러 방면에 걸친 자료들을 수집하여 이를 정리하여 수많은 책으로 엮음으로써 백과사전적(百科事典的)인 편찬을 이루기도 하였다. 또한 이러한 작업을 통해 축적된 방대한 자료들을 중심으로 사실 하나 하나에 대해 세밀하고도 꼼꼼하게 입증해내려는 고증학적(考證學的) 방법을 지향하려는 경향을 뚜렷이 드러내기에 이르렀다.

이러한 학문적 경향을 드러내는 학파는 완당(阮堂, 혹은 추사秋史로 더욱 널리 알려져 있음) 김정희(金正喜, 1786~1856)에 이르러 일가를 이룩하게 되어 실사구시파(實事求是派)라 일컬어지는데, 이 학파에서는 유교의 경전인 경서(經書) 및 구체적인 기록을 담고 있는 금석(金石) 및 책 속의 근거를 찾는 전고(典故)를 통한 고증을 위주로 하였다. 이 학파의 특색은, 민족문화에 대한 뜨거운 애정을 바탕으로 주체적인 인식을 선명히 하였으며, 아울러 학문 그 자체를 목적으로 삼았고, 엄격한 객관적 태도로써 사실을 밝혀내는 것이었음을 들 수 있다.

누구보다도 먼저 백과사전적인 편찬을 이룬 최초의 학자와 그 저술로는 이수광(李睟光)과 그의 『지봉유설(芝峰類說)』을 들어 마땅하다. 그가 광해군 6년(1614)에 지은 이 책은 지리 · 천문 그리고 식물 등 여러 방면의 지식을 정리하였는데, 특히 그 가운데 마테오 리치(Matteo Ricci)가 한문으로 지은 천주교 교리서 『천주실의(天主實義)』를 소개하고 있어 유명할 뿐더러 서양 여러 나라의 문물에 대해서도 설명하고 있음이 특기할 만하다. 이밖에도 우리나라의 옛날 정치와 사회에 대해서도 나름대로 자신의 견해를 밝히고 있어 주목된다.

이러한 백과사전적인 편찬은 실학자 이익(李瀷)에 의해서도 이루어져서 『성호사설(星湖僿說)』 속에서 우리 역사에 관한 부분이 많이 다루어졌으며, 이와 같은 우리나라 역사에 관한 광범위한 지식을 종합적으로 집대성한 편찬으로서는 영조 46년(1770)에 국왕의 명령으로 행해진 『동국문헌비고(東國文獻備考)』가 있다. 이는 우리나라의 정치 · 경제 · 문화 그리고 지리 분야에 이르기까지 다양한 분야의 것을 다루었으므로, 가장 대표적인 한국학 백과사전이라고 평가해야 온당하다.

또한 순조 때 학자 서유구(徐有榘)의 『임원경제지(林園經濟志)』와 이규경(李圭景)의 『오주연문장전산고(五洲衍文長箋散稿)』 등도 빼놓아서는 안될 대표적인 백과사전의 편찬이다. 『임원경제지』는 일상 생활에 필요한 여러 분야의 것 외에도 산업 등 사회 전반에 걸쳐 정리한 것이며, 『오주연문장전산고』는 정치 · 경제 · 사회 분야에 대한 것에다가 역사 · 지리 · 천문 분야 등에 관한 것까지 포함한 방대한 사실들을 고증하여 편찬한 것이다.

또 한편으로 당시의 학문적인 특징으로는 고증학적 방법이 추구되었음을 지적할 수 있겠다. 이규경이 그러하였음은 방금 언급한 바대로 『오주연문장전산고』에서 여실히 드러나는데, 이러한 고증학적 연구 방법에 토대를 두고 연구에 몰입하였던 가장 대표적인 학자는 김정희(金正喜)였다. 그는 청의 유명한 고증학자들과 직접 교류 관계를 맺고 그들의 저술을 얻어 샅샅이 정독하고 이를 충분히 자기의 것으로 승화시킨 후 이를 토대로 자신 나름대로의 금석문(金石文) 분야에 그 학문적 성과를 쌓아갔다. 금석문이란 금속이나 돌에 새겨진 글자를 말하는 것으로, 이렇듯이 기록들을 정확히 읽어 내어 이를 바탕으로 하여 종전에 제대로 알려지지 않은 역사적 사실을 밝혀내는 것을 주된 관심으로 삼는 학문적 방법을 그는 택하였던 것이다. 그리하여 신라 진흥왕 때 영토를 확장하고 세운 비석의 하나인 서울 북한산(北漢山)의 순수비(巡狩碑)를 글자 한 글자 모두를 치밀하게 읽어 내려고 한 『금석과안록(金石過眼錄)』은 그의 고증학적 학풍을 명료하게 드러낸 대표적인 저술로 손꼽아진다.

그리고 역사지리(歷史地理)에 대한 관심 역시 고조되어, 영조 때 신경준(申景濬)의 『강계고(疆界考)』, 순조 때 한진서(韓鎭書)의 『해동역사지리고(海東繹史地理考)』, 정약용의 『강역고(疆域考)』 등이 편찬되었었는데, 이러한 전통을 이어서 김정호(金正浩)도 일생에 목숨을 걸고 우리 강토를 샅샅이 뒤져 답사한 후 이를 토대로 철종 12년(1861)에 정밀한 『대동여지도(大東輿地圖)』를 뒤이어 고종 원년(1864)에는 지리서인 『대동지지(大東地志)』를 각각 완성하였다. 이를 이루기 위해 밤낮을 가리지 않고 산 속에서 외로이 지내야 했으므로, 그 자신의 호(號)도

고산자(孤山子)라고 하였다.

정리하여 훗날에 끼친 실사구시학파의 역사적 의의를 제시하면, 이 학파를 이룩하였던 완당 김정희가 역관(譯官)이었던 오경석(吳慶錫, 1831~1879) 등 중인(中人) 출신의 인재들과 교유하면서 그들에게 영향을 줌으로써 양반층 중심의 실학사상을 중인층 개화사상가로 넘어가게 하는 구실을 하였다는 점을 들 수 있겠다. 즉 실사구시학파의 주장이, 실학사상을 개화사상으로 연결시키는 가교(架橋) 역할을 하였음을 지적할 수가 있을 것이다.

제5절 새로운 주제의 다양한 문화 유행

【 양반문화의 새로운 양상(1); 한문학의 변화 】

실학자들은 문학을 통해서도 당시 사회의 불합리한 면을 풍자하여 비판하고 결국에는 현실사회를 개혁하려고 노력하였다. 한마디로 실학정신을 문학에서도 구현해보려고 시도하였던 것이다. 누구보다도 연암(燕巖) 박지원(朴趾源)이 가장 대표적으로, 『방경각외전(放璚閣外傳)』이란 자신의 소설집에 실린 「양반전(兩班傳)」, 「예덕선생전(穢德先生傳)」 등과 『열하일기(熱河日記)』 속에 실린 「허생전(許生傳)」 등 9편이나 되는 소설을 남겼는데, 18세기 당시 사회의 상황을 잘 묘사하고 있는 것으로 정평이 나 있다.

「양반전」의 주인공인 강원도 정선(旌善)의 가난한 양반은 국가에서 빌려다 먹은 환곡(還穀) 1천 섬을 갚지 못하자 밤낮으로 울었으나 갚을 도리가 없어 결국에는 양반신분을 같은 마을의 양인(良人)농민 부자(富者)에게 팔아 이를 해결하였는데, 이 양반의 아내가 말하기를 "양반이란 1전(錢)어치도 못 된다." 고 비아냥거리듯이 말하는 대목이 있다. 하지만 여전히 양반신분의 위력은 대단한 것이어서, 양인농민인 부자가 다음과 같이 술회하고 있을 정도였다.

> 양반이 비록 가난하지마는 언제나 존대받고 영광스럽다. 나는 비록 부유하나 항상 낮고 천한 대우를 받아 감히 말을 탈 수 없고 양반을 보기만 하면 몸을 구부려 어찌할 줄을 모른다. 포복하면서 뜰에서 절할 때 코는 땅에 끌리고 무릎으로 기어간다. 나는 언제나 이렇게 그 보복을 받아 왔다.

이러한 양인농민 부자의 말이 당시 사회가 아직 여전히 양반 중심의 신분질서에서 벗어나지 못하고 있음을 알려주기도 하지만, 한편으로는 이러한 비판이 양인농민의 입을 빌어 제기될 수 있을 만큼 그 이전과는 판이하게 평민세력이 사회적으로 성장하고 있음을 역시 반증해주고 있다고 하겠다.

그리고 박지원의 「예덕선생전」에서는 서울 근교에서 내다팔기 위한 상업적 농업이 일어나고 있다는 사실을 뚜렷이 반영하여 얘기를 전개하고 있는데, 왕십리의 배추·무, 연희동 근방의 고추·마늘·파 그리고 이태원의 토란 등을 구체적으로 들고 있다. 그리고 이 소설의 제목에서 주인공의 명칭 가운데 '예덕'의 '예(穢)'는 '인분(人糞)'으로 이를 나르는 사람을 높여 부른 것으로, 상업적 농업의 전개 과정에서 농토를 기름지게 하는 인분의 사용을 중시한 당시 상황을 잘 드러내주는 것이라 하겠다.

또한 이러한 상업적 농업의 전개가 지방에서도 이루어지고 있음을 「허생전」에서도 적고 있는데, 지방의 대표적 상공업 도시의 하나인 경기도 안성(安城)에서 대추·밤·배·밀감·귤·유자 등 과일을 독점하여 10배의 이문을 얻고, 다시 칼·호미·베·명주·목면을 사가지고 제주도로 들어가, 망건(網巾)의 재료인 말총을 독점하여 또 10배의 이득을 내는 과정이 묘사되어 있다. 그러면서도 한편으로는 외국과의 무역이 원활히 이루어지지 못하는 현실에 대해서, "조선은 배가 외국에 가지 아니하고 수레가 국중에 다니지 아니하기 때문에 모든 물화(物貨)가 그 가운데서 생산되어 그 가운데서 소비된다."고 꼬집고 있다. 상공업의 발달을 통해 이용후생(利用厚生)을 이루려 했던 연암 박지원의 소설에는 이렇듯이 자신의 개혁 방안을 은연중에 담아놓고 있었던 것이다.

이밖에도 당시에는 민간에서 전승되어 오던 이야기들을 채록하여 한문으로 옮겨 놓은 단편소설도 많이 나타났다. 개중에는 애정문제를 소박하게 표현한 것들도 있었지만 더욱이 주목되는 것은 광작농민(廣作農民)·도고상인(都賈商人) 등의 대두로 말미암아 일어나는 신분문제 등에 관한 관념의 변화를 있는 그대로 묘사하고 있다는 점이다. 이러한 소설들을 모아 당시에 묶어 놓은 전집으로는 『동패낙송(東稗洛誦)』·『청구야담(靑邱野談)』 등을 대표적으로 꼽을 수 있다. 이들은 이후 많이 출간되는 야담(野談) 종류의 책에 커다란 줄기를 제공해주었으며, 오늘날 모두 한글본이 있어 손쉽게 읽을 수 있다.

【 양반문화의 새로운 양상(2); 문인화의 등장 】

19세기에 이르러 김정희(金正喜)를 대표로 하는 문인화가(文人畫家)가 등장하여 당대를 풍

김정희 세한도

미하였다. 그가 제주도 유배 중에 그린 대표작「세한도(歲寒圖)」에서 묘사된 것은, 단지 우리나라의 진경산수 그 자체가 아닌 고차원의 이념적 세계였다. 매섭게 추운 겨울이 매우 길지라도 소나무와 측백나무는 결코 한 치의 흔들림도 없이 꿋꿋하게 건재하듯이, 그 자신도 아무리 심한 역경이 닥쳐와도 이에 절대로 굽히지 않고 지조를 지킬 것임을 드러내고 있는 것이다. 이러한 김정희의 영향은 조희룡(趙熙龍)을 위시한 허련(許鍊) 등 중인 출신인 화가 및 화원들에게 커다란 영향을 끼쳤는데, 흥선대원군의「난초」에도 그러하였다.

그리고 이미 당시에 이하응은 난 그림에서뿐만 아니라 서예에 있어서도 김정희의 글씨를 본받으려 노력하였었는데, 이 분야에서조차도 이제는 김정희가 그 솜씨를 인정할만치 상당한 경지에 올라 있었던 것이 틀림없다. 김정희가 대원군의 글씨에 대해서, "예서(隸書)가 아주 좋아서 의당 난(蘭) 작품과 쌍미(雙美)를 이루어 지붕 머리에 무지개를 꿰는 기이한 일이 일어날 수 있겠습니다."라고 하여서, 극찬을 아끼지 않고 있기 때문이다.

【잔반의 사상】

최한기(崔漢綺, 1803~1879)는 19세기의 마지막 실학자로서, 집안은 그 자신의 전기에 이르기를 "한미(寒微)하여 감히 명족(名族)의 반열에 들지 못하였다."라고 한 바에 따르면 몰락한 양반 즉 잔반(殘班)임이 틀림없다. 그렇다고는 하지만 처음에는 그나마 집이 부유하여 이를 자신의 학문연구에 크게 활용하였다.

좋은 책이 있다는 것을 들으면 비싼 값을 아끼지 않고 그것을 구입하여 읽었으며, 오랫동안 열람하고

> 는 헐값으로 팔았다. 이 때문에 나라 안의 책 중개상들이 다투어 와서 팔기를 요구하였다. 북경(北京) 서적의 신간서적들이 서울에 들어오기만 하면 혜강(惠岡, 최한기의 호號)이 열람하지 않은 것이 없었다.

워낙 책을 많이 구입하여 나중에는 도성문(都城門) 밖에 나가 세들어 살게 되었다고 하는데, 그는 이럴 정도로 학문에 매진하였다. 그리하여 결국에는 자신의 철학적 기초를 도학(道學)의 성리학적 형이상학에서 완전히 결별하여 창의적이고 독특한 철학체계를 수립하였으며 방대한 저술을 하여 후대에 『명남루총서(明南樓叢書)』와 『명남루전서(明南樓全書)』라는 전집을 남겼다. 그 가운데서도 특히 철종 11년(1860)에 완성한 『인정(人政)』에서 최한기는, 정치를 바로잡기 위해서는 인재를 옳게 등용해야 한다고 지적하고, 사(士)·농(農)·공(工)·상(商) 구별이 없이 인재를 뽑아 교육할 것은 주장하였다.

그리고 나라의 병을 고치는 것이 의국(醫國)인데, 치자(治者)들이 이를 담당하여 백성들의 시름과 괴로움을 슬퍼하며 그 형색을 살펴주는 의원(醫員)이 되어야 한다는 비유를 들어 국민의 고통을 덜어주기 위한 현실적인 처방의 수립을 역설하였다. 게다가 그는 세계문명이 끊임없이 진보하며 시간이 지나갈수록 가속화되고 있다는 역사발전의 방향에 대한 확고한 인식을 제시하고는, 우리도 그렇기 때문에 쇄국정책을 버리고 문호를 열어 세계 여러 나라와 어깨를 나란히 할 것을 주장하였던 것이다.

【 서얼의 역사 편찬과 문화 】

대구(大邱) 지방의 서얼(庶孽)들이 철종 10년(1859)에 고려시대부터 조선시대에 이르기까지 서얼들의 역사를 모아, 율곡(栗谷) 이이(李珥)의 덕을 사모하여 세운 율곡서원(栗谷書院)을 중심으로 하여 『규사(葵史)』라는 제목으로 편찬하였다. 이 책의 「서문」에 따르면 서얼들이 다름 아니라 이율곡의 덕을 사모한 것은, 그가 서얼들에게 국가에 경제적 대가를 내게 한 뒤 관직을 수여받을 수 있게 하자는 납속보관(納贖補官)의 제도를 시행하자고 주장한 적이 있었기 때문이라고 하는데, 하필이면 제목을 해바라기 '규(葵)' 자(字)를 붙여 『규사』라고 한 까닭과 편찬 이유가 무엇인가에 관해 다음과 같이 써놓았다.

> 삼가 살피건대 선조(宣祖)께서 내려주신 글(어비御批)에 이르기를 "해바라기가 해를 향하여 향함이 곁가지를 가리지 않으니, 인신(人臣)이 충(忠)을 원함이 어찌 반드시 정적(正嫡)뿐이리오."라고 하였다.

크도다. 은륜(恩輪)이여. … 이름지어 『규사』라 하니 그 충을 원하는 정성을 격려함이라 하노라.

여기에서 "해바라기가 해를 향하여 향함이 곁가지를 가리지 않는다."는 표현은, 양반인 아버지를 해처럼 여기고 그가 해바라기의 곁가지인 자신들에게 눈길을 잠시라도 주어 따사로운 햇빛을 한번만이라도 내려 비춰주기를 갈망하는 서얼 자신들의 심정을 드러내고 있는 것이라 풀이된다. 그리하여 해바라기에 비유하여 자신들의 역사를 정리한다고 해서 제목을 해바라기 '규' 자를 취하여 『규사』라 했다는 것이다.

요컨대 『규사』는 서얼들이 국왕에게 충성할 수 있도록 관직 진출을 허용하도록 해줄 것을 요청하는 뜻에서 편찬된 것이었다. 그리고 이러한 주장을 구체적인 역사 사례들을 제시하면서 펼쳤으며, 그럼으로써 서얼이라고 해서 능력이 정적, 즉 적자(嫡子)들에게 뒤지는 게 아니라는 것을 과시하려는 목적을 드러냈다. 그러므로 이 책은 적자에 비해 관직에 나갈 수 없도록 차별 대우를 받고 있는 서얼들에게 그것을 허용하라는 이른바 서얼차대(庶孼差待)의 철폐를 주장하는 뚜렷한 목적의식에서 편찬된 것이며, 이러한 책이 공개적으로 편찬되어 간행되었다는 사실 자체가 바로 당시 사회 변화의 뚜렷한 증거라 하겠다.

한편 이러한 서얼들의 간절한 양반 아버지에 대한 애정 갈구를 잘 묘사한 한글소설로는 허균(許筠)이 지은 『홍길동전(洪吉童傳)』이 있다. 이 가운데 보면 주인공인 홍길동의 서얼로서의 비참한 심경을 6~7차례에 걸쳐 토로하고 있는 대목이 나오는데, 아래와 같음이 그 중의 하나이다.

> 세월이 흐르는 물과 같아 길동의 나이 어느덧 여덟 살이 되었다. 아래위 모든 사람이 칭찬하지 않는 이가 없고 대감도 매우 사랑하시나, 길동의 가슴에는 한 가지 깊은 한이 맺혀 있다. 아버지를 아버지라 부르지 못하고 형을 형이라 부르지 못하므로 스스로 천하게 태어남을 한탄하였다. 칠월 보름 밝은 달을 보고 뜰에 내려가 배회하는데, 가을바람은 소슬하고 기러기 우는 소리가 사람의 외로운 마음을 더욱 부추기니 홀로 탄식하여 말하기를, "… 세상사람 중에 이름 없는 상것이라도 아버지를 아버지라 부르고 형을 형이라 하건마는 나는 홀로 그러지 못하니 이 무슨 인생이 이러한고."

【 중인의 사상 】

중인 출신인 최성환(崔瑆煥, 1813~1891)은 헌종(憲宗, 1834~1849) 말년에 말단 관리로서 재직 중 잠시 국왕을 알현하였을 때 당시 힘써야 할 정책 즉 시무책(時務策)이 무엇인지에 관해 질문을 받은 이래, 국왕의 승하(국왕의 사망을 일컫는다)로 제출할 기회를 잃었지만 틈틈이 써놓은 글을 후일 자신이 정리해놓은 대표적인 저술이 『고문비략(顧問備略)』이다. 여기에서 그는 행정적으로 불합리한 여러 가지 제도를 합리적으로 개혁할 것을 주장하였는데, 이를 통해 환곡제(還穀制)의 폐지와 조세(租稅)의 금납화(金納化) 등을 펼쳤다.

그는 국가에서 직접 관리하여 정부 또는 관리가 개입하여 백성들에게 폐해를 끼치고 있는 환곡제(還穀制)를 폐지하고, 곡식의 가격 조절을 공인(貢人)이 관리토록 하는 상평창(常平倉)과 곡식이 부족할 때 그 지역민에게 구휼(救恤)을 맡겨두는 사창(社倉) 제도를 시행하자는 주장을 하였다. 그리고 어느 한 토지에 부과되는 세금이 전세(田稅), 삼수미(三手米), 대동미(大同米) 등 납기일이 다르고 납부하는 방법이 쌀로만 내는 게 아니라 다른 곡식이나 포(布) 혹은 돈으로 내기도 하여 많은 폐단이 생기니 이제부터는 일원화하여 금납화(金納化)하여 돈으로만 납부케 함으로써 관리들의 비리뿐만이 아니라 조세미(租稅米)를 배로 운송하는데 들던 조운(漕運) 비용도 절감할 수 있다는 것이었다.

또한 지역의 하천을 범람하지 않도록 미리 쌓인 흙을 퍼내는 이른바 준설(浚渫) 작업 같은 것을 국가에서 관리들이 직접 관장함으로써 많은 비리가 생겨나니 이를 개혁하여 민간업체에 하청(下請)을 줄 것 등을 제안하였다. 최성환의 이러한 일련의 주장들은 중인 출신으로서 행정 실무를 담당했던 자신의 경험을 토대로 작성된 것으로, 당시 등장하기 시작하던 도시 상공업자 등의 의견을 대변하는 것이라 할 수 있다. 그러므로 그 자신 꽤나 시대를 앞서간 사상을 지녔었으며, 당시 중인들의 사상을 대표하는 것이라 평가해서 무방할 것이다.

【 중인의 역사 편찬 】

향리(鄕吏)의 역사인 『연조구감(掾曹龜鑑)』은 같은 향리 출신인 이진흥(李震興)이 정조(正祖, 1776~1800) 초년 무렵에 편찬한 것을 그의 증손(曾孫)인 이명구(李明九)가 헌종 12년(1846) 무렵에 이르러 간행한 것으로, 그 가운데서 향리들의 사적 중에서 보고 감동할 만한 기록들을 모아 놓았다고 해서 이름이 붙여진 「관감록(觀感錄)」 부분이 가장 중요하다. 여기에 실린 대부분이 고려시대에 향리 출신으로서 이름을 남긴 최충(崔冲)과 같은 유명인들의 출세담과 같은 것으로, 향리가 본래 양반과 동일한 신분층이었음을 증명하고 그런 점에서 양반과 차별대우를 받아야 할 하등의 이유가 없다는 것을 역사적 실례를 들어 설명하고 있다. 즉 향리가 양반과 혈통을 같이하므로, 당연히 동등한 대우를 받아 관직에 진출할 수 있어야 한다는 주장을 『연조구감』은 담고 있었으며, 이러한 내용의 책을 편찬하고 간행하여 자신들의 주장을 편 향리들의 움직임은 바로 조선 후기 향리 계층의 성장 내지 의식변화의 구체적인 표현이었다.

또한 당시 생존했던 여러 부류 중인(中人)들의 특이한 삶에 대해 기록해놓은 『호산외기(壺山外記)』는 그 자신도 중인 출신인 조희룡(趙熙龍)이 헌종 10년(1844)에 지은 42명의 전기집(傳記集)으로, 대부분 서화(書畫)와 음악과 같은 기예(技藝), 혹은 의술(醫術)에 뛰어난 중인 계통의 인물들로 채워져 있다. 그것도 여기에 등장하는 하나하나가 생계를 위하여 부득불 관직을 갖기는 하지만, 말단의 낮은 관직에 얽매이기보다는 자유분방한 생활에 더 매력을 느끼는 그런 인물들로, 양반 관료들에 대해서 심한 반발심을 노골적으로 드러내는 것으로 서술되어 있다. 조희룡이 『호산외기』를 저술한 의도는, 의외로 그것의 내용이 아닌 유재건(劉在建)이 지은 『이향견문록(吏鄕見聞錄)』에 그 자신이 직접 써 준 아래와 같은 「서(序)」에 잘 드러나 있다.

> 대저 저 이항인(里巷人)들은 일컬을 만한 경학(經學)을 연구하였거나 공훈(功勳)을 내세울 만한 것도 일컬을 것이 없다. 혹은 말과 행동을 기록할 만한 자와 혹은 시(詩)나 문장(文章)을 남긴 이가 있다손 치더라도 모두 한적한 물가에서 풀이 말라 죽고 나무가 썩어 없어지는 하찮은 인생에 지나지 않았을 뿐이다.
> 아아! 슬프다. 이러한 이유 때문에 내가 『호산외기』를 지었다.

여기에서 말하는 경학을 연구하였거나 공훈을 내세울 이는 분명 양반 사대부들을 지칭하는 것임에 틀림이 없다. 그러므로 한마디로 조희룡은 크게 보잘 것이 없는 '이항인' 즉 여항인(閭巷人, 혹은 위항인委巷人)들의 기록을 남겨 후세에 전하고자 하여 중인의 역사로서 『호산외기』를 저술하였던 것임을 알 수 있다.

이러한 그와 뜻을 같이 하여 서리(胥吏) 출신이었던 유재건 역시 철종 13년(1862)에 중인 및 그 이하의 신분층에 해당되는 무려 308명에 관한 전기를 모은 『이향견문록』을 남겼는데, 이 책의 「범례(凡例)」에서도 "이향(里鄕)의 어질고 선한 가운데 일컬을 만한 사람이 예부터 어찌 한정이 있겠는가마는, 거개 다 인몰(湮沒)되어 전하지 아니하니, 어찌 애석하지 아니한가? 이에 보고 들은 바를 수집해 10권으로 엮었다."고 밝히고 있다. 따라서 『이향견문록』 역시 『호산외기』와 같은 계통의 책으로 공통점 또한 저자 각자가 직접 사귄 사람들이거나 혹은 그들로부터 들은 이야기를 적었다는 데에 있었으며, 다만 차이점이란 『호산외기』가 주로 중인층에 한정된 데에 반해 『이향견문록』에 수록된 인물들의 부류가 중인 이하까지 폭넓게 포함되어 있다는 점이라 하겠다.

한편 역관(譯官) 집안 출신인 이경민(李慶民) 역시 고종 3년(1866)에 85명의 중인들에 관한 전기를 모아 『희조일사(熙朝軼事)』를 지었다. 책 제목 가운데 '희조'는 '소대(昭代)'와 같이 '성세(盛世)'의 의미가 있고 '일사'는 '일사(逸事)'로 표기되기도 하므로 풀이하자면 '성세의 일사'라는 의미였다. 비록 이전의 『호산외기』와 『이향견문록』에 수록되지 않은 인물들을 보충적으로 다루기도 하였지만, 제목 자체에서는 고종 즉위 당시를 태평성세로 파악하고 있었음이 드러나 있는 셈이다. 이경민이 비록 『호산외기』와 『이향견문록』의 저자인 조희룡과 유재건과 함께 같은 시사(詩社)에 속해 활동하면서 그들의 영향을 받아 이 책을 저술했지만은, 시대 인식에 있어 사뭇 다른 면모를 보여주는 것이라 하겠다.

『호산외기』와 『이향견문록』은 필사본으로 전해질 뿐 간행되지를 못했던 데에 비해, 『희조일사』는 간행되기에 이르렀다는 사실에서도 그 배경의 윤곽이 잡힐 듯하다. 아울러 앞의 두 책의 서문을 중인인 자신들이 썼던 것과는 완연히 다르게 『희조일사』의 서문을 1866년 간행 당시의 예조판서(禮曹判書) 남병길(南秉吉), 예조판서와 이조판서(吏曹判書)를 지내고 판중추부사(判中樞府事)에 오른 윤정현(尹定鉉)이 각각 쓰고 있음에서도 확연히 드러난다고 하겠다. 한마디로 정부의 지원이 있었기에 간행이 가능했음을 알려주는 터인데, 이 책이 간행되던 1866년에는 프랑스 함대와의 병인양요(丙寅洋擾)가 발발했음을 상기하면 더욱 그렇다. 내용면에서도 앞의 두 책에는 빠져 있으나 이 책에는 등재된 경우 이들이 모두 임진왜란과 병자호란 때에 활약했던 인물들이라는 점에서도, 쇄국정책이라는 대외적인 강경책을 쓰던 당시 상황을 여실히 반영한 것이라 하겠다.

【 화원들의 활동과 진경산수화의 출현 】

회화의 역사 속에서 당시의 그것이 띠는 특징으로서는 화원(畫員)들의 활동이 두드러진다는 점 하나와, 또 그들에 의해 그려진 속화(俗畫)가 유행한다는 점 하나, 이렇게 둘을 꼽을 수 있다. 그만큼 화원들의 활동이 다른 시기에 비해 두각을 나타냈는데, 인물화 등의 다른 분야보다도 속화에서 특히 그러하였던 것이라 하겠다.

화원이란 나라에 고용되어 그림 그리던 벼슬아치 화가를 일컫는 것으로, 이들이 속해 있던 도화서(圖畫署)는 본시 종6품의 관직을 최고위직으로 하는 관청이어서 화원 벼슬이라고 해야 그야말로 미관말직(微官末職)이 되기 쉬웠으며, 게다가 화원을 한편으로는 '환쟁이'라고 해서

금강전도

오로지 손재주만 있는 쟁이의 하나로 얕보는 풍이 있어, 중인과 양반의 서자들이 주로 메우는 자리였다. 대개 화원이 실력으로 출세하는 것은 임금의 초상화인 어진(御眞)을 그려 칭찬을 얻는 게 지름길이었다.

이러한 화원들에 의해 조선 후기에 새로운 경향의 진경산수화(眞景山水畫)가 출현하였다. 실제의 경치를 그렸다고 해서 실경(實景)산수화라고도 불리는 이 화풍은, 그렇기 때문에 중국의 화보(畫譜)를 모범으로 취하여 그려낸 것이 결코 아니라, 눈으로 직접 보는 우리의 자연을 있는 그대로 그린 것이다. 진경산수화를 개척한 화가는 18세기에 해당되는 숙종(肅宗) 때부터 영조(英祖) 때에 걸쳐 활동했던 겸재(謙齋) 정선(鄭敾)이었다.

그는 중국화풍을 따르지 않고 독자적인 구도 속에서 바위산이 많은 우리나라의 산수를 굵은 붓에 진한 먹을 묻혀 강렬한 묵색(墨色)으로 표현하였는데, 전국 곳곳의 비경(秘境)을 화폭에 즐겨 담았다. 걸작으로는 바위산인 서울 인왕산에 잔뜩 안개가 낀 모습을 묘사한 「인왕제색도(仁王霽色圖)」와 금강산 1만 2천 봉을 촘촘히 세밀하게 한 폭에 담은 「금강전도(金剛全圖)」 등이 있다. 그 가운데 당시 서울의 곳곳과 근처의 여러 경치를 담은 그림들은 현재로서는 도저히 가늠하기조차 어려운 당시의 모습을 그대로 전해줌으로 해서 더욱 가치가 높아지고 있다.

이에 비하여 그보다 약간 뒤진 시기인 영조 · 정조(正祖) 때의 화가 단원(檀園) 김홍도(金弘道)는 나무 · 산 그리고 물 등을 가느다란 선으로 세밀하게 그리는 특징을 보여주고 있다. 그는 워낙 여러 분야에서 두각을 나타내어, 같은 시대에 활동했던 강세황(姜世晃)이 평하기를, "고금(古今)의 화가를 통하여 산수면 산수, 인물이면 인물, 한 유형을 전문으로 하면서 다른 것을 함께 겸하여 잘 하기란 어려운 일인데, 그것을 김홍도는 해냈다."고 하였을 정도였다. 그의 진경산수화들을 한 데 묶어 놓은 여러 권의 화첩(畫帖)이 현재 전해지는데, 그 가운데서도 금강산 해금강의 모습 중 「총석정도(叢石亭圖)」는 간결하고 맑은 수묵(水墨)과 담채(淡彩)의 시원스런 구사 그리고 돌기둥 좌측 물결 위에 까마득한 두 마리 작은 물새를 재치가 있게 그린 것으로 널리 최고의 백미(白眉)로 손꼽힌다.

【 속화의 유행 】

당시에 행해진 그림에 관한 논의 즉 화론(畫論)에는 당시의 풍습을 표현한 그림을 묶어서 말할 때 '속화(俗畫)'라는 말이 자주 나오는데, 오늘날 일컫기로는 풍속화라 할 수 있지만 그렇다고 그 뜻이 서로 꼭 같지는 않다고 한다. 풍속하면 옛날 구중궁궐의 의례(儀禮)도 오늘의 눈으로 보아서는 모두 일종의 풍속일 수 있으나 이러한 의례 과정을 세밀히 그린 이른바 의궤도(儀軌圖)와 같은 것을 당시 사람들은 속화라고는 생각하지 않았다. 당시 속화의 '속'이란 단순히 풍속이라는 뜻이 아니라 오히려 '저속하다' 혹은 '저급한 세속사'라는 의미가 앞서 있었기 때문이었다. 말하자면 당시의 '속화'라는 표현 자체가 역사적인 의미가 있는 용어인 셈이다.

이러한 속화를 잘 그려 당대에 크게 이름을 날린 화원으로서는 단원(檀園) 김홍도(金弘道), 혜원(蕙園) 신윤복(申潤福) 등이 있다. 단원 김홍도는 산수(山水) · 신선(神仙) · 화훼(花卉) 등을 다 잘 그렸으나 특히 속화로 더욱 이름을 떨쳤다. 그는 처음에는 병풍(屛風)에 산수를 배경으로 하여 주로 그리다가 나중에는 화첩(畫帖)에 산수 배경이 없이 그리는 경향을 보인다. 그의「풍속화첩(風俗畫帖)」에는 농사짓는 모양, 지붕을 올리는 풍경 및 대장간의 풍경 등 노동하는 사람들의 일상 풍속이 주로 화제가 되었는데, 특히「무악(舞樂)」과「씨름」이 명품으로 알려지고 있다.

그와 같은 경향을 지닌 속화를 그린 화가로는 김득신(金得臣)이 있다. 그는 한 여름 싸리문 밖에서 짚신을 삼고 있는 모습을 그린「성하직니(盛夏織履)」가 대표작인데, 거적을 깔고 그 위에 앉아 갈비뼈를 앙상하게 드러낸 장년의 아들이 짚신을 삼는 작업에 열중하고 있고, 그것을 곰방대를 입에 문 노년의 부친이 걱정스러운 듯 쳐다보고 있으며, 그런 할아버지의 등에다가 턱을 대고 어린 손주가 아버지를 주시하고 있는 장면이다. 그는 김홍도의 제자였지만 오히려 김홍도보다 섬세하고 부드러운 느낌을 주는 선을 구사하였으며, 헐벗은 농민들의 생활상을 그대로 드러낸 대표적인 작품의 하나로 평가받고 있다.

신윤복은 같은 속화일지언정 부녀자를 중심으로 한 인물속화를 주로 그렸는데, 그의 대표작은「여인도(女人圖)」와「풍속화첩(風俗畫帖)」이다. 화첩 속에는 단옷날 물가에서 그네 뛰는 아낙네, 허벅지와 유방을 드러내고 몸 닦는 여인네 등을 묘사하고, 이 장면을 저 멀리 바위 뒤에서 숨어 키득키득 거리며 바라다보고 있는 두 명의 중의 모습을 그린 그림 등 직설적으로 색정적인 장면들을 표현한 작품이 많이 그려져 있다. 그리고 늦은 밤 담 모퉁이에서 이루어진 남녀 한 쌍의 애틋한 만남을 적나라하면서도 아주 능숙하게 묘사한「월하정인(月下情人)」과 같은 그림들도 있다.

【 여항문학의 발흥과 풍요의 유행 】

여항(閭巷)문학의 '여항'은 '위항(委巷)·여정(閭井)·여여(閭閻)' 등과 같은 뜻으로, 양반이 아닌 축들이 사는 골목을 의미하는 말이며, 그럼으로 해서 '여항문학'이니 '위항문학'이니 하는 말은 대개 서울의 뒷골목에 사는 양반이 아닌 일반인들이 하던 문학 활동을 지칭하는 것이다. 이런 유형의 문학 가운데는 한시(漢詩)와 시조(時調)가 있었지만, 한시는 중인 가운데서도 주로 한자에 능한 역관(譯官)들이 주로 하였으므로 여기에서 거론하기로 하고, 시조는 한글로써 사설시조의 형식으로 주로 평민들에 의해 많이 지어졌으므로 뒷 부분의 '사설시조의 등장'에서 상론하기로 한다..

17 · 18세기 당시 서울은, 특히 대동법(大同法)의 실시 이후 사회경제적 발전에 따라 도시적인 성장이 이루어졌고, 이런 분위기 속에서 중인 · 서리들도 그러하였지만 특히 역관들이 대외무역에 있어 특권이 부여되었음으로써 상업 분야에서 부를 축적하여 생활의 여유를 누리며 취미를 발전시킬 기회를 맞이하여 여항의 문화를 주도적으로 발전시킬 계기를 마련하였다. 정조 · 순조 연간의 역관 출신 천수경(千壽慶) 같은 이는 자신도 유명한 여항시인의 하나였음도 그러하지만, 여항의 대표적인 교육자이기도 하였다는 사실은 특히 주목해 마땅하다. 위항인들에 관한 기록인 『이향견문록』에 의하면, 그에 대해 다음과 같이 기록되어 있다.

> 이항(里巷)의 부호(富戶)들이 자기 자손들을 가르치기 위해 서로 그를 초치했으며, 그를 좇아 수업하는 학생이 늘 5 · 60명이 되어 반(班)을 나누어서 강학(講學)을 했는데 정연히 법도가 있었다.

이렇듯이 여항에서의 교육이 서당식으로 발전하여 규모를 꽤 갖추어 실시되고 있었음을 알 수 있는데, 이는 여항에서 사회경제적 생활 형편이 나아지자 지식의 교육에 대한 욕구가 높아진 결과이며, 그만큼 여항인의 의식 수준이 확대되고 향상되었음을 보여준다고 하겠다. 이에 짝하여 여항인들이 일정한 장소에 함께 모여 노래를 읊조리는 장소로서 가대(歌臺)라는 명칭이 붙여진 곳도 생겨나고, 여항시인의 동인(同人)적인 집회인 시사(詩社)가 결성되기도 하였다. 가대로는 인왕산(仁王山) 기슭의 것이, 시사로는 천수경의 송석원시사(松石園詩社, 옥계시사玉溪詩社) 같은 게 대표적이었다.

당시에 활약한 여항시인으로서 유력한 이들은 천수경의 경우에서 보는 바와 같이 역관 출신들이 많았는데, 외국과의 통역 업무를 맡았던 이들에게는 국제적인 교제를 이끌어감에 있어 필담(筆談)을 통해 한시(漢詩)를 짓는 교양이 필수적이었기 때문이었다. 다음으로는 왕궁의 교서(校書)와 도서검열 및 편찬을 도맡아 문장 실력이 뛰어났던 승문원(承文院) 및 규장각(奎章閣) 등의 서리(胥吏) 출신이 많았다.

이들은 활발한 시사 활동을 통해 모아진 시들을 한데 묶어 시집을 편찬한 사실 역시 주목된다. 숙종(1674~1720) 때 서리 출신 홍세태(洪世泰)의 『해동유주(海東遺珠)』 편찬 이후 영조 13년(1737) 역관 출신 고시언(高時彦)이 이를 증보(增補)하여 『소대풍요(昭代風謠)』를 편찬하였으며, 그 후 60년이 지날 때마다 증보편이 간행되었다. 그래서 정조 21년(1797)에는 천수경의 『풍요속선(風謠續選)』이, 철종 8년(1857)에는 서리 출신 유재건(劉在建)에 의한 『풍요삼선(風謠三選)』이 속간되었다.

이들 시집의 제목에서도 여실히 드러나듯이 자신들의 시를 '풍요' 라 함은 양반의 문학에 대조되는 하급신분층의 문학이란 의미에서 민요(民謠)를 뜻하는 말이었다. 특히 고시언의 책『소대풍요』에서 '소대' 란 '성세(盛世)' 를 가리키는 것이므로, 이는 말하자면 '태평성세 시기의 민요 모음집' 이라는 뜻이 된다. 종래의 한시는 '아(雅)' 라 해서 양반 사대부의 고유한 영역이고, 이들의 문치(文治)와 교화(敎化)에 의해 그것이 아래에까지 미쳐 여항의 노래를 형성했다고 하여 붙여진 이러한 '풍요' 라는 명칭을 그대로 따른 것은, 사대부들의 문화 독점적인 의식의 편견에서 나온 것을 여항시인들이 받아들인 것이며, 따라서 이들 자신들도 채 자기 문화에 대한 주체적 의식이 부족했음을 반증해주는 것이라는 비판이 있다. 하지만 그렇더라도 이들의 성장이 여항문학을 독립적인 문학 장르의 하나로 성립시키고 풍요를 발흥시켰다는 것 자체가 역사의 발전상을 입증해주는 것이라 하겠다.

【 한글문학의 흥성(1); 고소설의 유행 】

조선 후기의 문학에서 일어난 가장 큰 변화는 한글로 된 소설이 많이 나온 점이다. 표기가 한글로 된 것 뿐만이 아니라 작가 자신도 종전의 양반 일변도에서 벗어나 중인과 같은 신분 출신이 등장한 게 특징이었다. 물론 숙종 15년(1689) 경에 양반 출신인 김만중(金萬重)이 지어 부귀영화에 도취된 양반문학의 성격을 이은『구운몽(九雲夢)』같은 것도 나왔지만, 대부분의 한글로 된 소설은 종전에는 볼 수 없었던 갖가지 내용을 담은 새로운 성격의 문학이었다. 광해군(1608~1623) 때에 허균(許筠)이 지은 최초의 한글 소설『홍길동전(洪吉童傳)』에서 서얼차대(庶孼差待) 즉 양반의 자식이긴 하나 천한 첩의 몸에서 태어난 서얼에 대해 차별 대우가 행해지고 있는 관행에 대해 통렬히 비판한 이래, 이러한 특징은 이후에 더욱 성하였다.

『장화홍련전(薔花紅蓮傳)』·『심청전(沈淸傳)』·『흥부전(興夫傳)』등은 선한 사람은 언젠가는 잘 살게 되지만 악한 이는 끝내 망한다는 내용의 권선징악(勸善懲惡)의 소설이고,『임진록(壬辰錄)』이나『임경업전(林慶業傳)』같은 왜란이나 호란 때 군사로서 맹렬히 활약한 인물들의 이야기를 담은 군담소설(軍談小說)도 있었다. 하지만『옥루몽(玉樓夢)』·『숙향전(淑香傳)』·『춘향전(春香傳)』등의 남녀 사이의 사랑 이야기를 담아 예전에는 그래서 흔히 '남녀상열지사(男女相悅之詞)' 라 통칭되던 애정소설이 가장 대중적으로 널리 읽혔다. 그러므로 유교도덕을 강조하는 것들도 때로는 있었으나, 숨김없는 애정이나 사회적인 불만을 노골적으로 드러낸 것이 많았고, 그렇기 때문에 거의 작가의 이름조차 알려지지 않은 경우가 대부분이었다.

당시의 소설 중에서 가장 유행하였던 『춘향전』에서, 춘향이 자신의 몸을 탐하는 변 사또에 대한 항거는 자신의 인격을 지키기 위한 것이었으며, "충효열녀(忠孝烈女) 상하(上下)있소."라고 절규함으로써 누구나 동등한 인격의 소유자임을 주장하고 있다. 결국 인간다운 생활을 누릴 권리를 인간이면 누구나 상하 구별 없이 가지고 있다는, 평등의 주장을 이런 식으로 표현하고 있었던 것이다.

【 한글문학의 흥성(2); 사설시조의 등장 】

고려 말 조선 초에 등장한 것으로 여겨지는 시조(時調)는 작자들의 신분면에서는 양반문학으로, 형식면에서는 단가(短歌)의 형식을 취하였으며, 내용면에서는 유교도덕 등을 읊었었다. 그러다가 조선 후기에 오면 작자들의 신분면에서 하급 신분층의 것이 주로 되고 형식면에서 사설시조가 나타나며, 내용면에서 대단히 다양하며 자유분방한 면을 숨김없이 드러내게 되는 특징을 띠게 되었다.

18세기 정조(正祖) 때의 기록에, "시조는 또 이르기를 시절가(時節歌)라고도 하며, 대개 항간(巷間)의 속된 말로 된 것인데, 느리게 소리를 길게 해서 부르는 것이다."라고 전해지고 있으므로, 이즈음부터 음악적 요소가 가미되어 시조창(時調唱)으로 일반화되었던 것으로 정리된다. 시조를 형태적으로는 평시조 · 엇시조 · 사설시조로 분류하는 게 일반적이지만, 음악적 요소가 가미됨으로 해서 음악사 분야에서 쓰는 개념과 문학사 분야에서 쓰는 그것에 때로는 차이가 난다는 사실을 유의해야 한다. 즉 음악사 분야의 경우, 시조창에서 말하는 평시조는 높지도 낮지도 않은 기본음인 중여음(仲呂音)으로 시작하여 부르는 것을, 엇시조는 처음에는 높은 소리로 부르다가 나중에는 창법을 바꾸어서 장단으로 몰아가는 것을, 그리고 사설시조는 엮음시조라 하여 여러 가지 창법을 엮어서 부르는 것을 가리키는 용어이다. 이에 반하여 문학사의 경우에는 3장(章) 6구체(句體)의 시조로써 45자 내외로 된 것을 평시조, 이것에서 초 · 중 · 종장 중 어느 한곳이 음수에 있어서 원래의 것에서 벗어난 것을 엇시조, 그리고 평시조 형식에서 중장이 2구 이상으로 길어진 것을 사설시조, 이렇게 구분한다.

이 가운데 문학사적인 측면의 정리를 일반적으로 많이 취하는데, 17 · 18세기 당시에 나타난 시조문학의 가장 새로운 양상으로는 단연 사설시조의 등장과 전문 가객(歌客)의 등장이 들어진다. 그만큼 사설시조는 종래의 평시조 형태를 벗어나 생겨난 것으로, 그 특징은 첫째, 형태면에서 평시조의 3행시 형태는 그대로 살리면서도 중장을 길게 하여 작자가 자유롭게 표현할 수 있도록 하고 있다는 점이며, 둘째 작품의 소재가 다양화되어 평시조와는 달리 생활의 모든 면들을 담아 남녀의 애정은 물론 정치에 대한 풍자까지도 담고 있다는 점이고, 그리고 셋째 작자층이 대단히 확대되어 대부분이 이름을 알 수 없어 '무명씨(無名氏)' 혹은 '실명씨(失名氏)' 라고 전해질 지경으로 중인 이하 서민층으로 파악되고 있다는 점이다.

이처럼 시조의 작가들이 중인 및 서민층으로 확대되면서 이들 즉 위항인(委巷人, 여항인閭巷人)들이 시조의 창작뿐만 아니라 가창(歌唱)에도 대거 참여함으로써 이들은 17세기 말부터 18세기 초에 이르러 전문가객으로서 집단을 형성하여, 3가지의 특징을 드러냈다. 첫째는 지속적인 활동을 모색하여 후진양성에 힘을 기울인 점을 평가받는다. 당시 주로 활동한 가객들은 무리를 지어 가단(歌壇)을 결성하여 함께 활동하였는데, 대략 75명 정도로 영조 때의 김천택(金天澤) · 김수장(金壽長)을 중심으로 결성된 경정산가단(敬亭山歌壇) 등이 대표적이었다. 둘째는 가집(歌集)의 편찬을 통한 시조의 보전을 들 수 있다. 김천택과 김수장에 의하여 『청구영언(靑邱永言)』(영조 4년, 1728)과 『해동가요(海東歌謠)』(영조 39년, 1763)의 시조집이 편찬됨으로써, 이전에 구전되어 오던 수많은 시조들을 집대성한 것은 매우 중요한 업적으로 기록된다. 셋째는 이들의 활동이 19세기까지 이어져서 시조 창법의 개발을 통한 시조음악의 발달에도 크게 공헌하게 된다는 점이다. 하지만 19세기에 들어와 시조의 창작이 급격히 줄어들고 음악적인 면에서 잡가(雜歌)나 판소리와 같은 장르에 밀리면서 시조창은 빛을 잃어가게 되었다.

그나마 박효관(朴孝寬)과 안민영(安玟英)이 이전의 가단을 계승하여 승평계(昇平稧)를 조직하고 『가곡원류(歌曲源流)』를 편찬하면서 시조의 명맥을 이으려고 노력한 점이 높이 평가될 만하다. 이후 왕실의 종친인 이세보(李世輔)가 시조집 『풍아(風雅)』를 남겨 사대부시조의 마지막을 보여주고 있을 뿐이다.

【 평민의 문화(1); 청화백자의 유행 】

청화백자(靑華白磁)는 유약을 입히기 전 순백의 도자기 표면에 코발트 계통의 청색 안료(顔料)로 그림을 그리고 그 위에 순도가 높은 유약을 다시 발라 구워낸 도자기이다. 처음에는 중국에서 만들어지던 것으로 우리나라에는 조선 초기부터 처음으로 들어왔다. 이 청화백자의 생명력은 코발트 계통의 안료에서 나오는 것으로, 이 안료는 원래 페르시아 일대에서 일찍이 개발하여 사용하던 것인데, 아라비아 상인을 거쳐 중국을 통해 우리나라에 수입되어 회청(回青) 또는 회회청(回回青)이라 불렸으며, 이 안료를 수입해 온 관계로 청화백자는 극히 귀하였고, 민간에서 사용하는 것은 금지되었다.

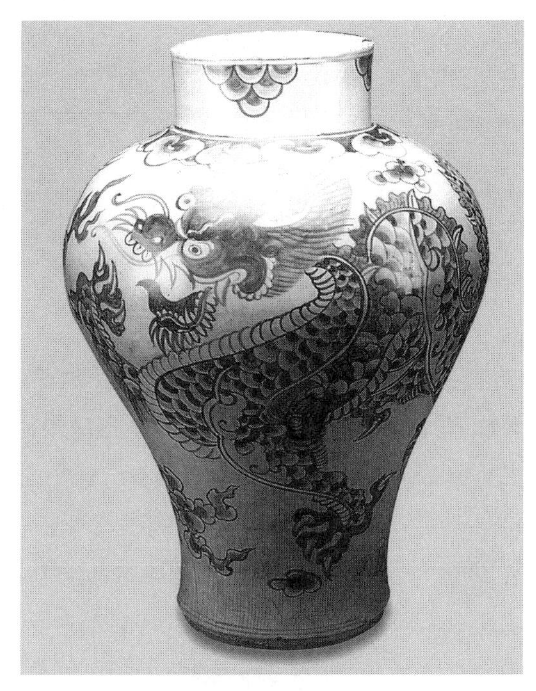
청화백자 운용항아리

그러다가 세조 9년(1463) 이후 우리나라에서 개발한 토청(土青)으로 청화백자를 굽기 시작하고, 이 무렵 초기에는 주로 회화적인 요소가 강한 매화와 새를 그린 매조(梅鳥), 소나무와 대나무를 그린 송죽(松竹) 등이 시원하게 여백을 남긴 도자기 표면에 굵은 붓을 사용하여 주된 문양으로 나타난다. 중기에는 곁들여 난초(蘭草)가 그려지더니 18세기 중엽에 이르러서부터는 가느다란 붓으로 그린 산수문(山水紋)과 용문(龍紋)이 나타나며 여러 가지 도식화된 문양이 뒤따라 만들어지게 되었다.

이후 정조(1776~1800) 때부터 국산의 안료가 널리 쓰여지기 시작하면서부터 청화백자가 크게 발달하였으며, 이후에는 문양이 특히 물고기 모양, 용 모양 등 여러 종류로 다양해졌다. 또한 전에 비해 안료를 값싸고 쉽게 구할 수가 있으므로 자연히 제작의 수량이 급격히 늘어나 민가에서도 흔히 사용하게 되는데, 이는 도자기를 굽는 정부 기관인 사옹원(司饔院)의 분소(分所)가 경기도 광주군에 들어서 있어 분원리(分院里)라고 불리던 지역을 중심으로 더욱 그러하였다. 이 분원리에 궁중의 직업 화가인 화원(畫員)들이 사옹원 관리들에 인솔되어 궁중에서 쓰이는 도자기에 청화 그림을 그리러 와서는, 여가를 이용해 일반 그릇에 마구 그림을 그려 민간에 흘렸기 때문이었다. 종전에는 드물고 가격이 높으므로 감히 소장의 꿈을 펼 수 없었던 중인이나 평민들이 이제는 웬만큼 경제적 여력이 생겼기에 이를 토대로 적지 않게 이 청화백자를 소장하기에 이르렀다.

간결하게 오로지 푸른 색 한 가지만으로 보기에도 편안하게 슬쩍 그렸을 뿐이지만, 여러 색깔을 사용한 당시의 중국이나 일본의 도자기와는 매우 다른 아름다움을 드러낸다. 그럼으로 해서 한국적인 소박한 시적 감각이 깃들여 있다고 하는 평가를 받으며, 오늘날에는 세계미술사에서 뚜렷이 한 줄 기록되기에 이르렀다.

【 평민의 문화(2); 민화의 발달 】

우리나라의 겨울은 1년의 1/3쯤을 차지할 뿐더러 춥기 때문에, 가옥 구조에 있어서도 집 전체를 크게 하지 않고 또 남쪽을 향해 지었고 창문도 작게 만들었으며, 외풍을 막기 위해 벽에는 도배를 하고 출입문에는 질긴 창호지를 발라 채광이 가능하도록 마련하였는데, 이 도배와 문 바르기에는 대체로 흰 창호지를 사용했기 때문에 여기에다가 염원이 담긴 민화(民畫)가 그려지게 되었다. 그 그림의 내용은 주로 복을 빌고 무병장수를 비는 것이거나 혹은 토속신앙에서 악귀와 같은 사특(邪慝)한 것을 물리쳐 쫓아내기 위한 벽사(辟邪)의 의미를 담은 것이었다. 그렇기 때문에 집집마다 벽장과 샛문에 붙이는 데에 보통 8장 정도의 민화가 소용된 것으로 파악되고 있다.

조선시대 민화

또한 각 가정에서는 가옥의 내부 공간이 넉넉지 못하므로 마당까지도 합쳐 사용하게 되는데, 집안에 크고 작은 행사가 있을 때에는 마당 중앙에 긴 장대를 받쳐 세운 뒤 마직(麻織)으로 된 넓은 천을 쳐서 따사로운 햇볕을 가리고, 바닥에는 짚으로 엮은 멍석을 깔아서 사람들이 앉을 수 있게 준비하고는, 한 구석에 민화가 담겨진 병풍(屛風)을 쳐서 행사 분위기를 돋우곤 하였다. 또한 평소에는 방안에다가 병풍을 쳐서 외풍 등을 막아 덜 춥게 할 뿐만 아니라 온화한 방안 분위기를 자아내기 위함이기도 하였다. 그렇기 때문에 한 집안에는 여러 개의 병풍이 필요하였으며, 병풍 1틀에는 보통 10~12장의 민화가 소용되었다. 따라서 웬만한 집마다 샛문, 벽장 그리고 병풍의 것 합하여 18장 내지는 20장의 민화들이 붙여져 있었다.

조선 후기에 이르러 이렇게 많은 민화를 집집마다 필요로 했으므로 수많은 화공(畵工)들이 떠돌이 생활을 하면서 화지(畵紙)와 붓과 먹 등의 화구(畵具)를 챙겨 봇짐으로 등에 메고 전국 방방곡곡 의뢰받은 그림이 있는 곳이면 어디든지 찾아다니며 그림을 그렸다. 이들 화공에는 지방 출신의 화가들도 있었고, 국가에서 필요로 하는 그림을 조달하는 기관인 도화서(圖畵署) 소속의 화원(畵員) 출신들도 있었다. 개중에는 또한 당시 사회에서 발달하기 시작한 5일마다 열리는 장시(場市)에서 손님의 주문대로 그림을 즉석에서 그려서 파는 행상 화가도 등장하였다. 그만큼 민화는 조선 후기에 유행하여 쉴새없이 그려졌고, 또 그 양도 방대하기 그지없었다.

【 평민의 문화(3); 판소리의 성행 】

조선 후기 음악 분야에서 가장 주목되는 것은 판소리의 등장과 성행이었다. 판소리는 광대(廣大)가 청중을 상대로 장편의 줄거리를 말과 소리로 엮어 부르는 것인데, 말은 고유한 용어로 '아니리' 라고 했고 소리는 보통 '창(唱)' 이라 불렀다. 판소리의 어원(語原)에 대해서는 여러 가지 형태의 민속예술을 한 자리에서 벌이는 '판놀음' 에서 유래한 소리이므로 판소리라는 견해가 있는가 하면, '판(板)' 은 중국에서 악조(樂調)를 의미하는 것으로서 악조를 짜서 즉 '판을 짜서 부르는 소리' 라는 뜻으로 그렇게 불렀다는 의견 등이 있으나 정설은 없다.

판소리가 최초로 문헌에 나타나는 것이 영조(英祖) 30년(1754)의 『만화본(晩華本) 춘향전(春香傳)』인데, 이것이 한문으로 적혀진 한역본(漢譯本)이므로 판소리로서의 성립은 이보다 더 올라가 18세기 초엽일 것으로 생각되고 있다. 이 영・정조 시대는 형성기로서, 언제부터인지 판소리를 특히 잘하는 이들에게 '명창' 이라는 칭호가 붙여지기 시작하였는데, 당시에는 하은담

(河殷潭)·최선달(崔先達) 등과 같은 명창(名唱)이 있었다고 전한다. 그리고 광대에 의해 연출되는 사설(辭說)은 고소설(古小說)들을 이용하여 창곡화(唱曲化)하여 12마당이 모두 이루어졌던 것으로 여겨진다.

이 12마당 가운데 가장 많이 불리는 「춘향가」의 대본엔 이본(異本)이 가장 많은데, 이는 여러 명창들의 소리를 옮겨 적은 화본(話本)이 몇 갈래로 개별적으로 집대성된 때문으로 분석되고 있다. 「춘향가」 외에 「심청가」·「흥부가」·「토끼타령」·「적벽가」 등의 5마당이 신재효(申在孝)의 정리에 의해 오늘날에 전해지나, 그의 손에 윤색된 부분이 적지 않아 발랄성이 상실되고 주제에 있어서도 보수적인 쪽으로 왜곡되었다는 지적이 있다. 특히 판소리를 '다섯마당'으로 국한시켜 유교의 오륜(五倫)에 결부되도록 조작한 것이 가장 현저한 예라고 비판되기도 한다.

이러한 작업이 이루어진 것은 이후 19세기에 들어와서의 일로, 당시는 송흥록(宋興祿)·모흥갑(牟興甲) 그리고 권사인(權士仁) 등의 명창이 활약하던 전성기였다. 당시에는 이들이 각각 송선달(先達)·모동지(同知)·권생원(生員)이라 하여 그들에게 경우에 따라서는 무과(武科) 혹은 문과(文科) 과거 급제자들의 호칭이 따라 붙여져 불렸다는 사실로 보아, 광대들의 사회적 지위가 예전에 비해 상승되었음을 알려준다고 하겠다. 이들 보다 조금 앞서 권삼득(權三得, 1771~1841)이 있었는데, 그는 원래 전주 인근의 양반 출신으로 명창이 된 경우로, 명색(名色)이 양반인데 광대나 하는 판소리를 하자 문중(門中)의 족보에서 이름을 삭제당하는 처벌을 감수하고도 이를 계속하여 남다른 창법을 구사하기도 했다고 한다.

판소리는 보수를 지불해 줄 청중이 있으면 어디에서나 불려졌기 때문에 다양한 청중들 앞에서 공연되었으나, 특히 양반들의 요청에 응한 경우가 가장 많아 이들에게 봉사된 데에 지나지 않았다는 측면도 있기는 하지만, 그만큼 양반들의 애호를 받았다는 사실은 양반들을 서민적인 예술세계로 끌어들였음을 의미한다는 점에서 서민예술의 역사적인 승리라고 평가하기도 한다. 더군다나 판소리 사설에는 양반에 대한 신랄한 풍자가 많이 들어 있어, 명창과 광대들이 각기 고유한 창작을 통해 더 넣은 부분 즉 '더늠'을 통해 스스로 감수할 수 없었던 인간적인 모멸을 독특한 익살과 풍자로 창을 곁들인 이야기로 신명나게 엮어나감으로써, 창하는 광대나 듣는 상민들로 하여금 사회적 모순에 대한 울분을 토로하게 하였다. 이리하여 판소리는 지역성을 넘어섬은 물론 신분상 아래로부터 위에 이르기까지 각계각층이 향유하는 국민적인 예술로 발전하였던 것이다.

【 평민의 문화(4); 탈춤의 유행 】

조선 후기에 평민을 상대로 하는 또 하나 연예로서는 탈춤, 일명 가면극(假面劇)을 빼놓을 수 없다. 춤과 노래와 사설이 뒤섞여 어우러지면서 진행되는 이 탈춤은, 본디 향리(鄕吏) 집단의 우두머리인 호장(戶長)의 주도 하에 읍(邑)의 제의(祭儀)를 배경으로 발전한 것으로, 이 읍의 제의를 향리집단이 주관하여 진행한 것은 자신들이 민을 대표한다는 상징적 의미와 역할의 중요성을 이 절차를 통해 반복적으로 강조할 수 있었기 때문이었다. 또한 탈춤의 내용면에서 보더라도 양반집단에 대한 통렬한 비판과 풍자가 예외 없이 들어가 있었는데, 이는 많은 변화가 도래하였지만 당시 사회가 아직 양반 중심으로 돌아가고 있다는 구조적 모순을 도외시한 채, 이들에 대해 "곧고 아끼며 공손하고 화합하는 것을 잃어버린 무리"라는 양반들의 비판에서 드러나듯이 그 책임을 향리집단에게 지우려는 것에 대한 우회적인 표현이었다고 여겨진다. 그렇기 때문에 사설에는 대개 양반을 희롱하고 풍자하는 대목들이, 아래의 「하회(河回) 별신(別神)굿 탈놀이」 일부에서와 같이 늘 끼어 있게 마련이었다.

양　반 : 나는 사대부의 자손인데.
선　비 : 아니 나는 팔대부의 자손인데.
양　반 : 팔대부는 또 뭐냐?
선　비 : 아니 양반이란 게 팔대부도 몰라. 팔대부는 사대부의 갑절이지 뭐.
…
선　비 : 첫째 학식이 있어야지. 나는 사서삼경(四書三經)을 다 읽었네.
양　반 : 뭣이? 사서삼경? 나는 팔서육경(八書六經)을 다 읽었네.
선　비 : 도대체 팔서육경이 어데 있으며 대관절 육경은 뭐냐?
초랭이 : 나도 아는 육경, 그것도 몰라요. 팔만대장경(八萬大藏經), 중의 바래경, 봉사 안경, 약국의 길경(桔梗), 처녀 월경, 머슴 쇄경.
이　매 : 그것 다 맞다 맞어.
양　반 : 이것들도 아는 육경을 소위 선비라는 자가 몰라.

청중들은 특히 평민대중이 주를 이루었으므로 탈춤은 자연 대중적인 특징을 지닐 수밖에 없었다. 탈춤이 평민들에게 가장 인기를 얻은 것은 이러한 풍자 때문이었으며, 읍 가운데에 사는 일반인들에 의해 전승되어 공연되었는데, 후에는 직업적인 유랑 연예집단인 남사당(男寺黨)에 의해 전승되기도 하였다.

제6절 평등 지향의 서학 수용과 동학의 발생

【 서학의 수용 】

이수광(李睟光, 1563~1628)이 광해군(光海君) 6년(1614)에 완성한 『지봉유설(芝峰類說)』에는 「이마두(利瑪竇)」라는 항목이 있어 이탈리아 태생의 마테오 리치(Matteo Ricci, 1552~1610) 신부에 관해 설명하면서 그의 저술인 『천주실의(天主實義)』와 『교우론(交友論)』을 조선에 처음으로 소개한 것으로 정평이 나 있다. 이러한 이수광의 『지봉유설』보다 불과 8년 뒤인 광해군 14년(1622)에 유몽인(柳夢寅, 1559~1623)이 완성하였다고 판단되고 있는 『어우야담(於于野談)』에도 천주교에 대해 소개한 글이 있는데, 「서교(西敎)」라는 항목에서, 이수광의 『지봉유설』보다도 좀더 자세히 천주교를 소개하고 있음이 주목된다. 그 뜻이 '하늘을 섬긴다(事天)' 는 것이라고 정확히 소개하고 있을 뿐만 아니라, 천주교의 교리가 유교(儒敎) · 불교(佛敎) · 선교(仙敎)와 다른 별도라는 점을 밝히고, 천당과 지옥이 있다고 한다든지 하는 서술로 천주교의 교리를 자세히 언급하고 있다.

이들의 소개에 뒤를 이어 이익(李瀷) · 안정복(安鼎福) 같은 실학자들도 역시 서학에 호기심을 가지고 논의하였다. 이들은 마테오 리치의 『천주실의』의 내용에 대해서는 정면으로 비판의 날카로움을 들이대었지만, 그의 『교우론』에는 그러하지 않았다. 이 책은 교우 관계를 강조하여서 가능한 한 기왕의 성리학 사상체계와의 충돌을 피하면서 은연중에 천주교를 전파할 목적으로 마테오 리치가 저술한 것이었는데, 이익은 특히 "뼈를 찌르는 듯한 이야기"라고 지적하면서 대단히 높이 평가하며 천주교에 우호적인 태도를 표방하고 제자들에게 이를 숙독하도록 권하였던 것이다. 이런 영향으로 이후 그의 제자들인 남인(南人) 학자들을 중심으로 정조 때에 신앙운동이 점차 전개되기 시작하였다. 특히 이벽(李蘗)의 적극적인 권유에 힘입어, 정조 7년(1783)에 이승훈(李承薰)이 청나라에 동지사(冬至使)라는 외교 사절로 파견된 자신의 부친을 따라 북경(北京)에 갔다가 서양인 신부(神父)에게서 세례를 받고 온 뒤에 그러하였다.

【 서학의 전파 】

이승훈이 귀국한 것은 정조 8년(1784) 음력 3월 말로, 이후 이벽 등과 함께 전교에 진력하는 한편 스스로 다른 이들에게 세례를 주었다. 이런 그의 활약을 황사영은 자신이 비단에 써 놓은 이른바 「백서(帛書)」 가운데 "이승훈을 추대하여 영수로 세웠다."고 묘사한 것으로 판단된다. 이때 이벽은 물론, 정약전(丁若銓)·약종(若鍾)·약용(若鏞) 3형제, 권일신(權日身)·김범우(金範禹)·윤유일(尹有一) 등을 위시하여 많은 이들이 이승훈으로부터 세례를 받음으로써 비로소 한국에 천주교회가 탄생하기에 이르렀던 것이다.

이런 적극적인 전교 활동의 결과 교우의 숫자도 증가하였을 뿐더러 교회의 활동이 잦아지자 자연히 이목을 끌게 되었고, 당국의 수사에 걸려들어 탄압을 받게 되었다. 이때가 전통적인 연대 표기 방식인 간지(干支)상으로 을사(乙巳)년이므로 이 해에 박해를 당했다는 시각에서 '을사박해'라 하기도 하고, 당시에는 형벌 관계를 담당하는 관청을 일반적으로는 형조(刑曹)라 하지만 혹은 추조(秋曹)라고 지칭하기도 했으므로 이 사건 자체를 때로는 '을사 추조 적발 사건'이라고도 하는 것이다.

당시 신자들의 그룹에는 이승훈(李承薰)·이가환(李家煥) 그리고 정약전·정약종·정약용 3형제 등 남인의 명사가 많았는데, 이들은 주로 정권에 가담하지 못하고 서울 주변에서 거주하는 인물들로서, 대개 학통으로 보아서는 이익(李瀷)의 문인들이었다. 그러므로 이들은 정통적인 성리학에도 조예가 깊었지만 양명학(陽明學)에도 관심이 깊은 부류였다. 이밖에 김범우(金範禹) 같은 중인(中人) 계통의 인물들도 같이 천주교를 받아들이고 중추적인 활동을 하였다.

이들이 이렇듯이 천주교를 수용하여 전파에 앞장선 것은, 누구나 똑같은 천주의 자녀로서 천국에 갈 수 있다는 교리에 호감을 가졌기 때문이었다. 이들의 이런 열렬한 신앙운동에 대해 당국자들은 국가와 사회에 대한 중대한 도전으로 여겼다. 첫째 인륜(人倫)을 중시하던 것을 부정하는 것이었고, 둘째 가부장적 가족주의에 대한 부정이었으며, 셋째 양반중심의 계급주의를 부정한 것이었으며, 넷째 조선의 현실을 철저히 부정한 것이어서 서학 즉 천주교를 받아들여 이를 신앙생활로 연결시킨다는 것은, 당시 집권 세력들에게는 한마디로 벌열 중심의 양반사회, 성리학지상주의(至上主義)의 사상적 질곡에 대한 더할 나위 없이 위험한 도전으로 받아들여졌다.

이 도전을 심각하게 받아들여 국가 체제 자체에 대한 위기로 여긴 국가에서는 드디어 정조 9년(1785)에 서학을 사교(邪敎)로 규정하여 금지령을 내리고, 다음해부터는 중국 북경으로부터의 서적 수입을 금하기에 이르렀다. 이런 가운데에서도 을사박해(1785)를 겪고 난 천주교회는 1년쯤 지나 정조 10년(1786) 봄에 이르게 되자, 이승훈을 위시한 지도자들이 앞장서서 침체된 교회 내의 분위기를 일신하기 위해 새로운 시도를 하게 된다. 다름이 아니라 사제가 아닌 신자들이 세례는 물론이고 미사를 드리고 고해 및 견진 성사를 집전하는 신자교계제도(信者教階制度) ─세칭(世稱) 가성직제도(假聖職制度)─를 운용하기에 이르는 것이다. 이러한 신자교계제도를 시행하려 한 목적은, 정리하여 말하면 첫째는 교회 유지를 위하여, 둘째는 복음 전파를 더 용이하게 하려고, 셋째는 교우들의 신앙을 굳게 하기 위해서였다고 하겠다.

이들은 신자교계제도를 거의 2년 동안 계속하다가, 기유(己酉, 1789)년에 이르러 교회 서적을 더 자세히 연구한 결과 그 제도 시행 자체에 대한 의혹이 생겨났다. 결국에는 이들은 즉시 중지해야 한다는 결론을 내렸고 그래서 북경 주교에게 문의하는 편지를 쓰기로 자체적으로 결정하였고, 그러고는 즉시 평신도의 자리로 돌아가 신입 교우 교육과 신앙 전파에만 전심하기에 도달하였다.

【 서학의 성장 】

이렇듯이 최초로 교회를 창설하고 신자교계제도를 운용하며 독자성을 추구하던 초기 교회의 지도자들은, 스스로의 연구를 통해 이 제도의 운용이 성직제도에 대한 그릇된 이해에서 비롯한 것임을 자체적으로 깨닫고 나서는, 보편성과의 일치를 지향하기 위해 윤유일(尹有一) 등이 대표로 북경을 방문하여 구베아(Gouvea) 주교에게 선교사의 파견을 요청하기에 이르렀던 것이다.

선교사를 맞아들여 보편성과의 일치를 꾀하던 교회에 느닷없는 광풍이 휘몰아치는 사건이 발생하게 되었다. 이 사건은 정조 15년(1791) 5월에 전라도 진산군(珍山郡)에서 발생하였다고 하여 '진산사건' 이라고도 부르는 것으로, 그곳에 거주하던 양반신자 윤지충(尹持忠)이 어머니 권씨(權氏)가 세상을 떠나고 난 뒤 장례는 지냈지만 위패(位牌)를 만들지 않고 제사도 드리지 않았는데, 그의 외종형(外從兄)이자 같은 천주교 신자였던 권상연(權尙然)도 같은 태도를 취함으로써 문상(問喪)온 이들에 의해 고발당하여 불거진 사건이었다. 이른바 전례(典禮)문제 때문에 박해가 시작되었던 것이다. 윤지충은 신문을 받으면서, 신주(神主)를 모신 뒤 술잔을 올리고 음식을 올려 제사지내는 것이 천주교에서 금하는 것이어서 따르지 않음을 분명히 밝히고 있었다. 이들의 이런 돌출 행동으로 인해 전교에 어려움을 겪으면서 일시적으로 천주교의 교세가 약화되는 일면을 도출하기도 하였지만, 목숨을 걸고라도 결연히 진실성을 실천하고야 말겠다는 의지는 많은 이들에게 충격적인 자극을 주었다.

이러한 진실성의 실천을 위한 구체화로서 빼놓아서 아니 될 사실은, 정약종(丁若鍾)이 한글로 교리서 『쥬교요지』를 독자적으로 저술하여 널리 읽히고자 하였다는 것이다. 그는 『쥬교요지』에서 천주교 교리에 대해서 설명 위주로 세분화해서 구체적으로 살피고 있음이 특징인데, 예화(例話)도 주로 현실적인 것을 많이 제시함으로써 효과적인 전교(傳敎)를 위해 힘 기울이고 있었다. 그리고 이미 신자로 입교한 교우들 가운데 한자를 전혀 모르고 한글만 간신히 깨친 무식한 이들을 위해 한글로 이를 저술하였음은, 비신자들에게 천주교를 전교하기 위한 측면도 없지 않았지만, 그보다는 신자들 내부의 교육을 확실히 하기 위한 것이었다.

특히 그가 『쥬교요지』의 내용 가운데 불교(佛教)와 도교(道教) 등의 비판에 많은 분량을 할애하고 천주교의 우월성에 대해 언급한 것도 이러한 현실적인 문제와 관련이 깊었다. 기왕에 천주교 신자로 입교한 이들 가운데서 성황당(城隍堂)에 가서 빌거나 굿도 서슴지 않는 등 행위에 빠진 경우 등에 대해서 올바른 신앙심을 회복하도록 주의를 환기시키고자 한 것이었던 것이다. 아울러 이 책의 결론이라고 할 수 있는 맨 마지막 부분에서, 즉시 믿어 봉행(奉行)할 것을 강조한 것도 배교(背教)했거나 혹은 신자로서의 생활을 유보하고 있는 이들에게 회두(回頭)할 것을 권유하고 있는 것이라 하겠다. 즉 정약종은 천주교 신자들에게 올바른 신앙의 길을 제시해 주어 진실성을 실천하도록 하기 위해 『쥬교요지』를 한글로 저술하였던 것이었다.

1791년 진산사건으로 인해 일어났던 전국적인 박해 곧 신해(辛亥)박해가 끝난 뒤 교회의 지도자들 최창현(崔昌賢)·최인길(崔仁吉)·지황(池璜) 등이 정성을 모아 최선을 다한 것은 북경으로부터 선교사를 맞아 오는 일이었다. 그리하여 북경의 구베아 주교는 중국인 주문모(周文謨, 1752~1801) 신부를 조선 선교사로 파견하기로 결정하였다. 이에 주문모 신부는 천신만고 끝에 드디어 12월 14일경에 서울에 들어와 신자들이 미리 마련해놓은 최인길 집에 유숙하면서 본격적인 전교에 나서게 되었는데, 이렇게 됨으로써 조선 교회는 비로소 사제를 영입하여 교회법에 맞는 신앙생활을 할 수 있게 되었다. 따라서 한마디로 조선 교회는 보편성을 확보하기에 이르렀다고 할 수 있겠다.

주문모 신부는 이후 1795년부터 조선인 신도들에게 세례를 집전하였고, 또한 종전에 신자교계제도에 입각해서 영세를 받고 신앙생활을 하고 있던 사람들에게 재차 교육을 시켜 일일이 정식적인 세례를 베풀어주면서 대략 6개월 정도를 비교적 순탄하게 지냈다. 그러자 많은 사람들이 그를 만나기 위해 최인길의 집에 몰려들게 되었으며, 자연히 이들과 신앙 집회를 가지게 되면서 그만큼 점차 교세가 확장되고 있었던 것이다.

이 과정에서 주문모 신부가 서울에 들어와 활동하고 있다는 사실이 정부 당국자들에게 밀고되었고, 이에 따라 주문모 신부에 대한 체포 명령이 내려지자 주문모 신부는 최인길의 집을 떠나 급히 피신하였다. 하지만 불행하게도 최인길·윤유일·지황이 함께 체포되는데, 이들은 신문을 받던 중 곤장을 맞고 1795년 5월 12일 같은 날에 모두 순교하였다. 이 해의 간지(干支)가 을묘(乙卯)년이었으므로, 이 박해를 을묘박해라고 부르며, 1791년 신해박해에 이어 순교자를 탄생시킨 두 번째 박해였다. 그리고 이 이후에도 주문모 신부를 체포하고자 하는 정부의 집요한 추적으로 1798년과 1799년에도 연이어 충청도에서 박해가 발생하였다.

1801년에 이르러 1월 10일 천주교도에 대한 박해가 공식적으로 선포되고 주문모 신부가 쓴 편지 다수가 1월 19일 정약종(丁若鍾)의 집에서 압수됨으로써 주문모 신부는 이제 더 이상 서울에 머물 수가 없게 되자, 그는 황해도 황주까지 도피해 갈 수 있었다. 그렇지만 자신을 체포하려는 과정에서 수많은 무고한 신자들이 고통을 당하는 것을 외면할 수가 도저히 없어, 다시 서울로 돌아와서는 3월 12일 자진해서 국가의 중대한 범죄자들을 다루는 의금부(義禁府)에 자수하였다.

주문모 신부가 자수함으로써 당시에 벌어지던 박해는 더욱 가열되기에 이르는데, 이러한 일련의 박해가 끔찍하게 벌어진 1801년이 간지(干支)상으로 신유년이므로 이를 신유박해라고 한다. 당시에는 특히 국가에서 천주교 신자들을 샅샅이 찾아내어 처벌하고자 해서 오가작통법(五家作統法)을 시행하여, 다섯 집을 하나의 통(統)으로 만들어 그중 천주교도가 하나라도 있으면 공동의 책임을 지우도록 조치하였을 정도였다. 이에 따라 최필공(崔必恭)·최창현(崔昌賢)은 물론이고, 이가환(李家煥)·이승훈(李承薰) 그리고 정약전(丁若銓)·정약종(丁若鍾)·정약용(丁若鏞) 3형제가 속속 체포되어 국문을 당하였으며, 여성 신도의 가장 대표적인 인물로 활약상이 컸던 강완숙(姜完淑)도 그러하였다. 이는 서울에만 한정된 게 아니라 지방에서도 곳곳에서 그러하였는데, 충청도 내포(內浦, 오늘날의 충청남도 면천沔川과 덕산德山 일대의 평야지대) 지방의 사도(使徒)로 불리는 이존창(李存昌)과 경기도 포천(抱川) 지방의 전교에 공이 큰 홍교만(洪敎滿) 등도 예외가 아니었다.

더군다나 3월부터는 전라도 전주(全州) 지역에도 박해가 시작되었는데, 유항검(柳恒儉)·유관검(柳觀儉) 형제 등이 붙잡히게 되고, 이들의 증언을 통해 천주교도들이 천주교 신앙의 자유를 얻고자 하여 서양의 군함을 불러들이려 했음을 정부에서 알게 되었다. 더욱이 「황사영(黃嗣

永)백서(帛書)」 사건이 불거짐으로써 천주교에 대한 박해는 이루 말과 글로 표현하기 어려울 지경으로 치닫게 되었다. 「황사영백서」 사건은, 황사영이 오늘날의 서울 아현동에 거주하다가 신유박해가 일어나자 몸을 피해 충청도 배론의 옹기굴로 가서 숨어 지내면서 거기서 종교의 자유를 얻기 위해 중국 북경의 주교에게 명주 비단에다가 총 13,311자에 달하는 장문의 청원서를 작성하였다가 1801년 11월에 발각된 사건을 일컬으며, 이 사건을 계기로 황사영 자신을 위시한 가족들과 친지들이 처형되거나 유배 보내졌다. 이리하여 신유년 한 해 동안의 박해로 희생된 신자들의 수는 기록에 따라 약간씩 다르나, 대체로 처형 100여 명, 유배형 400여 명, 도합 500여 명이나 되는 것으로 전해진다. 하지만 누락된 이들이 적지 않았을 것이므로 희생자의 수는 이보다 훨씬 더 많았을 것으로 추정된다.

【 서학의 확산 】

1801년의 신유대박해로 주문모 신부가 순교한 뒤 목자를 잃은 조선 천주교회는 성직자를 영입하기 위한 운동을 전개하였는데, 정하상(丁夏祥)과 유진길(劉進吉)이 가장 적극적이었다. 이들이 앞장서서 1811년과 1812년에 북경 주교와 교황청(敎皇廳) 포교성성(布敎聖省)에 편지를 보내 사제를 급히 보내줄 것, 전교하는 데에 지니고 다니기 편하게 천주교 서적을 작게 인쇄하여 보내주고 성물(聖物)도 보내줄 것 등을 요구하였으며, 이것이 기대와 같이 이루어지지를 않자 1825년에 또 한 차례 교황청에 청원서를 발송하였었다.

이때 브뤼기에르(Bruguiere) 신부가 이 소식을 접하고는 자신이 교황에게 직접 편지를 보내어 자신이 조선에 가겠다고 자원을 하고 나서는 용단을 보임으로써, 조선 천주교에도 서광(瑞光)이 함께 하였다. 이에 1831년 9월 교황은 친서를 내려 조선을 교구로 설정하고 브뤼기에르 주교를 초대 교구장으로 임명하였으며, 교황청 포교성성에서는 이에 후속 조치로서 조선을 대목구(大目區)로 설정하여, 북경교구로부터 독립된 교구로 설정하는 파격적인 결정을 내렸다. 조선대목구가 설정된 날짜는 정확히 1831년 9월 9일인데, 조선대목구의 초대 교구장으로 임명받은 브뤼기에르 주교는 제대로 준비도 갖추지 못한 채 중국인 청년 1명을 데리고 조선을 향해 출발하였다. 도중에 파리 외방전교회 회원인 모방(Mobant) 신부가 찾아와서 자신도 조선으로 가겠다는 자원을 하고 나섰다. 이에 모방 신부도 조선으로 같이 가기로 결정되었고, 샤스땅(Chastan) 신부 역시 모방 신부의 권유를 받아들여 조선으로 동행하기로 하였다. 하지만 조선

입국을 눈앞에 두고 브뤼기에르 주교가 1835년 10월에 안타깝게도 만주에서 사망하고 말았다.

브뤼기에르 주교의 장례식을 치룬 후 모방 신부는 서둘러 준비를 하고는 조선 교우들과 미리 약속한 경로를 따라 1836년 1월 드디어 조선에 입국하게 되었고, 샤스땅 신부 역시 1837년 1월에 조선에 입국하였다. 이미 중국에서 12년 이상을 전교한 경험이 있는 앵베르(Imbert) 신부를, 브뤼기에르 주교의 후임으로 모방 신부와 샤스땅 신부가 천거하여 주교로서 1837년 12월에 조선에 들어와 활동하게 되었는데, 교회 창설 53년 만에 교구 설정 6년 만에 처음으로 조선교구는 비로소 교구의 조직을 제대로 갖추게 되었던 것이다. 3명의 신부는 선교 지역을 나누어서, 앵베르 주교는 서울과 경기 지역을, 모방 신부는 충청도와 강원도 지역을, 그리고 샤스땅 신부는 전라도와 경상도 지역을 각각 맡아 전교 활동에 나서게 되었다.

그러자 이제 조선 천주교회는 또다시 새로운 분위기에 휩싸이면서 신입 교우의 수가 날로 늘어가게 되었다. 이들 3명의 신부들에 의해 세례를 받은 성인만 통계상으로는 1,994명이나 되며, 6,000명 가량에 지나지 않던 전체 교우의 수도 9,000여 명으로 늘어난 것으로 조사되고 있다. 당시 한국의 인구 1,000명 가운데 1명은 천주교 신자이었던 것으로 셈될 정도로 상당히 천주교의 교세가 성장한 것이었다. 이러한 고조된 분위기 속에서 프랑스인 신부들은, 더욱이 조선인 성직자의 양성에 대해 필요성을 절감하여 모방 신부가 1836년 말 조선 학생 3명을 중국에 보내 공부를 시켰으며, 앵베르 주교 역시 3명의 소년을 신학생으로 양성하고 있었다.

그렇지만 이러한 조선인 사제 양성의 희망은 곧 얼마 되지 않아 기해박해의 무서운 광풍(狂風)의 날 아래에 위축될 수밖에 없었다. 헌종(憲宗) 5년(1839)에 일어난 기해(己亥)박해는, 표면적으로는 천주교를 사학(邪學)이라 하여 배척한 데에 있었지만, 내면적으로는 세도를 잡고 있었으나 천주교에 대해 우호적이었던 안동 김씨를 물리치고 대신 정권을 장악한 풍양 조씨가 천주교를 박해하기 시작하면서 일으킨 사건이었다. 풍양 조씨인 조만영(趙萬永)은 자신의 딸을 순조의 아들인 효명세자(孝明世子)의 부인으로 들여앉힘으로써 세도를 잡게 되었으며, 그의 외손(外孫)인 헌종이 즉위하고 나서부터는 더욱 본격화되어 자신의 아우인 조인영(趙寅永)을 이조판서(吏曹判書)로 삼아서 천주교에 우호적이던 안동 김씨 일파를 괴롭히기 위해서 천주교 신자들을 탄압하기 시작했던 것이다. 더욱이 조만영 자신의 조카인 조병현(趙秉鉉)을 헌종 5년(1839, 기해) 2월에 형조판서(刑曹判書)로 삼고 나서부터는 경향 각지에서 천주교도들을 붙잡아들이는 데에 혈안이 되었다. 그리하여 3월초에는 궁녀이던 박희순(朴喜順) 등 수십 명이, 6월에는 정하상(丁夏祥)과 유진길(劉進吉) 등이, 7월에는 앵베르 주교 · 모방 신부 · 샤스땅 신부 등 3명의 프랑스 신부 모두가 붙잡히게 되었다. 이러한 박해는 전국적으로 이후 1841년까지 계속되었다.

이러한 전국적이고 대대적인 박해가 계속되던 중 앵베르 주교가 전교회장인 현석문(玄錫文)에게 "어떠한 일이 있어도 그대는 살아서 순교자들의 행적을 만들도록 하라." 고 부탁하였다고 하는데, 이에 아내와 딸 등이 순교했음을 알면서도 거지 행세를 해가며 이후 3년 동안에 기록을 모아 『기해일기(己亥日記)』를 저술하여 남겼다. 이 『기해일기』에 따르면 서울에서만도 순교한 사람이 54명이고, 옥에서 교수(絞首)되어 죽거나 고문으로 죽은 사람들도 60여 명이라고 전한다. 여기에는 모두 1백 10여 명의 순교자 명단이 보이지만, 본론에는 78명의 행적만이 적혀져 있다. 또한 죽음이 두려워 배교(背敎)하여 석방된 사람들도 40~50명이 된다고 하는데, 이 가운데서 다시 배교를 철회하여 순교한 사람들도 적지 않았다고 한다.

기해박해를 겪으면서 순교한 인물 가운데서 정하상(丁夏祥)은, 정약종(丁若鍾)의 아들로 국가의 재상(宰相)에게 써서 올린 글이라는 의미의 『상재상서(上宰相書)』를 저술해서 당시의 우의정(右議政) 이지연(李止淵)에게 제출하여 천주교의 교리가 참되고 공명정대하다고 함을 알리고자 하였다. 그 내용 중에서 "지위에는 높고 낮음이 있고 일에는 가볍고 무거운 것이 있으니, 집안에서는 아버지가 제일 높으나 한 집안의 아버지보다 높은 것은 나라의 임금이며, 한 나라 안에서는 임금이 가장 높으나 임금보다 높은 것은 천지의 큰 임금이십니다. 아버지의 명령을 듣고 임금의 명령을 듣지 않으면 그 죄가 무겁습니다. 하지만 임금의 명령을 듣고 천지의 큰 임금의 명령을 듣지 않으면 그 죄는 더욱 커서 비할 데가 없습니다."라고 한 대목이 가장 널리 알려져 있다. 한마디로 천주교가 조금도 그릇된 교(敎)가 아님을 내세우는 한편으로는 구체적으로는 효도와 충성에 대해 거론하면서, 대군대부(大君大父)이신 하느님께 맞갖은 예를 다해야 함을 강조하였던 것이다. 그러므로 이 책은 우리나라에서 천주교를 전파하는 데에 결정적으로 이바지하게 되었으며, 훗날 1887년에 이르러 홍콩에서 발간되어 중국에서의 천주교 전교에도 적지 않게 공헌한 것으로 평가되고 있다.

1836년 초에 조선에 입국한 모방(Mobant) 신부는 즉시 방인(邦人) 즉 한국인 사제를 양성하여 장차 그로 하여금 신자들을 돌보게 할 계획을 세웠는데, 당시 신학생으로서 선발된 사람은 최양업(崔良業)이었고, 이어서 최방제(崔方濟)와 김대건(金大建)이 발탁되었다. 이들 3명의 신학생들은 모방 신부에게서 라틴어를 배우는 등의 사제가 되기 위한 준비에 착수하였지만, 국내에서는 신학생을 교육하는 것이 여의치 않자 이들은 마카오에 있는 파리외방전교회 극동대표부로 보내졌다. 당시 교회의 지도자였던 정하상(丁夏祥)과 조신철(趙信喆) 등이 이들과 동행하여 서울을 떠나 이듬해 1837년 드디어 마카오에 당도하게 되었다.

여기에서 이들은, 훗날 조선 선교사로 부임하게 되는 메스트로(Maistre) 신부와 베르뇌(Berneux) 신부 등의 지도를 받으면서 라틴어 · 철학 · 신학 등의 사제가 되는 데에 필수적인 과목들을 공부하기 시작하였다. 하지만 이들의 공부는 순탄하지만은 않았다. 안타깝게도 최방제는 열병을 얻어 사망하였으며, 나머지 최양업과 김대건도 민란이 일어나서 필리핀의 마닐라로 피신을 다녀오는 등의 우여곡절을 겪어야 했던 것이다. 이들은 각각 메스트로 신부와 브뤼기에르 신부를 따라가서, 페레올(Ferreol) 주교가 머물던 만주 내륙지방의 소팔가자(小八家子)에 이르러, 이곳에서 두 신학생은 신학 공부를 계속할 수 있었다. 1844년 12월 이들은 드디어 정해진 신학 과정을 마치고 부제품(副祭品)을 받았다. 김대건 부제는 사제품을 1845년 8월 17일 김가항(金家港) 성당에서 드디어 한국인 최초로 페레올 주교로부터 받았다. 그리고 1주일 뒤인 8월 24일 횡당(橫堂) 성당에서 첫 미사를 올렸고, 9월이 되자 김대건 신부는 더 이상 지체할 수 없어 페레올 주교와 다블뤼(Daveluy) 신부와 함께 조선으로 출발하였다.

폭풍우를 만나 시달리기도 하고, 역풍으로 제주도에서 표류하기도 하던 끝에 마침내 10월 충청도 강경(江景)에 도착하여 신자들의 영접을 받았다. 하지만 이듬해인 1846년 6월 5일 프랑스 신부들을 국내로 맞아들이기 위한 사전 준비 차 서해 5도의 하나인 순위도(巡威島)에 갔다가 여기에서 관헌들에게 체포되었다. 곧바로 황해도 해주(海州) 감영으로 이송되었다가 다시 6월 21일에는 서울 포도청으로 옮겨져 40여 차례에 걸친 모진 문초를 당하였다. 김대건 신부는 끝내 자신의 하느님에 대한 공경을 한시도 굽히지 않고 순교의 길로 나섰고, 머지않아 처형될 것을 예감한 그는 친필의 편지를 신자들에게 남겼는데, 그 마지막 부분에서 "모든 신자들은 천국에서 만나 영원히 누리기를 간절히 바란다. 내 입으로 너희 입을 대어 사랑을 친구(親口)하노라."고 자신의 간절한 마음을 표현하였다. 그는 1846년 9월 16일 새남터에서 효수형에 처해져 순교하였다.

이와 같은 병오박해(헌종 12년, 1846년)로 친구를 잃은 최양업 부제는, 더욱 열심히 공부하여 드디어 1849년 4월 15일 중국의 강남 교구장 마레스까(Maresca) 주교에게서 사제 서품을 받았다. 조선인으로서는 김대건에 이어 두 번째 사제가 되었던 것이다. 서품 후 귀국하여 사제로서 열심히 신자들을 돌보며 교세 확장에 힘 기울이던 최양업 신부는 하루에도 80리에서 100리까지 먼 거리를 마다하지 않고 전교에 힘썼다. 과로에 과로가 겹쳐진 생활 속에서 최양업 신부는 서울로 상경하던 1861년 6월 문경(聞慶)에서 쓰러져 결국 숨을 거두고 말았다. 김대건 신부와 최양업 신부 등 이른바 방인 사제들이 본격적으로 활동하던 철종(哲宗) 때에 천주교 교회의 활동이 확대되는 양상을 띠게 되었으며 그런데다가 느슨해진 국내의 상황 속에서 천주교는 나

날이 확산되어 이미 신도가 2만 명에 달하고 있었다.

철종의 승하(昇遐) 이후 자신의 아들인 고종(高宗)을 왕위에 올린 흥선대원군(興宣大院君)은 집권 초기 최초의 시련이 러시아 세력이 두만강을 넘어 남하하려는 움직임이었는데, 이 소문으로 전국이 불안해하고 있을 때, 흥선대원군이 이를 해결하기 위해 당시 국내에 들어와 활동하고 있었던 프랑스 출신 서양 신부들을 활용하려 했다. 하지만 천주교의 프랑스 신부들이 흥선대원군의 제안에 적극적으로 동조를 하고 나서지를 않았기 때문에 흥선대원군 스스로 이 정책을 포기하기에 이르렀다. 때마침 청나라에서도 프랑스와 영국 연합군의 북경 점령 사건(1860, 철종 11년) 이후 이를 수습하는 과정에서, 천주교에 대해 탄압하기 시작했다는 소식이 전해지자 그렇지 않아도 프랑스 신부들의 비협조적인 태도에 불만이었던 흥선대원군은 천주교에 대한 대탄압에 나서게 된다. 그리하여 9명의 프랑스 신부들을 위시해서 자신과 이들 신부의 연락을 도맡았던 남종삼 등 거의 1만 명에 달하는 천주교 신도들을 처형하기에 이르렀던 것이다. 이 해가 고종 3년(1866)이었는데, 당시에는 우리나라에서 전통적으로 연대표기를 할 때 간지(干支)에 따라 하는 법이 관행적으로 여전히 사용되던 때라 그 해의 간지인 병인(丙寅)을 따서, 이를 천주교에서는 병인박해라고 적고 있다.

이렇게 하여 수많은 천주교도들의 목숨을 앗아갔던 흥선대원군의 말년에, 이미 천주교인이 된 그의 부인 부대부인(府大夫人) 민씨(閔氏)는 드러내놓고 천주교에 입교해보도록 권유하였던 것 같다. 당시 뮈텔(Mutel, 한국명 민덕효閔德孝) 주교의 기록에 보면 1897년 어간 부대부인이 남편 흥선대원군도 천주교에 입교할 수 있도록 뮈텔 주교에게 간청하여 뮈텔 주교가 그를 직접 만나려 했다는 사실이 드러나고 있다. 부대부인이 먼저 세상을 떠나기 이전부터도 그 역시 중병을 앓고 있는 상태였는데, 부인의 뜻을 전하며 뮈텔 주교가 그를 심방해보려 했지만 거절하여 결과적으로는 성사되지를 못했다고 한다. 고종 자신이 태어나 자란 운현궁(雲峴宮)의 바깥주인은 몰라도 안주인은 이미 천주교 신자가 될 정도로 천주교는 확산되었던 것이다.

【 최제우의 동학 창도와 '시천주' 신앙 】

최제우(崔濟愚, 1824~1864)는, 경신년(庚申年, 1860)에 중국의 수도인 북경(北京)을 영국과 프랑스 연합군이 점령한 사건이 발발하고 그 소식이 속속 이듬해(신유년, 1861) 조선에 전해지자 서양 세력이 중국을 무너뜨릴 것 같은 위기감을 크게 느끼고 비로소 동학(東學)이란 용어를 쓰기 시작하였다. 이후 그가 동학의 대도를 득도했다는 이른바 대각(大覺)의 종교적 체험이 전해지자 그 소문을 듣고 모여든 구도자들에게 전수하면서 신자는 늘어갔고 최시형(崔時亨, 1827~1898)을 비롯해서 많은 인사들이 문하에 모여들기 시작했다. 그리하여 동학이 창도되고 교리가 형성되면서 교단 역시 차차 성립되어 가고 있었던 것이다.

동학의 대표적 경전인 『용담유사(龍潭遺詞)』에 실려 있는 「교훈가(教訓歌)」는 경신년(1860)에 최제우 자신이 행한 가르침의 내용을 제자들이 후일에 정리해 놓은 것인데, 여기에서 최제우 스스로가 자신을 믿지 말고 오로지 한울님만을 전적으로 믿고 모두 몸에 모시라고 함으로써, 만인이 모두 자기 몸에 한울님을 모신 '시천주자(侍天主者)' 가 되어야 함을 강조하였다. 요컨대 '시천주' 를 표방하며 진정한 신(神)인 천주에 대한 경외심을 가질 것을 역설한 것이다. 그만큼 창도 직후 포교 초기 당시의 최제우에게 있어서는 시천주사상이 중심이 된 것이었음을 드러내는 것으로, 이 '시천주侍天主' 는 문자 그대로 천주를 모신 상태를 말하고 달리 표현하면 '한울님을 모신다' 는 뜻이라 한다.

이렇게 최제우 자신이 앞장서서 내세운 '시천주' 는 '천주' 라는 용어 자체뿐만이 아니라 천주를 모신다는 개념까지도 천주교의 영향을 받은 것임을 부정하기 어려운 면면이 있다고 하지 않을 수 없겠다. 따라서 그의 사후 편찬된 동학 경전의 곳곳에 보이는 '상제(上帝)' · '천주' 등의 한문 표기에서, '상제' 는 우리나라의 전통적인 칭호로써 '한울님' 을 지칭하는 것이며, '천주' 의 개념은 역시 천주교 즉 서학에서 영향을 받은 것으로 여겨지고 있다.

【 동학사상이 평민들에게 환영받은 이유 】

최제우가 정립한 동학사상의 기본이 이같이 '천주를 내 안에 모신' 시천주 신앙이었으므로, 사회적 신분상 상하 귀천을 불구하고 누구나 '시천주' 하면 자신 안에 천주를 모신 인격적인 존재가 되는 것이었기 때문에, 양반 상민의 차이는 물론 사 · 농 · 공 · 상의 직업적 차별마저 뚜렷하였던 당시 사회에서 누구나 '시천주' 로서 인간으로서 평등하게 인정받을 수 있다는 것은 놀라운 주장이 아닐 수 없었다. 동학이 최제우의 창도 직후부터 주로 평민들에게 크게 환영을 받은 까닭이 주로 여기에 있었던 것이다.

최제우는 기존의 유교, 불교 그리고 선교(仙教, 도교道教)의 장점을 취하여 서학 즉 천주교에 대항한다고 하여 동학이란 명칭을 취하였으면서도, 이와 같이 내면적으로는 그 교리 속에 천주교의 천주 개념을 받아들이는 한편으로는, 민간의 무술(巫術) 신앙에서 받아들인 것도 있었다. 주문(呪文)을 외고, 새벽녘 정안수, 곧 일찍 깨끗한 물을 떠놓고 가족의 안녕을 빌고, 지역적 안정을 위해 마을 공동으로 뒷산의 산신령에게 산제(山祭)를 지낸다든가 하는 것이 이런 것에 해당된다고 할 수 있다. 특히 주문의 경우, '시천주(侍天主) 조화정(造化定) 영세불망(永世不忘) 만사지(萬事知)' 13자를 외는 것이 대표적이었는데, 이는 "시천주하여 조화로써 덕에 합치되도록 심을 정해서 평생토록 잊지 않으면 모든 일을 할 수 있다."는 뜻이다. 이런 측면에도 전통적인 무술신앙에 길들은 평민들에게 동학이 쉽사리 환영받게 되었던 까닭이 있었다.

【 동학사상이 국가로부터 탄압받은 이유 】

최제우는 철종 11년(1860) 중국이 영국과 프랑스 연합군에 의해 침공을 당한 소식을 접하고 나서 서양에 대한 커다란 공포심을 지니게 됨과 아울러 민심의 동요에 대해 아무런 대책도 내놓지 못하고 우왕좌왕하는 국가에 대한 개탄이 깊어 갔다. 당시에 그가 지녔던 이러한 마음가짐은 그때 그 자신의 가르침이 정리되어 있는 「포덕문(布德文)」에 잘 드러나고 있는데, 그렇기 때문에 여기에서는 나라를 지키고 백성을 안정시켜야 함을 강조하는 이른바 '보국안민(輔國安民)'이 강하게 펼쳐지기에 이르렀고, 더욱이 "애석하다 지금 세상 사람들은 오늘날의 운수를 바로 알지 못하고."라고 하면서 시운(時運)의 사상이 나타났다. 한마디로 현실타개라는 희망을 초인간적인 시운에 순종함으로써 달성하고자 하는 생각이 드러나기 시작하였던 것이다.

이 시운의 사상에 의할 것 같으면, 시운에 의하여 시대를 나누는데 과거로부터 현대까지는 선천(先天)의 세계로 곧 망하게 되어 있으나 현재로부터 앞으로는 후천(後天)의 신시대・신세계가 새로이 열리는 개벽(開闢)이 온다는 것이다. 이를 흔히 후천개벽사상이라 지칭하는 것으로, 종래에 전해져 내려오던 『정감록(鄭鑑錄)』이라는 책에서도 전해지는 시운의 사상과 관련이 있다고 평가되기도 한다. 하지만 『정감록』의 시운관(時運觀)에는 멸망관과 신생관이 동일 차원에 있지만, 최제우가 펼친 동학사상에 나타난 그것에는 천주교의 구세주(救世主) 신앙을 취하여 한층 고차원의 단계에 있다는 평가가 설득력을 지닌다. 실제로 그 다음 해 즉 철종 12년(1861)에 최제우가 제자들에게 가르친 내용이 정리되어 있는 「몽중노소문답가(夢中老少問答歌)」에서는 『정감록』 자체를 '괴이한 동국(東國) 참서(讖書)'라고 규정하고 이를 따르는 사람들의 어리석음을 업신여기고 웃긴다고까지 혹평하고 있을 정도인 것이다.

이 「몽중노소문답가」에서 특히 주목되는 바는 다음과 같은 구절이다.

> 하원갑(下元甲) 지내거든 상원갑(上元甲) 호시절에
> 만고(萬古)없는 무극대도(無極大道) 이 세상에 날 것이니
> 너 또한 연천해서 억조창생(億兆蒼生) 많은 백성
> 태평곡(泰平曲), 격양가(擊壤歌)를 불구에 볼 것이니

여기에서 운위되는 호시절의 '상원갑' 이 시작되는 '갑자' 는 그 시점으로부터 불과 3년이면 다가올 때로 서기로는 1864년으로, 고종 원년이 되는 해이다. 결국 후천개벽사상을 강하게 드러내 비치면서 동학의 교조(敎祖) 최제우는 민중들의 불안 심리를 본격적으로 활용하기 시작하였던 것이다. 또 같은 1861년 말에 가르친 내용인 「도수가(道修歌)」에서도 "3년불성(三年不成) 되게 되면 그 아니 헛말인가." 라고 하면서, 3년의 유예를 요구하고 있는데, 여기에서의 3년이란 당연히 3년 후 1864년의 갑자년을 지칭하는 것임을 분명히 새길 수가 있다. 그러므로 이 갑자년 1864년이야말로 최제우의 동학사상에 있어서는 후천개벽이 이루어지도록 되어 있는 해였다.

그러나 당시 국가의 위정자들의 생각은 이와는 정반대일 수밖에 없었다. 특히 철종 13년(1862, 임술년)에는 진주(晋州)민란을 계기로 해서 연속적으로 민란이 유발되더니 경상도 · 전라도 · 충청도 삼남 지방의 거의 전역인 70여 개 처에서 반란이 일어났고, 끝내 제주도에 이르기까지 전국적으로 민란이 확산되었다. 이러한 분위기 속에서 위정자들은, 보국안민을 거론하며 후천개벽을 부르짖는 최제우가 동학 세력을 키워 나가는 것을 위험하다고 판단하고, 그가 주장하는 후천개벽이 이루어진다는 갑자년인 1864년까지 그를 그냥 놓아두기는 두려운 일이었다. 그래서 그 전인 철종 14년(1863)에 그를 체포하여 그 갑자년이 도래하자 서둘러 그를 사형에 처하고야 말았던 것이다.

【 최시형의 역할과 교세의 확장 】

교조 최제우가 고종 원년(1864) 처형되고 나자 동학 세력은 크게 타격을 받아 위축되지 않을 수 없었다. 거의 재기가 불가능해 보이던 이들을 추슬러서 도약의 터전을 닦은 것은 제2대 교주 최시형(崔時亨, 1827~1898)이었다. 그는 비록 가난한 집안에서 태어난데다가 부모마저 일찍 여의어서 제대로 교육을 받아본 적이 없었지만, 경상도와 강원도와 충청도의 접경지대인 태백산

맥의 깊은 산속에 들어가 활동한 후 그와 가까운 곳에 인접한 자신의 고향 충북 보은(報恩) 지방을 중심으로 인근의 여러 지역에 서서히 교세를 확장해나갔다. 그는 스승 최제우의 생전 가르침을 정리하여 대표적인 경전(經典)인 『동경대전(東經大全)』과 『용담유사(龍潭遺詞)』를 간행해낸 것과 더불어 교단(敎團)을 조직하여 교도들의 소규모 무리를 포(包)로 삼고 일정한 지역의 그것을 접(接)으로 묶고는 그 통솔자를 접주(接主)로 설정하는 등의 작업을 착실히 다져나갔던 것이다.

제10장 개화세력의 성장과 민족국가의 태동

제1절 쇄국정책과 개화정책

【대원군의 쇄국정책】

1863년 재위 14년 만에 철종이 후사 없이 승하하자 고종이 12세의 어린 나이로 즉위하였다. 고종은 홍선대원군 이하응(李昰應, 1820~1898)의 둘째 아들이었다. 고종은 왕위 계통상 익종(翼宗)을 계승한 것이기 때문에 조대비가 대왕대비로서 수렴청정하게 되었으나 실권은 홍선대원군이 잡게 되었던 것이다. 대원군은 왕의 부친이기 때문에 대신이 될 수는 없었다. 그래서 '대원위(大院位)' 또는 '국태공(國太公)'이라는 칭호를 가지고 국정을 오로지하게 되었다.

대원군은 퇴락한 왕족으로서 안동 김씨 세도 하에서는 기를 펴지 못하고 살아왔다. 아들이 임금이 되자 그는 곧 안동 김씨 세력부터 몰아냈다. 그리고 사색 파당의 차별 없이 고루 인재를 등용하였을 뿐만 아니라 지역적으로 차별하고 있었던 북도인(北道人)은 물론 왕씨(王氏) 후예들까지도 등용하는 아량을 보였다. 이것은 외척에 의한 세도정치를 없애려는 의도에서 취한 정책이었다.

대원군은 외척 세력을 견제하고 자신의 권력기반 강화를 위하여 정치개혁을 단행하였다. 고종 1년(1864), 행정 전반을 처결하고 있었던 비변사(備邊司)의 권한을 축소하여 외교 국방, 치안관계만 담당하게 하였다가 고종 2년(1865)에 비변사를 폐지하고 삼군부(三軍府)를 부활하였다.

왕실의 권위가 안동 김씨 세도로 많이 손상되었다고 생각한 대원군은 왕실의 위엄을 높이기 위하여 경복궁을 재건하였다. 경복궁은 임진왜란 때 불타 버린 이후 재건되지 않고 있었다. 이에 고종 2년(1865) 4월 영건도감(營建都監)을 설치하고 조두순(趙斗淳)을 도제조

흥선대원군

(都提調)로 임명하여 재건 공사를 시작하였다. 그리고 막대한 건축비를 마련하기 위하여 원납전(願納錢)이라는 이름으로 금전을 강제로 징수하기도 하고, 토지 1결에 100문(文)씩 내는 결두전(結頭錢)이라는 특별세를 거두기도 하였다. 뿐만 아니라 도성에 들어오는 사람들에게 문세(門稅)라는 통과요금을 받기도 하였다. 그리고 당백전(當百錢)이라는 주화(鑄貨)를 만들어 유통시켰는데 이로 인하여 극심한 인플레이션 현상을 초래하기도 하였다. 또한 일반 농민과 장인, 심지어 승려들까지도 강제로 동원하여 공사를 강행한 결과 3년 뒤인 고종 5년(1868) 대규모의 경복궁이 중건되기에 이르렀던 것이다.

또한 왕실 중심의 행정력을 강화하고 권위를 높이기 위한 다른 하나의 방책으로 서원(書院)철폐를 단행하였다. 서원은 양반 세력을 확장하는 기반으로서 토지와 다수의 노비를 가지고 있었으며 면세의 특권과 면역의 특권이 있었다. 서원은 병역과 요역을 피하려는 자들의 소굴이 되어 있었다. 뿐만 아니라 관리의 임명에 있어서도 여론을 형성하여 영향을 미치면서 여러 가지 정치 여론을 조성하여 국정을 비방하기도 하였다.

드디어 고종 2년(1865) 가장 많은 물의를 일으키고 있던 화양동서원과 명나라의 신종(神宗)과 의종(毅宗)을 추모하여 제사를 지내던 만동묘(萬東廟)를 철폐하였다. 그리고 고종 5년(1868)에는 정원 이외의 원생을 퇴출케 하여 일일이 병적에 입적시키고 서원에도 과세하는 영을 내렸다. 1871년에는 전국 서원 중 47개 소만 남기고 도합 600여 개 소의 서원을 철폐하였던 것이다. 그러나 서원 철폐는 유학자들의 강력한 반대에 부딪히게 되고 뒤에 가서는 대원군이 물러나게 되는 하나의 원인이 되기도 하였던 것이다.

대원군은 재정과 세제의 개혁도 시도하였다. 우선 양전사업(量田事業)을 실시하여 토지대장에서 빠져 있는 토지를 결세지(結稅地)에 편입시킴으로써 수세결(收稅結)이 크게 증가하기도 했다. 고종 8년(1871)에는 군포(軍布) 대신 호포제(戶布制)를 실시하여 양반과 상민의 구별 없이 매호당 2냥 씩 납부토록 하였다. 또한 환곡(還穀) 대신 곡물 대여 기관으로 사창제(社倉制)를 실시하였는데 이것은 촌락을 기반으로 하는 민간 자치적 구호기관의 성격을 띠고 있었다.

대원군의 집권 이전 곧 18세기부터 이미 서양 세력이 동아시아로 밀려오고 있었다. 19세기에 들어서는 '은둔의 나라'로 불렸던 조선에도 서양인들이 통상을 목적으로 접근하기 시작했다. 1832년 영국 상선이 충청도 앞바다에 나타난 것을 위시하여 프랑스(1846), 러시아(1854) 등의 군함이 통상을 요구하면서 서해안과 동해안에 출몰하였다. 이러한 때에 아편전쟁과 애로우호 사건으로 여러 가지 이권을 침식당하고 있는 중국을 알고 있는 조선에서는 이들 서양 세력을 받아들이지 않는 것이 상책이라고 생각하게 되었던 것이다. 즉 쇄국정책을 취하는 것만이 살 길이라고 여기게 된 것이다.

이러한 쇄국정책의 일환으로 일어난 사건이 천주교 탄압 즉 병인(丙寅)박해였다. 천주교가 조선에 들어온 이후 여러 번의 박해가 있었다. 그러나 철종조(哲宗朝)에 들어와서는 집권 세력인 안동 김씨들이 천주교에 관대한 태도를 취하고 있어 이렇다할 박해가 없었다. 이러한 때에 천주교 교세가 늘어나고 베르뇌(Berneux, 1814~1866) 등 12명의 프랑스 외방전교회 소속 신부들이 입국해 선교활동을 벌인 결과 당시 조선인 천주교도가 2만 명을 넘고 있었다.

한편 대원군이 천주교에 호의적이었다는 견해도 있다. 대원군이 천주교 남인들과 교유가 두터웠는데 남인 중에는 천주교도가 많았다는 사실, 대원군 부인 민부대부인(閔府大夫人)이 천주교 미사에 참여하기도 했고 뒷날 죽음에 임하여 영세를 받았다는 사실, 그리고 고종의 유모가 마르따라는 세례명을 가진 천주교도였다는 사실 등이 그 증거라고 보는 견해도 있다.

그리고 대원군은 천주교도 남종삼(南鍾三)의 건의에 따라 프랑스 신부를 이용해서 프랑스 군대를 끌어 들여 러시아 세력의 침입을 막아 보려는 생각도 갖고 있었다고 한다. 그러나 유학자들은 천주교를 유교적 전통에 반항하는 사교(邪敎)라 하여 반대하고 있었고 조대비와 영의정 조두순, 좌의정 김병학 등 거개의 대신들도 적극적으로 서학 배척의 태도를 보이고 있었으며 일반 백성들도 천주교도들이 서양 세력과 화합하여 이들을 끌어들일 것이라고 생각하는 사람이 많았다. 그런데 남종삼의 건의, 즉 프랑스 세력을 끌어들이는 교섭이 신속히 진행되지 않은데다가 조두순 등의 적극적 배외정책에 이끌리어 결국 천주교도에 대한 대 박해를 감행하게 되었던 것이다.

그리하여 1866년 1월 베르뇌 신부 체포를 시작으로 프랑스인 신부 12명 중 9명이 체포처형되었고 남종삼을 위시하여 수천 명의 천주교도가 처형되었다.

【병인양요】

병인박해 때 생존한 3명의 신부 중 리델(Ridel)이 탈출하여 중국에 주재하고 있던 프랑스 함대 로즈(Rose) 제독에게 조선에 남아 있는 두 신부를 구출하기 위해 군함을 조선 해안에 출동시켜 줄 것을 요청하였다. 로즈 제독은 북경의 프랑스 공사와 프랑스 해군성에 이 사실을 전한 후 1866년 8월 군함 3척을 이끌고 경기도 남양만을 거쳐 양화진을 지나 서강(西江)에 도착하였다. 이때 리델 신부도 수로(水路) 안내자로 동승하였다. 이들은 연안을 측량하면서 퇴각하여 일단 중국으로 돌아갔다.

일단 퇴각했던 프랑스군은 1866년 9월 군함 7척에 해병 600명을 이끌고 강화부를 점령하여 방화하였다. 이때 외규장각의 서책이 대부분 불탔고, 남은 300여 권의 각종 서적과 무기 및 금은보화를 약탈하였다. 프랑스군은 서울로 진격하려 했으나 문수산성(文殊山城)을 지키고 있던 한성근(韓聖根)의 군대에 의하여 패퇴당하였다. 한편 프랑스 해군 대령 올리비에가 160명을 인솔하여 정족산성을 공격하였으나 양헌수(梁憲洙)가 이끄는 경초군(京哨軍)에게 격퇴당하고 말았다.

이후 조선에서는 천주교도 박해가 계속 강화되어 양화진 근처 절두산에서 수많은 천주교도가 피살되었던 것이다. 그리고 나폴레옹 3세 치하의 프랑스 제국의 위신이 손상을 입었고 서양인들은 조선왕국이 주권국가라는 사실을 인식하게 되었던 것이다

【셔어먼 호 사건과 오페르트 사건】

1866년 미국 상선 제너럴 셔어먼(General Sherman) 호가 대동강을 거슬러 올라왔다가 불타버린 사건이 일어났다. 이 배는 중국에 체류하는 미국인 소유의 선박이었는데 중국 천진에 주재하는 영국의 상사(商社)와 제휴하여 조선과 통상하기 위해 왔던 것이다. 이 배에는 24명이 승선하고 있었는데 그중에 영국인 선교사 토마스(Thomas) 목사가 조선에 전도하기 위해 동승하고 있었다.

1866년 7월 셔어먼 호는 대동강을 상행하여 만경대 부근에 정박한 후 중군 이현익을 납치하고 총을 난사하면서 황강정 앞까지 이르렀다. 80톤 급의 증기선인 셔어먼 호가 대동강

을 거슬러 올라갈 수 있었던 것은 마침 장맛비로 인하여 강물이 불어나 있었기 때문이었다. 그러나 비가 멎자 강물이 줄어들었기 때문에 셔어먼 호는 다시 하행하여 양각도에 이르러 그곳에 좌초하게 된 것이다. 이에 관찰사 박규수(朴珪壽)는 철산부사 백낙연(白樂淵)과 신태정(申泰鼎)에게 명하여 화공작전으로 이 배에 불을 지르고 불을 피하여 강가로 나오는 탑승원 24명을 모두 살해하였다. 물론 토마스 목사도 함께 살해되었던 것이다.

이때 대원군은 서양 오랑캐를 섬멸하는데 큰 공을 세웠다 하여 박규수, 백낙연, 신태정의 품계(品階)를 올려주었다고 한다.

한편 오페르트(Oppert)는 유대계 독일인으로 일확천금을 꿈꾸는 상인이었다. 그는 1866년 두 차례 영국 상선을 타고 우리나라 서해안에 정박하면서 통상을 요구하다가 거절당한 일이 있었다. 그래서 그는 남연군의 무덤을 도굴하여 시체와 부장품을 이용하여 조선과 통상의 길을 열어 보려는 계획을 세웠다.

오페르트는 680톤 급의 기선 차이나(China) 호를 빌려서 중국어에 능한 자본주 젠킨스를 보좌역으로 하고 서양인, 중국인 등 100여 명을 싣고 1868년 4월 충청도 홍주군 행담도에 도착하였다. 이 배에는 병인박해 때 중국으로 피신했던 페론(Feron) 신부와 천주교 신자 최선일 등의 조선인이 물길 안내자로 동승하였다고 한다. 오페르트 일행은 소증기선(小蒸氣船)으로 덕산군 구만포에 상륙하여 밤중에 남연군의 무덤에 이르러 도굴을 시작했으나 무덤이 너무 견고하여 쉽게 팔 수 없는데다가 썰물시간이 다가오므로 할 수 없이 도굴을 중단하고 퇴각하면서 영종도에 상륙하여 통상을 요구하며 무력으로 침공하려 했으나 영종도 군사들의 저항을 받아 2명의 전사자를 남긴 채 도주하고 말았던 것이다.

이 사건으로 한국인들에게 서양인은 남의 시체를 강탈하는 파렴치한 야만인으로 인식되었고 대원군은 전사자의 수급을 전국에 효시(梟示)하였다. 제너럴 셔어먼 호 사건이나 오페르트 사건으로 인하여 대원군은 쇄국정책을 일층 더 강화하게 되었고 천주교에 대한 탄압도 계속되었던 것이다.

【신미양요】

제너럴 셔어먼 호 사건은 얼마 동안 알려지지 않고 있었다. 그런데 리델 신부가 물치도 앞바다에 정박했을 때 조선인 천주교 신자로부터 서양 배 1척이 대동강에서 격침되었다는 소식을 듣게 됨으로써 널리 알려지게 되었다. 그러나 격침되었다는 확실한 증거는 찾지 못했기 때문에 미국은 중국을 통하여 혹 생존자가 있는지의 여부를 알아보려고도 하였으나 조선 정부로부터 침몰한 배는 영국 선박이며 미국 선박이 아니라는 통보만 받았다.

한편 미국은 이 사건을 기화로 조선과의 통상의 길을 열어 조선의 문호를 개방해 보려고 하였다. 그리하여 아시아 함대 사령관에게 조사해 볼 것을 명하여 미국 군함이 서해안에 와서 관원에게 서한을 전하기도 하였다. 그러나 번번이 거절당하여 무력으로 시위하기로 하였던 것이다. 그란트(Grant) 미국 대통령은 북경 주재 미국 공사 로우(Low)에게 조선과의 교섭 책임을 위임하면서 될 수 있는 대로 평화적인 방법으로 조선왕국과 통상조약을 체결하되 무력행동을 취할 것인가의 문제는 공사에게 일임한다는 훈령을 내렸다. 로우 공사는 청국 총리아문을 방문, 조선에 함대를 파견하여 조약을 체결할 것이니 이 사실을 조선 정부에 전해달라고 요청하여 청국 정부는 미국의 서한을 조선에 이첩했으나 대원군은 통상요구를 거절하였다.

드디어 미국은 무력 침공을 개시하였다. 고종 8년(1871) 미국 아시아 함대 사령관 로저스(Rodgers)는 군함 5척에 1,230명의 병력을 이끌고 강화도 초지진에 상륙하여 치열한 전투 끝에 광성보(廣城堡)를 점령하였다, 이 전투에서 70여 명이 사상하고 미군도 10명이 전사하였다. 미군은 광성보의 군수품을 모두 소각하고 일단 물러나 다시 수교를 청하는 서한을 보냈으나 조선 관리는 여전히 수납을 거절하였으므로 중국으로 퇴각하고 말았다. 결국 미국은 통상 교섭의 목적을 달성하지 못한 채 돌아가고 만 것이다.

이후 대원군은 "서양 오랑캐가 침범했을 때 싸우지 않고 화해하면 이는 나라를 팔아먹는 일이다."라는 내용의 척화비(斥和碑)를 전국 각지에 세우고 쇄국정책을 강화해 나갔다.

【 일본과의 수교: 병자수호조약 】

대원군의 쇄국정책은 병인, 신미양요를 거치면서 국민들로부터 더욱 지지를 받고 있었다. 그러나 서원을 철폐하면서부터 유학자들의 반발에 직면하게 되었다. 이항로(李恒老)와 그의 제자 최익현(崔益鉉)이 대원군의 국내정책에 반대하는 상소를 올렸다.

한편 민비도 반 대원군 세력을 규합하고 있었다. 민승호, 민겸호, 민태호 등을 정부 요로에 배치하고 안동 김씨 세력, 조두순 등 풍양 조씨 세력 그리고 최익현 등의 유학자들과도 연결하였다. 원래 대원군은 왕비 간택의 전제 조건으로 외척의 우려가 없을 인물, 대원군에게 순종할 인물을 고르기 위하여 민치록의 무남독녀를 간택하였던 것인데 이제 민비로부터의 도전을 받게 된 것이다.

최익현은 계속 상소를 올렸다. 특히 고종 10년(1873)에 올린 상소에서는 국가의 서무는 삼정승과 육조판서에게 맡기고 왕의 부친은 품계를 높여 녹을 후하게 주되 국정에 간여하지 못하게 하여야 한다고 하면서 대원군의 하야를 촉구하였다. 고종은 은근히 최익현의 상소를 기대하는 편이었다. 한때 상소를 올린 최익현의 관직을 올려주기도 하였으나 이번 상소는 그 언사가 너무 과격하여 엄벌해야 한다는 삼사(三司)의 요구에 따라 할 수 없이 최익현을 제주도에 위리안치(圍籬安置)하는 형을 내렸던 것이다.

그러나 고종은 곧 친정(親政)을 선포하였다. 그리고 영의정에 이유원, 우의정에 박규수, 좌의정에 이최응, 금위대장에 조영하, 이조판서에 민규호를 임명하는 등 대원군에 반대하는 인사들을 요직에 앉혔다. 물론 실권은 민비가 장악하였다. 결국 대원군은 덕산 남연군묘를 참배한 뒤 양주군 직곡산장으로 은퇴하고 말았다.

이렇게 대원군이 물러난 이후 문호개방 정책이 속속 이루어지게 되었다. 일본은 이미 미국 동인도 함대 페리(Perry) 제독이 군함을 이끌고 와서 문호를 개방하게 하여 1858년 미국과 수호통상조약을 체결하고 5개의 항구를 개항하였다. 그리고 1868년에는 장군이 통치하는 막부(幕府)체제가 폐지되고 임금이 친정하는 왕정복고가 이루어졌다. 이것이 이른바 명치유신(明治維新)이며 이로써 일본은 근대적인 국가체제를 갖추었던 것이다.

일본은 조선에 왕정복고의 사실을 통보하는 서한을 보내어 외교관계를 수립해보려 하였다. 그러나 조선은 파격적 문구의 사용 등 전통적 외교관례에 어긋난다 하여 문서의 접수를 거절하였다. 그리하여 이 무렵 일본에서는 한국을 정복하자는 정한론(征韓論)이 대두되기도 하였다. 정한론은 일본 내에서도 문제가 있어 실현되지는 않았으나 일본은 무력을 사용하여 조선과 교섭의 길을 열어보려는 생각을 갖게 되었다.

그러던 차에 운양호(雲揚號) 사건이 일어났다. 1875년 일본군함 운양호가 강화도 동남방에 도착하여 담수(淡水)를 구한다는 핑계로 초지진 포대에 접근하였다. 이에 초지진 포대에서 일본 배에 포격을 가하자 일본 군함은 초지진과 영종도를 포격하여 많은 군사들을 죽이고 다수의 무기를 빼앗아 가지고 일본으로 돌아갔다. 이것은 일본이 계획적으로 일으킨 사건이었다.

일본은 운양호 사건을 구실로 구로다(黑田淸隆)를 특명 전권대신, 이노우에(井上馨)를

운양호

부대신으로 임명하여 군함 3척과 수송선 4척에 800명의 군대를 이끌고 1876년 1월 강화도에 이르러 협상을 요청하였다. 이때 정부 요인의 대부분은 척왜(斥倭)를 주장하여 의론이 분분하였으나 우의정 박규수가 "일본이 군대를 끌고 와서 협상을 요구하고 있으니 그 속내를 헤아릴 수는 없으나 수호사절(修好使節)이라 말하고 있으니 우리가 먼저 공격할 수는 없는 일이다. 우리가 미리 국력을 강화했었더라면 저 섬나라가 어찌 우리나라를 넘볼 수 있었겠는가. 분한 마음 금할 길이 없다고" 하면서 수교할 것을 주장하매 일본과 수교 교섭을 하기로 하는 방침을 세우게 되었다.

그리하여 정부에서는 신헌(申櫶)을 접견대관, 윤자승(尹滋承)을 부관으로 임명하여 회담에 임하게 하여 1876년 2월 한일수호통상조규(韓日修好通商條規), 통칭 병자수호조약(丙子修好條約)이 체결되었던 것이다.

본 조약은 그 제1조에 "조선은 자주 국가이며 일본과 동등한 권리를 갖는다."라는 항목을 두었는데 이것은 일본이 조선에 대한 침략의 의도가 없었다는 뜻이라고 설명하고 있으나 실은 청나라의 조선에 대한 종주권을 배제하여 일본의 침략을 용이하게 하려는 의도에서 설정된 항목이었다. 그리고 20개월 이내에 부산 이외 두 개의 항구를 추가 개항한다는 규정을 두어 뒷날 원산과 인천을 개항하였고, 일본 항해자가 자유로 조선 해안을 측량함을 허가한다는 조항도 두었으며, 일본인이 조선의 지정된 항구에서 범죄하면 일본국 관원이 재판한다는 치외법권 규정도 넣었다.

수호조약 체결 이후 「수호조규 부록」, 「통상장정」 등 후속조치로서의 조약이 체결되어 일본인이 조선에서 자유로이 여행할 수 있게 한다거나 일본 화폐를 사용할 수 있게 하는 등 여러 가지 경제적 우위를 차지하게 되었다.

병자수호조규 체결 직후 일본 측에서 조선의 사절을 일본에 파견해 줄 것을 요청하면서 부산까지 증기선을 보내 주고 사절의 경비를 모두 부담하겠다고 하였다. 그리하여 정부에서는 예조참의 김기수(金綺秀)를 수신사(修信使)로 파견하였다. 그리고 1880년에는 2차로 김홍집(金弘集)을 수신사로 파견하였다. 이들의 임무는 일본의 물정을 살피고 일본의 인천 개항 요구 문제와 관세 조항 개정 문제 등을 해결하려는데 있었으나 인천 개항 문제와 관세 문제는 일본의 회피로 인하여 문제 해결은 실패하고 말았다. 그런데 이때 일본 주재 청국 공사관 참찬관 황준헌(黃遵憲)이 지은 『조선책략(朝鮮策略)』을 받아 가지고 왔는데 이 책은 조선이 개화(開化) 자강(自强)하려면 서양의 제도와 기술을 받아들여야 하고 남하하는 러시아 세력을 막으려면 친중국(親中國), 결일본(結日本), 연미방(聯美邦)해야 된다는 내용을 담고 있었다.

【구미 제국과의 수교】

미국은 고종 16년(1879) 슈펠트(Shufeldt) 제독에게 조선과의 교섭의 권한을 주어 파견하였다. 미 국무성은 제너럴 셔어먼 호 사건 때나 신미양요 때의 예로 보아 직접 조선과 교섭을 시도하는 것이 어렵다는 것을 알고 있었으므로 일본을 통하여 조선과의 교섭을 시도해 보려고 하였다. 슈펠트는 일본 외무경 이노우에의 소개장을 받아 가지고 고종 17년(1880) 부산에 입항하여 부산 주재 일본 영사로 하여금 동래 부사에게 서한을 제시하게 하였으나 서한의 수납을 거절당하였던 것이다.

그런데 이때 청국은 일본의 조선 진출과 러시아의 남하를 견제하기 위해서는 조선이 미국 및 유럽 각국과 수교해야 한다고 생각하게 되었다. 그리하여 청국 북양대신(北洋大臣) 이홍장(李鴻章)은 슈펠트를 초청하여 조선과의 수교 교섭을 알선하겠다고 나섰다.

한편 조선 정부에서도 『조선책략』의 영향으로 구미(歐美) 제국과 수교통상조약을 맺는 것이 유리하다는 생각을 갖게 되고 미국은 영토의 야심이 없는 나라라고 인식하기 시작하였다.

그리하여 고종 18년(1881) 김윤식(金允植)과 이홍장의 회담을 시작으로 여러 차례의 회담을 거듭한 끝에 고종 19년(1882) 정부는 신헌(申櫶)을 전권대관으로 임명하고 수호통상조약을 체결하게 되었다.

한미수호조약 조문에는 만약 다른 나라와 분란이 생길 경우 서로 도와 거중조정(居中調停 good offices) 한다는 내용이 들어 있고, 치외법권도 규정하고 있으나 조선의 법률체제가 개선되면 철회한다는 규정도 있어 다른 나라와의 조약에는 없는 조문을 규정해 놓은 것이 하나의 특색이었다.

영국은 1876년 한일수호조약 체결 후 주일(駐日) 영국 공사를 통하여 수신사 김기수와 암암리에 통상 교섭을 해 보았으나 김기수가 이에 응하지 않았고, 1881년에는 군함을 보내어 조선의 지방관과 수호조약 교섭을 시도했으나 실패하였다. 그 후 이홍장에게 조선과의 교섭 알선을 부탁하여 고종 19년(1882) 한영수호통상조약이 체결되기에 이르렀다. 그러나 영국 정부에서는 조약 비준을 거절하였다. 거절 이유는 조약 문구가 애매하여 치외법권 같은 것이 철폐될 위험이 있으며, 아편수입금지에 대한 불만, 관세에 대한 불만 등이었다. 그리하여 영국의 이익과 요구가 많이 반영된 새로운 조약문을 만들어 고종 20년(1883)에 조인되었다. 독일도 청국 북양대신에게 수교 교섭 알선을 부탁하여 고종 19년(1882) 한독수호통상조약을 조인하였으나 영국이 독일을 권유하여 조약을 비준하지 않게 하였기 때문에 조약 체결이 연기되어 고종 20년(1883)에 이르러 한영수호통상조약과 함께 조인되었다.

러시아와의 조약도 청국 이홍장의 알선으로 고종 21년(1884)에 조인되었고, 프랑스와의 수호통상조약도 청국의 알선으로 고종 23년(1886)에 조인되었다. 이처럼 청국이 서구 제국

보빙사

과의 수교를 알선한 것은 서구 세력을 이용하여 한반도에서의 일본의 세력을 견제해 보려는 의도가 있었기 때문이다.

그 뒤 이태리(1884), 오스트리아(1892), 벨지움(1902), 덴마크(1902) 등 기타 유럽 여러 나라들과도 수호조약이 체결되었다.

제2절 개화정책과 그 반작용

【개화사상】

개화(開化)라 하는 말은 인민을 교화하여 좋은 풍속을 이룬다는 동양 고전에 나오는 말이다. 이것이 중국에서의 '자강(自强)', 일본에서의 '문명개화'라는 용어 등의 영향으로 차원이 높은 문명화에 도달하는 것, 전근대적인 사회에서 근대적인 사회로 발전하는 것을 뜻하게 되었다. 따라서 근대화라는 것은 선진 외국의 기술을 받아들여 부강한 나라를 이루는 것을 의미하였다. 이와 같은 사상은 이미 북학론자인 박제가가 일본, 청국뿐만 아니라 서양과도 통상의 길을 터서 서양의 기술과 자본을 도입해야 된다고 그의 저서 『북학의』에서 언급한바 있다.

개화 사상가들은 우선 나라의 문호를 개방하여 외국에 대한 지식을 습득하고 나아가 외국의 기술을 수입함으로써 부강한 나라를 이루어 보자는 생각을 갖고 있었다.

오경석(吳慶錫)은 중국 각지를 여행하며 『해국도지(海國圖志)』, 『영환지략(瀛環志略)』 등을 읽고 김옥균, 박영효, 홍영식 등에게 개화사상을 고취시켰으며 1876년에는 박규수(朴珪壽)와 함께 개국을 주장, 병자수호조약을 체결케 하였다. 특히 박지원(朴趾源)의 손자인 박규수는 박지원의 실학사상을 이어받아 서양 문물에 관한 서적을 읽었으며 그의 문하에 출입하는 김윤식, 김옥균, 박영효, 홍영식, 서광범 등을 지도하였다. 이외에도 개화당 인사들을 배후에서 지도하여 백의정승(白衣政丞)이라 불렸던 유대치(劉大致), 일본을 왕래하며 일본의 발전상을 시찰하고 미국과의 수호조약 체결에도 관계했던 개화승(開化僧) 이동인(李東仁) 등의 개화 사상가들이 있었다. 이들 사이에 널리 읽혔던 서적은 『해국도지』 『영환지략』 외에 『지구설략(地球說略)』, 『만국공법(萬國公法)』, 『이언(易言)』, 『중서견문록(中西見聞錄)』 등이었다.

【개화정책】

개화정책을 추진함에 있어서 우선 변화하는 국내외 정세에 대응하기 위하여 국내외의 군국기무(軍國機務)를 총괄하는 업무를 담당하는 기구로서 통리기무아문(統理機務衙門)을 설치하였다. 통리기무아문은 고종 18년(1881)에 설치하였는데, 그 산하에 사대(事大), 교린(交隣), 군무(軍務), 변정(邊政), 통상(通商), 군물(軍物), 기계(機械), 선함(船艦), 이용(理用), 전선(典選), 기연(譏沿), 어학(語學) 등의 12사(司)를 두었다. 12사의 명칭으로 보았을 때 이 기구는 어디까지나 부국강병 즉 개화정책을 추진하기 위한 것이었음을 알 수 있다.

군사제도도 개혁하였다. 종전의 5영(五營)을 무위영(武衛營), 장어영(壯禦營)의 2영(二營)으로 개편하였다. 그리고 신식 군대 별기군(別技軍)을 조직하였다. 이 부대는 윤웅렬(尹雄烈)을 중심으로 지원자 80여 명을 선발, 무위영에 소속시키고 일본 장교 호리모도(掘本禮造)를 교관으로 초빙하여 군사 기예를 가르치는 교련병대(敎鍊兵隊)였다.

개화정책을 펴 나아감에 있어서 조선 정부에서는 우선 외국의 문물에 대하여 살펴볼 필요가 있었다. 그리하여 조준영(趙準永), 박정양(朴定陽), 홍영식(洪英植), 어윤중(魚允中) 등 정부의 고급관리 12명과 유길준(兪吉濬), 안종수(安宗洙), 윤치호(尹致昊) 등 수행원 26명 및 기타 통역관, 하인 등을 합하여 62명으로 구성된 조사시찰단(朝士視察團; 신사유람단紳士遊覽團)을 일본에 파견하였다. 이들은 각 전문 분야별로 시찰 담당을 나누어 일본 정부의 각 기구와 산업 시설 등을 시찰하고 돌아왔다.

당시 유학자들에 의한 위정척사론이 강하게 제기되고 있는 와중에서 조사시찰단을 파견한 것은 고종과 정부 요인들이 개화해야 되겠다는 강력한 의지를 보여 준 주체의식의 발로라 할 수 있다.

한편 정부에서는 새로운 기술을 배우기 위하여 청국에 영선사(領選使)를 파견하였다. 고종 16년(1879) 이유원(李裕元)이 청국에 사신으로 가는 이용숙(李容肅)을 통하여 신식 무기의 학습 내지 수입 가능성을 타진하였고 이 사실을 들은 북양대신 이홍장이 조선 정부의 요청이 있으면 무기 제조법 학습과 군사훈련도 가능하다는 회답을 보내왔다.

정부로부터 영선사로 임명된 김윤식(金允植)은 유학생 공장(工匠), 통역관 등 총 69명을 인솔하여 1882년 천진(天津)에 도착하였다. 이들은 천진 기기국(機器局)에서 탄약 제조법, 전기, 화학, 제도, 제련, 외국어 등을 학습하였다. 일부 유학생들은 그들의 능력을 인정받기

별기군

도하였으나 일부는 병이나 무능력, 사고 등의 이유로 중도에 귀국하기도 하였다, 또한 재정 곤란으로 어려움을 겪었다. 더구나 임오군란 이후에는 학습을 중단하고 모두 귀국하고 말았던 것이다.

결국 목적을 완전히 달성하지는 못했으나 이때 배워온 기술이 뒷날 서울 북창동에 기기창(機器廠)을 건설하는 기초가 되었고, 특히 김윤식이 가지고 온 과학 서적의 내용이 『한성순보』에 게재됨으로써 개화사상 전파에 크게 도움을 주었던 것이다.

【 개화정책에 대한 반발: 척사위정 】

척사위정(斥邪衛正)의 이론적 근거는 정통(正統) 유학과 이단(異端)을 구분하는데 있다. 즉 성리학(性理學)을 정학(正學)이라 하고 기타 학문은 이단(異端)으로 보는 견해이다. 성리학은 정(正)이며 기타의 문화체계는 사(邪)가 되는 것이다.

19세기 중엽에 이르러서는 양반 정치체제가 붕괴되고 자본주의 열강의 침략으로 위기의식이 고조되면서 위기를 극복하기 위한 사상으로 출현하였다. 밀려 들어오는 서양 세력의 침략을 막고 내부의 모순을 제거하려고 한 전통적 유림(儒林)들의 사상이다. 이때의 사(邪)는 천주교 즉 서학을 포함하여 서양의 문화체계 전반을 지칭하는 것이며 정(正)은 유학(儒

學), 민족, 국가 등을 말하는 것이다. 성리학을 근본으로 하고 있는 나라만이 화(華)이며 그 밖의 나라는 짐승과 같은 오랑캐(夷)로 보는 화이(華夷)사상에 입각해 있었다. 그러므로 서양과 수교하면 금수(禽獸)의 나라가 된다고 보기 때문에 척화(斥和)를 주장하였던 것이다. 척사위정 사상이 1860년대에는 광범위한 사회계층의 정치의식에 영향을 주고 있었다. 특히 국내외적인 위기에 있어서 주체성을 고취함으로써 국민들로부터 지지를 받았던 것이다.

척사론자들은 외세를 배척하는 외양(外攘)과 함께 국내 정치를 튼튼히 바로잡는 내수(內修)를 중요시 하였다. 외양을 달성하려면 내수를 이룩해야 한다는 것이다. 그런데 이들은 대원군의 외양 즉 쇄국정책은 지지했으나, 내수 즉 경복궁 중건, 당백전, 원납전, 서원철폐 등 국내정책은 반대하는 입장이었다. 병인양요 때 이항로(李恒老)는 동부승지(同副承旨)의 관직을 사임하면서 서양 세력과 화의(和議)하면 백성이 짐승과 같이 될 것이니 이들을 물리쳐야 한다고 주장하였다. 이것은 대원군의 쇄국정책과 일치하는 것이었다. 그는 서양과 통상하여 서양 물품을 쓰게 되면 국내 생산자원이 고갈될 것이라 하여 국산품을 애용할 것을 주장하기도 하였다. 그러나 프랑스군이 물러난 후 그는 다시 상소하여 서양 세력을 배척하고 국방을 튼튼히 하려면 거창한 토목공사와 과도한 세금징수를 중지하고 철폐한 만동묘(萬東廟)를 복설하여 효종(孝宗)과 송시열(宋時烈)의 유지를 받들어야 한다면서 대원군의 국내정책에 정면으로 반대하고 나섰던 것이다.

이항로가 별세한 후에는 그의 제자 최익현이 무모한 토목공사 폐지, 각종 과도한 징세의 폐지, 당백전 폐지 등을 주장하면서 상소를 올렸다. 특히 최익현은 고종 13년(1876) 일본과의 수호조약 체결에 반대하여 '도끼를 들고 궁궐 앞에 엎드려 화의를 배척함' 이라는 상소를 올렸는데, 일본이 두려워서 화의를 맺는 것은 미봉책에 불과하기 때문에 일본은 계속 탐욕을 부릴 것이라는 등의 다섯 가지 불가(不可)한 이유를 들어 일본과의 수교를 반대하였던 것이다.

고종 18년(1881)에는 경상도의 유학자 이만손(李晩孫)을 소두(疏頭)로 하여 영남만인소(嶺南萬人疏)를 올렸는데 이들은 『조선책략』의 내용이 불합리하다는 것을 지적하고 이 책을 가져온 김홍집을 처벌하라고 주장하였다.

한편 약간 색다른 상소도 있었다. 홍시중(洪時中)은 그의 상소에서 일본과 수교조약을 맺은 것은 실책이었다. 그러나 일본과 외교관계를 끊으면 분쟁이 일어날 위험이 있기 때문에 엄격한 별도 조목을 만들어 규제하여야 한다. 그리고 교역 상품은 일본의 생산물로 제한하되 물물교환만 허락하고 화폐사용을 금할 것을 주장하기도 하였다.

【임오군란】

척사론자들의 맹렬한 개화정책 반대운동은 대원군의 척양정책과 일치하는 것이었다. 이러한 기회를 이용하여 대원군은 다시 한번 집권해 보려고 하였다. 그러나 여의치 않았다. 그런데 이때 이재선 사건이 일어났다.

이재선(李載先)은 대원군의 서장자(庶長子)였다. 그는 서출이었기 때문에 이렇다할 관직을 얻지 못하고 있었다. 이때 승지 안기영, 권정호 등이 민씨 정권의 개화정책에 반감을 품고 영남만인소 때에 활약했던 강달선 등과 결탁하여 별군직(別軍職)이라는 한직에서 불만을 가지고 있는 이재선을 국왕으로 추대하려는 음모를 꾸몄다. 그러나 준비 부족으로 거사하지 못하고 있다가 음모에 가담했던 한 사람의 고발로 모두 체포되었다. 이재선은 제주도에 유배하였다가 사사하였고 관련자 30여 명은 모두 처형되었다. 이 사건 배후에는 물론 대원군이 있었다고 알려져 있었으나 대원군은 국왕의 부친이므로 불문에 부쳤다.

이 무렵 문호개방 문제로 수구파와 개화파의 대립이 격화되고 있었고 대원군과 민비의 암투가 계속되고 있었다. 더욱이 왕실에서의 재정 낭비가 막대하였고 탐관오리들의 횡령과 가렴주구가 극심하였으며 매관매직이 성행하고 있었다. 거기다가 다량의 미곡이 일본으로 유출되어 미곡 부족 현상이 일어나고 있었다.

또한 구식군대보다 신식군대인 별기군(別技軍)을 우대함으로써 구군(舊軍)의 불만이 컸다. 더군다나 구군의 녹봉미(祿俸米)가 13개월분이나 지급되지 못하고 있었다. 군인들은 녹봉미를 지급하지 못하는 원인이 왕실과 척족들의 국고 낭비 때문이라고 보고 그 책임을 선혜청(宣惠廳) 당상(堂上) 민겸호(閔謙鎬)와 경기도 관찰사 김보현(金輔鉉)에게 돌리고 있었다.

그러던 중 고종 19년(1882) 6월 전라도의 조미(租米)가 도착하매 우선 훈련도감 군인들에게 녹봉미 일부를 지급하였는데 고리(庫吏)의 농간으로 모래와 겨를 섞고 두량까지 부족한 상태로 지급하였다. 이에 포수 김춘영 등은 녹봉미 수령을 거부하고 고리와 다툼이 벌어졌고 이 사실을 보고 받은 민겸호는 김춘영 등을 체포하여 포도청에 감금하였다. 이 사실을 알고 김춘영의 부친 김장손(金長孫)은 훈련도감 군인들을 소집하여 민겸호의 집을 파괴하고 운현궁으로 대원군을 찾아가서 호소하였다. 대원군은 겉으로는 해산할 것을 종용하면서 뒤로는 심복 부하를 보내 이들의 활동을 도와주었던 것이다. 이들은 무기를 탈취하여 포도청을 습격하고 일본 공사관을 습격하매 하나후사(花房) 일본 공사와 직원들은 공사관과 문서들을 소각한 후 일본으로 도주하였고 별기군 교관 호리모도는 살해되었다.

이들은 대원군의 형 이최응, 선혜청 당상 민겸호 등을 살해하고, 척족과 정부요인들의 집을 파괴하였다. 또한 민비도 찾았으나 민비는 몰래 궁궐을 빠져나와 충주로 피신하였다.

고종은 사태를 수습하기 위하여 대원군을 불러들이지 않을 수 없었다. 이렇게 하여 다시 권력을 잡은 대원군은 무위영, 장어영, 별기군을 폐지하고 5군영을 다시 설치하였으며 통리기무아문도 폐지하였다. 개화정책 시행 이전 상태로 되돌아간 것이다.

【 청국과 일본의 파병 및 간섭 】

대원군의 재집권은 1개월여 만에 끝이 났다. 청국이 간섭했기 때문이었다. 임오군란이 일어났을 때 청국에 가 있었던 김윤식과 어윤중은 중국이 일본보다 먼저 파병하여 국왕을 보호해 줄 것을 요청하였다. 이 요청에 따라 1882년 6월 북양함대의 정여창(丁汝昌)과 마건충(馬建忠)이 이끄는 군함 3척이 인천 월미도 앞바다에 도착하였다. 그리고 다시 오장경(吳長慶)의 청군 3,000명이 경기도 남양만에 정박하였다. 청국은 이 기회에 일본을 제치고 조선에서의 우위권을 차지하려 하였다. 오장경은 마침 청군 막사를 예방한 대원군을 납치하여 천진(天津)으로 호송하였다. 이후 4년간 대원군은 보정부(保定府)에서 유폐생활을 하게 되었다. 그리고 청군은 국왕의 명으로 왕십리와 이태원 일대에 거주하고 있던 군란 관계자들을 체포하여 처형하였다.

오장경의 청군보다 먼저 일본의 하나후사도 군함 4척, 수송선 3척에 일본군 1개 대대의 병력을 이끌고 인천에 도착하였다. 그리고 일본은 만약의 사태에 대비하기 위해 후쿠오카(福岡)에 혼성여단을 대기시켜 놓았다. 하나후사는 곧 국왕을 알현하고 7개조의 요구조건을 제시하였으나 대원군은 이 요구서를 반환하였다. 그러나 대원군이 청군에게 납치된 이후 일본과의 교섭이 급진전하게 되어 제물포조약이 맺어졌다. 조약 내용은 군란의 주모자를 중벌에 처할 것, 피살된 일본인 유족에게 5만 원을 지불할 것, 일본에 배상금 50만 원을 지불할 것, 일본 공사관에 경비병을 배치할 것 등이었다.

당시 조선은 일본 세력을 견제하기 위하여 청국과의 유대를 강화할 필요가 있었고, 청국은 일본 및 서구 세력의 조선 침투를 견제하기 위하여 주도권을 잡고 조선에 대한 종속

관계를 강화할 필요가 있었다. 그리하여 고종 19년(1882) 「조중상민수륙무역장정(朝中商民水陸貿易章程)」이 체결되었다. 이 조약은 조선은 중국의 속국이므로 조선에 파견하는 사절(使節)은 중국 이외의 다른 나라 외교 사절보다 우대하여야 한다는 전제 하에 중국 상인들이 조선에서 거주, 영업, 여행을 자유롭게 할 수 있도록 규정하였다.

청국은 조선의 요청에 따라 청국인 마건상(馬建常)과 독일인 묄렌도르프(穆麟德)를 외교 고문으로 추천하였다. 조선은 이들의 의견에 따라 대원군에 의하여 폐지되었던 신식관제 곧 통리기무아문을 개편하였다. 외아문(外衙門)으로 약칭되는 통리교섭통상사무아문(統理交涉通商事務衙門)을 두어 외교 통상 관계 사무를 담당케 하고, 내아문(內衙門)이라 하는 통리군국사무아문(統理軍國事務衙門)은 군국의 기무와 내정을 담당토록 하였다. 군사제도도 개편하여 종전 좌우 2영(營)에 전후 2영을 신설하여 4영으로 개편하고, 장정 1,000명을 선발하여 친군영(親軍營)이라 하고 원세개(袁世凱) 등 청국인 교관들에 의하여 청국 식으로 훈련하였다.

청국은 정치, 외교, 군사뿐 아니라 경제도 지배하려 하였다. 묄렌도르프는 청국 해관에 근무하고 있는 외국인 30명을 고용하여 인천, 원산, 부산에 세관을 설립하고 관세 업무를 담당케 하였다. 뿐만 아니라 미국 샌프란시스코 영사를 지낸 진수당(陳壽棠)은 총영사로 부임하여 각 개항장에서의 청국 상권 확장에 노력하였다. 그 결과 조선 내의 청국인 상인 수가 1883년에 99명이었던 것이 1884년에는 353명으로 증가하였다.

제3절 급진적 개혁운동

【 개화당의 형성 】

임오군란 후 청의 간섭으로 조선의 자주권이 침해되었으나 한편 일본 세력을 견제하는 면도 있었다. 그리고 고종과 민비의 측근 세력을 중심으로 하는 정부 요인들은 일본 세력을 견제하고 청국과 우호관계를 유지하면서 점진적으로 개화를 추진하려는 개화파들이었다. 즉 온건개화파라 할 수 있다. 김홍집(金弘集), 김윤식(金允植), 어윤중(魚允中), 민영익(閔泳翊) 등이 이에 속하는 인물들이었다.

이와는 달리 급진개화파에 속하는 사람들은 청국의 간섭을 배제하고 일본의 명치유신처럼 일시에 개혁하여 진정한 자주 독립국을 이루어 보려고 하였다. 김옥균(金玉均), 박영효(朴泳孝), 서광범(徐光範) 등이 이에 속하는 인물들로써 이들은 중인(中人) 출신 유홍기(劉鴻基)의 지도를 받고 있던 사람들이었다. 이들은 신분의 차별을 초월하여 양반, 중인, 군인, 상민(常民), 승려 등 널리 인재를 규합하여, 무인으로는 유혁로(柳赫魯), 중인 출신 변수(邊樹), 승려 출신 이동인(李東仁), 부상(負商) 윤경순(尹景純), 그리고 일본에서 군사교육을 받은 서재필(徐載弼), 신복모(申福模) 등을 포섭하였다. 이들을 개화당, 독립당, 또는 일본당이라고도 불렀다.

개화당에 속한 사람들은 외국과의 수호조약 체결을 적극 주장했고 부단히 해외에 대한 지식을 얻으려고 노력했다. 고종 18년(1881) 신사유람단을 일본에 파견할 때에 홍영식은 조사(朝士)로 파견되어 일본의 군사제도를 조사하였고, 김옥균은 국왕의 명으로 세 번이나 일본을 방문한바 있다. 임오군란 후 일본에 파견한 수신사절(修信使節)에는 정사에 박영효, 종사관에 서광범을 위시하여 김옥균, 유혁로, 변수 등이 수행하였다. 고종 20년(1883)에는 민영익, 홍영식, 서광범, 변수 등을 미국에 보빙사(報聘使)로 파견하였는데 이중에서 민영익, 서광범, 변수 등은 멀리 유럽 여러 나라까지 시찰하고 귀국하였던 것이다.

개화당 인사 중에서 일부는 외교 담당 기관에 소속되어 있어서 국왕에게 의견을 건의할 수 있는 처지에 있었고 국왕의 신임을 받고 있었기 때문에 여러 가지 개화정책을 건의하여 실천하기도 했다. 박문국(博文局)을 설치하여 『한성순보(漢城旬報)』를 발간하는 일, 우정국(郵政局)을 설치하여 근대적인 우편 사업을 실시하는 일, 신식 화폐를 주조하기 위한 전환국(典圜局)의 설치, 무기 제작을 위한 기기국(機器局)의 설치, 해외유학생의 파견, 신식군대의 양성 등을 위하여 노력하였던 것이다. 특히 박영효는 광주유수(廣州留守)로 임명된 기회를 이용하여 신식군대를 양성하려고 일본에서 교육을 받고 돌아온 신복모를 교관으로 하여 약 1,000명의 군대를 훈련시켰으나 당시 집권층이 이것을 위험시하여 박영효를 면관하였기 때문에 실패하고 말았다. 고종 21년(1884)에는 서재필 등 사관생도 14명이 일본에서 귀국하여 사관학교 설립을 건의하므로 사관학교 설립을 위해 조련국(操鍊局)을 설치하고 서재필을 사관장(士官長)에 임명했으나 이번에는 청국의 압력으로 인하여 이루어지지 못하였다.

한편 당시 국내의 재정은 매우 궁핍한 상태였다. 그래서 묄렌도르프의 건의에 따라 당오전(當五錢)을 발행하려고 하였다. 이에 대하여 김옥균은 당오전을 발행하면 물가가 앙등하게 되어 국민생활에 큰 타격을 줄 것이라고 하면서 이를 반대하고 도리어 외채(外債)를 들여오는 것이 유리하다고 주장하였다. 그리하여 국왕은 김옥균에게 300만 원 국채모집을 위임하여 일본에 파견하였다. 그리고 개화당은 국가의 재정난 타개는 물론 그들의 활동비용을 마련하기 위하여 일본으로부터 차관(借款)을 얻어 보려는 참이었다. 그러나 300만 원 차관은 어려운 일이었다. 일본 정부에서는 서울 주재 일본 공사 다께소에(竹添進一郎)의 보고에 의하여 개화당이 무력하다고 보고 이에 응하려 하지 않았다. 물론 당시 일본으로서는 300만 원이라는 거액의 차관을 제공할 여력도 없었다. 그래서 미국의 상사(商社)와 교섭해 보았으나 여의치 않았다.

【 갑신정변 】

일본과의 차관 교섭이 어려워지고 국내 집권파가 개화당 사람들이 추진하는 사업을 위험시하게 되어 양파의 불신과 대립이 격화되었다. 게다가 원래 개화당이었던 민영익이 보빙사로 미국을 다녀온 이후에는 집권파에 가담하여 친군영(親軍營) 우영사(右營使)의 직책을 맡아 도리어 개화당을 위압하고 있었다. 이에 개화당 요인들은 그들의 이상(理想)인 부강한 국가 수립은 비상수단에 의하지 않고는 불가능하다고 느끼게 되었다. 정변(政變)을 일으켜야 한다는 생각이었다. 정변의 계획과 준비를 언제부터 시작했는가 하는 것은 확실하지 않으나 아마도 고종 20년(1883) 김옥균이 300만 원 차관문제로 일본에 파견되었을 때 화약을 구입하였다는 사실이라든가, 고도오(後藤象二郞)라는 일본 정치가에게 조선의 정치를 개혁하기 위해서는 과감한 방법으로 개혁을 강행하여야 한다는 「개혁의견서」를 보냈다는 사실 등으로 미루어 이 무렵부터 정변의 준비를 시작한 것으로 보인다.

그런데 때마침 안남(安南) 문제로 청국과 프랑스 간에 전쟁이 일어났다. 청국은 조선에 있는 3,000명의 청군 중 1,500명을 빼내어 안남 전선으로 파견했다. 따라서 개화당 인사들은 이러한 전쟁의 와중에서는 청국의 조선에 대한 관심이 약화될 것이니 이때를 이용하여야겠다는 생각을 갖게 되었다. 그러나 개화사상이 국민들 사이에 널리 알려지지 않아서 국민들로부터의 지지를 받을 수 없었고 일본으로부터는 냉대를 받고 있는 처지였다. 그리하여 개화당에서는 미국이나 영국의 외교사절에게 원조를 요청해 보았으나 그들은 적극적으로 나서지 않았다. 특히 당시 주한 미국 공사 푸트(Foote)는 격앙된 개화당 사람들의 마음을 진정시키면서 아직 때가 아니니 시기를 기다려야 한다고 충고하는 것이었다.

그러던 차에 휴가차 일본에 돌아갔던 다께소에 공사가 귀임하였는데 그는 종전의 태도를 바꾸어 정변이 일어날 경우 일본군을 동원하여 적극적으로 도와줄 것을 약속하였다. 그리하여 고종 21년(1884) 12월 4일 홍영식이 총판(總辦)으로 있는 우정국 개국 축하연을 이용하여 거사하기로 하였다. 이 축하연에는 서울에 주재하는 외교사절과 정부에서는 김홍집, 한규직, 민영익, 이조연 및 홍영식을 위시하여 박영효, 김옥균, 서광범, 윤치호 등 개화당 인사들이 참석하였다. 원래의 계획은 안국동 별궁에 방화하고 이에 놀란 척신들이 급하게 왕이 있는 궁궐로 가기 위해 우정국을 뛰쳐나갈 때 이들을 살해할 예정이었으나 뜻대로 되지 않아 우정국 북쪽 민가에 불을 질렀다. 이때 황급히 밖으로 뛰어나갔던 민영익이 칼에 맞아 중상을 입고 우정국 안으로 들어와 쓰러졌다. 개화당 요인들은 재빨리 일본군을 이끌고 창덕궁으로 달려가서 국왕을 호위하여 경우궁(景祐宮)으로 이어케 하였다. 그리고 한규직, 이조연, 민태호, 민영목, 조영하 등 수구파 대신들을 불러들여 이들을 살해하였다.

개화당 요인들은 다시 창덕궁에 모여 승정원 승지, 4영사, 통리아문 당상 등을 새로 임명하였다. 이때 1,500명의 청군이 출동하여 창덕궁을 포위 공격하였다. 청군의 공격을 막아내지 못한 일본군은 곧 공사관으로 후퇴하였다가 인천을 거처 일본으로 철수하였다. 국왕을 호종하던 홍영식, 박영교(朴泳敎) 등은 피살되었으나 김옥균, 박영효, 서광범, 서재필 등은 일본으로 망명하였다. 이렇게 하여 개화당의 정변은 3일 만에 끝이 나고 말았다.

갑신정변이 실패한 원인은 청국의 개입과 일본 세력에 의존하려 했던 데에 있다고 하겠으나 무엇보다도 개화정책을 지지해 줄 시민계층이 성숙되어 있지 않아 민중의 지지를 얻을 수 없었던 것이 근본 원인이라 하겠다.

그러면 개화당이 이상으로 했던 혁신 내용은 어떠한 것이었는가? 앞서 정변 진행 중 창덕궁에서 그들의 정강을 발표하였는데 그 내용은 알려져 있지 않으나 김옥균의 『갑신일록(甲申日錄)』에 실려 있는 14개조의 정강(政綱)에 의하면 대략 다음과 같이 되어 있다,

(1) 대원군을 조속히 귀국시키고 청국에 대한 조공을 폐지할 것, (2) 문벌을 폐지하고 인민평등권을 제정하고 재능에 따라 인재를 등용할 것, (3) 지조(地租)를 개혁하여 관리의 농간을 없애고 궁핍한 백성을 구제하고 국고를 충실히 할 것, (4) 내시부(內侍府)를 혁파하고 그중에서 재능 있는 자는 등용할 것, (5) 간악하고 탐욕한 자는 처벌할 것, (6) 각도의 환자(還上)를 영구히 폐지할 것, (7) 규장각(奎章閣)을 혁파할 것, (8) 순사(巡査)제도를 둘 것, (9) 혜상공국(惠商公局)을 혁파할 것, (10) 유배(流配), 금고(禁錮)된 자를 재심하여 석방할 것, (11) 4영(營)을 합하여 1영(營)으로 하고 그중에서 선발하여 근위대를 조직할 것, (12)

국가의 재정은 호조(戶曹)가 담당하고 기타 재정관계 기관을 혁파할 것, (13) 대신(大臣)과 참찬(參贊)은 매일 의정소(議政所)에서 의논 결정하여 정령(政令)을 공포할 것, (14) 의정부와 육조 이외의 불필요한 관청은 혁파할 것.

이 정강 중에서 대원군을 귀국시키라고 한 것은 대원군을 이용하여 민씨 척족 세력을 견제하려는 의도에서 나온 것이며 아울러 청의 종주권을 배제하고 자주 독립국의 이상을 실현하겠다는 의지를 보여주는 것으로 볼 수 있다. 또한 문벌의 폐지와 신분제의 철폐로 인민 평등을 이루고, 정치 조직의 개혁이나 재정 관계의 개혁을 통하여 근대적 국민 국가를 이루려는 의지를 표명한 것이라 할 수 있다.

【 한성조약과 천진조약 】

조선 정부는 일본 공사가 정변에 협조하여 군대까지 동원했으니 그 책임이 일본에 있다고 항의하기 위하여 전권대신을 파견하려 하였다. 그러나 일본 외무경 이노우에(井上馨)가 군함 7척에 2개 대대의 병력을 이끌고 부산에 입항하여 그중 1개 대대 병력을 인솔하여 서울에 들어왔다. 따라서 일본으로의 전권대신 파견은 중지되었다. 조선 정부는 좌의정 김홍집을 전권대신으로 임명하여 이노우에와 담판하게 하였다. 그리고 일본에 망명한 정변 주동자들을 즉시 체포하여 송환해 줄 것을 요구하였다. 그러나 이노우에는 금번 정변에 일본 군대까지 동원한 것은 다께소에 공사의 개인적이고 독단적인 처사였고, 일본에 망명 중인 정변 주동자들의 체포 송환에 대해서는 그들이 정치적 망명자라는 것을 구실로 이를 거절하면서 도리어 일본 측의 피해에 대한 보상을 요구하였다.

불과 2일 동안의 회담 끝에 1885년 1월 한성조약(漢城條約)이 체결되어, 조선은 일본에 국서를 보내 사의를 표명할 것, 일본에 배상금을 지불할 것, 일본 공사관 신축비를 부담할 것 등을 규정하였다. 그리고 이노우에는 일본군 1개 대대를 서울에 주둔시키고 다께소에 공사 대신 서기관 곤도오(近藤眞鋤)를 임시 대리 공사로 임명하였다.

갑신정변으로 청국의 세력이 우세해지자 일본은 청국의 세력을 약화시키기 위해서는 우선 조선에서 청국과 일본의 세력 균형을 이루어 보자는 생각을 갖게 되었다. 그리하여 이토 히로부미(伊藤博文)를 청국에 파견하여 이홍장과 담판한 후 청 · 일 양국은 4개월 이내에 조선에서 철병할 것, 청 · 일 양국은 조선의 군사 훈련을 위한 교관을 파견하지 말 것,

앞으로 파병할 때에는 서로 통고할 것 등을 규정하는 천진조약(天津條約)을 체결하였다. 이 조약으로 일본군과 청국군은 철수하였다. 그러나 청국은 원세개를 주차조선총리교섭통상사의(駐箚朝鮮總理交涉通商事宜)라는 직책에 임명하고 계속 서울에 남아 조선 내정에 간섭하도록 하였다.

【영 · 러 세력의 침투와 청의 간섭】

러시아는 1860년 북경조약으로 연해주를 획득한 후 여기에 블라디보스토크 군항을 설치하고 조선의 동해안을 따라 내려와 한때 영흥만을 점거할 것이라는 소문도 나돌게 되었다. 한편 유럽에서도 러시아의 남하를 견제하고 있었던 영국은 러시아가 한반도로 남하하려는 것을 방관할 수 없었다. 그리하여 영국은 고종 22년(1885) 함대를 보내 거문도(巨文島)를 점령하였다.

거문도는 대한해협의 입구에 위치하고 있으며 러시아 아시아 함대의 길목에 위치한 요충이었다. 러시아는 조선 정부에 대하여 영국에 항의해 줄 것을 요청하고 청국이 영국의 거문도 점령을 인정할 경우 러시아도 한반도의 일부를 점령하겠다고 위협하였다. 영국은 러시아가 먼저 점령하는 것을 막기 위해 거문도를 점령한 것이며, 일시적인 점거라고 하면서도 군대 막사와 포대를 설치하여 군사훈련까지 실시하고 있었던 것이다. 청국은 영국의 거문도 점령에 뒤를 이어 러시아와 일본도 같은 행동을 취할 것을 우려하였다. 그리하여 청국은 영국과 거문도 문제로 교섭을 벌였다. 조선 정부도 주한 영국 사절에게 공식적으로 항의서를 보냈다. 영국은 거문도를 요새화하려면 막대한 비용이 들 것 등 군항으로서 부적당함을 알고 적당한 철수 구실을 찾고 있는 중이었다. 청국과의 철수 교섭은 2년이나 계속되었다. 영국은 드디어 러시아가 조선의 어떠한 지점도 점거하지 않는다는 다짐을 받고 1887년 2월 거문도에서 철수하였다.

이 무렵 조선 왕실에서는 청국 의존에서 벗어나 구미열강 특히 러시아에 접근하려는 경향을 보이고 있었다. 청국의 이홍장의 추천에 의하여 조선 정부에 고문으로 와 있던 묄렌도르프까지도 청국과 일본 세력을 견제하기 위해서는 조선이 러시아와 접근해야 된다고 보고 러시아 세력을 유치하려고 하였다. 이리하여 한로밀약설(韓露密約說)이 나도는 가운데 청국의 압력으로 묄렌도르프는 외아문 협판(協辦) 직에서 해임되고 청국의 추천으로 미국인 데니(Denny)가 외교 고문에 임명되었으나 그도 역시 청국 세력을 견제하기 위하여 러시아와 협력할 것을 주장하였다. 한편 청국은 민씨 척족들의 반대에도 불구하고 국왕과 민비 및 척족들의 친 러시아 세력을 견제하기 위하여 대원군을 귀국시키기도 하였다.

그런데 이 무렵 부임한 러시아 공사 웨베르(Waeber)는 그 부부가 함께 자주 궁궐을 드나들면서 능란한 외교 수완을 발휘하여 친 러시아 세력을 키우는데 힘썼다. 조선의 척신들도 웨베르와 접촉을 가지면서 러시아의 도움을 얻어 보려 하였다. 그래서 또 한번 러시아와의 비밀조약설이 나돌게 되었다. 원세개(袁世凱)는 이홍장에게 한로밀약설을 구실삼아 국왕을 폐위시키자는 건의까지 하였던 것이다. 1888년에는 조로육로통상장정(朝露陸路通商章程)이 체결되어 양국간의 국경무역이 허용되었고 경흥(慶興)을 러시아에 개방하여 이곳에 러시아의 조차지가 마련되었으며 러시아인의 두만강 항행권이 허용되었다. 그리고 원산(元山)과 절영도(絶影島)에 저탄소(貯炭所)를 설치하려 했으나 청국의 간섭으로 이루어지지 못했다.

이렇게 한반도가 일본, 중국, 러시아, 영국의 세력 각축장이 되는 것을 보고 주한 독일 부영사 부들러(Buddler)는 한반도의 중립론(中立論)을 거론하기도 하였으나 묵살되었고 또한 유길준(兪吉濬)도 『중립론(中立論)』을 저술한바 있다.

앞서 묄렌도르프를 외아문 협판 직에서 해임할 때 해관(海關) 총세무사(總稅務司) 직만은 그대로 수행하도록 하였으나 얼마 뒤에 총세무사 직도 해임하고 조선 해관의 업무를 청국 해관이 관장토록 하였다. 아울러 청국은 조선의 정치, 경제 외교 전반에 걸쳐 일일이 간섭하였던 것이다. 특히 원세개는 조선에서의 청국의 상권(商圈) 확장을 꾀하였다. 원세개는 청국의 순경을 청국 상점에 파견 근무케 하여 청국 상인들을 보호하였고 무기명 호조(護照; 여행증)를 조선 정부에 강요하여 임의로 청국 상인들에게 발급하여 그들이 자유로 조선 각지를 여행할 수 있게 하였다. 그리하여 서울에는 중국인 거리가 생기고 청국 상권은 전국적으로 확대되기에 이르렀던 것이다. 뿐만 아니라 청국은 조선 정부의 외국 차관(借款) 교섭을 방해하였다. 아울러 조선은 청국의 종속국이기 때문에 앞으로 어떤 나라든지 차관 교섭을 할 때에는 청국의 허가를 받아야 한다고 각국에 통보하기도 했다.

또한 청국은 조선의 외교 문제에 대해서도 집요하게 간섭하였다. 1887년 박정양은 주미공사에 임명되어 출발했으나 원세개의 압력으로 남대문 밖에서 저지당하였다. 이에 주한 미국 공사와 주청 미국 공사가 청국에 강력히 항의하였다. 청국은 '전권 공사(全權公使; minister plenipotentiary)'라는 직명을 쓰지 않고 '주차 공사(駐箚公使; minister resident)'라는 직함을 쓰고 있으니 조선도 주차 공사라는 직함을 사용하라는 것이었다. 이 문제로 이홍장과 협상을 벌여, 조선 공사가 주차국(駐箚國)에 가면 우선 청국 공사를 방문하여 외무성에 동행할 것, 회의나 연회에 참석하면 언제나 청국 공사의 다음 자리에 앉을 것, 중대한 문제에 대해서는 미리 청국 공사와 협의할 것 등을 규정한 '영약삼단(另約三端)'을 이행할 것을 조건부로 '전권 공사'라는 직함 사용을 인정하였던 것이다. 뿐만 아니라 박정양은 미국 공사로 부임한 이후에도 주미 청국 공사의 끈질긴 간섭에 시달리다 1889년 신병(身病)을 구실로 서기관 이하영(李夏榮)에게 대리 공사 직을 맡기고 귀국하고 말았던 것이다. 영국, 독일, 프랑스, 러시아, 이태리 5개국 겸임 공사로 임명된 조신희(趙臣熙)의 경우에는 홍콩(香港)까지 갔다가 청국의 저지로 인하여 주차국에 부임하지도 못하고 국왕의 귀국 명령도 받기 전에 되돌아올 수밖에 없었다.

이렇게 청국이 한국의 공사 부임을 막으려 했던 것은 조선이 청국의 종속국이므로 각종 외교 업무는 청국이 대신해야 된다는 생각이기 때문이었다.

제4절 동학 농민군의 봉기

【사회 경제적 불안】

청국의 간섭과 기타 열강의 세력 다툼 때문에 조선은 정치 외교적으로 불안정한 상태인데다가 경제적 불안은 한층 더 심각한 상태에 놓이게 되었다. 병자수호조약 이후 임오군란에 이르기까지는 일본이 조선 시장(市場)을 독점하다시피 하였었고 임오군란 이후에는 앞에서 언급한 바와 같이 청국 주차관 원세개의 간섭으로 청국의 상권이 점점 확대되었다.

청국과의 무역을 보면 청국에서 조선에 수출하는 상품은 대부분 영국제 상품이었고 조선에서 수입해 가는 것은 인삼과 해산물 등이었다. 그리고 청국으로부터의 수입액은 수출액의 15배 가까이 되고 있었다. 뿐만 아니라 청국 상인들은 해관(海關)을 습격하는 등 폭력을 휘두르며 인삼 밀수출까지 시도하는 판국이었다.

한편 구미 여러 나라도 조선의 경제를 침탈하고 있었다. 독일, 미국, 영국 러시아 등은 많은 상사를 차려 놓고 무기, 농기구, 전기기구, 사탕, 석유, 면제품 등을 가져오고 인삼, 금, 미곡 등을 가져갔다. 이외에도 삼림을 함부로 벌채하고, 수산물을 남획하거나 광산 채굴권도 얻어 내려 했던 것이다.

갑신정변 이후 조선에서의 청국의 세력이 커지는 반면 일본의 세력은 약화되었으나 경제적 침투에 있어서는 그다지 약화된 것은 아니었다. 물론 조선에 수출하는 청국과 일본 상품의 비율을 보면 1885년 이후 7년 뒤인 1892년에 가서는 청국은 26% 증가하여 45%를 나타내고 있었고, 일본은 26% 감소하여 55%를 나타내고 있었다. 그러나 1892년의 수출 총량으로 보면 청국보다 일본이 약 20% 정도 더 많이 차지하고 있었던 것이다. 뿐만 아니라 조선 내에 설치한 외국 상관(商館)의 80%가 일본의 상관이었고, 조선에 들어오는 상선(商船) 중 72%가 일본 배였으며, 무역의 액수에 있어서도 일본이 절대적인 비중을 차지하고 있었다.

수출입 상품을 보면 조선으로 수출하는 상품은 대부분 면제품(綿製品)이었고 이는 모두 영국 제품이었다. 그런데 얼마 뒤 일본은 점차 자국 면제품을 조선에 수출하기 시작하였다. 그리고 일본이 조선에서 수입해 가는 상품은 쌀, 콩, 금(金) 및 우피(牛皮) 등이었다. 조선에서 일본으로 유출되는 금의 비율을 보면 1877년에 비하여 1881년에는 14배나 증가하고 있었다. 이것은 일본에서 생산되는 금 총량의 4배에 해당되는 것이며 일본이 각국으로부터 수입하는 금 총량의 68%에 해당되는 것이었다.

일본으로 수출되는 상품 가운데 가장 문제가 되었던 것은 쌀의 유출이었다. 조선의 쌀값이 싸기 때문에 조선의 쌀을 일본에 가져다가 팔 경우 최고 10배의 폭리를 취할 수도 있었던 것이다. 1877년에서 1882년까지 일본으로 수출된 쌀의 무역액은 무역 총액의 약 30%를 차지하고 있었다. 당시 조선 농민들에게 쌀은 화폐와 같은 것이었다. 쌀을 팔아서 다른 생활필수품을 구입할 수밖에 없었다. 일본인들은 이러한 약점을 이용하였다. 일본인들은 춘궁기(春窮期)에 농민들에게 금전을 빌려주고 가을 추수기에 수확의 일부 혹은 전부를 가져가는 방식을 취하고 있었다. 이 경우 고리대금이었기 때문에 조선의 농민들은 점점 더 빈궁해지기 마련이었다.

많은 양의 쌀이 일본으로 유출되는데다가 가뭄과 홍수 등으로 흉년이 들어 쌀값이 폭등하여 농민들의 생활은 점점 더 곤궁해졌다. 그리하여 지방관의 권한으로 흉년이 들었을 때 그 지방의 미곡을 타 지방으로 유출되지 못하게 하는 방곡령(防穀令)을 내리기도 하였다. 1889년에는 황해도와 함경도에서 그리고 1890년에는 다시 황해도에서 방곡령이 내려졌다. 이에 일본은 방곡령 실시 1개월 전에 미리 일본 영사관에 통지해야 한다는 「한일통상장정(韓日通商章程)」의 규정을 가지고 조선 정부에 항의하였다. 이 문제로 여러 차례의 담판이 있었으나 조선 정부는 일본에 막대한 손해 배상금만 지불하게 되었다.

【 동학군의 봉기】

1864년 최제우(崔濟愚)가 참형당한 후 동학(東學)은 침체 상태에 빠지게 되었다. 그러나 2세 교주 최시형(崔時亨)은 여러 가지 어려움 속에서 동학을 다시 일으켜 1870년대 후반부터는 교세가 확장되어 특히 충청, 경상, 전라도 지역에서 많은 교도를 얻을 수 있었다. 최시형은 우선 포(包), 접(接), 도소(都所) 등의 조직을 만들어 교단(敎團)을 정비하였다. 이렇게 교세가 확장된 요인은 농민들이 고통스러운 삶 속에서 위안을 얻어 보려는 생각과 양반의 압제와 외국 세력의 침투에 대한 저항 의식이 그들을 동학으로 모여들게 했기 때문이다.

그런데 1892년 충청도 관찰사로 부임한 조병식(趙秉式)은 충청도 내의 동학교도들을 탄압하고 일반 양민까지 동학교도로 몰아 침탈을 일삼았다. 이에 동학교도들이 삼례역(參禮驛)에 모여 충청, 전라 관찰사에게 교조 최제우를 신원(伸寃)해 줄 것과 동학교도에 대한 탄압을 금해달라는 소장(訴狀)을 올렸다. 소장을 받은 두 관찰사는 교조 신원문제는 자기들의 소관이 아니기 때문에 어떠한 조치를 취할 수 없고 동학교도들에 대한 탄압은 곧 금지하도록 조처하겠다고 약속하여 이들을 해산시켰다.

교조신원(敎祖伸寃)에 대한 확답을 얻지 못한 동학교도들은 국왕에게 직접 복합상소(伏閣上疏)하기로 하였다. 1883년 박광호(朴光浩)를 소두(疏頭)로 약 40여 명이 광화문 앞에 엎드려 교조 최제우의 억울한 죄명을 설원(雪冤)해 줄 것을 호소하였다. 그러나 소두는 체포되고 교조신원의 목적은 달성하지 못한 채 해산할 수밖에 없었다.

2세 교주 최시형은 각도 접주(接主)에게 통문을 보내 충청도 보은군 속리면 장내(帳內)에 집결하라고 지시하였다. 장내에 모인 약 2만 명의 교도들은 돌로 성을 쌓고 일본과 서양 세력을 배격한다는 '척왜양창의(斥倭洋倡義)'의 깃발을 내걸었다. 그리고 탐관오리의 숙청을 요구하였다. 이제 동학운동은 교조신원운동을 뛰어넘어 정치적 성격을 띠게 되었다. 정부에서는 무력으로 진압하기 위해 군대를 파견하는 한편 동학도들을 효유(曉諭)하여 해산시킬 수 있었다.

본격적인 동학 농민군의 봉기는 전라도 고부(古阜)에서 일어났다. 전라도는 곡창지대로 언제나 가혹한 수탈의 대상이 되어 왔다. 1883년의 미곡 상납액을 보면 전라도가 6만 1천여 석(石)으로 이것은 전국 미곡 상납액의 60%에 해당되는 것이었다.

특히 1892년 고부군수로 부임한 조병갑(趙秉甲)은 전형적인 탐관오리였다. 부유한 백성들로부터 갖가지 죄명으로 그들의 재물을 늑탈하고 그의 부친의 공덕비를 세운다고 강제로 돈을 거두어들였다. 또한 백성들을 강제 동원하여 기존의 저수지 만석보(萬石洑) 밑에 새로운 저수지를 만들어 막대한 수세(水稅)를 받아 착복하였다. 농민들은 동학 접주 전봉준(全琫準)을 앞세워 여러 번 진정하였으나 받아들여지지 않았다.

드디어 전봉준은 1894년 1,000여 명의 고부군민을 만석보 아래 집합시켜 고부군 관아를 습격하여 무기를 탈취하고 불법적으로 거두어들인 곡식을 모두 빈민들에게 나누어주었으며 또한 만석보를 파괴하였다. 정부에서는 이용태(李容泰)를 안핵사(按覈使)로 파견하였으나 안핵사는 사건의 책임을 동학교도에게 돌려 체포 살해하는 등 가혹하게 진압하려 하였다. 이에 동학군은 격분하였다. 동학도들은 동도대장(東徒大將) 전봉준의 총지휘 하에 손화중(孫和中), 김개남(金開南) 등을 중심으로 대오를 정비하여 '보국안민(輔國安民)' 이라고 쓴 기폭을 들고 고부군 백산(白山)을 점령하였다. 이때 전라도 관찰사 김문현(金文鉉)은 별초군(別抄軍)과 보부상(褓負商)들을 동원하여 동학군을 토벌하려 했으나 황토현(黃土峴)에서 대패하였다.

동학군 봉기 때 태인(泰仁), 금구(金溝), 부안(扶安) 등지에서 모인 군사가 수천 명이었던 것이 황토현 승리 후 정읍(井邑), 고창(高敞), 무장(茂長)을 점령하고 영광(靈光)과 함평(咸平)에 이르렀을 때에는 만여 명에 달하고 있었다. 한편 고부민란 발발 후 정부에서는 곧 홍계훈(洪啓薰)을 양호초토사(兩湖招討使)로 임명하였다. 그러나 홍계훈이 경군(京軍) 800명에 야포, 기관포 등 신식무기를 갖추고 전주성에 이르렀을 때에는 경군의 절반이 도망갔고 사기마저 떨어져 있었다. 그리하여 동학군은 경군을 물리치고 무난히 전주성을 점령할 수 있었다.

한편 홍계훈은 전주성 남쪽 완산(完山)에 진을 치고 공격하는 일방 계속 동학군을 효유하였다. 동학군은 경군에 맞서 여러 차례 성밖으로 나아가 싸웠으나 수백 명이 전사하고 다수의 무기도 빼앗겼다. 또한 이 무렵이 농번기였기 때문에 동학군들이 고향으로 돌아가고 싶은 심정이 일어나기 시작한 데다가 홍계훈의 계속되는 선무공작(宣撫工作)이 동학군의 마음을 흔들리게 하여 동학군의 사기는 점점 떨어지기 시작하였던 것이다. 한편 정부로서도 이미 조선에 출동한 청일 양국 군대의 충돌로 인하여 일어날 사태에 대비하기 위해서는 조속히 동학군을 해산시킬 필요가 있었다. 그리하여 동학군은 그들의 요구를 수용하겠다는 관군의 제의를 받아들여 폐정개혁(弊政改革)을 조건으로 휴전이 성립되어 전주화약(全州和約)을 맺었다. 이때 동학군이 제시한 폐정개혁안(弊政改革案)은 각기 다른 몇 개의 안이 전해지고 있는 것으로 미루어 여러 차례에 걸쳐 제시되었던 것으로 보인다. 그러나 동학군이 내놓은 개혁안을 종합해보면 여러 가지 조세의 수취체제(收取體制)를 개선하여 농민들의 경제적 고통을 제거해 달라는 것, 매관매직을 자행하고 있는 간신(奸臣)과 탐관오리를 징벌하라는 것, 외국인들이 조선의 항구뿐 아니라 도성 등 내지에까지 들어가 임의로 상업을 영위하는 것을 금해 달라는 것 등으로 집약할 수 있다.

전주화약 성립 후 전라도의 53개 군에 집강소(執綱所)가 설치되었다. 동학군이 점령했던 지역의 수령(守令)들이 거의 도망하여 행정이 마비상태가 되었기 때문에 자치적 민정기관인 집강소를 설치하여 행정을 담당토록 할 수밖에 없었던 것이다. 집강소의 장(長)은 집강(執綱)이라 했고 전주에는 도집강(都執綱)이 지휘하는 대도소(大都所)라는 총 본부를 두었다. 이들은 주로 치안유지를 담당하는 한편 관리들의 농민 침탈을 감시하여 농민들의 권익을 보호하고 그들이 제시한 폐정개혁안을 행정에 반영시키려고 노력하였다.

그런데 앞서 2,800여 명의 청국 군대가 아산에 상륙한데 이어 일본군 2,600여 명도 인천에 상륙하였다. 뿐만 아니라 일본 오오도리(大鳥圭介) 공사는 해병대 400여 명을 이끌고 서울에 들어왔다. 이 소식을 들은 동학군은 척왜(斥倭)를 외치면서 다시 봉기하였다.

전봉준은 각 지방의 접주에게 통문을 보내어 삼례역(參禮驛)에 약 10만 명의 동학군이 집결하였다. 한편 1차 봉기 때 매우 소극적이었던 북접(北接) 즉 충청도의 동학교도들도 적극적으로 참여하였다. 북접에서는 손병희(孫秉熙)의 지휘 아래 10만 명의 동학군이 청산(靑山)에 모여 남접(南接)의 동학군과 논산(論山)에서 합류하였다. 이들은 공주를 향하여 북상하였다. 그런데 이때 대부분의 동학군이 이탈하고 1만여 명만 남았다. 동학군은 우금치(牛金峙)에서 일본군과 격전을 벌였으나 대패하여 만여 명 중 약 500명만 남았고 김개남과 전봉준은 체포되고 말았다.

동학군의 봉기는 실패로 끝났다. 그러나 이것은 봉건적 정치체제에 대한 저항 운동이었고 외세 즉 일본 세력의 침투에 대한 반항운동이었다. 그리고 이들이 제시한 폐정개혁안은 갑오개혁에 많이 반영되었고 동학군에 참가했던 사람들은 뒷날 항일의병운동(抗日義兵運動)에서 주동적 역할을 했던 사실도 눈여겨보아야 할 것이다.

【청일전쟁】

앞에서 언급한대로 동학군이 봉기했을 때 청국과 일본은 조선에 군대를 파견하였었다.

청국군은 섭지초(葉志超) 지휘 하에 약 7,000명이 아산에 상륙하였고 일본도 약 6,000명의 혼성여단을 인천에 상륙시켰다. 이때는 이미 동학군과 정부군 사이에 전주화약이 성립되었기 때문에 청·일 양국군의 주둔 명분이 없어지고 말았다. 그리하여 청·일 양군의 공동철병에 합의하였으나 일본은 이 합의를 무시하였다. 일본은 이 기회에 약화된 조선에서의 정치적 세력을 만회하기 위하여 무력으로 청국의 세력을 꺾어 놓을 필요가 있었다. 그래서 일본은 청·일 양국이 공동으로 조선의 내정을 개혁하자는 의견을 제시하였다. 물론 이 제안은 청국이 거절하였다. 일본은 청국이 받아들일 수 없는 제안을 내놓음으로써 트집을 잡아 청국과 전쟁을 일으킬 구실을 삼으려고 하였던 것이다.

드디어 1894년 6월 일본의 연합함대가 충청도 풍도(楓島) 앞바다에서 청국 군함 수척을 격침시킴으로써 청일전쟁이 발발하였다. 일본군은 육지에서도 성환(成歡)과 아산(牙山)에서 청국 육군을 격파하였고 북상하여 평양에서 청군을 격파하였다.

한편 영국과 미국이 청·일 양국에 휴전을 권유하여 히로시마(廣島)에서 강화회담이 열렸으나 일본이 트집을 잡아 회담은 결렬되고 말았다. 그리고 일본은 공격을 계속하여 중국 산동성 위해위(威海衛)를 점령하였다. 일본은 병력이나 무기와 장비가 청국보다 월등히 우세한 상황이었다. 청국은 승산이 없었다. 그리하여 청국은 이홍장(李鴻章)을 일본에 파견하여 휴전을 제의하고 1895년 5월 시모노세키(下關)조약을 맺어 청일전쟁은 끝나게 되었던 것이다.

시모노세키조약은 그 제1조에 "조선은 완전 자주 독립국가임을 확인한다. 따라서 조선의 청국에 대한 공헌전례(貢獻典禮) 등은 이를 완전히 폐지한다."라는 규정을 두었다. 이것은 일본이 그들의 세력을 조선에 부식할 때 방해가 되는 청국의 조선에 대한 종주권을 인정하지 않겠다는 의도에서 삽입한 규정이었다. 그리고 배상금 2억 냥(兩)을 부과하였다. 이것은 당시 일본 화폐로 3억 엔(圓)에 해당하는 금액이었다. 일본은 이 배상금의 85%를 군비확장 비용에 배당하였다고 한다. 또한 요동(遼東)반도, 대만(臺灣) 및 팽호(澎湖)열도를 일본에 할양하였다.

이때 러시아, 독일, 프랑스 삼국은 요동반도를 일본이 조차(租借)하는 것에 반대하여 간섭에 나섰다. 이른바 삼국간섭이다. 이들은 요동반도 점유는 중국의 수도를 위태롭게 하는 일이고, 조선의 독립을 유야무야하게 만드는 것이며 영구적 극동 평화를 위협하는 것이라 하여 일본 정부에 항의하였다. 이에 일본은 굴복하여 요동반도를 청국에 반환하고 그 대신 청국으로부터 3,000만 냥의 배상금을 더 받아냈다.

청일전쟁은 청국과 일본의 한반도 지배권을 둘러싼 싸움이었고 이 전쟁에서 일본이 승리함으로써 일본의 조선에 대한 세력 침투의 확고한 발판을 마련하게 되었으며 결국 장차 조선을 보호국화하는 길을 터놓게 된 것이다.

제5절 갑오경장

【개혁 작업의 진행】

갑오경장은 동학군의 봉기와 청·일 양국이 조선을 둘러싸고 치열하게 경쟁하는 와중에서 진행되었다. 국왕과 정부 요인들도 외세의 침투를 막기 위해서는 모든 제도를 개혁하여 부국강병의 길로 나아가야 한다는 생각을 갖게 되었다. 이 개혁 작업에는 청국과 일본도 영향을 미치고 있었다. 특히 일본은 진정으로 조선의 제도 개혁에는 관심이 없고 다만 조선에서의 일본의 정치 경제적 이권을 확보하려는 심산에서 조선의 개혁에 간섭하고 있었다.

1894년 6월 군대를 이끌고 입경한 일본 오오도리(大鳥) 공사는 국왕에게 조선의 내정개혁안을 제시하였다. 그러나 조선 정부에서는 일본군의 철수를 요구하면서 국왕의 명으로 교정청(校正廳)을 설치하였다. 교정청에서는 각종 잡세와 족징(族徵)의 폐지 등을 내용으로 하는 개혁안을 제정하기도 했으나 회의원인 당상(堂上)들이 잘 참석하지 않아 곧 그 기능을 상실하고 말았다.

한편 일본은 2개 대대의 병력으로 경복궁을 점령하고 대원군을 입궐케 하여 모든 정무를 맡게 하였다. 이렇게 하여 대원군=김홍집 정권인 이른바 제1차 김홍집 내각이 성립되었다. 그리고 국무총리 김홍집을 총재관으로 하여 군국기무처(軍國機務處)를 두고 개혁 작업을 진행하게 되었다. 그런데 일본이 대원군을 내세우게 된 이유는 민씨 세력을 제거하기 위한 것이었다. 그러나 대원군은 진정으로 개혁에 대한 관심이 없고 또한 개혁에 관한 지식도 없는 인물이었다. 그리고 군국기무처는 의정부나 각 아문을 거치지 않고 국왕이 직재(直裁)하게 됨으로 대원군은 사실상의 권한을 상실하게 되었다. 게다가 대원군이 평양의 청국군과 내통하고, 동학군으로 하여금 반일 반개화 운동을 벌이도록 조종했다는 사실로 인하여 군국기무처와 정면으로 반목하게 되었다.

1894년 10월에는 새로 일본의 이노우에(井上馨)가 공사로 부임하였다. 이노우에는 현직

내무대신이었으며 일본정부의 원로로 외교문제 특히 조선 문제에 능통한 인물이었다. 이노우에는 곧 국왕을 알현하고 20개조의 내정개혁 강령을 제시하였다. 그리고 내각을 개편하였다. 김홍집을 총리대신으로 임명하고, 일본에 망명하였던 박영효가 내부대신, 서광범이 법부대신에 임명되었다. 이른바 제2차 김홍집 내각으로 김홍집-박영효 연립내각이라고도 했다. 김홍집 내각은 곧 군국기무처를 폐지하였다. 군국기무처는 그동안 약 200여 건의 개혁안을 의결하고 막을 내렸다.

고종은 1895년 1월 왕세자, 대원군, 종친 및 대신들을 이끌고 종묘(宗廟)에 나아가 이른바 홍범(洪範) 14조를 서고(誓告)하였다. "청국에 의부(依附)하는 생각을 끊고 자주독립의 기초를 세운다."라는 조문을 필두로 하는 홍범 14조는 개혁의 기본방향을 제시하고 있는 것이며 이것은 우리나라 최초의 헌법이라고 일컬어지기도 하는 것이었다.

이노우에 공사는 정부 각 부처에 일본인 고문을 배치하여 내정을 간섭하였다. 그런데 제2차 김홍집 내각은 김윤식, 어윤중, 박정양, 유길준 등 이른바 온건개화파에 속하는 일파와 박영효, 서광범 등 구 개화당에 속한 인물들, 그리고 조희연(趙羲淵) 등 중간파의 사이에 알력이 생겼다. 게다가 대원군이 고종을 폐위하고 그의 손자 이준용(李埈鎔)을 왕위에 즉위시키려는 음모가 발각되면서 알력이 더욱 격화되었다. 그러던 중 군부대신 조희연에 대한 해임문제로 김홍집은 사임하고 박영효가 총리대신 서리에 임명되었다가 곧 박정양이 총리대신에 임명되었으나 실권은 박영효가 쥐게 되었다. 이러한 상황 하에서 다시 개혁 작업은 진행되었다. 이 개혁은 이노우에를 중심으로 하는 일본인들에 의하여 추진된 것으로 알려져 왔으나 실제로는 조선의 정부요인들에 의하여 추진되었던 것이다. 이것은 박정양 내각이 성립되기 전 3국 간섭으로 일본이 영구 조차했던 요동반도를 다시 반환할 수밖에 없었던 상황을 보고 조선 정부 요인들은 일본이 무력(無力)하다고 생각하게 되었다는 사실과 이노우에의 추천으로 내각에 들어갔던 박영효, 서광범까지도 이노우에의 말을 들으려하지 않았다는 사실로 미루어 알 수 있는 것이다. 이 개혁 작업은 박영효가 왕비 암살 음모 사건으로 일본에 다시 망명할 때까지 진행되었다.

【개혁의 내용】

우선 군국기무처에서 추진한 개혁 내용을 보면 정치제도에 있어서 의정부에 총리대신을 두고 그 아래 내무, 외무 등 8개의 아문(衙門)을 두었다. 관리의 임용에 있어서는 종래의 과거제도를 없애고 선거조례(選擧條例)와 전고국조례(銓考局條例)를 만들어 시험에 의하여 관리를 선발하게 됨으로써 인재등용의 길을 넓혔다. 사회 경제제도의 개혁을 보면 우선 모든 문서에 개국기년(開國紀年)을 사용하게 하고, 문벌 및 반상(班常) 계급의 타파, 문존무비(文尊武卑)의 관념과 연좌제(緣坐制)의 폐지, 공사 노비의 혁파, 조혼(早婚)의 금지, 과부의 재가(再嫁) 허용 및 양자제도의 규제 등을 제정하였다. 그리고 국가의 모든 재정을 탁지아문(度支衙門)에서 담당하도록 일원화하였고, 종전의 현물 납세 제도를 금납제(金納制)로 바꾸었으며 은본위제(銀本位制)의 화폐제도와 도량형(度量衡)의 통일을 기하려 하였다.

이외에 경찰제도, 사법제도, 군사제도 및 지방행정제도의 개혁도 있었다. 그런데 제1차 개혁이라고도 일컬어지는 이 개혁에 있어서는 군사제도와 지방제도의 개혁이 소홀히 다루어졌다는 지적을 받기도 한다. 특히 화폐제도에 있어서는 일본화폐를 같이 사용할 수 있게 한 사실이라든가 방곡령을 폐지한 사실 등이 문제점으로 지적되기도 하였다.

다음 제2차 개혁 곧 김홍집, 박영효 연립내각에서의 개혁에 있어서는 의정부를 내각, 아문(衙門)을 부(部)로 고쳐 도합 7개의 부로 통합하였다. 그리고 내각과 분리한 궁내부(宮內府)의 관제를 대폭 간소화하였다. 지방제도에 있어서는 종전의 8도를 23개의 부(府)로 개편하고 그 밑에 337개의 군(郡)을 두고 부에는 관찰사, 군에는 군수를 두었는데 이들은 모두 내부대신의 지휘와 감독을 받게 되어 있었다. 또한 탁지부 대신 관할 하에 9개 소의 관세사(管稅司)와 22개 소의 징세서(徵稅署)를 두고 징세업무를 담당하게 하였다. 군사 및 경찰제도에 있어서는 「훈련대사관양성소관제(訓練隊士官養成所官制)」와 「경무청관제(警務廳官制)」를 제정하고 사법부의 독립을 위하여 「재판소 구성법」과 「법관양성소 규정」을 만들었다. 교육제도 개혁에 있어서는 교육은 국가보존의 근본이라는 것, 신교육은 과학적 지식과 실용을 추구하는데 있다는 것, 교육의 3대 강령은 덕육, 체육, 지육이라는 것을 내용으로 하는 교육입국조서(教育立國詔書)를 내려 「한성사범학교관제」와 「외국어학교관제」를 제정 공포하였다.

갑오개혁은 당시 세계적 추세와 우리나라의 정치 현실로 보았을 때 당연히 추진되어야 할 과업이었으나 추진 세력이 친일적 개화파들이었고 정치적 경제적 침투를 앞세우는 일본의 무력에 의존했기 때문에 국민들의 반발로 좌절하게 되었던 것이다.

【 갑오경장 이후의 상황 】

박영효가 일본으로 망명한 이후 1895년 8월 김홍집이 다시 총리대신에 임명되었다. 이른바 제3차 김홍집 내각이 성립된 것이다. 이 무렵 국왕과 민비 그리고 척족들 간에는 일본을 배척하면서 친러적(親露的) 경향을 보이고 있었다. 제3차 김홍집 내각에는 이완용, 안경수(安駉壽), 이범진(李範晋) 등 친미(親美) 또는 친러적 인물들이 다수 임명되고 있었다.

이렇게 점차 일본의 영향력이 감퇴하는 것을 보고 일본 정부는 이노우에를 소환하고 새로 미우라고로(三浦梧樓)를 공사에 임명하였다. 미우라는 외교를 모르는 예비역 육군중장이었다. 따라서 미우라의 임명은 어떤 중대한 음모를 실행하려는 일본 정부의 의도적인 조치였던 것이다. 미우라는 서울에 주둔하고 있던 1개 대대의 일본군과 일본인 불량배, 경관, 상인, 고문관, 신문사사장, 기자 등으로 하여금 경복궁을 습격하여 민비를 살해하는 을미사변을 일으켰다. 일본은 을미사변을 훈련대의 소행으로 몰아 미우라에 의한 사건을 은폐하려 하였으나 이 사건을 목격한 서양 외교관들에 의하여 세계에 알려지고 국내외로부터 항의를 받게 되자 일본 정부는 미우라 등 일본인 관련자들을 소환하여 히로시마 감옥에 수감하였다. 그러나 일본은 미우라를 증거불충분이라는 이유로 무죄 판결을 내렸던 것이다.

이 무렵 국왕을 일본 세력이 미치지 않는 딴 곳으로 이어(移御)하려는 춘생문(春生門) 사건이 일어났다. 이 사건에는 서양인들도 관련되어 있었다. 이렇게 되자 을미사변의 뒤처리를 하고 있던 일본은 이를 국왕탈취 사건이라 부르면서 이것을 구실로 하여 을미사변 관련자들을 모두 무죄 석방하였던 것이다.

한편 을미사변 후 친일적 성격이 강화된 와중에서 김홍집 내각은 중단되었던 제도개혁을 다시 추진하였다. 태양력의 사용, 건양(建陽)이라는 연호의 사용, 소학교령 공포, 우체사(郵遞司)의 설치, 단발령(斷髮令)의 시행, 그리고 군대를 개편하여 친위대와 진위대(鎭衛隊)로 재편성하였다. 이를 흔히 제3차 갑오개혁 또는 을미개혁이라고도 부른다.

춘생문 사건 실패 후 국왕은 친일 내각의 포위 속에서 불안과 공포에 싸여 있었다. 그런데 단발령 시행 후 이에 반대하는 의병이 지방 각지에서 일어나게 되자 이를 진압하기 위해 서울의 주력 부대가 지방으로 출동하게 된 틈을 이용하여 국왕은 친일 내각의 포위상태로부터의 탈출을 계획하였다. 그런데 이때 새로 부임한 러시아 공사 스페에르(Speyer)는 마침 춘생문 사건 후 러시아 공사관에 피신하고 있던 친미파와 친러파 즉 정동파(貞洞派)인

아관파천

사들과 접촉하면서 왕의 탈출 계획을 추진하였다. 아울러 미국과 러시아는 공사관 경비를 강화한다는 명목으로 군대를 서울에 입성시켰다. 이때 러시아 공사관 수비병은 약 160명에 달했다. 그리하여 1896년 2월 국왕과 왕세자 및 궁녀들은 변장을 하고 정동에 있는 아관(俄館) 즉 러시아 공사관으로 거처를 옮기게 되었다. 이른바 국왕의 아관파천(俄館播遷)이다. 이후 국왕은 러시아 공사관에서 1897년 2월까지, 만 1년 동안 머물게 되었던 것이다.

이때 친러파들은 친일 내각 요인들을 역적으로 정죄하여 포살령을 내렸다. 그리하여 김홍집, 김병하, 어윤중 등은 타살되고, 유길준, 조희연 등은 일본으로 망명하였다. 그리고 총리대신 김병시를 위시하여 이완용, 이윤용, 이범진, 박정양, 안경수 등 정동파 인사 중심의 친러 내각이 성립되었다.

第6절 대한제국의 성립과 독립협회 활동

【 열강의 경제적 침탈 】

아관파천 후 일본 고무라(小村) 공사는 러시아 공사관을 방문하여 사태의 해명을 요구하여 협상한 결과 1896년 5월 웨베르=고무라 각서를 조인하였다. 그 내용은 국왕의 귀환은 국왕의 의사에 맡긴다는 것, 부산~서울 간 일본 전신선 보호를 위해 일본 위병을 배치한다는 것, 일본인이 거주하고 있는 개항장에 일본 군대를 배치한다는 것 등으로 되어 있었다.

한편 조선 정부에서는 러시아 니콜라이 2세(Nikolai II) 대관식에 민영환(閔泳煥)을 특명전권공사로 파견하였는데 이때 민영환은 러시아 외상 로바노프(Lobanov)와 면담하고 황제를 알현하여 5가지의 원조를 요청하였다. 러시아는 5개항 중에서 군사교관의 파견과 고문관 파견 2가지만을 받아들였다. 이 요청에 따라 러시아는 스트렐비츠키(Strelbitsky) 대령 등 3명의 장교와 사병을 파견하여 왕궁 친위대를 러시아식으로 훈련하였다. 아울러 알렉세프(Alexeiev)를 재정 고문으로 파견하여 조선의 전 재정을 러시아 세력 하에 두기 위한 계획을 세웠다.

아관파천 후 러시아는 이 기회를 이용하여 조선에서의 많은 이권을 차지하였다. 함경북도 경원(慶源)과 경성(鏡城)의 광산 채굴권, 두만강과 압록강 유역 및 울릉도의 삼림 채벌권, 울산 성진 등지의 어장의 조차와 동해에서의 포경권(捕鯨權), 그리고 1897년에는 부산 영도를 저탄장(貯炭場)으로 조차하려했으나 독립협회에서의 반대와 일본의 항의로 실패하였다.

일본은 아관파천 후 조선에서의 정치적 영향력은 약화되었으나 경제적 이권 획득에 있어서는 단연 우세한 위치에 있었다. 일본은 러시아와 로바노프=야마가다(山縣) 협정을 맺어 조선의 재정에 대한 공동원조, 양국의 전신선(電信線) 관리 및 군대를 파견할 때 양국군의 용병지역(用兵地域) 설정 등을 약속하였다. 그리고 1898년에는 한국의 독립을 승인한다는 것, 한국에 대한 고문 임명문제는 양국이 서로 협의한다는 것, 러시아는 조선에서의 일본의 상공업 관계의 발달을 방해하지 않는다는 것 등을 약속하는 니시(西)=로젠(Rosen)협정을 체결함으로써 조선에서의 세력을 유지해보려고 하였다.

일본은 한국 내에 있는 상사(商社) 수와 상인의 수의 80%를 차지함으로써 다른 외국의 경우보다 월등하였다. 특히 두드러진 것은 금융기관의 진출이었다. 일본 국립 제일은행의 경우 전국 10여 개의 주요도시에 지점이나 출장소를 두고 있었다. 철도에 있어서는 경인철도를 미국으로부터 인수하였고 경부철도 부설권을 획득하였다. 기타 금광 및 철광 채굴권, 어업권 등을 획득하고 있었다. 일본의 경우에는 구미 제국과는 달리 본국 정부의 강력한 지원을 받아 이권을 획득하는 방식을 취하고 있었다.

미국의 경우에는 특히 의료선교사로 왔다가 미국 공사가 된 알렌(Allen)이 이권 획득에 있어서 크게 활약하였다. 경인철도 부설권의 획득과 운산 금광 채굴권 획득이 알렌의 노력으로 이루어진 것이다. 기타 프랑스의 경의선 철도 부설권을 비롯하여 영국과 독일도 상사를 개설하고 금광 채굴권 등의 이권을 획득하고 있었다.

한편 조선인들도 객주(客主), 여각(旅閣) 등 위탁판매를 하는 중간 상인으로서 상업 활동을 하고 있었다. 이들은 특히 외국 상인과 접촉하여 상품을 매점하는 도고상인(都賈商人)으로써 재부를 축적하기도 하였으나 외국 상인들이 내륙에서도 상업을 하게 되자 크게 위축되었던 것이다. 조선인의 상사가 40여 개가 있었다고 하나 외국 상인들의 활동에 비하여 보잘 것 없는 것이었고 광공업이나 해운업에 있어서는 정부가 운영하거나 관민 합작으로 운영하기도 하였다. 그러나 해운업의 경우 정부에서의 투자가 부족하여 외국상사와 합작으로 운영했기 때문에 운영권을 장악할 수가 없었던 것이다.

【 대한제국의 성립 】

아관파천 후 내각제를 폐지하고 의정부를 다시 부활시켰고 단발령도 폐지하였으며 지방제도의 부제(府制)를 없애고 전국을 13도(道) 7부(府), 1목(牧), 231군(郡)으로 개편함으로써 친일내각이 제정한 개혁의 일부를 구제도로 되돌려 놓았다. 이것은 국왕이 외국 공사관에 체류하면서 비정상적으로 정부를 운영한 결과였던 것으로 이로 인하여 많은 이권을 외국에 침탈당하게 되었던 것이다.

또한 국왕이 환궁해야 한다는 여론도 높아지고 있었고 국왕도 환궁하겠다고 언명하였다. 그리하여 러시아 공사관에 체류한 지 1년 만에 경운궁(덕수궁)으로 환어하였다. 국왕이 창덕궁으로 가지 않고 구미 열강의 공사관 가까이에 있는 경운궁을 택한 것은 이들의 도움으로 일본의 간섭을 피해보려는 생각이었던 것이다.

이러한 상황에서 국왕의 위상을 높여 독립 자주국의 면모를 갖추어야 한다는 여론이 일어나게 되었다. 국왕의 위상을 중국의 황제와 동등한 지위로 높이려는 의도는 1884년 갑신정변 때에도 있었으나 정변의 실패로 뜻을 이루지 못하였던 것이다. 그 후 갑오개혁 때 홍범 14조의 서고문에 청국에 의부하는 생각을 끊어버린다는 내용에서도 알 수 있듯이 중국 황제와 동등하게 국왕의 지위를 격상하려 했던 것이다. 더욱이 을미사변과 아관파천 등의 사건을 겪으면서 국왕의 지위를 황제로 높여야 한다는 여론이 일어나게 되었다.

그리하여 1897년 8월 광무(光武)라는 연호를 제정하고 10월에는 문무백관을 거느리고 환구단(圜丘壇)에 나아가 황제 즉위식을 거행하고 대한제국(大韓帝國)을 선포하였다. 그런데 대한제국의 정치체제에 대하여 독립협회파는 입헌대의군주제(立憲代議君主制)를 주장하였고 친러파는 전제군주제(專制君主制)를 주장하여 논란이 있었으나 1899년 8월 법규교정소(法規校正所)에서 제정한 대한국국제(大韓國國制) 칙령을 공포함으로써 전제군주제로 낙착되었다.

대한국국제에는 대한국은 자주독립의 제국(帝國)이다. 대한국의 정치는 전제정치다. 대한국 황제는 무한한 군권(君權)을 갖는 자립정체(自立政體)다. 대한국 신민은 황제의 군권을 침해할 수 없다. 황제는 육해군을 통솔하고 계엄령을 내린다. 황제는 법률을 제정하고 대사(大赦), 특사(特赦), 감형, 복권을 명한다. 황제는 정부 각부의 관제와 봉급을 제정하여 시행한다. 황제는 관리의 임면(任免)과 작위(爵位), 훈장을 수여한다. 황제는 각국에 사절을 파견하고 선전(宣戰)과 강화 및 제반 조약을 체결한다는 것 등이 규정되어 있었다.

이것은 일종의 헌법이라고 할 수도 있으나 의회 제도를 갖추고 있는 나라의 헌법과는 다른 것으로 황제가 친히 제정한 흠정헌법(欽定憲法)의 성격을 갖는 것이어서 군주의 권한에 대한 사항만 규정하고 있었다.

【 독립협회의 활동 】

을미사변, 아관파천 등으로 왕실의 위신이 떨어지고 국가의 이권이 외국에 침탈당하는 것을 보면서 정부 관료들의 무능을 비판하고 민족주의, 민주주의에 입각한 근대화 운동을 제창하는 근대적인 사회정치단체로서 독립협회가 결성되었다. 독립협회는 갑신정변 때 미국에 망명하여 자유민주주의 사상을 터득하고 돌아온 서재필(徐載弼)이 배재학당에서 여러 차례의 강연을 하는 중에 조직된 협성회(協成會)가 모체가 된 것이다.

드디어 1896년 7월 독립협회가 조직되었다. 고문에 서재필, 회장 안경수, 위원장 이완용 등을 중심으로 조직된 독립협회는 자주적 국가주권의 확립, 자유와 평등을 기본으로 하는 인민주권의 확립, 정치, 경제, 사회, 문화, 군사 관계의 근대적 개혁을 통한 부국자강(富國自强) 등을 기본 활동 목표로 내세웠다. 그리하여 1896년 말에는 2,000여 명의 회원을 확보할 수 있었다. 독립협회가 설립 초기에는 자주적 개화정책을 추구하는 고급 관료층이 다수를 차지하고 있었으나, 1897년에는 주로 강연회와 토론회를 통하여 민주적 회의 진행 방법과 자유로운 의사 표현 방법을 습득케 하고 근대적 신지식을 강연을 통하여 계몽함으로써 일반 민중이 다수 참여하게 되었다. 게다가 독립협회는 개방적으로 운영되고 있어서 입회가 자유스러웠으며 민주적인 방법으로 운영하고 있었기 때문에 점차 일반 시민을 중심으로 하는 협회로 변화해갔던 것이다. 그리고 1898년에는 공주, 평양, 대구 등 각 지방에 여러 개의 지회도 설립되게 되었다. 독립협회가 외세에 의존하려는 보수 정권을 비판했기 때문에 고급관료들이 협회를 탈퇴한 후에는 사회 각 계층으로 확산되었다. 천민 신분에서 해방된 시민, 농민, 부두노동자, 광산노동자들의 참여는 물론 여성층과 학생층에 이르기까지 각계각층에서 적극적으로 참여하기 시작하였던 것이다.

독립협회가 창립되기 전 서재필은 1896년 4월 『독립신문』을 창간하였다. 『독립신문』은 애국심의 고취와 신지식의 계몽을 위주로 하였다. 그리고 독립협회가 창립된 이후에는 독립협회의 활동에 따르는 여론조성과 서구의 시민사상에 입각한 신지식층의 견해를 홍보하게 되었던 것이다. 아울러 국민국가 의식을 고취하여 민중운동의 기반을 조성하기 위한 독립협회의 기관지로 『독립협회보』를 발행하기도 했다. 이러한 언론매체를 통하여 애국계몽운동을 전개하였던 것이다.

독립협회는 주로 국권 및 이권 수호운동, 인권 및 국민 참정권 운동, 민주적 정치 개혁운동을 펴 나아갔다. 1898년 3월 만민공동회를 열고 러시아가 군사 교관과 재정 고문을 파견하여 조선 내정에 간섭하는 것에 반대하여 정부에 항의하였다. 그 결과 정부는 러시아의 군사교관과 재정 고문을 철수시켰던 것이다. 또한 러시아가 부산의 절영도를 조차하여 저탄장을 설치하려 하였으나 독립협회의 반대에 부딪혀 조차계획을 철회하였고 서울에 설립한 한 · 러 은행도 폐쇄하기에 이르렀다. 그 외에 프랑스의 평양 근처 광산 채굴권도 반대하고 이미 독일과 미국에 양도된 이권과 외국인에게 양도된 모든 이권을 철회하라고 요구하면서 이권 양도에 관련된 이완용을 독립협회에서 제명하기도 했다.

인권운동으로서는 1898년 3월 이원긍(李源兢), 지석영(池錫永) 등 4명을 유언비어 유포죄로 체포하여 10년 유배형을 내렸을 때 독립협회는 적법한 재판절차를 거쳐 처결해야 한다고 주장하여 그해 6월 이들이 모두 석방되기도 했다. 이 외에도 법무대신이 개인의 재산을 빼앗으려 한 사건과 사전주조범(私錢鑄造犯)의 재산을 몰수하려 한 사건도 재산권 침해라 하여 강력히 항의한 결과 이들의 재산을 모두 돌려주었던 것이다. 심지어 국왕에게 독이 든 차를 올려 암살하려 했던 국왕 암살미수범을 재판 없이 종신 유배형에 처하자 국왕 암살 미수범이라도 적법한 재판 과정을 거쳐 처벌해야 된다고 주장하였다.

한편 보수파 정부 요인들은 법을 더 엄격히 하여야 한다면서 갑오개혁 때 폐지된 노륙법(孥戮法)과 연좌법(連坐法)을 다시 적용하려 하였다. 이에 독립협회에서는 보수파 7 대신의 퇴진을 요구하는 상소를 관철시킴으로써 보수파 내각이 물러가고 박정양 개혁파 내각이 성립되었다. 또한 독립협회는 언론집회의 자유와 의회 설립을 주장하여 중추원의 의회 개편을 추진하였다. 그리고 관민공동회(官民共同會)를 개최하였다. 여기에는 박정양 등 정부요인들도 참가하였다. 이때 국왕에게 헌의 6조(獻議六條)를 건의하였다. 헌의 6조는 ① 외국에 의존하지 말고 관민이 동심협력하여 전제황권(專制皇權)을 공고히 할 것, ② 광산, 철도, 탄광, 삼림 및 차관(借款), 차병(借兵) 등 외국과의 조약은 각부 대신과 중추원의장의 서명날인이 없으면 시행하지 못함, ③ 전국의 재정은 어떤 세금이든지 탁지부가 관장하며, 다른 부서나 사회사(私會社)는 간섭하지 못하고, 예산과 결산을 인민에게 공포할 것, ④ 이후로 중대한 범죄자는 공판에 회부하되 범죄인의 자백을 얻은 후에 시행할 것, ⑤ 칙임관(勅任官)은 황제가 정부에 자문한 후 과반수의 찬성을 얻어 임명할 것, ⑥ 장정(章程)을 실천할 것 등으로 되어 있다.

이에 국왕은 헌의를 받아들여 국정(國政)을 쇄신하겠다는 내용의 조칙 5조(詔勅五條)를 반포하기도 하고 중추원 의관의 반수를 민선으로 하겠다는 중추원관제를 반포하기도 하였다. 그러나 보수파들이 국왕을 움직여 갑자기 박정양 내각을 몰아내고 조병식(趙秉式) 보수내각을 성립시켰다. 그리고 독립협회가 박정양을 대통령으로 하는 공화국을 세우려 한다는 소문을 퍼뜨려 독립협회원 17명을 체포하고 독립협회를 혁파한다는 조칙을 내렸다. 그러나 만민공동회는 계속하여 회집하면서 체포된 17명의 석방을 요구하여 이들을 석방시켰다. 아울러 헌의 6조와 조칙 5조의 실천을 요구하였다. 이렇게되자 어용단체인 황국협회가 전국의 보부상들을 동원하여 만민공동회에 테러를 감행하였다. 그리고 국왕은 내부와 군부에 독립협회와 만민공동회의 탄압을 명령하였다.

이렇게 하여 독립협회의 활동은 끝이 났으나 자주국권 사상과 자유민주주의 운동 및 근대적 개혁사상은 뒷날 애국계몽운동과 항일운동 등 민족운동의 바탕이 되었던 것이다.

제7절 국권침탈과 애국계몽운동

【 동아시아 정세의 변화 】

이미 러시아는 삼국간섭 이후 대련(大連)과 여순(旅順)을 조차하고 계속하여 만주 지역에서의 세력 확장에 힘쓰고 있었다. 기타 열강들도 중국의 각 지역에 조차지를 설정하거나 이권을 획득하고 있었다. 그런데 때마침 중국에서는 1898년 정부의 실권자인 공친왕(恭親王)이 죽자 광서제(光緖帝)는 강유위(康有爲)의 건의에 따라 부국강병을 목표로 개혁을 단행하려 하였다. 이른바 무술정변(戊戌政變)이 일어난 것이다. 그러나 무술정변이 실패하자 서태후(西太后)를 중심으로 하는 수구파가 실권을 장악하였다.

그리고 중국 내에서는 외국의 이권 침탈에 반대하는 배외사상이 확산되고 있는 중에 1899년 의화단(義和團)의 난이 일어났다. 의화단은 서양인과 기독교도를 박해하면서 특히 북경에 있는 외국 공사관 구역을 습격하였다. 그리하여 공사관을 두고 있는 나라들이 연합하여 의화단과 대결하였다. 이때 일본은 가장 많은 사단 병력을 투입하였던 것이다. 결국 의화단의 난은 진압되고 중국은 열강 11개국에 배상금을 지불하는 등 더 많은 이권을 침탈당하게 되었다.

한편 미국은 1898년 미서전쟁(美西戰爭)으로 필리핀을 획득한 후 본격적으로 아시아 진출의 거점을 확보하였다. 유럽 각국보다 뒤늦게 아시아에 진출한 미국은 특히 열강에 의하여 중국이 분할되는 것을 우려하였다. 그리하여 미국은 미국 정계와 미국 실업계의 요망에 따라 중국에서의 열강의 기회균등을 주장하게 되었다. 당시 미 국무장관 헤이(John Hay)는 중국에 공사관을 두고 있는 6개국에게 문호개방에 관한 통첩을 발송하였다. 이른바 문호개방정책(Open Door Policy)의 선언이었다.

의화단의 난 때 러시아는 자국의 이권을 보호할 목적으로 대군을 만주에 파견하여 사실상 만주를 장악하고 있었다. 뿐만 아니라 조선의 마산포(馬山浦)를 조차하려고도 하였다. 이렇게 되자 조선에서의 이권을 독점하고 장차 대륙침투까지 꿈꾸고 있는 일본은 이를 묵과할 수 없었다. 그리하여 일본은 항상 어디서나 러시아의 남하 세력을 저지하려는 영국에 접근하여 1902년 영일동맹(英日同盟)을 체결하였다. 그 내용은 영국이 갖고 있는 청국에서의 이권과 일본이 가지고 있는 청국과 한국에서의 이권이 다른 나라에 의해서 침해를 받을 때에는 필요한 조치를 취한다는 것과 영 · 일 양국 중 일방이 제3국과 전쟁을 할 경우에는 서로 중립을 지킨다는 것 등을 내용으로 하고 있었다. 그런데 러시아가 평안북도 용암포에 들어와 토지를 매수하고 전신선을 가설하면서 조선 정부에 용암포의 조차를 요구하여 왔다. 이 문제는 영국과 일본의 반대로 뜻을 이루지 못하고 일본은 러시아와 협상을 개시하였다. 일본은 러시아가 한국에서 일본이 차지하고 있는 이익 점유를 인정하고 만주에 대한 상업상의 진출을 인정하면 그 대신 일본은 러시아가 만주에서의 철도 경영 등 특수이권을 승인한다는 협상안을 제시하였다. 그러나 러시아는 일본이 한국을 군사 기지로 이용하지 않는다는 조건 하에 일본의 한국에서의 우월권을 인정한다는 것, 만주는 전혀 일본의 이익 범위에 들지 않는다는 것을 강조하고 북위 39도선을 경계로 중립지대를 두어 양국이 서로 군대를 진입시키지 말자고 제안하였다.

일본은 이러한 러시아의 제안을 거절하고 여순항의 러시아군을 기습 공격하였다. 이렇게 하여 벌어진 러·일 전쟁은 전 세계의 이목을 집중시켰다. 아시아의 작은 나라와 유럽의 대국과의 전쟁이었기 때문이었다. 그러나 모든 조건이 일본에 유리하였다. 일본은 이미 전쟁에 대비하기 위하여 경부선과 경의선 철도를 착공하고 통신망을 강점하는 등 한반도를 군사기지로 사용할 수 있는 조치를 취하고 있었고 거기다 러시아의 남하를 꺼려하는 영국과 미국이 음으로 양으로 일본을 원조하고 있었기 때문이었다. 대한해협에서의 해전과 만주에서의 육전에 있어서 모두 일본군이 우세하였다.

결국 미국 루즈벨트(T. Roosevelt) 대통령의 알선으로 미국의 포츠머스(Portsmouth)에서 강화조약을 맺고 전쟁은 끝이 났다. 이 조약에는 일본이 한국에서 정치적·군사적·경제적 특권을 갖는 것을 승인한다는 것, 요동반도의 조차권과 남만주 철도를 일본에 위양(委讓)한다는 것, 사할린 섬의 북위 50도 이남 지역을 일본에 할양한다는 것, 그리고 연해주 연안의 어업권을 일본에 허용한다는 것 등이 포함되어 있었다.

【을사조약】

러일전쟁이 일어나기 직전 조선 정부는 국외중립을 선언하였다. 그러나 일본은 이를 인정하지 않고 인천, 원산 등 항구에 일본군을 상륙시키면서 군대를 파견하여 서울을 장악하였다. 그리고 1904년 2월 강압적으로, 한국은 시설개선에 관한 일본의 충고를 받아들이라는 것, 일본은 한국의 독립과 영토를 보장한다는 것, 한국 황제의 안녕 보전에 위험이 있을 때에는 일본이 임기응변의 조치를 취할 수 있도록 편의를 도모해 달라는 것, 일본은 한반도에서 군사상 필요한 지점을 수용(收用)할 수 있다는 것, 한국 정부는 일본의 승인 없이 제3국과 조약을 체결할 수 없다는 것 등을 내용으로 하는 한일의정서(韓日議定書)를 조인하였다. 이 조약으로 러시아와 체결한 모든 조약은 폐기되었다. 그리고 일본은 조선 정부에 일본의 식량 공급지를 확보할 요량으로 황무지 개척안을 제시하였다. 그러나 전국적인 반대에 부딪혀 일단 철회하였다.

1904년 8월에는 외부대신 서리 윤치호와 일본공사 하야시(林權助) 사이에 외국인 고문 초빙을 내용으로 하는 제1차 한일협약이 체결되었다. 이 조약에는 일본인 1인을 재정고문으로 고빙(雇聘)하고 일본이 추천하는 외국인 1인을 외교 고문에 고빙한다는 것과 외국과의 조약 체결 및 이권 양여 계약 등은 미리 일본과 협의할 것을 규정하고 있었다. 그리하여 일본인 메가다(目賀田種太郎)가 재정 고문에, 미국인 스티븐스(D. Stevens)가 외교 고문에 고빙되었다. 이외에 군부, 경무청, 궁내부, 학부에도 일본인 고문을 고빙하였다. 또한 하세가와(長谷川好道) 대장을 조선 주차군(駐箚軍) 사령관으로 임명하여 병력을 증강시키고 서울 일대에 군사경찰제도를 실시하기도 했던 것이다. 이렇게 일본이 공사보다 높은 직위를 가진 자를 주차군 사령관에 임명한 것은 한국인의 저항이 있을 경우 이를 무력으로 진압하려는 의도였기 때문이었다.

이렇게 일본의 압박이 가중되어오자 국왕은 주일(駐日) 공사 조민희(趙民熙)를 통해 미국에 지원을 요청하는 밀서를 보내기도 하였고 육영공원에 교사로 와 있던 미국인 헐버트(Hulbert)에게 친서를 주어 미국 대통령에게 전달하려 했으나 뜻을 이루지 못했다. 그리고 이승만(李承晩)과 윤병구(尹炳求) 목사는 하와이 교포 8,000명의 대표 자격으로 미국 루즈벨트 대통령에게 한국의 독립을 지원해 달라는 청원서를 제출하기도 하였으나 거절당하였다. 이것은 당시 미국 대통령 루즈벨트 정부의 정책이 반러친일(反露親日)적인 경향으로 기울고 있었기 때문이었다. 이와 같은 미국의 친일정책은 포츠머스조약 체결보다 앞서서 미국 육군 장관 태프트(W. H. Taft)와 일본 수상 카쓰라(桂太郎) 사이에 교환된 태프트=카쓰라 비밀 각서에 나타나고 있었다. 그 내용은 필리핀은 미국이 통치하는 것이 일본에게 유리하며 일본은 필리핀에 대해 침략적 의도를 갖지 않는다. 미국은 일본이 한국 보호권을 확립하는 것이 극동 평화에 직접적으로 공헌할 것이라는 것을 인정한다는 것 등으로 되어 있다. 한편 영국도 1905년 영일동맹 경신조약(更新條約)을 체결할 때 일본의 한국 지배를 인정하였다. 이렇게 하여 일본의 한국 지배가 국제적으로 승인되는 셈이 되었다.

이러한 상황에서 일본은 한국의 보호국화를 추진하였다. 우선 송병준(宋秉畯)과 이용구(李容九) 등이 조직한 친일단체 일진회(一進會)를 이용하여 한국 보호국화의 필요성을 강조하는 선전을 감행하였다. 일본은 미리 한국의 보호국화를 결정하고 조약안까지 작성해 가지고 추밀원(樞密院)의장 이토 히로부미(伊藤博文)를 파견하였다. 이토는 곧 고종황제를 알현하고 조약안을 제시하여 보호조약 체결을 강요하였다. 그리고 어전회의를 열었으나 강경한 반대에 부딪혔다. 그리하여 이토는 하야시(林) 공사와 함께 군대를 이끌고 궁궐에 들어가 황제와 대신들을 위협하여 보호조약 체결을 강요하였다. 이때 가장 완강하게 반대하던 한규설(韓圭卨)을 일본 헌병들이 끌어내고 1905년 11월 17일 강제적 수단으로 조약을 체결하였던 것이다. 이 조약에 서명한 대신은 이미 일본에 매수된 학부대신 이완용, 내부대신 이지용(李址鎔), 외부대신 박제순, 군부대신 이근택(李根澤), 농상공부 대신 권중현(權重顯)인데 이들을 흔히 '을사오적(乙巳五賊)'이라 부른다.

이 조약이 바로 통칭 을사보호조약이라 부르는 한일협상조약(韓日協商條約)으로 그 내용은 한국의 대외관계 업무를 일본 외무성이 담당한다는 것, 한국 정부는 일본의 중개 없이는 어떠한 국제적 성격의 조약을 체결할 수 없다는 것, 그리고 한국 황제 밑에 일본인 통감(統監)을 두어 외교에 관한 사항과 각 개항장의 사무를 총괄한다는 것 등으로 되어 있다.

을사조약 체결 후 국민들의 분노가 터져 나왔다. 장지연(張志淵)은 『황성신문』에 '시일야방성대곡(是日也放聲大哭)'이라는 논설을 실어 일본의 행위를 규탄하였고 시종무관 민영환(閔泳煥)은 국민에게 고하는 유서를 남기고 자결하였다.

【애국계몽운동】

문호개방 이후 을사보호조약을 거치면서 국권회복을 위해서는 교육, 언론, 종교 등 문화 활동과 민족 산업의 진흥을 통하여 국민의 문화적 경제적 실력을 양성해야 된다는 이념에서 국민계몽운동을 전개하게 되었다.

언론에 있어서 최초의 신문은 1883년 박문국(博文局)에서 간행한 『한성순보(漢城旬報)』다. 이것은 정부 간행물로서 신문화를 많이 소개하였으나 갑신정변 후 폐간되었다. 국민계몽을 목적으로 발행된 최초의 근대적 신문은 서재필의 『독립신문』이다. 『독립신문』은 순한글을 사용하는 일간지로서 널리 일반 대중에게 읽히게 되어 신지식을 보급하고 민족의 독립수호와 민권 사상을 계몽하는데 큰 역할을 하였던 것이다. 이러한 성격의 신문으로는 1898년에 간행된 『매일신문』, 『황성신문』, 『제국신문』 등이 있었다.

영국인 베델(Bethell)과 양기탁(梁起鐸)이 『매일신보(每日申報)』를 인수하여 창간한 『대한매일신보(大韓每日申報)』는 통감부의 엄격한 신문 검열에도 불구하고 일본의 침략행위를 낱낱이 밝힘으로써 국민들의 큰 호응을 받았다.

1898년 독립협회 해산 후에는 정치단체의 활동은 정돈 상태에 있었으나 1904년 보안회(保安會)가 조직되어 정치단체의 활동이 다시 시작되었다. 보안회는 일본이 황무지 개척권을 조선 정부에 요청하자 강력히 반대운동을 전개하여 이를 저지시키기도 했다. 이준(李儁), 양한묵(梁漢默) 등이 조직한 헌정연구회(憲政研究會)에서는 일본의 어용단체인 일진회와 대립하면서 정부는 법률을 준수해야 하고 국민은 법이 규정한 모든 권리를 행사할 수 있게 되어야 한다는 것을 주장하였다. 헌정연구회 활동이 정지된 후 그 후신으로 발족한 대한자강회(大韓自强會)는 『대한자강회월보(大韓自强會月報)』를 발행하고 교육과 산업을 장려함으로써 국민의 역량을 배양하는 것이 국권을 회복하는 길이라고 역설하였다.

국민계몽을 위하여 많은 학회가 조직되었다. 서북학회(西北學會), 기호흥학회(畿湖興學會), 영남학회(嶺南學會), 호남학회(湖南學會), 흥사단(興士團), 대동학회(大東學會), 관동학회(關東學會) 등이 조직되어 월보(月報)나 학보(學報)를 간행하고, 출판사도 설립하여 국민계몽에 노력하였다.

안창호(安昌浩)가 중심이 되어 비밀단체로 조직한 신민회(新民會)는 양기탁, 신채호, 전덕기, 이동휘, 이승훈, 안태국 등 언론인, 종교인, 실업가 등이 다수 참여하여 국민에게 민족의식과 독립사상을 고취하고 대성학교(大成學校)와 청년학우회(青年學友會)를 세워 교육사업을 일으킬 뿐만 아니라 자기회사(磁器會社)를 세워 산업진흥에도 전력하였다.

국가 차원의 교육에 있어서는 1886년에 육영공원(育英公院)을 설립하고 미국인 교사들을 초빙하여 서양 학문을 가르치기 시작한 것이 국가적 교육사업의 시초였다. 그리고 1895년에는 소학교령을 내려 관립, 공립, 사립 세 종류의 학교제도가 마련되었는데 1905년까지 서울에 10개 교와 지방에 50개의 소학교가 설립되었다. 그리고 1899년에는 중학교 관제가 공포되었는데 중학교는 서울에 1개 교밖에 없었다.

종교와 교육을 통한 애국계몽운동도 활발하게 전개되고 있었다. 손병희는 동학사상을 체계화하여 천도교(天道教)의 근대적 교리를 확립하였다. 그리고 오세창(吳世昌)을 사장으로 하여 『만세보(萬歲報)』를 창간하였다. 국한문(國漢文) 혼용으로 발간했던 이 신문은 일본의 침략을 공격하고 특히 이인직(李人稙)의 『혈(血)의 누(淚)』라는 신소설을 연재하여 독자들의 호응을 받았다. 또한 천도교에서는 보성소학교와 중학교, 보성법률상업학교, 동덕여학교 등을 설립하여 교육사업에도 힘썼다.

종교와 교육활동에서 가장 두드러진 것은 기독교 개신교(改新教)였다. 1884년 의료선교사 알렌(Allen)이 내한한 후 1885년 미국 장로교 선교사 언더우드(Underwood)와 미국 감리

교선교사 아펜젤러(Appenzeller)가 내한함으로써 장족의 발전을 보였다. 선교사들은 의료사업과 교육사업을 통하여 서구의 자유민주주의 사상의 보급은 물론 민족의식을 고취하는데 공헌하였다. 1908년까지 선교사들이 세운 사립학교가 32개 교였다. 1910년 통계에 의하면 전국의 사립학교수가 2,082개 교였는데 이중에서 종교계 학교가 755개로 전체의 70%를 차지하고 있었다. 이 종교계 학교의 대부분이 기독교계였던 것이다. 1903년에는 황성기독교청년회가 조직되어 애국계몽운동을 활발히 전개하고 있었다.

개신교는 사경회(査經會), 심령 부흥회 등을 통하여 교세를 확장하였다. 장로교회의 경우만 보아도 1910년 전국 교회 수가 687개 소에 달했고 교인 수가 13만 명에 이르고 있었다. 한편 교회를 건축함에 있어서 교인들이 대부분의 건축비를 부담함으로써 이른바 자립정신이 양성되었다. 그리고 신 앞에 만민이 평등하다는 평등사상이 반상(班常)관념의 불식과 민주주의 사상을 터득하는데 크게 공헌하였다. 특히 성서를 한글로 번역 반포하고 교육에 힘쓴 결과 한글 보급에 크게 공헌하였다. 교회마다 야학(夜學)을 세워 문맹퇴치에 힘씀으로써 많은 사람들이 한글을 익히기 위해 교회로 몰려들었다. 그리고 감리교의 『조선그리스도인회보』, 장로교의 『그리스도신문』 등을 발간하여 기독교 전도와 아울러 신지식 보급에 노력하였다.

유교는 척사위정 사상에 입각하여 척왜(斥倭)를 부르짖으며 의병운동을 일으키기도 하였고 개신 유학자들은 독립협회에 적극 참여하는가 하면 유교를 혁신하려는 사상이 일어나 애국계몽운동에 크게 공헌하고 있었다. 또 단군신앙을 체계화하여 민족의식을 고취하려는 운동도 일어났다. 나철(羅喆)과 오혁(吳赫) 등은 대종교(大倧敎)를 세워 민족 종교로 발전시키려 하였다.

한편 국학(國學)과 문예(文藝)에 있어서도 커다란 발전을 보이고 있었다. 유길준의 『조선문전(朝鮮文典)』, 주시경(周時經)의 『국어문법』과 『국어문전음학(國語文典音學)』, 지석영(池錫永)의 『대한국문설(大韓國文說)』 등의 국어 문법 서적이 출판되기도 하였다. 국사학에 있어서 박은식, 장지연, 신채호 등은 민족주의 사학의 사론(史論)을 펴 나가기도 하였다. 그리고 최남선은 조선광문회(朝鮮光文會)를 조직하여 고문헌(古文獻)의 보존과 반포에 힘썼다. 또 사학자들은 『을지문덕전』, 『강감찬전』, 『이순신전』 등 영웅전을 저술하기도 했다. 아울러 세계 여러 나라의 영웅전이나 국가의 흥망사(興亡史)를 번역 출판하여 읽힘으로써 민족의식을 고취하고 민족적 역량을 길러 장차 민족 독립을 쟁취하기 위한 기반을 다져 나가려 했던 것이다.

문예에 있어서는 특히 신소설이 새로운 사조를 받아들여 새로운 개화사상을 형성하고 한국 문학을 새로운 차원으로 올려 놓는 역할을 담당하였다. 이인직(李人稙)의 『혈(血)의 누(淚)』, 『치악산(雉岳山)』, 『귀(鬼)의 성(聲)』, 이해조(李海朝)의 『자유종(自由鐘)』, 안국선(安國善)의 『금수회의록(禽獸會議錄)』 등이 그 효시(嚆矢)가 되었다. 성경이나 기타 서양 문학작품들이 번역되어 일반 대중의 환영을 받았다. 그리고 기독교 찬송가의 보급으로 알려지게 된 서양 멜로디의 유행으로 창가(唱歌)가 널리 보급되기도 하였다.

제11장 민족독립운동의 전개

제1절 국권침탈과 식민지 지배체제의 형성

【 을사조약의 체결과 식민지화정책의 추진 】

러일전쟁에서 승리한 일본은 고종황제와 정부 대신들에게 군사적 위협을 가하고 일부 매국적 관료들을 회유해 을사조약을 체결함으로서 한국에 대한 독점적 지배권을 강화해 나갔다. 을사조약을 통해 일본은 한국의 외교권을 박탈하는 한편, 통감부를 설치하여 한국의 내정을 간섭하는 등 한국에 대한 실질적 지배권을 강화하였다. 그리고 조약이 체결되는 과정에서 이용구(李容九) · 송병준(宋秉畯) 등에게 친일단체 일진회(一進會)를 조직케 함으로서 조약 체결의 당위성을 선전을 하도록 함으로써 을사조약이 한국인들의 요청에 의해 이루어진 것이라는 인상을 주기 위해 노력하였다. 또한 일본은 조약의 체결을 위해 일본 정계의 원로 이등박문(伊藤博文)을 파견하는 등 치밀한 준비작업을 갖추었다. 그러나 이후 이등박문은 안중근 의사에 의해 총살되었으며, 국내에서는 일진회의 활동에 반대하여 이준(李儁) 등의 우국지사들이 헌정연구회(憲政硏究會)를 조직하고 활동하기도 하였다.

을사조약이 체결되자 전국 각지에서는 조약 반대운동이 불길처럼 일어났다. 조약에 반대하는 상소문과 연설이 끊이지 않았고 시위와 철시(撤市)가 행해졌다. 민영환(閔泳煥)을 비롯하여 조병세(趙秉世), 홍만식(洪萬植), 이한응(李漢應) 등이 자결하였으며, 전국에서 의병운동이 일어나 일제에게 저항하였다. 민종식(閔宗植), 최익현(崔益鉉), 임병찬(林炳瓚) 등이 홍성, 순창 등에서 신돌석(申乭石)은 경상도에서 활동하였다. 그러나 이러한 저항에도 불구하고 우세한 군사력과 경제력을 바탕으로 한 일제의 침략 야욕을 무력화시킬 수 없었으며 일본은 한국을 강점할 적절한 시기만을 기다리고 있었다.

을사조약이 체결되자 고종(高宗)은 자신이 이 조약을 승인하지 않았으며 조약체결 자체의 부당성을 알리기 위해 노력하였다. 고종은 조약이 무효임을 국내외에 선언하고 헤이그에서 열린 만국평화회의(萬國平和會議)에 이준, 이상설, 이위종을 특사로 파견해 조약의 무효와 일제의 부당한 침략을 국제사회에 호소하고자 했다. 그러나 고종의 계획은 성공하지 못하였고 일본은 이 사건에 대한 책임을 물어 고종의 퇴위를 강요하였다. 이후 고종의 뒤를 이어 순종(純宗)이 왕위를 계승하였으며, 연호를 융희(隆熙)라고 고쳐 간신히 국가의 명맥을 유지하고 있었다. 이 시기에 일본은 정부의 각부에 일본인 차관(次官)을 두게 했다. 차관이란 정부 각부의 장관 바로 아래의 직책이므로 이제 일제는 간섭하는 것이 아니라 아예 일본인의 손으로 우리 정부를 이끌어 가게 된 것이다.

또한 일본은 재정의 곤란과 징병제도가 실시될 때까지의 잠정적 조치라는 구실을 내세워 약 8,800명 정도 되는 대한제국 군대를 강제로 해산하였다. 군대가 해산하는 날 제1대대장 박성환(朴性煥)이 분사(憤死)하자 군인들이 일제히 일본군에 대항하여 시가전을 전개하였으며 전투 이후 군인들은 지방으로 내려가 의병에 합류하였고 지방의 진위대들도 의병에 참가하여 무력투쟁을 계속하였다. 이 시기에 이르면 의병투쟁이 전국적으로 전개되었는데 특히 1907년에는 이인영, 허위 등이 전국의 의병 1만 명으로 연합부대인 13도창의군(十三道倡義軍)을 결성하고 통감부를 격파하기 위해 동대문 밖 30리 지점까지 진격할 정도로 강력한 투쟁을 전개하였다. 그러나 의병투쟁은 일제의 우세한 화력과 잔인한 대토벌작전 등으로 인해 점차 약화되기 시작하였다. 이후 의병들은 만주와 연해주 등지로 옮겨 독립군으로 전환해 가면서 계속적인 항일무장투쟁을 전개하였다.

열강으로부터 한국에 대한 지배권을 승인받고 국내적으로 통감부를 설치하는데 성공한 일본에게는 이제 대한제국을 강점하는 수순만 남게 되었으며, 이는 1910년 5월 육군대신 데라우치(寺內正毅)가 통감으로 부임하면서 본격화되었다. 그는 일본헌병 2,000명을 증원하여 경찰임무를 대체하였으며 부임 즉시 『황성신문(皇城新聞)』 등 국내언론의 활동을 차단한 후 이완용과 더불어 한일합방 계획을 추진하였다. 이완용은 이재명(李在明)의 습격을 받아 자상(刺傷)을 입는 등 친일행위에 대한 국민적 저항에 부딪치고 있었음에도 불구하고 여전히 적극적인 친일행위를 멈추지 않았으며, 드디어 8월 29일에 순종으로 하여금 양국조서(讓國詔書)를 내리게 함으로써 우리 민족은 대한제국의 멸망과 일제의 가혹한 식민통치가 시작되는 비운을 맞게 되었다.

【 식민지 지배체제의 형성과 경제적 약탈 】

일제는 한일합방과 동시에 식민 통치기구의 중추기관으로 조선총독부를 설치했다. 조선총독은 육·해군 현역대장이 임명되었으며, 일본 국왕에 직속시킴으로써 일본 내각의 통제를 받지 않고 식민통치의 전권을 행사하였다. 즉 조선총독은 조선 내에서 절대 권력을 행사하며 입법·사법·행정권은 물론 군대통수권까지 장악하고 있었다. 총독 아래에는 정무총감(政務總監)과 경무총감(警務總監)을 두어 행정과 치안을 분담하게 했으며 한국인이 포함된 자문기관으로 중추원(中樞院)을 두었다. 그러나 중추원은 한국인을 정치에 참여시키는 형식을 취한 형식적인 기구에 불과했으며, 3·1운동이 일어날 때까지 거의 10년 동안 한 차례의 정식 회의도 소집되지 않았다.

대한제국의 국권을 강탈한 일본은 정규군 2개 사단과 20,000여 명의 헌병과 헌병보조원이 배치되어 강력한 헌병경찰 통치를 실시하였다. 헌병경찰제도는 헌병이 경찰의 업무를 대행하는 제도로서 이는 상대적으로 한국인들에게 극단적인 탄압과 감시가 자행되었음을 의미하는 것이었다. 총독부의 경무총감이 헌병 사령관을 겸직하고 각 도의 헌병대장이 각 도 경무부장이 되었다. 이들 헌병경찰은 통상적인 경찰의 업무를 대행하는 것 외에 독립운동가를 탄압하는 업무를 담당하였다. 또한 헌병경찰에게는 즉결처분권이 있어서 한국인들에게 마음대로 태형(笞刑)을 가할 수 있었고 헌병경찰의 자의적 판단에 따라 한국인의 모든 행위에 대해 재판 없이 구류 또는 벌금을 부과할 수 있었다. 일반관리는 물론 교원들까지도 제복을 입게 하고 칼을 차게 해 위협적이고 강압적인 식민통치 분위기를 확산시켜 나갔다. 일제의 헌병경찰제도는 언론·집회·출판·결사의 자유를 비롯해 우리의 모든 자유를 박탈했으며 민족지도자들은 체포·투옥 당하거나 심지어는 목숨을 잃어야 했다. 실제로 일제는 1911년 9월 105인 사건을 조작하여 신민회(新民會) 회원을 중심으로 서북지역의 민족주의자 700여 명을 검거하는 탄압을 자행하였으며, 1917년에는 평양지역을 중심으로 활동했던 조선국민회(朝鮮國民會)의 활동이 일제에 의해 발각되어 관련자들이 검거되기도 하였다.

1910년대의 가장 대표적인 경제수탈은 토지조사사업이었다. 일제는 근대적 토지소유권을 확립한다는 명분 하에 소유권이 불분명한 토지에 대한 약탈을 강행하였다. 일제는 1910년에 토지조사국(土地調査局)을 설치하면서 본격적인 활동에 들어갔는데 1912년에 발표된 토지조사령에 의하면 토지의 소유권은 일정한 기간 안에 토지의 소유주는 성명, 지목(地目), 지적(地籍)

등 토지와 관련된 일반 사항을 토지조사국장에게 신고함으로써 그 소유권을 인정받도록 되어 있었다. 그러나 한국인들은 반일정서로 인해 총독부에 신고하기를 꺼렸으며, 신고의무와 관련된 사항이 정확하게 알려지지 않았기 때문에 일반농민들은 신고를 소홀히 하는 경우도 있었다. 그리하여 자기 소유지이면서도 신고되지 않은 토지는 모두 총독부에 의해 몰수되었다. 또한 과거에 공공기관에 속해 있던 궁장전(宮庄田) 이나 역둔전(驛屯田) 같은 토지도 총독부의 소유가 되었으며, 게다가 산림령(山林令)으로 국유산림도 모두 총독부의 소유가 되었다. 그 결과 1930년의 통계에 의하면 총독부는 전 국토의 40%에 해당하는 토지를 소유하는 최대 지주가 되었으며, 이 토지들은 동양척식회사(東洋拓殖會社)와 이주 일본인 등에게 헐값으로 매각되었다. 이러한 상황에서 생활 기반을 잃은 한국인 농민은 일본인의 고리대에 시달리게 되었고 화전민이 되거나 생계를 위해 만주 · 연해주 · 일본 등지로 이주하는 사람들도 상당수가 있었다.

농업부문의 토지조사사업 외에도 전 산업이 일제의 식민지경제체제로 개편되었다. 일제는 금융조합(金融組合)과 농공은행(農工銀行) 등을 설립하여 민족자본의 경제활동을 통제하였다. 일제는 회사령(會社令)을 제정하였는데 회사령은 기업의 설립을 총독의 허가제(許可制)로 하고 허가조건을 위반할 때에는 조선총독이 사업금지나 기업해산을 명할 수 있다는 규정을 내용으로 하였다. 이를 바탕으로 일제는 자신들의 정책에 호응하지 않는 기업의 성장을 차단했으며 원천적으로 민족자본의 성장을 막았다. 따라서 민족기업이 성장할 수 없는 환경에서 철도 · 항만 · 통신 · 도로 등의 시설들은 조선총독부와 일본의 대기업이 독점하였다. 또한 인삼 · 소금 · 담배는 조선총독부가 전매함으로써 총독부는 자체가 거대한 기업인 셈이었다. 임업부문에서도 토지조사사업과 비슷한 임야조사사업이 진행되었으며, 이 사업의 결과 전체 임야의 50% 이상이 조선총독부와 일본인 소유가 되었다. 이밖에 조선총독부의 후원 아래 우리나라 어장은 우수한 선박과 기구를 갖춘 일본 어민에 의해 독점되고 있었고, 총독부는 어업령(漁業令)으로 일본 어민의 성장을 도모하고 한국 어민의 어업활동은 억압하는 상황을 조장하였다. 전국의 광산자원도 조선총독부가 조사하였고 광업령(鑛業令)을 제정하여 일본인 재벌에게 많은 광산의 채굴권이 넘겨졌다. 특히 제1차 세계대전으로 군수 광산물의 수요가 급증하면서 본격적인 광산물 약탈이 자행되었고 생산물의 대부분은 일본으로 반출되었다.

제2절 3 · 1운동

【3 · 1운동의 태동】

일제가 한국을 강점한 이후 조선총독부는 무단통치로 일관하였으나 헌병경찰 통치의 무조건적 강압통치 하에서도 우리 민족은 줄기차게 항일독립운동을 전개하였다. 국외에서는 의병의 근거지 이동으로 독립운동 기지건설과 독립군 양성이 이루어졌으며, 국내에서는 보다 적극적인 비밀결사운동이 전개되고 있었다. 비밀결사로는 독립의군부 · 조선국권회복단 · 대한광복단 등이 있었다. 이들은 각종 선언문과 격문을 통해 독립사상을 고취했으며 광복에 대한 희망과 신념을 불어 넣는 활동을 하였다. 그 중에서도 가장 활발한 활동을 전개한 것은 대한광복단(大韓光復團)이었는데 이 조직은 박상진(朴尙鎭)을 총사령, 김좌진(金佐鎭)을 부사령으로 하여 활동하였으며, 국내와 만주지역 등지에서 군자금 모집과 친일파 처단 등의 활동에서 성과를 거두었다. 이들 비밀결사들은 대부분 교육기관과 종교조직 지역기반을 중심으로 연결되어 있었으며, 교사 · 청년 · 학생 · 종교인들을 규합하면서 농민 · 노동자들과도 연결함으로써 민족운동을 널리 확산시키는 역할을 했다.

국내에서 항일독립운동의 기운이 고취되고 있는 가운데 제1차 세계대전은 인류 역사에서 유례가 없는 인적 · 물적 피해를 남겼다. 따라서 전후(戰後)에는 대규모 전쟁의 재발을 막으려는 전 세계적인 노력이 경주되었다. 그리고 종전 후 새로운 세계질서의 정립을 위해 개최된 파리강화회의에서는 미국 대통령 윌슨이 제안한 14개조의 평화안이 논의되었는데 그의 제안은 세계적인 관심의 대상이었다. 윌슨의 평화안에 민족자결주의(民族自決主義)가 포함되어 있었으며, 국내외의 민족지도자들은 민족자결주의가 기본적으로는 제1차 세계대전 패전국의 식민지에게 적용된 것이었지만, 이러한 원칙의 발표를 독립운동의 기회로 판단하고 있었다.

민족지도자들은 서둘러 파리강화회의에 민족대표를 파견함으로써 우리의 독립열의를 전달하고 국제적인 협조를 얻으려는 노력을 전개하였다. 이를 위해 신한청년당의 김규식(金奎植)을 파리로 파견하였으며 국내에도 독립운동 전개의 필요성에 대한 논의가 광범위하게 이루어지고 있었다. 이 무렵 1918년 11월 만주에서는 해외에서 활동하던 독립운동가를 중심으로 무오독립선언서(戊午獨立宣言書)가 발표되었고 일본에 유학하고 있던 유학생들은 동경(東京)에 모여 독립을 요구하는 선언서와 결의문을 선포하였다. 특히 일본 유학생 독립선언서 발표와 시위운동은 국내외 민족지도자들의 독립운동을 재촉했는데 이것이 2·8독립선언이었다.

【3·1운동의 전개】

1919년 3월 1일 마침내 전 민족적 항일운동인 3·1운동이 일어났다. 밖으로는 민족자결주의와 2·8독립선언 등의 자극이 있었고, 국내에서는 고종황제가 승하(昇遐)해 전 민족적 애도 분위기가 조성되어 있었다. 더욱이 고종이 일본인들에게 독살되었다는 소문마저 돌고 있는 상황이었다. 이러한 상황에서 손병희(孫秉熙)·이승훈(李昇薰)·한용운(韓龍雲)을 비롯한 종교계를 중심으로 민족지도자 33인이 독립선언서를 발표하고 국내외에 독립을 선포하였다. 이때 서울의 탑골공원에 모였던 학생·시민들이 시가지로 나와 시위를 전개함으로써 3·1운동의 봉화가 올랐다. 서울의 시위운동은 곧 지방으로 확산되어 5월까지 지속적으로 전개되었다.

3·1운동의 열기가 전국적으로 확산되자 당황한 일제는 헌병경찰은 물론 육·해군, 심지어는 한국에 살고 있는 재향군인회 소속의 일본인과 소방서 대원까지 동원하여 만세시위를 전개하는 군중들을 향해 무차별 총격을 가해 진압하였다. 일제의 통계로만 보아도 피살자가 7,509명, 부상자가 15,961명으로 공식 집계되었으며, 가옥·교회·학교를 비롯한 건물이 방화·파괴되는 등 극심한 수난을 당하였다. 그 중에서도 경기도 화성 제암리에서는 전 주민을 교회에 집합시킨 뒤 감금하고 방화하여 마을주민 전체를 학살하는 만행이 자행되기도 하였다. 이 사건은 국내에서 활동하던 선교사들을 통해 전 세계에 알려져 일제 식민통치의 극단적 폭력성을 확인시키는 계기가 되었다.

3·1운동의 첫 단계는 비폭력주의 원칙 아래 진행되었으며 민족대표의 주도 하에 독립선언서를 제작·배포하여 만세시위운동을 점화하는 단계였다. 그러나 이 단계에서 민족대표의 대다수가 일본 경찰에 자진 투항함으로써 이후 3·1운동은 학생조직과 민중들의 자생적 조직을 중심으로 전개되었다. 두 번째는 학생·상인·노동자층이 참가함으로써 도시로 확산되는 단계였다. 학생들이 주도하였고 상인·노동자들이 이에 적극 호응하였다. 세 번째는 주요 도시로부터 전국의 농촌 각지로 만세시위운동이 확산되는 단계로 시위 군중들은 면사무소·헌병주재소를 비롯한 공공기관과 친일 지주를 습격했다. 비폭력주의가 폭력적 경향의 시위로 변하는 양상을 나타내기도 하였다.

또한 만주지역의 간도지방에서도 시위가 전개되었는데 특히 용정에서는 3월 13일에 대규모의 만세시위가 일어나 중국인들에게 한민족의 독립의지를 알리는데 크게 기여하였고 연해주의 블라디보스토크 등지에서 교민들이 시위를 전개했다. 하와이 · 미국 · 멕시코를 비롯한 미주지역의 동포들도 필라델피아에 모여 독립선언식을 거행하고 시가행진을 전개했다. 만세 시위운동은 일제의 심장부에서도 일어났다. 이미 2 · 8독립선언으로 3 · 1운동의 기폭제가 되었던 동경 유학생들은 국내의 봉기 소식을 듣자 곧 만세시위를 전개했으며 오사카의 동포들도 뒤이어 시위를 벌였다. 이로써 3 · 1운동은 우리 민족의 독립의지를 전 세계에 확인시키는 계기가 되었고 이후 독립운동의 원동력이 되었다.

【3 · 1운동의 의의】

3 · 1운동은 우리 민족에게 독립할 수 있다는 희망과 자신감을 안겨 주는 한편, 우리 민족의 주체성을 확인하고 우리의 독립의지를 전 세계에 천명하는 획기적인 계기가 되었다. 3 · 1운동 이후 우리 민족은 독립운동이 본격화하게 되었는데 만주와 중국 관내를 비롯하여 전 세계적으로 우리 민족의 독립운동이 활발하게 전개되는 계기가 되었다. 3 · 1운동이 우리 민족에게만 역사적 의의를 갖는 것은 아니다. 우리 민족의 저력을 국내외에 과시함으로써 세계 여러 나라에 우리 민족의 독립 문제를 올바르게 인식시키는 계기가 되었으며, 일본의 무단통치를 문화통치로 바꾸게 하였다. 또한 3 · 1운동은 중국 · 인도 등 전 세계 약소민족들이 제국주의에 반대하는 운동을 일으키게 하는데 일조하였으며, 1920년대의 독립운동이 더욱 조직적이고 체계적인 독립운동으로 발전하는 결정적 계기였다. 3 · 1운동을 계기로 상해에서 민주공화제의 대한민국 임시정부가 수립되었다. 그러나 3 · 1운동은 거족적인 만세운동이었는데도 독립을 이루지는 못했다. 민족자결주의의 원칙은 제1차 세계대전의 패전국이 가지고 있던 식민지에만 적용되었으며, 파리강화회의 자체가 전승국의 이익을 최대한 보장하는 분위기 속에 진행되었다. 안타깝게도 일본은 제1차 세계대전의 전승국이었으므로 거족적인 만세시위운동이 파리강화회의에 반영되지 못했던 것이다.

【 대한민국 임시정부의 수립 】

3·1운동 당시의 민족지도자들은 일제의 삼엄한 감시로 상호 연락이 어려워 여러 지역에서 각각 별개의 임시정부를 수립하고 있었다. 국내에서는 13도 국민 대표 명의로 이승만을 집정관 총재로 하고 이동휘를 국무총리로 하는 한성정부(漢城政府)가 수립되었다. 또 중국의 상해에서는 민주공화제에 입각한 대한민국 임시정부가 수립되어 이승만을 국무총리로 추대했다. 한편 연해주에서는 대한국민의회(大韓國民議會)가 조직되었다. 이후 통일정부수립운동이 전개되어 명분상으로는 국내의 한성정부의 법통을 계승하고 연해주의 대한국민의회를 흡수하는 형식으로 상해(上海)에서 대한민국 임시정부가 조직되었다. 따라서 정부의 공식 명칭도 그대로 대한민국 임시정부로 하고 정치체제도 민주공화제를 채택하였다.

대한민국 임시정부의 수립은 첫째, 우리 민족의 항일독립운동이 조직화·체계화되고 독립의 희망과 자신감을 갖는 계기가 되었다. 둘째, 우리 역사에서 최초로 군주제가 아닌 민주공화정제의 정부가 등장하게 되었다. 셋째, 대한민국 임시정부의 헌정체제는 입법기관인 임시의정원, 사법기관인 법원, 행정기관인 국무원으로 구성되어 우리나라 최초로 3권 분립에 입각한 민주공화제 형태의 정부를 갖추게 되었다. 이후 대한민국 임시정부는 모두 5차의 개헌을 통해 지도체제를 다듬었으며 이후 임시정부의 헌정체제는 우리나라 제헌헌법의 제정과 민주헌정의 형성과 발전에 적지 않은 영향을 끼쳤다.

제3절 식민지 지배정책의 변화

【 문화통치로의 전환 】

3·1운동이 일단 진압되기는 하였지만 일본은 한국에 대한 지배방식을 형식적이나마 변경하지 않을 수 없었다. 게다가 일본은 평화적인 만세운동에 대한 폭력적 탄압 때문에 악화된 국제여론에도 적지 않은 부담을 느끼고 있었다. 이에 일본은 헌병경찰제(憲兵警察制) 정치를 포기하고 소위 문화통치(文化統治)를 실시한다고 선언할 수밖에 없었다. 문화통치의 내용은 대략 다음과 같다. 우선 제도상으로 조선총독의 임명조건을 완화하여 종래 육·해군 대장만 임명될

수 있었던 총독에 문관도 임명될 수 있게 하였다. 헌병경찰제도 보통경찰제로 전환하였으며 교육의 보급을 확대하여 일본인과 같은 수준으로 확대하겠다고 선전했으며, 언론통제를 완화하여 한글로 된, 한국인이 간행하는 신문의 발간을 허락하기도 하였다.

그러나 문화통치는 기본적으로 지금까지 일제가 실시해왔던 강압・폭압적이었던 식민통치의 문제점을 은폐하기 위한 술책에 불과한 것이었다. 문관총독 임명이 규정상 존재하기는 했지만 광복될 때까지 문관총독은 한 명도 임명되지 않았다. 보통경찰제 또한 경찰이 가지는 권한이 이전과 거의 다름없는 상황이었으며, 경찰관과 감옥의 수, 그리고 사상범의 수가 계속 증가되고 있었다. 뿐만 아니라 고등경찰제도(高等警察制度)가 실시되어 한국인 독립운동가에 대한 탄압은 더욱 강화되고 있었다.

본래 '문화통치' 라는 용어는 신문 발간의 허용과 교육 기회의 확대에서 나온 것인데 3・1운동 이후 조선총독부에서는 『동아일보』와 『조선일보』 등 한글판 신문의 발간이 허락되고 교육의 기회를 확대한다고 선전하였다. 그러나 일간신문이나 잡지들은 수시로 기사의 삭제・정간・폐간 등을 당하였고 교육부문에서도 실업교육과 기술교육에 치중해 식민지지배에 필요한 최소한의 인력을 양성하는데 집중되어 있었다. 따라서 문화통치는 전적으로 일제가 3・1운동의 영향 하에서 불가피하게 선택했던 식민지 지배정책이며 그 속에는 우리 민족의 근대의식의 성장을 저해하려는 분명한 목적이 내재되어 있었던 것이다.

【산미증식계획】

1920년대에 들어 일본은 자본주의의 급속한 발전과 더불어 식량수요가 급격히 증가하였으며, 이에 따라 한국의 쌀에 대한 요구가 증대하였다. 그리하여 일제가 수립한 정책이 산미증식계획(産米增殖計劃)이었는데 이 계획은 15년 계획으로 수립되어 1920~1934년까지 실시되었다. 계획에 따르면, 일제는 총 16,800만 원의 비용을 투자해 427,500정보의 토지를 개량하고 농법을 발전시켜 총 920만여 석의 쌀을 증산할 예정이었다. 그리고 이 중 500만 석의 쌀을 일본으로 수출하고자 하였다. 그러나 계획은 예정대로 성과를 거두지 못하였다. 통계수치만 보더라도 1912~1926년에 연평균 생산량은 1,230만 석이었는데, 1922~1926년에는 1,450만 석, 1932~1936년에는 1,700만 석으로 증가했을 뿐이었다. 그러나 일본으로 수출되던 쌀의 양은 1912~1916년에는 연평균 106만 석에 불과하던 것이 1932~1936년에는 876만 석으로까지 급증하였다. 그리고 이것은 같은 기간의 연평균 생산량 1,700만 석의 절반에 이르는 양이었다. 따라서 국내의 식량사정은 극도로 악화되었으며, 부족한 식량은 만주에서 생산되는 값싼 잡곡으로 충당되었지만, 이것도 근본적인 해결책이 될 수는 없었다. 뿐만 아니라 당시 국내의 농민들은 증산에 투입된 비용까지도 부담해야 했으므로 식량 부족과 함께 이중의 고통을 겪고 있었다. 또한 쌀의 증산만을 강조하다 보니 다른 작물을 농사짓지 않고 모든 농토를 논으로 바꾸었으며 그 결과 우리 농업은 재배작물이 단순화되어 쌀 중심의 단작형 농업으로 기형화해 갔다.

【 민족말살정책 】

1920년대 후반에 세계적으로 불어 닥친 경제공황은 제국주의 열강들을 큰 난국으로 내몰고 있었다. 과잉생산으로 공급이 수요를 지나치게 초과하면서 기업의 도산과 노동자의 실직이 이어졌으며, 이러한 구조는 전 세계적으로 악순환을 이루고 있었다. 제1차 세계대전을 고비로 최강국으로 발돋움한 미국은 정책의 전환을 통해 경제공황을 극복했다. 곧 경제활동에 간섭하지 않는 것을 미덕으로 삼던 정부가 경제활동에 대한 적절한 조정 또는 통제를 가하기 시작한 것이다. 뉴딜 정책이 실시되었고 미국은 경제공황으로부터 탈출할 수 있었다. 영국과 프랑스의 경우도 제1차 세계대전의 전승국이었으므로 여전히 많은 식민지를 보유하고 있었다. 이들은 본국과 식민지를 하나로 묶어 자체의 물자교류를 통해 재고를 감소시키는 배타적 경제블록으로써 경제공황을 타개할 수 있었다. 물론 식민지의 희생이 클 수밖에 없었고, 식민지의 희생 위에서 문제의 해결을 꾀한 것이었다.

그러나 일본 · 독일 · 이탈리아 등 후발자본주의 국가들은 전쟁을 통해 이 문제를 해결하고자 하였다. 일제는 1931년 소위 만주사변을 도발하여 중국 동북지역을 점령한 뒤 1937년에는 중일전쟁을 도발하였으며, 1941년에는 미국과 태평양전쟁을 일으켜 전쟁을 점차 확대해 나갔다. 그리고 일본은 만주사변과 중일전쟁으로 본격적인 대륙침략을 감행하면서 한국을 대륙침략의 배후기지로 삼아 군수공업을 일으켰으며, 식민통치를 극단적으로 강화해가는 병참기지화정책을 추진하였다. 특히 중일전쟁 이후에는 국가총동원령(國家總動員令)을 발동하여 한국인에 대한 수탈에 박차를 가하였으며 내선일체론(內鮮一體論) · 일선동조론(日鮮同祖論) · 황국신민화(皇國臣民化)의 구호 아래 황국신민서사(皇國臣民誓詞)의 암송 · 궁성요배(宮城遙拜) · 신사참배(神社參拜) 등 식민통치 이념의 내재화를 강요해 나갔다. 그리고 심지어 우리의 성씨마저 일본식으로 고치도록 하는 창씨개명(創氏改名)이 강요되기도 했다. 그리고 일제의 정책에 반대하는 한국인이나 학교에 대해서는 검거와 투옥 및 폐교를 강요하는 세계적으로 유래를 찾을 수 없는 극단적인 식민통치를 서슴없이 감행하였다.

또한 태평양전쟁 이후로는 종래의 병참기지화정책에서 한걸음 더 강화된 수탈을 자행하였다. 중일전쟁 이후 지원병제도(志願兵制度)를 실시하더니 계속해서 징병(徵兵)·징용(徵用)·정신대(挺身隊) 동원 등이 이어졌으며, 전쟁에 필요한 식량과 각종 물자를 수탈해 갔다. 뿐만 아니라 조선총독부의 기관지였던 『매일신보(每日申報)』와 『조선(朝鮮)』 등 모든 친일 언론매체와 친일인사들을 총동원하여 일제의 전쟁도발을 정당화하고 한국인들의 적극적인 참여를 선동하였다. 이 같은 상황에서 이 시기에 강제연행(强制連行)당한 한국인들 중 상당수는 일본·중국·동남아시아·사할린 등지로 끌려갔는데 이중 많은 사람들이 광복 이후에도 귀환하지 못하였다.

제4절 항일무장투쟁의 전개

【 독립운동기지의 건설 】

1910년 한일합방으로 국권을 침탈당하자 많은 애국지사들은 국외에 독립운동기지를 건설할 필요를 느끼기 시작했으며 가장 활발한 활동을 전개한 것은 신민회(新民會)였다. 신민회는 국외에 독립운동기지를 건설해 군사력을 육성함으로써 일본이 중국이나 미국, 혹은 러시아와 전쟁을 하는 결정적인 시기에 독립전쟁을 수행하여 국권을 회복하고자 했으며, 주로 약 100만의 동포들이 거주하고 있는 만주지역을 중요 독립운동기지(獨立運動基地)의 하나로 염두에 두고 있었다. 해외 독립운동기지 중에서도 유명한 곳은 이희영(李會榮)·이상룡(李相龍)이 설치한 남만주의 삼원보(三源堡)와 이상설(李相卨)·이승희(李承熙)가 세운 밀산(密山)의 한흥동(韓興洞), 그리고 블라디보스토크의 신한촌(新韓村)이었다. 특히 만주지역의 독립운동기지에는 민족교육기관과 독립군 지휘관 양성을 위한 신흥무관학교(新興武官學校)가 설립되어 무장독립전쟁의 기반이 되었으며 연해주의 블라디보스토크에는 이상설·이동휘(李東輝)를 정·부통령으로 하는 대한광복군 정부가 수립되어(1914), 독립군의 무장투쟁의 터전이 되고 있었다,

만주지역에서의 본격적인 항일무장투쟁은 1920년대에 들어 전개되기 시작하였다. 3·1운동의 실패 이후 민족지도자들은 비폭력 항일투쟁 방식의 한계를 인식하였으며, 항일무장투쟁을

보다 적극적으로 추진하기 시작하였다. 만주 · 연해주 일대의 동포 사회의 협조로 무장 독립군이 편성되고 무기를 구입하면서 일제와의 항전 준비를 갖추어 갔다. 한편 독립군은 본격적으로 일본군과 충돌하기 전에도 압록강과 두만강을 건너 국내의 일제 식민통치 기관을 습격 · 파괴하고 일제 군경과 치열한 전투를 전개하는 국내진공작전(國內進攻作戰)을 활발하게 전개하였다.

【 봉오동전투와 청산리전투 】

1920년대에 들어 만주와 연해주 일대의 독립군들이 일본 군경과 전투를 전개하면서 군자금 모집 · 밀정 처단 · 친일파 숙청의 활동을 전개하면서 일제의 국경치안에 심각한 타격을 가하고 있었다. 또한 독립군의 국내진공작전이 계속되자 일제는 보다 근본적인 대책을 수립할 필요가 있다고 판단했으며, 이 과정에서 일본군과 독립군 사이에 대규모 교전인 봉오동전투와 청산리전투가 발발하였다.

봉오동전투는 1920년 6월 홍범도(洪範圖)가 지휘하는 대한독립군(大韓獨立軍)이 최진동(崔振東)의 군무도독부(軍務都督部) 등의 무장부대와 연합하여 독립군을 기습하려 봉오동 지역으로 들어온 일본군을 공격해 승리를 거둔 전투이며, 대한민국 임시정부가 발행하던 1920년 10월 25일자 『독립신문(獨立新聞)』에 보면 사망한 일본군만 157명에 이르는 것으로 나타나고 있다.

봉오동전투에서 패배한 일본군은 대병력을 동원해 독립군을 포위 · 공격해왔다. 이에 김좌진(金佐鎭)이 지휘하는 북로군정서와 홍범도가 지휘하는 대한독립군 등 10개의 독립군 연합부대는 1920년 10월 21일부터 26일까지 청산리 백운평(白雲坪), 천수평(泉水坪), 마록구(馬鹿溝) 등의 전투에서 연승을 거두어 1,000여 명이 넘는 일본군을 사살하고 대승을 거두었는데 이것이 청산리전투이다. 봉오동전투와 청산리전투에서 독립군이 크게 승리했다는 것은 1910년대부터 한국의 독립운동세력이 꾸준히 준비해 온 독립전쟁론(獨立戰爭論)의 승리를 의미하는 것이었다. 청산리전투에서 대패한 일본은 이후 간도지역 일대의 한인마을을 급습하여 마을을 초토화하는 경신참변(庚申慘變)을 일으켰는데 10월 9일에서 11월 5일까지 27일간 간도일대에서 약 3,500명 정도의 무고한 한국인들이 학살당한 것으로 나타나고 있다.

청산리전투 이후 독립군은 계속되는 일본군의 추격을 피하기 위해 북로군정서의 서일(徐一)을 총재로 하는 대한독립군단(大韓獨立軍團)을 결성하고 소련 영내인 자유시(自由市)로 이동하였다. 대한독립군단으로서는 소련정부가 공식적으로 약소민족의 독립운동을 돕겠다고 천명해 온 터이기 때문에 소련 영내로 이동하는 것이 안전할 것으로 판단하고 있었다. 그러나 일본과의 외교적 마찰을 우려한 소련정부의 태도와, 항일무장부대 내에서 주도권을 장악하려 했던 사회주의자들과 민족진영과의 알력으로 인해 무력충돌이 발발하였다. 소련 당국은 독립군에 대해 무조건적인 무장해제를 요구하였고 이에 저항하는 독립군에 대해 무차별 공격을 가하여 다수의 독립군이 죽거나 부상당하는 피해를 입었다. 이로서 청산리전투에서 대승을 거두었던 독립군들은 예상외의 타격을 입게 되었으며 이것이 자유시참변(自由市慘變)이었다(1921).

【 독립군의 통합운동 】

경신참변과 자유시참변을 겪으며 각지에 흩어졌던 만주지역의 독립군들은 여러 가지 어려움을 극복하면서 재정비에 착수하였다. 1920년대 중반 이후 보다 효과적인 활동을 전개하기 위한 독립군 부대의 통합운동이 전개되었던 것이다. 통합된 독립군 조직은 3부로 정립(鼎立)되었다. 압록강 건너편 지역에는 대한민국 임시정부 직할로 육군주만참의부(陸軍駐滿參議府)가 설립되었고(1923), 길림 · 봉천 일대의 남만주 일대에는 정의부(正義府)가 설립되었으며(1924), 북만주 일대에는 김좌진을 중심으로 신민부(新民府)가 조직되었다(1925). 이들 3부의 독립군 조직은 각각 동포사회의 자치행정을 맡아보는 민정기관과 독립군의 훈련과 작전을 맡는 군정기관의 역할을 동시에 수행했다. 뿐만 아니라 이들 독립운동 단체 산하의 독립군 부대들은 주로 국경지대를 중심으로 국내진공작전을 전개하여 일제의 국경치안에 타격을 주었으며, 국내로 독립군을 파견하여 각종 정보를 수집하는 활동을 전개하였다.

한편 독립군의 활동이 다시 본격화되자 조선총독부는 봉천군벌(奉天軍閥)과의 협상을 통해 독립군의 활동을 탄압하는 내용의 이른바 삼시협정(三矢協定)을 체결(1925)하였다. 협정의 체결로 재만한인에 대한 중국 당국의 간섭과 통제가 강화되자 동포사회는 중국 경찰이나 중국인들에 의한 부당한 박해가 늘어 독립운동 단체나 독립군의 활동은 크게 위축될 수밖에 없었다. 또한 1920년대 초부터 만주지역에 사회주의사상이 한인청년들을 중심으로 급격하게 전파되자 한인사회는 민족주의세력과 사회주의세력의 대립과 경쟁이라는 새로운 변화를 겪게 되기도 하였다.

3부로 확립되었던 민족진영의 독립운동 단체는 일제와 중국 당국의 이중적 압박의 강화라는 새로운 정치적 상황에 직면하자 1920년대 후반에 이르면 다시 3부가 연합하여 통일적인 조직체계를 형성하고 보다 효과적으로 한인사회의 보호와 독립운동의 전개를 추진할 필요가 있다는 인식 하에 3부통합운동을 전개하였다. 그러나 이 운동은 재만한인과 독립운동세력이 넓은 지역에 산재해 있었고 각 운동세력이 대내외적으로 다양한 이념의 경향을 나타내고 있던 상황에서 성과를 거두기 어려운 측면이 있었다. 이후 민족진영은 다시 정의부 세력을 주축으로 결성된 국민부(國民府)와 김좌진이 한인사회주의 청년에 의해 암살당한 후 결성된 한국독립당(韓國獨立黨)으로 재편되었고 이들은 만주사변 이후 일제와의 항일무장투쟁을 주도하였다.

【 한 · 중 연합군 결성 】

1931년 만주사변을 도발한 일제가 이른바 반만항일(反滿抗日)세력에 대한 대대적인 군사공격을 감행하자 민족진영의 독립군은 중국군과 연합하여 본격적인 항일무장투쟁을 전개하였다. 그리고 이 과정에서 지청천(池青天)이 이끄는 한국독립군은 중국 호로군(護路軍)과 연합하여 쌍성보(雙城堡) · 사도하자(四道河子) · 동경성(東京城), 대전자령(大甸子嶺) 전투에서 승리하였으며, 국민부(國民府) 산하의 조선혁명군도 양세봉(梁世奉)의 지휘 하에 중국 의용군과 연합해 홍경성(興京城) · 영릉가(永陵街), 쾌대모자(快大帽子) 전투 등에서 일본군에 승리를 거두었다. 그리고 조선혁명군의 이러한 승리는 만주지역 중국인들의 항일의식 고취에도 크게 기여했던 것으로 나타나고 있다.

그러나 1930년대 중반까지 계속되었던 민족진영의 한 · 중 연합작전은 만주국(滿洲國)이 성립되고 일제의 대규모 토벌작전이 계속되는 상황에서 그 세력이 점차 약해지고 있었다. 또한 대한민국 임시정부가 광복군의 결성을 위해 만주지역 독립군의 관내(關內) 이동을 요청해 오고 이에 따라 한국 독립군을 중심으로 한 민족진영의 무장세력이 중국 본토로 이동하게 되자 민족진영을 중심으로 한 만주지역에서의 항일무장투쟁을 더 이상 활발하게 전개되기 어려운 상황이 되었다.

한편 1930년을 전후하여 중국 공산당에 입당했던 한인사회주의자들은 만주사변이 발발하자 중국인 공산주의자들과 함께 항일유격대를 조직하였으며 중국 공산당 산하에서 이홍광(李紅光), 이동광(李東光), 허형식(許亨植) 등 상당수 재만한인 청년들이 활발한 항일무장투쟁을 전개하였다. 이후 한인대원들은 동북인민혁명군(東北人民革命軍)과 동북항일연군(東北抗日聯軍)에도 적극적으로 참여하였으며, 만주지역에서의 더 이상의 무장투쟁이 곤란해지자 1940년 이후 소련 영내로 들어가게 되었으며, 이들 중 일부는 해방 후 북한 정권에 참여하였다.

또한 20만의 조선인이 거주하고 있는 중국 화북(華北)지역에서는 1941년 1월 화북조선청년연합회(華北朝鮮靑年聯合會)가 결성되었다. 의열단을 주도했던 김원봉(金元鳳)이 조직했던 조선민족혁명당(朝鮮民族革命黨)과 조선의용대(朝鮮義勇隊)에서 활동하던 한국인 청년들은 1938년 조선청년전위동맹(朝鮮靑年前衛同盟)을 결성하고 국민당 정부의 통치지역에서 벗어나 일본과 직접적인 전투가 벌어지고 있는 전선으로 나가 싸울 것을 주장하였다. 그러나 이것이 받아들여지지 않자 이들은 독자적으로 중국 공산당이 있는 연안(延安)으로 갔다. 연안에 도착한 이들은 그곳에서 조선의용대 화북지대를 결성하는 한편, 중국 공산당 내에서 활동하던 한국인 공산주의자 무정(武亭) 등과 연합하여 활동하였다. 이후 중국 관내의 국민당지구로부터 조선의용대원들이 계속 화북지역으로 옮겨 옴에 따라 화북조선청년연합회는 1942년 7월 통일전선적 성격을 강화하여 조선독립동맹(朝鮮獨立同盟)으로 확대되었다. 또한 조선의용대 화북지대는 조선독립동맹이 발족하면서 조선의용군으로 재편되었으며, 태항산 지역에서 8로군과 함께 반소탕전(反掃蕩戰), 호가장(胡家庄) 전투 등에 참가하는 등 항일무장투쟁의 선봉에서 활동하였다.

이밖에 미국에서도 재미한인들이 활발한 항일투쟁을 전개하였는데 일찍이 1908년에는 통감부의 외교고문으로 활동하면서 일본의 한국지배의 정당성을 선전하고 다니던 스티븐슨을 전명운(田明雲) · 장인환(張仁煥)이 샌프란시스코에서 저격함으로서 한국인들의 독립의지를 미국사회에 알리는데 공헌하였다. 미주지역의 독립운동은 주로 이승만, 안창호, 박용만 등이 중심이 되어 전개하였는데 하와이 국민군단, 대한인동지회, 애국부인회, 재미한족연합위원회 등의 단체가 조직되어 임시정부의 독립운동을 재정적으로 후원하였고 미국 내에서의 한국독립에 관한 긍정적 여론의 형성을 위해 노력하였다. 이들 중에는 제2차 세계대전 중에 미군으로 참전하거나 해방 이후 귀국하여 미군을 도와 대한민국의 건국을 도운 인물들도 상당수 있다.

1920년대 이후 개인적인 의열투쟁도 계속되었다, 강우규 의사는 3 · 1운동 이후 새로 부임하는 사이토(齋藤實) 총독에 폭탄을 던져 3 · 1운동 이후 침체될 위기에 있었던 독립운동진영에 활기를 불어 넣었다. 또한 김원봉(金元鳳)의 의열단과 김구의 애국단(愛國團)은 가장 두드러진 활동을 전개하였으며, 이들에 의해 이루어진 의열투쟁은 수없이 많았다. 의열단원 김상옥(金相玉)은 종로경찰서에 폭탄을 던졌으며(1923), 나석주(羅錫疇)도 서울에서 동양척식회사 폭탄사건(1926)을 일으켰으며, 애국단원 이봉창(李奉昌)은 동경에서 일왕 암살을 위한 수류탄 투척사건(1932), 역시 애국단원 윤봉길(尹奉吉)은 상해 홍구공원사건(虹口公園事件, 1932)을 일으킨 것으로 유명하다. 또한 조명하(趙明河)는 대만에서 일본 왕족을 처단하는데 성공하기도 하였다(1928).

제5절 국내에서의 항일민족운동

【국내자본의 현황】

국권을 강탈당한 이후 민족자본에 의한 민족기업의 성장은 사실상 불가능하였다. 일부 국내자본의 성장으로 손꼽을 수 있는 것은 일정한 자본능력을 갖춘 지주 출신 기업인이 지주나 상인들의 자본을 모아 대규모의 공장을 세운 경우였으며, 또 다른 유형으로는 대부분의 민족기업은 소규모의 공장건설로 나타났다. 서민출신 상인들이 자본을 모아 메리야스 · 양말 · 고무신 등의 새로운 기업분야를 개척한 경우이다. 서민출신의 기업을 대표하는 것이 평양메리야스공장이다. 이들 민족기업은 순수한 한국인만으로 운영되었으며, 한국인의 기호에 맞게 내구성 있는 제품을 제작 · 판매하였다.

반면에 일제의 정치적 보호 하에서 성장하는 일본기업의 성장과 발전은 국내자본과는 비교가 되지 않았다. 군수공업은 일본의 군부와 결탁한 미쓰이(三井), 미쯔비시(三菱) 등 대재벌(大財閥)에 의해 추진된 것이었다. 1938년에 공장에 투입된 자본의 비율을 살펴보면, 한국인이 12.3%이고 일본인의 경우가 87.7%였다. 따라서 한국에서의 공업의 성장은 단적으로 일본자본의 성장을 의미하는 것이었으며, 한국인 자본의 성격도 일본에 예속될 수밖에 없는 경우가 대부분이다.

광업의 경우도 석탄업의 경우 94%가 일본인 자본이며, 광업 전체로는 96%가 일본인 자본이었다. 일본은 한국의 공업발전을 가리켜 '약진하는 조선'이라고 선전하였으나 이는 일본인 자본의 약진을 의미하는 것이었다. 국내자본으로는 경성방직과 백산상회(白山商會)를 들 수 있는데 이들 중 백산상회는 안희제(安熙濟)에 의하여 영남지방 지주들의 자본으로 창립된 무역회사였으며 주로 독립운동의 자금을 공급했던 것으로 유명하다.

평양의 메리야스공업과 고무공업도 민족자본의 하나였다. 1920년대 이후 활기를 띠기 시작한 메리야스공업은 주로 양말을 생산하였다. 공신(工信)양말의 이진순(李鎭淳)이나 삼공(三共)양말의 손창윤(孫昌潤) 등은 근검절약으로 자본을 모아 독립된 공장을 설립한 경우라고 할 수 있다. 고무공업은 전래의 신발을 고무신으로 대체하면서 사람들로부터 환영받았다. 평양에서 발전한 메리야스공업이나 고무공업의 경영자들은 근면하고 신의 있고 진취적인 기업정신을 기독교로부터 받아들이고 있음이 또 하나의 특색이라고 할 수 있었다.

【 농민과 노동자의 상황 】

토지조사사업의 결과로 일본인 대지주는 증가한 반면, 많은 농민들은 영세소작농으로 전락할 수밖에 없었다. 이들은 이제 계약에 의한 소작인이 되었기 때문에 점차 토지소유권으로 성장해가던 지주들에게 경작권을 빼앗기는 보다 불리한 상황에 놓이게 되었다. 또한 자작농이라고 하여도 소규모의 농토를 소유하고 있는 수준이었기 때문에 소작을 겸해야 하는 경우가 대부분이었다. 이렇게 전락한 영세농민들은 비참한 생활을 할 수밖에 없었다. 즉 한국 농가의 절반은 부채에 허덕이고 있었으며, 식량이 부족하여 풀뿌리와 나무껍질로 연명(延命)해가야 하는 비참한 현실이었다.

소작인이 지주에게 내는 소작료는 생산량의 1/2 정도였으나 여기에 비료대, 수리조합세, 곡물운반비, 지세 등을 부담하였고 또한 지주에게 다양한 노동력을 제공하였다. 이러한 상황에서 농촌에서는 화전민(火田民)이 증가할 수밖에 없었고 만주나 일본으로 이주하는 사람들도 급격하게 증가하였는데 이들은 일본과 만주에서 일본인이나 중국인들과의 알력으로 인해 마찰을 빚기도 하였다. 특히 만주에서는 만보산사건(萬寶山事件)과 같은 중국 농민과 한국 농민 간의 충돌이 일어나 일본의 만주침략에 악용되기도 하였다. 농촌경제가 피폐해지자 일제는 소위 농촌진흥운동(農村振興運動)을 일으켰는데 이 운동은 농민들이 자력갱생(自力更生)으로 농가의 경제상황을 개선시켜 나가겠다는 것이었다. 그리고 농촌진흥운동 과정에서 일제는 식량생산과 부업의 증가가 장려되기도 하였으나 영세농민이 대다수인 국내의 농촌현실에서 운동의 성과를 거둘 수 없었으며, 농민의 저항은 격화되어 갔다.

광공업이 발전함에 따라 노동자의 수도 빠르게 증가하고 있었다. 만주사변이 일어나던 1931년에는 공장노동자와 광산노동자가 15만 명 정도에 못 미치고 있었는데 중일전쟁이 일어나기 전해인 1936년에는 33만 명에 이르렀으며, 태평양전쟁기였던 1942년에는 74만 명을 넘고 있었다. 여기에 자유노동자 및 노동자들의 가족까지를 합하면 그 수는 훨씬 많았을 것으로 생각된다. 한편 한국인 노동자들은 열악한 노동조건 하에 시달리고 있었다. 공장노동자의 47%와 광산노동자의 34%가 12시간 이상의 노동에 시달리고 있었다. 임금도 1929년을 기준으로 해서 보면 한국에 거주하는 일본인 성인 남자는 하루에 2원(圓) 32전(錢)을 받았으나 한국인은 1원에 불과하였다. 한국인 노동자들의 일상생활은 빈곤에 허덕일 수밖에 없었다. 그나마 일자리를 얻지 못한 실업자가 상당수에 이르렀으며, 따라서 이러한 상황에서 노동문제는 심각한 사회문제로 대두하고 있었으며, 전국적으로 과격한 노동쟁의가 끊이지 않았다.

【물산장려운동】

1920년대에 들어서 민족경제의 활성화와 관련한 실력 양성운동의 일환으로 전개된 것이 물산장려운동(物産奬勵運動)이었으며, 조선 물산장려운동을 이끈 사람은 조만식(曺晩植)이었다. 이 운동은 일본상품을 배격하고 국산품을 애용하자는 경제적 민족운동으로 민족산업을 육성해서 민족경제의 자립을 꾀하려는 것이었다. '내 살림 내 것으로, 조선사람 조선 것으로' 와 '우리는 우리 것으로 살자' 는 것이 조선물산장려회의 구호였다. 당시 인도도 영국의 식민통치 아래에 있었는데, 간디는 비폭력 반제국주의 운동의 한 방법으로 국산품애용운동을 전개했다. 우리나라에서는 서북지방의 사회 · 종교 · 교육계 인사들이 뭉쳐 평양에서 조선물산장려회가 조직되고(1922), 이듬해에는 서울을 비롯해 전국에서 민족운동으로 확산되었다. 국산품 애용과 병행해 소비절약을 통한 민족자본의 육성운동도 전개되어 근검저축 · 생활개선 · 금주운동 · 단연운동도 추진되었다. 경제 자립을 위한 각종의 방법을 포괄하는 대표적인 운동이었던 것이다.

조선 물산장려운동과 관련되어 학생들 간에는 자작회(自作會)운동이 전개되었다. 자작이란 '자신에게 필요한 물건은 자신이 직접 만들어 사용하는 것' 을 뜻하는 것이었다. 사실 일본상품 배격운동을 처음으로 생각한 것은 학생들이었는데 민족지도자들이 학생들의 자작회운동을 보고 조선 물산장려운동으로 발전시켰던 것이다. 그러나 일제 식민지배 하에서 대표적 경제 저항운동이었던 물산장려운동도 초기에는 전국으로 확산되면서 활발하게 추진되었지만 이후 일제의 탄압이 가해지면서 큰 성과를 거둘 수는 없었다.

【농민운동 · 노동운동】

일제 하에서 사회경제적으로 가장 열악한 상황에 있었던 농민과 노동자의 저항이 본격화되자 이 운동은 점차 민족운동 성격을 나타내기 시작하였다. 농민운동의 경우 소작인조합(小作人組合), 농우회(農友會), 농민조합(農民組合)이 결성되면서 조직화되고 있었다. 실제로 1919년 이래 소작쟁의가 자주 일어났는데 소작쟁의는 소작인이 지주에 대해 쟁의를 일으킨 것이기 때문에 본래의 의미대로 본다면 자신의 생존권을 보장받으려는 개인적 차원에서 출발하는 것이다. 그러나 일제 식민통치 하의 소작쟁의는 민족운동의 의미도 동시에 내포하고 있었다. 소작쟁의가 주로 일본인지주에 대항해 발생하거나 일제의 수탈에 항거하는 민족운동의 성격도 가지는 것이었기 때문에 이 운동은 일제의 식민통치에 저항하는 성격을 강하게 내포하는 경우가 많았다. 소작쟁의의 원인은 전 건수의 60% 정도가 소작권 이동에 반대하는 것이었고 18% 정도가 소작료 인하를 요구하는 투쟁이었으며, 수리조합비 등 기타 비용에 대한 지주의 부담을 요구하는 투쟁이 전개되기도 했다. 소작쟁의는 동척농장(東拓農場)이나 불이농장(不二農場) 등 일본인 지주의 농장에서 주로 일어났다. 또한 1934년에서 1937년까지 장기간에 걸쳐 일어난 명천농민운동(明川農民運動)은 식민지・반봉건 수탈에 저항하는 가장 대표적 농민운동의 하나였으며, 일제의 통계에 의하더라도 1931년부터 1935년 사이에 검거된 좌익농민조합사건은 43건 4,121명에 이르고 있었다.

노동쟁의도 급격하게 증가하고 있었는데 1920년에 조선노동공제회(朝鮮勞動共濟會)와 1922년에 그 후신인 조선노동연맹회(朝鮮勞動聯盟會)가 조직되면서 활성화되기 시작하였다. 1920년대 일어난 노동쟁의로 유명한 것은 1921년의 부산부두노동자 파업, 1923년의 서울 고무공장 여공의 파업, 1929년의 원산노동자 총파업 등이었으며, 원산총파업의 경우는 그 운동의 형태가 민족운동적 성향을 가장 뚜렷하게 나타내고 있었다. 노동쟁의는 임금인상을 요구하는 경우가 가장 많았으며, 단체교섭권의 부여, 8시간 노동제 등을 요구하는 경우도 있었다. 따라서 1920년대에 전개되었던 물산장려운동이나 소작쟁의, 노동쟁의는 일제의 식민지정책이 한국인들에게 커다란 저항을 불러일으키고 있음을 보여주는 대표적인 경우라고 할 수 있을 것이다. 이후 1930년대에 들어서면 노동운동과 농민운동은 더욱 좌경적 경향을 드러내어 적색노조의 활동이 활발해지면서 지하화하는 경향을 나타내고 있었다.

【신간회운동】

1920년대에 들어서면서 국내외를 막론하고 사회주의사상이 급속하게 전파되자 1920년대 중반을 지나면서 독립운동세력은 크게 민족진영과 공산진영으로 뚜렷하게 양분되는 경향을 나타내기 시작하였다. 또한 민족진영 내부에서도 분화가 일어나 일제와 정치적으로 일정한 관계를 유지하면서 민족운동을 전개하고자 했던 타협적 민족주의자들과 절대적 투쟁을 주장하는 비타협적 민족주의자들로 갈라지고 있었다. 그리고 이러한 상황에서 타협적 민족주의자들이 총독부와 연결되는 것으로 판단되자 비타협적 민족주의자들과 사회주의자들이 보다 굳건한 항일전선을 형성하기 위해 연합하여 공동전선을 형성하고자 하였다. 특히 1925년에 국내에서 조선공산당(朝鮮共産黨)이 결성되어 사회주의세력의 성장이 두드러지자 민족단일전선(民族單一戰線)의 결성을 추진하려는 움직임이 가시화되었으며, 국내에서는 신간회(新幹會)가 결성되었다(1927).

신간회는 이상재(李商在)를 비롯한 지식인 30여 명의 발기로 서울에서 발족되어 곧 이어 전국 각지에 지회를 설립했으며, 일본과 만주에서의 지회(支會)설립도 추진되었다. 신간회는 기본강령으로 민족의 단결, 정치·경제적 각성, 기회주의자 배격을 주창하였으며, 학생 중심의 항일운동 전개에도 영향을 끼쳐 광주학생운동이 전국적으로 확산되는데도 기여하였다. 광주학생운동이 일어났을 때, 신간회는 조사단을 파견하고 민중대회를 통해 일제 경찰의 한국인 학생들에 대한 차별조치를 항의하는 등 학생운동을 후원하는 역할을 했다. 이밖에도 전국 순회강연을 통해 민족의식을 고취하고 일제 식민통치의 잔학상을 규탄하였다. 뿐만 아니라 만주지역에서 중국관헌들이 한인동포들을 부당하게 박해하는 한인구축정책(韓人驅逐政策)이 실시되자 이극로(李克魯)를 파견하여 실태를 조사하게 하는 한편, 만주군벌의 장학량(張學良)과는 교섭을 통해 문제를 해결하고자 노력하기도 하였다.

또한 여성계에서는 근우회(槿友會)의 결성을 통해 협동전선을 확대하고자 노력하였다. 이들은 여성노동자의 권익옹호와 생활개선을 행동강령으로 하였다. 따라서 이들의 운동이 일제의 문화통치에 대항하는 현실적인 운동의 한 형태였던 것으로 평가되고 있다. 그러나 신간회와 근우회는 곧 해체되고 말았는데 이는 일제가 우리 민족의 단합된 민족운동을 방해하기 위해 지속적인 탄압정책을 추진하였던 결과였으며, 여기에 협동전선 내부의 좌·우익의 이념대립 그리고 국제 공산주의운동을 이끌던 코민테른의 지시를 받은 사회주의계열의 분열 책동의 원인으로 1930년대 초에 해체되었다.

한편 좌·우익이 연합한 협동전선(協同戰線)의 결성은 만주지역에서도 전민족유일당(全民族唯一黨)의 결성이라는 방식으로 추진되고 있었다. 만주지역에서의 항일투쟁은 정의부, 신민부, 참의부 등의 민족진영의 단체와 조선공산당의 만주지역 조직으로 결성된 조선공산당 만주총국(滿洲總局)이 각각 양 진영의 운동을 주도하고 있었다. 이들은 국내에서 신간회가 결성되던 1927년 초부터 본격적으로 민족유일당을 결성하기 위한 논의를 시작하였고 구체적인 실천방향의 제시를 위해 노력했던 것으로 보인다. 그러나 민족진영과 사회주의진영 내부가 모두 복잡한 분파로 나뉘어 대립과 경쟁의 양상을 나타내고 있는 상황에서 민족단일당(民族單一黨)이라는 협동전선체를 결성하는 것은 쉬운 일이 아니었다. 또한 사회주의진영이 민족진영의 대단체(大團體)들에 대해 기존의 조직적 역량에 대한 포기를 의미하는 개인본위조직론(個人本位組織論)에 입각한 민족유일당의 결성을 주장하는 상황에서 협동전선의 결성은 용이한 일이 아니었으며, 결국 만주지역에서의 민족유일당운동은 1920년대 말에 이르면서 중단되고 말았다. 한편 이후 한인사회주의자들은 중국 공산당에 입당하여 중국혁명과 한국독립운동을 동시에 추진하는 새로운 운동노선을 수용하게 되었다.

【 6 · 10만세운동과 광주학생운동 】

1926년 대한제국의 마지막 황제인 순종(純宗)이 승하하자 이를 기회로 6 · 10만세운동이 일어났다. 이전에 고종 황제의 장례식에 맞추어 3 · 1운동이 일어났던 것과 마찬가지이다. 6 · 10만세운동의 사전준비는 두 갈래로 진행되었다. 민족진영과 전문학교와 고등보통학교의 학생으로 분류되는 세력이 한 갈래를 이루었고 사회주의계열에서도 이와는 별도로 만세운동을 준비하였다. 특히 학생들의 6 · 10만세운동의 밑바탕에는 일제의 계속되는 경제적 수탈과 식민지교육에 대한 반발이 강하게 깔려 있었다. 그러나 이 계획은 3 · 1운동 때의 경험에 비추어 엄중경계를 펴고 있던 일본경찰에 의해 사전에 발각되었다. 경찰은 인쇄된 격문을 압수하고 중요인사들을 검거하였으며, 사람들이 장례식에 참석하기 위해 상경하는 것도 막았다. 그러나 학생들의 계획은 탄로나지 않아 일제의 삼엄한 경비 속에서도 만세운동을 전개할 수 있었다. 학생들은 격문을 살포하고 독립만세를 외쳐 대규모의 군중시위운동을 주도하였는데 이 운동은 발발 즉시 각급 학교에 연쇄반응을 일으키며 확대되어 갔다. 학생들은 "2천 만 동포여! 원수를 구축하라, 피의 값은 자유다. 대한독립만세" 라는 구호를 외치며 격문을 뿌렸다. 이로 인해 200명의 학생들이 주동자 혐의로 체포되었다.

또한 6 · 10만세운동과 신간회의 결성으로 통합된 독립운동의 여건이 마련된 가운데, 광주학생운동이 일어났다(1929). 이미 학생들의 항일운동은 동맹휴학(同盟休學)의 형태로 자주 나타나고 있었다. 학생들의 요구는 한국인 본위의 교육실시, 민족차별교육의 타도, 한국어 수업의 철저, 한국사를 한국인 교수에 배우게 해줄 것 등이 주류였다. 또한 일본인 교사의 부당한 대우와 일본인 학생과의 차별대우 등에 대한 항의의 성격을 갖는 경우도 있었다. 이러한 동맹휴학이 절정에 이른 것이 광주학생운동이었다.

광주학생운동의 경우도 한국 학생들에 대한 일제의 민족차별정책이 발단이 되어 일어났다. 당시 국내의 교육환경은 일제의 우민화 교육정책으로 학교가 부족해 기차를 이용해 먼 거리를 통학하는 학생들이 많았다. 전라남도의 항구도시 목포와 대전을 연결하는 호남선 열차도 학생들의 통학시간에 맞추어 운행되고 있었다. 그런데 이 통학열차가 나주역 구내에 머무르고 있을 때 일본인 학생이 한국인 여학생에 대해 행한 모욕적인 행위가 발단이 되어 광주학생운동이 일어났다. 사건이 발생하자 한국인 학생들은 일본인 학생들과 충돌하게 되었고 11월 3일에 이르러서는 시가전과 같은 양상으로 확대되었는데 사건을 담당한 일본경찰은 모든 책임을 한국인 학생에게 전가하며 관련학생을 부당하게 대우하면서 학생운동이 폭발하게 되었다.

이에 광주지역 학생들은 분기(奮起)하여 항일독립운동 시위를 시작하였으며 검거된 학생들의 석방과 민족차별의 철폐, 약소민족의 해방, 제국주의의 타도 등을 외치며 시위운동을 전개하였고 이 운동은 마침내 전국적으로 확산되었다. 1930년까지 전국적으로 확산된 이 운동에는 총 194개 학교에 54,000명에 달하는 학생들이 참가하였으며, 퇴학처분을 당한 학생은 582명, 무기정학 2,330명, 피검당한 학생은 1,642명이었다. 규모면에서 볼 때 광주학생운동은 3·1운동 이후 최대의 민족운동이었다. 이밖에도 학생운동은 일제 하 전 기간에 걸쳐서 동맹휴학이나 시위운동의 전개 등을 통해 지속적인 항일운동을 전개하였다.

【건국동맹】

일본의 패망이 임박한 가운데 국내에서는 이에 대비하면서 독립운동을 활성화하려는 움직임이 있었다. 1944년 8월 여운형(呂運亨)은 끝까지 전향하지 않은 민족주의자와 사회주의자를 규합하여 조선건국동맹(朝鮮建國同盟)을 조직하고 독립을 위한 준비에 착수하였다. 이후 건국동맹은 전국적으로 지방조직을 갖추어갔으며, 농민동맹 등을 조직하여 조직의 역량을 체계화하면서 항일운동을 전개하였다. 건국동맹에서는 징용·징병을 방해하기 위해 호적부를 소각하거나 일제의 전쟁을 방해하기 위한 철도파괴, 징용·징병 기피알선 등을 중요 내용으로 하는 활동을 추진하였다. 1945년 3월에는 군사위원회도 조직하여 적극적인 항일투쟁을 준비하였는데 특히 만주군관학교 출신이었던 박승환(朴承煥)을 중심으로 만군(滿軍) 내의 조선인을 포섭하여 국내진공작전을 펴려는 계획도 가지고 있었고, 일본군 조병창을 통해 무기를 확보하고자 노력하기도 했다.

또한 해외에서 활동하고 있는 독립운동세력과의 연락을 위해서도 노력하였다. 중국 연안(延安)에 있던 독립동맹과는 독립에 대비하는 문제와 관련해 구체적인 연락을 취하고 있었고 임시정부와는 연계를 위해 사람을 파견하는 등의 노력을 기울였으나 성사되기 전에 일본이 패망하였다. 건국동맹은 해방되자마자 기존의 조직을 모체로 건국준비위원회(建國準備委員會)를 결성하여 새로운 민족국가 수립을 위한 활동을 시작하였다.

제6절 임시정부와 광복군의 활동

【임시정부의 활동】

3·1운동의 결과로 조직된 대한민국 임시정부는 국내외에서 전개되고 있던 독립운동을 보다 조직적이고 체계화하기 위한 활동을 전개하였다. 1920년대에 들어 임시정부의 활동 중 가장 대표적인 것은 국내와의 연결망을 확보하기 위한 연통제(聯通制)와 교통국(交通局)의 설치였다. 연통제는 임시정부의 국내 지방행정 조직으로 국내의 각 도에 독판(督辦), 군에 군감(郡監), 면에 면감(面監)을 두어 임시정부의 문서와 명령을 전달하고, 군자금의 송부와 정보보고 업무를 담당했다. 교통국은 통신기관으로 정보의 수집·분석 및 국내와의 연락을 담당하였다. 임시정부에서 발행했던 『독립신문(獨立新聞)』이나 기타 중요한 사항들이 이 조직을 통해 국내에 알려졌으며, 임시정부에 전달되었던 것으로 보인다. 그러나 연통제는 1921년경 일제에 의해 발각되어 조직이 와해되었으며, 임시정부와 국내를 연결하는 연결망도 커다란 타격을 입었다.

임시정부에서는 애국공채(愛國公債)의 발행이나 의연금 모집을 통해 독립자금을 만들고자 하였다. 이 자금은 부산의 백산상회와 남만주의 안동(安東)지역에서 활동하고 있던 아일랜드인 조지 쇼(George L. Show)가 건립한 이륭양행(二隆洋行) 등에 의해 임시정부에 전달되었는데 백산상회를 주도했던 것은 안희제였으며 이륭양행은 만주지역 독립군과 임시정부를 연결해주는 역할을 수행하였다.

군사활동을 통한 대일항쟁은 임시정부의 숙원사업으로 정부는 수립 직후부터 각종 군사에 관한 법령을 제정해 군사활동을 전개하고자 했다. 그러나 임시정부의 기본정책이 외교중심노선으로 확립되어지고 임시정부가 상해(上海)에 존재한다는 입지조건 하에서 직접적인 군사활동을 전개하기는 어려운 상황이었다. 따라서 임시정부에서는 주로 만주의 무장독립군을 임시정부 직할군대로 개편하여 이들의 군사활동을 지원하는 전략을 추진하였다. 광복군총영(光復軍總營)·육군주만참의부 등이 임시정부 직할군대로 활동했던 대표적인 독립군 부대였으며, 임시정부가 직접 항일 무장부대를 편성해 대일항전을 전개했던 것은 한국광복군(1940)이 창설된 이후의 일이다.

임시정부는 설립초기 외교활동에 중점을 두었는데 우선 제1차 세계대전의 전후 처리를 위한 파리강화회의에 신한청년단(新韓靑年團)의 대표로 김규식(金奎植)을 파견하였다. 또 국제연맹에서 개최하는 국제회의나 워싱턴회의에도 대표를 파견하여 한국의 독립의지를 천명하고 일제의 식민지정책이 나타내고 있던 부당성을 세계에 알리는데 주력하였다. 이밖에 임시정부에서는 산하에 구미위원부(歐美委員部)를 두어 미국을 중심으로 한 외교활동에 주력하도록 노력하였다. 미주지역 독립운동에는 이승만(李承晩), 안창호(安昌浩), 박용만(朴容萬) 등이 활동하였다. 미주지역은 임시정부의 가장 강력한 후원지역이었다. 임시정부는 문화활동에도 관심을 기울여 『독립신문』의 발행 이외에 사료편찬소를 두어 한·일 관계사료집을 간행하기도 했다. 이밖에도 1917년에는 상해지역 한인거류민들의 자제들을 교육하기 위해 인성학교(仁成學校)를 건립하였다.

1920년대에 들어 임시정부는 정치이념 독립노선의 차이, 출신지역을 둘러싼 정쟁과 파쟁으로 활동에 어려움을 겪고 있었으며, 임시정부 주도세력의 외교중심노선이 비판의 대상이 되고 있었다. 이에 대해 북경을 중심으로 한 신채호(申采浩), 박용만 등 무장독립론자들은 군사통일회의(軍事統一會議)을 개최하고 임시정부의 활동과 독립운동 전체의 방향전환을 위한 국민대표대회(國民代表大會)의 개최를 주장하였다. 이러한 배경 하에서 1923년 1월 해외동포사회 70여 개 단체 대표 100여 명이 모여 국민대표대회를 개최하였다. 그러나 이 회의는 새로운 임시정부의 수립을 통해 독립운동 방향을 재정립해야 한다고 주장하는 창조파(創造派)와 현재의 임시정부를 운동의 체제에 맞도록 개선하는 것이 바람직하다는 개조파(改造派)의 의견이 대립되어 성과를 거두지 못하였다. 회의가 성과 없이 끝나자 임시정부의 정치적 권위는 타격을 입게 되었다. 이에 임시정부에서는 이승만을 탄핵하고 헌법을 개정하여 대통령제를 없애고 국무령제(國務令制)로 바꾸어 일종의 집단지도체제로 전환하였으며 임시헌법의 적용범위도 종래의 '인민' 에서 '광복운동자' 로 좁히는 등 현실에 맞게 변경하였다.

【광복군의 창설과 활동】

국민대표대회 이후 임시정부는 김구와 조소앙 등이 이끄는 한국독립당만이 외롭게 지키고 있었다. 그러나 중일전쟁 발발 이후 임시정부는 우선 좌·우익전선의 통일운동 속에서 세력을 확대해 가고 있었으며, 김구와 김원봉을 중심으로 통합운동이 확대되어 갔다. 뿐만 아니라 임시정부에서는 1941년 건국강령을 발표하였는데 건국강령은 조소앙이 제창한 삼균주의(三均主義)를 기본원리로 하고 있었다. 건국강령의 주요내용 가운데에는 산업의 국유화, 토지개혁 등은 사회민주주의적 요소를 포함하고 있었던 것으로 보인다.

한편 1937년 중일전쟁이 발발하자 임시정부의 체제를 정비해가면서 중국정부의 지원 하에 새로운 발전의 길을 모색하였다. 임시정부에서는 우선 대한민국 임시정부의 국군으로서 광복군 창설을 추진하였다. 일본의 대륙침략이 본격화되는 상황에서 미국 등의 국제열강의 일본에 대한 적극적인 견제가 이루어지자 광복군의 창설을 통한 항일무장투쟁의 전개가 현실적인 방안으로 떠오르고 있었다. 그리고 김구 등 한국독립당의 적극적인 노력으로 광복군이 1940년 중경(重慶)에서 조직되었다. 또한 임시정부는 김원봉을 비롯한 조선민족혁명당(朝鮮民族革命黨)의 지도자들을 포용하는 한편, 이들 산하의 조선의용대(朝鮮義勇隊)를 흡수 통합해 한국광복군의 군사력을 증강했다. 그리고 이러한 군사력을 바탕으로 중국정부와 협력하면서 제2차 세계대전에서 연합군의 일원으로 대일전쟁에 참전하려고 노력하였다. 임시정부는 1940년 9월 15일 한국광복군 선언문을 발표하고 이청천을 사령관으로 하는 한국광복군을 발족하였으며, 1941년 11월 15일 한국광복군 행동 9개 준승(遵繩)에 의해 중국군사위원회의 지휘를 받는 것으로 하여 국민당정부의 인준을 받았다. 더욱이 장교의 절반이 중국군으로 편성되어 있는 상황에서 한국광복군은 1944년 8월 23일 준승이 취소될 때까지 중국 군복과 표지를 사용하면서 독자적인 행동권을 가지지 못하였다.

광복군은 당초 3지대로 출발하였다가 4지대로 늘어났는데 1942년에는 중국 공산당 지역이 화북으로 이동하지 않은 조선의용대 잔류부대를 흡수하여 대원을 늘렸다. 또한 1943년에는 광복군 8명이 영국군 작전지역인 버마 전선에 파견되어 일본군에 대한 포로심문, 심리전, 문서번역 등에 종사하였다. 광복군 제2지대와 제3지대는 1945년 5월부터 중국주둔 미국 전략첩보국인 OSS와의 합작으로 국내 정진(挺進)을 위한 특수훈련을 실시하기도 했다. 그러나 이 작전은 일본의 예상보다 빠른 항복으로 실행되지 못하였다. 다만 이범석(李範奭)을 대장으로 하는 일단의 광복군이 1945년 8월 15일 미군의 항공기편으로 국내에 들어왔으나 일본군의 완강한 거부로 돌아가고 말았다.

第7절 민족문화운동의 경향

【식민지교육과 민족말살정책】

일제의 식민지교육의 목표는 외형적으로는 근대교육의 확대를 구호로 하고 있었지만 실제로는 민족차별과 동화주의(同化主義)에 입각한 황국식민화(皇國植民化)를 목표로 하고 있었다. 3 · 1운동 이후 일본은 한국인들에게 일본인과 같은 교육기회를 부여하겠다고 발표했지만 실제로는 한국인의 교육상황은 초등교육의 경우만 보더라도 일본인의 6분의 1에 지나지 않았으며, 대학 예과(豫科)에 있어서는 100분의 1이 넘는 엄청난 격차를 보이고 있었다. 따라서 일제에게 있어서 교육기회의 확대라는 방침은 한국인의 교육을 위한 것이라기보다는 재조일본인(在朝日本人)에 대한 교육기회의 확대를 위한 것이라고 할 수 있었다. 일제의 교육에 대한 차별정책이 계속되자 한국인들은 사립학교를 중심으로 교육의 영역을 확대해 갔으며, 차별대우가 심하지 않은 일본이나 미국 등 해외로 나갔다. 1931년 일본 유학생은 3,639명, 미국 유학생은 493명에 이르렀으며, 이들 대부분은 대학생이었다. 이밖에 경성제국대학(京城帝國大學)에 대항하여 민립대학(民立大學)을 세우려는 운동이 전개되었는데 이것 역시 우리 민족의 민족교육에 대한 열망을 반영하는 것이었다.

일본은 메이지유신 이후 한국에 대한 본격적인 연구를 시작하여 식민지 동화정책의 발판으로 삼았으며, 이 과정에서 일선동조론(日鮮同祖論), 한국사의 정체론(停滯論), 타율성론(他律性論)을 골자로 하는 이른바 식민주의사관을 만들어냈다. 그리고 이러한 과정의 대표적인 성과는 『조선사(朝鮮史)』 37권의 발간이다. 『조선사』의 편찬사업은 1922년에 총독부 중추원 산하에 설치된 '조선사편찬위원회' 에서 시작되어, 1925년에는 총독부 산하의 조선사편수회(朝鮮史編修會)로 확대 · 개편된 이후 1938년까지 16년에 걸쳐 계속되었다. 2만 4천여 쪽 분량에 사업비 100만 엔이 소모된 이 책의 편찬목적은 일제강점 이전의 역사서술체계를 부정하여 한국인의 민족정신을 억압함으로써 일제에 대한 저항정신을 차단하려는 의도를 갖고 있었다. 일제는 한국인들에게 우리 민족은 결코 단결하여 독립할 수 없으며, 한국인의 나쁜 민족성은 일본인의 우수한 민족성과 결합되어야만 살 길이 열린다고 강조하였다. 즉 일제는 한국인들에게 패배주의 의식을 확산시키는 한편, 식민지지배를 운명적인 것으로 받아들이도록 하였으며, 일본민족 우월주의를 주입하였다.

일제의 황국신민화정책은 1936년 새 총독으로 부임한 미나미(南次郎)에 의해 본격적으로 추진되었다. 1938년 4월에는 제3차 개정교육령을 공포하여 한국어 교육의 폐지와 일본어 상용을 강요하였고 한국어를 사용하는 신문과 잡지에 대한 검열을 강화하여 폐간당하는 출판물이 늘어났다. 1940년 8월 한글신문인 『동아일보』와 『조선일보』가 폐간되었으며, 잡지 중에는 일본어 사용의 비중을 늘리거나 일제의 황국신민화정책을 옹호하는 논조의 글을 게재하는 것이 일반적인 경향이 되었다.

【 민족문화운동의 전개 】

일제의 민족문화 말살정책에 대항하여 항일 지식인들은 각자의 전문 영역에서 민족문화를 수호하기 위한 노력을 경주하였는데 이들의 노력은 주로 일제의 식민지 문화정책에 대한 비판적 관점에서 출발하고 있었다. 국어학운동의 경우 우리의 고유언어를 지키기 위한 노력으로 집중되었다. 1921년에 조선어연구회가 발족한 후 1931년에 조선어학회로 개칭된 현재의 한글학회는 국어의 발전에 이바지하였다. 이윤재(李允在), 최현배(崔鉉培) 등이 중심이 된 이 학회는 『한글』이라는 잡지를 발간하여 한글 보급에 힘을 기울였으며, 한글 맞춤법의 제정, 외래어 표기의 통일 등에 대한 표준안을 만들어 한글 발전의 계기를 만들었다. 한편 '한글날' 을 제정하고 일반인들에게 민족문화와 민족의식을 고취하는데 기여하였다.

국사연구와 관련해서는 1920년대에 들어 민족주의사학(民族主義史學)이 본격화되었다. 박은식은 『한국통사(韓國痛史)』, 『독립운동지혈사(獨立運動之血史)』 등의 저술을 통해 민족의 혼(魂)을 지켜 독립을 위한 정신적 토대를 잃지 말 것을 강조하였다. 신채호는 고대사의 연구를 통해 한국사의 위대성과 민족정신을 강조하고자 하였다. 그의 대표적인 저술로는 『조선상고사(朝鮮上古史)』, 『조선사연구초(朝鮮史硏究草)』 등이 있다. 또한 정인보(鄭寅普)는 민족의 얼을 지켜야 한다는 주장을 바탕으로 『조선사연구(朝鮮史硏究)』에서 오천년 조선역사의 얼을 강조하였다. 문일평(文一平)은 조선심(朝鮮心)의 발로로서 한국사를 이해하려 하였으며, 최남선은 단군신화(檀君神話)를 연구하여 동북아시아 문화권의 중심으로서의 한국사의 확립을 이루고자 하였다. 한국사에 대한 이러한 연구의 대부분은 민족을 되찾고자하는 노력과 연결되는 역사 연구였으며, 정신주의적 경향을 나타내고 있었다. 민족주의사학은 일제에 의해 탄압을 받았으며, 박은식과 신채호는 망명생활 속에서 연구를 해야 하는 고난을 겪기도 하였다.

1930년대에 들어서면 한국사연구에 있어서는 사회·경제적 발전에 주목하여 한국사의 발전과정을 이해하고자 하는 경향이 나타났다. 그리고 이러한 학자들 중에는 유물사관(唯物史觀)에 입각해서 한국사를 연구하고자 했던 백남운(白南雲)이 대표적이라고 할 수 있다. 그는 『조선사회경제사(朝鮮社會經濟史)』, 『조선봉건사회경제사(朝鮮封建社會經濟史)』 등의 저술을 통해 한국사에 대한 이해의 폭을 넓히고자 하였다. 한편, 역사에 대한 정확한 이해는 사실(史實)에 바탕을 둔 보다 객관적인 이해가 필수라고 주장하는 실증주의사학(實證主義史學)도 대두하였다. 1934년에 조직된 진단학회(震檀學會)를 중심으로 이병도(李丙燾), 손진태(孫晋泰) 등이 연구 활동을 주도하였다. 이들은 일본인 학자들의 연구에 맞서서 『진단학보(震檀學報)』를 발행하였으며, 수준 높은 역사연구를 수행하였다.

또한 민족문화를 수호하기 위한 운동으로는 고적보전운동이 일어났다. 이 운동은 1931년 5월 『동아일보』에 아산 현충사의 이순신 장군의 위토(位土)가 은행에 저당잡혔다는 기사가 나간 것이 촉발되어 일어났다. 민족적 자존심의 손상과 정성의 부족을 부각시키면서 이 운동은 전국적으로 확산되었는데 이 운동은 이순신, 권율, 단군, 을지문덕 등 대외적으로 민족의 위기를 구한 인물들의 유적에 대한 보호운동을 중심으로 전개되었다. 그리고 이 운동은 민족문화를 통해 확인된 사상의 일치를 바탕으로 정치적 결사의 준비를 지향하기도 했다. 그러나 이 운동에 반영된 민족의 고유성이나 민족정신은 국수주의적 성격을 강하게 드러내거나 복고적 경향을 드러내기도 하였다.

제12장 민주주의 사회의 성립과 발전

제1절 해방과 통일 민족국가 건설에 대한 열망

【 해방전야 】

1919년의 3·1운동을 절정으로 하여 그 이래 간단없이 전개되어 온 민족독립운동은 1937년 중일전쟁(中日戰爭) 그리고 1941년 미일전쟁(美日戰爭)의 개시를 계기로 새로운 양상을 보이게 된다. 중일전쟁의 발발 이후에는 중국에서도 장제스(장개석蔣介石)가 장악한 국민당과 마오쩌뚱(모택동毛澤東)이 이끄는 공산당 사이에 이른바 국공(國共)합작이 이루어져 항일구국운동(抗日救國運動)이 일어나게 되자, 상해(上海, 뒤에는 중경重慶으로 옮김)의 대한민국(大韓民國) 임시정부(臨時政府, 주석 김구金九; 1919년 3월 조직)와 연안(延安)의 조선독립동맹(朝鮮獨立同盟, 주석 김두봉金枓奉; 1942년 8월 15일 조직)은 그 산하 군사단체 광복군(光復軍)과 조선의용군(朝鮮義勇軍)으로 하여금 각각 중앙군(中央軍)·팔로군(八路軍)과 합작하여 대일작전에 참가케 하였던 것이다.

또한 1941년 12월 8일 일본의 진주만 공격으로 미일전쟁이 개전됨에 임시정부에서는 그 다음날로 대일 선전성명서를 발표하여, 그 투쟁심은 최고조에 달하였는데, 그 중에서

> 3. 한국, 중국 및 서태평양으로부터 왜구(倭寇)를 완전히 구축하기 위하여 최후의 승리를 얻을 때까지 혈전한다.

고 하였었다. 이 선전성명서가 발표된 후 임시정부 산하의 광복군 중에서는 인도(印度)·버마(미얀마) 작전에까지 참가하여 영국군 부대에 배속되어 조선민족군(朝鮮民族軍) 선전연락대(宣傳聯絡隊)(1943년)라 하여 대적선전(對敵宣傳), 문서 번역, 포로 심문, 삐라 제작

등의 특수공작은 물론 실제로 전투도 하였다. 이후 한때 한국광복군(韓國光復軍) 주인연락대(駐印聯絡隊)로 개명하여 더 많은 대원을 파견할 것이 논의되기도 했으나 실현되지는 못하고 말았다. 그리고 재미한인교포(在美韓人僑胞)들의 의용병(義勇兵) 약 6백 명 가운데 일부는 사이판 · 필리핀 등 남방지역에서 전개된 작전에 참가하기에 이른다.

1942년 여름에 들어서면서 미 · 영 · 중 연합국의 대반격작전이 개시되어, 북아프리카와 태평양 방면에서 승리를 거두었고 그 여세를 몰아 1943년 9월에는 이탈리아를 항복시킴으로써 점차 연합군 측이 승기를 쥐게 되었다. 이같이 유럽전선에서 승리의 서광을 본 연합국은 그해 11월 이집트의 카이로에서 회담하여 일본에 대한 철저한 보복을 결의하고 12월 1일 루즈벨트 · 처칠 · 장제스(蔣介石) 3거두(三巨頭)의 이름으로 소위 카이로선언을 발표하였는데, 그 속에

> 조선인민의 노예상태에 유의하여 적당한 시기에 조선을 자유 또 독립케 할 것을 결정한다.

고 하여, 한국을 해방시킬 것을 작정하였다. 이는 한국이 일본의 압제로부터 해방될 날이 가까이 오고 있음을 보여주는 것이었고, 말할 것도 없이 한국 민족의 끈질긴 독립투쟁에 대한 응분의 대가였다.

이에 1945년 1월 소련이 참전하고 4월에는 미 · 소가 동서에서 협공을 가하게 됨에 5월 5일에는 독일이 항복하였다. 이에 남은 것은 일본뿐이었다. 그 7월에 베를린 교외의 포츠담에서 재차 모인 위의 3거두는 회담을 하였다. 그 결과로 이른바 포츠담선언을 발표하여 일본의 항복을 요구하면서 한국의 해방을 재확인한 후 일본의 영토적 주권을 제한할 것을 선언하였다. 이 무렵 광복군은 국내정진군(國內挺進軍)을 편성하여 훈련을 마치고 9월에 진입시킬 계획까지 세우기도 하였다. 하지만 일제(日帝)의 패망은 이의 실현이 있기 전에 다가왔다.

미국이 8월 6일에 히로시마(廣島)에 역사상 최초의 원자탄을 투하하였던 것이다. 그리고 이에 기회를 포착한 소련이 8월 8일 대일선전포고를 하고 포츠담선언에 참가하기로 한 뒤 만주와 북한으로 진출하였다. 9일에 나가사키(長崎)에 또 원자탄이 투하되자 일본은 마침내 10일에 포츠담선언의 내용을 수락하게 됨으로써 한국의 해방은 이미 이 날에 결정된 것이었다. 다만 이 날의 선언에서는 일본 국왕의 '국가 통치의 대권을 변경하는 요구를 포함하지 않는다'는 조건이 들어 있었지만, 이를 연합군 측이 거부하자 끝내 14일에는 무조건

항복을 하고야 말았다.

그러나 당시에 일본의 엄중한 외신 통제로 말미암아 정작 해방이 다가왔음을 알기가 어려운 실정이었다. 정보 부재 현상이 있었던 것이다. 그렇더라도 개중에는 단파방송을 극비리에 수신함으로 해서 해외의 소식을 접하는 경우가 있었다. 하지만 같은 단파 수신기를 통해 어렵사리 얻은 정보라 하더라도 그 내용이 어느 쪽의 것이냐에 따라 수신자의 정치적 향배에 미치는 영향은 달랐다. 여운형(呂運亨)이 이미 8월 11일경, 미국이 천황제를 유지하는 범위에서 포츠담선언을 받아들이겠다는 일본 측 요구를 수락하였음을 알고 해방에 대해 독자적으로 준비하였음이 그 일례라 하겠다.

그리고 "여기는 중국 임시수도에 있는 중경방송국입니다. 조선임시정부 우리말 방송시간입니다."로 시작되는 임시정부 측의 방송 내용을 알고 있던 송진우(宋鎭禹)의 경우는 임시정부의 환국 때까지는 모든 정치세력들이 독자적인 건국 활동을 자제해야함을 주장했던 것이다. 또한 미국에서 한국으로 보내온 단파방송은 샌프란시스코에서 전파가 발사되었는데, 이 방송의 시그널 뮤직은 '호랑이 우는 소리'가 3회 연속되는 게 특색이었다. 백두산호랑이를 상징하는 우렁찬 호랑이울음은 매우 인상적이어서 이 시그널 뮤직만 들어도 도청자들의 가슴은 흥분되고 그만큼 해방이 하루빨리 이루어지길 눈물 흘리며 간절히 기원했다고 한다.

【해방】

드디어 15일 정오에 일왕(日王)이 울음을 머금은 떨리는 목소리로 무조건 항복을 알리는 방송이 있었다. 이에 1945년 8월 15일은 한국 민족이 참으로 오랜만에 맞이한 축제의 날이 되었다. 이 날 느꼈던 환희는 다음의 시(詩)에 여실히 잘 배어 있다.

해방의 날,
서울 장안에 태극기가 물결쳤다.

옥에 갇혔던 이들이
인력거로 츄럭으로 풀려나올 제
종로 인경은 목이 메어 울지를 못했다.

아이들은 새해 입을 때때옷을 꺼내 입고
어른들은 아무나 보고 인사를 하였다.

서울 장안을 뒤덮은
태극기 우리 기,
소경들이 구경을 나왔다가
서로 얼싸안고 울었다.

윤석중(尹石重)「해방의 날」

35년 간의 일본 제국주의의 학정으로부터 해방된 것이다. 일본이 연합군에 무조건 항복함으로써 한국민 스스로가 운명을 결정할 수 있는 길이 열린 것으로 보였다. 그리고 누구도 이 해방이 곧 독립을 의미하는 것으로 믿어 조금도 의심치 않았다.

한편 해방의 주체가 무엇이었는가에 관해서는 학설사적(學說史的)으로 지금도 논의가 지속되고 있음을 지적할 수가 있다. 종래에는, 해방의 직접적인 원인이 미·소 연합군의 일제 타도와 그에 따른 조선의 독립 보장 정책에 있었다고 하는 주장이 일반적이었다. 소위 '주어진 해방론'('타율적 해방론')이라 명명할 수 있을 이 견해는, 우리 민족이 해방 과정에서 별반 자주적인 기여를 못하였고 그럼으로써 미·소의 분할 점령 상태를 별다른 저항 없이 받아들일 수밖에 없었다는 것이다.

이에 반해 근자에는, 35년 간 유혈의 투쟁이 부단히 전개되었음에 특히 주목하여 우리 민족이 해방을 전취(戰取)한 것이라는 새로운 시각도 한쪽에서 제기되고 있다. 이는 해방이 민족 내부의 독립 투쟁 세력의 힘에 의하여 전취되었음을 내세운다 하여서 '전취한 해방론'('자율적 해방론')이라 불리운다. 이밖에도 이상의 두 견해를 절충하여, 해방의 주된 요인이 연합국의 승리에 있었음을 인정하면서 아울러 독립 투쟁 세력의 해방 준비 역시 결코 무시할 수 없었다는 점을 부각시키는 의견도 있는데, 이는 '복합적 해방론'('절충적 해방론')이라고 할 수 있다.

【 좌익과 우익의 대립 】

해방이 되자 정치세력들은 서로 대립하게 되었다. 이런 가운데 여러 세력이나 이념들의 혼란 속에서 해방 당시의 기본적 정치 노선을 두 개로 나누어 볼 수 있다. 소위 우익과 좌익이 그것이다. 다만, 물론 사회 전체적인 범위에 대해서 다양한 의견이 있고 또 핵심적 부분에 있어서 회색적인 태도를 취하는 경우 혹은 심지어 정치에 관심이 없는 부류도 당시에 있었다는 것은 기억해 둘 일이다. 그리고 이 좌 · 우익이란 용어 자체는 이미 당시의 지식인들조차도 개념의 구별이 대단히 혼돈되어 있었다. 당시의 글에

> 현금의 사정은 이 좌 · 우익의 구별이 저윽이 혼동되고 있는 경향을 간취하게 된다.

라는 구절이 보임이 그 단적인 예라 하겠다. 그렇더라도 당시의 국민들 사이에서 흔히 사용되던 용어이므로 이를 사용함 역시 지극히 옳다. 그리고 당시 미군정이 좌 · 우익을 구별함에, 어찌하여 그렇게 될 수밖에 없었는가, 토지개혁의 방법 중 어느 쪽을 선호하는가, 산업의 국유화에 대해 어떻게 생각하는가, 개혁을 달성하는 방법은 어떤 게 좋다고 믿는가, 신탁통치에 대해 찬성하는가 반대하는가, 미 · 소 · 중에 대해 어떠한 태도를 취하는가, 친일파에 대한 숙청 요구는 어느 정도인가 등을 기준으로 삼고 있었음 역시 참고가 되어야 할 것이다.

당시 미군정 공보부에서는 정기적으로 많은 여론 조사를 하여 정책 방향을 결정하는 중요한 자료로 삼았었다. 1946년 7월에 서울 시내 · 외의 각 계층 8,000여 명의 여론 조사의 경우, 약 70%가 사회주의를, 13%가 자본주의를, 10%가 공산주의를 지지한다고 응답한 것으로 되어 있는데, 우익이라고 자처하던 농민 · 상인 · 전문직업인의 60% 이상이 사회주의를 선호한 것으로 된 셈이며, 우익 학생의 45%만이 자본주의를, 좌익 학생의 49%만이 공산주의를 지지한다는 의외의 결과가 나왔다. 이 같은 점 역시 당시의 좌 · 우익에 대한 개념 혼란의 일면을 잘 보여준다고 하겠다. 한편 미 육군성 일반참모부 정보처는, 한국 내에서 행한 수차례의 여론 조사를 토대로 1947년 11월 남한에서는 우익이 70%, 좌익이 25%, 중도파가 5%라는 수치를 내놓은 바가 있다.

대체로 우익은 부유하고 교육받은 사람들이었고 그들 중 많은 이들이 식민 정책에 협력했었고 일본에 대한 협력에 너그러운 경향이 있었다. 대부분 대규모의 농지 개혁과 같은 근본적 사회 변화에 저항하였다. 일찌감치 그들 재산의 대부분을 토지가 아닌 근대적 산업에 투자했던 진보적 지주를 포함한 다른 이들은 개혁을 불가피한 것으로 여겼으나 사회에서의 그들의 특권적 위치를 계속 유지하기를 원했다. 또한 이에는 덜 교육받고 재산이 거의 없는 경우들도 있었고, 경찰의 약 40% 가량이 여기에 해당되기도 한다. 총독부 시책의

앞잡이로서 많은 동포를 괴롭히던 해방 이전의 경찰들 중에서 해방 이후에도 여전히 행세하였던 것이다. 다음과 같은 이야기 속에 나오는 인물도 대표적 예라 할 수가 있다.

> 6·25동란 때 나는 재빨리 남하를 하지 못하고 처음 한 달 동안은 서울 시내에 숨어 있었는데 하루는 그 전부터 잘 아는 이 모 씨가 찾아왔다. 이씨는 해방 전 일제시대에 종로서 고등계 형사로 있었는데 전직이 형사라고 해서 해방 후에도 용산경찰서 사찰계 주임으로 있었는데 일제시대에 형사노릇을 했을망정 천성이 선량한 탓으로 나하고도 어느 정도 친분이 있었다. 오랫동안 공산당을 잡는 것이 직책이던 그가 백중에 태연히 나를 찾아온 것이 이상해서 "그래 당신은 대낮에 나다녀도 괜찮소?" 하고 물었더니 …(중략)… 그런 예상은 그대로 들어맞아서 인민위원회에 끌려간 이씨가 "자기는 일제 때 고등계 형사를 다녔고 대한민국 경찰에서 사찰주임으로 있기는 했으나 그것은 표면상 일이요, 기실은 공산주의자를 은근히 도와주는데 힘썼노라" 고 변명하고 나서 그 실례로는 "수년 전에 당신네들의 간부인 김태준(金台俊)을 비호해 주었던 것도 바로 나였다" 고 말하자 위원회의 간부들은 이씨의 손을 잡으면서 "당신이 바로 그 동무요" 라고 하면서 집에 가 있으라고 하며 그 자리에서 석방해 주었다는 것이다. …(하략)…
>
> 김을한, 어떤 경관의 경우, 「6·25동란의 교훈」, 『인생잡기』, 일조각, 1989.

이와는 대조적으로 좌익은 다양한 배경의 한국인들이었는데, 학생·지식인·농민·노동자였고 그들은 일제시대의 핍박당했던 정치적 경력으로 화려하게 대두할 수 있었다. 어떤 이는 공산당의 활동 멤버였거나 일제에 저항하면서 가난한 이와 억눌린 사람을 옹호하는 세력으로서의 공산주의에 친근감을 느낀 사람들이었다. 그들 모두는, 세력이 있고 영향력이 있는 위치의 친일파들로부터 맨 처음부터 제거당한 사람들이었다. 그들은 또한 농지 개혁과 같은 부의 재분배를 추구하여 과거의 불공평을 시정하여 사회를 변화시키려 했다.

좌익과 우익 사이의 근본적 반감은 이미 1920년 초에 한국의 잡지와 신문에서 지적인 논쟁의 형식으로 돌발했다. 그것은 1930년대 이후에 계속 자라 더욱 더 많은 한국인들이 이 논쟁의 와중에서 젊은 청춘을 허비해야 했다. 특히 1938년과 1945년 사이의 전쟁 동원령은, 대체로 가진 자들이 비정상적인 방법으로 이를 피하는 대신 그것을 가지지 못한 자에게 떠넘기려 했기에 두 세력 사이의 적개심을 고조시켰었다. 해방어간에는 이미 갈라진 사회였으며, 해방의 문제는 그 형세가 변하면 무엇이 일어나느냐 하는 것이었다.

【 건준의 성립 】

1945년 8월 무조건 항복을 하면서도 조선총독부 고위 관리들의 주요 관심사는 연합국의 승리자들이 도착하기 전까지 어떻게 하면 질서를 유지하여 일본인들의 생명과 재산을 보호하느냐 하는 것이었다. 그렇기 때문에 그들은 한국인의 도움이 절실히 필요했다. 처음에 그들은 송진우(宋鎭禹)에게 관심을 보였다. 그는 온건한 민족주의자로서 확실한 명성을 얻고 있었지만 대다수의 경우와는 다르게 일제 말기에는 정치적 입장을 명확히 드러내지 않은 보기 드문 인물이었다. 8월 9일과 13일 사이에 총독부는 그에게 치안 유지를 맡아줄 것을 간청했다. 그렇지만 그는 끝내 승락하지 않았다. 아마도 그 자신의 고결한 정치적 위치를 손상시키는 건 아닐까 하는 우려를 하고 또 임시정부의 환국과 그 역할을 의식하여 그 제안을 거절했을 것이다. 그러자 일본인들은 또 다른 후보자를 고려하지 않을 수 없게 되었다.

8월 15일 아침, 일본은 여운형(呂運亨)에게 똑같은 제안을 했다. 여운형은 청년 시절 공산당에 가입한 적이 있었지만 탈퇴 이후 별다른 하자가 없는 민족주의자로서 존경받고 있었고, 또 평판이 좋은 인물이었다. 이미 그는 1944년 8월 이후에는 비밀결사인 조선건국동맹(朝鮮建國同盟)을 조직하여 이를 이끌면서 해방을 쟁취하고자 노력하고 있던 터였다. 한편 그는 공산주의자들과 일을 기꺼이 함께 하고 있을지라도 늘 자신이 결코 공산당에 가입하지 않았고 또한 유물론의 신봉자가 아님을 주장했다.

게다가 일본은 8월 10일에 북부 항구 도시인 웅기(雄基)와 나진(羅津)을 이미 공격한 소련이 반도의 모든 것을 차지하리라 예상했다. 그래서 그들은 하루빨리 여운형이라도 자신들의 제안을 수락해줄 것을 바랬다. 여운형은 그 제안을 받아들였다. 그러나 단지 일본이 즉시 모든 정치범들을 풀어주고, 다가올 3달 동안의 식량을 공급할 것을 다짐하며, 무조건적으로 한국 안에서 평화를 유지할 것, 그리고 정부 수립 활동에도 모든 간섭을 삼가할 것이라는 조건 하에서 수락했다. 일본은 마지못해 동의했다.

그러자 8월 16일 휘문중학교 교정에서의 군중연설을 통해 여운형은,

> 이제 우리 민족은 새 역사의 제1보를 내딛게 되었다. 우리가 지난 날의 아프고 쓰라린 것들을 이 자리에서 다 잊어버리고 이 땅에다 합리적이고 이상적인 낙원을 건설하여야 한다. 이때는 개인의 영웅주의는 단연 없애버리고 끝까지 집단적으로 일사불란의 단결로 나아가자.

고 하여, 자신의 의중을 그대로 드러냈다. 이어 그는 이전의 건국동맹을 중심으로 안재홍(安在鴻)·정백(鄭栢) 등과 협력하여 재빨리 조선건국준비위원회(朝鮮建國準備委員會, 약칭 건준)를 설립했던 것이다. 건준은 서울에 본부를 두고 전국에 걸쳐 중요인사들을 광범위하게 접촉을 하도록 했고, 건준의 선언문인 강령(綱領)을 발표하여(1945. 8. 25) 여운형은 하나로 뭉쳐 함께 활동할 것과 폭력 행사를 삼가할 것을 부탁했다.

건준은 일시적으로 평화를 지키려는 기관에서 새로운 거국 내각으로 계획되어질 정도로 급속하게 발전되었다. 각 지방의 유지들은 치안대·보안대 또는 유사한 이름의 단체를 구성하였다가 이들을 건준의 지회(支會) 또는 분회(分會)로 개명하거나 새로이 지회 등을 구성하였는데, 전국 143개소에 분회가 조직되었다. 여기에는 토착 노동자들과 농민 조합이 가세했고, 여성 단체나 학생 단체들도 가입했다.

【 인공의 수립 】

전국적인 기초를 이용하여 건준은 이미 9월 3일에 중앙위원을 131명으로 확대하였으나 이 때는 벌써 좌우의 분열이 노정되어 우파의 안재홍(安在鴻) 일파가 탈퇴하게 되고 부위원장에는 좌파의 허헌(許憲)이 보선되었다. 이에 건준에 잔존한 좌익은 9월 6일에 전국인민대표회의를 열어 이른바 '조선인민공화국' 임시조직법을 통과시키고 중앙인민위원 55명, 후보위원 20명, 고문 12명을 선출하여 조선인민공화국(朝鮮人民共和國, 약칭 인공)의 건국을 선포했다. 그리고 종래 각지에 설치되었던 건준 지부는 인민위원회로 개조하였다. 하지만 중앙위원회와 그 후보위원제도는 공산당의 조직 구조를 모방한 것이며, 후보위원제도는 통상적으로 국가기관에서는 볼 수 없는 것이었다. 한편 9월 14일에는 그 중앙인민위원회 명의로 「정강(政綱)·시정(施政)방침(方針)」을 발표하였는데, 그 일부에서 당시 인공이 꾀했던 지향점을 엿볼 수 있다.

> 완전한 독립을 위한 허다한 투쟁은 아직 남아 있다. 우리는 우리 앞에 가로 놓여 있는 모든 난관을 돌파하고 우리를 선출한 혁명적 동지와 인민대중의 기본적 요구에 응하여 일본 제국주의의 잔존세력을 완전히 구축(驅逐)하는 동시에 우리의 자주독립을 방해하는 외래세력과 반민주주의적 반동적 모든 세력에 대한 철저한 투쟁을 통하여 완전한 독립국가를 건설하여 진정한 민주주의 사회의 실현을 기한다.

학자들은 인공의 정치적 성격과 정통성에 관해 의견을 달리했다. 일반적으로 남한과 미국의 학자들은 인공을 건준의 연장이 아니었다고 보며 공산주의자의 앞잡이로 보는 경향이 있다. 즉 9월 3일에 재건된 조선공산당(朝鮮共産黨)의 박헌영(朴憲永)이 인공을 설립함으로써 건준에 집결되었던 정치적 주도권을 여운형과 그의 주변에 모였던 소위 장안파(長安派) 공산당원들로부터 박탈하여 자기 주도 하의 공산 혁명을 위한 하나의 도구로 삼으려 '궁중혁명(宮中革命)'을 일으킨 것이라고 한다. 또 그들의 대중성은 그것의 실질적인 의도들을 위장하기 위해 조작된 것이며, 궁극적인 목표는 혁명적 공산주의 국가의 건국에 있었다고 보았다. 이러한 견해에 의하면, 1945년경의 한국은 사회주의를 위한 필수적인 요건들이 부족했고 한국인들은 일반적으로 조선 공산당의 계획을 기꺼이 지지하지 않았다는 것이었다. 그렇기 때문에 당시에 우익계 인사들을 중심으로 한 건준의 간부들은 인공을 '자궁외 임신'이라고 칭했다고 한다.

한편 다른 견해를 가지는 연구자들은 인공이 좌익계의 연립 정부에 있어서 진지한 시도를 대표했다는 것과 그것이 강한 대중적인 지지를 얻었다고 주장했다. 이러한 견해의 학자들은 해방 10년 전에 정치적 조직자로서 상당한 경험을 했던 대다수의 많은 사람들인 조선공산주의자들이 건준과 인공의 창설에 중요한 역할을 했다는 사실에 반론을 제기하지는 않는다. 그러나 그들은 당시의 분위기가 혁명을 원하는 것이었고, 공산주의자들이 국가적인 통일을 위하여 새 정부 내에서 우익들이 나름대로 적당히 활동하도록 활로를 열어둘 만큼 충분히 국민들이 자신들에게 보내고 있는 지지에 대한 자신감을 지니고 있었다. 내각의 부서들은 여운형과 허헌 같은 좌익 계열들뿐만 아니라 중국에 있던 임시정부 그리고 초기의 독립운동에 관련이 있는 우익인 민족주의자들 그리고 국내의 온건세력인 김성수까지 포함시켜서 소위 조각(組閣)을 하였던 것이다. 이승만을 인공의 주석(主席)으로, 김구(金九)를 내정부장(內政部長)으로 하는 등의 조각명단을 발표하였지만, 여운형조차도 이를 사전에 전혀 상의 받지 못하는 등 박헌영의 주도 하에 일방적으로 이루어진 것이어서 성사되지 못하였다.

9월 24일 27조 「강령」이 발표되었고, 또한 권리에 대한 적절한 범위를 규정하였다. 토지개혁의 강령은 일본인과 그들에게 협력한 소위 친일매국노들이 소유한 땅의 무상 몰수(또는 그 땅에서 일했던 소작인들에게 재분배)를 요구했다. 몰수하지 않은 땅은 3:7을 기본으로 소작료 배율을 형성시켰다. 국유화는 광업 · 대규모의 공장 · 철도 · 조선 · 통신 · 은행과 같은 주요한 사업에만 적용되었는데 그들 대부분은 이미 국가에 의해 소유 관리되었다. 중소기업은 비록 국가 관리였지만 소유권은 지속적으로 인정되었다. 하루 8시간 이상 노동금지 · 어린이 노동금지 · 최저 임금 등의 노동 규정들은 혁신적인 것들이었고, 일제시대를 통해 노동자들에 의해 줄기차게 제기된 요구들이 반영된 것이었다. 또한, 「강령」은 친일파들을 제외한 모든 여성들과 남성들에게 선거권을 주었고, 언론 · 집회 · 종교의 자유를 약속하였다.

인공이 연합을 위해 분투하는 동안 만약 실행될 수만 있다면 그 당시 사회적 개혁을 이룰 새로운 강령은 거의 받아들여졌다. 제한되어진 토지의 무상 몰수는 지주계급의 핵심 세력에 대하여 실질적인 치명타가 되었다. 왜냐하면, 이러한 세력의 대부분은 지주였고 친일 세력이었기 때문이다. 여하튼 혹독하고 불명예스러운 식민지 정책을 경험한 한국인 대다수가 이러한 조치에 지지적이었다는 것은 당연한 일이다. 그러므로 인공의 계획은 당시대의 감정을 합리적으로 반영한 것처럼 보인다.

이와 같이 하여 정부로서 행세하려던 인공에 대해 미군정에서 10월 10일 아놀드 군정장관의 성명, 10월 16일 하지 주한미군사령관의 성명으로써 그 존재를 부인하였다. 하지만 1946년 1월 민주주의민족전선(民主主義民族戰線, 약칭; 민전)이 출현할 때까지 인공은 존속하였다.

【 국민대회준비회의 결성과 임시정부 추대운동 】

건준이 인공으로 변모하면서 좌익단체화할 때 중경에 있던 대한민국 임시정부를 지지하던 국내 정치지도자들은 임시정부 추대운동을 전개하였다. 8월말경 미군의 서울 진주설을 들은 조병옥 · 김성수 등은 임시정부에 대한 절대지지를 표명하기 위한 국민대회 준비에 착수하여 9월 4일 대한민국 임시정부 및 연합군 환영준비위원회를 조직하였다. 그리고는 9월 7일에 이를 확대 개편하여 발기인 330명의 이름으로 국민대회준비회(國民大會準備會)를 결성하였다. 이에는 송진우 · 김성수 · 서상일(徐相日) 등이 중심이었다. 이 날 발표된 국민대회준비회 취지서 중에서 이들은

> … 작금에 있어서 우리 전국민의 당면한 관심사는 우선 국민의 총의로서 우리 재중경 대한 임시정부의 지지를 선서할 것, 국민의 총의로서 연합각국에 사의를 표명할 것, 국민의 총의로서 민정수습의 방도를 강구할 것 등이다. 정체(政體) · 정당의 시비론(是非論)도 이후의 일이며 정강(政綱) ·

> 정책의 가부론(可否論)도 이후의 일이니 이리하여야 비로소 우리의 대업의 거보(巨步)는 정정당당할 것이다.

이라 하여 '국민 총의'의 집결을 최우선의 과제로 제시하고 있었다. 이 국민대회준비회파는, 이에 앞선 8월 28일에 조선민족당(朝鮮民族黨)을 발기한 김병로(金炳魯) · 백관수(白寬洙) · 원세훈(元世勳) 그리고 9월 4일에 한국국민당(韓國國民黨)을 발기한 바 있는 김도연(金度演) · 허정(許政) · 유억겸(兪億兼) 등과도 합류하여 뒤에는 한국민주당(韓國民主黨, 약칭 한민당)을 형성하기에 이른다. 말하자면 이에는 건준 · 인공에 대립되는 부류들이 대부분 집결한 셈이었지만, 그 대중적 기반을 지니지 못한 유지 · 명사들의 모임으로써 처음엔 하부조직이 거의 없다시피 하였다. 그러다가 한민당이 세력을 확대한 것은, 미군정의 비호가 있어서야 비로소 가능해졌다.

제2절 38선 획정과 군정의 실시

【미 · 소의 대립과 한반도】

제2차 세계대전 동안, 미국인들은 소련군을 '용감한 적색 군대'라고 지칭하는 대통령의 연설을 들음으로써 소련을 연합국으로서 생각하는 것에 점차로 익숙해졌다. 일본을 패배시키기 위해서는 소련의 참전이 반드시 있어야 한다는 굳은 믿음을 지닌 당국자들의 선전 때문이었다. 그렇더라도 우호적으로 보이는 상호간의 태도 표명에도 불구하고 전시의 군사적 동맹관계는 근본적으로 미 · 소 두 나라 서로의 이익을 위한 일시적인 것에 불과하였다. 전쟁이 끝나자 속에 깊이 묻어두었던 더 깊고 오래된 두 나라의 불신이 미 · 소 동맹을 깨뜨리기 시작했고, 그 직접적인 영향을 받은 최초의 지역 중의 하나가 한반도였다.

소련에게 있어서, 한국은 오랫동안 전략적 관심 지역이었다. 그러한 관심은 제정(帝政) 러시아의 황제가 1860년 중국으로부터 획득한 연해주(Ussuri 강과 태평양 사이)를 지나는 시베리아 횡단 철도를 동쪽으로 팽창시키려 했던 일로부터 시작되었다. 이러한 러시아의 한국에 대한 관심은 지형적으로 볼 때 자연적이었다고 할 수 있다. 즉 러시아가 새로이 동아시아의 해상진출기점으로 삼게 된 군항 블라디보스토크에서 멀지 않은 두만강에서 10마일의 경계선을 한국과 공유했기 때문이다. 그리하여 한국에 대한 러시아의 관심은 그와 유사한 일제의 야심에 필적할만했다. 그 결과 제2차 세계대전 말엽 한국은 갑작스런 일본의 붕괴에 의해 다시 모스크바의 관심의 대상이 되었던 것이다.

한편 1940년대 이전부터 한국에 관심을 갖던 미국민들은 대부분 소수의 기독교 선교사와 사업가로 제한되어 있었다. 이런 이유로 1882년 한국과 정상적 외교관계를 수립한 최초의 서방 국가임에도 불구하고 일본 사람들이 한국 사람들로 하여금 강제로 보호 조약을 체결하게 한 후 1905년 11월에 한국을 떠난 최초의 외교 대사관이 되었다. 이 같은 미국의 정책은 1904년경에 이미 결정나 있었다. 당시의 분위기는 다음과 같은 해링턴의 글에서 엿볼 수 있다.

> 락힐은 자기와 로우즈벨트가 믿고 있는 바를 개관하면서, "나는 우리 미국정부가 '대한민국의 독립을 지지하기 위하여' 영향력을 발휘할 어떠한 가능성도 찾을 수 없다. 나는 현재의 전쟁이 끝나면 일본정부가 이 문제를 해결할 것이라고 믿는 바이다. 일본에 의한 한국의 합병은 일본제국의 서부팽창이라는 장엄하면서도 마지막(!) 단계로 진출하였음을 완전히 나타내고 있는 것 같다. 나는 이렇게 되면 한국국민과 그리고 극동평화를 위해서도 다행한 일이 될 것이라고 생각한다."고 말하였던 것이다.

일본이 한국을 강탈한 것을 묵인하는 이 정책은 일본이 미국의 필리핀 지배를 존중하는 것을 서로 약속함에 의해 1905년 태프트·가쓰라 밀약으로 형식화되었다. 이것은 진주만 피습 때까지 한국에 대한 미국의 기본 정책으로 유지되었다. 불시에 진주만에 공격을 받고 난 뒤 미국은, 일본 본토에 대한 길고 어려운 전투를 예상하면서 필사적으로 아시아 대륙에서의 일본과의 전투에 소련의 참여를 구했다. 그리하여 일본 패망 뒤의 동아시아 지역에 대한 관할을 준비하면서 한반도의 처리 문제를 구상하기에 이르렀다.

【 38선의 획정 】

히로시마와 나가사키에 원자 폭탄을 투하한 후 전쟁이 끝나자, 이제 관심은 대륙에 집중되었으며 소련군이 한발 앞서 만주와 한국 안을 휩쓸기 시작했다. 특히 소련은 8월 14일에 중국의 국민당 정부와의 사이에 조인된 중·소 조약을 통해 만주의 철도와 따렌(대련大

連)·뤼순(여순旅順) 항(港)의 공동사용권을 확보하기에 이르렀다. 소련의 한반도에 대한 완전한 점령을 멈추게 할 수 있는 게 아무것도 없어 보였다.

미국은 그것을 막을 수 있을 만큼 충분히 이동할 수가 없었던 것이다. 그러므로 어찌해서든 미국은 한반도의 어디엔가 선을 그어서 소련이 한반도 전체를 점령하려 함을 막으려 했다. 더욱이 될 수 있는 대로 한반도의 북방에 선을 긋되, 소련이 조속한 시일 안에 동의할 수 있는 것이어야 했던 것이다. 그리하여 8월 10일에서 11일(워싱턴 시각) 밤 사이에 미국은 국무성·육군성·해군성 합동 조정 위원회(the State-War-Navy Coordinating Committee)에서 한반도를 두 개의 점령지로 나누기로 결정하였으며(「일반명령」 제1호), 소련이 동의하기를 바랬다. 그 당시 국무성 장관 러스크(Dean Rusk)와 후에 남한 주둔 미8군 사령관이 된 본스틸(Charlesh H. Bonesteel) 대령에게 적당한 분할선을 택하기 위해 30분이 주어졌다. 처음엔 39도선이 거론되기도 하였었는데, 그 이남에는 만주의 따롄(大連)이 포함되므로 이미 이를 이용할 권리를 취득한 소련이 용납하지 않으리라 하여, 그들은 미국이 서울에 대한 지도권을 쥐고 최소한으로 행정의 분할을 막을 수 있는 경계선인 38도선을 골랐다. 소련이 만약 분할을 수락하지 않는다면 미군을 부산에 투입시키기로 제안되었으나 놀랍게도 소련은 동의했다.

먼저 진주한 것은 국경을 접하고 있어 이동이 용이했던 소군(蘇軍)이었다. 소련은 일본의 패망이 거의 확실하여진 8월 9일에 일본에 선전포고를 하고는 곧 국경을 넘어와, 계속 진군하여 평양(平壤)·함흥(咸興) 등 북한의 주요 도시를 접수하였다. 이에 뒤늦은 9월 9일에야 미군은 비로소 인천에 상륙하여 서울에 들어오고 점차 남한 일대에 주둔하였다. 이로써 미·소 양군은 북위 38도선을 경계로 하여 남북으로 갈라 점령하게 된 것이다. 이 38선으로 말미암아 한국 민족의 수많은 비극이 야기되고야 만다.

이 38선을 중심으로 한 남북한 분할 점령문제는 학설사적(學說史的)으로 대체로 전시회담밀약설(얄타 회담설, 포츠담 회담설)과 원폭투하이후설(군사적 편의주의설, 정책적 의도설)로 나뉘어진다. 밀약설은 자료상의 뒷받침이 없다는 취약점, 일련의 전시회담에서 미·소의 한반도 처리문제에 관한 합의가 분할점령안이 아닌 신탁통치안이었다는 점, 그것이 종전 후 다시 확인되고 결국 모스크바 삼상회의로 결론이 났다는 점 등으로 인해 크게 지지되고 있지는 않다. 또한 편의주의설은 미·소의 책임균분론이므로 엄정중립인 것 같으나 실제로는 분단의 능동적인 주체인 미국의 책임을 덜어주려는 의도가 깔려 있는 것으로, 소위 수정주의 학자들에 의해 의심되고 있다. 즉 이 설은 소련의 한반도 진출이 현실화된 상태에서 미군을 신속히 한반도로 이동시킬 수 없었기 때문에 편의상 38선을 그었다는 논리를 전개한다는 것인데, 이 논리는 미국의 대한(對韓)정책 준비부족론으로 이어져 분단의 결정과 고착에 따르는 미국의 책임을 노골적으로 덜어주고 있다는 것이다. 정책적 의도설 역시 심증은 있을 수 있으나 증거가 밝혀지지 않는다는 데에서 결함이 있다고 보여진다.

어느 학설이 더 타당성을 갖던 간에, 또 남북한 분단의 원인과 책임이 명백하게 미국과 소련에 있다고 하더라도 우리는 우리의 문제가 남에게 맡겨져 있을 때 과연 무엇을 했나 하는 점을 끊임없이 반추해야 할 것이다. 또한 이에 대하여 이성적으로 냉정하게 사고하며 민족문제를 우리 시대에 해결해내려고 하는 끊임없는 노력이 요망된다 하겠다.

【 소군의 진주와 인민위원회의 설치 】

1945년 5월에 독일이 항복하자 그와 전후하여 소련은 그 해 2월의 얄타협정에 따라 일 · 소(日 · 蘇) 불가침조약(不可侵條約)을 폐기하고 병력을 소 · 만(蘇 · 滿) 국경(國境)에 집중시켰었다. 그러던 중 미 공군이 일본에 원자탄을 투하한 직후인 8월 8일에 마침내 일본에 대하여 선전포고를 하였다. 곧이어 소군은 한 · 소 국경을 넘어 8월 13일에는 웅기, 19일에는 평양을 점령하였고, 22일에는 개성 · 해주 · 원산을, 25일에는 함흥을 각각 점령하였다. 8월 15일자로 하달된 소군사령관 치스차코프의 포고문에 다음과 같은 내용이 들어 있음을 통해, 소군 자신들이 스스로의 역할을 내심 강조하고 있음을 잘 알 수가 있겠다.

> 조선 사람들이여! 기억하라! 행복은 당신들의 수중에 있다. 당신들은 자유와 독립을 찾았다. 이제는 모든 것이 죄다 당신들에게 달렸다. 쏘련(붉은)군대는 조선 인민이 자유롭게 창작적 노력에 착수할 만한 모든 조건을 지어주었다.

그러고는 적군사령부의 명의로 8월 20일에 포고문을 발표하고 북한 각지의 독립운동자들을 중심으로 인민정치위원회(人民政治委員會)를 구성케 하여 치스차코프의 관할 하에 각 도별로 행정을 담당케 하였다. 8월 24일 함남을 최초로 9월 상순까지 북한 5도에 각각 결성된 이 인민정치위원회에는 처음에는 상당수의 민족주의자들도 참여할 수 있었는데, 조만식(曺晩植)을 위원장으로 하여 활동을 전개하였던 평남인민정치위원회가 그 일례라 하겠다.

10월 10일 김일성이 소련에서 평양으로 들어오면서부터 북한의 소련화는 급속도로 진행되었다. 즉 8월에 서울에서 결성된 조선공산당의 북한 각 지구 위원회를 중심으로 북부조선5도연합대회를 10월 12일에 열고 조선공산당 북조선중앙국을 설치함으로써 공산당의 지도권을 잡았다. 그리고 종래에 각 도별로 운영되던 인민정치위원회의 5도대표대회를 열어 그것을 기초로 하여 1946년 2월 8일에 김일성을 위원장으로 하는 북조선임시인민위원회(北朝鮮臨時人民委員會)를 설치하였던 것이다. 그리하여 각 도 인민위원회 내의 모든 민족주의자는 추방되고 그 대표적인 지도자였던 조만식은 감금을 당하였고, 그의 지도 하에 있던 조선민주당도 1946년 2월에 실질적으로 붕괴되고, 최용건(崔傭建)이 위원장으로 취임하면서 공산당의 외곽단체화하였다.

【 미군의 상륙과 조선총독부의 항복 】

하지(J. R. Hodge) 중장 휘하의 오키나와 주둔 미군 제8군 소속 제24군단(제7사단, 제24사단)은 9월 9일 인천에 상륙하고 오전 8시 서울에 입성하였다. 그리고 같은 날 하오 4시에는 총독부 제1회의실에서 일본군의 조선군 관구사령관 코오즈키 요시오(上月良夫), 조선총독 아베 신따로(阿部信行) 등이 항복문서에 조인하였고 이에 대하여 재조선(在朝鮮) 미군사령관 하지 중장과 미해군대표 킹 케이드 대장이 맥아더 총사령관을 대표하여 이 항복을 수락하는 절차를 밟았다. 그러고는 그 날로 맥아더 대장은 「조선인민에게 고함」이라는 포고 제1호~제3호를 발표하였다. 그 제1호 제1조에서는

> 북위 38도 이남의 조선 영토와 조선 인민에 대한 통치의 전권한은 당분간 여(余)의 권한 하에 시행된다.

라 하였는데, 이를 토대로 뒤에 조선인민공화국은 물론 대한민국 임시정부조차도 주권행사기관으로 인정치 않았다. 동 제5조에서는 공식 용어를 영어로 한다고 규정함으로써 소위 통역정치라고까지 할 수 있는 현상을 빚어 내어 경향 각지의 영어 해독자가 유리한 위치를 독차지하게 하였다.

한편 9월 11일 미군은 남한에 군정을 실시하는 첫 순서로 일본 국기 강하식을 거행하고, 맥아더 사령부 포고에 따라 형식상으로 군정을 보좌하는 것으로 되어 있던 조선총독 아베

신따로가 12일에야 비로소 파면되고 아놀드 소장이 군정장관으로 임명됨으로써 군정은 본격적으로 개시되었다.

【 미군정의 통치 】

이 시기에 있어 가장 중요한 임무를 담당해야 할 경찰권에 있어서도 9월 14일 군정장관 성명으로 일본인을 포함한 모든 경찰권을 존속케 하였는데, 당시 경찰 간부 중 약 82%가 일제 경찰 출신이었다. 이와 관련하여서는 당시에 미군정의 경찰 고문관인 매그린 대령의 다음과 같은 인식이 이를 대변하고 있었다고 보인다.

> 많은 사람들이 일본인이 훈련시킨 친일 경찰을 계속 쓰는 일이 현명한 처사인지 의문을 제기한다. 하지만 그들은 경찰로서의 자질을 천성적으로 갖춘 사람들이다. 그들이 일본인을 위해 훌륭히 업무를 수행했다면 우리를 위해서도 그럴 수 있으리라고 확신한다. 그러므로 이들을 경찰에서 몰아내는 일은 어리석은 일이다.
>
> 마크 게인, 『해방과 미군정 1946.10~11』, 까치, 1986, pp.109~110.

또한 맥아더 사령부의 일반명령 및 포고에 기초를 두어 일본인을 포함하는 전직 총독부 관리들로 하여금 그대로 업무를 수행케 하고 점차로 일본인 직원을 파면하여 미군과 한국인을 보임하는 형식을 취하였다. 그에 따라 정무총감을 비롯한 각 국장급이 경질된 것은 9월 17일에 이르러서였으며, 9월 19일에야 정식으로 군정청이라는 명칭을 선포하였다. 10월 15일에는 김성수(위원장으로 호선됨)·송진우·여운형(사퇴)·조만식(불참) 등 11명을 군정장관 고문으로 임명하였는데, 이 가운데 상당수를 한국민주당(약칭 한민당)에서 차지하였음이 특기할 만하다. 그 뒤 12월에 한국인·미국인 양부장제(兩部長制)를 시작함에 이르러 고문제는 자연 소멸되었다.

한편 중앙의 군정청에는 13개의 부(部)와 민정장관 직속의 4개의 국(局), 군정장관(대리)의 직접적인 지시를 받는 7개의 독립된 처(處)가 있었다. 1946년 4월부터 10월 사이에 관공서의 수가 86개에서 117개로 증가하였고, 주요 관할 구역의 수가 8개에서 10개로 증가하였다. 이와 같이 하여 여러 차례의 군정청 조직의 개편이 있었는데, 이는 실질적인 행정 강화를 의미하는 것이었다. 그리고 1946년 11월에는 종래의 양부장제를 철폐하고 한국인을 각

부처의 장관으로 하는 동시에 미군은 고문의 자격으로 행정에 관여하도록 행정 조직을 개편하였다. 그러나 1946년 1월까지도 미군은 한국의 점령자인가 해방자인가에 대하여조차 그 기본 성격을 스스로 파악하지 못하고 있었다 하며, 한국의 실정에 밝지 못하고 또한 군정의 준비도 없었던 만큼 제반 분규와 혼란을 자초한 일이 적지 않았다. 그러다가 1947년 5월 17일 법령 제141호에 의해 미군정 내의 한국인 조직을 따로 '남조선과도정부'로 개칭하면서 미군정에서 이른바 '군정 조직의 한국인화(Koreanization)'를 추진하였다.

【 미군정 하의 경제 재편 】

미 군정기의 경제 재편 과정에서 결정적이었던 사안 중의 하나는 귀속재산(歸屬財産, 일명 적산敵産)의 처리 문제였다. 이는 해방 무렵 전국 기업체의 90%, 전국 토지의 12.5%를 차지하고 있었고, 일제치하 한국민의 피와 땀의 결정체임은 두말할 것이 없었다. 이에 대하여 미군정은 법령 제2호(1945. 9. 25)로 동결시키고 이전제한 조치를 취했고, 법령 제4호(1945. 9. 28)로써는 일본 육해군 재산 모두를 미국의 재산으로 규정했으며, 법령 제33호(1945. 12. 6)를 통해 그 재산권을 군정청에 소속시켰다. 특히 1946년 2월 21일 신한공사(新韓公社)를 설치하여 한국 내 모든 일본인 소유의 토지와 사업체를 여기에 귀속시킴으로써 미군이 독점적인 권리를 행사하기에 이르렀다. 이후 관재령(管財令)에 의하여 점차로 한국인의 관리·운영에 맡기게 된다.

특히 귀속재산의 직접적인 관리의 주체 문제로 커다란 물의가 빚어진 적이 있었으니 그것이 관재령 8호(1946. 12. 31)와 그 9호(1947. 3. 31) 제정을 둘러싼 사건이었다. 1946년 11월 양부장제(兩部長制)를 철폐하여 한국인을 각 부처의 장관으로 임명하였음에도 불구하고, 미군정은 핵심적 경제 업무인 관재처 및 재무부의 업무와 민간 물자 배급 업무만은 한국인에게 이양할 수 없다 하여 미군 고문관이 종래대로 처리하려고 하였다. 그것이 관재령 8호의 골격이었다.

그러자 한국인들은 즉각 강력히 반발하였다. 그 중에서도 귀속 공장의 관리인들은 관재대책위원회를 결성하여 조직적인 저항까지 시도할 정도였다. 이러한 한국인의 반발에다가 필요 미국인의 충원 곤란 때문에 미군정은 관재령 9호를 제정하여 귀속사업체의 감독권을 결국 한국인에게 넘겨줄 수밖에 없게 되었다. 이로써 종전에 비해 한국인 관료의 발언권이 그만큼 강화되었던 것이었다. 감독권에 대한 두 관재령의 차이는 다음에서 분명하게 알 수 있다.

〈8호〉
2. 군정청 재산관리관은 현재 그 관할 하에 있는 귀속된 각종 기업체, 회사, 조합 기타 사업단체 일체의 관리의 감독(그 운영과 그 관리자 내지 최고책임자의 임명권을 포함함)을 … 군정청 각 부, 처 또는 그 대행기관의 소관(所管) 고문관에게 차(此)를 이관함.

〈9호〉
2. 군정청 재산관리관은 현재 관할 하에 있는 귀속된 각종 기업체, 회사, 조합 기타 사업체 일체의 관리권(관리인 내지 최고책임자의 임명권을 포함) 및 운영권을 … 군정청 각부, 처 또는 그 대행기관의 소관장관(所管長官)에게 차(此)를 위촉함.

결국 1948년 대한민국 정부가 수립되자 한 · 미 양국은 「재정 · 재산협정」에서 적산 전부를 대한민국 정부에 이양하였고, 다시 농지개혁법(1949. 6. 21)과 귀속재산처리법(1949. 12. 19)에 의하여 국민 또는 법인에게 각각 분배 또는 매각되었다.

제3절 정당의 난립과 좌우합작운동

【 정당 난립과 정당통일운동의 전개 】

일제의 폭정으로 자주적인 정치 활동을 할 수 없었던 한국인은 해방되자 정치에 지대한 관심을 기울였다. 미군의 진주 이전에 이미 건국준비위원회(건국동맹중심)와 국민대회준비회(뒤의 한국민주당의 모체)의 양파가 있었음은 이미 말한 바와 같다. 그밖에 8월 16일부터 공산당의 재건 공작이 일어나고 있었고 또 건준에서 탈퇴한 일파가 국민당을 결성하고 있었으며 기타 다수의 군소정당이 준비 단계에 있었던 것이다. 그러다가 미군 상륙 직후인 9월 12일 하지 중장이 서울 부민관에서 정치 문화 단체 대표를 초청해서 간담회를 개최하면서 자유로운 정치 활동을 보장하겠다는 언질을 준 것을 전후하여 정당의 결성은 최고조에 달했다. 남한만 하더라도 50 내지 60개의 정당을 헤아리게 되었던 것이다.

그 중에서도 비교적 견고하고 광범한 조직을 가진 정당으로는 우익의 한국민주당(송진우 · 김성수), 중간우파의 국민당(안재홍), 중간좌파의 조선인민당(朝鮮人民黨, 여운형), 좌익의 조선공산당(박헌영朴憲永) 등이 있었다. 이외에 신한민족당(新韓民族黨, 권동진權東鎭 · 오세창吳世昌)이 생기고 그동안 해외에서 대일 투쟁에 앞장섰던 우익의 한국독립당(韓國獨立黨, 김구), 재미한족연합회(在美韓族聯合會, 안원규安元圭 · 한시대韓始大), 좌익의 조선민족혁명당(朝鮮民族革命黨, 의열단義烈團의 후신, 김원봉金元鳳), 독립동맹(뒤의 신민당新民黨, 김두봉金枓奉 · 한빈韓斌) 등이 10월 이후로 국내로 귀환하였다. 또 북한에서 활동하던 조선민주당(조만식 · 이시영)이 공산주의자의 강압으로 그 주류의 대부분이 1946년 2월을 전후하여 남하하게 되었고, 그밖에 유일한 여자 정당인 여자국민당(임영신任永信), 천도교의 좌파인 청우당(김기전金起田) 등이 있었다.

이와 같은 정당의 난립을 우려하여 일부에서는 그 통일 운동이 전개되기도 하였다. 9월 상순 이갑성(李甲成)의 각정당통일기성준비회, 9월 중순 이극로(李克魯)의 비정치단체 합작운동, 10월 상순 양극환(梁極煥)의 정당통일간담회, 오하영(吳夏泳)의 정당통일기성회 같은 것이 그것이다. 일부의 수개 정당은 국민당과 인민당에 흡수되었고, 12월에는 22개 정당의 합동으로 신한민족당을 형성하기도 하였다. 그렇지만 그 후에도 정당을 유지 또는 창건하는 일이 끊이지 않았고 마침내 국민들은 정당에 대한 무관심을 드러내기조차 하였다.

【 4대 정당의 활동 】

한민당 · 국민당 · 조선인민당 · 조선공산당이 50여 개 정당 중에서 대표적인 4대 정당으로 손꼽혔다. 이들 각 정당의 강령은 당초부터 공산정권 수립을 획책한 공산당의 그것을 제외하고는 대동소이하여 민주주의 독립국가의 실현, 근로대중의 권익 옹호, 민족 문화의 앙양과 세계 평화의 수호 등을 이구동성으로 내세우고 있었다. 그러나 실제 행동에 있어서는 우의 임정 지지와 좌의 인공 지지로 이미 서로 접근할 수 없을만치 분간되고 있었던 것이다.

한민당(당수 송진우)은 민족주의적인 독립운동가들을 중심으로 1945년 9월 16일 결성되어 임정 본위를 당면한 방침으로 삼았고 임정의 환국(동년 11월) 후에도 그것으로 일관하였으나 제1차 미소공동위원회(1946. 5)의 결렬을 전후하여 '자율정부운동(自律政府運動)'이 일어남에 이르러 임정과 노선을 달리하였다. 그리하여 대한민국 수립의 중요한 추진력 중의 하나가 되었다. 한민당은 유엔 한국위원회 보고에도 지적되고 있는 바대로 '보수적 자주정당'으로 불리우는 수가 많았고, 미군정이 실시되자 군정고문 또는 군정청 부장으로 다수의 당원을 보내어 행정면에 있어 기틀을 구축하였다. 그 「발당선언(發黨宣言)」에서

> 전제(專制)와 구속(拘束)없는 대중본위의 민주주의 제도 아래 개로개학(皆勞皆學)으로써 국민의 생활과 교양을 향상시키며 특히 근로대중의 복리를 증진시켜 호모(毫毛)의 차별도 중압도 없기를 기한다.

고 하였음은 당시로서는 대단히 이채로운 것이었다고 할 수 있다. 하지만 송진우가 암살되고(1945. 12. 30) 김성수를 중심으로 당세를 유지하려 했으나, 1946년 10월부터 전개된 좌우합작운동을 전후하여 김약수(金若水), 원세훈 등 일파의 탈퇴로 분해되어 갔다.

국민당은 건준이 좌우로 분열된 후 여기서 탈퇴한 안재홍을 중심으로 9월 1일 조선국민당으로 발족한 뒤, 9월 24일 공화당(共和黨)·근우동맹(槿友同盟)·동지회(同志會)·사회민주당(社會民主黨)·자유당(自由黨) 등의 군소정당을 흡수하여 개칭하면서 중간우파를 지향한 것이었다. 「발당선언」에서

> 이 자연발생적인 역사적 취향을 따라 더욱 의식적 공작을 함으로써 종국적인 대동결집을 실천하면서 통일국가의 창업을 완성 … 무용한 계급적 대립을 지양회통하면서 전민족적 집결이 조속히 성취될 것을 의도한다.

고 밝혔음에 따라 그 후에도 군소정당의 흡수에 진력하였으나 그 지지기반이 비교적 명확치 않았다. 군소정당의 집결체였던 신한민족당과 더불어, 그에 앞서 환국한 임정의 주축인 한독당에 합류함으로써 해소되고 말았으며 당수 안재홍은 미군정청 민정장관에 임명되었다(1947. 2).

조선인민당은 여운형이 중심이 되어 결성하였던 조선건국동맹의 후신으로서 해방과 더불어 건준의 모체가 되었고 고려국민동맹 등의 군소정당을 흡수하여(1945. 11. 12) 확대된 것이었다. 그 발당선언에서

> 조선의 현실적 과제인 완전독립민주주의 국가의 급속한 실현을 그 당면 임무로 자임함과 동시에 우리의 기본 이념인 전 근로대중의 완전한 해방까지 혁명적 ○○을 결의하는 바이다.

라 하여 그 계급정당으로서의 성격을 명확히 하여 중간좌파의 노선을 밟았다. 좌우합작운동이 일어나자 좌측을 대표하였으나 실패에 이르렀고 이미 창당되어 있던 공산당 · 신민당(독립동맹의 후신)과 합동하여 남조선노동당(南朝鮮勞動黨)을 결성하였다(1947. 5). 그 후 다시 여운형을 당수로 근로인민당(勤勞人民黨)을 결성하였으나(1947. 5), 그가 암살되고 말자 장건상(張建相) · 이영(李英) · 백남운(白南雲) 등 부위원장의 합의제를 강화한다 하였으나 사실상 대정당으로서의 활동은 정지되었다.

조선공산당은, 1925년 4월 창립 이후 치열한 운동을 전개해온 사회주의 세력들이 1928년 당 해산 이후 통일적인 정당을 결성하지 못하던 데에서 벗어나 재결성하였다(1946. 9. 11). 먼저 이영 · 최익한(崔益翰) · 정백(鄭栢) 등 세칭 장안파가 서울 장안빌딩에서 공산당 부활을 꾀하였으나(8. 16), 그 후 박헌영을 중심으로 한 경성 콤 그룹 일파 — 세칭 재건파가 주도권을 장악하고(8. 20) 당 건설을 위한 열성자 대회에서 당 재건을 결의함으로써(9. 8) 마침내 재건된 것이었다. 조선공산당 재건위원회가 그 해소에 앞서 발표한 「당면주장(當面主張)」 중

3. 조선인민의 이익을 존중하는 혁명적 민주주의적 인민정부를 확립하기 위하여 싸운다.

고 하였음에서 최초부터 타협의 여지를 찾기 어려운 공산정권의 수립을 기도한 것임을 알 수 있다. 공산당의 궁극 목표가 소위 프롤레타리아 혁명에 있는 것인만큼 「강령」이 아닌 「당면주장」을 내세우고 있는 게 주목할 만하나, 그 목표를 위하여 소연방에 편입되기를 희망한다고 함이 박헌영의 외국기자단 회견(1947. 1. 15)에서 폭로됨으로써 국민들의 격분을 살만하였다. 1946년 9월에 군정청으로부터 그 간부에 대한 체포령이 내려지자 지하로 들어가, 그 해 남조선노동당으로 개편하였으나 1949년 10월에 정당등록 취소처분을 받음으로써 완전히 비합법정당으로 되었다.

이들 4대 정당의 대표는 탁치(託治), 즉 신탁통치 문제로 인하여 분열되어 있던 1946년 초의 정국 수습 과정에서, 임정 대표와 함께 철야 토의 끝에 '탁치안은 임시정부가 수립된 후에 해결한다' 는 소위 「4당코뮤니케」를 작성하여 발표하는 등 주도적 역할을 하기도 하였다.

【 반탁운동과 미소공위 】

1945년 12월의 모스크바 3상회의(三相會議)에서 미국 · 영국 · 소련의 외상들은 한국 문제를 해결하는 방안으로서 미 · 영 · 중 · 소의 4개국에 의한 5년간의 신탁통치안을 결정하였다. 그러나 이 안은 격렬한 국민의 반대에 직면하게 된다. 이러한 국민들의 반대는, 이승만이 미국으로부터 귀국했고 또 김구를 비롯한 임시정부의 요인들이 속속 환국하였으므로 구심점을 갖고 적극 도출될 수 있었다. 신탁통치가 실시될 것이라는 미 · 소의 공식발표에 의거한 요약보도가 1945년 12월 28일과 29일 각각 방송과 신문을 통하여 전하여지자, 각 정치세력들은 즉각적인 반응을 보였던 것이다.

특히 임시정부는 이전의 통일운동에 대한 소극적이며 관망하는 태도를 버리고 미군정에 정면으로 반발하면서까지 반탁운동에 앞장섰다. 즉 28일 오후 4시 긴급국무회의를 열고난 후 밤 8시부터 각 정당 · 종교단체 · 언론기관 대표들을 초청하여 비상대책회의를 개최하였으며, 이 자리에서 신탁통치반대국민총동원위원회(信託統治反對國民總動員委員會)를 설치할 것을 결의하고 반탁운동을 전개하였던 것이다. 서울에서는 철시(撤市)와 시위가 행해지고, 군정의 한국인 직원들은 일제히 파업에 들어갔다. 이에 미군정은 자신들의 지지기반이 되어야 할 우익세력이 미 국무성의 기본정책인 탁치를 반대하자 난처한 입장에 처하게 되었다. 그리하여 미군정 당국은, 탁치는 독립과 대립되는 게 아니라 상호보완적인 것이라는 미국 측의 해석을 내세웠다. 하지만 당시 국민들에게 뿌리박혀 있는 '탁치는 독립에 대립되는 개념이다' 라는 고정관념을 변화시키지는 못하였다.

이어 시위운동은 전국적으로 번져 갔다. 처음 공산당도 이 반탁운동에 가담하였으나 뒤에는 돌연 찬탁으로 그 태도를 바꾸었고, 그리하여 좌우의 합작에 의한 반탁운동은 큰 난관에 봉착하게 되었다. 당시의 상황 변화에 따른 공산당의 이런 태도 돌변 과정을 일지로 만들어 보면 다음과 같다.

1945년 12월 23일(미국 탁치주장설 보도) : 반탁
12월 27일(소련 탁치주장설 보도) : 공식성명 보류(1946년 1월 2일 전까지)
12월 27일~46년 1월 2일 : 박헌영의 평양행(?)
12월 31일 : '반탁' 대신 '철폐' 로 표현
1946년 1월 1일 : 신탁문제 '해결' 로 표현

1월 2일 : '삼상결정지지' 로 노선전환
1월 5일 : 인공 · 임정 합작 완전 결렬

이에 대하여 임정에서는 비상국민회의(非常國民會議)를 소집하고 이를 통하여 정권을 수립해서 신탁통치를 사실상 배격하려고 하였다.

당시 신탁문제에 관해 우익은 자신들이 반탁운동을 주도했다는 점을 강조하고 부각시키면서 반탁은 자주독립의 길이요, 민족통일의 길인데 반하여 좌익의 찬탁은 매국의 길이요, 민족 분열의 길이라고 몰아붙였다. 이러한 논리의 근거는 탁치안이 처음 보도되었을 때 좌우는 일치하여 반탁을 외쳤으나 이후 좌익이 소련의 지령에 따라 매국적이며 반민족적인 찬탁으로 표변하였기 때문에 민족 통일의 가능성이 말살되었다는 것이다. 이에 반하여 좌익은 반탁이야말로 단정의 길이요 모스크바 결정 지지 노선이야말로 국제정세에 비추어볼 때 실질적이며 합리적인 통일의 길이라고 주장하였다.

이러한 속에서 1946년 1월에 모스크바 3상회의의 결정을 실천하기 위한 미소공동위원회(美蘇共同委員會, 약칭 미소공위) 예비회담(豫備會談)이 열렸고, 이어 3월에는 정식위원회(正式委員會)가 개최되었다. 여기서 소련 측은 장차 세워질 임시정부를 위한 협의 대상 속에서 신탁통치를 반대하는 정당이나 사회단체를 제외할 것을 주장하였다. 이는 곧 공산주의자만으로 임시정부를 조직하고 이에 반하는 어떠한 이들도 이로부터 제외시키려는 의도를 내비친 것이었다. 이에 대해서 미국 측은 의사 발표의 자유라는 입장에 서서 반탁운동자라 하더라도 협의 대상에 넣어야함을 주장하였다. 이 대립은 결국 제1차 미소공위를 결렬시키고야 말았다(1946년 5월).

한편 반탁운동에 대한 상반적인 평가는 현재에 이르러서도 마찬가지다. 당시 정치세력의 행태에 대한 현재의 평가에 있어서 반탁 긍정론자는 반탁운동이 한반도의 적화를 방지하고 반쪽이나마 반공정부를 수립할 수 있었던 것을 공로로 내세운다. 그렇지만 찬탁 긍정론자는 반탁운동으로 인하여 한반도 문제 해결을 위한 미소공위가 결렬되었고 그 결과 분단으로 치달았기 때문에 반탁론은 결국 영구분단론이었다고 여긴다. 이러한 대립되는 평가는 서로 상반된 가정을 전제하고 있고 또 서로 분단의 책임을 전가시키고 있는 실정이다. 결국 탁치 논쟁은 미 · 소의 대립을 격화시켰고 이 와중에 분단의 외적 구조인 냉전의 형성을 재촉하였다고 할 수가 있다.

【 민주의원과 민주주의민족전선의 결성 】

정당합작이 난관에 부딪치게 되자 임정은 1946년 2월 1일 비상국무회의에서 비상정치회의를 소집하기로 하고, 이에 따라 1946년 1월 20일 각계대표 21명을 소집하였으며 1월 23일에는 독립촉성중앙협의회(獨立促成中央協議會)가 합류하자 그 명칭이 비상국민회의로 바뀌면서 우익만의 연합이라는 성격을 명백히 하였다. 또한 이승만 · 김구 · 김규식 · 권동진(權東鎭) · 오세창(吳世昌) · 김창숙(金昌淑) · 조만식(曺晩植, 불참) · 홍명희(洪命憙) 등 8인이 초청되어 개최한 비상국민회의에서 조직한 최고정무위원회(最高政務委員會)는 미군정의 요청으로 1946년 2월 14일에 그 명칭을 남조선대한국민대표민주의원(南朝鮮大韓國民代表民主議院, 약칭 민주의원)이라 바꾸고 군정의 자문기관으로 출범하게 되었다. '사실상의 정부' 가 서는 것을 원치 않은 미 군정청의 요구에 따라 주한 미군 사령관의 자문기구로서 과도정부의 수립을 추진하는 사명을 띠고 개원하기에 이른 것이었다. 의장에는 이승만, 부의장에는 김구와 김규식이 선출되고, 25명의 의원은 비상국민회의 최고정무위원 25명 전원이 그대로 선임되었다. 여운형이 이에 참여하지 않음에 따라 이 민주의원 중 28명 모두가 우익인사였을 정도로 이 민주의원은 우익진영을 대변하는 기구였다고 하겠다.

이전부터의 통일전선 결성 노력에도 불구하고 이제 우익인사들만으로 이같이 비상국민회의가 결성되어 활동에 들어가자 좌익 측은 그들이 설정한 조선혁명의 단계인 부르조아 민주주의혁명의 최고단계로 이른바 '민주통일전선' 을 소위 '민주주의적 요소' 만으로 구성하기로 하였다. 이에 따라 1946년 1월 18일 실업자동맹에서 29개 단체 1백 여 명이 참석하여 민주주의민족전선(民主主義民族戰線, 약칭 민전)을 결성하기로 하고, 준비위원회가 결성되어 준비위원 24명이 정해졌으며 2월 1일과 2월 4일에는 준비위원회가 개최되어 선언이 발표되고 7개 전문위원회가 설치되었다. 2월 7일에는 민전 성원자격심사위원회 회의를 개최하여 성원의 자격을 심사하였고 그 결과 민주의원의 개원에 맞추어 드디어 그 다음날인 1946년 2월 15일 민주주의민족전선결성대회를 통해 여운형 · 박헌영 등 15명을 의장단으로 하는 민주주의민족전선이 결성되었다. 조선민주주의민족전선준비위원회의 명의로 발표된 (1946. 2. 1) 소위 「민전」 선언에서

> 2. 민주주의민족전선은 조선 인민의 총투표로써 선거될 인민대표대회가 구성될 때까지 과도적

임시 국회의 역할을 장악할 것이며 임시적 민주주의 정부수립의 책임을 자부할 것을 선언한다

라고 한 바 있다. 그리고 나서는 비상국민회의와 민주의원을 정면에서 공격하는 등의 활동을 전개하였다.

이 민전과 민주의원과의 대립 양상은, 해방 후 처음으로 맞이하여 거족적 행사여야 할 3·1절 기념식의 거행에서도 그대로 드러났다. 민주의원과 그 산하 '기미독립선언기념전국대회준비회'가 종로 보신각(普信閣) 앞에서 기념행사를 개최하는데 대하여, 따로이 준비회를 만들어 재경 각 언론기관의 조정에도 불구하고 민전과 그 산하 '삼일기념전국준비위원회'는 탑동(塔洞, 탑골)공원에서 행사를 개최하였던 것이다.

결성 이후 민전은 좌우합작운동에 적극 나서고 또한 단정단선반대투쟁에도 앞장섰다. 그리고 1948년 단정수립 이후에도 민전은 비합법적으로 명맥을 유지하다가 1949년 남북의 민전이 조국통일전선이라는 하나의 통일전선체로 통합됨에 따라 해소되었다.

【자율정부운동과 좌우합작운동】

미소공위의 결렬은 정계에 더욱 혼돈을 가져왔다. 이 혼돈을 타개하기 위한 방도가 각기 세력이 처하고 있는 현실적인 처지에 따라 모색되었다. 이승만을 중심으로 한 한민당이 조직한 민족통일총본부(民族統一總本部)의 자율정부운동도 그 하나였다. 얄타조약과 3상회의 결정을 취소하여 38선과 신탁통치를 없이 하고 즉시 독립과도정부를 수립하자는 것이었다. 자율정부운동의 첫 봉화는 1946년 5월 12일 대한독립촉성국민회(大韓獨立促成國民會, 약칭 독촉) 주최로 열린 독립전취국민대회였다. 이 대회에서, 2월 14일에 발족된 남조선대한민국민주의원(南朝鮮大韓民國民主議院, 약칭 민주의원)의 부의장(副議長) 김규식(金奎植)은 "2~3주일 내에 공위(共委)가 재개되지 않으면 정부를 우리가 세워야 한다. 이 정부는 대구(大邱)에서든지 제주도(濟州道)에서든지 문제가 되지 않는다."라는 연설로써 이 운동의 방향을 시사하였었다. 그 후 김규식이 단독정부 운운 했던 자신의 발언을 취소하고 좌우합작운동에 매진하지만, 이 자율정부운동은 이승만에 의하여 강력히 추진되어 갔다.

그리하여 자율정부운동은 곧 이승만에 의해 남한단독정부 수립설로 바뀌게 되었다. 6월 3일 전북(全北) 정읍(井邑)에서 "남방(南方)만이라도 임시정부 혹은 위원회 같은 것을 조직

할 것"을 선언하여 처음으로 남한만의 독립정부 수립설을 펼쳤던 것이다. 이승만의 이런 정읍 발언에 대하여 미군정의 러치 군정장관이 담화를 발표하여 정식으로 반대 의사를 표시했음은 물론 국내의 여론도 일부 극우세력을 제외하고는 반대 의사를 표명하면서 통일정부 수립을 재강조하였다. 그러나 이승만은 이를 묵살하고 6월 12일에는 서울에서, 25일에는 개성에서 단정 수립을 계속 주장하였다. 하지만 이 같은 이승만의 남한단독정부 수립 주장이 지속적으로 펼쳐지기 이전에 이미 4월 6일에 샌프란시스코 발 AP통신에 의해 "미 점령군 당국은 남한 만에 대하여 조선정부수립에 착수하였다."는 보도가 있어 당시 정계에 비상한 충격을 준 바가 있었다. 이때 정국은 좌우를 막론하고 그것이 사실이 아닌 허위 보도이기를 바랬고, 미 국무성과 미군정도 이를 정식으로 부인했었지만 이가 현실로 등장한 것이었다.

1946년 6월 10일 대한독립촉성국민회 전국대표자대회가 개최되어 이승만이 총재로 추대되었고, 정읍 발언에서 언급한 바 있는 민족통일기구를 성립시키기 위하여 김구의 참여하에 민족통일총본부가 성립되었다. 민주의원이나 비상국민회의와는 별도로 우익 진영의 국민운동 기관으로 새로 설치된 이 본부를 중심으로 단독정부 수립 노력을 경주하던 이승만은 이를 실현시키기 위해 직접 미국에 가서 활동하기에까지 이른다.

한편 김구를 중심으로 한 임정계열의 한국독립당(韓國獨立黨)은 국민의회(國民議會, 구舊 비상국민회의非常國民會議)를 구성하여 반탁운동을 근본으로 하되 좌우합작과 남북통일을 실현할 것을 주장하였다. 그리고 김규식을 중심으로 한 중간우파는 여운형을 중심으로 한 중간좌파와 함께 좌우합작운동을 전개하였으며, 이들은 미군정의 지지를 받아 1946년 12월 12일 남조선과도입법의원(南朝鮮過渡立法議院, 약칭 입법의원立法議院 또는 입의立議)을 형성하기까지 하였다. 미소공위 휴회 후 민족적 위기의식이 증폭되어 정치지도자 사이에서건 국민들 속에서건 좌우합작의 요구가 더욱 커졌고, 그동안 좌익과 우익 진영에 속해 있었으면서도 좌우합작만이 민족문제를 해결할 수 있다고 생각하였던 세력이 공위 휴회 후 미국의 중도계 중심의 좌우합작 지원과 이해관계가 맞아떨어져 좌우합작운동은 새로운 형태로 추진된 것이다.

당시는 3월 11일 하지 장군 성명과 3월 20일 스티코프 장군의 미소공위 개회 인사에서 드러났듯이 미국과 소련 어느 한 나라도 한쪽의 정치세력이 한국을 지배하는 것을 용납하지 않을 것임이 명백한 상황이었다. 더욱이 통일된 독립국가의 수립을 바라는 한국인 속에서는, 오직 좌우가 합작해야만 미소공위가 속개될 수 있고 그에 따라 민주적 통일정권이 수립될 수 있다는 인식이 팽배해 있었다. 따라서 1946년 5월 하순 이후의 좌우합작운동의 출발은 1946년 2월 이래 굳어져가는 좌우분립 현상을 타파해 통일 민족국가를 수립하려는 민족적 욕구가 심화된 속에서 과거의 그것과는 성격을 달리하게 되었던 것이다.

한편 미국 측의 좌우합작 지원은 중도파 좌우 정치세력을 중심으로 미소공위에서 임시정부를 구성하게 하고 또한 이들이 단합하여 과도입법의원에 참여하게 하도록 하자는 것이었다. 즉 민주적 개혁안을 만들어서 실천함으로써 일반 국민이 미국정책을 적극 지지하게 되어 소련이 압력을 느껴 미소공위에서 자신들의 주장을 따르게 하자는 게 그 목적이었다고 하겠다. 그리고 미국이 중도파를 부상시키려 했던 데에는, 중도개혁세력을 친미세력으로 키워 종국에는 3상회의의 결의를 실행에 옮기려는 목적도 있었다. 미국 측은 이승만과 김구는 소련이 반대하기 때문에도, 소련과 협의하여 한국문제를 풀어나가기 위해서는 그들을 제외하여야 한다고 판단했던 것이다. 소련대표들은 제1차 미소공위 때 이미 이승만과 김구의 제거를 요구하였고, 그것은 이후에도 계속 주장되고 있었기 때문이었다.

제4절 남 · 북한의 독립정부와 6 · 25동란

【남북협상】

1947년 12월 6일에 좌우합작위원회가 전체 회의를 열고 해체를 결의한 뒤, 중간노선을 추구하는 정치세력들은 그 해 12월 20일 민족자주연맹(民族自主聯盟, 약칭 민련)을 결성하였다. 여운형을 제외한 중도파 정당 및 사회단체가 망라된 이 단체는, 김규식이 위원장으로 원세훈 · 홍명희 등을 정치위원회 위원으로 하고 18명의 상임위원을 두고 있었다. 중도노선을 표방하며 남북통일정부의 수립을 기대하였으나, 1948년 1월 남북 총선거의 실시가 어려워지자 김구의 한국독립당 등과 함께 남북협상의 길로 나서게 된다.

'남북협상', '남북지도자회담' 또는 '남북요인회담' 등으로 표현되는 남북협상에 대해서는 이미 1946년 제1차 미소공동위원회가 결렬된 후 중도파 정치인들에 의하여 거론되었으나, 좌우합작운동 등에 가려 별로 주목을 끌지 못하였었다. 그러다가 1948년 1월 8일 유엔 위원단이 서울에 도착하여 26일에 정당 · 단체 지도자들과 회견을 하였는데, 오전에 이들을 만난 이승만은 단정론(單政論)을 피력하였으나, 김구와 김규식은 같은 날 오후에 위원단과의 회견에 앞서 의견을 조정하여 남북한인지도자회의 · 남북요인회담을 각기 주장함으로써 남북협상론(南北協商論)이 본격적으로 거론되기에 이른 것이다.

2월 16일에는 김구와 김규식이 북의 김일성과 김두봉에게 협상을 제의하는 서신을 영국 · 소련의 외교 경로를 통해 보냈다. 이후 2월 26일 유엔 소총회에서 남한만의 선거가 확정되어 단정파와 단정반대파와의 대립이 가열되는 사이, 3월 말에는 북측에서 4월 평양 개최 예정인 '전조선(全朝鮮) 정당(政黨) · 사회단체(社會團體) 대표자(代表者) 연석회의(連席會議)'에 단정반대파를 초청한다고 일방적으로 발표해 버렸다. 4월 1일 딘(John R. Deane) 군정장관이 후원할 의사도, 방해할 의사도 없음을 천명하였는데, 4월 3일에 제주도에서 소위 4 · 3사태가 발발하고 말았다.

이런 가운데 9일 무렵부터 남한의 정당 · 사회단체 대표가 속속 월북하였고, 김구는 19일, 김규식과 민련대표는 21일 서울을 출발하였으나, 이들의 참여 여부와는 상관없이 「전조선 정당 · 사회단체 대표자 연석회의」는 이미 19일부터 개최되어 26일까지 진행되었다. 그 내용에 있어서도 북쪽의 편의대로 일방적으로 진행되었을 뿐 김구 · 김규식이 애초에 요구했던 남북정치협상과는 거리가 먼 것이었다. 이에 회의가 끝난 27일부터 30일까지 김구 · 김규식 등의 요구에 의하여 남북 인사 15인을 중심으로 '남북조선(南北朝鮮) 정당(政黨) · 사회단체(社會團體) 지도자(指導者) 협의회(協議會)'가 개최되었는데, 이를 '남북요인회의(南北要人會議)'라고도 부른다.

이와 병행하여 4월 30일에는 김구 · 김규식 · 김일성 · 김두봉의 소위 '4김 회담'이 김두봉의 주선으로 이루어져, 남북요인회담의 공동성명서의 검토 등을 하였다. 이 성명서에서 첫째 외국군대의 즉시 철거, 둘째 외국군 철퇴 후의 내전(內戰) 발생 부인, 셋째 외국군 철퇴 후 정당 단체들 공동 명의의 '전조선 정치회의' 소집에 의한 임시정부 수립과 이 임시정부 책임에 의한 총선거 실시와 통일적 민주정부 수립, 넷째 남조선 단독선거 불인정 등을 천명하였다. 실천 가능성이 문제로 제기될 수밖에 없었던 이 성명서의 내용에 대해서는 북측 입장을 고스란히 받아들인 것에 불과하였다는 비판이 있다. 이같이 남북협상에서 합의한 내용 중에서도 특히 외국군 철수 문제는, 미국 측이 정부 수립 후 철군안을 주장하고, 소련 측이 양국군 동시 철수안으로 맞섰고, 게다가 정부 수립 문제에 있어서 남북 사이에 서로 다른 태도를 보임으로써 전혀 실현될 수가 없었던 것이다.

결국 남한에서는 5월 10일 총선거가 실시되고, 북한에서는 이미 월북한 남로당 등의 일부 인사들을 남한 대표로 하여 6월 29일부터 7월 5일까지 평양에서 제2차 '남북 제정당 사회단체 지도자 협의회' 를 열고 그 결의에 의하여 8월 25일 최고인민회의 대의원을 선출함으로써 각각 정부 수립의 길로 치닫게 된다.

【 미소공위의 개최와 분단국의 출현 】

미소공위는 1946년과 1947년에 개최되었다. 그러나 제1차 미소공위의 말에는 이미 위원회가 곤경에 처할 것이 분명했다. 미소공위가 결렬된 것은, 급조된 여러 정치단체와 반탁기관들을 이 한국 임시 정부의 구성에 참여를 하게 하는가에 대한 문제 때문이었다. 그렇지만, 이 문제의 근본적인 원인은 소련과 미국의 군정의 결과인 한국 정치의 좌 · 우 대립이었다.

미국과 소련이 신탁통치를 통한 한국 문제의 국제적 해결에 전념하고 있는 동안 현장에 있던 그들의 점령군은, 양극단 즉 좌익이나 우익에 서 있는 한국인을 배격한다는 조건을 내세운 정책을 추구하도록 명령받고 있었다. 그리하여 자연적으로 점령군들이나 그들의 한국인 협력자들에겐 통일 상태보다는 분단 상태로의 한국을 더 선호하는 경향을 가지게 했다. 실제로 1946년 3월에 있은 제1차 미소공위가 열리기 전에 소련과 미국 두 점령국은 이미 이런 점에서 서울과 평양에서 분리된 한국의 고문 · 행정상의 실체인 후원자로서의 정책을 수행해 왔었다.

그 진행은 1945년 가을에 점령국들이 공식적으로 그들 자신이 지지하는 인사들의 귀국을 환영했을 때부터 일찌감치 시작되었다. 소련은 1930년대에 만주에서 동북인민혁명군(일명 동북항일연군)에서 중국 공산당들과 함께한 게릴라 활동 때문에 한국인들에게 유명하고, 또한 1937년 6월 4일의 보천보전투를 비롯한 국내진공전투의 감행으로 일본인들에게 악명 높은 김일성에게 그들의 지지를 표했다. 1941년에서 1945년 사이의 김일성의 행적은 불분명하지만 항일 전투에 나선 게 아니라 하바롭스크(Khabarovsk)와 바라바쉬(Barabash)에 있는 소련 육군 훈련소에 전쟁이 끝날 때까지 있었던 것으로 보인다. 소련이 김일성에게 지지를 표한 것은 김일성이 9월 19일 원산에 상륙하였으며, 10월 14일 평양시 민중대회(일명 김일성金日成 장군 환영 평양대회)에서 8만의 인파가 운집한 가운데 소련에 의해서 그가 '김일성 장군' 으로서 공식적으로 환영받은 일로 증명된다. 나이가 비록 33세로 젊은 편에 속하였지만, 항일 투사로서 얻은 명성과 무장된 빨치산의 충성스러운 무리를 이끌고 있었고 소련이라는 점령군의 확실한 배후 세력으로 인해, 그는 자신보다 연장자이고 국내에서의 활동 경력이 화려한 박헌영과 같은 공산주의 지도자들을 젖히고 북의 정치 통솔권을 쥐게 되었다.

이리하여 흔히 '소비에트 군대의 정치 보따리의 하나로써, 다른 나라로 운반된 정치형태'라 하는 이른바 '화물열차정부'(baggage-train-government)가 수립되었던 것이다. 하지만 당시까지도 남한 공산주의자들은 대부분 1920년대 이래 중요 공산주의 활동가였던 박헌영의 주도 아래에 남아 있었다. 1946년 2월 8일 사실상의 임시 연방정부인, 김일성을 위원장으로 한 북조선임시인민위원회가 평양에서 수립되었고, 원래의 김일성을 지지했던 비공산주의자인 조만식과 같은 북의 정치 지도자들은 정치 외적으로도 점차 압박을 받았다. 1946년 가을에 북의 군대가 역시 형성되었다.

북에서의 이런 중앙 집권과 거의 동시에 남한에서는 미군정이 분단 전 우익을 기초로 한 임시정부를 세웠다. 1945년 10월 20일 미국은 이승만을 굉장한 찬사로 한국 국민에게 소개했다. 당시 그의 나이 70세였던 이승만은 독립협회와 상하이 임시정부에서의 그의 활동 때문에 애국자로서 유명했었고, 미국에서 그의 생전의 대부분을 보냈으며 그곳에서 그는 하바드와 프린스턴대 두 곳에서 석·박사 학위를 수여받았다. 이승만은 강력한 반공주의자였으므로 한국에 들어오자마자 소련과 한국 공산주의자뿐만 아니라 한국 내 인공과 같은 단체들을 비난하였다. 그러한 그의 언동은, 국방성으로부터 여전히 소련에 협력하도록 압력을 받고 있는 하지 중장에게도 서슴지 않고 공격을 퍼붓곤 하였다. 그러나 이것은 이승만에게, 그간 한민당에 집중되어 있던 정치적 권리를 대신 부여케 했고, 또 그의 주요한 상대자인 김구에 반해 이점을 쥐도록 해 주었다.

김구와 이승만은 과거의 친일파들을 위한 한민당에 냉정했고, 필요하다면 좌익에 대한 조치를 취하려고 했다. 따라서 이승만은 우익을 좋아하게 되었고 개인적으로 이승만에 대한 불만이 커져감에도 불구하고 결국 하지 중장으로 하여금 군정에 가장 찬성하는 한국인으로 그를 선택하게끔 하였다. 1946년 북쪽에서 김일성이 소련의 찬성과 도움으로 임시인민위원회를 형성하게 된 것처럼, 남쪽에서 이승만은 민주의원을 설립 중에 있었으며 그것은 미 국방성에 정식적인 한국 정부를 수립할 수 있는 선두주자로서 느끼게 만들었다.

1946년 여름에 있었던 제1차 미소공위의 결렬 후 하지 장군은 아직도 이승만에게 수용가능한 정치적 택일을 희망하고 있었고 그리하여 소련에게도 수용 가능한 중앙집권적 정치 체제를 구성하여 모스크바 협상을 지키도록 하는 시도를 착수했다. 이 구상은 여운형

같은 온건 좌익과 김규식 같은 온건 우익의 연합을 찬성하며, 우익의 이승만과 좌익의 김일성 · 박헌영의 극단을 배제하자는 것이다. 더군다나 미국과 소련의 관계가 주요한 변화를 시작하고 있었다. 루즈벨트의 국제주의가 점차로 트루먼의 수용주의 정책으로 대치됨에 따라서 1947년 여름 미군정은 남조선임시입법의원의 결성으로 독립된 남쪽 정부에 찬성하게 되었고 트루먼의 이론이 공식적으로 포고됨으로써 미소공위는 점차 소멸되어 갔다.

그리하여 분단의 비극적인 과정의 마지막 단계가 1947년 9월에 다가왔다. 미국이 한국을 움직일 자신들의 의지를 새로이 구성된 유엔에 공표했을 때 소련의 반대에도 불구하고 독립된 한국 정부를 만들기 위해 총선거를 지휘할 유엔임시위원단의 성립이 총회에서 찬성을 얻어냈다. 평양은 그러한 임무를 할 유엔의 권리에 대해 반박했고, 유엔임시위원단의 북쪽 입국을 저지했다. 미국의 주장으로 당시 유엔은 남한 단독의 선거를 진행하는 것에 찬성을 했다. 분단을 두려워하며 여전히 북쪽의 협조를 기대하고 있던 김구 · 김규식 같은 남쪽의 민족주의자들의 반대에도 불구하고 1948년 5월 첫 번째 대통령을 이승만으로 채택하고 '대한민국(ROK)' 이 성립됐다. 유엔의 선거 지휘 하에 대한민국은 한반도에서의 유일한 합법 정부로서의 합법성을 주장했고 신속한 미국과 그의 동맹국들의 인정을 받았다. 평양은 이 사건에 대해 8월 25일 그들만의 선거로써 대응했고 또한 반도에서 유일한 합법 정부임을 주장했으며 김일성을 수상으로 한 '조선민주주의인민공화국(DPRK)' 을 9월 9일에 성립했다. 그러자 1948년 말에 소련은 한국으로부터 철군했고 뒤이어 미국도 1949년 6월에 부분적으로 철수했다.

【 대한민국의 성립 】

제1차 미소공위가 결렬된 지 만 1년 뒤인 1947년 5월에 제2차 미소공위가 열렸다. 한때는 공위의 요청에 의하여 여러 정당과 사회단체로부터 장차 수립될 임시정부의 각종 정책에 관한 답신서(答申書)가 제출되기도 하였다. 그러나 소련은 신탁통치에 반대하는 정당과 사회단체를 협의 대상에서 제외하자는 종전의 주장을 되풀이하였고, 이 때문에 결국 제2차 미소공위(1947. 5. 21~8. 21)도 제대로 역할을 못하게 되었다.

이에 미국은 한국 문제를 미 · 영 · 중 · 소의 4개국 외상회담에 회부하자고 제안하였다. 소련이 이를 거절하자 미국은 1947년 9월에 국제연합(U.N.; 유엔)에서 논의하려 하였다. 미국의 제안은, 유엔 감시 하에 총선거를 실시하고 그 결과 정부가 수립되면 미·소 양군은 철수할 것이며, 이런 모든 절차를 감시 및 협의하기 위하여 유엔한국위원단을 설치하자는 것이었다. 이 결의안은 약간의 수정을 거친 뒤 소련의 반대에도 불구하고 제3차 유엔총회를 끝내 통과하였다. 이 결정에 따라 유엔한국임시위원단이 창설되고 선거는 인구비례대표제로서 적령자에 한해 비밀투표로 시행할 것을 권고하기에 이르고, 이에 유엔한국위원단은 1948년 1월 12일에 활동을 개시하였다. 그렇지만 소련이 결국 이의 활동을 거부함으로써 위원단은 1월 24일 북한에 들어가지 못하고 만다. 이런 데에 입각한 위원단의 보고에 의거하여 1948년 2월의 유엔 소총회(小總會)에서는 가능한 지역만이라도 선거를 실시하여 독립정부를 수립할 것을 결의하였다. 이리하여 남한에서만 독립정부 수립의 길로 접어들게 된 것이다.

1948년 5월 10일 남한에서는 드디어 총선거가 실시되기에 이른다. 이에는 남북협상을 주장하는 인사들이 전면적으로 불참하였으나 북한에 배정된 100석을 제외한 198명의 국민대표가 선출되었다. 당시에는 선거인 자진등록제를 채택하여 1946년 8월 30일 현재 총인구 19,190,877명의 40.9%가 등록하였는데, 이는 선거인의 인구에 대한 평균율 48 내지 50%에 비하여 그다지 좋은 등록률은 아니었다. 하지만 투표자는 선거인 총 수의 96.4%에 해당하였으며, 유효투표는 투표자 총 수의 94.6%였으므로 처음 실시된 보통선거치고는 대단히 높은 투표율이라 할 수 있고 또 그만큼 국민의 미군정에 대한 독립의 열망이 높았음을 나타내준다 하겠다.

선거결과는 무소속 85명, 국민회 55명, 한민당 29명 등으로 나타나 무소속이 대거 진출하였다. 이른바 친일파가 많이 포진한 한민당이라는 이름으로 출마하면 불리하리라고 판단하고 무소속으로 출마한 이가 많았음으로 보아 한민당은 이 선거의 결과로 이미 국민의 지지와 신망을 결여하였음이 드러났다고 하겠다. 비록 국민회와 무소속으로 출마하여 당선된 숫자를 합하여 70석을 확보함으로써 원내 제1당이 되었다 하여도, 이 선거를 통해 내각책임제의 헌법을 만들어 집권하려던 한민당의 기대는 무너졌던 것이다. 당시에 이승만은 동대문(東大門) 갑구(甲區)에 출마하여 무투표로 당선되었다. 하지만 이승만에게 애초부터 경쟁자가 없었던 것은 아니었다. 경무부의 수사국장을 지낸 임정계의 최능진(崔能鎭)이 입후보한 일이 있으나 곧 행방불명이 되었다. 당시의 세론으로는 그가 입후보를 포기하고 이승만에게 양보한 것으로 전해졌으나 4·19 이후 1960년 5월 29일 이승만이 하와이 망명길에 오른 뒤 그의 묘가 대구시 시내의 야산 골짜기에서 발견되었다.

수많은 문젯거리를 야기시켰던 이런 5 · 10선거가 끝난 뒤 결국 5월 31일에는 국회가 열렸으며, 이 제헌국회(制憲國會)는 즉시 헌법의 제정에 착수하여 7월 12일에는 통과시켰고 7월 17일에는 드디어 이를 공표하였다. 이 헌법의 절차에 따라 7월 20일에는 국회에서의 간접선거로 대통령선거가 실시되었는데, 그 결과 이승만이 당선되었다. 정부형태를 대통령 중심제로 확정함으로써 한민당을 중심으로 한 내각구성이 실패로 돌아가고 이승만이 대통령에 당선된 후 조각(組閣)과정에서의 한민당의 배제는 한민당과의 결별을 의미하고, 이때부터 점차 여 · 야권의 구별이 나타나기 시작하였다. 이어 행정부가 조직되고 8월 15일에는 대한민국정부의 수립이 국내외에 선포되었다. 그 해 12월에 대한민국은 유엔총회의 승인을 얻었고, 뒤이어 미국을 위시한 50여 국의 승인도 받게 되었다.

한편 1948년 8월 5일 국회 제40차 본회의에서 반민족행위를 한 친일분자들을 처벌할 특별법을 제정하자는 의견이 소장 의원 중심으로 제기되어 '반민족행위처벌법(反民族行爲處罰法) 기초특별위원회(起草特別委員會)' 가 구성되고 이어 8월 9일 '반민족행위처벌법' 의 초안이 제출되고 9월 22일 공포되었다. 그리고는 동법의 시행을 위한 '반민족행위 특별조사위원회(약칭 반민특위反民特委)' 가 구성되어 1949년 1월 8일부터 본격적인 활동에 착수하였다. 그러나 국회 내의 친여세력을 중심으로 반민특위의 활동 한계를 정하자는 의견이 제기되어, 끝내 이인(李仁) · 곽상훈(郭尙勳) 등이 주동이 되어 이를 규정한 개정안을 통과시킴으로써 1949년 8월 31일 이는 막을 내리고 말았다. 출범 당시 국민적 여망을 결집시켜 민족정기의 확립을 목표로 하였던 게 친일세력 등의 반대로 좌초되어 이루어지지 못하고 말았으며 이후 이에 대한 국민 대중의 아쉬움은 쉬이 지워지지 않았다고 할 수가 있다.

【 조선민주주의인민공화국의 성립 】

1946년 2월에 북한에는 김일성이 주도하여 북조선임시인민위원회를 조직하여 실권을 장악하게 되었음은 이미 말한 바와 같다. 이 기구는 소군 통제 하의 북한에서 임시정부와 같은 기능을 맡았고, 그것을 중심으로 공산정권의 기반을 닦는 여러 개혁을 실시하였다.

우선 인민위원회가 수립되자 그 3월에 무상몰수 · 무상분배의 원칙에 의하여 토지개혁을 실시하였다. 이른바 '반제(反帝)반봉건(反封建) 민주주의(民主主義) 혁명(革命)' 의 일환으로 이 토지개혁은 반혁명계급인 지주계급의 저항을 무력화시키는 데에 긴요하였으므로 실시된 것이었다고 할 수가 있다. 토지개혁에서 무상몰수의 대상이 된 토지는 일본인 그리고 조선인 중 공산주의자들 눈 밖에 난 소위 민족반역자가 소유하는 토지, 계속적으로 소작을 주는 토지, 5정보(15,000평) 이상을 소유한 조선인 지주 및 종교단체가 소유하는 토지 등이었다. 고용노동을 사용하는 부농도 지주적 부농으로 간주되어 몰수당했다. 그 외에 지주의 농업용 가축, 농기구, 주택, 기타 일체의 건축물 토지 등도 몰수되었다.

이때 몰수당한 면적은 42만 2천6백46호로부터 100만 3백25정보로 북한 총 경지면적의 52%, 지주 소유지의 약 85%에 해당한다. 이렇게 몰수된 토지는 고용살이하는 농민 즉 고농(雇農), 토지 없는 농민, 토지 적은 농민 등에게 무상으로 분배되어 영원히 소유토록 하였다. 그나마도 영농을 원하는 지주는 타지역으로 이주시켜 여타의 농민들과 같은 면적의 토지만을 소유하고 영농토록 하였다. 이럴 경우라도 토지의 분배 기준은 노동능력에 따른 가족수였다. 그리고 소작지와 연결되어 있었던 일체의 부담과 부채는 면제되고 토지를 몰수당한 지주로부터 이전에 차용한 모든 부채는 취소되었다. 또한 농민 소유의 소규모 산림을 제외한 일체의 산림 및 지주소유의 관개(灌漑)시설은 국유화되었다. 이 같은 토지개혁은 불과 20여 일 만에 완료되었는데, 이는 동구 각국에서 수년간에 걸쳐 2~3 단계로 나누어서 진행된 것과 비교하면 전격적이었다. 이렇게 신속하게 토지개혁이 추진된 것은, 일제의 패망과 개혁 추진에 적극적인 소군의 진주로 이미 지주계급이 약화된 데다가 동구와는 전혀 달리 이미 일제의 억압으로 자본가들의 힘이 제대로 성장하지 못하였기 때문이라고 할 수 있다.

그리고 1946년 8월에는 일본국과 일본인 그리고 소위 그들이 민족반역자라고 낙인찍은 이들이 소유하고 있던 모든 산업체를 국유화하였고, 1946년 11월에는 도(道) · 시(市) · 군(郡)의 인민위원 선거를 실시하였다. 이 선거는 자유선거라기보다는 공산당과 독립동맹의 후신인 신민당의 합당으로 형성된 북조선노동당이 실질적으로 추천한 단일후보에 대한 찬부(贊否), 요컨대 찬성과 반대를 묻는 것이었다. 투표 방식이 찬성표는 흰 상자에, 반대표는 검은 상자에 넣는 것으로, '흑백선거'라 하여 남한에 의해 두고두고 비난거리가 되었다. 이 선거에서 전 유권자의 99.68%가 참가하여 그중 97%의 찬성으로 후보들이 당선되었다. 이로 인해서 공산주의 체제는 강화되어 갔다.

이어 1947년 2월에는 도 · 시 · 군 인민위원회대회(人民委員會大會)가 소집되었다. 이 대회에서 북한 최고의 입법기관으로 북조선인민회의(北朝鮮人民會議)의 설치를 결정하였다(상임위원장常任委員長 김두봉金枓奉). 제1차 북조선인민회의에서는 행정기관으로서 북조선인민위원회(北朝鮮人民委員會, 위원장 김일성)의 조직을 결정하였다. 그리고 1948년 1월에는 유엔 감시 하에 총선거를 실시하여 통일정부를 수립하자는 유엔의 결의에 반대한 북한은 남북정치협상(南北政治協商)을 제의하였다. 유엔한국위원단의 활동을 저지하고, 미·소 양군을 동시에 철수시키려 함에 그 목적이 있었다. 그러나 남한에서 5·10선거가 강행되고 남한 단독정부 수립이 기정사실화되자 1948년 6월 29일부터 7월 5일까지 평양에서 '남북조선제정당 사회단체 지도자협의회'를 개최하였다.

이 회의에는 김구·김규식을 제외하고, 남북연석회의에 참가했다가 평양에 그대로 머문 대부분의 남한 정당·사회단체 대표들이 참가하였다. 7월 5일에는 인민공화국 수립을 위한 결정서가 채택되었으며 이에 따라 북조선인민회의 특별회의(1948. 7. 9~10)에서 그들도 8월 25일 총선거를 실시하기로 결정하였다. 뒤이어 최고인민회의(最高人民會議)를 구성하고(의장 허헌), 이어 내각(內閣, 수상 김일성)을 구성함으로써 9월 9일 조선민주주의인민공화국의 성립을 선포하였다. 이로써 실질적으로나 형식적으로나를 막론하고 남과 북에는 완전한 독립정부가 각각 들어서기에 이른 것이다.

【 동란 이전 국민들의 여러 활동 】

해방 이후 노동자들은 1945년 11월 전국적인 규모로 산업별 노동조합 재조직을 이루었고, 이것이 발전되어 조선노동조합전국평의회(약칭 전평全評)로 결집되었다. 이때 전국적으로 약 50만 명의 조합원을 확보하게 되고 그로부터 3개월 후에는 10만 명에 가까운 조합원의 숫적 증가를 보게 된다. 한편 농민들도 해방 전의 농민운동지도자를 중심으로 전국 각지에서 농민조합·농민동맹·농민위원회를 조직하였고 인민위원회에 적극 참가하기도 하였다. 1945년 12월 12일에는 이러한 농민운동조직을 통일하여 전국농민조합총동맹(약칭 전농全農)을 결성하였다. 이에는 전국 13도의 도연맹, 부·군단위 지부 188개, 면단위 지부 1,745개, 리·부락에 15,288반의 조직이 있었고, 조합원은 약 330만 명이나 되었다.

이와 같은 노동자·농민의 활동에 당황한 미군정은 노동조정위원회 설립(1945. 12. 8), 노동부 설립(1946. 7. 23) 등을 통해서 직접 쟁의에 간여하고자 하였다. 그리고 우익진영은 전농과 전평에 대항할 조직의 필요성을 인식하고 반공청년단체를 모체로 대한독립촉성노동총연맹(대한노총, 1946. 3. 10)과 대한독립촉성농민총동맹(대한농총, 1947. 8. 31)을 결성하였다. 이 두 단체는 그 출발부터 순수 농민·노동자들의 주도와는 거리가 멀고 반공투쟁을 위한 이승만계의 정치단체로서 미군정과 우익의 강력한 후원 아래 전농과 전평에 대한 파괴활동에 거의 전념하다시피 하였다.

이러한 우익 단체와 대립되어 진로를 모색하던 전평이 주도한 최초의 전국 규모의 총파업이 1946년의 이른바 '9월 총파업' 이었다. 전평 산하의 조선철도노동조합이 미군정 당국에 '점심지급, 임금인상', '일급제 폐지와 월급제 실시', '식량배급' 등의 요구조건을 내걸고 시작한 것이었다. 이에 대해 군정 당국이 "인도 사람은 굶고 있는데 조선 사람은 강냉이라도 먹으니 행복하다"고 하며 그 요구 조건을 일축하자, 전평 산하 각 산별노조가 동정 파업에 돌입함으로써 전국화되고 그 규모도 커지게 되었다. 그 요구도 점차 자신들의 처우개선에 그치지 않고 '정치범 석방', '테러행위배격', '식민지교육반대' 등으로 바뀌어 정치투쟁화하였다. 이에 미군정은 이 파업의 불법화를 선언하고 이어 경찰과 이에 합세한 대한노총원들은 서울 철도의 파업본부를 습격하여 실력으로 파업을 해산시켜 버렸다(9월 30일).

일단 중지되었던 철도파업은, 오히려 더욱 확산일로를 걷게 되어 10월에 이르러 그 절정에 달했다. 그것은 곧이은 '대구폭동' 을 낳은 직접적인 도화선이 된 셈이었다. 이는, 공산당에 의해 '10월 인민항쟁' 이라고도 불리웠고 또 때로는 '10월 항쟁' 이라 지칭되기도 한다. 이 대구폭동은 10월 1일 대구에서 "쌀을 배급하라"고 외치는 1만여 명의 시위 군중과 경찰관의 대치로 시작되었다. 그날 밤 공산당의 대구 책임자가 주도하여 지도부 중심의 회의를 가졌었고, 10월 2일 학생들의 참여와 일반시민들의 호응에 의해 대구경찰서가 접수되자 어느 누구도 제어하기 어려운 상황으로 빠져들어 갔던 것이다. 이 폭동은 계속해서 경북·경남·전라 등 남한의 주요 도시와 농촌으로까지 파급되었다. 여기에는 노동자·농민·시민·학생 등이 참가하여 주로 경찰관서를 습격하는 등 근 60여 일에 걸쳐 계속되다가 11월 중순경에야 수그러들었다. 이 기간 동안에 폭동에 참가한 인원은 전국적으로 약 230만 명에 달하였는데, 미군정은 각 지역에 계엄령을 선포하고 미군과 경찰의 힘으로 진압하려 했다. 이에 대해 미군정 당국은 『주한미군사(駐韓美軍史)』(HUSAFIK)에서 다음과 같은 결론을 내리고 있었다.

> 요약하면 모든 증거들이 공산주의자들의 선동과 지도가 없었다면, 10월 2일의 유혈사태는 일어나지 않았을 것이고, 그 이후의 심각한 소요도 없었을 것이라는 점을 말해준다. 간단히 말해, 폭동은 공산주의자들에 의해 선동되었으며, 자연발생적인 것은 결코 아니었다. 폭동의 배후에는 북한이 있다.

한편 1948년 유엔의 결정으로 남한만의 단독선거가 명백해지자 남로당(남조선노동당의 약칭)과 민전(민주주의민족전선의 약칭)은 소위 '2 · 7폭동'을 전개하여 유엔한국임시위원단의 활동은 물론 단독선거 자체도 사전에 저지하고자 하였다. 이는 이미 유엔의 결의에 대해 즉각 성명을 내어 "국토를 양단하고 민족을 분열하는 단정 · 단선을 반대하며 … 인민의 손으로 민주자립정부를 수립하기 위해 모든 구국운동을 적극 지원할 것이다"(1947. 11. 26)고 하였음을 실행에 옮긴 것이었다. 이 폭동은 조선노동조합전국평의회(약칭 전평) 주도의 파업을 필두로 하여 대중봉기 80건, 방화 204건, 파업 50건, 동맹휴학 34건을 수반하였고 이 과정에서 8,479명이 체포되어 1,279명이 송치되었다. 이를 계기로 남로당의 활동은 적극적인 무장투쟁으로 그 방향을 전환하고 각 지방에 야산대(野山隊)라는 게릴라소조를 조직하기 시작하였다. 이들은 그 후 제주도에서의 4 · 3폭동과 5 · 10선거반대투쟁의 무장 주도세력이 되었다.

4 · 3폭동은, 2 · 7폭동을 계기로 준비되어 있던 제주도의 남로당 무장소조인 자위대(自衛隊)를 근간으로 5 · 10선거 저지를 위해 일으킨 것이었다. 이 폭동은, " … 매국 단선을 결사적으로 반대하고 조국의 독립과 완전한 해방을 위하여! 인민들의 고난과 불행을 강요하는 미제와 주구들의 학살만행을 제거하기 위하여! … "라는 호소문을 내걸고 근 1년간에 걸쳐 치열하게 전개되었다. 이로 인하여 5 · 10선거는 타격을 받게 되어, 제주도 3개 선거구 중 2개의 선거구는 선거를 제대로 치르지 못하고 1년 후에야 다시 치를 수밖에 없었다. 그러나 이 폭동은 제주도라는 불리한 입지적 조건과 서북청년단까지 투입한 군경의 끈질긴 토벌작전으로 결국 진압되었다.

이 진압과정에서 소위 여순반란이 일어나기까지 하였다. 여수주둔 국군 제14연대에 그 진압명령이 내려오자 동 연대의 좌익분자들이 이를 거부한 것이 그 시발이었다. 여기에 마산주둔 제15연대가 가세함으로써 이 반란은 확대되어 갔다. 이 반란은 군경의 반격으로 반란군 주력부대가 지리산으로 들어감으로써 유격전으로 발전하였다. 확실히 파악되고 있지는 않지만 대략 진압군과 반란군 모두 합해 사망자 9,450여 명, 체포 · 투옥된 자 23,000여 명이라는 피해를 낸 것으로 추산되고 있다. 이 사건 이후 이승만 정권은 국회를 통해 국가보안법을 통과시키고 언론에 대한 통제를 강화하는 한편 군부에 대한 대대적인 숙청을 진행하였다. 그 결과 1949년 7월 말까지 약 4,700여 명에 달하는 장병이 군에서 숙청되어 제거당하였던 것이다. 그로 말미암아 대구 주둔 제6연대의 반란(1948. 12. 30)이 있었고 이외에도 그 몇 달 뒤 38선 부근의 홍천 · 춘천 주둔 제6사단 8연대 소속 2개 대대가 집단 탈영하여 월북한 사건 등이 있었다.

이 같은 사건 등으로 남로당에 대한 전면적인 탄압이 전개되고 이에 남로당의 세력은 급속히 약화되었다. 이런 과정에서 남한을 탈출하여 월북한 남로당의 지도자들 특히 박헌영은 남로당 세력이 더 이상 약화되기 이전에 전쟁을 일으킬 것을 강력히 주장하기에 이른다.

【6 · 25동란】

남북한 각자가 1950~1953년에 걸친 6 · 25동란의 침략자로서 서로를 비난해 오고 있지만 오늘날 전문적인 견해에서 1945~1950년의 상황을 거슬러 올라가 본다면 북한이 1950년 6월 25일 38선을 넘어 침공하였다는 것은 의심할 여지없는 사실이다. 그 결정적 자료는, 소군 작전고문단이 작성하여 6월 20일 인민군 총사령부 정보국장에게 보낸 다음과 같은 내용이 담겨 있는 정보 계획이다.

> 첩보 계획의 목적 … 3. 우리의 남침에 대한 적군의 방어계획을 적시에 탐지하고 적의 반응에 따른 우리의 대응책을 강구한다.

당시 남한에서는 1950년 5월에 실시된 제2차 총선거에서 여당 계열은 56석, 민주국민당을 위시한 야당 계열은 26석에 불과하였음에 비하여 무소속이 128석이나 당선됨으로써 정부와 정당 모두에 대한 국민의 불신임이 확연하게 드러나 있었다. 뿐더러 1948년 말부터 1950년 6월까지 남한은 폭력이 난무하였고 토착 좌익의 게릴라전이 제주도와 전라도 여수 · 순천 등 남한 여러 지역에서 분출되고 있었다. 같은 시기에 38선 경계를 따라 점점 더 증가되는 군사적 충돌이 1950년 봄까지 격렬하게 지속되었다.

그렇지만 이승만이 기회 있을 때마다 소위 북진통일을 부르짖었음에도 불구하고 남한군의 병력은 8개 사단에 지나지 않았고, 그나마 장비는 극히 빈약한 것이어서 육군은 1대의 전차도 없었고 공군은 20여 대의 연습기뿐 1대의 전투기도 갖고 있지 못하였다. 당시 신문에 전투기의 수입 문제가 마치 성사될 듯이 보도되고 있었지만 이는 끝내 이루어지질 못했던 것이다. 이에 비해 북한군은 인민공화국 수립 후에 더욱 강화되어서 6 · 25동란 직전에는 보병 10개 사단, 전차 1개 사단, 비행대 1개 사단에 이르렀다. 이런 전력상의 비교 우위

속에서 북한군은 남침을 감행하였던 것이다. 이를 근자에 '한국전쟁(韓國戰爭)' 이라 부르는 경향이 있는데, 이는 외국인 특히 남북한 현대사를 연구하는 외국 학자들이 영어로 서술한 것을 번역함에서 비롯된 듯하다. 외국인이 편의상 부르는 것이므로 한국인 자신이 이를 '한국전쟁' 이라 함은 자연스럽지가 못하다고 여겨진다. 흔히 그래왔듯이 한국인으로서는 '6 · 25동란' 이라고 함이 옳을 것이다. 최근 이를 6월 25일에 남 · 북한 사이에 벌인 전쟁이라고 해서 '6 · 25 남북 전쟁' 이라 부르자는 의견이 제기되어 있기도 하다.

결국 1950년 6월에 감행된 조선민주주의인민공화국의 공격에 끼친 결정적인 요인은 남한에서의 게릴라 활동의 실패, 중국과 소련에서 경험을 쌓은 노련한 군인들의 1949년에 있었던 귀국, 그리고 남한으로부터의 선제 공격에 대한 북한 사람들의 공포심 등으로 요약되어질 수 있다. 6월 25일의 기습 공격은 소련으로부터 획득한 제2차 세계대전 때의 탱크와 전투기로 무장된 북한군(北韓軍)에 의해 순식간에 남한군(南韓軍)을 제압하여 이루어졌던 것이다. 그들은 3일 만에 서울을 점령했고 계속해서 남쪽으로 밀고 내려왔으며 8월 초까지 낙동강에서 부산항까지 부분만을 제외하고는 거의 모든 곳을 함락시켜 버렸다.

미국은 군대를 신속하게 이동시켰고, 영국 · 프랑스 · 호주 · 필리핀 등 16개국의 군대가 내한하여 유엔군 사령부가 설치되었으며 유엔의 이름 아래 합동작전을 시작하였다. 맥아더 장군은 유엔군사령부 소속의 유엔군과 남한군을 지휘하여 인천상륙작전을 성공적으로 수행하여 9월 전황을 극적으로 변화시켰다. 서울은 9월 28일 수복이 되었으며, 30일에는 38선을 넘었다. 이후 유엔군과 남한군은 압록강 북쪽 지역까지 밀고 올라갔다. 그러나 9월 말에서 10월 중순까지 한국으로 계속 넘어오는 수십만의 중공군으로 인해 전황은 갑자기 다시 역전되었다. 1951년 1월 4일 서울이 두 번째로 함락되었다. 유엔군이 3월에 서울을 되찾는데 성공하기는 했지만 남 · 북한군 사이의 접전은 38선을 중심으로 교착상태에 빠졌고, 2년 후 1953년 6월 27일 마침내 휴전 협정이 판문점에서 체결되었다.

3년 동안의 전쟁은 어떠한 것도 해결하지 못하였으며 두 나라 모두 국가의 절반을 폐허로 만들게 되고 생활 자체가 동요되기 시작하였다. 남한에서만 사망자, 부상자, 고아, 가족을 잃어버린 사람들 등 총 피해자 수가 약 130만 명에 달하였다. 거의 절반의 공장 시설과 1/3에 달하는 남한의 가옥들이 파괴되었다. 동란으로 인한 피해액은 모두 18억$에 달하는 것으로 추산되었는데, 이는 1949~1950년도의 국민 총생산액에 해당하는 것이다. 정확한 계산은 되지 않았지만 북한 민간인의 피해는 150만 정도로 추정된다. 3년 동안 북한의 전역에 대한 연합군의 격렬한 폭탄 투하는 북한 전체를 황폐하게 만들었고, 그런 환경 속에서 전쟁 복구를 이루어 가면서 점차 김일성은 권력을 강화해 갔던 것이다. 폭격 속에서도 나타나 나눠준 담요 몇 장과 얼마간의 식량으로 손쉽게 사람들을 감동시켰던 것이다. 그리고 이승만은 북진 통일의 기치 아래 휴전회담에조차 남한이 참가하지 못하도록 이끌어 갔다. 민족 전체의 앞날보다는 서로의 권력 보전에 혈안이 되어 있었던 것이다.

비록 대다수의 기대와는 전혀 달리 민족의 분열은 통일에 대한 희망을 어둡게만 하였다. 그렇더라도 휴전 이후에도 통일에 대한 노력이 없었던 것은 결코 아니었다. 휴전협정의 권고에 따라 1954년 4월에 열린 제네바 정치회담(政治會談)의 개최가 그것이었다. 이 회담에서 남한의 대표는, 첫째 유엔의 권능을 인정하고, 둘째 유엔 감시 하에 자유선거를 실시할 것을 제의하였으나 북한이 이의 수락을 거절함으로써 회담은 결렬되고 말았다. 그렇더라도 통일을 이루어 보려는 노력이 경주되었음은 빼놓을 수 없는 사실이라 하겠다.

찾아보기

— ㄱ —

— ㄷ —

— ㄹ —

— ㅁ —

— ㅂ —

— ㅋ —

— ㅌ —

— ㅍ —

— ㅎ —

공저자 약력 (집필순)

ㅁ **노용필(盧鏞弼)** 서강대학교 사학과, 동 대학원 졸업, 문학박사(한국사)
덕성여자대학교 연구전임강사 역임, 동 평생교육원 교양과정 주임교수
가톨릭대학교 인간학연구소 연구교수

ㅁ **김병곤(金炳坤)** 동국대학교 사학과, 동 대학원 졸업, 문학박사(한국고대사)
동국대학교 사학과 및 신구대학 외래교수
한국불교연구원 전임연구원

ㅁ **문수진(文秀鎭)** 공주사범대학 역사교육과 졸업, 서울대학교 석사
성균관대학교 대학원 졸업, 문학박사(한국중세사)
신구대학 외래교수

ㅁ **나각순(羅恪淳)** 성균관대학교 사학과, 동 대학원 졸업, 문학박사(한국중세사)
성균관대학교, 서울여자대학교, 신구대학 외래교수 역임
서울특별시사편찬위원회 연구간사

ㅁ **정두영(丁斗榮)** 연세대학교 사학과, 동 대학원 석사
연세대학교 대학원 박사과정 수료
연세대학교, 신구대학 외래교수

ㅁ **홍경만(洪景萬)** 서울대학교 사범대학 역사과 졸업, 연세대학교 석사
숭실대학교 대학원 졸업, 문학박사(한국근대사)
신구대학 명예교수

ㅁ **황민호(黃敏湖)** 숭실대학교 사학과, 동 대학원 졸업, 문학박사(한국독립운동사)
한국민족독립운동사학회 총무이사
숭실대학교, 신구대학 외래교수

한국문화사의 이해

초판 4쇄 발행 2010년 2월 25일

공저자 노용필 · 김병곤 · 문수진 · 나각순 · 정두영 · 홍경만 · 황민호
펴낸이 이재선
펴낸곳 신구문화사

출판등록 1968년 6월 10일
주소 경기도 성남시 중원구 금광2동 2661
전화 031-741-3055~6
팩스 031-741-3054
e-mail shingupub@naver.com

ISBN 89-7668-134-7 93910

값 16,000원
*저자와의 협의에 따라 인지는 생략합니다.